Kranjska
Gora

Jesenice

Bovec

Triglav-
N. P.

Bled

Pohorje

Logarska
dolina

Murska
Sobota

Maribor

Ptuj

Tolmin

Kamnik

Kranj

Celje

Idrija

Trbovlje

LJUBLJANA

Karst

Postojna

Novo
mesto

Škocjanske
jame

Kočevje

Koper

Hintergründe
& Infos

① Nationalpark
Triglav

② Soča-Tal

③ Karst und
Umgebung

④ Mittel-
slowenien

⑤ Ost-
slowenien

⑥ Slowenische
Riviera

Kleiner
Wanderführer

Lange Zeit kannte ich dieses grüne, dicht bewaldete Land nur von der Durchreise. Stopps legte ich schon damals im malerischen Bled ein und blickte sehnsüchtig zu den hohen Bergen. Ab 1996 legte ich den Grundstein für dieses Buch mit der Gesamtausgabe des Reisebuchs „Slowenien – Istrien". 2006 veröffentlichte ich dann

das erste Slowenien-Reisebuch, das mit den Jahren wuchs. Da das Land gerade für Sportfreunde sehr viele Möglichkeiten bietet – u. a. Wandern, Mountainbiken, Kajakfahren, Raften, Klettern, Paragliden, Segeln –, widmete ich mich neben dem Kulturellen in den Städten immer intensiver diesem breiten Aktionsfeld in der Natur – und davon hat Slowenien mehr als genug. Ich erkundete Winkel um Winkel dieses für mich faszinierende Land mit seiner alpinen, karstigen und mediterranen Landschaftsmischung und ließ mich vor allem auch von seiner imposanten, unkalkulierbaren Bergwelt berauschen. Das veranlasste mich letztendlich dazu, auch viele Wander- und Moutainbiketouren auszuführen.

Auch die gastfreundlichen, hilfsbereiten und offenherzigen Slowenen lieben ihre Natur und sind dort auch in ihrer Freizeit zu finden, außerdem kann man mit ihnen gerne und gut feiern. So wünsche ich Ihnen einen wunderschönen Urlaub im Land der Berge, der Ebenen, der Unterwelt, der Flüsse, der Wasserfälle, der Adria, der schmackhaften Küche und der leckeren, süffigen Weine.

„Srečno" – viel Glück und natürlich „Uživajte" – viel Spaß!

Ihre

Lore Marr-Bieger

Text und Recherche: Lore Marr-Bieger **Lektorat:** Horst Christoph, Carmen Wurm (Überarbeitung) **Redaktion:** Heike Dörr **Layout:** Christiane Bauer, Susanne Beigott **Karten:** Janina Baumbauer, Hans-Joachim Bode, Judit Ladik **Fotos:** s. Fotonachweis S. 563 **GIS-Consulting:** Rolf Kastner **Grafik S. 10/11:** Johannes Blendinger **Covergestaltung:** Karl Serwotka **Covermotive:** oben: Bled, unten: Jasna See (Kranjska Gora), gegenüberliegende Seite: Denkmal in Bohinjska Bistrica für die Erstbesteiger der Triglav (alle Lore Marr-Bieger)

5. KOMPLETT ÜBERARBEITETE UND AKTUALISIERTE AUFLAGE 2017

SLOWENIEN

LORE MARR-BIEGER

Was haben Sie entdeckt?

Haben Sie eine freundliche Gostilna weitab vom Trubel, einen schönen Wanderweg oder ein nettes Hotel mit Atmosphäre entdeckt? Wenn Sie Ergänzungen, Verbesserungen oder neue Tipps zum Buch haben, lassen Sie es uns bitte wissen!

Schreiben Sie an: Lore Marr-Bieger, Stichwort „Slowenien" | c/o Michael Müller Verlag GmbH | Gerberei 19, D – 91054 Erlangen | marr-bieger@michael-mueller-verlag.de

Kleiner Wanderführer für Slowenien

Alle Wanderungen mittels GPS kartiert. Waypoint-Dateien zum Downloaden unter: www.michael-mueller-verlag.de/gps

Vielen Dank!   Einen herzlichen Dank an das slowenische Fremdenverkehrsamt in München und an die Zentrale in Ljubljana für die Unterstützung. Zudem ein Dankeschön an alle slowenischen Tourismusverbände und zahlreiche weitere Personen, die durch ihre tatkräftige Unterstützung zum Gelingen dieses Buches beigetragen haben.

Und ein großes Danke an Oliver …

Zeichenerklärung für die Karten und Pläne

Autobahn	Berggipfel	Kirche, Kloster
Bundesstraße	Aussichtspunkt	Schloss/Burg
Hauptstraße	Höhle	Sehenswürdigkeit
Landstraße	Turm, Leuchtturm	Museum
Wanderung	Berghütte, Alm	Information
Bahnlinie	Hotel, Campingplatz	Post
Seilbahn/Lift	Pass/Brücke	Krankenhaus, Apotheke
Grenze	Grenzübergang	Botschaft
Nationalpark	Naturpark	Sportplatz
Fluss	Wasserfall, Quelle	Therme
Hafen, Schiffsanleger	Badestrand	Einkaufsmöglichkeit
Parkplatz/-haus		
Taxistandplatz		
Bushaltestelle		
Flughafen		
Bebaute Fläche		
Fußgängerzone		
Friedhof		
Grünfläche		
Gewässer		
Strand		
Sumpffläche		

Kartenverzeichnis

Alles im Kasten

 Mit dem grünen Blatt hat unsere Autorin Betriebe hervorgehoben, die sich bemühen, regionalen und nachhaltig erzeugten Produkten den Vorzug zu geben.

Wohin in Slowenien?

① **Nationalpark Triglav** → S. 80

Einzigartiges Naturreservat mit Wasserfällen, Schluchten und den höchsten Gipfeln, zudem das am besten erschlossene Wandergebiet. An touristischen Orten locken Kranjska Gora, bekannt durch seine Skiflugschanzen Planica, und das reizvolle Bled mit seiner Burg am gleichnamigen See. Gute Ausgangsorte zum Triglav sind die Dörfer von Bohinj mit dem idyllischen Bohinjsko jezero.

② **Soča-Tal** → S. 150

Die türkis leuchtende Soča ist ein Paradies für Wassersportfreunde, Wanderer, Mountainbiker und Paraglider. Zentrum des Wassersports ist Bovec, Kobarid beherbergt ein sehenswertes Museum, Tolmin beeindruckt mit der Tolminka-Schlucht und nahe Nova Gorica liegt die Brda mit hübschen Weingütern. Im Seitental lohnt der Geopark um Idrija mit dem Quecksilberstollen.

③ **Karst und Umgebung** → S. 220

Ein über 600 m aufragendes Hochplateau mit gigantischer Unterwelt: den Höhlensystemen von Postojna und Škocjan. Pferdefreunde zieht es zum Lipizzanergestüt nach Lipica. Hübsche Orte sind Štanjel und Vipava. Beachtenswert ist der weltgrößte Sickersee Cerkniško jezero. In den weinreichen Tälern wächst süffiger Wein, etwas höher der rote Karstwein Teran.

④ **Mittelslowenien** → S. 256

Ljubljana, die Hauptstadt des Landes, prunkt mit Barock- und Jugendstilbauten und bietet sehenswerte Museen, viele Events und lauschige Cafés. Reizvolle Kleinstädte sind das mittelalterliche Škofja Loka und Kamnik. Die Kamniker Alpen locken vor allem Wanderer. Das malerische Krka-Tal lädt zu Kajak-Touren ein und ist gesäumt von schmucken Burgen und Klöstern – Zentrum dieser weinreichen Region ist Novo mesto.

⑤ Ostslowenien → S. 332

Maribor an der Drava prunkt mit Barockbauten, Museen und dem ältesten Weinstock. Sehenswert sind das mittelalterliche Ptuj, Celje mit dem römischen Celeia, Velenje mit dem Bergbaumuseum, ebenso Mežica. Besuchenswert sind auch die zahlreiche Burgen und Klöster. Viele hübsche Kurorte und moderne Thermen warten, ebenso zahlreiche Flüsse und Naturparks für Wanderer.

⑥ Slowenische Riviera
→ S. 428

Venezianisch geprägte Küstenstädte und mediterrane Cafés: Piran bezaubert mit verwinkelten Gassen, Festungsmauern und mächtiger Kathedrale. Beschaulich ist Izola und lockt mit großer Marina. Koper prunkt mit zackigem Prätorenpalast, das weinreiche und bergige Umland lockt Wanderer und Kletterer. In Hrastovlje imponieren Fresken. Der Kurort Portorož bietet Nobelhotels und den Salinen-Landschaftspark.

Slowenien: Die Vorschau

Slowenien ist vielseitig

Slowenien ist ein kleines Land mit ungewöhnlich vielfältigen Landschaften: Hochgebirge mit malerischen Flusstälern, fruchtbare Ebenen, wildromantisch-karge Karstgebiete und märchenhafte Höhlensysteme. Viele dieser Landschaften stehen unter Naturschutz in Form von National-, Regional- und Landschaftsparks, auch zwei Geoparks sind zu finden.

In Slowenien könnten Sie morgens Ski laufen, mittags Ihren Espresso im Straßencafé nehmen, nachmittags in der Adria baden und abends Theater von Weltrang genießen. Da die Entfernungen in Slowenien kurz sind, erschließt sich die ganze Vielfalt des Landes ohne großen Zeitaufwand. Sie möchten klettern, reiten, wandern, angeln, Kajak fahren, Golf spielen, mit dem Gleitschirm fliegen ...? Oder lieber Kunst und Museen, Theater, Oper, Burgen und Schlösser genießen? Sie werden schwach bei deftiger Küche und feinen Weinen? Sie suchen eine kinderfreundliche Unterkunft? Oder ein Verwöhnprogramm in einer der vielen Thermen? Oder wollen Sie einfach nur Ruhe in schöner Natur? Dann werden Sie sich in Slowenien sicherlich wohl fühlen.

Slowenien ist grün

Sehr grün sogar. Mehr als die Hälfte Sloweniens ist von Wald bedeckt, hügelig bis bergig, von malerischen Tälern durchzogen. Wegen der dünnen Besiedelung und unterschiedlichen Klimazonen (kontinental, alpin, mediterran) ist der Reichtum der Tier- und Pflanzenwelt beeindruckend – die oft noch unberührte Natur Sloweniens ist Lebensraum für Hunderte bei uns teils längst ausgestorbene Arten.

Slowenien ist gebirgig

Der höchste Berg des Landes, der **Triglav** in den Julischen Alpen, ragt 2864 m in die Wolken und jeder Slowene, heißt

es, sollte ihn mindestens einmal im Leben bestiegen haben. Für die heidnischen Slowenen verkörperte der Triglav, der Dreikopf, Gott mit seinen drei Häuptern: eines wacht über den Himmel, das andere über die Erde, das dritte über die Unterwelt. Kurz: Der Triglav ist das Stein gewordene Symbol der Vielfalt Sloweniens und hat deshalb zu Recht seinen Ehrenplatz auf der Nationalflagge.

Slowenien ist mediterran

Mit rund 40 km Länge kommt Sloweniens Küste zwar kaum über Marathon-Ausmaße hinaus, aber die alten, venezianisch geprägten Hafenstädte wie **Piran, Izola** und **Koper** sind überaus reizvoll und mehr als einen Abstecher wert.

Slowenien ist unterirdisch

Die weit verzweigte Unterwelt Sloweniens macht das kleine Land um einiges größer – mehr als 6000 Tropfsteinhöhlen und Höhlengänge sind zu entdecken, ein schier unergründliches Labyrinth mit Hunderten von Kilometern Länge. Allein die weltbekannten Höhlensysteme von **Postojna** und die als Weltkulturerbe unter UNESCO-Schutz stehenden Höhlen von **Škocjan** messen über 30 km.

Slowenien ist großstädtisch

Ljubljana, die Hauptstadt Sloweniens, ist mit rund 264.000 Einwohnern Sloweniens Herz und Seele. Die schmucke Barockstadt an der Ljubljanica bietet auf kleinem Raum alle Vorzüge einer Metropole – Kunst, Kultur, Wissenschaft, Technik ... und dies fast alles in Laufweite. Nicht zu vergessen **Maribor** mit seiner idyllischen Altstadt, das Kulturzentrum der Štajerska (Steiermark) und zweitgrößte Stadt Sloweniens im Osten des Landes.

Slowenien ist sportlich

Der **Nationalpark Triglav** ist für Wanderer und Skifahrer ein Eldorado. Golfspieler schwingen ihr Eisen bevorzugt

Slowenien: Die Vorschau

im milden Klima der Region **Bled** mit dem herrlichen **Bleder See**. **Bohinj** und der **Bohinjer See** sind Startpunkte für den Aufstieg auf den **Triglav** und die anderen hohen Gipfel der Julischen Alpen. Bergwanderer entspannen sich in einem der bezaubernden kleinen Alpendörfer der **Kamniker und Savinjer Alpen** nach einer Tour über Berge und durch herrliche Täler. Reizvolle Erkundungen im Tal wie in der Höhe lassen sich per Mountainbike machen. Kajak- und Kanufahrer suchen in den türkis leuchtenden wilden Wassern der **Soča** oder im unberührten **Krka-Tal** nach Herausforderungen oder machen sich auf zu einer einsamen Kajakfahrt auf der **Kolpa**; Pferdenarren können in **Lipica** auf edlen Lipizzanern ausreiten ...

Slowenien ist heilsam

Die Heilkraft des slowenischen Thermalwassers ist seit alters her bekannt; vor allem im Osten Sloweniens warten viele Kurorte mit allem Komfort und vielfältigen Therapie- und Wellnessangeboten für Kranke und Stressgeplagte auf.

Slowenien hat Kultur

Musikfreunde lassen sich besonders in den Sommermonaten mit klassischen Konzerten in einer der vielen, mit hervorragender Akustik gesegneten Kirchen oder Klöster verwöhnen – die berühmte Philharmonie in Ljubljana zählt hier zu den unbestrittenen Highlights. Für Theater- und Ballettfans gibt es eine ganze Reihe guter Häuser und auch Rock, Pop, Techno und Ethnomusik sind überall im Land gut vertreten – die über Europas Grenzen hinaus bekannte Gruppe **Laibach** ist als New-Wave-Beispiel zu erwähnen. Auch in der bildenden Kunst hat sich das Land einen Namen gemacht: Zahlreiche slowenische Naivmaler, Bildhauer, Designer, Architekten sind weltweit bekannt und geschätzt; die Grafik- und Design-Biennalen in Ljubljana zählen zu den slowenischen Kunst-Events von internationalem Rang.

Slowenien schmeckt

So vielfältig wie das Land, so vielfältig sind die Gaumenkitzel, die seine Küche auf den Tisch zaubert, geprägt von den Kochkünsten fremder Herrscher und Kulturen – der Österreicher, der Italiener, der Ungarn. In den slowenischen Töpfen dampfen und garen Muscheln, Langusten und Hummer, Wild- und Lammgerichte, deftige Eintöpfe, fangfrische Seefische und Forellen ... Als Vorspeise ist z. B. **Pršut**-Karstschinken mit Oliven eine Empfehlung, als Nachspeise Käse aus echter Alpenmilch, direkt von auf den Almen weidenden Kühen, Schafen, Ziegen. Natürlich gibt es die Kalorien auch in süßer Form, von **Potica**, Palatschinken über **Gibanica** bis zur verführerischen **Kremešnite**. Und wenn Sie es lieber flüssig haben, auch zum Nachspülen bietet die Karte Feines: vom gehaltvollen Rotwein über den leichten Weißen bis zum **Cviček**, einer spritzigen Mischung aus beiden. Kurz: Ob Sie Gourmet sind oder einfach gerne essen und trinken – in der slowenischen Küche wird der Gaumen bestens bedient.

Slowenien ist gastfreundlich

Preiswerte Pensionen oder Appartementhäuser gibt es übers ganze Land verstreut, ebenso Touristische Bauernhöfe, die nicht nur für Familien mit Kindern eine tolle Unterkunftsvariante bieten. Klassischen Hotelkomfort gibt es in jeder Kategorie, Camper sind mit schönen Plätzen gut versorgt und wer es etwas spartanischer liebt: In den Alpen warten viele Berghütten, die dem Nicht-Schnarcher möglicherweise eine leicht unruhige Nacht bescheren, dafür frühmorgens einen atemberaubenden Ausblick. Auch um Kinder ist man sehr bemüht, ob auf den Touristischen Bauernhöfen, an Campingplätzen oder mit zahlreichen Events in den Städten. Sie sind gern gesehene Gäste – sind es doch auch meist die von morgen ...

Über den Wolken … morgens am Berg Vogel – Blick ins Bohinj-Tal und gen Karawanken

Hintergründe & Infos

Ostabstieg vom Triglav, 2864 m – herrlicher Weitblick auf Kredarica- und Planica-Hütte

Klima und Reisezeit

Slowenien wird von drei Klimazonen geprägt: mediterranes Klima entlang dem schmalen Küstenstreifen, gemäßigt kontinentales Klima im Landesinneren und nach Osten, dazu alpines Klima in den Gebirgsregionen im Nordwesten des Landes. Besucher lockt dieses Land der klimatischen Gegensätze das ganze Jahr über an – zum Wandern, Bergsteigen, Mountainbiken, Paragliden, Klettern, Ski- und Langlaufen und zum Baden, Tauchen und Kajakfahren.

Mediterranes Klima ist nicht nur am Küstensaum zu finden, sondern auch in der Region Karst: warme Sommer mit wenig Niederschlag, im Herbst fällt Regen, die Winter sind mild. Hinsichtlich der Temperatur reicht der Einfluss des Mittelmeers bis hinauf ins Soča-Tal, es fällt aber deutlich mehr Niederschlag. Im Jahresdurchschnitt steigen die Temperaturen weder besonders hoch an, noch fallen sie extrem ab. Abweichungen können auftreten, wenn die *Bora* (slowenisch *Burja*) von Nordosten in den Küstenraum bläst. Weht im Sommer vom Meer her der angenehm erfrischende *Maestral,* ist mit klarem, schönem Wetter zu rechnen. Im Frühjahr und Herbst bringt der warme *Jugo* Regen und Bewölkung.

Die durchschnittliche Sonnenscheindauer beträgt an der Küste im Sommer 8 bis 11 Stunden/Tag, die Lufttemperatur 22 bis 23 °C, im Winter sind es 5 bis 7 °C. Der meiste Regen fällt im Spätfrühling sowie im Herbst.

Die Badesaison beginnt im Juni, dann steigen die Wassertemperaturen auf 20 °C und bleiben bis Ende September konstant zwischen 20 und 24 °C. Das Klima sorgt auch in den Monaten Juli und August für erträgliche Temperaturen: Nachts wird es nicht zu kalt, tagsüber nicht zu heiß.

Kontinentales Klima mit heißen Sommern und kalten Wintern nimmt von West- nach Ostslowenien stark zu. Die Niederschlagsmenge ist wegen der hügeligen bis bergigen Landschaft vergleichsweise hoch. Der meiste Regen fällt hier im Sommer. Im Ostteil des Landes beträgt der durchschnittliche Jahresniederschlag etwa 800 mm, im Zentrum sind es rund 1400 mm.

Alpines Klima herrscht im gebirgigen Nordwesten des Landes: warme Sommer und kalte, lange Winter mit Schnee. Es fallen bis zu 3500 mm Niederschlag pro Jahr. Beste Reisezeit ist hier Juni bis Anfang Oktober.

Beste Reisezeit für die Adriaküste sind Mai, Juni und September bis Mitte Oktober. Im Juli und August herrscht Hochbetrieb sowohl durch die vielen ausländischen Touristen als auch durch die Einheimischen, die hier ihren Urlaub verbringen. Das Binnenland bereist man am besten im Juli und August, zum Wandern eignen sich auch Juni, September und Oktober. Wetterprognosen etc. (→ Wissenswertes von A bis Z/Nachrichten/Wetter).

Klimatabelle Slowenien/Durchschnittstemperaturen in °C

	Bovec	Tolmin	Stara Fužina	Postojna	Portorož	Ljubljana	Maribor	Murska Sobota
Jan.	-0,7	0,6	-2,8	-0,9	4,9	-1,1	-1,3	-2,3
Feb.	1,0	2,7	-0,9	0,6	5,7	1,4	1,1	0,5
März	4,8	6,5	2,7	3,5	8,3	5,4	5,2	4,8
April	9,1	10,5	7,1	7,5	12,0	9,9	10,0	9,7
Mai	13,2	14,7	12,0	12,1	16,4	14,6	14,7	14,5
Juni	16,5	17,8	15,2	15,4	20,0	17,8	17,9	17,6
Juli	18,7	20,0	17,3	17,7	22,6	19,9	19,6	19,2
Aug.	17,9	19,5	16,6	16,9	22,3	19,1	18,7	18,3
Sept.	14,7	16,3	13,5	13,7	19,1	15,5	15,2	9,3
Okt.	10,0	11,5	8,7	9,4	14,8	10,4	10,1	9,3
Nov.	4,6	6,0	2,9	4,4	9,8	4,6	4,5	4,1
Dez.	0,4	1,4	-1,4	0,2	6,1	0,0	0,1	-0,6
Jahr	9,1	10,6	7,6	8,4	13,5	9,8	9,7	9,2

Winde

An der Adria sind Bora, Jugo und Maestral die vorherrschenden Winde.

Bora: Sie ist ein kalter, böiger Fallwind aus Nordost. Zwischen Julischen und Dinarischen Alpen hindurch bläst die Bora bis hinunter zur Adriaküste mit Windgeschwindigkeiten bis zu 150 km/h. Besonders betroffen sind die Karstplateaus Nanos und Trnovski gozd mit dem Vipava-Tal – die Hausdächer werden hier mit schweren Steinen befestigt. Die Bora entsteht unter dem Einfluss verschiedener Wetterlagen. Im Winter entwickelt sie sich aus einem Hoch über dem Balkan – das Wetter ist dann schön, es ist trocken und kalt. Bei Stabilität des Hochs kann die „Winterbora" bis zu zwei Wochen anhalten. Im Sommer kommt die Bora aus einem Tief über der Adria und führt nicht nur Sturm, sondern auch teilweise heftige Regenfälle mit sich. Meist ist sie nach wenigen Stunden durchgezogen, unter ungünstigen Umständen kann sie allerdings schon einmal bis zu drei Tagen dauern. Stürmt die Bora, ist höchste Vorsicht geboten – bei Segeltörns ebenso wie beim Auto- und Motorradfahren!

Jugo: Er weht an der Adriaküste aus Süd bis Südost und ist ein feuchter, warmer Wind mit Windgeschwindigkeiten bis zu 90 km/h. Binnen 36 bis 48 Stunden wird er etappenweise stärker und bringt Wolken, unruhige See und Regen.

Maestral: Ein Schönwetterwind aus Nordwesten, der vom Meer zum Land weht und von Anfang Juni bis Mitte September vorherrschend ist. Er beginnt vormittags zu blasen, ist gegen 14 Uhr am stärksten und endet vor Sonnenuntergang. Seine Intensität hängt vom Temperaturunterschied zwischen Meer und Land ab. Bleibt er aus, kann Wetterverschlechterung einsetzen.

Landschaften und Naturschutz

Slowenien bietet auf seinen nur 20.273 qkm eine einzigartige biologische, landschaftliche und kulturelle Vielfalt. Wasser prägt die Landschaft: Die größten und längsten Flüsse sind die **Sava**, die das ganze Land durchquert, dann die **Drava** im Osten und die smaragdfarbene Perle **Soča**, die im Nationalpark Triglav entspringt und in Italien ins Meer mündet. Daneben gibt es viele idyllische Flüsse wie Kokra, Savinja, Sava-Bohinja, Krka, Kolpa und Lahinja. Viele dieser Gebiete stehen unter Naturschutz.

Imposante Berge, v. a. die der **Julischen Alpen** und **Karawanken**, ragen in den Himmel und mittelhohe Bergzüge und Hügel durchziehen das Land – alles scheint grün in allen Nuancen. Grau, weiß und kahler wird es nur im kleinen, aber eindrucksvollen Karstgebiet nahe dem Meer bei Črni kal und auf dem Nanos. 60 % des kleinen Landes sind mit Wäldern bedeckt, jährlich werden 1,2 Millionen Bäume neu gepflanzt.

Slowenien weist eine sehr hohe Biodiversität auf: 12 % der Fläche stehen unter besonderem Gebietsschutz, 37 % sind Natura-2000-Gebiete. Aktuell gibt es einen Nationalpark, drei Regionalparks und 44 Landschaftsparks. Zu den engeren Schutzgebieten zählen 52 Naturschutzgebiete und 1217 Naturdenkmäler. Hervorzuheben ist natürlich der **Nationalpark Triglav** mit seinem namensgebenden höchsten Gipfel des Landes (2864 m), viele weitere imposante Spitzen locken hier.

Das Mineral Wulfenit, ein Molybdän-Bleierz – hübsch anzusehen, aber kein Schmuckstück, jedoch bedeutsam als Heizleiter für Hochtemperaturöfen

Auf der UNESCO-Liste steht der **Regionalpark Škocjanske jame** mit seinem gewaltigen und tiefsten Höhlensystem, daneben der **Regionalpark Kozjansko**, der neben idyllischer Natur und Weinbergen auch mit sehr vielen Kirchen, Klöstern und Burgen aufwartet. Der **Regionalpark Notranjska** im Karstgebiet ist beachtenswert aufgrund seiner Sickerseen, u. a. mit dem größten Europas, dem Cerkniško jezero – ein Paradies für verschiedenste Vogelarten und beliebtes Winterquartier für Zugvögel. Auch der kleine, in der Bela krajina liegende **Regionalpark Lahinja** mit seinem naturbelassenen Quellgebiet, den Karsterscheinungen und Naturdenkmälern steht auf der Liste.

Der **Landschaftspark Sečovlje** beeindruckt durch seine malerischen aufgelassenen, aber noch intakten Salinengärten, die eine artenreiche Meerwasserflora und -fauna beherbergen. Auch der **Landschaftspark Strunjan** nahe dem Küstenort Piran hat noch seine Salzgärten und eine steile Felsenküste aus Flyschgestein. Malerisch ist auch der **Landschaftspark Logarska dolina** mit seinem fast unberührten Tal, eingebettet zwischen hohe Berge. Der **Landschaftspark Kolpa** wird durch den Fluss geprägt, der sich an der Grenze zu Kroatien durch die bewaldete Karstlandschaft schlängelt – eine fast unberührte Landschaft tut sich hier auf. Auch der **Landschaftspark Goričko** ganz im Osten beeindruckt durch seine Kulturlandschaft und die realisierte Symbiose von Mensch und Natur. Der **Landschaftspark Kamniker und Savinjer Alpen** bietet neben hohen Gipfeln und lauschigen Flüssen auch eine eigene Flora und Fauna, dazu geschützte Hirtensiedlungen und uralte Bergbauernhöfe.

Daneben gibt es die **Geoparks**, wie den von **Idrija** mit seiner u. a. zu besichtigenden Quecksilbermine und den grenzübergreifenden **Geopark Karawanken** mit Bergwerksstollen, wo es rund 30 bis 40 verschiedene Mineralien gibt, u. a. auch Wulfenit und Dravavit.

Auf der Natura-2000-Liste stehen u. a. auch die **Murauen** westlich von Murska Sobota und das Laibacher Moor, **Ljubljansko barje**, wo einst Pfahlbauten standen, heute Kanäle und Felder das moorige Gebiet durchziehen.

Den Besucher erwarten in diesen geschützten Gebieten beste Informationen an Schautafeln zu allen Themen.

▲ Edelweiss
▲▲ Alpenrose, Alpenmohn
▼ Triglav-Enzian

Flora

Slowenien mit seinen vielfältigen Landschaftsformen wie Alpen, Tiefebenen, Karst und Küste zeigt auch in der Pflanzenwelt einen enormen Reichtum – jede Region besitzt ihre typische Flora und ist für Pflanzenliebhaber ein Augenschmaus.

Obwohl durch Abholzung schon stark dezimiert, sind Sloweniens **Wälder** immer noch üppig – knapp 60 % des Landes sind mit Wald bedeckt, über eine Million Hektar. Den größten Bestand bilden Laubwälder mit Eichen, Weiß- und Rotbuchen und Kastanien. Nadelbaumwälder (knapp 20 %) sind hauptsächlich auf die Alpenregion begrenzt. Der schmale, sehr dicht besiedelte Küstenstreifen ist fast baumlos, nur vereinzelt stehen Aleppokiefern, oft mit Macchia-Unterwuchs.

Die **alpine Region** zeigt sich, je nach Wetter, mit ihrer Blütenpracht von Juni bis in den September hinein. Zuerst, sich fast noch durch die letzten Schneereste schiebend, blühen Christrosen, Küchenschellen, Windröschen, Leberblümchen, Veilchen, dann Akeleien, Orchideen, Lilien, die ersten Sorten Enzian, die Alpenrose (Rhododendron), dann Arnika, Edelweiß, verschiedenste Glockenblumen, die kleine endemische Campanula zoysii und Potentilla nitida (→ S. 23 u. 84), Nelken und viele bei uns bekannte Steingartenpflanzen. Später im Jahr kommen Astern, Flockenblume und der purpurne und gelbe Enzian hinzu, die das Landschaftsbild eindrücklich prägen. Nicht zu vergessen die üppig durchsetzten Blumenwiesen, die je nach Jahreszeit in verschiedensten Farben leuchten und viele Heilpflanzen wachsen lassen.

Die **Ebenen** zwischen Drava und Save sind sehr fruchtbar, vor allem an der Mur, wo die Weiten des Pannonischen Beckens beginnen – hier ist die Kornkammer Sloweniens und Obst- und Weinbau wird noch auf dem kleinsten Fleckchen betrieben. In der Deltamündung der Dragonja entstanden die Salinen von Sečovlje. Die Salzgewinnung spielt heute kaum mehr eine Rolle, allerdings hat sich auf den ehemaligen Salzfeldern eine reiche Flora mit über 200 Arten entwickelt.

Die **Küste** und der **Karst** sind die Heimat von Macchia und subtropischer Vegetation – das mediterrane Klima begünstigt eine Pflanzenwelt, deren Andersartigkeit auf Pflanzenliebhaber aus nördlicheren Regionen eine starke Anziehungskraft ausübt.

Durch die lange Regenzeit im Winter, kaum Frost und die mehrmonatige heiße Trockenperiode im Sommer ändert sich der Vegetationsverlauf: Die Wachstumszeit beginnt im Herbst mit Einsetzen des Regens, die Blütezeit ist meist im April und Mai nach dem Ende der Regenperiode. Die Trockenzeit überleben Bäume und Sträucher nur dank ihres tiefen Wurzelwerks. An krautigen Pflanzen überleben nur die einjährigen, die sich schnell noch durch Samenabwurf fortpflanzen, oder Knollenpflanzen, die sich, wie bei uns auch, einziehen und nach ihrem Winterschlaf mit der Regenperiode wieder austreiben. Im Spätsommer schließlich zeigt sich die Pflanzenwelt mit Früchten und Blättern wieder in ihrer ganzen Farbenpracht.

Macchia: Eine Landschaftsform, die durch menschliche Hand entstanden ist, vor allem durch Rodung der immergrünen Wälder in der Antike, später durch die ständige Holzentnahme: Bäume liefern Brennholz, Holzkohle, Harze, Gummi, Farben und Fasern. Aber auch Ziegen- und Schafverbiss richtete viel Schaden an. Die Macchia kann bis zu zwei Meter und höher werden, im slowenischen Küstengebiet und Karst trifft man häufig auf Mastix, Wacholder, Ölbaumgewächse, Heide, Ginster, Zistrose und viele verschiedene Knollengewächse.

Enzian (oben), Krainer Lilie (unten) ▲
Campanula zoysii ▼

Kultur- und Zierpflanzen: Durch Handelsbeziehungen mit teils weit entfernten Ländern gelangten auch exotische Pflanzen hierher – so Oliven, Feigen und Granatäpfel aus dem Orient. Die Araber brachten Zitrusgewächse wie die Apfelsine aus China mit. Agave, Bougainvillea, Oleander und die Tamariske wurden aus dem tropischen Amerika eingeführt. All diese Pflanzen, die die Städte und Dörfer verschönern, sind aus dem Mittelmeergebiet kaum mehr wegzudenken. Als Kulturpflanzen wachsen neben Wein und Oliven vor allem Pfirsich- und Kirschenbäume.

Fauna

Wegen der dünnen Besiedlung und der großen Waldbestände gehört Slowenien in Europa zu den Ländern mit den meisten Tierarten. Und oft ist dieses Land die letzte Rückzugsmöglichkeit für Tiere, die andernorts keinen Lebensraum mehr fanden oder bereits ausgerottet wurden.

Nicht nur im Zoo, auch in den unwegsamen Gebirgen und in den Wäldern südöstlich von Ljubljana, im Gebiet um Kočevje nahe der kroatischen Grenze und auch im

Der schwarze „Alpensalamander"
kriecht durchs Gebüsch

Gebiet um den Snežnik kann man ihn heute noch bewundern: den Braunbären (Ursus arctos), den „König der Berge". Rund 450 Bären leben in diesen einsamen Regionen (→ Kasten Bären, S. 310). Inzwischen werden schon Trekkingtouren zu Meister Petz' Futterstellen organisiert – und leider immer mehr Jagdtourismus betrieben, besonders mit wohlhabenden österreichischen und deutschen Gästen. Auch Luchse und Dachse schleichen durchs Dickicht und Baum- und Steinmarder gehen auf Raubzug. Reich ist der Bestand an Wildschweinen, Damhirschen, Wildkatzen, Rehen und Hasen. Und in den Gebirgen tummeln sich Mufflons, Steinböcke, Gämsen und Murmeltiere.

Zahlreich sind auch die ganzjährig heimischen Vogel- und Zugvogelarten. Es gibt Meisen, Lerchen, Stieglitze, Wachteln, Zaunkönige, Amseln, Krähen, viele Spechtarten (Bunt-, Mittel-, Klein-, Fichten-, Schwarzer Specht). Von den Zugvögeln nisten im Sommer Nachtigall, Schwalbe, Wiedehopf, Kuckuck und Turteltaube an der Küste. An Greifvögeln gibt es den Habicht und den Sperber. In entlegenen Gebieten findet man Eulen, Uhus und Steinkäuze. Nahe der Küste und in der Karstregion nisten Adler und Gänsegeier sowie die rar gewordenen Birkhühner. Beliebte Jagdobjekte sind die vielen Fasane und Rebhühner. An Sümpfen und Gewässern findet man Störche, Wildgänse und -enten, verschiedenste Reiherarten und natürlich Möwen und viele andere Wasservögel.

Hervorzuheben für ihre besondere Fauna und natürlich auch Flora sind die geschützten Feuchtgebiete (Natura 2000) entlang der Mura in Ostslowenien, das „Moor von Ljubljana" (Ljubljanso barje), der Sickersee Cerkniško jezero und die auf der Ramsar-Liste stehenden „Salinen von Sečovlje" mit ihrer ganz eigenen Fauna. Viele der hier lebenden Reptilien wie Wasserschlangen, Eidechsennatter, Katzennatter und Leopardnatter sind, obwohl als Giftschlangen bezeichnet, völlig ungefährlich. Vor der Hornviper und – seltener – der Kreuzotter sollte man aber auf der Hut sein, sie sind tatsächlich giftig. Auf Gebirgswanderungen (im Norden Sloweniens) kann es durchaus vorkommen, dass man einer von ihnen begegnet. Es empfiehlt sich deshalb, auf solchen Wanderungen festes Schuhwerk zu tragen und vor allem auf diese eigentlich menschenscheuen Tiere ein wenig zu achten.

„Obermieter" in Ostslowenien ▲
Alpine Wegelagerer am Triglav ▼

Im Meer tummeln sich die verschiedenartigsten Fische: Seebarsch, Steinbutt, Seezunge, Makrele, Thunfisch, Aal, Sardelle, Tintenfisch, Drachenkopf, Scholle, Languste. Muscheln werden in der Bucht von Strunjan gezüchtet. In Hunderten von Flussläufen springen zahlreiche Forellen, u. a. die Marmorataforelle in der Soča. Aber es gibt auch Hecht, Flussbarsch und den großen Wels und in den Seen gründeln die Karpfen. Von den angeblich 365 verschiedenen Fischarten kommen 198 im Süßwasser vor und versprechen dem Angler einen reichen Fang.

Feste und Veranstaltungen

Größere Städte und Touristenorte bieten ein breites Spektrum an Musik-, Theater-, Folklore- und Sportveranstaltungen, hinzu kommen die zahlreichen Patronatsfeste. Überhaupt wird kaum eine Gelegenheit ausgelassen, ausgiebig zu feiern. Die Tourismusverbände bieten einen jährlichen Veranstaltungskalender, der auch im Internet (z. B. www.slovenia.info) abrufbar ist.

Nachstehend ein kleiner Auszug der bekanntesten Festivitäten (→ Reiseteil/Veranstaltungen).

In ganz Slowenien Sv. Marija, das Kirchenfest der hl. Maria wird im ganzen Land mit großen Prozessionen am 15. Aug. gefeiert.

Wanderfestivals, u. a. in Bohinj, Bovec, Kobarid, Tolmin; Ende Sept.–Anf. Okt.

Bled Biathlon-Weltcup, zwischen Dez. und März auf der Pokljuka-Hochebene.

Oberkrainer Festival, Mitte Nov.

Internationale Ruderwettkämpfe, im Juni, meist am 2. oder 3. Wochenende.

Festival Bled, erste Julihälfte; mit klassischen Konzerten, Feuerwerk u. See-Illuminierung.

Die Legende der Wunschglocke, wird am 25. Dez. im Strandbad gespielt.

Bohinjsko jezero Kresna noč, am Sa Anf. Aug. Sommernachtsfest auf dem See.

Kmečka ohcet, Bauernhochzeit, am 1. Wochenende im Aug. bei Ribčev Laz.

Bovec Intern. **Kajak-Wettbewerbe** im Frühjahr.

Brežice Seviqc Brežice, Ende Juni–Anf. Sept.; Musikfestival der Klassischen Musik im Schloss Brežice, aber auch in Grad Mokrice, Kostanjevica und Rajhenburg.

Celje Mittelaltertag, auf der Burg, letzter Fr/Sa im Aug.; mit historischen Kostümen.

Cerknica Faschingsumzüge der Lavfarji.

Goriška Brda Kirschenfest, 2. Juniwochenende in Dobrovo, zudem viele **Weinfeste**.

Kranjska Gora Weltcup und Europapokal **Alpin-Männer** auf dem Vitranc zwischen Dez. und Febr.

Weltcup-Skispringen, im März in Rateče.

Snowboard-Europacup und **Europapokal Hundeschlittenrennen** im Febr.

Kekec-Woche, letzte Juniwoche.

Radrennen, „Sturm auf den Vršič", 1. Sa im Sept.

Dreiländereck-Party, 2. Sept.-Sonntag.

Lendava Bograč-Fest, letzter Sa im Aug., größter Wettbewerb.

Ljubljana Kmečka ohcet, große **Bauernhochzeit**, Ende Juni; mit Brautpaaren aus verschiedenen Regionen in ihren Trachten. Druga Godba in Križanke, intern. Ethnomusik, Anfang Juni.

Intern. Jazz-Festival, erste Juliwoche.

Internationale Grafik-Biennale, Ende Juni–Ende Sept., zweijährig (nächster Termin 2017).

Internationale Design-Biennale, Mitte Sept.–Anf. Dez., auch im 2-Jahres-Rhythmus (2018).

Internationaler Marathon Ljubljana, Ende Okt. (www.ljubljanskimaraton.si).

Maribor Sommerfestival in der Lent, Ende Juni–Juli, Theater, Folk und Jazz an der Drava.

Festival der „Alten Rebe", 10 Tage Anf. Okt.; u. a. Ernte des alten Weinstocks und Wahl der Weinkönigin.

Murska Sobota Festival Soboški dnevi, 5-Tages-Fest Ende Juni mit Konzerten.

Trebnje: Naive Malerei, Gemälde von Konrad Peternelj-Slovenec, 1988

Piran Piraner Musikabende, Juli–Aug.; klassische Konzerte im Atrium des Minoritenklosters.

Sv. Jurij-Patronatsfest und auch **Salinenfest**, letztes Aprilwochenende.

Portorož Internautica, große Bootsmesse in der Marina, 5 Tage Mitte Mai.

Neptun-Taufe, Anfang Sept.; Begrüßung der Neulinge der Kapitänshochschule.

Ptuj Kurentizüge, Faschingsumzüge. **Ptujska poletna noč**, Sommernachtsfest,

Samstag vor dem 5. Aug., mit Hochzeitspaaren aus ganz Slowenien.

Narodne zabavne glasbe, Volksmusik-Festival mit Gruppen aus ganz Slowenien; meist Anf. Sept.

Rogla Pilzpicknick, 3. So im Aug.

Slovenske Konjice Kirchenfest Sv. Janez, am 27. Juni, im Kartäuserkloster Žiče mit großer Prozession.

Tolmin Viele **Open-Air-Festivals** wie Metal (Ende Juli), Punk-Rock (Anf. Aug.) und Reggea (Mitte Aug.).

Burgen und Schlösser

In Slowenien gibt es Zigtausend Burgen und Schlösser, die durch die sozialistische Politik fast dem Untergang geweiht waren. Einige wurden in letzter Zeit wieder schön restauriert, einige werden, wenn mehr Geld vorhanden ist, renoviert und viele sind bereits verfallen. In einigen der ehemaligen Herrschaftssitze wurden noble Hotels eingerichtet, sie beherbergen Museen und Galerien oder dienen als Veranstaltungsorte. Viele der Burgen sind in den Ortskapiteln beschrieben; Infos auch über www.slovenia.info.

Namhafte Burgen und Schlösser: Dobrovo, Kromberk, Zemono, Predjama, Gewerkenegg (Idrija), Bled, Škofja Loka, Goričane, Bistra, Snežnik, Fužine, Ljubljana, Zaprice (Kamnik), Vrbovec, Bogenšperk, Otočec, Metlika, Mokrice, Brežice, Rajhenburg, Žužemberk, Bogenšperk, Sevnica, Tabor (Laško), Podsreda, Olimje, Celje, Velenje, Štatenberg, Ptuj, Dornava, Borl, Ormož, Betnava, Murska Sobota, Lendava.

Kinder und Jugendliche

Ein Urlaub macht keinen Spaß, wenn sich nicht auch der Sprössling wohlfühlt und Spaß hat! Kein Problem in Slowenien: An Flüssen wie Soča und Sava Bohinjka sind z. B. spezielle Familienraftings im Angebot. Pferdeliebhaber/-innen können auf Ponys, aber auch auf Dressurpferden wie den Lipizzanern u. a. in Lipica, im Lepena-Tal oder bei Izola Unterricht nehmen oder durchs Gelände reiten. Auch auf etlichen Touristischen Bauernhöfen gibt es Pferde, daneben sind meist noch Kühe, Schafe, Ziegen, Hühner, Hasen, Katzen und Hunde zu beäugen und zu streicheln.

Auch Museen können Kinder begeistern: u. a. das informative wie unterhaltsame Trenta-Museum (Soča-Tal), das Alpenmuseum in Mojstrana, das Experimentierhaus und das Eisenbahnmuseum in Ljubljana oder das Aquarium in Piran, ebenso der Zoo in Ljubljana. Faszinierend, nicht nur für Kinder, ist eine Eisenbahnfahrt mit alten Dampfloks von Bled nach Most na Soči oder per Höhlenbahn durch die mit Stalagmiten und Stalaktiten geschmückte Unterwelt des Höhlensystems der Postojna-Grotten. Auch die Grotten von Škocjan mit dem tief unten rauschenden Fluss sind für Kinder ein Erlebnis, ebenso die Wasserschluchten der Tolminka und Vintgar sowie die Trockenklamm Pokljuka. Eine rauschende Fahrt abwärts bieten die Sommerrodelbahnen von Bled, Kranjska Gora, Maribor und auf dem Krvavec.

Therme Čatež – familienfreundliche Anlage mit Tipis zum Schlafen

Die Älteren finden sicherlich Gefallen in den dort nahen Adrenalingärten, Bikeparks, an Ziplines (bei Bovec) oder bei einem Kletterkurs. Für Jugendliche ist auch das Bergbaumuseum in Velenje oder das Quecksilberschaubergwerk bei Idrija interessant oder man durchquert gleich die Stollen per Mountainbike oder Kajak, wie dies im Bergwerkstollen bei Mežica möglich ist.

Daneben gibt es unzählige Burgen zu besichtigen, in Bled, Mokrice, Ptuj, Celje, Ljubljana oder Škofja Loka werden auch Ritterrüstungen gezeigt; Ritterturniere finden beim Höhlenschloss Predjamski (bei Postojna) oder in Celje statt. Spezielle Kinderfestivals wie in Velenje unter dem Motto Pippi Langstrumpf oder die Kekec-Woche in Kranjska Gora ermuntern zum Mitmachen. Auch das für Kinder gestaltete Piratendorf in Cateške Toplice mit Unterkünften in Tipis und schwimmenden Bungalows begeistert länger als nur ein paar Stunden.

Ein Erlebnis ist auch eine Bergtour, je nach Alter länger oder kürzer, wo man Kühe und Schafe und vielleicht auch Steinböcke, Gämsen, Steinadler, Murmeltiere und jede Menge hübscher und geschützter Alpenblumen sieht – und vielleicht auch noch in einer Hütte nächtigen darf. Schiffchen fahren kann man am See von Bohinj, auf der Ljubljanica in Ljubljana, auf der Drava bei Maribor oder dort lustige Floßtouren unternehmen. In den vielen Seen kann man schwimmen, sich in Flussbadebecken erfrischen. An der Slowenischen Riviera kann man ins Meer eintauchen, mit einem Schnorchel die Unterwasserwelt erkunden oder Schiffstouren mit einem Fischpicknick unternehmen. Spielplätze gibt es zuhauf, z. T. sogar bei Restaurants, und auch die Thermen bieten neben familienfreundlichem Camping oder Appartementhäusern große Wasserlandschaften zum Austoben.

Und – fast überall gibt es preiswerte Familienrabatte, die die Urlaubskasse schonen. Langeweile wird sich bei diesen schier unendlichen Möglichkeiten sicherlich nicht einstellen.

Heilbäder und Kurorte

In Slowenien gibt es im ganzen Land Heilbäder und Kurorte, viele davon mit langer Tradition und inzwischen mit großem Wellnessangebot. Mit 87 Thermalquellen hat Slowenien aufgrund seiner Größe die weltweit meisten Gesundbrunnen. Die Geschichte der slowenischen Thermalquellen geht bis ins Jahr 1147 zurück und auch das slowenische Mineralwasser wird schon seit über 400 Jahren in Europa geschätzt – die bekanntesten sind „Radenska Drei Herzen" und „Donat Mg". Die slowenischen Heilbäder und Kurorte haben sich zu touristischen Erholungszentren entwickelt, mit großen Kuranlagen, Hotels, Bungalows, Sporteinrichtungen, Spa- und Beautycentern, Kinderbetreuung; meist auch mit Campingplatz in der Nähe. Sehr beliebt sind Wellnessangebote von Ayurveda- und Akupunktur-Massagen über Bäder, Algenpackungen, Anti-Stress-Behandlungen und vieles mehr.

Die Kurbetriebe, meist Luftkurorte, bieten Trinkkuren von kaltem Mineralwasser, Thermalquellen mit Quelltemperaturen von 32–73 °C, Meerwasser und Salzsole, Aerosole zur Inhalation, heilkräftigen Schlamm, mineralische Peliode und Torf. Behandelt werden u. a. Rheumatismus, Störungen des Bewegungsapparats und Stoffwechsels, Frauenleiden, Herz- und Gefäß- sowie Nieren- und Harnwegserkrankungen, Erkrankungen des Nervensystems, der Atemwege, Augen, Verdauung und Haut.

Kurorte in Slowenien: Banovci, Čatež, Dobrna, Dolenjske Toplice, Laško, Rimski Toplice, Lendava, Moravske Toplice, Maribor, Mala Nedelja, Olimia, Portorož, Ptuj, Radenci, Rogaška Slatina, Strunjan, Šmarješke Toplice, Topolšica, Zreče.
Infos über Thermen und Kurorte im Reiseteil und unter www.slovenia-terme.si.

Rogla Therme in Zreče – beste Lage unterhalb des Mittelgebirges Pohorje

Das Küstenstädtchen Izola mit seinem malerischen Jachthafen

Steckbrief Slowenien

Fläche: 20.273 km^2

Hauptstadt: Ljubljana, 287.000 Einwohner

Land und Leute: Seit 2004 ist Slowenien Mitglied der Europäischen Union und der Nato; 2007 Einführung des Euro.

Rund 2,07 Mio. Einwohner (Stand 2016): 83 % Slowenen, 2 % Serben, 1,8 % Kroaten, 1,6 % Bosnier; zudem Minderheiten wie 0,1 % Italiener und 0,3 % Ungarn (beide mit geschützter Stellung und Sitz im Parlament).

Sprache: Slowenisch, in gemischtsprachigen Gebieten auch Italienisch und Ungarisch; viele Slowenen sprechen zusätzlich Englisch, Deutsch oder Italienisch.

Religion: Überwiegend Katholiken, nur wenige Protestanten.

Politisches System: Parlamentarische Demokratie mit Mehrparteiensystem und Parlament mit zwei Kammern: Staatsversammlung und Staatsrat.

Klima: In Slowenien gibt es drei unterschiedliche Klimazonen – kontinental, alpin und mediterran.

Die Durchschnittstemperatur beträgt im Januar im Landesinneren 0–2 °C, im Gebirge unter 0 °C, an der Küste 2–4 °C.

Durchschnittstemperatur im Juli: im Landesinneren 19–22 °C, an der Küste 22–23 °C.

Niederschlagshöhe im Jahresdurchschnitt: von 800 mm im Nordosten bis zu 3500 mm im Nordwesten.

Slowenische Riviera: Der nördliche Streifen der Halbinsel Istrien gehört zu Slowenien und ist zweisprachig – Slowenisch und Italienisch. Orts- und Straßenschilder, behördliche Informationen usw. werden in beiden Sprachen aufgeführt.

Rauchverbot: In allen öffentlichen Gebäuden und am Arbeitsplatz.

Tourismus: 2015 belegten die Deutschen bei den Übernachtungszahlen Platz 3 hinter den Italienern. Auf Platz 1 befinden sich die Österreicher.

Bruttoinlandsprodukt (2015): ca. 38,54 Mio. Euro (18.680 € pro Kopf).

Telefonvorwahl/Internet: 00386/si

Autokennzeichen: SLO

Information: www.slovenia.info.

Schloss Brdo – der geschichtsträchtige Tagungsraum für Regierungsgeschäfte

Geschichte und Politik

Die Gegend südöstlich der Alpen von der Adria bis in die Pannonische Ebene zu den Flüssen Drava (Drau) und Donau, grob umrissen die heutige Republik Slowenien, war seit alters her ein bedeutender natürlicher Kreuzungspunkt von Verbindungswegen und politischen Einflusssphären – der Balkan war und ist die Nahtstelle zwischen Okzident und Orient. Dennoch war der Blick der Slowenen meist nach Westen gerichtet – der Grund dafür liegt in der über tausendjährigen Zugehörigkeit zum österreichisch-ungarischen und deutschen Herrschaftsbereich.

Illyrer, Griechen

Bereits 250.000 v. Chr. fertigten *Hominiden* in den Höhlen unweit von Postojna ihre Werkzeuge. Um 10.000 bis 5000 v. Chr. erreichten die Errungenschaften der sog. neolithischen Revolution über den Balkanraum auch Europa: die Bearbeitung von Ton und Kupfer, die Pflanzenkultivierung und Tierzucht. Kelten, Griechen, Römer, Germanen und Slawen hinterließen ihre Spuren.

Im 2. Jahrtausend v. Chr. wanderten thrakische Stämme in dieses Gebiet ein, um 1250 bis 1150 siedelten sich Illyrer an. Am wichtigen Handelsknotenpunkt der von der Ostsee zur Adria führenden *Bernsteinstraße* (über Štanjel) und der *Via Egnatia* (s. u.) erbauten sie unter anderem im Laibacher Moor (südwestlich des heutigen Ljubljana) die Pfahlbausiedlung *Emona*. Funde aus dieser Zeit sind im Nationalmuseum in Ljubljana zu besichtigen.

Im 3. Jh. v. Chr. siedelten die Kelten im östlichen Alpenraum und gründeten im 2. Jh. v. Chr. das Königreich *Noricum*, das 13 keltische Stämme umfasste, zu Wohlstand durch Erzförderung kam und Handel (Salz, Eisen, Stahl,

▲ Römische Nekropole (Šempeter)

▼ Hadrian, Kaiser von 117 bis 138 n. Chr.

Gold, Silber, Blei) mit Etruskern und Venetern trieben. Ca. 15 v. Chr. ging Noricum unter *Oktavian* (s. u.) im Römischen Reich auf.

Auch die Griechen hinterließen ab Mitte des 7. Jh. v. Chr. ihre Spuren im heutigen Slowenien. So soll *Aegida* (Koper) eine griechische Handelsniederlassung gewesen sein, zudem streckten die Griechen, ganz entgegen ihrer Gewohnheit, ihre Fühler auch im Hinterland aus und hinterließen eine barbarisch-griechische Mischkultur. Den ständigen Angriffen und Seeräubereien illyrischer Stämme konnten sie sich auf Dauer schlecht erwehren.

Römer

Den Römern war nach ersten Eroberungen schnell klar, dass ohne gut durchdachtes Wegesystem und diverse Militärlager das Land nicht verwaltet und regiert werden konnte – so entstanden die sog. Heeres- oder Militärstraßen, die sich im Laufe der Zeit zu wichtigen Handelsstraßen entwickelten. Unter *Appius Claudius Caecus* wurde ab 312 v. Chr. die berühmte *Via Appia* begonnen, deren Verlängerung bis Sizilien folgte ab 190 v. Chr. Die *Via Egnatia* gab der Prokonsul von Makedonien, *Gnaeus Egnatius,* ab 146 v. Chr. in Auftrag, um von Rom nach Konstantinopel zu gelangen. Auch die erst viel später, im 1. Jh. n. Chr., erbaute *Via Militaris* führte von der Steiermark dorthin – beides Routen, die sowohl Kreuzritter auf ihren Raubzügen ins Heilige Land benutzten als auch die Truppen des türkischen Sultans auf ihrem Weg nach Wien. Eine weitere wichtige Straße war die *Via Gemina* (s. u.) mit der wichtigen Verteidigungsfestung *Ad Pirum* (→ Vipava-Tal/Ajdovščina).

Ein Herrscher, der die Römer durch Eroberungen erstarken ließ, war *Gaius Julius Caesar* (100 v. Chr.–44 v. Chr.), Namensgeber der Julischen Alpen. Nach seiner Ermordung erbte der

Großneffe *Gaius Octavius* (63 v. Chr.–14 n. Chr.), besser bekannt unter *Kaiser Augustus,* das Reich und machte sich alles Untertan, was sich in den Weg stellte. Im Jahr 15 v. Chr. gliederte er Noricum (s. o.) in sein Reich ein und selbst der sehr hartnäckige Nachbar Illyrien wurde 33 v. Chr. schließlich zur römischen Provinz *Illyricum.* So konnte Kaiser Augustus nun den gesamten Mittelmeerraum zum *Mare Nostrum* machen. Sein Stiefsohn und Nachfolger *Tiberius* (42 v. Chr.–37 n. Chr.), der ab 14 v. Chr. in langer Alleinherrschaft das Römische Imperium regieren durfte, war durch sein Geschick der Erhalt des Gewonnenen zu verdanken: Um 9 v. Chr. ließ er die römischen Provinzen *Noricum, Pannonia* und *Histria* unterteilen und befrieden. Aus den ehemaligen Militärlagern entstanden Städte wie *Emona* (Ljubljana), *Claudia Celeia* (Celje), *Poetovio* (Ptuj) und *Piranum* (Piran). In jener Zeit wurden auch die heilenden Thermalquellen entdeckt, zu Badetempeln ausgebaut und auch die dort vorhandene Eisen- und Kupferindustrie wurde gefördert. 117 n. Chr. waren Roms größte Ausdehnung und Blüte erreicht.

Das straffe römische Provinzialsystem legte den Grundstein für die Romanisierung von Sprache und Kultur in den besetzten Gebieten. Die Provinz Illyricum sollte später sechs römische Kaiser stellen, darunter *Diokletian,* der das Römische Reich verwaltungsmäßig zunächst unter zwei, später unter vier Regenten (Tetrarchie) aufteilte.

Als das Römische Reich sich immer größerer Angriffe erwehren musste, begann man bereits zu Beginn des 4. Jh., noch unter Kaiser Diokletian, in den Julischen Alpen ein Befestigungssystem aus Mauern und Kastellen zu errichten, die *Claustra Alpium Julianum,* zur Abwehr germanischer Einfälle. Zentrum war *Ad Pirum* (→ S. 223 u. S. 226), das Gebiet des heutigen *Hrušica.* Hier verlief auch die von Aquileia nach Emona füh-

Catharina von Cilli, 1437

rende *Via Gemina.* Dieses Gebiet zählte damals ebenfalls zu den Julischen Alpen.

Völkerwanderung

Durch Kaiser *Diokletians* Reformen gelang es Ende des 3. Jh., die Reichskrise zu bewältigen: Rom verlor seine Stellung als alleinige Hauptstadt, drei neue Hauptstädte wurden geschaffen, Mitregenten eingesetzt und die Reichsverwaltung neu organisiert. Diokletians Tod aber ließ die Eintracht der Teilherrscher in die Brüche gehen.

Für das noch junge Christentum bedeutete das Toleranzedikt von Kaiser *Konstantin* (313) das Ende der Verfolgung und die Anerkennung als gleichberechtigte Glaubensgemeinschaft. Konstantin erhob *Byzanz* als christliches Gegenstück zum heidnischen Rom unter dem Namen *Konstantinopel* zur christlichen Hauptstadt – ein Akt mit Folgen für die kirchliche Einheit. Die kirchlichen Führer erkannten ihre Chance in einer engen Verbindung mit der Staatsmacht. Eindrücklichster Erfolg ihrer Strategie war die Anerkennung des Christentums als alleinige Staatsreligion durch Kaiser *Theodosius* im Jahr 391. In der Schlacht am *Frigidus* (bei Vipava) im Jahr 394 einigte Theodosius nochmals das

Römerreich. Als er 395 verstarb, zerfiel, unter dem Druck der Völkerwanderung, das Reich endgültig in ein westliches und ein östliches Herrschaftsgebiet. Die Grenze entsprach etwa der Trennlinie von lateinischer und griechischer Sprache. Konstantinopel, das „zweite Rom", etablierte sich und konkurrierte auch im kirchlichen Leben: 1056 folgte die endgültige Abspaltung der Ostkirche von Rom.

Der letzte weströmische Kaiser *Romulus Augustulus* wurde 476 vom germanischen Heerführer *Odoaker* abgesetzt. Die Kirche übernahm weitgehend die Verwaltung des Landes, der römische Bischof nannte sich Papst und beanspruchte als Nachfolger des Apostels Petrus die kirchliche Führung.

Mit dem Verfall des Römischen Reichs und der einsetzenden Völkerwanderung drangen zunächst Germanen, dann Langobarden und Goten, im 6. Jh. auch Südslawen, von Nordosten her ein. Die slawische Besiedlung der Gebiete von Donau, Drau und Save, im Westen bis Triest und in die Friaulische Ebene und im Norden bis nach Kärnten, brachte das byzantinische Reich in Schwierigkeiten. Es verlor für 200 Jahre seine südosteuropäischen Gebiete. Auch die um 800 einsetzende Großoffensive von Byzanz konnte die Landnahme slawischer Ackerbauern nicht mehr rückgängig machen.

Slawisierung, Karantanien

Die slowenischen Slawen lebten ab dem 6. Jh. für kurze Zeit quasi in Freiheit: Die römische Sklavenordnung galt nicht mehr, die Slawen organisierten ihr Zusammenleben auf der Grundlage der Stammesgemeinschaft und wählten im sog. Zollfeld (*Gosposvetsko polje,* im heutigen Kärnten in Österreich) ihre Fürsten. Der erste slowenische Staat Karantanien *(Carantanium),* mit Verwaltungssitz in der Karnburg nördlich von Klagenfurt, entstand Mitte des 7. Jh. in Kärnten. In Stämme getrennt siedelten die Slawen in verschiedenen Gebieten, was ihnen im Laufe der Zeit zum Verhängnis wurde, weil sie sich so gegen die germanischen Nachbarn kaum verteidigen konnten (s. u.).

Franken, Missionierung

Karantanien existierte nur ein gutes Jahrhundert (620–745), 772 wurde es von Herzog *Tassilo III. von Bayern* besetzt. Um sich gegen die ins Land drängenden Awaren und Franken zu schützen, verbündeten sich die Slowenen mit Tassilo, unterlagen den Franken aber trotzdem – das freie slawische Reich wurde zum fränkischen Herzogtum Karantanien unter Karl dem Großen.

Die Freisinger Denkmäler (briški spomeniki) sind die ältesten kirchlichen Texte, die in einer slawischen Sprache (Altslowenisch) verfasst wurden. Höchstwahrscheinlich wurden sie unter dem Freisinger Bischof Abraham, der auch ein Slawe gewesen sein soll, im 10. Jh. in lateinischer Schrift geschrieben; sie umfassen eine Predigt über die Beichte, ein Beichtgebet und eine Beichtformel. Erst vor gut 150 Jahren wurden sie in der Freisinger Dombibliothek entdeckt und dokumentieren die Verbreitung der bayerischen Kultur in der südlichen Alpenregion und die engen Beziehungen zwischen Slowenen und Bayern. Die Freisinger Denkmäler sind in der Bayerischen Staatsbibliothek in München zu sehen.

Karantanien wurde nun unter den bayrischen Herzögen und Adelsfamilien und unter den Bistümern in Brixen, Freising, Aquileia und Salzburg aufgeteilt und tributpflichtig. Wesentlich war auch die kirchliche Gebietsaufteilung: Das Land südlich der Drau fiel an *Aquileia* (politisch unterstand es dem Markgrafen von Friaul), das Gebiet nördlich der Drau blieb beim Erzbistum *Salz-*

burg; beide Gebiete wurden nach Beseitigung der slowenischen Führungsschicht missioniert. 796 erfolgte, nach dem erfolgreichen Sieg der Franken über die Awaren, die Aufteilung des Südostens des Reiches in zwei Marken: die *Pannonische Mark* und die *Mark Friaul,* Trennungslinie war die Drau. Nach dem Zerfall des Frankenreiches erstarkte Bayern.

Ein nationales slowenisches Bewusstsein, auch in der Sprache, erwachte erst im 16. Jh. (→ Reformation), da schon ab dem 10. Jh. die slawische Herrscherschicht verschwunden war und Brauchtum und Sprache ausschließlich von den Bauern bewahrt wurden. Bis auf die *Freisinger Denkmäler* gibt es so gut wie keine überlieferten slowenischen Texte. 864 waren zwar bereits die beiden Slawenapostel *Kyrill* und *Method* nach *Unterpannonien* (Gebiet um Mur, Drau und Donau) gekommen, hatten die Heilige Schrift ins Slawische übersetzt und dazu eine eigene Schrift, die *Glagoliza,* entwickelt. Dies galt allerdings als Akt des Widerstands gegen die Obrigkeit und der lateinische Klerus verbot 1060 die Sprache kurzerhand.

Seit dem 8. Jh. wurden die Alpenslawen nun christianisiert, die Sprache der gehobenen Stände war Deutsch und dabei blieb es auch, als Ende des 13. Jh. die Habsburger die Herrschaft übernahmen (die Küstenregion kam unter Venedig, s. u.). Ausgenommen das kurze napoleonische Intermezzo von 1809 bis 1815, stand Slowenien über mehr als sechs Jahrhunderte – bis zum Ende des Ersten Weltkriegs 1918 – unter österreichischem Einfluss.

Die Grafschaft der *Sanegg von Cilli (Celje)* bildete in diesem Gefüge eine Ausnahme. Der Cilli-Clan widersetzte sich erfolgreich im 14. und 15. Jh. den Habsburgern, zudem wurde eine weitsichtige Heiratspolitik betrieben – große Teile Sloweniens und auch Kroatiens waren dadurch fest in ihren Händen. Durch

das Attentat von *Ladislaus Hunyadi* auf *Ulrich II.,* einem bis dahin kinderlos gebliebenen Cilli, erlosch der Clan und der Gesamtbesitz fiel an die Habsburger.

Venedig

An der nordöstlichen Adria regierte ab dem 12. Jh. die *Serenissima.* Alle istrischen Küstenstädte, bis auf Triest (ab 1382 habsburgisch), wurden von der Stadtrepublik Venedig geschluckt. Es war eine Zeit des wirtschaftlichen Aufschwungs und der Baukunst, die wir noch heute bewundern können, allerdings auch des Raubbaus von Holz im Hinterland für die Lagunenstadt. Erst die Habsburger beendeten 1797 Venedigs Herrschaft über die slowenischen Küstenstädte.

Reformation, Habsburger

Die türkischen Heere drangen erstmals 1408 auf ihren Raubzügen über den Balkan nach Slowenien ein und attackierten

Piran: Venezianische Stadtbaukunst

das Land bis 1578. Dies war auch die Zeit der großen slowenischen Bauernaufstände gegen die Ausbeutung durch ihre Feudalherren, die alle Aufstände, auch den slowenisch-kroatischen unter Führung von *Matija Gubec* (1574), blutig niederschlugen *(→ Rajhenburg).*

1551 erschien der erste slowenische „Katechismus" (gedruckt in Tübingen), verfasst vom protestantischen Reformator *Primož Trubar;* 1584 übersetzte *Jurij Dalmatin* die Bibel ins Slowenische und *Adam Bohorič* schrieb die erste slowenische Grammatik. Allerdings ließen Klerus und Adel nicht lange auf sich warten und rekatholisierten das Gebiet des heutigen Slowenien mit Militär und Inquisition.

Unter Kaiserin *Maria Theresia* (1740– 1780) erlebte die Region einen ökonomischen Aufschwung, Verwaltung und Besteuerung wurden reformiert. Nach dem Tod der Mutter trieb Sohn *Joseph II.* die Reformbewegungen weiter: Abschaffung der Leibeigenschaft und Recht auf freie Religionsausübung. 1797 erschien *Ljubljanske Novice,* die erste slowenische Zeitung.

Im Zuge der Französischen Revolution wuchs besonders im 19. Jh. das slowenische Nationalbewusstsein, beeinflusst von den freiheitlichen Visionen der Intellektuellen und den Dichtungen des großen slowenischen Romanciers *France Prešeren.*

Erster Weltkrieg

Der letzte Auslöser für den Ersten Weltkrieg war die Ermordung des österreichischen Thronfolgers *Franz Ferdinand* am 28. Juni 1914. Die Slowenen kämpften innerhalb der k. & k.-Armee zunächst an der russischen Frontlinie bis zur Kriegserklärung Italiens an Österreich-Ungarn am 24. Mai 1915. Nun begann das Gemetzel an der heimischen *Isonzo-/Soča*-Front *(→ Bovec).* Unter äußerst schwierigen Bedingungen wurde in den Alpentälern ge

kämpft. Über eine Million Soldaten ließen bei den insg. zwölf Schlachten am Isonzo ihr Leben (Ernest Hemingway, damals erst 19-jährig und freiwilliger Sanitäter auf italienischer Seite, verarbeitete dieses Trauma später in dem Roman „A farewell to arms" – „In einem andern Land").

SHS-Staat, Königreich Jugoslawien

Die Vision eines eigenen südslawischen Staates innerhalb der k. u. k.-Monarchie verdichtete sich bei den südslawischen Vertretern im Wiener Parlament bereits Anfang des 20. Jh. Doch erst nach Ende des Ersten Weltkriegs (nach dem Zerfall Österreich-Ungarns) war es so weit: Am 27. Oktober 1918 wurde das Königreich der Slowenen, Kroaten und Serben *(Kraljevina Slovencev, Hrvatov in Srbov – SHS)* gegründet – doch keines der Nachbarländer erkannte die Souveränität Sloweniens an: Die Italiener besetzten fast ein Drittel des Landes, die Österreicher wollten sich in der südlichen slowenischen Steiermark ausbreiten und nördlich der Karawanken sprach sich 1920 eine Volksabstimmung in Kärnten für den Verbleib in Österreich aus – trotz der slowenischen Bevölkerungsmehrheit!

Aber auch die zentralistische Politik im serbischen Belgrad brachte den Slowenen kein Glück, besonders als *König Alexander* 1929 die Diktatur ausrief und das Königreich in Jugoslawien umbenannt wurde.

Zweiter Weltkrieg, Befreiungskampf, Jugoslawien

Mit Hitlers Bombenangriff auf Belgrad am 6. April 1941 kam der Zweite Weltkrieg auch nach Jugoslawien. Die Armeen der Deutschen und Italiener überschritten Sloweniens Grenze und Jugoslawien wurde am 17. April zur Kapitulation gezwungen. Slowenien wurde unter Italien, Deutschland und Ungarn aufgeteilt (Österreich hatte nichts mehr zu sagen – es war 1939 von Hitler annektiert worden). Die Nazis vertrieben Intellektuelle, Priester und Bauern und siedelten dafür deutsche Bauern an. Geplant war zudem eine Enteignung und Aussiedlung von 220.000 bis 260.000 Slowenen, diese Planzahlen wurden letztlich glücklicherweise nicht erreicht. Die Deportationen begannen im Mai 1941 nach Kroatien und Serbien, aufgrund der Widerstandsbewegungen in diesen Ländern dann nach Niederschlesien. Im *Gottscheer Land* (→ Kočevje) wurden die deutschsprachigen Südslowenen aufgrund des nun italienischen Besatzungsgebietes umgesiedelt. Zudem wurden Tausende von Slowenen für die Hitlerarmee zwangsrekrutiert, die Oppositionellen in Konzentrationslager verschleppt. Die Sprache Slowenisch wurde verboten, im Gegensatz zu den italienisch besetzten Gebieten, wo die Kultur der Slowenen zunächst geduldet wurde.

Seit 1941 organisierten die slowenischen Kommunisten den Widerstand: Sie gründeten Partisanen-Einheiten, schlossen sich Titos Untergrundarmee und der Kommunistischen Partei Jugoslawiens an und kämpften vier Jahre lang, unterstützt u. a. von den USA und England, erfolgreich gegen Hitler und die eigenen mit den Nazis kollaborierenden Landwehrmänner, die sog. Weiße Garde. In unwegsamem Gelände wurden Stützpunkte mit Hospitälern, Druckereien etc. errichtet (→ Partisanenkrankenhaus Franja; → Mittelslowenien/Baza 20).

Nach dem Krieg fiel ein Großteil des ehemaligen österreichischen Küstenlandes von Italien an Jugoslawien. Das italienische *Gorizia* wurde vom Hinterland getrennt und *Nova Gorica* gegründet. Triest wurde 1947 erst einmal zum Freistaat, nach Auflösung 1954 fiel es an Italien. Zudem wurden die heutigen slowenischen und kroatischen Grenzen gezogen. Auch hier wurden Millionen von Menschen auf allen Seiten vertrieben und teils ermordet.

Von 1945 bis 1991 war Slowenien mit eigenem Parlament eine Teilrepublik der *Sozialistischen Föderativen Republik Jugoslawien* (SFRJ).

Unabhängigkeit, Europäische Gemeinschaft

Der Widerstand gegen die zentralistische Politik Belgrads eskalierte seit 1988 immer mehr. 1990 wandte sich eine Volksabstimmung mit 88 % gegen

Kočevje – Zwangsumsiedlung im „Gottscheer Land" (1941–1945)

einen weiteren Verbleib im jugoslawischen Staatenbund – im Dezember 1990 kündigte Slowenien seine Mitgliedschaft; die bisher geltende sozialistische Bundesverfassung war damit außer Kraft gesetzt und wurde durch eine eigenständige parlamentarische Demokratie ersetzt. Was folgte, war ein 10-Tage-Krieg: Am 27. Juni 1991 besetzte die jugoslawische Bundesarmee Slowenien mit der Begründung, die jugoslawischen Grenzen schützen zu müssen. Weitere Militäraktionen blieben aus, da sich Slowenien dem Willen der Europäischen Gemeinschaft beugte und seine Freiheitsbestrebungen vorerst auf Eis legte. Im Oktober 1991 übernahm die slowenische Armee wieder die Kontrolle über die Grenzen.

Slowenien führte seine eigene Währung (Tolar) ein und verabschiedete im Dezember 1991 die neue slowenische Verfassung. Der erste slowenische Staatspräsident hieß *Milan Kučan,* der auch die Folgewahlen von 1992 und 1997 gewann.

Am 1. Mai 2004 wurde Slowenien mit neun weiteren Staaten in die Europäische Union (EU) aufgenommen. Im Januar 2007 erfolgte die Währungsumstellung auf den Euro. Am 21. Dezember 2007 trat das Schengener Abkommen in Kraft, zudem erhielt Slowenien für ein halbes Jahr bis Juli 2008 den EU-Ratsvorsitz.

Bis 2007 war *Janez Drnovšek* Staatspräsident, ihm folgte als Kandidat der Linken *Danilo Türk,* ehemaliger Botschafter Sloweniens bei den Vereinten Nationen. 2012 wurde er von *Borut Pahor* (SD) abgelöst, der nun dieses 5-jährige Amt inne hat.

Von 2013 bis 2014 war *Alenka Bratušek* (Partei Pozitivna Slovenija) Ministerpräsidentin. Nach ihrem Rücktritt vertritt seit September 2014 erfolgreich der Jurist Miro Cerar (mit seiner Partei SMC) das Amt in schwierigen Zeiten.

Erfolgsmodelle des kleinen Landes waren eine zeitlang die vielen mittelständischen Unternehmen, auch hier kriselt es überall. Handelspartner sind vor allem die Länder der EU, vorrangig Österreich. Die Tourismusbranche kann aufstrebende Zahlen verzeichnen.

Slowenische Nationalhymne

1991, im Jahr der Unabhängigkeit Sloweniens, wurde das 1841 entstandene „Lebehoch" (Zdravljica) des slowenischen Poeten *France Prešeren* (1800–1849) zur Nationalhymne erkoren. Zwei der acht Strophen seines Poems werden von den Slowenen auch gesungen – besonders inbrünstig am 8. Februar, dem Slowenischen Kulturfeiertag, auch Prešeren-Tag genannt.

Freunde, die Reben brachten uns
den süßen Wein,
der unsere Adern stärkt,
der Herz und Augen klärt,
der alle Sorg´ ertränkt,
betrübter Brust die Hoffnung schenkt.

Ein Lebehoch den Völkern,
die sehnend nach dem Tage schaun,
an welchem aus dem Weltenall
verjaget wird der Zwietracht Graun,
an dem dem Freund die Freiheit scheint
und wo zum Nachbarn wird der Feind.

Panoramastraße Mangartsattel – bei klarer Sicht, Weitblick bis zur Adria

Anreise

Slowenien liegt vor unserer Haustür: Von München ist man mit dem Flugzeug in 50 Min. in Ljubljana (Frankfurt ca. 70 Min.) – Fliegen ist die schnellste, bequemste und nicht immer die teuerste Art des Reisens, für Norddeutsche auch sicherlich die angenehmste Variante. Bequem und auch preiswert mit Frühbucherrabatt fährt sich's mit der Bahn, falls die Waggons nicht gerade überfüllt sind – ca. 6 Std. dauert die Reise von München nach Ljubljana. Ein Reisebus, die billigste planmäßige Variante, benötigt je nach Straßenverhältnissen und Abfertigung von München nach Ljubljana laut Fahrplan 5:15 Std.; mit dem Auto sind es von München bis Ljubljana ebenfalls 5 Std., ohne mit Bleifuß zu fahren und vorausgesetzt, die Straßen sind frei. Zu Ferienbeginn sowie an langen Wochenenden muss man sich allerdings auf Wartezeiten an Mautstellen oder am Tauerntunnel einstellen.

Entfernungen: München–Salzburg 140 km, Salzburg–Villach 180 km, Villach–Ljubljana 120 km.

Mit dem eigenen Fahrzeug

Wer seinen Urlaub flexibel und unabhängig gestalten möchte, mit Familie und mit viel Gepäck reist, dem bringt sein Fahrzeug größtmögliche Bewegungsfreiheit.

Papiere Autofahrer benötigen die üblichen Papiere (Personalausweis oder Reisepass, Führerschein, Fahrzeugschein) und das Nationalitätenschild. Die Grüne Versicherungskarte ist nicht mehr vorgeschrieben (nur für Schweizer), vereinfacht das Verfahren im Schadensfall aber wesentlich.

Warnwesten Das Mitführen sowie das Tragen derselben ist bei einem Unfall überall vorgeschrieben.

Die schnellste Anreiseroute verläuft über die Tauernautobahn, die mautpflichtigen Tunnels der Radstätter Tauern (11,50 €) und durch den ebenfalls mautpflichtigen Karawankentunnel (7,20 €) nach Slowenien. Auch für Gespannfahrer kein Problem. Autobahn München – Salzburg – Villach – Karawankentunnel (slowen. Grenze) – Autobahn A 2 Bled – Ljubljana. Ab Ljubljana z. B. über Autobahn A 1 nach Postojna und Koper, dann auf Bundesstraße weiter nach Izola, Piran und Portorož.

Per Eisenbahn durch den Tauerntunnel Autobahn München – Salzburg – Werfen – Landstraße St. Johann – Badgastein – Böckstein – Tauerntunnel (Bahnverladung) – Mallnitz – ab Spittal Autobahn Villach.

Tauernschleuse Bahnverladung Böckstein-Mallnitz (www.oebb.at); ganzjähriger Betrieb, stündl. von 6.20 bis 23.20 Uhr gen Süden (nach Norden von 5.50 bis 22.50 Uhr); in der Hauptsaison Sa und So alle 30 Min., Fahrzeit 11 Min., Fahrpreis einfach für Pkw/Motorrad je 17 €.

Nützliche Infos für unterwegs!

Autobahngebühren (Stand 2017)

Schweiz: Vignette (Plakette) für ein Kalenderjahr (1. Dez. des Vorjahres bis 31. Jan. des Folgejahres) pauschal 40 CHF (ca. 37,30 €), ist Pflicht auf Autobahnen und autobahnähnlichen Straßen.

Österreich: Vignette (Pickerl) auf Autobahnen und Schnellstraßen, Preis abhängig vom Gültigkeitszeitraum. Pkw (Motorrad): 10 Tage 8,90 € (5,10 €), 2 Monate 25,90 € (13 €), 1 Kalenderjahr 86,40 € (34,40 €).

Italien: Autobahngebühren (www.autostrade.it), Preis abhängig von den gefahrenen Kilometern und dem Hubraum oder Achsabstand. Beispiel Klasse A (Pkw/Motorrad) Brenner – Triest (484 km) 36,40 €.

Slowenien: → (Unterwegs in Slowenien)

Notrufnummern

Internationaler Notruf: ☏ 112 (dann Weiterschaltung)

Schweiz: Polizei ☏ 117, Unfallrettung ☏ 144, Feuerwehr ☏ 118

Österreich: Polizei ☏ 133, Unfallrettung ☏ 144, Feuerwehr ☏ 122

Italien: Polizei/Unfallrettung ☏ 113, Feuerwehr ☏ 115

Slowenien: Polizei ☏ 113, Feuerwehr/Rettungsdienst ☏ 112

Eine gute Anreisealternative vor allem für Reisende aus dem Osten Deutschlands oder Österreichs ist die 300 km lange Pyhrn-Autobahn mit ihren gebührenpflichtigen Tunnels (13,50 €). Diese Route verbindet Suben (dtsch.-österr. Grenze) und Spielfeld/Šentilj (österr.-slowen. Grenze).
Autobahn Nürnberg – Passau – Regensburg – Wels – Bosruck-Tunnel – Gleinalm-Tunnel – Grailla – Spielfeld – Maribor – Celje – Ljubljana – Postojna – Koper.

Eine ebenfalls gute, aber stauanfällige Route führt durch Österreich und Italien auf der Autobahn bis Triest:
Autobahn München – Innsbruck – Brennerpass/Brennerautobahn – Trient – Vicenza (oder Verona) – Venedig – Triest – Koper.

Mit der Eisenbahn

Von Deutschland bzw. von München aus fährt der **Euro-City** mehrmals täglich über Salzburg, Villach nach Ljubljana (ab 6:13 Std.).Von Italien (über Venedig und Triest) ist das Schienennetz nach Koper (SLO) gut ausgebaut. Jährlich hat die Deutsche und Österreichische Bahn unterschiedliche Spartarife parat, die den Fahrpreis (Einfachticket normal ca. 90 € bis Ljubljana) deutlich reduzieren (s. u.). Für Schweizer ist die Anreise sehr langwierig.

Wer an die Slowenische Riviera möchte, muss in Ljubljana auf jeden Fall einmal umsteigen und fährt dann weiter bis Koper (3-mal tägl., insg. dann ca. 10 Std.).

Auch eine Bahnfahrt bis Venedig ist eine Option, von dort Weiterreise mit dem *Katamaran* an die Slowenische Riviera, u. a. nach Piran (www.venezialines.com, April–Okt., 1- bis 4-mal wöchentl.).

> **Deutsche Bahn AG** (DB), www.bahn.de
> **Österreichische Bundesbahnen** (ÖBB), www.oebb.at
> **Schweizer Bundesbahnen** (SBB), www.sbb.ch
> **Italienische Staatsbahnen** (FS), www.ferroviedellostato.it
> **Slowenische Eisenbahnen** (SZ), www.slo-zeleznice.si
> **Reservierung/Buchung**: Zu Hauptreisezeiten und um Spartarife zu ergattern, sollte man frühzeitig buchen! Infos: u. a. www.bahn.de oder telefonisch unter **0180/5996-633** (auch Radfahrerhotline!).

Minoritenkloster Olimje – die eindrucksvolle Klosterapotheke von 1676

Spartarife Europa-Spezialticket (www.
bahn.de), u. a. **München–Ljubljana**: Fahrtzeit 6:14 Std., ab 39 € (einfach), bzw. nach
Koper ab 49 €.

Spartarif für Österreicher (www.oebb.at):
Sparschiene (ab 19 €) Wien/Süd–Maribor–
Ljubljana.

Zugfahrt inkl. Fahrradversand: Es gibt Züge mit Fahrradmitnahme, diese müssen
rechtzeitig reserviert werden (s. o.). Die schnellste Verbindung ist mit dem EC (u. a.
ab München 12.18 Uhr, Ankunft Ljubljana 18.32 Uhr); alle weiteren Verbindungen
benötigen ab 14 Std. Fahrzeit. Informationen unbedingt vorab einholen. Gute Verbindungen bestehen ab Österreich (tägl. EC 150 und 151 Wien-Süd – Maribor –
Ljubljana, zudem IC 311 Villach – Jesenice – Zagreb).
Mit dem Autoreisezug: Der DB-Autozug (www.dbautozug.de) übernimmt diesen
umweltschonenden Transport von Hamburg-Altona, Berlin-Wannsee, Düsseldorf
oder Frankfurt/Neu-Isenburg nach Triest. In Österreich fährt der Autozug (www.
oebb.at) von Wien nach Koper.

Mit dem Bus

Das Angebot der Buslinien hat sich in den letzten Jahren enorm verändert. So gibt
es neben dem traditionellen **Touring Europabus** (Eurolines) den nun marktbeherr-
schenden **Flixbus**, der 2015 mit *Mein Fernbus* fusionierte (Flix Mobility GmbH),
auch der *Postbus* wurde einverleibt. Die erwähnten Busgesellschaften bedienen auf
dem Streckennetz nach Slowenien deutschlandweit viele Städte, auch von Österreich aus ist das Angebot gut. Eine Fahrradmitnahme ist bei Flixbus auf einigen Linien nach vorheriger Anfrage (nicht im Winter!) möglich.

Buslinien Eurolines (www.eurolines.de),
München–Ljubljana, Direktbus 4-mal tägl.,
Fahrtzeit 5:45 Std, ab 29 €. Bedient auch
u. a. Maribor, Ptuj.

Flixbus (www.flixbus.de, ✆ 030/300-137), Direktbus München–Ljubljana, bis ca. 7-mal
tägl., Fahrtzeit 4:50 Std., ab 19 €. Auch
Stopps/Verbindungen u. a. nach Bled, Maribor, Koper. Ab Frankfurt, 7-mal tägl. (nur 1-
mal tägl. direkt nach Ljubljana mit dem
Nachtbus, Fahrtzeit 11:15 Std., ab 39 €).
Flixbus für Österreich: u. a. Wien–Ljubljana, 4-mal tägl. (2-mal direkt in 5:30 Std., ab

25 €). Ab Salzburg 4-mal (1-mal direkt
4:13 Std., ab 19 €).

Ermäßigungen/Gepäckgebühren Bei
den Busunternehmen gibt es Rabatte, u. a.
für Kinder. Das Reisegepäck ist meist auf 2
Gepäckstücke und 1 Handgepäck begrenzt,
ansonsten muss, wenn Platz vorhanden,
5 € Aufpreis gezahlt werden.

Rückreservierung Teils muss eine Rückreservierung vorgenommen werden. Vorab
eingehend erkundigen, jede Busgesell-
schaft hat ihre Regeln.

Mit dem Flugzeug

Von allen großen deutschen Flughäfen sowie ab Zürich und Wien gehen in der Regel 1- bis 4-mal täglich Linienflüge nach Ljubljana (Brnik). Die Flugzeit von Frankfurt nach Ljubljana beträgt ca. 75 Min., ab München 50 Min. Zudem fliegen in der
Saison (März/April bis ca. Okt.) die sog. Low Cost Carrier (nur Onlinebuchung), jedoch nicht nach Ljubljana: *Ryan Air* (ab Frankfurt-Hahn) nach Venedig-Treviso (I),
Pula (HR), ebenso *Airberlin* nach Pula (HR) und Zagreb (HR) oder auch *Eurowings*
(ab Berlin, Düsseldorf etc.) nach Klagenfurt. Von Venedig geht es u. a. per Katamaran an die Slowenische Riviera.

Atemberaubend – ein Flug über die Bergwelt des Nationalparks Triglav

Vor allem für die Slowenische Riviera ist Triest (www.aeroporto.fvg.it) der nächstgelegene Flughafen. Ab Triest Weiterreise am schnellsten per Bus, aber auch per Bahn möglich. Auch Venedig ist eine Option, dann evtl. mit dem Katamaran nach Piran. Jährlich gibt es Neuerungen bei Fluglinien und Flugplänen, daher immer überprüfen!

Fluggesellschaften/Preisbeispiele Die aufgeführten Preise beziehen sich auf den Hin- und Rückflug inkl. aller Gebühren (Stand Monat Mai, im Winter günstiger).

Adria Airways (www.adria.si): Linienflug Frankfurt–Ljubljana–Frankfurt ab ca. 200 €; fast preisgleich Flug ab München.

Air Dolomiti (www.airdolomiti.de): München–Venedig–München ab 110 €.

Lufthansa (www.lufthansa.com): Linienflug nach Ljubljana ab Frankfurt/München ab ca. 280 €, ab Zürich (1 Std.) ab 388 CHF.

Ryan Air (www.ryanair.com): unschlagbar! Je nach Monat ab Frankfurt-Hahn–Pula (HR) ca. 90 € (plus Gepäckgebühren!).

Eurowings (www.eurowings.com): u. a. Berlin–Klagenfurt–Berlin, ab ca. 140 €. Ab Klagenfurt per Bus nach Ljubljana (u. a. mit Agentur Alpe Adria Line für 19 €, www.alpeadrialine.com).

Flugreisende können mit einer **freiwilligen Emissionsabgabe** Klimaschutzprojekte unterstützen, u. a. bei *Atmosfair*. Der Emissionsausstoß eines Hin- und Rückflugs von Frankfurt nach Ljubljana beträgt 376 kg CO_2, die Abgabe liegt bei 10 €. Informationen unter www.atmosfair.de.

Unterwegs in Slowenien

Mit dem eigenen Fahrzeug

Für Autoreisen innerhalb Sloweniens gibt es drei Hauptrouten – durch das *Soča-Tal* (Westslowenien), über *Kranj, Ljubljana* (Mittelslowenien) Richtung *Postojna* und von *Maribor* (Ostslowenien) über *Ljubljana* nach *Postojna* und weiter in Richtung Küste nach *Koper* (→ im jeweiligen Reiseteil). An den Grenzübergängen muss an Wochenenden mit Stau gerechnet werden. Alle slowenischen Städte lassen sich bequem von den durchgängig befahrbaren Autobahnen aus erreichen.

Entfernungen: Jesenice – Ljubljana 68 km, Ljubljana – Maribor 151 km, Ljubljana – Murska Sobota 186 km, Ljubljana – Bovec 155 km, Ljubljana – Portorož 120 km.

Autobahn A 1: Sloweniens Hauptachse von Ost nach West, d. h. von *Spielfeld* über *Ljubljana* nach *Koper*. Bei der Einreise *Spielfeld* (Šentilj) ist bei Stau auch der Grenzübergang *Jurski Vrh* (Ehrenhausen, kurz hinter Gamlitz links) möglich – für Caravans allerdings nicht empfehlenswert.

Autobahn A 2: Sloweniens Hauptachse von Nord nach Süd, d. h. von Österreich über *Ljubljana, Novo mesto* bis südl. von *Brežice* (kroat. Grenze).

Autobahn A 3: von *Divaca* nach *Triest.*

Autobahn/Schnellstraße H 4: von *Razdrto* durch das *Vipava-Tal* nach *Nova Gorica* (und weiter nach Italien).

Autobahn A 4: von *Maribor* nach *Ptuj* und weiter mit kurzer Autobahn-Unterbrechung bis *Gruškovje/Trakošćan* (slowen.-kroat. Grenze).

Autobahn A 5: von *Maribor* nach *Murska Sobota* und weiter nach *Lendava* (Richtung Ungarn und Kroatien).

Ins Soča-Tal: Eine landschaftlich reizvolle Strecke führt von Österreich über den *Predil*- oder kurvenreichen *Vršič-Pass* (im Winter gesperrt) durch das *Soča-Tal* nach Süden.

Von Italien (Grenzübergänge beachten!):
– über *Udine* Richtung Tarcento, dann über den *Uccea-Pass* (851 m) und noch 15 km bis *Bovec.*

– von *Udine* über *Cividale del Friuli* Richtung ital.-slow. Grenzübergang *Robič* und dann etwa 45 km über *Kobarid* das *Soča-Tal* aufwärts.

– über die zwei Grenzübergänge *Vrtojba* und *Rožna dolina* bei Gorizia nach *Nova Gorica*, dann noch ca. 72 km das *Soča-Tal* aufwärts.

Informationen für Kraftfahrer in Slowenien

Personaldokumente: Für EU-Mitglieder normalerweise keine Passkontrollen, jedoch aktuell möglich! Mitführen der Dokumente ist natürlich immer Pflicht!

Kraftfahrzeugdokumente: Führer- und Fahrzeugschein. Die Intern. Grüne Versicherungskarte (für Schweizer Pflicht!) ist empfehlenswert. Nach Unfällen mit sichtbaren Karosserieschäden sollte man sich von der Polizei eine Schadensbestätigung *(Potrdilo)* ausstellen lassen.

Vignettenpflicht auf Autobahnen und Schnellstraßen: Preis abhängig vom Gültigkeitszeitraum und der Höhe der Vorderachse, daher Kat. 2A und 2B (ab 1,30 m und ab 3,5 t; u. a. Transporter). Für Pkw/Wohnmobil (Motorrad): 7 Tage 15 € (7,50 €), 1 Monat 30 € (für Motorrad nur 6-Monats-Vignette für 30 €), 1 Kalenderjahr 110 € (55 €).

Kraftstoff: Flächendeckend erhältlich. Tankstellen sind an den wichtigsten Straßen nonstop geöffnet; EC-Karten-Zahlung problemlos möglich. Infos: www.omv-slovenija.si.

Kraftstoffpreise pro Liter (Stand 11/2016): Eurosuper (98 Okt.) 1,25 €, Eurosuper (95 Okt.) 1,28 €, Eurodiesel 1,13 €. **Autogastankstellen** gibt es nur in großen Städten, LPG kostet 0,62 €.

Höchstgeschwindigkeiten: Pkw/Motorräder in Ortschaften 50 km/h, außerhalb 90 km/h; auf Schnellstraßen 100 km/h, auf Autobahnen 130 km/h; Wohnmobile bis 3,5 t auf Autobahnen 100 km/h, Wohnmobile über 3,5 t und Pkw mit Anhänger außerhalb von Ortschaften überall 80 km/h.

Achtung, auch in Slowenien gibt es **Radarüberwachung** und saftige **Geldstrafen!** *Innerhalb der Stadt*: über 10 km/h zu schnell macht 80 €, über 10–20 km/h 250 € und 3 Punkte, 20–30 km/h zu schnell 500 € und 5 Punkte, bei mehr als 30 km/h sind 1000 €, 9 Punkte und der Führerschein fällig! *Außerhalb der Stadt*: mehr als 20 km/h zu schnell macht 60 €, 20–30 km/h bedeuten 120 € und 5 Punkte, 30–40 km/h 240 € und 5 Punkte, über 40 km/h 380 € und 9 Punkte.

Wichtige abweichende Verkehrsregeln: Abblendlicht ist auch am Tag vorgeschrieben. Beim Rückwärtsfahren muss das Warnblinklicht eingeschaltet sein. Winterreifenpflicht vom 15. Nov. bis 15. März (darüber hinaus auch bei winterlicher Witterung). Die Winterreifen müssen mindestens 3 mm Profiltiefe haben. Die Promillegrenze liegt wie in Deutschland bei 0,5.

Notrufnummern: Polizei **113**; Rettungsdienst **112**.

Pannenhilfe: Die Straßenwacht des Automobilclubs **AMZS** ist nonstop unter **Telefonnummer 1987** bzw. über Notrufsäulen an Autobahnen zu erreichen. **Slowenischer Automobilclub:** Auto-Moto Zveza Slovenije (AMZS), Dunajska cesta 128a, 1000 Ljubljana, ✆ 01/5305-300, www.amzs.si.

Tiere: Für Tiere, z. B. Hund oder Katze, ist der blaue *EU-Heimtierausweis* mit den vorgeschriebenen Impfungen obligatorisch. Näheres (→ Wissenswertes von A bis Z/Papiere).

Mit dem Bus

Das Busnetz ist in Slowenien sehr gut ausgebaut und für die Weiterreise empfehlenswert. Hat man wenig Gepäck, reist man preisgünstig für wenige Cent pro Kilometer. Im jeweiligen Reiseteil ist angegeben, ob regional Bus oder Zug die bessere Variante der Fortbewegung ist. In kleineren Orten sind die Verbindungen werktags, montags bis freitags sehr gut, spärlich wird es am Wochenende. Teils fährt an Sonn- und Feiertagen überhaupt kein Bus. In der Hauptsaison sind Reservierungen sinnvoll. Zudem gibt es günstige Shuttlebusse und Agenturen ab oder zum Flughafen (s. u. Flughafenshuttels).

Die *Busbahnhöfe (Avtobusna postaja)* liegen meist zentral, d. h. in der Stadtmitte, am Hafen oder beim Zugbahnhof. Fahrkarten kauft man am Busterminal, die Abfahrtszeiten sind auf Tafeln angeschrieben: Abfahrt heißt auf Slowenisch *Odhod*, Ankunft *Prihod*. Infos sind u. a. am Busterminal und bei TIC erhältlich.

Preisbeispiele Ljubljana – Maribor (ca. 130 km) ca. 12–14 €, 9-mal tägl. werktags (1:30–2:52 Std.), jedoch nur 4 schnelle Busse über A 1; Sa/So nur 4 Verbindungen, davon nur 2 schnellere Busse.

Auch ab Flughafen Triest gute Busverbindungen nach Koper (30 Min. Fahrzeit) oder Nova Gorica. Preise abhängig von der Schnelle der Verbindung.

Flughafentransfer/Shuttlebus Ab u. a. Ljubljana, Bled, Bohinj und Kranjska Gora gibt es Shuttlebusse und auch Agenturen,

die nach Fahrplan günstig die Strecken bedienen (→ www.lju-airport.si). Auch vom Flughafen Klagenfurt nach Ljubljana-Busbahnhof gibt es eine Linie für Flugreisende.

Busbahnhof Ljubljana: Trg Osvobodilne fronte (OF) 4, ✆ 00386/1/2344-600 oder ✆ 1991, www.ap-ljubljana.si (Slowen./Engl.).

Mit den Dampfladies durch den Nationalpark Triglav

Mit der Bahn

Die Eisenbahn ist Sloweniens billigstes Transportmittel, auf den Hauptrouten ist das Schienennetz gut ausgebaut. Und wer es nostalgisch liebt, macht sich mit dem Museumszug auf die malerische Fahrt von Bled nach Most na Soči (→ S. 148).

Der Kilometerpreis der Bahn beträgt wenige Cent, jedoch ist der Preis abhängig von der Zuggeschwindigkeit, auch hier gibt's die schnellen ICS. Regionalzüge sind preiswerter, aber auch langsamer. Auf den Hauptrouten ist der Zug klar im Vorteil gegenüber dem Bus, der sich auf stauanfälligen Straßen fortbewegen muss (z. B. Ljubljana – Maribor). Fahrtunterbrechungen mit dem Zug sind möglich, müssen aber auf der Fahrkarte vom Schaffner bescheinigt, d. h. abgestempelt werden. Sitzplatzreservierung ist in der Hauptsaison sinnvoll (1,50 €), Fahrradtransport ist teilweise möglich (s. u.).

Preisbeispiele Ljubljana – Maribor (156 km), bis zu 19-mal (zw. 1:50–12:40 Std., per ICS geht es am schnellsten, 6-mal tägl., 1:50 Std., 16,14 €). Nach Koper 3- bis 6-mal, zu 9,56 € (2:55 Std.) und 11,36 € (2:06 Std.).

Informationen über Slowenische Eisenbahnen: www.slo-zeleznice.si (Slowen./Engl.).

Hauptbahnhof Ljubljana (Železniška postaja Ljubljana), Trg Osvobodilne fronte (OF) 6. Infos landesweit unter ☎ 00386/1/2913-332 (8–16 Uhr).

Hauptstrecken: Jesenice (österr. Grenze) – Ljubljana – Zidani most und weiter u. a. nach Zagreb (HR); Ljubljana – Celje – Maribor – Murska Sobota – Lendava (und weiter nach Budapest); Ljubljana – Postojna – Koper.

Nebenstrecken: Pivka – Ilirska Bistrica – und weiter Richtung Rijeka (HR).

Die Linie über den Karst verbindet Divača – Sežana (Richtung Triest) – Štanjel – Nova Gorica (Jesenice); die Strecke Divača – Kozina – weiter Richtung Istrien (HR) fährt nur noch 1-mal tägl. im Juli/Aug.

Ljubljana – Kamnik.

Durch den **Nationalpark Triglav**: Jesenice – Bled – Jezero – Bohinjska Bistrica – Most na Soči – Nova Gorica.

Museumszug: z. B. Jesenice – Bled – Jezero – Bohinjska Bistrica – Most na Soči – Nova Gorica (→ Nationalpark Triglav/„Eisenbahnlinie durch den Nationalpark Triglav und in das Soča-Tal"); Fahrradtransport nach Anmeldung möglich.

Fahrradtransport: Ist auch in Slowenien nur in für Räder ausgewiesenen Zügen mit Gepäckwagen möglich und kostet unabhängig von der Strecke 3,40 €. Der Radbesitzer muss aber selbst im Zug fahren und auch selbst das Rad verladen. Eine Fahrradkarte von Slowenien u. a. nach Österreich oder Kroatien kostet 5 € (am besten vorab reservieren).

Mit dem Flugzeug

Bei den kurzen Entfernungen und den Flugtarifen lohnt es kaum, ins Flugzeug zu steigen. Zudem sind die Flüge von Geschäftsreisenden oft ausgebucht. Sloweniens Hauptflughafen mit Anbindung an das internationale Liniennetz befindet sich in *Brnik*, ca. 25 km nördlich von Ljubljana (A 2 Richtung Kranj); des Weiteren Flughafen bei *Maribor* (meist nur wenige nationale Flüge). Ein kleiner Flughafen, der im Linienverkehr über Ljubljana angeflogen wird, ist *Portorož*. Für die Slowenische Riviera sind die nächstgelegenen Flughäfen in Triest und Venedig (I), für Ost- und Nordslowenien eignen sich auch die Flughäfen von Klagenfurt (www.klagenfurt-airport.at)

Bovec – der Flieger wartet schon

oder Pula (HR). Alle Flughäfen haben Bustransfer zur Stadt, es gibt Taxi und Autovermietung. An den kleinen Sportflughäfen (Letališče), wie z. B. Portorož, Bovec, Lesce (Bled), Slovenj Gradec, Ptuj, Novo mesto, Ajdovščina kann man kleine Flugzeuge mieten (Aviotaxen, Panoramaflugzeuge). Mehr dazu (→ Reiseteil).

Internationaler Flughafen Ljubljana Aerodrom Jože Pučnik Ljubljana, in Brnik (Jože Pučnik). 4210 Brnik, Zg. Brnik 130a, ℘ 04/2061-000, -981, www.lju-airport.si. **Information**: etliche Agenturen am Flughafen vertreten.

Verbindungen Shuttlebusse, verschiedene Unternehmen fahren nach Fahrplan, auch Agenturen wie Alpe Adria Line (www. alpeadrialine.com) oder Alpe Tour (www. alpetour.si) u. a. nach Ljubljana-Busbahnhof (4,10 €), Kranj, Bled, Bohinj, Kranjska Gora. Werktags sehr häufig, Sa/So weniger. Infos

auf der Flughafenwebsite unter Shuttle und Bus (www.lju-airport.si). **Taxi:** Am Terminal warten Taxen. Info: ℘ 059/060-777, 031/216-111 (mobil), www.airporttaxi.si.

Flughafennahe Übernachtungen (→ Kranj).

Flughafen Maribor ca. 11 km südl. des Stadtzentrums. Letališka cesta 10, 2312 Orehova vas, ℘ 02/6291-790, www.maribor-airport.si.

Fluggesellschaften Adria-Airways (www.adria.si), ℘ 01/3691-010, vertritt auch Lufthansa. Büro nur am Flughafen.

Mit dem Fahrrad

Slowenien hat sich zum Fahrrad-Eldorado entwickelt, unzählige Radwege wurden ausgewiesen, das Kartenmaterial ist gut. Schöne Touren führen an Flüssen entlang, durch Weinberge, hügelige Landschaften, aber auch über anspruchsvolle Strecken auf Passstraßen ins Hochgebirge.

Auch längere **Touren** bringen Spaß, zumal die Slowenen sehr freundlich und hilfsbereit sind und es auch auf Fahrradfahrer eingestellte Hotels (mit Fahrradschild) und Campingplätze gibt (u. a. Fahrradraum, Duschen, Waschmaschinen, Gepäckeinstellung und -transport). Für sehr sportliche Naturen interessant ist die Route durch den Nationalpark Triglav (aufgrund vieler Motorradfahrer nicht an Wochenenden und in der Hauptreisezeit empfehlenswert): von Kranjska Gora über den Vršič-Pass nach Bovec und das Soča-Tal abwärts Richtung Nova Gorica. Ab Nova Gorica durch den Karst nach Dornberk, Branik, Štanjel, Dutovlje, Tomaj, Šmarje, Sežana, Lipica, Bazovica (Vasovizza; ital. Grenzübergang), Aquilinia und weiter nach Koper. Die hügelige bis bergige Route – im Norden Passstraßen – führt durch eine wunderschöne, abwechslungsreiche Landschaft.

Für Konditionierte empfehlenswert ist auch Mittelslowenien, d. h. Routen in Richtung Zgornj Jezero und hinüber ins Savinje-Tal, von dort weiter in die Region Koroška und weiter über den Pohorje in Richtung Osten.

Im Landesinneren, besonders in Ostslowenien, locken zahlreiche Weinstraßen, zudem sind die Flusstäler der Krka, Kolpa und Savinja, der Sava Bohinjka, Drava und Sava hervorragend zum gemütlichen Radfahren geeignet. Auch hier gibt es ausgewiesene Fahrradwege (u. a. www.mura.drava.eu) und gutes Kartenmaterial.

Wer es mag und über die richtige Ausrüstung verfügt, für den sind die **Downhillstrecken** ein Highlight – auf einer WM-Strecke kann man sich in Maribor austoben, daneben gibt es Freeride- und Downhill-Wege u. a. in Kranjska Gora, bei Črna na Koroškem und Bled. Wer Undergroundbiking machen möchte, fährt in die Bergbaustadt Mežica in der Region Koroška.

Wer lieber organisiert in der Gruppe radelt, findet in allen Tourismusorten **Agenturen**, die ein- oder mehrtägige Mountainbiketouren anbieten. Mountainbikeanmietung pro Tag ab ca. 10 €, auch E-Bikes im Angebot. Alle, die ihr eigenes Bike mitnehmen möchten, sollten an Werkzeug und Ersatzteile denken, denn beides findet man nicht in kleinen Orten (→ Reisepraktisches/Sport und in den jeweiligen Ortskapiteln). Teilstrecken können auch mit dem Zug zurückgelegt werden (s. u.).

Anreise (→ Anreise mit der Eisenbahn/ Fahrradversand).

Fahrradtransport per Zug innerhalb Sloweniens Viele Züge verfügen über Fahrradwaggons (im Internet gekennzeichnet), der Transport, außer der Zug ist überfüllt, dürfte kein Problem sein (bei längeren Strecken besser das Rad vorab anmelden). Info/Reservierung: ☎ 01/2913-332, www.slozeleznice.si.

Preise: Das Fahrrad kostet (egal welche Strecke) 3,40 €, nach Österreich und Kroatien 5 €.

Informationen Kartenmaterial mit Tourenbeschreibungen: bei den örtlichen Touristinformationen. Die schönsten slowenischen Touren sind unter www.slovenia.info/cycling abrufbar.

Auf dem Parenzana-Weg bei Izola

Mit dem Mietwagen

Mietwagen gibt es in allen größeren slowenischen Ferienorten und Städten, zudem an den internationalen Flughäfen. Neben internationalen Autoverleihern wie Avis, Europcar, Budget und Hertz gibt es auch etwas billigere Anbieter wie den kroatischen Avantcar (www.avantcar.hr). Eine günstigere Anmietung gibt es evtl. über Online-Buchungen vorab (z. B. www.billiger-mietwagen.de oder www.rentalcars.com). Die Verträge sollten stets genau studiert werden, sie unterscheiden sich von Anbieter zu Anbieter und: Je länger man einen Wagen mietet, desto billiger wird der Tagessatz (→ Reiseteil), u. a. für einen Kleinwagen (z. B. Renault Twingo) ab ca. 25 €/Tag oder ca. 70 €/Woche.

Motorrad- und **Mofaanmietung** ist in fast jedem Touristenort möglich (auch in Slowenien gilt Helmpflicht!). Motorrad ab 80 €/Tag, 427 €/Woche (u. a. Kawasaki Yersis), ein Mofa ab 30 €/Tag. Infos u. a. www.rentalmotorbike.com.

Mit dem Taxi

Die Taxistände befinden sich in größeren Orten im Zentrum, an Busbahnhöfen, am Hafen und an Flughäfen. Vom Flughafen Ljubljana nach Ljbuljana-Stadt (26 km) zahlt man rund 40–45 € (bei 1–4 Fahrgästen). Es empfiehlt sich immer, Erkundigungen nach Alternativen einzuholen, besonders bei weiteren Strecken.

Im ganzen Land gibt es gemütliche kleine Hotels, wie hier in Šmartno (Goriška Brda)

Übernachten

Das Übernachtungsangebot in Slowenien ist groß – Sie haben die Wahl zwischen Privatunterkünften, Touristischen Bauernhöfen, Appartements, Hotels, Campingplätzen und Berghütten. Wildes Zelten ist verboten.

Zur Hochsaison, bzw. Topsaison zwischen Anfang und Mitte August, sollte in beliebten Touristenorten vorgebucht werden, vor allem an der Slowenischen Riviera. In den Großstädten können preiswerte und gute Hotels auch außerhalb der Saison wegen Messen oder Kongressen belegt sein. Die Campingplätze sind in der Hochsaison oftmals sehr voll, vorbuchen empfiehlt sich ebenfalls. Außerhalb der Hochsaison hat man normalerweise kein Problem „sein" Quartier zu finden.

Haupt- und Nebensaisonpreise sind an der Küste und in beliebten Touristenorten üblich. Die Hotels und Privatvermieter im Landesinneren gewähren außerhalb der Saison meist keine Preisnachlässe. In den Bergen ist im Winter natürlich Hochsaison (Weihnachten Topsaison), aber auch im Sommer und Herbst, wenn die Wanderer kommen.

Wer seinen Urlaub größtenteils an einem Ort in einer Pension verbringen möchte, kann mit den Privatvermietern einen reduzierten Preis aushandeln. Auch bieten viele kleine Hotels ganzjährig günstige Übernachtungspakete (u. a. mit Wellness oder Golf) an. Die Hotelpreise regeln sich inzwischen über Angebot und Nachfrage, d. h. am besten in den gängigen Portalen stöbern – Schnäppchen sind üblich. Bei preiswerten Hotelpauschalen inklusive Frühstück und Abendessen (HP) muss man oft mit großen Abstrichen bei der ansonsten doch sehr guten slowenischen Küche rechnen, zudem lernt man so auch leider nicht die landesweiten Gaumengenüsse kennen.

Übernachtungsinformationen

Die **Slowenische Tourismuszentrale** (→ Wissenswertes von A bis Z/Informationen) präsentiert sich mit Privatunterkünften, Hotels, Urlaub auf dem Bauernhof und Campingplätzen im Internet (teils auch als Broschüren erhältlich). Zudem stellt sich jeder Ort im Internet vor, ebenfalls mit vielen Unterkünften (→ Reiseteil).

Auch in Slowenien gilt die **Anmeldepflicht**, die normalerweise der Vermieter erledigt.

Alle im Reiseteil aufgeführten Preise sind **Hochsaison- und Tagespreise** und beziehen sich meist auf das Doppelzimmer inklusive Frühstück für 2 Personen (DZ/F). Wer länger als ein oder zwei Nächte in Privatunterkünften bleibt, erhält Rabatt bis zu 30 %.

Kurtaxe: Zusätzlich zum täglichen Übernachtungspreis muss pro Person im Hotel bzw. in der Privatunterkunft eine Abgabe von 1,27 € (Kinder 7–18 J. 0,64 €) entrichtet werden. Auf dem Campingplatz sind es 0,64 € (Kinder 0,32 €).

Internetzugang: In allen Hotels (manchmal nur im Foyer) und in fast allen Pensionen und auf Campingplätzen kann man über WiFi verfügen (meist gratis).

Privatunterkünfte

Das Angebot an Privatunterkünften (Zimmer/Appartements) in allen Kategorien ist in den meisten Touristenorten riesig. Gebucht wird über Touristinformationen (TIC) oder Agenturen, viele Unterkünfte finden sich auch im Internet. Zudem prangen an sehr vielen Privathäusern die *sobe*- oder *apartman*-Schilder, die es ermöglichen, sich vor allem in der Nebensaison direkt an den Vermieter zu wenden. Der erledigt dann gewöhnlich für die Gäste die Formalitäten bei TIC (Registrierung und Kurtaxe).

Privatunterkünfte sind in Kategorien ** bis **** unterteilt: das Doppelzimmer (DZ) kostet pro Tag ca. 30–60 €, das Appartement ca. 40–100 € (je nach Ausstattung, Personenanzahl, Lage). Das Einzelzimmer (EZ) kostet ca. 30 % mehr als ein Bett im DZ. Für ein Frühstück bezahlt man ca. 5–9 € pro Person.

Übernachten im Gasthof: Bietet eine Gostilna (Gasthof) Zimmer an, heißt dies meist *Gostišče* oder auch *Gostilna s prenočišči*. Gerade für Stopps innerhalb von Orten ist dies eine sehr gute Variante, da man hier meist sehr guten Essen nicht einmal das Haus verlassen muss. Für DZ/F zahlt man ca. 60–80 €.

Übernachten auf Touristischen Bauernhöfen (Turistične kmetije): In Slowenien sehr beliebt und verbreitet. Diese Übernachtungsform ist eine gute Möglichkeit, vor allem für Familien mit Kindern, Land, Leute und die Küche kennenzulernen. Überall werben Bauernhöfe und Pensionen mit Aktivferien, Kinderferien usw. Vermietet werden Zimmer und Appartements unterschiedlichen Standards, der in Slowenien statt der üblichen Sterne in Äpfeln (im Reiseteil °–°°°°) angezeigt wird. Pro Person kostet eine Übernachtung mit Frühstück (ÜF) ca. 16–25 €, HP ca. 25–35 €, VP ab 40 € (meist unüblich). Die Hauswirtinnen verführen ihre großen und kleinen Gäste garantiert mit ihrer Kochkunst und zaubern leckere, uns oft unbekannte Gerichte. Helfen, z. B. bei der Obst- und Weinernte oder im Stall, „darf" man sicherlich auch.

Zudem gibt es noch **Öko-** und **Biohöfe** (im Reiseteil mit dem grünen Blatt versehen): Touristische Öko-Bauernhöfe bieten außer oben Genanntem ökologisch

Schloss Brdo – schlafen wie ranghohe Persönlichkeiten und Sternchen

angebautes Gemüse, Obst, Wein sowie Tierhaltung unter ökologischen Bedingungen; Touristische Bio-Bauernhöfe bieten Biokost und eine gesunde Wohnumgebung mit Zertifikat der zuständigen Kontrollbehörde .

Hotels

Die Hotels sind in Kategorien ** bis ***** unterteilt, wobei ***** selten und ** meist Jugendhotels sind. Neuerdings stocken ehemalige ***-Hotels gerne auf **** auf, was allerdings nicht immer dem wirklichen Standard (auch wenn ein Wellnesscenter vorhanden ist) entspricht. Bewertungskriterien sind allgemein Lage, Komfort des Hotelbetriebs, Ausstattung/Größe der Räumlichkeiten, Aufzug, Wellness, Pool und Frühstücksbüffetsortiment. Bei der Zimmerauswahl sollte man auf Geräusche durch Aufzug-, Restaurant- und Terrassennähe achten, ebenso sind doppeltürige Schlafgemächer von Vorteil.

***** Höchster Komfort in meist kleinen, hübschen Villen. Ausstattung dementsprechend stilvoll, die Zimmer generell mit neuester Technik (LED-TV, WiFi etc.) ausgestattet. Angeschlossen ist häufig ein Gourmetrestaurant oder eine Café-Bar. Meist mit Garten und Pool, Wellness-, Beauty- und Sportbereich, evtl. Nachtclub. DZ/F ab ca. 180 € bis 350 € (und mehr).

**** Hoher Komfort, mit Swimmingpool, Hallenbad, Wellnessbereich, Sporteinrichtungen wie Tennisplätzen, Sportgeräteverleih. Die Hotels verfügen über Restaurant, Bar und oft auch über eine Diskothek sowie diverse Shops. Je nach Lage kostet das DZ/F mit Bad/Dusche/WC, Balkon 140–200 €.

*** Diese Kategorie ist am häufigsten anzutreffen. Von der Ausstattung her (meist mit Swimmingpool) ähnlich der Kategorie ****, aber oft etwas weniger Komfort (auch beim Frühstück). DZ/F mit Bad/Dusche/WC 80–130 €.

** Meist an Hotels der Kategorie *** in Form von Nebenhäusern, sog. Dependancen, angegliedert, oft als Appartements klassifiziert. DZ/F mit Dusche/WC ab 70 €.

Jugendherbergen, Hostels

Jugendherbergen *(Diaški dom)* bzw. Hostels gibt es in Slowenien in Großstädten, einige auch auf dem Land (→ Reiseteil). Wer über einen internationalen Jugendherbergsausweis (JH) verfügt, zahlt hier meist weniger. Der Preis ist abhängig von der Personenanzahl in einem Zimmer. Meist gibt es 1-, 2-, 4- und auch 8-Bettzimmer für 8–25 € pro Person. Auch ein preiswertes Frühstück oder eine Halbpension ist oft verfügbar. Infos auch über www.youth-hostel.si.

Berghütten

Wer auf Schusters Rappen die slowenische Bergwelt erkunden möchte, nächtigt am besten in den Berghütten *(Koča* oder *Dom)*. Luxus ist hier natürlich nicht zu erwarten, dafür Natur pur inklusive morgendlichem und abendlichem Sonnenauf- und -untergang. Vorherrschend sind Schlafsäle (Stockbetten), ab und an gibt es Zimmer mit 2–6 Betten. Die meisten Hütten in tieferen Lagen sind von Mai bis September/ Oktober oder auch ganzjährig, die höher gelegenen ca. ab der 3. Juniwoche bis Ende August/September geöffnet (→ Reiseteil) – alles ist jedoch auch wetterabhängig. Es gibt Decken und Bettlaken und es wird auch geheizt; wer sehr verfroren ist, packt sich vielleicht noch einen dünnen Schlafsack in den Rucksack – besonders oben in der Bergwelt kann es nachts ziemlich kalt werden. Duschen gibt es übrigens fast nie, dafür ein Waschbecken für alle ... (Hygienetücher leisten gute Dienste). Sehr sinnvoll ist eine Taschenlampe (ab 22 Uhr wird der Strom abgedreht), zudem Ohropax, um sich etwas Nachtruhe zu gönnen – erstaunlich, wie viele Schnarcher es gibt!

Haben die Berghütten geschlossen, gibt es manchmal in höheren Lagen in einem Anbau neben dem Hauptgebäude oder einer nebenstehenden Almhütte die sog. Winterzimmer *(Zimska soba)* mit Stockbetten oder Lager und evtl. ein paar Decken. Jetzt heißt es vorsorgen mit eigenem dicken Schlafsack, genügend Essen und auch genügend Wasser – gerade im höher gelegenen Triglav-Gebiet gibt es so gut wie kein Wasser!

In den bewirtschafteten Berghütten gibt es Essen, meist Suppe, Gulasch mit Nudeln, Wurst, Brot, Eier, manchmal auch Palatschinken und natürlich Getränke. Sind die Hütten tiefer gelegen, fällt die Essensauswahl meist größer aus. Die Preise sind, wie auch anderswo in den Bergen, hoch, da die Anfahrts- und Beschaffungswege

Združenje gorskih vodnikov Slovenije (Slow. Bergführer-Verband), Dvoržakova 9, 1000 Ljubljana, ✆ 01/4343-022, www.pzs.si. Informationen zu Berghütten und Bergführern (Slowen./Engl.). Ersichtlich ist hier auch das Hüttenverzeichnis mit Telefonnummern/Öffnungszeiten; falls mal nur in Slowenisch, zuerst auf „Koče in poti" (Hütten und Wege) klicken, dann auf „Seznam koč" (Hüttenverzeichnis; → „Etwas Slowenisch/Hütten", S. 547).

beschwerlich sind. Die Triglav-Hütte z. B. versorgt der Helikopter mit Essen und frischer Wäsche. Die Übernachtung kostet ca. 15–20 €/Person. Mit Alpenvereins-ausweis (DAV) ca. 50 % Ermäßigung. Mehr Informationen (→ Reiseteil).

Camping

Slowenien ist mit Campingplätzen (Kat. * – *****) gut versorgt: In der Bergwelt, in Kurorten und bei Thermen sowie an den Flüssen findet man genügend größere und kleine Plätze, an der kurzen Slowenischen Riviera sind es nur wenige.

Die größeren Campingplätze liegen meist an Seen und Flüssen, schön schattig durch Laubbäume oder Fichten, verfügen über Restaurant und Supermarkt, mo-derne Sanitäranlagen, Kühlboxen und Grillplätze. Zusätzlich gibt es häufig Sport-anlagen und Verleih von Booten und Kajaks. Spitzenkategorie-Campingplätze sind allerdings rar – auf den Plätzen nächtigen meist Aktiv- oder Natururlauber, die mit weniger Komfort zufrieden sind. Auf größeren Campingplätzen ist es auch möglich, *Mobilheime* (voll eingerichtet mit Küche und kleinem Vorplatz) zu mieten; eine gute Alternative zu Appartements.

Neu im beliebten Campingprogramm ist u. a. das Schlafen in **Weinfässern** (→ Ptuj), in feststehenden, teils auch offenen Holzhütten, **Glamping** (→ u. a. Bled) genannt (manchmal auch mit Jacuzzi und eigenem Badezimmer buchbar), in **hän-genden Zelten** (→ Kranjska Gora) oder in Piratendörfern auf dem See (→ Čatežke Toplice). Ständig lassen sich die Betreiber Neues einfallen, um Gäste anzulocken. Auch hier setzt man teils auf Öko-Dörfer.

Die Auswahl an Schlafmöglichkeiten ist groß: ob im „Heuzimmer", im „hängenden …

Die meisten Plätze sind vom 1. Mai bis 30. September geöffnet, einige größere vom 01. April bis Ende Oktober, manchmal auch ganzjährig. Im August kann es eng werden, denn viele Slowenen verbringen ihre Ferien auf den Autocamps.

Gasflaschen: Für Camper gilt immer noch, die Kartuschen am besten auf Vorrat mitzunehmen, da es teils schwierig ist, sie vor Ort zu erstehen.

Preise Autocamps kosten im Durchschnitt zur Hauptsaison pro Pers./Tag 9–14 €, Kinder ab 6 J. ab 8 €, Strom ab 3 €. Bei Kurbädern zahlt man ca. 14–20 € (inkl. Bäderbenutzung). Hinzu kommt die Kurtaxe.

Privatcamps kosten im Durchschnitt zur Hauptsaison pro Tag und pro Pers., alles inklusive, ab 7 €. Zzgl. Kurtaxe.

Rabatt: Auch auf Campingplätzen gibt es Nebensaisonpreise. Größere Autocamps gewähren Automobilclub-Mitgliedern Rabatt.

Stellplätze

Auch in Slowenien wird das Angebot an Stellplätzen immer größer, es gibt also mehr Möglichkeiten für Wohnmobilreisende ganz legal eine Nacht an einem Platz zu stehen. Meist ca. 5 €/Auto, teils zzgl. Strom/Wasser (→ Reiseteil).

Wildes Zelten

In Slowenien ist wildes Zelten verboten. In touristischen Gegenden und im Nationalpark muss man damit rechnen, auch im entlegensten Winkel nachts von der Polizei aufgeweckt und auf den nächsten Campingplatz verwiesen zu werden. Zudem kostet die Regelübertretung auch noch ab 50 € Verwarnungsgeld pro Person. Gleiches gilt auch für Urlauber, die in ihren Autos oder Caravans nächtigen ...

… Zelt" (Gambling), im Bungalow oder im „Weinfass"

Am Bleder See – feinste Häppchen und idyllisches Ambiente – Genuss pur!

Essen und Trinken

Slowenien, die Schnittstelle zwischen alpinem, mediterranem und pannonischem Kulturraum, spiegelt die verschiedenen Kulturen auch in der Esskultur wider: Die slowenische Küche des Binnenlands ist vor allem von der österreichisch-ungarischen beeinflusst, an der Slowenischen Riviera lebt sie vom Meer und von der italienischen Kochkunst.

In den slowenischen Regionen brutzeln unterschiedliche Speisen in den Töpfen, zudem ist die Küche der Jahreszeit angepasst. Als Fleischspezialitäten gelten Lammgerichte, Spanferkel und Zicklein. In vielen Gegenden wird die Karte dank der zahlreichen Flüsse und Wälder durch Forellen und Wildgerichte ergänzt. Verblüffend groß ist das Angebot in den auf Seefisch spezialisierten Restaurants im Inland, wo der Fisch oft preiswerter als an der Küste zu haben ist. Für Fleischgerichte zahlt man ab 9 €, Fischgerichte sind ab 15 € zu haben.

Typisch für Slowenien sind vor allem auch die Pilzgerichte und kräftige Suppen, gekochter Strudel mit Quarkfüllung, Schweinemagen, Pansen, süßer Strudel in Form von *Gibanica* (s. u.), Hefeteigkuchen wie *Potica* und Süßspeisen und -kuchen aus Buchweizen *(ajdov)* mit Obst und Waldfrüchten. Überhaupt wird Buchweizen in vielerlei Art zubereitet.

„Typisch slowenisch" sind auch die Gerichte aus der Region Karst: Neben Karstschinken und -käse gibt es eine ganze Reihe leckerer Speisen, viele davon mit dem Rotwein Teran zubereitet, wie z. B. die *Teransuppe.* Überhaupt ist der Teran ein fester Bestandteil der Karst-Küche: Birne in Teran, Wildgerichte mit Teran, selbst der gebratene Rohschinken wird mit etwas Teran übergossen – „sehr anregend", wie die Karster Küchenchefs überzeugt sind.

Die Lokale

Achtung: Oftmals sind in Slowenien gerade an Sonntagen die Lokale geschlossen oder schließen früher (→ Öffnungszeiten/Reiseteil).

Restavracija (Restaurant): das etwas gehobene Speiselokal mit großer, teils auch internationaler Speisekarte.

Ribja restavracija (Fischrestaurant): Hier isst man bestens Fisch und Schalentiere.

Gostilna (Gasthaus): Sloweniens Herz und Seele des gastronomischen Angebots. Spätestens beim Warten aufs Essen kommt der Hunger wegen der köstlichen Düfte aus der Küche und der appetitanregenden offenen Weine. Oft kochen Wirt oder Wirtin selbst, das Essen wird aus frischen Zutaten nach Hausrezept zubereitet. Das Ambiente reicht von einfach-ländlicher bis zu gehobener rustikaler oder moderner Ausstattung. Normalerweise liegen die *Gostilnas* an der Hauptstraße, viele haben eine lange Tradition.

Gostišče (Gasthaus mit Pension): ähnlich der Gostilna, zusätzlich mit Übernachtungsmöglichkeit!

Oštarija: noch ein seltener Begriff in Slowenien für ein kleines Lokal mit regionalen Produkten.

Okrepčevalnica (Imbissstube): Selten stößt man noch auf diesen Lokalnamen. Die Imbissstube hat allerdings, was die Kochkunst anbelangt, meist einen sehr guten Ruf. Wer keinen Wert auf schickes Interieur legt, isst hier preiswert und gut.

Istarska klet (Istrisches Lokal): Diese Lokalform, oft ein Gutshof, ist im Hinterland der Slowenischen Riviera stark vertreten; die *Istarska klet* serviert eigene Weine und gutes traditionelles Essen, zum Teil auch vom offenen Kamin; gemütlich gespeist wird unter einer Weinlaube im Freien.

Turistične kmetije (Touristischer Bauernhof): Alles, was der Bauernhof produziert, kann man kosten und kaufen (Schinken, Käse, Wein etc.), meist nach Vorbestellung auch warme Gerichte. Oft werden auch schöne Übernachtungsmöglichkeiten angeboten (→ Reiseteil).

Ein leckeres Frühstück frisch vom Gutshof (bei Jeruzalem)

Vinska klet (Weingut): Hier wird Wein angebaut, gekeltert, abgefüllt und verkostet. Manchmal gibt's dazu auch Snacks.

Vinoteka (Weingeschäft): Hier kann man vor allem Weine, Grappa und Hochprozentiges kaufen und natürlich verkosten.

Pizzeria: Die einst italienische Vorspeise hat sich auch in Slowenien als Hauptgericht etabliert, kommt meist aus dem Holzofen und schmeckt daher besonders lecker.

Samopostrežna restavracija (Selbstbedienungs-Restaurant): Hier gibt's preiswertes Essen – meist nur in Städten zu finden.

Kavarna (Kaffeehaus) und **Bife** (Buffet): Im Kaffeehaus, dem Café, gibt es wie bei uns verschiedene Tee- und Kaffeesorten, Torten, Gebäck, Eis, Getränke und Snacks. *Bifes* sind mehr eine Art Bar und Treff.

Slaščičarna: Die Mischung aus Eisdiele und Café serviert Espresso, Cappuccino, Gebäck, Torten und Eis.

Aufschläge für Sitzplätze und Tischgedeck

Bisher verschonen die meisten slowenischen Gastronomen ihre Gäste mit Preisaufschlägen für einen Sitzplatz im Freien oder im Innern eines Cafés oder einer Bar. Auch das Tischgedeck im Restaurant kostet bisher nicht zusätzlich. Man kann also seinen jeweiligen Logenplatz noch ohne Aufpreis genießen!

Vorspeisen, Snacks und Suppen

An **Vorspeisen** gibt es den luftgetrockneten Schinken *(pršut)* und Käse *(sir)*, meist vom Schaf oder von der Ziege. Bekannt sind der Schafs-, Kuh- und Ziegenkäse von den Almen des Soča-Tals sowie der *bohinjski sir* aus dem Nationalpark Triglav. Dazu werden Oliven und Weißbrot gereicht. Zu den beliebten Vorspeisen zählen auch die Würste – 50 verschiedene, meist sehr deftige Sorten stehen zur Wahl, die gern als Aufschnitt (z. B. gekochter Schinken mit Meerrettich) oder Schlachtplatte verspeist werden oder auch als Einlage in den deftigen Eintöpfen. Die Wurst- und Salamisorten als Aufschnitt bestellt man unter dem Namen *narezek*.

Eingesalzene Fische *(riba v soli, usoljena riba)* sind an der Küste eine ebenso beliebte Vorspeise wie Zwischenmahlzeit. Hauptsächlich werden dafür Sardinen verwendet, die in Öl, Essig und Lorbeerblättern einlegt ein paar Wochen durchziehen. Auch Tintenfischsalat oder Scampicocktail sind als Appetizer beliebt.

Eine sättigende Zwischenmahlzeit sind Omelettes mit Pilzen, Käse oder Schinken, die man in jedem Restaurant bekommt.

Suppen werden angeführt von der Pilzsuppe *(gobova juha)*. Beliebt sind auch Rindfleischsuppe mit Nudeln *(goveja juha z rezanci)*, Tomatensuppe *(paradižnikova juha)*, Gemüsesuppe *(zelenjavna juha)*, Gulaschsuppe *(golaževa juha)*, Fischsuppe *(ribja juha)*, Sauersuppe – aus Sauermilch *(kisla juha)*; die aus jahreszeitlich verschiedenem Gemüse zubereitete *Minéstra* gibt es an der Slowenischen Riviera.

Eintöpfe sind nicht nur auf Hütten sehr beliebt – *Ješprenj* (Gersteneintopf), meist mit einem Stück geräuchertem Fleisch, und *Jota*, ein dicker Sauerkraut-, Kartoffel- oder auch Gersten- und Bohneneintopf. Der Fleischeintopf *Bograč* (aus Schwein, Rind und Wild, zudem Zwiebeln und Kartoffeln) wird v. a. in der Prekmurje gerne gegessen.

Als Spezialitäten gelten auch die Kastanien- oder Kürbissuppe *(bučke maneštra)* und die mit Rotwein gekochte Teransuppe.

Weitere typische slowenische Vorspeisen wie *Štruklj* etc. (→ Beilagen).

Fleischgerichte

Ohne Fleischspeisen, ob in Form von Gulasch oder Braten, ist ein Essen bei den meisten Slowenen nicht vollständig. Beliebt, besonders an der Küste, sind auch Fleischgerichte vom Holzofengrill. Schweinefleisch *(svinjina)* wird am häufigsten bestellt, es folgen Kalb- *(teletina)* und Rindfleisch *(govendina)*. Hühnchen gibt es seltener, dafür mehr Truthahn *(pruan)* und Gänsefleisch *(gos)*. Aus dem nahen Istrien kommen der gute weiße und schwarze Trüffel, mit dem Fleisch- und Nudelgerichte verfeinert werden.

Das waldreiche Slowenien verfügt über einen hohen Wildbestand, sodass **Wildgerichte** gerne und viel gegessen werden. Serviert wird Wild auf jeden Fall in Restaurants, die das Wort *lovec* (Jäger) im Namen führen. Aber auch viele bessere Restaurants haben Wildgerichte auf der Karte (Fasan, Hase, Reh, Hirsch, Wildschwein und ab und zu leider auch Bärenfleisch, das man unbedingt meiden sollte). Der Hirschbraten *(srna)* steht am häufigsten auf der Speisekarte. Als Beilage gibt es Štruklj (gekochte Teigtaschen), Nudeln oder Gnocchi.

Svinjski file z gobami: Schweinefilet mit Pilzsoße (Steinpilze) und Kartoffeln.

Ramstek s sirom in orehi: Rumpsteak mit Käse und Walnüssen.

Stroganov s rizi-bizi: Stroganov-Filet-Gulasch mit Risipisi (Reis mit Erbsen).

Ljubljanski zrezek: Schnitzel, gefüllt mit rohem Schinken und Käse.

Dušen srnjak s polento: Rehgulasch mit Polenta.

Savinski želodec: Savinjer Magen, manchmal gefüllt.

Schnitzel mit Struklj ▲ ▲
Aufschnitt ▲
Soča-Forelle ▼
Pasta mit Meeresfrüchten ▼ ▼

Šelinovka: Sellerieeintopf mit Schweinefleisch, Sellerieblättern und -knollen.

Njoki za šugom od zeca: Gnocchi mit Hasenfleischsoße – eine frische Tomaten-

soße, abgeschmeckt mit Rosmarin, Pfeffer, Knoblauch, Lorbeer, die zum Schluss mit *Teran* abgelöscht wird ...

Fisch und Meeresfrüchte

Charakteristisch für Slowenien sind in erster Linie die **Süßwasserfische**, meist Forellen, *postrvi*, z. B. aus dem Soča-, Logarska- oder Krka-Tal, die blau oder gegrillt zubereitet werden. Als Beilage werden Salat und Salzkartoffeln serviert.

An der Küste sowie im Inland gibt es die zahlreichen **Meeresfische**, die am Holzofen mit dem Reisig der Weinstöcke gegrillt *(na žaru)* oder gekocht in Weinessig, Zwiebeln und Lorbeerblättern *(na lešo)* zubereitet werden. Auf den Tisch kommen Gold- und Zahnbrassen, Seebarsche, Meeräschen, aber auch Makrelen, Sardinen und Tintenfische. Beliebt sind auch Schalentiere wie Hummer *(jastog)* und Langusten *(scampi)*, am besten *na buzaru*, d. h. sie garen in einem mit Wein gefüllten und mit Olivenöl und Knoblauch ausgestrichenen Topf. Eine leckere Vorspeise sind auch Muscheln oder Austern.

An der Slowenischen Riviera und im Karst wird natürlich ausschließlich mit meist selbst produziertem, hochwertigem Olivenöl gekocht. Besonders lecker schmeckt der Fischeintopf, *brodet*, für den verschiedene kleine und größere Fische verwendet werden, die mit Wein, Öl, Lorbeerblättern, Zwiebeln, Petersilie und Tomatenmark lange Zeit im Topf garen. Dazu wird Maisgrieß *(polenta)* gegessen.

Reis- und Nudelgerichte

Reis-, Nudel- und Gnocchigerichte gibt es in den unterschiedlichsten Varianten. Reisgerichte *(rižota)* werden mit Pilzen *(rižota z gobami)* und Trüffeln *(tartuf)*, an der Küste mit Tintenfischen, Muscheln oder Langusten zubereitet. Spaghetti gibt es in ebenso zahlreichen Varianten: mit Tomaten- oder Hackfleischsoße, mit Scampi, Muscheln oder Trüffeln (sehr lecker); auch Gnocchi (zarte Kartoffelmehlklößchen) mit Trüffeln, Wildfleisch oder Gorgonzola sind oft auf der Speisekarte zu finden.

Überhaupt spielen Trüffeln auch in der slowenischen Küche eine große Rolle. Die Trüffel kommen mit Reis, Pasta, Fuži, Gnocchi und Fleisch auf den Tisch. Es gibt weiße und schwarze Trüffeln. Der weiße ist der begehrteste und wächst im Herbst im kroatischen Teil von Istrien, das zu den wenigen Trüffelgebieten Europas zählt.

Istrieninteressierten sei empfohlen: **Reisehandbuch Istrien**, Lore Marr-Bieger, Michael Müller Verlag, 5. Auflage 2017, 360 Seiten. ISBN 978-3-95654-437-8.

Gemüsegerichte

In Ostslowenien isst man gerne mit Hackfleisch gefüllte Paprikaschoten *(polnjene paprike)* oder Krautwickel *(sarma)*, auch die Eintöpfe (→ Vorspeisen) sind zu empfehlen. Das beliebteste Gemüse an der Küste ist Mangold *(blitva)*, gekocht und mit viel Olivenöl abgeschmeckt. Daneben gibt es u. a. Tomaten *(paradižnik –* österr. „Paradeiser"), Auberginen, Zucchini, Möhren, Bohnen, Kohl und Kartoffeln. Eine Spezialität ist an der Küste der *grüne Wildspargel.*

Beilagen

Kruh, das Brot, ist immer dabei. Eine Spezialität im westlichen Teil Sloweniens ist Maisbrei *(polenta),* der zu Fischsud oder frischem Tintenfisch und Makrelen gereicht wird. Oft wird auch überbackene Polenta mit Pilzen angeboten. Lecker ist der pikante *sirovi štrukli* (gekochter Strudelteig mit Quarkfüllung), der zu Fleischspeisen oder auch als Hauptgericht mit zerlassener Butter gereicht wird. Ebenso als Beilage werden Buchweizensterz *(aidovi)* oder Buchweizentaschen mit saurer Sahne serviert. Als Beilage und auch als Hauptgericht gibt es *žlinkrofi,* mit Fleisch gefüllte Teigtaschen, mit zerlassener Butter übergossen. Eine beliebte Beilage oder auch Hauptgericht sind Pilze, die in den Wäldern eifrig gesammelt werden. Nicht zu vergessen Kartoffeln, Reis und die unvermeidlichen Pommes frites.

An Salaten gibt es Tomaten-, Gurken- und Krautsalat. An Blattsalaten den Grünen Salat, Ruccola, Radiccio. Manchmal auch Bohnen- oder Auberginensalat.

Nachspeisen und Gebäck

Für Naschkatzen ist Slowenien ein Paradies: *Palatschinken* und *Gibanica* (s. u.) stehen sicherlich an erster Stelle. Strudel- oder Hefeteig mit verschiedenen Füllungen gibt es in vielen Varianten, auch vom Blech. Ebenso beliebt ist *Ajdov krapec,* ein Hefeteig aus Buchweizenmehl mit süßem Topfen (dazu Rosinen) oder herzhaftem Sauerrahm obenauf. Je nachdem wird er auch gern

Gibanica – Preklje ▲▲
Cremeschnitte ▲
Potica ▼
Žlinkrofi ▼▼

Weizen- und Buchweizen-Struklji   Buchweizensterz mit Sauerrahm

zu Wein gegessen. Quark, Nüsse, Äpfel und Waldbeeren spielen bei den Desserts eine große Rolle.

Potica: Die nationale Süßspeise, eine Hefeteigrolle, meist mit Walnuss oder Rosinen gefüllt, fehlt an keinem Feiertag und bei keinem slowenischen Fest.

Gibanica: Die Süßspeise aus der *Prekmurje*; Ölteig mit Topfen, Äpfeln, Mohn, Walnüssen (geschichtet), in der Auflaufform gebacken und mit Puderzucker bestreut, wird warm oder kalt gegessen. Es gibt sie auch als *Prleška Gibanica*, Quark in 7 hauchdünnen Teigschichten.

Palačinke: Pfannkuchen mit Marmelade, Schokolade, Preiselbeeren, Zimt-Zucker, Zitrone und sogar mit Eis *(pohorska omleta)* oder flambiert.

Zavitek: Apfel- oder Topfenstrudel *(jabolčni- ali sirov zavitek)*.

Krapec Ajdov: Quarkstrudel aus Buchweizenteig

Sirovi štruklji: Eine weitere slowen. Spezialität, für die Ölteig mit Topfen gefüllt und in Salzwasser gekocht wird. Man kann den Topfenstrudel als Snack essen oder als süße Nachspeise, dann wird er mit Zimt und Zucker und zerlassener Butter übergossen.

Žlinkrofi: Wie oben ein gekochter Ölteig. Als Nachspeise ist der Žlinkrofi oft mit einer Mostbirne gefüllt und mit in Butter gerösteten Semmelbröseln und Zimt-Zucker bestreut.

Sladoled: Eiscreme ist sehr beliebt. Auch *Sadna solata*, *sadna kupa* – Obstbecher in verschiedenen Variationen mit Sahne oder Eis.

Kremšnite: Eine Spezialität aus Bled, aber überall beliebt. Blätterteig, gefüllt mit Creme oder Vanillepudding, manchmal auch mit Waldfrüchten.

Bljeska grmada (Scheiterhaufen): Geschichteter Biskuit hell und dunkel (Kakao), teils mit Nüssen und Creme und überzogen mit Eischnee oder Sahnemischung.

Weitere Süßspeisen-Spezialitäten sind *hroštule*, die aus Hefeteig zubereitet, wie Krapfen in Öl ausgebacken und mit Puderzucker bestreut werden.

Buchweizensterz mit Heidelbeeren, eine Art Heidelbeer-Tarte, soll die Aufzählung der beliebten Spezialitäten abrunden.

Getränke

Slowenisches Nationalgetränk ist der **Wein**. Man sollte offene Weine der Region, in der man sich befindet, bevorzugen. Angeboten werden Weißwein *(belo vino)*, Rotwein *(rdeče vino)* und Roséwein *(rosé vina)*.

Slowenien hat eine Reihe sehr guter Weine anzubieten: den weißen *šipon, rebula, laški rizling, silvanec, pinot, traminec* und *chardonnay* oder den roten *kraški teran, refošk, modra frankinja* und *merlot.* Zudem den beliebten *tokaj,* den nach den EU-Herkunftsbezeichnungsregeln slowenische Winzer so nicht mehr betiteln dürfen und somit diesen Namen einfach umdrehten: *jakot.*

Vor allem an der Küste findet man nun die sog. *Orange-Weine,* die im alten Maischegärungsverfahren gekeltert werden und durch diesen Prozess (ab 3 bis zu 2 Monate) ihre orange Farbe und den ausdrucksvollen Geschmack erhalten.

Eine weitere Besonderheit, der *cviček,* kommt aus der Gegend um Novo mesto (→ Novo mesto). Er wird aus roten und weißen Trauben gekeltert und schmeckt im Sommer herrlich erfrischend.

Gegen Durst hilft ganz gut der Gespritzte (halb Wein, halb Wasser), *špricer* genannt.

Aber auch **Bier** *(pivo)* wird gerne getrunken, immerhin gibt es in dem kleinen Land sieben Brauereien. Die größte ist *Pivoravna Lasko,* ein moderner Produktionsbetrieb, der mit reinstem Bergquellwasser und variantenreichem Hopfen sein Bier, u. a. das gute *Zlatorog,* braut. Traditionsreich ist die von *Pivoravna Lasko* aufgekaufte *Pivoravna Union* aus Ljubljana, die vor allem helle Sorten und Pils anbietet, aber auch das dunkle *Črni Baron.*

Spirituosen: An härteren Sachen findet man *grappe* und Kräuterschnäpse, u. a. Enzianschnaps und Wacholderschnaps *(brinjevec)* sowie zahlreiche Obstschnäpse *(sadjevec),* u. a. den Pflaumenschnaps *(slivovka).* Ein exzellentes Getränk ist auch der Honigschnaps *(med),* der schon seit 1689 fermentiert wird, sehr lecker auch der Heidelbeer- *(borovničevec)* oder Fichtennadellikör *(smrekovec),* der aus den Fichtenknospen produziert wird. Fast jede Gostilna hat ihren eigenen Hausschnaps, der meist nach dem Essen angeboten wird.

Kaffee: Die Cafés servieren besten italienischen Espresso und Cappuccino mit den typischen Varianten als Macchiato oder Cafélatte.

Tee: Nur wenige Slowenen sind Teetrinker. Außer in speziellen Teeläden, gibt es somit auch wenig Auswahl. Reichlich und gut ist allerdings das Angebot an Kräutertees, die man auf Märkten findet.

Wasser: Was wäre Slowenien ohne sein Wasser, vor allem das gute Trinkwasser *Radenci* (mit den drei Herzen) oder das *Donat* mit seinem hohen Magnesiumgehalt.

Im Reiseteil finden Sie unter den jeweiligen Regionen und Orten auch die regionalen Spezialitäten und autochthone Weinsorten.

Bergführer weisen im anspruchsvollen Hochgebirge den Weg (hier: Berg Sleme)

Sport

Die Palette der Sportmöglichkeiten ist ganzjährig groß: Kanu- oder Kajakfahren, Canyoning, Paragliden oder im Winter die weißen Hänge hinabwedeln. Wanderfreunde können auf Pfaden und alpinen Klettersteigen die Landschaft und die schöne Bergwelt erkunden. Speziell ausgewiesene Wege laden zu schönen und auch anspruchsvollen Mountainbiketouren ein. Die slowenische Küste ist ein Paradies für Surfer und Bootssportler, die Unterwasserwelt lädt zu Entdeckungstouren ein. Angler locken die zahlreichen Fische in klaren Flüssen und im Meer. Auch Reiter genießen die Natur beim Ausritt und wer Tennis spielen möchte, hat dazu in den Hotels und Sportzentren Gelegenheit. Mehr dazu (→ Reiseteil).

Adrenalinparks und Hochseilgärten: Diesen besonderen „Kick" lieben vor allem Jugendliche, egal welcher Nation; u. a. in Maribor, Kranjska Gora, Bohinj; spezielle **Ziplines** gibt es v. a. in Bovec.

Baden: Die slowenische Küste ist klein und bis auf einzelne Strandabschnitte oft felsig. Das Meerwasser, mit Temperaturen zwischen 20 und 26 C, ist meist sauber und bietet Sichtweiten von bis zu 15 Metern in die Tiefe. Alternativ schwimmt man in vielen großen und kleinen Seen; herrliche Flüsse und zahlreiche Wasserfälle versprechen Abkühlung.

Bogenschießen: In Slowenien eine beliebte Sportart. In Kranjska Gora, wo bereits Weltmeisterschaften ausgetragen wurden, werden Bogenschießstunden mit Lehrern angeboten. Weitere Möglichkeiten u. a. bei Maribor (Pohorje), bei Solčava, Bovec, Bled, Bohinj und im Soča-Tal.

Canyoning: Wird vor allem im Soča-Tal angeboten. Eine Kombination aus Klettern und Besichtigen von Schluchten sowie Überspringen und Hinabrutschen von Wasserfällen (→ Soča- und Bohinj-Tal).

Fahrrad- und Mountainbiketouren: Wer nicht nur auf Asphalt Sloweniens Landschaft und Natur erkunden möchte, sollte sein Mountainbike einpacken oder eines vor Ort mieten – die meisten schönen Wege verlaufen auf Makadam. Es gibt eine breites, markiertes Wegenetz, zudem auch spezielle, auf Radler eingerichtete Unterkünfte. Man kann auch schöne Fahrradtouren entlang von Flüssen wie der Drava und Mura unternehmen (www.mura-drava.eu) oder auf dem Parenzana-Weg, der von Triest nach Poreč (HR) führt, das Teilstück in Slowenien nutzen. In Touristenorten kann man Mountainbikes mieten und erhält Kartenmaterial. Organisierte Touren werden ebenfalls angeboten.

Fans des *Downhill*-Fahrens finden u. a. in Maribor, bei Črna na Koroškem (→ Slovenj Gradec/Umgebung), Kranjska Gora, Bovec und in Bled ihr Revier. Unter der Rubrik „Wandern" finden Sie im Reiseteil auch Tipps für schöne Mountainbiketrails.

Information und Fahrradkarten: Bei den Touristinformationen der jeweiligen Gebiete. Die schönsten Touren sind auch über das Internet abrufbar (www.slovenia.info/cycling).

Fischfang: Das im Norden bis auf 10–15 Meter Tiefe klare adriatische Meer lädt zum Fischfang ein – 365 verschiedene Fischarten soll es hier geben. Im Landesinneren sorgen die Seen und zahlreiche Flüsse für guten Fang. Angeln, vor allem das Fliegenfischen, ist in Slowenien sehr beliebt; die Kunstfliege, sog. *BehmFliege*, hat ihre Wurzeln im Soča-Tal.

Fangmittel sind gesetzlich festgelegt. Für das Meer gilt: Außer zum Angeln am Ufer ist eine Bewilligung von der zuständigen Gemeinde zu besorgen. Am Ufer ist ein Fang bis zu 5 kg täglich erlaubt. In den Häfen ist der Fischfang verboten. Fangverbot gilt für Muscheln und Krebse.

An Flüssen und Seen darf in der Regel nur mit Angelkarte gefischt werden. Die Tageskarte kostet je nach Gebiet ca. 40–70 € für Fliegenfischen u. a. an Sava Bohinjka, Krka, Kolpa, Drava, Mura und Soča. Die Köder sind oft vorgeschrieben, teils auch die Höchstfangmengen. Erlaubnisscheine gibt es bei TIC, gelegentlich auch in Hotels oder Agenturen.

Per Mountainbike unterwegs ▲
Fliegenfischen an der Soča ▼

Fischfanggebiete sind die Gewässer rund um die slowenische Küste. Gefangen werden u. a. Tintenfische, Makrelen, Goldbrasse, Brauner Serran, Thunfisch, Drachenkopf, Meeräsche, Aal, Zahnbrasse, Gelbstriemen, große Geisbrasse, schwarzer Schattenfisch, Muräne, Sackbrasse, Seebarbe und die Rotbrasse. Wenn es in Gebirgsseen und -flüssen an der Leine zappelt, zappelt meist eine Forelle, Äsche, Wels, Karpfen, Hecht oder Zander am Haken. Eine Besonderheit ist die Soča-Forelle, auch Marmorata-Forelle genannt (Salmo marmoratus); eine erfolgreiche Nachzüchtung verhinderte ihr Aussterben.

Die Tourismusverbände verfügen über die Gratisbroschüre *Sportfischerei* bzw. *Fliegenfischen*.

Fischereiverein (Ribiška zveza Slovenije): Tržaska cesta 134, 1000 Ljubljana, www.ribiska-zveza.si.

Golf: Rund 13 Golfplätze gibt es bis heute in Slowenien, Tendenz steigend. Zu den Green-Highlights zählt sicherlich der Golfplatz bei Bled – auf einem Hochplateau mit Blick auf die Julischen Alpen und Karawanken. Weitere schöne, beliebte Golfplätze gibt es u. a. bei Kamnik, Ptuj, Otočec, Burg Mokrice, Bovec, Olimje, Moravske Toplice, Slovenske Konjice und Lipica sowie zwei um Ljubljana. Infos bietet die Gratisbroschüre der Slowenischen Tourismuszentrale *Golfplätze in Slowenien*.
Golfverband Slowenien (Golf zveza Slovenije), Dunajska 22, 1511 Ljubljana, ☎ 01/4303-200, www.golfportal.info (nur Slowen.). Gute Webpage: www.1golf.eu.

Heißluftballonfahrten: In schöner Landschaft oder über Ljubljana durch die Lüfte schweben, z. B. in Ptuj und Murska Sobota, wo bereits die Europäischen Heißluftballon-Meisterschaften stattfanden, aber u. a. auch in Kostanjevica (Krka-Tal) und Olimje. (→ Reiseteil)

Höhlentouren: Wer gern in der Unterwelt auf Entdeckungstour geht, findet in Slowenien paradiesische Verhältnisse. Für nicht allgemein zugängliche Höhlen sind allerdings gute Ausrüstung und Vorkenntnisse Bedingung. Attraktive Höhlen findet man z. B. im Nationalpark Triglav, Postojna, Škocjanske jame, Bohinjsko jezero und Bovec. Es gibt eine Gratis-Broschüre *Karst und Schauhöhlen Sloweniens*.
Information: Postojnska jama, Jamska cesta 28, ☎ 05/7000-100, ww.postojnska-jama.eu.

Jagd: In Slowenien eine beliebte „Sportart" – Wildschweine, Hasen, Fasane, Wildenten, Rebhühner und Dachse sind zum Abschuss freigegeben, man muss sich allerdings genau über die Jagdmöglichkeiten und das Revier informieren. Bären und Mufflons stehen unter Naturschutz – doch Meister Petz einfach „nur" beobachten, ist kein weniger schöner Zeitvertreib.
Slowenischer Jagdverband (Lovska zveza Slovenije), Župančičeva 9, 1000 Ljubljana, ☎ 01/2410-910, www.lovska-zveza.si.

Kanu- und Kajakfahren: Die zahlreichen Flüsse bieten eine Fülle von Möglichkeiten, von der gemütlichen Faltboottour auf der Sava, Mura, Kolpa oder Krka bis hin zu anspruchsvollen Strecken am oberen Soča-Lauf, auf der Sava-Bohinjka oder Sava-Dolinka, wo auch Weltmeisterschaften abgehalten werden. Eine gute und detaillierte Beschreibung der slowenischen Flüsse bietet u. a. der *DKV-Auslandsführer Südost-Europa* (Band 5 der Reihe).

Paragliding, Tandemflüge, Skydiving: Wer diese Sportarten erlernen möchte, ist in Sloweniens Bergwelt gut aufgehoben. Die Slowenen sind u. a. begeisterte Paraglider – in Preddvor fanden bereits die EU-Meisterschaften statt. Angebote findet man zudem im Nationalpark Triglav, bei Bovec, Kobarid, Bohinjsko jezero, Berg Vogel. Skydiving (Sprung aus dem Flugzeug) lässt sich, wenn keine Lizenz vorhanden ist,

Fun und Teamgeist garantiert – Raftingtour auf der Soča

ebenfalls im Tandemflug absolvieren, es bietet neben Bungee-Jumping den ultimativen Kick. Wird z. B. auf dem Flugplatz in Bovec angeboten.

Rafting: Dieser Sport wird auf der Soča, Sava-Dolinka, Sava-Bohinjka, Krka und Kolpa angeboten. Voraussetzung sind gute Schwimmkenntnisse und Teamgeist für das Paddeln mit 6 bis 8 anderen Personen. Die Ausrüstung wird gestellt und ist im Preis inbegriffen. Raftingtouren gibt es von Mitte April bis Ende Oktober, zudem auch Panoramarafting und Hydrospeed.

Reiten: Pferdeliebhaber und Reiter sollten einen Abstecher zum berühmten Gestüt Lipica unternehmen. Hier wurden die Lipizzaner für die Wiener Hofreitschule gezüchtet. Auch heute noch wird Pferdezucht betrieben, zudem kann man Reitunterricht nehmen oder Reiterferien machen. Weitere größere Reiterhöfe mit Unterricht befinden sich u. a. im Lepena-Tal, in Bled, bei Izola, Olimje, Ljutomer (Reitbahn) und Bovec.

Über die **Slowenische Tourismuszentrale** gibt es die Gratisbroschüre *Ferien im Sattel.*

Pferdesportverband (Konjeniska zveza Slovenije), Celovška 25, 1000 Ljubljana, ☎ 01/43 47-265, www.konj-zveza.org.

Rudern: Wer diesem Hobby frönen oder es erlernen möchte, hat in Slowenien dafür zahlreiche Möglichkeiten, ein großes Ruderzentrum mit Meisterschaften gibt es u. a. in Bled, in Bohinj und in Maribor.

Schnorcheln: Die Felsküsten sind ein ideales Revier für Schnorchelfreunde. Zahlreiche Fischarten und krebsartiges Getier tummeln sich im Wasser. Schnorchelausrüstung mitnehmen, es lohnt sich!

Sportschifffahrt: Für Segelfreunde und Motorbootfahrer ist die slowenische Küste ist ein idealer Ausgangspunkt, um auch die kroatische Küste weiter im Süden zu erkunden. Slowenien verfügt über Marinas in Koper, Izola und Portorož. Wer sich

Hydrospeed auf der Soča – bei Wasserhochstand ein flottes Vergnügen

keine Luxusjacht leisten kann, mietet ein 4-PS-Motorboot ab 50 €/Tag (nur mit Bootsschein!, Infos unter www.slovenia.info).

SUP (Stand-up-Paddel): inzwischen auch in Slowenien sehr beliebt, selbst auf Flüssen, u. a. bei Bovec, Brezice und auch an der Küste.

Surfen: Die Surfbedingungen an der schmalen Slowenischen Riviera sind eher bescheiden, für Anfänger aber durchaus geeignet; es gibt Surfbrettverleih.

Tauchen: An der Slowenischen Riviera finden sich auch ein paar Tauchclubs, die Equipment vermieten und Kurse anbieten. Das Tauchen mit Pressluft ist gestattet, muss aber angemeldet werden. Tauchgenehmigungen erhält man bei der Polizei, auf dem Gemeindeamt, dem Hafenamt oder bei den Touristinformationen; hier auch Auskünfte über Sperrgebiete. Für die Unterwasserfotografie gelten die gleichen Vorschriften. Unterwasserjagd mit der Harpune ist verboten.
Slowenischer Tauchclubverband (Slovenska potapljaška zveza), 1000 Ljubljana, Celovška 25, ☎ 01/4339-308, www.spz.si.

Tennis: Auch in Slowenien eine beliebte Sportart und in allen großen Städten und in den Touristenzentren möglich.

Wandern: Die Gebirgswelt Sloweniens bietet gute Wandermöglichkeiten in faszinierenden Landschaften – viele Slowenen sind sehr gute Bergsteiger und Kletterer. Es gibt Wege und Klettersteige in allen Schwierigkeitsgraden. Am besten haben es Wanderfreunde in den Julischen Alpen, im Nationalpark Triglav ist vom Spaziergang bis zur mehrtägigen Bergtour alles möglich. Ebenso bestens markierte Bergtouren bieten sich in den Karawanken um den Stol, entlang der slowenisch-österreichischen Grenze (→ Jesenice), zudem um Zg. Jezersko und in den Kamniker und Savinjer Alpen. Sehr beliebt bei den Einheimischen ist auch das Gebiet um die Peca (→ Slovenj Gradec/Umgebung) oder der Krvavec. Wer es gemütlicher mag, fährt u. a. zum Pohorje in der Nähe von Maribor oder zu seiner Westseite nach Slovenj Gradec. Auch der Kozjanski-Naturpark eignet sich bestens für Wanderungen, ebenso die Karstberge Nanos oder Trnovski gozd sowie an der Slowenischen Riviera der Berg Slavnik.

Durch Slowenien verlaufen auch eine Reihe von Fernwanderwegen, das Wegenetz ist unendlich (→ Kasten „Fernwanderwege"). Informationen unter www.via-alpina. org, www.alpe-adria-trail.com, www.pzs.si oder auch www.alpenverein.at.

Fernwanderwege innerhalb Sloweniens

Europäischer Fernwanderweg E 7 (vom Atlantik zum Schwarzen Meer) führt von Italien über den Grenzübergang Robič an den Städten Kobarid und Tolmin im Soča-Tal vorbei, über die höchste Erhebung des Weges, den 1630 m hohen Porezen. Dann geht es weiter Richtung Osten zur Stadt Škofja Loka. Weiter verläuft der Weg südlich an Ljubljana vorbei gen Osten – über Krško, Rogaška Slatina, Ormož, Ljutomer, Richtung Murska Sobota und endet am ungarischen Grenzübergang Hodoš.

Europäischer Fernwanderweg E 6 (von Skandinavien zur Adria) beginnt bei Radelj, führt am Rande des Pohorje vorbei nach Mozirje, dann Richtung Süden, durchquert das Krka-Tal, dann über den Berg Snežnik nach Ilirska Bistrica und endet im Süden bei Strunjan.

Alpe-Adria-Trail (vom Großglockner nach Muggia, knapp 700 km), das neueste Fernwanderprojekt. Es führt vom Großglockner in Richtung Kranjska Gora, durch das Soča-Tal bis Kobarid, dann weiter durch die Brda und gen Italien mit noch einer kleinen Schlaufe über Lipica zurück ans Meer nach Muggia. Der Fernwanderweg ist bestens ausgeschildert und verläuft teilweise auf dem nun verwaisten E 7. Auch die Region Bohinj würde sich gerne an dieses Projekt anbinden (www.alpe-adria-trail.com).

Slowenischer Alpenweg (Transversale) Nr. 1 (Slovenska planinska pot 1, SPP 1), beginnt bei Maribor, führt über den Pohorje in die Savinjer und Kamniker Alpen, entlang dem Bergkamm der Karawanken in Richtung Süden über die schönsten Gipfel der Julischen Alpen (auch Triglav); über die Gipfel von Vogel und Kobla südlich in das Cerkljansko Gebirge zur Bergbaustadt Idrija, weiter nach Postojna und durch den Karst zur Adria bei Koper.

Fernwanderwege Via Alpina (roter und violetter Weg), neben Slowenien mit zwei Wegführungen durchquert dieser Wanderweg 8 Länder (www.via-alpina.org):

Via Alpina (rot), beginnt an der Adria bei Kozina, führt über den Karst, vorbei an Lipica Škocjanske jame, Nanos, Predjama nach Idrija, weiter über Cerkno (Partisanenkrankenhaus Franja) und den Berg Porezen; hinüber in den Nationalpark Triglav (über Sieben-Seen-Tal) und weiter zur Soča-Quelle; hinauf zum Vršič-Pass und über den Sleme und das Tamar-Tal zum Korensko sedlo.

Via Alpina (violett), startet nördlich des Triglav-Massivs beim Berg Dolič, weiter geht es über den Luknja hinab ins Vrata-Tal nach Mojstrana. Entlang dem Kamm der Karawanken über den Berg Stol nach Osten zu den Kamniker und Savinjer Alpen. Bei Jerzersko am österreichischen Grenzübergang endet der Weg.

In den großen Wandergebieten bieten viele Agenturen geführte Wanderungen an, die sich besonders bei mehrtägigen Touren unbedingt lohnen. Auch Kletterkurse sind hier im Angebot (→ www.slovenia.info/wandern).

Wir stellen Ihnen 17 ausgewählte Wanderungen in verschiedensten Regionen Sloweniens ausführlich als GPS-Touren im „Kleinen Wanderführer" am Ende des Buches vor (→ S. 462). Dort finden Sie ebenfalls alle notwendigen Tipps zu Ihren Wanderungen. Weitere Wandervorschläge gibt es aber auch in den Ortskapiteln im Reiseteil.

Slowenischer Alpenverein (Planinska zveza Slovenije), Dvoržakova 9, 1000 Ljubljana, ☎ 01/4345-680, www.pzs.si (Slowen./Engl.).

Slowenischer Bergführerverband (Združenje gorskih vodnikov Slovenije), Dvoržakova 9, 1000 Ljubljana, ☎ 041/378-1137 (mobil), www.zgvs.si (Slowen./Engl.).

Wintersport: Ski-Abfahrtslauf – die größten Skigebiete Sloweniens liegen bei Kranjska Gora gleich hinter der österreichischen Grenze und bei Bovec auf dem Kanin an der slowenisch-italienischen Grenze sowie auf dem Krvavec. Die slowenische Bergwelt bietet auch Anfängern und Familien mit Kindern ein gemütliches Fahren. Skitourengänger finden malerische Abfahrten (auch über Agenturen buchbar). Weitere Skigebiete gibt es bei Bohinjska Bistrica (Berg Vogel), im Pohorje-Gebirge bei Maribor und bei Zreče, in den Kamniker und Savinjer Alpen, bei Cerkno und Škofja Loka und auf dem Berg Golte und dem Krvavec. Ski- und Snowboardschulen gibt es überall, in den größten Skigebieten auch Ausrüstungsverleih.

Ski-Langlauf ist in Slowenien eine tolle Sache, die man z. B. in Bohinj, Bled, Soča-Tal, Pohorje, im Logarska- und Savinja-Tal sehr gut betreiben kann.

Langlaufen, Eislaufen, Rodeln – kurzum alles, was zum Wintersport gehört, lässt sich u. a. in Kranjska Gora, Bovec, Bohinjsko jezero, Kamnik, Savinja-Tal, Jezersko und Maribor unternehmen.

Informationen zu den Wintersportorten über die Tourismusverbände (→ jeweiliges Ortskapitel) und www.slovenia.info/de/Skifahren.

Der Berg Krvavec bietet ganzjähriges Sportprogramm und besten Weitblick

Dom Planika (unterhalb vom Berg Triglav) – alles Wichtige kommt per Helikopter

Wissenswertes von A bis Z

Ärztliche Versorgung

Nach dem Versicherungsabkommen mit Slowenien gilt die **Europäische Auslandsgesundheitskarte** (EHIC). Gegen Vorlage der EHIC erhalten Sie von der örtlichen Krankenversicherungsanstalt Sloweniens (*Zavod za zdravstveno zavarovanje – ZZZS*) eine „Bescheinigung über die Inanspruchnahme von Sachleistungen", mit der Sie bei jeder medizinischen Einrichtung ärztliche und zahnärztliche Behandlung, Heilmittel oder Krankenhausbehandlung in Anspruch nehmen können. Im Notfall können Leistungen mit der EHIC auch direkt genutzt werden. In der Regel fallen Zuzahlungen zwischen 5 % und 25 % der Kosten an; bei Medikamenten, die nicht auf der Positivliste stehen, bis zu 100 %.

Private Auslandsversicherung: Wer im Krankheitsfall kein Risiko eingehen will, sollte diese Versicherung abschließen, die auch die Kosten des Krankenrücktransports trägt.

Krankenhäuser (*Bolnica*) gibt es in allen größeren Orten, in kleineren zumindest eine **Ambulanz** (*Zdravstveni dom*). Im Sommer sind in Touristenorten separate Ambulanzen für ausländische Besucher eingerichtet, größere Hotels bieten ebenfalls medizinische Erstversorgung. Die Ärzte sprechen Englisch, Deutsch oder Italienisch. Die ärztliche Versorgung in Slowenien entspricht europäischen Standards.

Apotheken (*Lekarna*) gibt es in jedem größeren Ort; sie sind meist von 7–19 Uhr geöffnet, zudem gibt es auch 24-Std.-Bereitschaftsdienste.

Rettungsdienst: ✆ 112

Botschaften und Konsulate

Ministerium für Äußere Angelegenheiten Prešernova cesta 25, 1001 Ljubljana, ☎ 00386/1/4782-000, www.mzz.gov.si.

Slowenische Vertretungen in Deutschland Botschaft der Republik Slowenien, Hausvogteiplatz 3–4, 10117 Berlin, ☎ 030/2061-450, www.berlin.velepos lanistvo.si.

Generalkonsulat der Republik Slowenien, Lindwurmstr. 14, 80337 München, ☎ 089/5439-819, www.muenchen.konzulat.si.

Slowenische Vertretungen in Österreich Botschaft der Republik Slowenien, Kolingasse 12 (3. Stock), 1090 Wien, ☎ 0043/1/3191-160, vdu@gov.si.

Generalkonsulat der Republik Slowenien, Radetzkystr. 26, 9020 Klagenfurt, ☎ 0043/46/354-605, kce@gov.si.

Slowenische Vertretungen in der Schweiz Botschaft der Republik Slowe-nien (Konsularabteilung), Schwanengasse 9/II, 3011 Bern, ☎ 0041/31/3109-000, vbe@gov.si.

Diplomatische Vertretungen in Slowenien Deutsche Botschaft, Prešernova cesta 27, 1000 Ljubljana, ☎ 01/4790-300, www.laibach.diplo.de. Mo–Do 8–16.30, Fr 9–14 Uhr. Pass- und Visastelle, ☎ 01/4790-319, Mo–Do 9–12, Fr bis 11 Uhr. Bereitschaft bei Notfall (nicht bei Visaantrag!) ☎ 040/224-033 (mobil).

Österreichische Botschaft, Prešernova cesta 23, 1000 Ljubljana, ☎ 01/4790-700, www.bmeia.gv.at.

Österreichisches Konsulat, Veselova ul. 10, 1000 Ljubljana, ☎ 01/4790-743 (auch mit Not-ruf), www.bmeia.gv.at. Mo–Do 8.30–12, Fr 8.30–11 Uhr. Visa und Pässe.

Schweizer Botschaft, Trg republike 3/VI, 1000 Ljubljana, ☎ 01/2008-640, www.eda.admin.ch/ljubljana. Mo–Fr 9–16 Uhr (nach Anmeldung).

Einkaufen

Das Angebot an Supermärkten, auch der bei uns bekannten Billigmärkte, ist flä-chendeckend und groß. Auch um kleine Orte wird man mit großer Auswahl fündig – manchmal sucht man allerdings vergebens nach lokalen Produkten. Auch hier wächst die Zahl der Shoppingcenter, in den Städten Ljubljana, Maribor und Celje haben diese ein riesiges Angebot. Die Supermärkte öffnen meist um 7 und schlie-ßen um 20/21 Uhr, sonntags sind diese meist bis Mittag oder auch länger geöffnet. Im Reisekapitel wird daher unter der Rubrik „Einkaufen" nur auf spezielle Produkte hingewiesen.

Eintrittspreise und Ermäßigungen

In Slowenien erhalten Kinder, Studenten sowie Rentner in Museen, im öffentlichen Verkehr, bei Bergbahnen oder bei Sportaktivitäten Ermäßigungen. Manche slowe-nischen Städte bieten mit einer gesonderten Karte, z. B. **Ljubljana Card**, Ermäßi-gungen an.

Kinder bis 3 Jahre sind gratis, von 7 bis 14 Jahren werden meist nur zwischen 30 und 50 % des Eintrittspreises fällig. Auch für Studenten und Rentner gibt es gegen Vorlage eines Ausweises bis zu 20 % und mehr Rabatt. Gegen Vorlage des **Alpen-vereinsausweises** zahlt man nur noch 50 % bei Hüttenübernachtungen, das gleiche gilt für Jugendherbergen.

Familien mit Kindern sollten nach den sog. **Familienkarten** fragen, mindestens 20 % Ersparnis sind bei 2 Erwachsenen und 2 Kindern erhältlich (je mehr Kinder, desto günstiger im Gesamtpreis).

Für alle Jugendlichen unter 26 Jahren gibt es die **Euro 26** (www.eyca.org), die ebenfalls zahlreiche Ermäßigungen (auch bei Übernachtungen, Bus, Zug) bietet. Es lohnt auf jeden Fall, sich immer vorher zu informieren.

Elektrizität und Trinkwasser

Die Spannung beträgt 220 V, 50 Hz.
Das Trinkwasser ist im ganzen Land einwandfrei und trinkbar.

Finanzen

Slowenische Währung: Der Euro ist offizielles Zahlungsmittel.

Bankkarten: In jedem Ort gibt es Geldautomaten (Bancomat), die per EC-Karte (mit Geheimzahl) bedient werden

Wechselkurs Schweizer Franken:
1 CHF = 0,93 €; 1 € = 1,02 CHF
(Stand Nov. 2016)

können. Die Gebühr mit EC-Karte wird wie bei uns auch über die Jahresgebühr fällig (je nach Bank), mit Kreditkarte je nach Abhebesumme (es gibt aber auch gebührenfreie Visakarten). Mit der EC-Karte kann man problemlos an Tankstellen und auch in vielen Restaurants und Geschäften bezahlen.

Zentrale Kartensperre – ✆ 0049/116-116: Sperrnummer für Karten aller Art, die bei Verlust oder Missbrauch die Sperrung von Bankkarten (viele, aber nicht alle Banken sind angeschlossen!) über Kreditkarten bis hin zum Mobiltelefon umfasst. Der Verein Sperr e. V. leitet die Anrufe an die zuständigen Firmen weiter (im Ausland kostenpflichtig). Natürlich muss man seine Geheimzahl oder PIN-Nr. wissen!

Kreditkarten: Vor allem Eurocard und Mastercard, aber auch Visa, American Express und Diners Club werden von Hotels, Autovermietungen, Jachtcharters, Restaurants, Tankstellen und größeren Geschäften akzeptiert. Kleinere Geschäfte akzeptieren Kreditkarten meist nicht, da die zu zahlende Gebühr nicht lohnt.

Reiseschecks können an Banken eingelöst werden, Wartezeiten für die Einlösung sollte man einkalkulieren. Die Einlösegebühr ist unterschiedlich hoch, gratis ist sie z. B. bei American Express (Amexco). Vorteil: bei Verlust der Schecks erhält man gegen Vorlage der Kaufbescheinigung Ersatz.

Banken sind in der Regel Mo–Fr von 8–12.30 und 14–17 Uhr, am Sa von 8–12 Uhr geöffnet; teilweise auch durchgehender Geschäftsverkehr. Banken gibt es in Slowenien in größeren Städten an fast jeder Ecke, **Bankomaten** sind flächendeckend auch in kleinen Orten oder an Campingplätzen vorhanden.

Informationen

Kostenloses Infomaterial und Auskünfte über Slowenien erhält man bei den **Tourismuszentralen**. Karten, Verzeichnisse von Hotels, Campingplätzen und Touristischen Bauernhöfen, Informationen über Golf, Radfahren, Wassersport, Wandern und andere Sportarten gibt es hier gratis.

In Slowenien Slowenische Tourismus-zentrale, 1000 **Ljubljana**, Dimičeva 13, ✆ 00386/1/5898-550, www.slovenia.info/de.

In Deutschland Slowenisches Touris-musbüro, 80333 **München**, Maximiliansplatz 12a, ✆ 089/29161-202, info@slovenia.info.

In Österreich Slowenisches Tourismus-büro, 1010 **Wien**, Opernring 1/R/4/447, ✆ 0043/1/7154-010, info@slovenia.info.

Internet

Auch in Slowenien wird die Informationsplattform rege genutzt, jede Firma, Hotel etc. hat ihre Website. Ebenso können Informationen über das Land und einzelne Regionen, Städte, Orte etc. aus dem Internet abgerufen werden. Viele Informationen sind allerdings nur in englischer oder slowenischer Sprache. Im Reiseteil finden Sie alle Webadressen der jeweiligen Orte, Hotels etc., soweit vorhanden. Empfehlenswert ist die Adresse **www.slovenia.info** der Tourismuszentrale Slowenien. Internetzugang bzw. WiFi hat man in jedem Hotel (meist auch in den Zimmern), an vielen Campingplätzen, Restaurants und Cafés und in den Touristinformationen, zudem gibt es auch Internetcafés (mit PC und Drucker). Hotspots gibt es mittlerweile auf vielen großen Stadtplätzen in Slowenien.

Karten

Das Kartenmaterial, das in Slowenien verkauft wird, hat sehr gute Qualität und ist aktuell. Straßenkarten kauft man am besten an Tankstellen oder in Buchläden. Gutes und breit gefächertes Kartenmaterial (Auto, Wandern, Fahrrad, Thermen) zu Slowenien gibt es auch in jeder gut sortierten Buchhandlung. Spezielle *Wander- und Fahrradkarten* sind in den regionalen Touristinformationen (TIC), manchmal aber nur in Slowenisch oder Englisch, erhältlich. Dort gibt es auch Übersichtskarten gratis.

Autokarten

1 : 200.000, Shell Straßenkarte Slowenien.

1 : 200.000, f & b.

1 : 500.000, K+F, Straßenkarte Kroatien/Slowenien.

Wander- und Fahrradkarten   u. a.

1:25.000, PZS, Julische Alpen, mit Hüttenverzeichnis.

1:50.000, f & b, Julische Alpen (Ost u. West), mit Hüttenverzeichnis. Für Vorortkauf sehr gut!

1:25.000, PZS, Trenta.

1:25.000, PZS, Bovec und Umgebung.

1:25.000 Posočje, Sočatal.

1:35.000, f & b, Nationalpark Triglav, Kranjska Gora, Bled; Wander- und Freizeitkarte. Sehr gut!

Zudem sehr gute Wanderkarten in verschiedenen Maßstäben zu allen wichtigen Gipfelzielen in den Karawanken, Julischen, Kamniker und Savinjer Alpen; zu Pohorje, Cerkno- und Koroška-Region sowie Slowenischer Riviera. Alle bei den jeweiligen Tourismusverbänden erhältlich.

1 : 60.000, Hiking & Biking – gratis vom slowenischen Tourismusverband. Davon gibt es 17 Karten für jede Region in Slowenien. Sehr genau mit Höhenprofil und Streckenlängen sowie Sehenswürdigkeiten.

Seekarten   Die Seekarten können bei Bade & Hornig, Stubbenhuk 10, 20459 Hamburg, oder bei der Firma Eckhardt & Messtorff, Rödingsmarkt 16, 20459 Hamburg, bezogen werden. In Slowenien erhält man Seekarten bei den Hafenämtern oder in den Marinas.

Karl-Heinz Beständig, *888 Häfen und Buchten, Kroatien – Slowenien bis Montenegro*, 29,90 €; ein Hafen- und Ankerplatz-Atlas; erscheint jährlich. Standardwerk für jeden Skipper! Eigenverlag Beständig, Marienstraße 7, 96332 Pressig, ✆ 09265/913-240, karl-heinz.bestaendig@t-online.de.

Nachrichten/Wetter

Verkehrsnachrichten: Am besten über den österreichischen ÖAMTC, zudem auch Radio Slovenija International (Radio SI). Beide senden Nachrichten und Service in deutscher Sprache.

Wetterprognosen: im Juli und August auf Radio Slovenija 1 und 2 um 7.15 Uhr, auch in Deutsch; zudem Berg- und Adriawetter. Aktuelle Wetterberichte gibt es auch in allen großen Hotels und auf Campingplätzen, ebenso in den Marinas mit aktuellen Satellitenbildern.

Internationale Nachrichten: täglich um 22.30 Uhr auch in Deutsch auf den Frequenzen von Radio Slovenija 1 FM 88,5, 90,0, 91,8, 92,0, 92,9, 94,1 und 96,4 sowie auf AM 326,8 (918 KHz). Bei Radio Slovenija 2 auf FM 87,8, 92,4, 93,5, 94,1, 95,3, 96,9, 97,6, 98,9 und 99,9 MHz (Infos auch unter www.rtvslo.si und unter den deutschsprachigen Internet-Nachrichtendiensten).

Adria-Wetterbericht: Neben Prognosen aus dem Internet können sich Seefahrer auf dem Nautik-Kanal 68 VHF in englischer und deutscher Sprache informieren sowie über Radio Rijeka, UKW-Kanal 24 (nur mit UKW-Seefunkgerät) um 7.35, 16.35 und 21.35 Uhr.

Fernsehen: In den Hotels können neben dem slowenischen Fernsehen viele Programme der Nachbarländer empfangen werden: kroatische, italienische, deutsche, österreichische und viele weitere.

Öffnungszeiten und Feiertage

Es gibt keine gesetzlich geregelten Öffnungszeiten. In kleineren Orten und in der Nachsaison verkürzte Öffnungszeiten (→ Adressen in den Ortskapiteln).

Post: in Touristenorten und Großstädten Montag bis Freitag 7–19, Samstag 7–13 Uhr.

Banken: Montag bis Freitag 8/9–16/17 (teils Mittagspause 12–13 Uhr), Samstag 8–12 Uhr.

Touristinformationen: in der Saison in Touristenorten täglich 8–21 Uhr (manchmal bis 22 oder 23 Uhr), in der Nebensaison über Mittag geschlossen, in kleineren Orten meist nur Mo–Fr 8–15 Uhr.

Geschäfte: meist Montag bis Freitag 8–19, Samstag 8–13 Uhr. Manche Geschäfte (Lebensmittel- und Baucenter) öffnen Mo–Sa 7–20 Uhr, große Shoppingcenter wie z. B. bei Ljubljana oder Maribor Mo–Sa 8–21, So 8/9–15 Uhr.

Bienenstockbrettchen

Kirchen: außerhalb von Städten oftmals geschlossen. Evtl. in der Pfarrei nebenan nach einem Schlüssel fragen oder vorab in der jeweiligen Touristinformation einen Besichtigungstermin erfragen.

Museen: i. d. R. montags geschlossen!

Slowenische Feiertage: 1. und 2. Januar (Neujahr), 8. Februar (Prešeren-Tag, slowenischer Kulturfeiertag), Ostern (So u. Mo), 27. April (Tag des Widerstands gegen die Okkupation), 1. und 2. Mai (Tage der Arbeit), Pfingsten (nur So), 25. Juni (Staatsfeiertag), 15. August (Mariä Himmelfahrt), 31. Oktober (Reformationstag), 1. November (Allerheiligen), 25./26. Dezember (Weihnachten), 26. Dezember (Unabhängigkeitstag).
An diesen Tagen bleiben Geschäfte und Banken geschlossen.

Papiere

Trotz Mitgliedschaft in der EU ist das Mitführen eines gültigen Personalausweises bzw. Reisepasses natürlich Pflicht! Kinder benötigen einen eigenen Ausweis (ab 3 Jahren auch mit Lichtbild). Ebenfalls müssen Fahrzeuglenker ihren Führer- und Fahrzeugschein bei sich haben. Kopien von Dokumenten erleichtern bei Verlust den Ersatz beim Konsulat oder bei der Botschaft.

Für Tiere, z. B. Hunde oder Katzen, ist der blaue **EU-Heimtierausweis** mit den vorgeschriebenen Impfungen obligatorisch. Die Tiere müssen über eine lesbare Tätowierung oder einen implantierten Chip verfügen. Die Impfung muss mindestens 30 Tage alt, darf jedoch nicht älter als 6 Monate sein. Der Gesundheitsnachweis durch einen Tierarzt darf nicht älter als 10 Tage sein.

Post

Die slowenischen Postämter sind durch ein gelb-schwarzes Schild mit der Aufschrift „PTT" oder „Pošta" gekennzeichnet und man findet sie selbst in kleineren Orten. Hier kann man auch telefonieren, telegrafieren, faxen, Geld wechseln und Telefon- und SIM-Karten *(telefonska karta, žeton)* kaufen. Briefe und Postkarten benötigen ca. 2 Tage nach Deutschland (es können aber auch 2 Wochen sein!). Briefmarken und Telefonkarten gibt es außer am Postschalter auch an jedem Kiosk. Einschreiben oder Päckchen werden am Schalter abgegeben. Pakete für den Auslandsverkehr sind bis 10 kg zugelassen – internationale Paketkarte und Zollerklärung (dreifach) sind am Schalter erhältlich. Wer auf ein Päckchen vergebens wartet, sollte vielleicht beim Zoll nachsehen.

In der Regel Mo–Fr 7–18/19, Sa 8–12/13 Uhr, www.post.si.

Rauchen

Auch in Slowenien gilt striktes Rauchverbot in öffentlichen Gebäuden und am Arbeitsplatz, d. h. der Glimmstängel ist nicht nur in Banken, Krankenhäusern und Rathäusern, sondern auch in Restaurants, Bars, Diskotheken etc. verboten.

Telefon

Mobiltelefon: Das slowenische Mobilfunknetz ist sehr gut ausgebaut, die Mobilfunkbetreiber sind Roaming-Partner europäischer Mobilfunknetze: *Mobitel* (www.mobitel.si), *Telekom* (www.telekom.si), *Si.mobil* (www.simobil.si), *Telemach* (www.telemach.si). Die Tarife sind inzwischen sehr gesunken, ändern sich aber ständig. Wer öfter mit seinen Lieben zuhause telefonieren möchte, kauft sich im Telefonladen eine SIM-Karte mit eigener Nummer für ca. 12 € (inkl. 5 € Gesprächsguthaben) und telefoniert zum günstigen Inlandstarif. Telefonkarten *(karta za telefoniranje)* sind u. a. auf der Post, im Supermarkt oder am Zeitungskiosk erhältlich. *Achtung:* Telefonkarten (Anbieter) müssen zur SIM-Karte passen!

> **Wichtige Telefonnummern**
> Polizei **113** // Rettungsdienst **112** // Feuerwehr **112** // AMZS – Slowen. Automobilverband **1987**

> **Vorwahlnummern**
> Von Slowenien nach ...
> Deutschland **0049**
> Österreich **0043**
> Schweiz **0041**
> Vom Ausland nach Slowenien
> **00386**
>
> Nach der Landes-Vorwahlnummer die Städtevorwahl ohne die Null wählen, danach die eigentliche Rufnummer.

Zoll

Touristen aus EU-Ländern können uneingeschränkt ihr persönliches Gepäck und Waren für den privaten Gebrauch nach Slowenien ein- und wieder ausführen. Geldbeträge über 10.000 € müssen allerdings an den Grenzen angemeldet werden. Für Schweizer gelten die alten Zollbestimmungen! Information auch unter www.carina.gov.si.

Veliki vrh Rombon – phantastischer Blick auf die Ostalpen und den Großglockner

Slowenien erleben

Blick auf den Bleder See, die Insel, die Burg und den Berg Stol

Nationalpark Triglav

Der Nationalpark Triglav, der den gesamten slowenischen Teil der Julischen Alpen einschließt, zählt zu den ältesten Naturparks Europas. Seit 1981 laden 85.000 Hektar malerische alpine Gebirgslandschaften zum Entdecken ein: tiefe, unberührte Flusstäler und Bergseen, Wasserfälle und Wildwasserschluchten, Gipfel und Wälder mit einzigartiger Pflanzen- und Tierwelt – ohne Industrie und andere Verschandelung durch Menschenhand.

Seinen Namen erhielt das Gebiet nach dem höchsten Berg Sloweniens, dem 2864 m hohen Triglav („Dreikopf"). Seit 1924 haben die slowenischen Regierungen fast den gesamten slowenischen Teil der **Julischen Alpen** unter Naturschutz gestellt. Er umfasst den Nordwesten Sloweniens zwischen der Wurzener (Sava Dolinka) und der Wocheiner Save (Sava Bohinjka) sowie das Obere Soča-Tal (= Trenta-Tal) bis an die italienische Grenze. Namensgeber der Julischen Alpen war Gaius Julius Caesar, in der Antike gehörten noch die südlich gelegenen Gebiete bis zum Berg Nanos dazu.

Das **Wetter** im Nationalpark wird von zwei Faktoren beeinflusst: Einerseits herrscht alpenländisches Klima, zum anderen sorgt die nahe Adria für mediterranes Klima, dessen milder Einfluss bis nach Bovec im Oberen Soča-Tal reicht. So ist es nicht ungewöhnlich, von Mai bis in den Juli hinein tagsüber in den Bergen Ski zu fahren und abends im Tal den Cappuccino im Straßencafé zu trinken.

Der gesamte Nationalpark ist von einem Netz gut ausgebauter, asphaltierter Straßen erschlossen. Die Zufahrtsstraßen sind mit großen Holztafeln und gelben Hinweisschildern „Nationalpark Triglav" *(Triglavski narodni park)* ausgewiesen. Piktogramme auf den Tafeln machen darauf aufmerksam, wie man sich im Nationalpark verhalten soll: Blumen, Schmetterlinge, Schnecken, Pilze und Vögel sind tabu, Müll zu hinterlassen ebenso. Autos, Reisemobile und Wohnwagen dürfen nur auf speziell eingerichteten und gekennzeichneten Plätzen parken. Für Mountainbiker wurden Wege ausgewiesen. Lagerfeuer sind im ganzen Nationalpark verboten, nur auf den Campingplätzen (und nur hier ist Campen erlaubt!) gibt es Feuerstellen. Alternativ kann man sich über die Nationalparkverwaltung in einer der zahlreichen gemütlichen Berghütten (bis zu 8 Personen) einquartieren, in den Hotels in Bohinj

und in den Touristenzentren am Rand des Nationalparks übernachten oder sich einen idyllischen Bauernhof für das müde Haupt suchen.

Durch den Nationalpark Triglav führen die **Slowenische Berg-Transversale Nr. 1**, der **Europäische Fernwanderweg E 7** sowie die **Fernwanderwege Via Alpina** (roter und violetter Weg; → Sport/Wandern, S. 69). Neuer ist der sehr gut markierte **Alpe-Adria-Trail**, der am Westrand des Nationalparks und zum Teil auf dem alten, etwas verwaisten E 7 verläuft.

Die wichtigsten Ausgangspunkte für Wanderungen, Bergwanderungen oder Skitouren sind auf gut ausgebauten Straßen mit Auto oder Bus erreichbar, teilweise auch mit dem Zug von Jesenice im Norden und Nova Gorica im Südwesten. Trotz der guten Verkehrsverbindungen mit Bus und Bahn kommen die meisten Besucher im eigenen Fahrzeug oder im Reisebus. In den Ferien, an Wochenenden und an den slowenischen Feiertagen bilden sich längere Staus – vormittags bei der Hinfahrt und ab dem späten Nachmittag bei der Rückfahrt. Die Hauptparkplätze sind in der Saison gebührenpflichtig (ca. 15 €/Tag).

Die **bekanntesten höchsten Gipfel** des Nationalparks sind: Triglav (2864 m), Škrlatica (2738 m), Jalovek (2645 m), Razor (2601 m), Kanjavec (2568 m), Prisank (2547 m), Špik (2472 m), Mojstrovka (2366 m), Ponce (2272 m) und Krn (2244 m). An eine Besteigung des Triglav (→ Kasten) und seiner benachbarten Geschwister, des Škrlatica und des Jalovec, sollten sich nur erfahrene Alpinisten mit entsprechender Ausrüstung und Kondition wagen. Den Krn kann man vom Lepena-Tal (→ Bovec/Umgebung) und von Kobarid (→ dort) gut erreichen.

Die **Touren** sind meist sehr lang, bei einigen Routen ist eine Übernachtung auf einer Berghütte empfehlenswert. Die zahlreichen Berggipfel kann man auf verschiedenen leichteren oder schwierigeren markierten Routen besteigen (Routenbeschreibungen → Mojstrana, Ukanc). Nichtbergsteiger erreichen von der Talstation Bovec aus mit der Gondelbahn den Kanin (2587 m) im Westen des Nationalparks sowie den Vogel (1922 m) im Süden von Bohinj. Von beiden Gipfeln bietet sich ein fantastischer Weitblick über die ganze Bergwelt der Julischen Alpen; vom Kanin aus sind bei klarer Sicht sogar Venedig und die Adria zu sehen.

Von Kranjska Gora erreicht man mit dem Sessellift den 1631 m hohen Berg Vitranc (derzeit nur bis Mittelstation). Auch die Aussichtspunkte an den Bergstraßen über den Vršič-Pass (1611 m) und am höchsten Punkt des Mangartsattels bieten ein herrliches, weites Alpenpanorama. Vom Mangartsattel an der italienischen Grenze im Nordwesten des Nationalparks, mit ca. 2000 m die höchstgelegene Bergstraße in den Julischen Alpen, ist bei klarem Wetter sogar der Großglockner zu sehen.

Wer die Berge lieber von unten betrachtet, kann eine Zugfahrt mit der **Oldtimer-Dampflokbahn** auf einer der schönsten und idyllischsten Eisenbahnstrecken der Alpen unternehmen (→ Eisenbahnlinie durch den Nationalpark Triglav). Die eingleisige Strecke, Anfang des 20. Jh. zur Zeit der österreichisch-ungarischen Monarchie gebaut, führt durchs Herz des Nationalparks Triglav – von Bled nach Most na Soči in das Soča-Tal. Sie verbindet quer durch den Nationalpark zwei gänzlich verschiedene slowenische Regionen: das alpenländische Oberkrain und das mediterran geprägte Primorska.

Information Nationalparkverwaltung Triglav, 4260 Bled, Ljubljanska cesta 27, ✆ 04/5780-200, www.tnp.si.

Slowenischer Bergführerverein (www.zgvs.si), Buchung von lizensierten Bergführern und Infos.

Weitere Infos: erhältlich über die Touristenzentren in den Randgebieten des Nationalparks, z. B. in Kranjska Gora, Bled, Bohinj, Bovec. In den Touristinformationen und Agenturen gibt es detailliertes Kartenmaterial, ebenfalls Aushänge zu Wetterprognosen (auch in Hotels).

Besucherzentren In Bled, Trenta und Mojstrana in Form von Museen, Ausstellungen und Informationszentren mit allem Wissenswerten über den Nationalpark Triglav.

Baden In den Sommermonaten kann man sich im warmen Bled-See erfrischen. Wer nicht verfroren ist, stürzt sich in die kristallklare Wasser der Oberen Soča im Trenta-Tal.

Übernachten/Essen Slowenischer Alpenverein (www.en.pzs.si); aktuelle Berghüttenlisten (→ Übernachten/Berghütten).

Achtung! – im gesamten höher gelegenen Nationalparkgebiet immer an ausreichend Wasser denken, da es keine Quellen gibt (mind. 2–3 Liter/Tag/Pers.)!

Die Pflanzenwelt des Nationalparks Triglav

Der Nationalpark Triglav ist bis zu einer Höhe von 1700 m mit Wäldern bedeckt. In den Tälern wachsen überwiegend Laubbäume, die an den Südhängen der Julischen Alpen bis auf 1100 m hinaufreichen, auf den Nordhängen bis etwa 700 m.

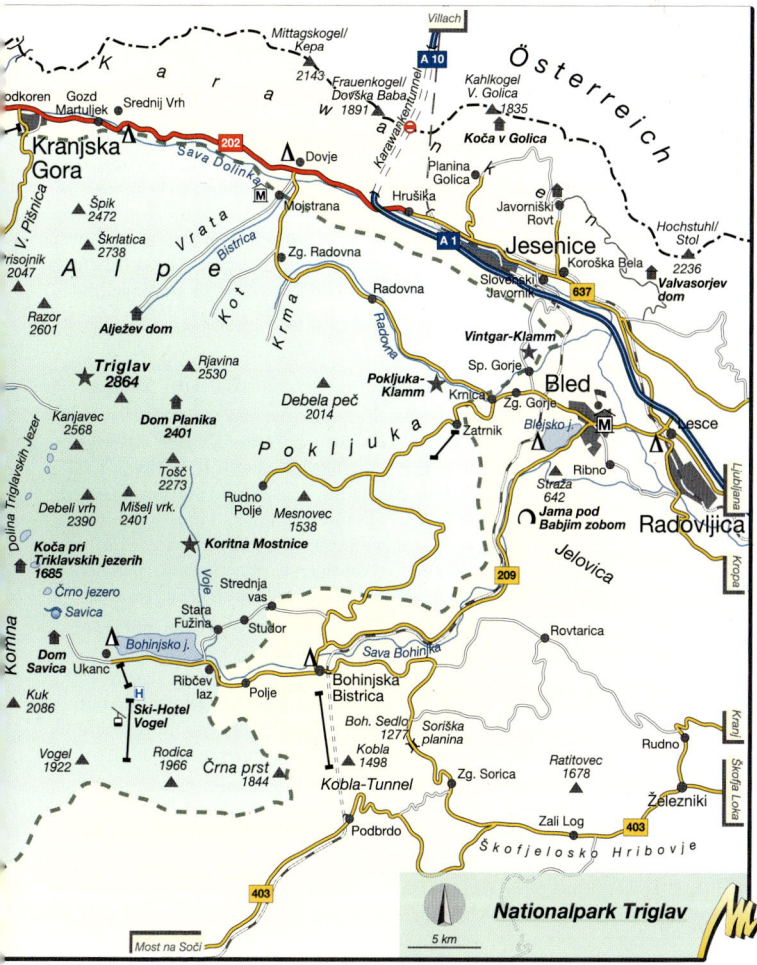

Oberhalb von 1700 m wachsen nur noch Lärchen. Die meisten Wälder in den Tälern sind Mischwälder aus Buche und Weißbuche mit vereinzelten Eichen und Ahornbäumen, manchmal sieht man eine Esche, ab und zu eine Pappel. Auf mittleren Höhen trifft man auf Mischwald aus Laubhölzern, Fichten und Tannen. Ein riesiger Fichtenwald ist die ganze Hochfläche der Pokljuka, ein 20 mal 20 km großes Gebirgsplateau westlich von Bled auf über 1300 m Höhe. Um Bohinj herum erstreckt sich naturbelassener Mischwald. Blumenliebhaber und Botaniker finden in der julischen Bergflora einen unschätzbaren Artenreichtum. Neben den vielen Endemiten – Alpenblumen, die nur hier gedeihen, u. a. die Triglav-Rose (Potentilla nitida, → S. 84), die zum Symbol des Nationalparks wurde (→ Kasten „Goldhorn"), die Glockenblume (Campanula zoysii), das gelbblühende Aurikel (Primula auricula), der kleine blaue Triglav-Enzian

(Gentiana terglouensis), die Krainer Lilie (Lilium carniolicum) – wachsen im Alpen-
gras auch viele Heilkräuter (→ Fotos S. 22 u.23). Im Frühling wechseln die violetten
Wiesenteppiche des Pannonischen Enzians mit denen des Gelben Enzians. Auch der
sehr seltene silberblättrige Storchenschnabel (Geranium argenteum) und stahlbaue
Edeldistel, auch Alpen-Mannstreu genannt (Eryngium alpinum), sind hier zu Hause.
Und natürlich auch Alpenrose (Rhododendron hirsutum und chamaecistus), Alpenveilchen, weißer Alpenmohn, Arnika, Akelei, Nelken, Edelweiß, Frauenschuh, Glockenblumen, Eisenhut, verschiedene Enziansorten und viele andere. Viele Blumen haben es geschafft, in der kargen Felsenlandschaft zu überleben. Andere haben vor dem
rauen Bergklima in den lichten Bergwäldern Schutz gefunden. Im Trenta-Tal wurde
an einem steilen Talhang oberhalb der Hauptstraße ein botanischer Garten (Alpinum
Julijana, → Bovec) mit seltenen Pflanzen aus dem Hochgebirge und Karst angelegt.

Triglav

Der Triglav (Dreikopf) ist mit 2864 Metern der höchste Gipfel der Julischen
Alpen und der höchste Berg Sloweniens.

Auf die Slowenen hat der Berg, der auch auf der Nationalflagge verewigt
wurde, eine magische Anziehungskraft, jeder Slowene und jede Slowenin soll
ihn wenigstens einmal im Leben bestiegen haben. Man sieht in ihm einen Gott
mit drei Häuptern: mit einem wacht er über den Himmel, mit dem zweiten
über die Erde und mit dem dritten über die Unterwelt. In der slawischen Mythologie kennt man tatsächlich einen dreiköpfigen Gott namens *Triglaf*, der
vor allem von den im Norden Deutschlands lebenden Slawen verehrt wurde.

1895 kaufte Jakob Aljaž, der Dorfpfarrer von Dovje, den gerade mal fünf Qua-
dratmeter großen Triglav-Gipfel vom Bergsteigerverein des kaiserlichen Wien
für einen Gulden. Anschließend ließ er auf eigene Kosten einen Eisenturm
auf der Spitze errichten, der nach ihm *Aljažev stolp* benannt wurde und nur
einer Hand voll Leuten einen Stehplatz gewährt. Unterhalb des Gipfels baute
der slowenische Alpenverein die Triglav- und Planica-Unterkunftshütten.

Den Triglav kann man von allen Himmelsrichtungen aus erreichen. Der
schwierigste Aufstieg über die Nordwand und über die Kredarica (2541 m) ist
nur für absolut Geübte (→ Mojstrana)! Die am meisten begangene, aber auch
längste Route (mittelschwer) führt vom Süden, von Stara Fužina (→ Bohinj)
oder über das Sieben-Seen-Tal (→ Ukanc) hoch. Von der Hochebene Pokljuka
(→ Bled/Umgebung) und auch vom Trenta-Tal (→ Bovec/Umgebung) geht's
am schnellsten. Trotz allem, wer den Triglav-Gipfel erklimmen möchte, muss
absolut schwindelfrei sein, denn der Klettersteig verläuft am Grat – eine Überschätzung seiner Fähigkeiten und Kondition kann tödlich enden! Auch für die
Touren z. B. bis zur Vodnikov- und Planica-Hütte oder lediglich ins Sieben-
Seen-Tal wird Kondition abverlangt, sie sind nichts für Flachlandtiroler! Wer

allerdings gerne läuft (auch mit Kindern ab
ca. 10 Jahren, die gut zu Fuß sind), kann auch
unterhalb des Triglav-Gipfels die herrliche
Gebirgswelt und den grandiosen Anblick
des Dreikopfs genießen – problemlos!

Die 2-Tages-GPS-Tour vom Pokljuka-Plateau zum Berg Triglav finden Sie im Kleinen Wanderführer/Wanderung 5 auf S. 483.

Goldhorn, eine slowenische Alpensage

Die wohl bekannteste Sage der Julischen Alpen, die Legende vom Goldhorn *(Zlatorog)*, dem weißen Gamsbock mit den goldenen Hörnern, ist über die Grenzen Sloweniens hinaus bekannt. Die Sage erzählt vom Streben nach Macht und Reichtum, von der Kraft der Liebe und der menschlichen Schuld an der Vernichtung eines Naturparadieses. Julius Kugy hat die Sage in seinem Buch „500 Jahre Triglav" nacherzählt. Im 19. Jh. diente sie dem Thüringer Rudolf Baumbach als Vorlage für ein episches Gedicht, das 1877 in Leipzig veröffentlicht wurde. Das von Karl Huck geschaffene Bild des weißen Gamsbocks mit goldenen Hörnern, aus dessen Blut die Triglav-Rose (→ S. 84) erblüht, hängt heute im Alpinen Museum in Innsbruck. Ein weiteres Bild von Rudi Kogej zum selben Thema ist im Trenta-Museum im Ort Trenta im Oberen Soča-Tal zu sehen.

... In alten, längst vergangenen Zeiten dehnte sich unterhalb des Triglav auf dem Hochplateau Komna und der Alm Jezerca ein Paradies aus, reich an saftigen Weiden und leuchtenden Blumenwiesen. Dies war das Reich der Schicksalsfeen (Rojenice), die den Neugeborenen im Soča-Tal die Gaben des Lebens in die Wiege legten. Diese weisen Frauen besaßen eine Herde weißer Alpenziegen, deren Anführer ein schneeweißer Gamsbock mit goldenen Hörnern war: Goldhorn. Seine goldenen Hörner waren der Schlüssel zu einem unermesslichen Schatz im Berg Bogatin. Die Schicksalsfeen hatten Goldhorn unverwundbar gemacht, weswegen kein Jäger – nach einschlägigen leidvollen Erfahrungen – wagte, ihn zu erschießen. Denn traf ihn eine Kugel, erblühte aus jedem Blutstropfen, der auf die Erde fiel, sofort eine rote Triglav-Rose. Aß der Bock nur ein Blättchen oder eine Blüte der Rose, wirkte diese wie Wundermedizin: Er wurde sofort geheilt und besaß noch größere Kräfte als vorher.

In denselben Zeiten lebte im Soča-Tal, im Gasthaus an der Brücke, wo die Koritnica in die Soča mündet, eine schöne Wirtstochter. Diese liebte einen jungen Jäger aus dem Trenta-Tal, von dem man munkelte, dass er Liebling und Schützling der Schicksalsfeen sei und ihm im Triglav-Paradies nichts passieren könne. Nun kehrten in dem für sein vorzügliches Essen berühmten Gasthaus auch venezianische Händler und Wanderkrämer auf ihrem Handelsweg von Venedig nach Tarvis gerne ein. Einem dieser galanten Händler gelang es, die Wirtstochter mit etwas Schmuck und großartigen Versprechungen von traumhaftem Reichtum für sich zu gewinnen. Der tief gekränkte junge Jäger, blind vor Eifersucht, entschloss sich, Goldhorn zu erschießen. Er wollte in den Besitz des Schlüssels zum Bergschatz gelangen und so die Wirtstochter wieder für sich gewinnen. Als er sich dem angeschossenen Goldhorn näherte, der gerade von der Triglav-Rose gegessen hatte, blendeten ihn in der Morgensonne die goldenen Hörner des mächtigen Bocks und Goldhorn stieß ihn in die Tiefe der Bergschlucht.

Die Wirtstochter, von dem lügnerischen Händler sitzen gelassen, sehnte sich wieder nach ihrem jungen Jäger. Umsonst. Nach Frühlingsbeginn schwemmte die Soča die Jägersleiche an der Flussbrücke an. Als die Hirten im Herbst ins Tal zurückkehrten, erzählten sie erschrocken von dem verlorenen Alpenparadies am Triglav. Die Feen hatten ihre Weiden und Wiesen für immer verlassen. Doch vorher hatte der zornige Goldhorn noch das traumhaft schöne Feenreich vernichtet und in eine öde Steinlandschaft verwandelt. In dem nackten Fels des Komna kann man noch heute die Abdrücke der Hörner sehen ...

Kranjska Goras Wahrzeichen – der Steinbock am Jasna-See

Kranjska Gora

Der Touristenort liegt im breiten Sava-Dolinka-Tal und ist ein bekanntes Wintersportzentrum, Erholungsort und Ausgangspunkt für Bergtouren in die Julischen Alpen und die Karawanken. Der Ort, unterhalb des 1631 Meter hohen Hausberges Vitranc gelegen, ist für Aktivurlauber wie für Erholungsuchende gleichermaßen attraktiv.

Kranjska Gora (ca. 1450 Einwohner), mit seinen umliegenden Dörfern am Rande des Nationalparks Triglav gelegen, ist das touristische Zentrum im Nordwesten Sloweniens. Der Ort ist bekannt für Weltcup-Skiwettbewerbe und sein nun komplett neues Nordisches Zentrum im nahen Planica (→ dort). Das Angebot an Hotels und Pensionen rundum ist groß, ebenso das Angebot an sportlichen Aktivitäten, ob im Sommer oder Winter.

Der Hausberg **Vitranc** ist vom Ortszentrum bequem über eine Vierer-Sesselbahn bis zur Mittelstation Vitranc 1 (ca. 1300 m) zu erreichen (Vitranc 2 auf 1576 m derzeit nicht in Betrieb) und bietet der gesamten Familie Vergnügen. Mit Tempo geht es auf der unterhalb des Vitranc 1 verlaufenden **Sommerrodelbahn Besna Pehta** ins Tal, Downhillfans und Freestyler holen sich auf den zahlreichen Rampen und Schanzen im **Bike-Park** ihren Adrenalinkick. Wer es eher unspektakulär mag, wandert auf Schusters Rappen wieder den Berg hinab.

Zum Baden lockt der nahe, ca. 1,5 km entfernte malerische **Jasna-See** mit seinem Wahrzeichen, dem Steinbock auf einem Fels. Da er von Gebirgsbächen gespeist wird, erwärmt sich sein Wasser allerdings auch im Sommer nur auf frische 18 bis 20 °C.

Das Freizeitangebot in der Natur ist groß: im Sommer Bergwandern oder Fahrradtouren auf einem gut markierten, großen Streckennetz, längere oder kürzere Spa-

Nationalpark Triglav → Karte S. 82/83

Kekec, der kleine Bergheld

Für Kinder ist Kranjska Gora ein besonderer Platz, hier entstand Josip Vandots Märchen von *Kekec, dem Hirtenjungen*, Sloweniens beliebteste Kindererzählung: Kekec, der in der Bergwelt lebte, befreite sich mit Mut und Schläue aus vielen Schwierigkeiten. Weitere Märchenhelden neben Kekec sind der weise Vitranc,  das liebe Mädchen Mojca, der verängstigte Rožle, die geheimnisvolle Tante Pehta und der böse Bedanc ... Kranjska Gora bietet Kindern ein vielfältiges Animationsprogramm (→ Basis-Infos/Kinder).

ziergänge im Oberen Sava-Dolinka-Tal oder eine Wanderung am Pišnica-Fluss über weiße Kieselsteine nach Vršič.

Im Winter verwandelt sich Kranjska Gora in ein lebhaftes Skizentrum für Jung und Alt. Im Tal locken Langlauf-Loipen und eine künstliche Eislauffläche vor dem Hotel Kompas (der Jasna-See ist leider zu gefährlich!). Auf den Hängen des Vitranc kann man snowboarden und natürlich Ski fahren, wo jährlich auch der Weltcup im Riesenslalom der Herren stattfindet. Der Traum, die Olympischen Winterspiele 2006 in diese Region zu holen, platzte wie so vielerorts. Als kleiner Trost blieb die nun jährlich Anfang September steigende Party auf dem Berg Peć im Dreiländereck, die von den ehemaligen Bewerbern veranstaltet wird.

Trotz des gewaltigen Bettenangebots (über 4000) ist Kranjska Gora keine reine Touristenhochburg. In der verkehrsberuhigten Zone im alten Ortskern wirkt das Dorf, das im 11. Jh. von Kärntnern gegründet wurde, richtig sympathisch. An Ständen werden Souvenirs, Obst und Gemüse verkauft, es gibt viele kleine Läden, gemütliche Restaurants und Kneipen. Alte Bauernhäuser mit Holzdächern und kleinen Gärten blieben erhalten, im Winter wird mit Holz geheizt – eine fast ländliche Idylle, kaum hundert Meter von den ersten Großhotels entfernt. Auffallend ist auch die **Ortskirche**. Der Kirchturm stammt aus romanischer Zeit, Jahrhunderte später (1510) errichteten die Bewohner ein paar Meter daneben die spätgotische Kirche. 1837 verband man Kirche und Turm mit einer Kapelle. Der Baustil des **Liznjekova domačija** (Liznjek-Haus, Borovška cesta 63) aus der zweiten Hälfte des 17. Jh., heute ein *Ethnografisches Museum*), ist typisch für das damalige Kranjska Gora: Bogentür und verzierter Holzbalkon, das Innere noch mit Originalmöbeln ausgestattet. Gezeigt werden im Haupthaus neben Möbeln alte Trachten sowie allerlei zu Kekec, der schöne Heustadel gegenüber wird für kulturelle Zwecke genutzt.

Mai–Okt. Di–Sa 10–18, So/Feiertag 10–17 Uhr; Nov.–April Di–Sa 9.30–16, So/Feiertag 10–16 Uhr.

⌒ Basis-Infos

Information Touristinformation TIC, 4280 Kranjska Gora, Kolodvorska ul. 1c (gegenüber Hotel Kotnik), ☏ 04/5809-440, www.kranjska-gora.si. Juni–Mitte Sept. tägl. 8–20 Uhr, April/Mai u. Mitte Sept.–Nov. tägl. 8–16 Uhr, Dez.–März tägl. 8–18 Uhr. Sehr gute Auskünfte, Wanderkarten, Bergführer etc.

Agencija Julijana, Borovška cesta 93b, ☎ 04/5881-325, www.julijana.info. Organisiertes Sportangebot, eigene Bergführer, Kekec-Kinderanimation, Rafting, Paragliden.

Skipass Travel, Koroška ul. 14c, ☎ 04/5821-000, www.skipasstravel.si. Skiverleih, Liftkarten, Skischule, Unterkunft etc.

Agentur Sport Point, Borovška cesta 93a, ☎ 04/5884-882, www.sport-point.si. Sportshop, Fahrradverleih, Café und Appartements.

Intersport Bernik, Borovška cesta 88a, ☎ 04/5884-780, www.intersport-bernik.com. Skiverleih, Fahrräder, Trekking.

Verbindungen Bus: Busbahnhof, Koroška cesta. Stündlich Busse nach Rateče, Jesenice und Ljubljana (9,20 €).

Nach Bled mit den Bussen Richtung Ljubljana–Jesenice und in Jesenice oder Lesce umsteigen; einige Busse fahren auch über Bled nach Ljubljana. Nach Bovec über den Vršič-Pass nur Ende Juni–Ende Aug. 6-mal tägl., zudem Anf. Juni–Ende Sept. Sa/So/Feiertag 1-mal tägl. um 8.28 Uhr.

Skibus: Im Winter zwischen Kranjska Gora und Planica sowie Mojstrana.

Zug: Nächste Bahnstation, auch für Fernzüge, in Jesenice; 20 km entfernt.

Flug: Flughafen Jože Pučnika Ljubljana, in Brnik, 66 km entfernt; zudem die nahen Flughäfen Villach (A), 22 km, und Tarvisio (I), ca. 12 km.

Taxi: Zu bestellen über TIC, Hotels oder PT-Taxi, ☎ 051/226-117 (mobil), www.taxi-pt.si. Nach Ljubljana ca. 120 €, Tarvisio 35 €, Villach ca. 50 € (inkl. Fahrradtransport).

Seilbahn: Auf aktuell nur einer Etappe geht es bis auf ca. 1400 m zum Vitranc, zur Station Vitranc 1. Betrieb 9–16 Uhr. Preis 10 € retour, 7 € einfach, Kinder 6–14 Jahre 7 € bzw. 5 €. Unterhalb des Vitranc 1 verläuft die Sommerrodelbahn. Infos: ☎ 04/5809-400, www.kr-gora.si.

Gesundheit Ambulanz (Zdravstveni dom), Koroška ul. 2, ☎ 04/5884-600. In Jesenice, ☎ 04/5868-100, tägl. 24-Std.-Bereitschaft (s. u.).

Apotheke (Lekarna), Koroška ul. 1, ☎ 04/5884-760.

Krankenhaus (Bolnica), in Jesenice, Titova 112, ☎ 04/5868-000.

Kinder Kekec-Land (Kekčeva dežela), wird über die Agentur Julijana organisiert: Es geht hoch zur Berghütte von Kekec, dort gibt es Sterz und Dickmilch und es werden Geschichten aus alten Zeiten, natürlich von Kekec und seinen Helden, erzählt. Für Kinder von 3–10 Jahren, auch die Eltern können mit.

In Gozd Maruljek gibt es noch das **Zwergenland**, in Dovje-Mojstrana „**Auf den Wegen der Triglav-Märchen**" (Rajže po poteh Triglavskih pravljic).

Nachtleben Casinos im Hotel Korona und Ramada Resort Kranjska Gora; ganzjährig und nonstop geöffnet; gerne von Italienern besucht.

Fürs junge Publikum u. a.: **Club-Pub Vopa** 🟦, Borovška cesta 92, Fr/Sa mit DJs und Events. **Pub Legende** 🔳, Borovška cesta 93 (im Hotel Ramada & Suites), hier gibt's Livemusik und Karaoke.

Veranstaltungen Kranjska Gora und seine Umgebung haben eine Vielfalt vor allem an Sportveranstaltungen zu bieten (→ Podkoren). **Vitranc Weltcup** und **Europapokal Alpin-Männer**, auf dem Vitranc, jährlich verschieden (zw. Dez. und Febr.). **Snowboard-Europacup** und **Europapokal im Hundeschlittenrennen** im Febr. **Weltcup-Skispringen**, in Rateče (s. u.), im März. **Sommerfeste**, von Juni bis Ende Aug., Folkloredarbietungen und Konzerte auf dem Platz vor der Kirche. **Kekec-Woche**, letzte Juniwoche. **Große Gedenkfeier**, letztes Juliwochenende; am So um 10 Uhr Messe in der Russischen Kapelle unter dem Vršič (ein Gratisbus fährt um 8 Uhr ab Hotel Kompas). **Radrennen „Sturm auf den Vršič"**, 1. Sa im Sept. „**Party am Dreiländereck**" auf dem Peč, 2. So im Sept. (ab 10 Uhr), mit Musikgruppen und einem reichhaltigen kulinarischen Angebot der drei Länder. **Oktober3fest**, Mitte Okt., ebenfalls ein Dreiländerfest, aber in der Stadt und mit großem Oberkrainerabend.

ⓘ Übernachten

Die Hotelkapazität von Kranjska Gora und seinen Nachbardörfern ist gewaltig, ebenso die Nachfrage – in der Skisaison, zu Weltcupturnieren sowie im Juli und August sind zeitige Reservierungen empfehlenswert. Die Preise schwanken je

Übernachten
1 Eco-Camp Natura
2 Pension-Rest. Livada
4 Hotel-Rest. Skipass
5 Hotel Lipa
6 Hotel Kompas
10 Hotel Ramada Resort
   Kranjska Gora
11 Hotel Kotnik
12 Hotel Ramada Hotel
   und Suites
14 Hotel Cvitar
15 Appartementhaus
   Vijolica
16 Hotel Miklič
17 Hotel Lek
18 Vila Triglav

Essen & Trinken
2 Pension-Rest. Livada
3 Gostilna Pri Rudiju
7 Gostilna-Pizzeria Bor
8 Gostilna Pri Martinu

Cafés
12 Hotel Ramada
   Hotel und Suites
17 Hotel Lek

Nachtleben
9 Club & Pub Vopa
13 Legende Pub

nach Saison stark, die unten angegebenen Preise gelten für die Hauptsaison im Sommer. Erheblich günstiger ist die Nebensaison, dafür gibt's einen satten Winterzuschlag von 20–40 %. Eine kleine Auswahl:

Privatzimmer: über Touristagenturen; DZ ab 30 € ohne Frühstück, Frühstück 6–10 €. **Ferienwohnungen** ab 40 €/2 Pers.

Folgende 2 Hotels sind nun unter Ramada Hotels (Hit Holidays hat hiesige Ltg.) buchbar: ☏ 04/5884-820, www.ramada.com oder www.hit-alpinea.si:

»» Mein Tipp: – **** **Hotel Ramada Hotel & Suites** 12 (Ex-Hotel Prisank), das schönste Hotel am Ort, zentral in der Ortsmitte. Sehr gute Konditorei, Restaurant mit gro-

ßer Terrasse, Wintergarten und Teesalon mit gemütlichen Sesseln für den Fünf-Uhr-Tee sowie Pub für die Nacht. Auch Massagen. Gegenüber die *** Appartements. Komfortable DZ/F ca. 140 €. Ganzjährig. Borovška cesta 93. **«**

– **** **Hotel Ramada Resort Kranjska Gora** 10 (Ex-Hotel Larix), direkt neben der ersten Skipiste, gute Ausstattung mit großem Wellnessbereich (u. a. Massagen, Sauna, Hallenbad) und Aquapark Larix; Casino – für den Winter und bei Schlechtwetter zu

Das idyllische Liznjek-Haus (17. Jh.) – heute Sitz des Ethnographischen Museums

empfehlen. DZ/F ca. 168 €. Ganzjährig. Borovška cesta 99.

**** Hotel Kompas , das größte Hotel mit fast 300 Betten, ruhig am Ortseingang gelegen. Mit Sauna, großem Hallenbad und Jacuzzi, Fitnessraum, Wellness, Billardtischen. DZ/F 160 €. Borovška cesta 100, ℡ 04/5892-100, www.hit-alpinea.si.

**** Hotel Kotnik , 15-Zimmer-Hotel, ruhig im alten Ortskern gelegen. Mit der gelben Fassade und den Fensterverzierungen wirkt es sehr freundlich. DZ/F 84–90 €. Ganzjährig. Borovška cesta 75, ℡ 04/5881-564, www.hotel-kotnik.si.

**** Hotel Skipass , kleines 9-Zimmer-Hotel in gemütlichem und modernem Holz-Ambiente mit bester Ausstattung. Der Stolz des Hauses ist das Gourmet-Restaurant, das vorzügliche Dreiländereck-Speisen auch auf der luftigen Terrasse bietet. DZ/F 140 € (Standard mit Balkon), 160 € (Superior), 224 € (Deluxe). Ganzjährig. Borovška cesta 95, ℡ 04/5821-000, www.skipasshotel.si.

**** Hotel Lek , nettes, gemütliches, nicht zu großes Hotel, ruhig am Ortsende an der Straße zum Jasna-See und Vršič-Pass gelegen. Ebenfalls mit Hallenbad, Sauna und Tennisplätzen. Verschiedenste Zimmeraus-

stattungen. DZ/F ca. 170 €. Ganzjährig. Vršiška cesta 38, ℡ 04/5881-520, www.hotellek.si.

*** Hotel Lipa , nahe Busbahnhof. 20-Betten-Haus im alpenländischen Stil mit schönem Wintergarten, Terrasse und gutem Restaurant. DZ/F ca. 100 €. Koroška cesta 14, ℡ 04/5820-025, www.hotel-lipa.si.

*** Gostilna Cvitar , ebenfalls im alten Ortskern. Familienhotel mit Restaurant und großer Terrasse. DZ/F ca. 60 €. Borovška cesta 83, ℡ 04/5883-600, www.cvitar.com.

**** Vila Triglav , ruhig nahe dem Pišnica-Fluss gelegen, am Beginn der Straße zum Vršič-Pass, inmitten der Natur. Appartements/Zimmer, Sauna, Pool etc. DZ ca. 88 €. Im Stadtzentrum gibt es noch das preiswertere Appartementhaus Rožle (Studios ab 40 €). Naselje Ivana Krivca 6, ℡ 04/5881-487, www.rozle.si.

*** Pension-Restaurant Livada , gemütliches Haus im Alpenstil, ca. 1 km vom Zentrum in Jasna. Nette Zimmer/Appartements; DZ/F ab 64 €. Koroška ul. 24, ℡ 041/719-021 (mobil), www.penzion-livada.si.

*** Hotel Miklič , südlich des Ortskerns; gemütliche, gut ausgestattete Zimmer mit Balkon. DZ/F ca. 100 €. Zudem wird man im

Restaurant (ab 12 Uhr) mit ausgezeichnetem Essen verwöhnt. Vitranška ul. 13, ✆ 04/5881-635, www.hotelmiklic.com.

*** Appartementhaus Vijolica 15, direkt an der Kekec-Kinderskipiste. Freundlich und modern gestaltet, mit Sauna, Innen- und Außenjacuzzi. 12 Appartements für 2–6 Pers., ab ca. 50 €/1–2 Pers. Smerinje 8b, ✆ 04/5820-500, www.apartmaji-vijolica.com.

Weitere Übernachtungsmöglichkeiten (→ Kranjska Gora/Umgebung)

🌿 **Camping** Eco-Camp Natura 1, ab Hauptstraße Jesenice–Podkoren (Abzweig Richtung Srnjak nehmen, nach der Brücke nicht nach rechts, sondern geradeaus) rund 500 m auf schlechtem Makadam. Das Camp ist nur für Zelte und liegt idyllisch und absolut ruhig auf einer Lichtung mitten im Wald, es gibt auch Pferde. In sauberen, schönen Holzhäusern gibt's Waschbecken/Duschen/WC's, alles auf Solarbasis und mit Quellwasser. Genächtigt wird im eigenen Zelt und den feststehenden Zelten (mit Holzbett und Teppich) und kleiner Terrasse. Oder man krabbelt ins hängende Zelt. 15 €/Pers. ✆ 064/121-966, www.naturaecocamp.si. ∎

Stellplatz Kranjska Gora, kleiner Parkplatz für Wohnmobile, nördlich vom Sessellift Vitranc 1. Mit Strom/Wasser/WiFi 15 €; ohne alles gratis.

Essen & Trinken   → Karte S. 89

»» Mein Tipp: Gostilna Pri Martinu 8, großes Lokal mit verschiedenen Räumlichkeiten, Sitzgelegenheit auf überdachter Terrasse mit Blick auf die Berge. Immer viel los, flinker Service. Hier kann man viele traditionelle slowenische Gerichte probieren, z. B. Heidenbrei mit Pilzen oder Gorgonzola, Risotto, Polenta oder Nudeln mit Pilzen oder Gulasch, Wildgerichte.Tägl. ab 10 Uhr. Borovška cesta 61, ✆ 04/5820-300. ««

Restaurant-Pizzeria Hotel Kotnik 11 (→ Übernachten), neben guter slowenischer Küche sehr gute Pizzen. Borovška cesta 75.

Gostilna Pri Rudiju 3, ca. 1,5 km außerhalb in Log, an der Straße Richtung Jesenice. Spezialität ist die gefüllten Tintenfische. Log 12b, ✆ 04/5885-740.

Gostilna-Pizzeria Bor 7, südlich des Hotels Kompas, freundliches Lokal mit Wintergarten und guten Gerichten mit slowen. Spezialitäten wie u. a. Pilzsuppe, Štrukli. Tägl. ab 10 Uhr. Borovška cesta 98, ✆ 04/8892-088.

Berghütte Srnjak, liegt am Ende der für Fahrzeuge befahrbaren Makadamstraße und oberhalb des Ortes Srdenji vrh (→ Wander- und Mountainbiketouren um Kranjska Gora, Nr. 5, S. 93). Leckerer Heidelbeerstrudel, Cremeschnitte oder Hirschgulasch – alles bestens! Schöne Gartenterrasse. Mai–Okt. 10–22 Uhr, danach nur Sa/So 11–18 Uhr. Galerše 3, ✆ 041/744-185 (mobil).

Café Hausgemachte Kuchen, Torten bieten die Tee- und Kaffeehäuser im Ramada Hotel & Suites 12 und im Hotel Lek 17.

Weitere Restaurants (→ Kranjska Gora/Umgebung).

Sport

Organisierte Aktivitäten Die Sportagenturen (→ Information) bieten eine breite Programmpalette in Kranjska Gora und in anderen Orten der Julischen Alpen an: z. B. Bergführungen unterschiedlichster Schwierigkeitsgrade und Längen (ab ca. 100 €/Pers. für eine 6- bis 8-Std.-Tour), Rafting oder Kajakfahren auf der Soča, Canyoning um Bled oder Bovec, Klettern, Abseilen, Reiten, Mountainbiken und anspruchsvolle mehrtägige Trekkingtouren. Das Hotel Špik in Gozd Martuljek (s. d.) hält ebenfalls ein breitgefächertes Sportangebot parat.

Angeln In den Flüssen und Bächen der Umgebung. Angelscheine für den Jasna-See (→ www.ribiskekarte.si).

Bikepark Kranjska Gora Fun- und Mountainbikepark, am Vitranc-Abhang können sich Liebhaber dieser Sportarten austoben: Auf 13 km, mit 350 m Höhenunterschied, gibt es 3 verschiedene Wege für Downhillfans, zudem 1 Weg für Freestyle mit über 150 Hindernissen verschiedenster Schwierigkeitsgrade, Airline, Lunapark, mehr als 25 Jumps sowie einen „Monster-Jump" über 15 m Höhe. Räder inkl. Sicherheitsausrüstung wie Helm etc. können ausgeliehen werden, auch Kurse sind buchbar. Tagesticket 24 €, Halbtagesticket z. B. 9–13 Uhr 20 €. Bikeverleih/Tag ab 45 €. Ende April– Okt. Fr–So 9–17 Uhr (Ende April/Anf. Mai und Juni–Mitte Sept. tägl.), www.bike-park.si.

Winterbikepark: Auch dann ist's möglich – auf der beleuchteten Strecke am Kekec-Sessellift; Fr–Sa 16–19 Uhr, Ticket 15 €.

Mountainbikeverleih: Über die Sportagenturen und Hotel Špik in Gozd Martuljek; ca. 15 €/Tag, E-Bike ca. 17 €. Um Kranjska Gora wurden markierte Fahrradwege angelegt. Kartenmaterial bei TIC.

Sommerrodelbahn Besna Pehta, unterhalb des Vitranc 1, Mai–Okt. 9–16/17 Uhr.

Schwimmen Im nahen Jasna-See. Hallenbäder in den Hotels Kompas, Lek, Ramada Resort Kranjska Gora und Hotel Špik in Gozd Martuljek; Nicht-Hotelgäste müssen zahlen.

Tennis Courts bei den **Hotels Lek** sowie beim **Hotel Špik** in Gozd Martuljek. Zudem auch beim **Kamp Kamne** in Dovje.

Wandern/Bergtouren In der Umgebung von Kranjska Gora gibt es rund 100 km markierte Wanderwege. Die Möglichkeiten reichen vom Spaziergang (Themen- und märchenhafte Wege) bis zu ein- oder mehrtägigen Touren in die Berge des Nationalparks Triglav. Wanderkarten und viele Routenvorschlägen sind bei TIC erhältlich, ebenso kann man erfahrene Bergführer mieten, was in dem teils schwierigen Gelände keine unnütze Geldausgabe ist. Gute Bergausrüsung erforderlich! Für Felsgeübte führen verschiedene Klettersteige auf den Triglav (2864 m), Jalovec (2645 m), Razor

(2601 m), Prisank (2547 m), Špik (2472 m) und auf andere Gipfel. Triglav-Aufstiege (→ Mojstrana). Es gibt auch Kartenmaterial für eine Kombination aus Wandern und Mountainbikefahren. (→ Kleiner Wanderführer, Wanderungen Nr. 1, 2 u. 3).

Wellness Über das größte Wellnesscenter verfügt das **Hotel Ramada Resort Kranjska Gora** mit dem sog. Larix-Aquapark (große Schwimmbecken, Wasserfälle, Whirlpool, Kinderbecken, Saunas), Vita-Center (verschiedenste Massagen). Borovška cesta 99, ✆ 04/5884-100.

Wintersport Ski alpin: Kranjska Gora hat 18 Skipisten, die sich auf einer Höhe von 800 bis ca. 1300 m auf dem Vitranc und hinüber nach Planica ziehen. Zur Verfügung stehen 6 Sessel- und 13 Schlepplifte. Doch spektakuläre Abfahrten sind trotz einiger schwarzer Pisten und Weltcup-Slalomstrecke nicht zu erwarten. Auch hier gibt es zur Unterstützung von Frau Holle Schneekanonen. Leihausrüstung siehe Agenturen.

Skispringen und **Skifliegen:** Die Schanzen sind im Planica-Tal bei Rateče nahe der italienischen Grenze.

Skilangläufer finden gespurte Loipen auf über 40 km Länge, auch eine beleuchtete Nachtlaufloipe für Unermüdliche. Leihausrüstung über die Agenturen.

Tourenski: Z. B. mit erfahrenen Skiführern die Bergwelt erkunden.

Vereiste Wasserfälle ersteigen: Organisation von Touren mit erfahrenen Führern ebenfalls über die Agenturen.

Rodeln: U. a. Nachtabfahrten mit Fackeln am Dreiländereck bei Rateče, zudem beleuchtete Rodelbahn bei Gozd Martuljek.

🏃 Wander- und Mountainbiketouren um Kranjska Gora

1. Von Kranjska Gora mit dem Sessellift hoch bis zur Vitranc-Station 1 auf 1300 m. Ab Vitranc 1 dann rund 0:30 Std. bergan bis zur Vitranc-Station 2 auf 1576 m (dieser Sessellift ist aktuell außer Betrieb). Dann eine weitere Stunde bergan auf dem Sattel durch Fichtenwald und über schönen Wurzelweg über den **Vitranc** (1631 m) zum **Ciprnik** (1746 m). Am Gipfel-Plateau herrlicher Rundblick auf den Jalovec und Mojstrovka im Süden, die Sprungschanze Planica im Westen und den Prisank im Osten. Ca. 2-stündiger Abstieg nach **Planica** und weiter nach **Zelenci** (Sava-Quelle). Evtl. mit Bus zurück oder nochmals 0:45 Std. laufen. Keine Schwierigkeitsgrade.

2. Von Kranjska Gora zu Fuß oder per Auto bis zum ehemaligen Hotel Erika (Beschilderung noch vorhanden). Von dort den kleinen Fußweg entlang dem Velika

Nationalpark Triglav → Karte S. 82/83

Das Naturschutzgebiet Zelenci – hier entspringt die Sava Dolinka

Pišnica und hoch in ca. 1:30 Std. zur **Krnica-Hütte**. Schöne Tour entlang dem munter plätschernden Bächlein, zudem herrliche Alpenflora.

3. Rundtour für Geübte über den **Berg Špik** (→ Foto S. 552) mit kurzem Klettersteig. Gleicher Anfangsweg wie unter Punkt 2. Nach ca. 0:15 Std. Abzweig zum Špik und weiter über die **Krnica-Hütte** wieder zurück ins **Pišnica-Tal**. Sehr gute Kondition erforderlich, Laufzeit etwa 10 Std. Evtl. Übernachtung auf der Krnica-Hütte.

4. Gemütlich mit dem Fahrrad in 0:15 Std. zur **Quelle Sava Dolinka** (auch Zelenci genannt). Zu Fuß etwa eine halbe Stunde.

5. Eine schöne Wander- oder Mountainbiketour (auch kombiniert) mit Panoramablick auf Kranjska Gora und Berg Špik nach **Galerše** und **Srnjak** (zu Fuß 1 Std.) und weiter unterhalb des Robe auf 1000 m nach **Srednji Vrh** (1836 m). In Kranjska Gora Ortsmitte fahren wir in nördlicher Richtung geradeaus und überqueren die Hauptstraße nach Jesenice, dann geht es über eine kleine Brücke. Wir folgen rechts dem Makadamweg, an der nächsten Gabelung halten wir uns nochmals rechts. Nun ca. 1 Std. bergan bis zur Hütte Srnjak (→ Kranjska Gora). Hier lohnt ein Halt – leckere slowenische Gerichte! Nun kann man weiter entlang dem Robe in ca. 1:30–2 Std. Richtung Srednji Vrh (hier eine Gostilna), auf dem Forstweg dann in ca. einer halben Std. hinab nach **Gozd Martuljek** wandern. Wanderer können per Bus von Gozd Martuljek aus zurückkehren. Wegzeit insg. bis Gozd Martuljek ca. 3:30 Std.

6. **Alpe-Adria-Trail** (www.alpe-adria-trail.com), das neueste Fernwanderprojekt vom Großglockner bis nach Muggia (knapp 700 km) passiert auch die Region Kranjska Gora: Richtung Norden über Gozd Martuljek über die Karawanken gen Faaker See, eine Schleife bietet sich auch nach Westen über Rateče–Tarvisio–Vabruna und von hier nach Norden und Nordwesten; und natürlich nach Süden über den Vršič-Pass ins Trenta-Tal (→ Kleiner Wanderführer/Wanderung 7, S. 495).

Kranjska Gora/Umgebung

Rund um Kranjska Gora liegen herrliche kleine Alpendörfer, malerische Täler und hohe Berge, die sich als Ausflugsziele und für Berg- oder Mountainbiketouren anbieten. Wer hier länger bleiben mag, kann sich in den Dörfern eine Unterkunft suchen. Informationen und Sportangebote (→ Kranjska Gora).

Vršič-Pass

Von Kranjska Gora aus erreicht man auf einer neu asphaltierten Straße und nur noch teilweise vorhandenem alten Kopfsteinpflaster nach 24 engen Kehren mit 14 % Steigung den 1611 m hohen Vršič-Pass, in weiteren 27 Kehren geht es wieder abwärts ins Soča-Tal. Der Vršič ist Sloweniens höchster Pass, am Sattel verlief einst die Grenze zu Italien. Der Weitblick von hier oben ist herrlich, der Pass eignet sich auch als Startpunkt für wunderbare Bergtouren. Die bis heute intakte Passstraße wurde in den 1960er-Jahren anlässlich eines Besuches des äthiopischen Kaisers Haile Selassie aus Granitsteinen erbaut. Auf dem Weg nach oben gibt es einige bewirtschaftete Berghütten und kurz vor der 22. Kurve Gräber aus dem Ersten Weltkrieg zu sehen.

Russiche Kapelle (Vršič-Pass)

Einen Stopp lohnt kurz nach der 6. Kurve mitten auf einer Waldlichtung die aus Holz errichtete **Russische Kapelle** (Ruska Kapelica) – eine Gedenkstätte für die russischen Gefangenen im Ersten Weltkrieg, auch ein *Info-Punkt* (Juli/Aug.) ist geöffnet. 1914 begann hier der Straßenbau unter den Österreichern, die für die Soča-Front eine Zufahrt für ihr schweres Militärgerät brauchten. Russische Gefangene wurden dafür eingesetzt, rund 10.000 Gefangene ließen bei Schneestürmen und Lawinen ihr Leben. Allein am 12. März 1916 gab es 300 Tote durch eine Lawine. Eine Gedenkfeier findet jährlich am letzten Sonntag im Juli statt (→ Veranstaltungen). 2016 erhielt das Kirchlein Besuch vom russischen Staatspräsidenten Putin – die Straßen rundum, selbst das Karawankentunnel, waren gesperrt.

Heute zieht die Passstraße vor allem Radsportbegeisterte in ihren Bann. Am 1. Samstag im September wird die Straße für den Autoverkehr gesperrt, dann findet das Radrennen „Sturm auf den Vršič" mit Tausenden von Teilnehmern statt.

Übernachten/Essen – Berghütten Übernachtungpreise: im Zimmer ca. 20 €/Pers., Schlaflager ca. 12 €/Pers. (mit Alpenvereinsausweis jeweils nur 50 %.

Koča na Gozdu na Vršiču (1226 m), ca. 9. Kurve abseits der Passstraße. Gemütliche Hütte mit schönem Blick auf den Prisank. Spezialitäten sind Wildgerichte. Nette Zimmer mit Dusche (3- bis 6-, 4- bis 8- u. Mehrbettzimmer). Mai–Sept. (bei gutem Wetter teils auch ganzjährig Sa/So). Vršiška cesta 86, ✆ 041/682-704 (mobil), www.prezlc.si/koca-na-gozdu.htm.

Erjavčeva Koča na Vršiču (1525 m), bei der 22. Kurve, abseits der Straße auf einem bewaldeten Hügel liegt die hübsche Hütte,

Nationalpark Triglav → Karte S. 82/83

Das versteinerte „Heidenmädchen" (rechter Bildrand) beim Vršič-Pass

ebenfalls mit Blick auf den Prisank und das Heidenmädchen. Hier gibt's leckere, deftige Oberkrainer Küche. Es gibt Schlaflager u. 7 einfache Zimmer (2 Duschen für alle). Mai–Okt. (bei gutem Wetter teils auch ganzjährig Sa/So). Vršiška cesta 90, ✆ 051/399-226 (mobil).

Tičarjev dom na Vršiču (1620 m), am **Vršič-Pass** mit Zimmern/Schlaflager, Verpflegung.

Juni–Sept. Trenta 85, 5232 Soča, ✆ 04/5866-070, 051/634-571 (mobil).

Poštarski dom na Vršiču (1688 m), etwas östlich des Vršič-Passes über Zufahrtsstraße oder Wanderweg erreichbar, mit 36 einfachen Betten und einfacher Küche, aber schöner Weitsicht. Juni–Aug. Vršiška cesta 92, ✆ 041/510-029 (mobil).

 ### Wander- und Bergtouren um den Vršič-Pass

1. **Von Kranjska Gora zum Vršič-Pass** (1611 m): erst das Velika-Pišnica-Tal entlang, dann westlich der Straße bergauf. Ca. 3:30 Std., einfache Strecke. Oder per Bus hinauf (im Sommer alle 2 Std.) und zu Fuß wieder bergab.

2. **Zum Heiden- oder Riesenmädchen**: vom Vršič-Pass östlich den breiten Makadamweg entlang. Von hier aus Blick auf das Felsmassiv und das Antlitz der *Ajdovska deklica*. Ca. 1 km einfache Strecke.

3. **Rundweg vom Vršič-Pass** (1611 m): über das sog. Tor Vratica (1807 m) hinüber zum Sleme mit seinen drei kleinen malerischen Seen, von denen sich in einem der Berg Jalovec spiegelt. Auf schmalem Pfad hinauf zum Gipfel Slemenova spica (1909 m). Zurück zum Vršič-Pass unterhalb der steil aufragenden Felswände von Velika und Mala Mojstrovka (2332 m) auf kurzem einfachen Klettersteig und gut begehbarem Geröllpfad. Herrliche Ausblicke auf den Jalovec. Achtung: auf Steinschlag anderer Kletterer achten. Ca. 3:30 bis 4 Std. Gehzeit; auch gut mit Kindern machbar.

4. **Vom Sleme ins Planica- und Tamar-Tal**: Eine Variante führt durch den Engpass Črna Voda mit 900 m Höhenunterschied. Achtung: Hier ist bis in den Frühsommer

Wanderung 1 – Vom Vršič-Pass über den Sleme ins Planica-Tal → S. 467
Aussichtsreiche Tour mit Blick auf imposante Julier und schöne Täler

Schnee und schwieriges Gelände! In ca. 2:30 Std. erreicht man direkt die Tamar-Berghütte. Weiter dann in ca. 1 Std. auf sehr einfacher Gehstrecke zum Planica-Parkplatz. Alternative (nur für Geübte, schwierig zu begehen!): Vom Sleme über den Grlo-Pass (1457 m) fast direkt hinab zur Tamar-Berghütte in ca. 2:30 Std.

5. Eine ebenfalls anspruchsvolle Tour verläuft vom Vršič-Pass auf den **Prisank** (2547 m) in ca. 4:30 Std., in weiteren 1:30 Std. wird die Unterkunftshütte **Pogačnikov dom** (2050 m) unterhalb des Razor (2601 m) erreicht.

6. Zum **Prisank** führt auch ein anspruchsvoller 5-stündiger Klettersteig, ein Highlight für Climber, die durch das „Fenster" – eine 80 m hohe Felsöffnung – steigen.

Podkoren

Die erste slowenische Ortschaft, die nach der Einreise über den Wurzenpass (18 % Steigung, für Wohnwagen gesperrt!) erreicht wird – ein Alpendorf mit gut erhaltenen Fachwerkhäusern, ca. 2 km von Kranjska Gora entfernt. Nahe Podkoren entspringt die Sava Dolinka (auch Zelenci genannt), die dem Tal ihren Namen gab. Das über schöne Gehwege zugängliche **Naturreservat Zelenci** ist ein sumpfiges, türkisfarbenes Moor-Seengebiet mit reicher Pflanzen- und Tierwelt – auch fleischfressende Pflanzen soll es geben (ausgeschildert ab Parkplatz und Bar Zelenci).

Information Okrepčevalnica Pehta, Podkoren 73, ☎ 041/709-750 (mobil). In der Hütte am Parkplatz gibt's guten Imbiss (s. u.), Infos und Taxiservice.

Übernachten Es gibt ein paar Pensionen, z. B.:

*** Appartements Kot'č, 2 hübsche Wohnungen bei der Kirche. Je ca. 50 €/2 Pers. Podkoren 74a, ☎ 031/395-551 (mobil), www.montaza-veber.com.

*** Hotel-Restaurant Vitranc, im Ortszentrum; ein stattliches Gebäude mit netter

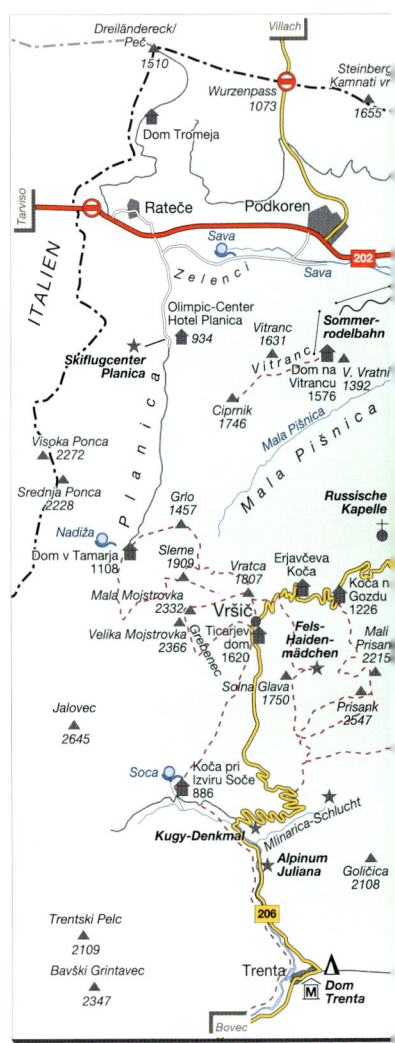

Terrasse. Die Gästezimmer sind teils mit Stilmöbeln ausgestattet. Es gibt Zimmer/Appartements (2–5 Pers.), DZ/F 90 € (auch ein einfaches für 70 €). Ganzjährig. Podkoren 94, ☎ 04/5809-520, www.vitranc.si.

Pr' Gavedarjo – Design Rooms, der Bauernhof von 1913 wurde im Innern stilsicher, modern und mit Naturmaterialien um- und zu gemütlichen Zimmern (1- bis 4-Bett) mit

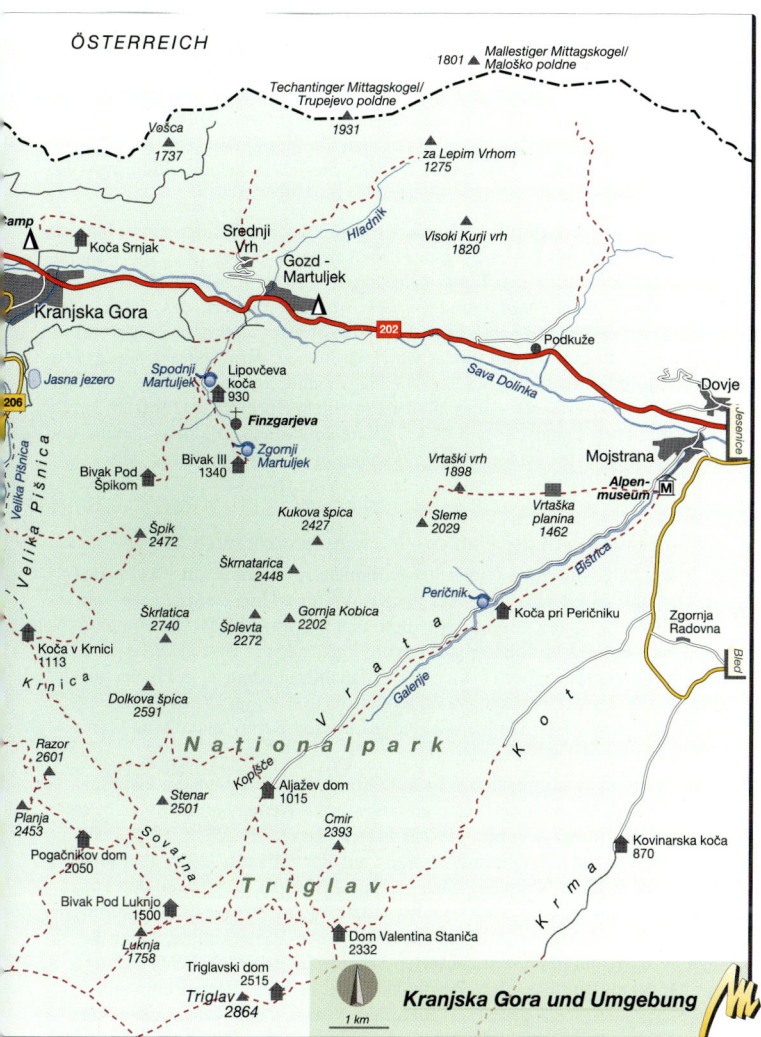

Kranjska Gora und Umgebung

1 km

altem und neuem Mobiliar kreativ ausgebaut. WiFi. DZ/F ca. 80 €. Podkoren 72, ✆ 031/479-087 (mobil), www.prgavedarjo.si.

Essen & Trinken Hotel Vitranc, große Auswahl: von Zwiebelrostbraten, Kalbsschnitzel, Boeuf Stroganoff bis hin zu Seefisch, als Nachspeise gibt es u. a. Gibanica, Strudel.

Imbissstube Pehta, westlich von Podkoren am Parkplatz und Fahrradweg (Hauptstraße Kranjska Gora-Rateče); von hier gelangt man auf den Fußweg zum Naturreservat Zelenci und der Sava-Quelle. Eine gute Adresse für deftige Eintöpfe. In der Saison immer geöffnet, danach nur bei gutem Wetter.

Rateče

Das gemütliche Alpendorf mit stattlichen Fachwerkhäusern und zahlreichen Pensionen liegt ca. 6 km westlich von Kranjska Gora in Richtung Grenzübergang zu Italien und zählt zu den ältesten Ansiedlungen in dieser Gegend, auch handschriftliche Dokumente aus dem 14. Jh. zählen zu den ältesten Sloweniens. Im renovierten Bauernhaus **Kajžnova hiša** (Haus Nr. 43) wurde ein kleines *Ethnografisches Museum* eingerichtet.

Bekannt ist der Ort jedoch für seine nun wieder weltgrößte Skiflugschanze **Planica**, die an der Ostflanke des Ponca-Bergzugs neben sieben weiteren (s. u. Sport) im Süden des Ortes am Beginn des Tamar-Tales liegt (→ Kasten „Skiflugrekorde"). Alle Sprungschanzen, auch *Bloudek* und *Gorišek*, wurden erneuert, das Gelände mit großen Zuschauertribünen bestückt und auch die Straßenzufahrt verbreitert. Komplettiert wurde dies mit einem modernen Holzrundbau, dem *Infocenter* (u. a. Museum und Multivisionsraum, alles über die Planica und ihre besten Skispringer; zudem Bar, Aussichtsterrasse) – alles in allem zu einem **Nordischen Zentrum** ausgebaut, wo sich auch Langläufer auf 40 km tummeln können. Die neue Zipline und deren Adrenalin-Gäste bevölkern neben Wanderern im Sommer dieses Tal.

Skiflugrekorde auf der Planica – hoch, höher, am höchsten ...

Im März 1936 wurde die Großschanze Bloudkova Velikanka in Planica eingeweiht und damit eine neue Ära eingeläutet, denn hier konnte man erstmals über 100 m weit fliegen. Eine Besonderheit war und ist die Hangneigung von 33 Grad und die relativ flache Flugkurve, die alles abverlangt. 28 Skiflugweltrekorde wurden bisher auf der Letalnica (Schanze) in Planica aufgestellt. Die erste Sensation gab es bereits zur Eröffnung, als im März 1936 der Wahlösterreicher Sepp Bradl (ein gebürtiger Bayer) die 100 m-Marke mit 101,5 m überflog.

1969 weihte man dann neben der alten Großschanze die neue der Gebrüder Gorišek ein. Und wieder errang man fantastische Weiten bis zu 165 m. 1994 knackte der Finne Nieminen die 200-Meter-Marke mit 203 m. 1997 stellte Lasse Ottesen mit 212 m den Weltrekord auf, der 2005 mit 239 m überboten wurde: Bjørn Einar Romøren blieb 9 Sekunden in der Luft. Zwar flog kurz darauf der Finne Janne Ahonen fantastische 240 m, stürzte dann allerding im Auslauf. Im Februar 2011 gab es einen neuen Weltrekordler, Johan Remen Evensen, auf der gut präparierten Schanze im norwegischen Vikersund mit 246,50 m. Und das alles, obwohl all die Jahrzehnte Weitenlimits seitens des Skiverbandes FIS gesetzt wurden, jedoch vergebens, sodass die Limits schließlich aufgegeben wurden.

2013 wurden dann die beiden Schanzen erneuert, die der Gebrüder Gorišek auf K 200 (HS 225) vergrößert (K=Kulm, HS=Hillsize). Bereits im März 2014 errang hier der Slowene Peter Prevc wieder einen Schanzenrekord mit einer Flugweite von 242 m (auf der Bloudek), 2015 übertraf er sich mit 248,5 m auf der neuen Skiflugschanze Gorišek. 2016 löste ihn sein Landsmann Tilen Bartol mit 252 m ab. Die 300-Meter-Marke wird international anvisiert, man darf gespannt sein.

Information Touristinformation, 4283 Rateče-Planica, Rateče 22, ✆ 04/5876-041, www.ratece-planica.si. Mo–Do 7–15 (Mi bis 17), Fr 7–13 Uhr.

Info Nordisches Zentrum (Nordijski Center Planica), ✆ 04/5884-570, 041/700-917 (mobil), www.nc-planica.si. April–Okt. tägl. 9–20 Uhr, Nov.–März bis 17 Uhr. Alle Infos, auch zu Übernachtung, rund um die Planica.

Straßenmaut Die Straße nach Planica ist mautpflichtig, ca. 2,50 €. Gefahren werden kann bis zur Hütte Kavka neben der Sprungschanze.

Sport Schanzen (Letalnica): für Kinder HS 15, 30 u. 45 m, für Jugendliche HS 65 und 85 m, die Bloudek-Großschanze HS 104 u. 139 m die neue Skiflugschanze der Gebrüder Gorišek HS 225 m.

Langlauf: gespurte Loipen im Tamara-Tal von 40 km.

Zipline: www.planica-zipline.si.

Skibus: Im Winter werden alle Orte rund um Kranjska Gora angefahren.

Veranstaltungen Weltcup im Skispringen und Skifliegen auf der Planica jährlich im März. **Dorffest** in Rateče jährlich am 15. Aug.

Übernachten/Essen Es gibt zahlreiche Pensionen und Ferienwohnungen in jeder Kategorie. Preise (→ Kranjska Gora).

Olimpic-Sport-Center (CŠOD) – Hotel Planica, netter Neubau östlich der Zufahrtsstraße am Waldrand mit ca. 35 Zimmern, in Dependancen 19 Mehrbettzimmer. Es gibt Sauna, Kletterwand, Fußballfeld. Alles jedoch eher spartanisch eingerichtet und mehr ein Traninigscamp für Sportler und Schulgruppen. ÜF/Pers. 32 €. Rateče 167. Infos Nordisches Zentrum.

Gostilna Pri Žerjavu, in der Ortsmitte steht das schöne gelbe Gebäude mit Sitzmöglichkeiten vor der Türe. Gute slowenische Spezialitäten. Rateče 39, ✆ 04/5876-026.

Das malerische Planica-Tal

Gostilna Šurc, das langgestreckte, mit Blumen umrankte Holzhaus liegt im Westen des Ortes – die sonnige Terrasse vor dem Haus lädt zu schmackhaften Gerichten ein. Ab ca. 11 Uhr. Rateče 86, ✆ 04/5876-033.

Planinski Dom v Tamarju Tamar (1108 m), schön und ruhig am Ende des Tamar-Tals gelegen, ideal als Ausgangspunkt für Touren. Zudem locken eine reichhaltige Speisekarte und viele Schnäpse. Zimmer und Schlaflager. Ganzjährig. Rateče-Planica 167, ✆ 04/5876-055, 041/378-077 (mobil).

Ratečes Umgebung lädt zu herrlichen Spaziergängen, Wander- und Mountainbiketouren ein.

Wander- und Mountainbiketouren um Rateče

1. Im Norden in das **Trebiža-Tal** und hinauf auf den Berg **Peč,** auf 1508 m am Dreiländereck – Lehrtafeln informieren zu verschiedenen Themen. Zur Einkehr lockt etwas abseits am Kamm die *Dreiländerhütte* (bereits in Österreich), die tiefer gelegene *Koča na Tromeji* auf 1145 m ist geschlossen.

Wanderung 2 – Von Rateče zum Berg Peč am Dreiländereck   → S. 472
Leichte Wander- bzw. konditionsstarke Mountainbiketour auf dem Lehrpfad

2. Südlich des **Planica-Tals** mit seinen herrlichen Wiesen und weiter vom **Tamar-Tal** aus locken zahlreiche wunderbare Hochgebirgstouren. Mit dem Auto kann man bis zum Parkplatz südlich der Sprungschanzen fahren. Ab dann geht es zu Fuß oder bequemer mit dem Mountainbike südwärts durch das Tamar-Tal und zum Nadiža-Wasserfall (ca. 4 km) und zur nahen Unterkunftshütte *Planina Dom Tamar* (1108 m). Wenige Meter davor steht die 1936 errichtete und zwischenzeitlich hübsch renovierte *Kapelle Marija pomagaj,* mit schönen Mosaikarbeiten von Marko Ivan Rupnik an der Frontseite verziert; im Inneren hängt eine Kopie des bekannten Grandenbildes aus der Wallfahrtskirche Brezje. Für Bergsteiger findet im Juli/August sonntags um 15 Uhr eine Messe statt.

3. Ab der Unterkunftshütte bietet sich eine schöne Tour über den im Talende letzten **Wasserfall** – einem von vielen weiteren namenlosen in diesem Gebiet – und danach steil bergan in Richtung **Sleme-Massiv**. Diese Tour lässt sich über den Vršič (einfacher ist die umgekehrte Richtung) oder auch um einen weiteren Tag ausdehnen (→ Kleiner Wanderführer/Wanderung 1, S. 467).

4. Anspruchsvolle Bergtouren (nur für Geübte!) sind vom **Tamar-Tal** nach Süden rund um den Jalovec (2645 m, Klettersteige) möglich, oder man unternimmt über den Srednja Ponca (2228 m) und weiter über die Unterkunftshütte *Luigi Zacchi* (1380 m) einen Abstecher nach Italien.

Gozd Martuljek

Das Dörfchen liegt 4 km östlich von Kranjska Gora im Sava-Dolinka-Tal inmitten üppiger Natur – gegenüber im Süden das imposante Panorama der Martuljek-Berggruppe und deren höchste Erhebung, der *Špik* (2472 m). Gozd Martuljek bietet alles, was ein Ferienort braucht: Hotel, Freizeitangebote und Privatzimmer in einigen verstreuten Häusern. Auch hier locken zahllose Wanderrouten und viele Wasserfälle (s. u.).

Übernachten   Zahlreiche Privatzimmer und Ferienwohnungen stehen zur Wahl. Auskunft über Kranjska Gora.

–* **Špik Alpinea Resort**, abseits der Hauptstraße im neoalpinen Baustil mit weit heruntergezogenem Vordach und Blick auf den Berg Špik. U. a. mit einem 250 qm großen Wellnesscenter (Hallenbad, verschiedene Saunas, Massagen, Becken mit Gletscherwasser etc.) und schönem Blick auf die Berge; zudem großes Sportangebot (u. a. Beachvolleyball, Tennis, Kajakfahren, Bogenschießen); hoteleigene Skischule und Kinderspielplatz. ***-DZ/F ca. 120 €, ****-DZ/F ca. 150 €. Jezerci 21, ☎ 04/5877-100, www.hit-alpinea.si.

*** **Garni Hotel Rute**, schöner Neubau nahe der Hauptstraße. Es gibt Zimmer/Appartements; DZ/F ab 60 €. Zgornje Rute 40a, ☎ 059/079-820 (mobil), www.hotelrute.si.

Camping Camp **Špik**, schönes parzelliertes 3-ha-Wiesengelände (Strom, Wasser, WiFi); im Restaurant des nahen Hotel-Resorts (s. o.) kann man zu Vorzugspreisen speisen und alle Einrichtungen nutzen. Ca. 12 €/Pers. Ganzjährig. ☎ 051/634-466, Jezerci 15, www.camp-spik.com/de.

Essen & Trinken Gostilna Jožica, an der Straße rechts vor der Brücke; Pizzeria und Restaurant. Es werden 2 Appartements und Zimmer vermietet. Tägl. ab 9 Uhr. Zgornje Rute 51, ☎ 04/5880-126.

»› Mein Tipp: Berghütte Brunarica pri Ingotu (950 m), ab Gozd Martuljek in ca. 45 Min. erreichbar. Das schöne „Holzhaus" (= Brunarica) liegt idyllisch auf einer Lichtung auf dem Weg zur Kapelle Finžgareja und zu den Martuljek-Wasserfällen. Aus der offenen Küche und den großen Pötten kommt deftig Leckeres, aber auch Strudel und Potica; zudem Kräutertees, Säfte und Hochprozentiges aus dem Wald. Juli/Aug. tägl., Juni u. Sept./Okt. Sa/So u. Feiertag 10–18 Uhr. ✆ 041/749-048 (mobil), www. jasenje-priingotu.com. ≪

Kinder Škratovo deželo (Zwergenland), ✆ 045/123-456 (mobil), www.skratovadezela.si.

Sport → Špik Alpinea Resort.

Rodelbahn, von der Hütte Srnjak hinab nach Srednji Vrh.

 Wandertouren um Gozd Martuljek

1. Im Norden erreicht man über das alte Dorf **Srednji Vrh** das herrliche Jerman-Tal oder weiter östlich die Schlucht des Hladnik-Bachs – überall fantastischer Weitblick auf die Gebirgszüge im Süden (→ Kranjska Gora).

2. **Martuljek-Tal:** In etwa 0:30 Std. ist der Untere Wasserfall, *Spodnji Martuljkov slap*, erreicht, in weiteren 0:45 Std. der etwas schwerer zugängliche, 110 m hohe Obere Wasserfall, *Zgornji Martuljkov slap*. Für geübte Bergsteiger bieten sich zwei Erweiterungsvarianten (beides Klettersteige!): Vom Unteren Wasserfall, leicht südwestlich haltend, in ca. 2:30 Std. zur Hütte *Bivak pod Špikom* (1424 m) unterhalb des Gipfels Špik; am Abzweig zum Oberen Wasserfall, geradeaus haltend, in knapp 1 Std. zur Unterstellhütte *Bivak III* (1340 m) unterhalb des Berges Za Akom.

 Wanderung 3 – Von Gozd Martuljek zu den Martuljški slapovi → S. 475
Herrliche Familienwanderung zu den zwei Wasserfällen

Dovje

Ursprüngliches Alpendorf 12 km von Kranjska Gora im Sava-Dolinka-Tal, gegenüber von Mojstrana. Der Ort liegt in sonniger und geschützter Karawankenlage und bietet gen Süden ein herrliches Gebirgspanorama. Hier sind die für diese Gegend typischen gewölbten Türbögen zu sehen und hier lebte Pfarrer Jakob Aljaž (1845–1927), der viele Berghütten und Wanderwege sowie den nach ihm benannten Turm auf dem Triglavgipfel errichten ließ. Auch um die Belange der Bergsteiger machte sich Jakob Aljaž verdient. Im Pfarrhaus erinnert ein Gedenkzimmer an ihn, an der Straße zwischen Mojstrana und Dovje wurde ihm zu Ehren ein Denkmal errichtet. Auf dem Dorffriedhof sind viele Bergsteiger begraben, die die Touren nicht überlebten – darunter auch etliche Deutsche.

Übernachten/Essen Restaurant-Pension Villa Roza, mit schöner Dachkonstruktion und einladender Terrasse; Hausspezialität ist Beefsteak. Übernachtet werden kann in 4 Zimmern (2–4 Pers.). Tägl. 11–22 Uhr. Dovje 127c, ✆ 04/5895-250, www.villaroza.com.

Restaurant Hiša Pr' Katr', im 200 Jahre alten Bauernhaus mit nettem Ambiente und teils altem Inventar gibt's Polenta, Pilzgerichte, Gulasch und gute Schnäpse. Mi–Fr ab 15 Uhr, Sa/So u. Feiertag ab 12 Uhr. Dovje 31 a, ✆ 04/5895-230.

Bistro Aljažev Hram, oberhalb der Hauptstraße (an Ortszufahrt), wurde „verschönert". Aber immer noch sitzen hier meist Einheimische und genießen den weiten Blick auf die Bergwelt. Es gibt Pizzen, Wurst, Käse, Brezeln, Eis und Schnäpse. Tägl. außer Mi 12–22 Uhr. Savska cesta 1.

Camping ** Camping Kamne, 1,5-ha-Platz im gleichnamigen Ortsteil oberhalb der Hauptstraße. Es gibt Bungalows und Holzhäuser (nur Mai–Okt. ab 65 €/2 Pers.) zu mieten. Mountainbike-Verleih, Supermarkt in Dovje (1 km). 17 €/2 Pers. inkl. Parzelle. Ganzjährig. Dovje 9, ✆ 04/5891-105, www.campingkamne.com.

Nationalpark Triglav → Karte S. 82/83

Mojstrana

Etwa 12 km von Kranjska Gora entfernt, im Sava-Dolinka-Tal und am Beginn des Vrata-Tals gelegen – Mojstrana ist Ausgangspunkt für schöne Wandertouren durch herrliche Alpenflora und für die Triglav-Besteigung. Von Mojstrana zweigen auch das Kot-Tal und das Krma-Tal ab. Das 10 km lange Vrata-Tal endet in einem Kessel an der steil aufragenden Nordwand des Triglav. Wenige Kilometer hinter Mojstrana lohnt ein Stopp oder eine Wanderung zum 52 m hohen Peričnik-Wasserfall.

Am Ortsausgang Richtung Radovna-Tal lädt der **Pocar-Hof** zur Besichtigung ein. Das Gebäude zählt zu den ältesten Bauernhäusern im Nationalpark.
Nur Juli/Aug. Sa/So u. Feiertag 11–18 Uhr; oder auf Anfrage. Eintritt 3 €, Kinder 7–15 J. 1,50 €. Zgornja Radovna 25, ☎ 04/5780-200.

Das **Slowenische Alpenmuseum** (Slovenski planinski muzej) wurde im modernen Holzgebäude in Form eines Biwaks eingerichtet. Das Informationszentrum (auch mit TIC) gibt Einblick in die slowenische Bergwelt und den Nationalpark Triglav,

birgt Geschichtliches zum alpinen Tourismus in Slowenien, dokumentiert aber auch die besten slowenischen Alpinisten bei weltweiten Aktionen (u. a. Himalayabesteigung); zudem Informationen und Workshops zu Flora und Fauna. An den Monitoren können Kinder Fragen beantworten, ihre Beantwortungen abstempeln und erhalten zum Schluss ein kleines Präsent.
Juni–Mitte Sept. 9–19 Uhr, Mitte Sept.–Mai 9–17 Uhr. Triglavska cesta 49, 4281 Mojstrana, ☎ 08/3806-730, www.planinskimuzej.si. Eintritt 6 €, Kinder 3,60 €.

Slowenisches Alpenmuseum

Neben dem Alpenmuseum ist ein kleiner, hübsch angelegter **Alpengarten** mit einer Gedenkstätte, der auf viele Olympioniken dieser Region hinweist, zudem auch auf die imposanten Berge.

Die Kirche **St. Klemens** wurde angeblich an der Stelle erbaut, an der die Mönche Kyrill und Method (sie verbreiteten in den slawischen Ländern das Christentum) auf ihrem Weg nach Rom Rast machten. Erste Spuren von Bergbau und Eisenverhüttung datiert man ins 14. Jh.

Auf Kletterfans wartet die **Via Ferrata**, zwei neue gesicherte Steige (v. a. für Beginner) oberhalb vom Ort Mojstrana, an der Bergwand Grančišče.

Information Touristinformation im Bergsteigermuseum (s. o.).

Übernachten/Essen Etliche Privatzimmer und Ferienwohnungen.

Kurz vor dem Pohar-Hof **Restaurant-Pizzeria Kot**, nebenan ein Supermarkt.

🌿 °°° **Touristischer Bio-Bauernhof Psnak**, in Zgornja Radovna, ca. 4 km südlich von Mojstrana und umgeben von Wiesen; schöner Hof und gute Küche. Spezialitäten sind Sterz, Buchweizentaschen, Honig aus

eigener Imkerei. Guter Ausgangspunkt für Wanderungen und Skitouren. Schöne neue Zimmer (DZ 40 €) und Appartements; u. a. 63 €/2 Pers., Frühstück 9 €. Juni–Sept. tägl. 10–22 Uhr (Sa/So bis 23 Uhr), Okt.–Mai tägl. außer Mo 11–22 Uhr (Sa/So 10–23 Uhr). Zgornja Radovna 18, ☎ 04/5891-152, 041/570-822 (mobil), www.triglav-radovna.eu. ■

Touristischer Bauernhof Pr' Železnk, im Ortszentrum. Hier gibt es etliche Haustiere, gute slowenische Gerichte und Gemüse aus eigenem Anbau. Tägl. 10–

22 Uhr (Fr/Sa bis 1 Uhr). Kuriska pot 11, ✆ 04/5891-217.

Hostel – Bar Pr' Jozlnu, neben dem Bergsteiger-Museum, mit Garten. Von außen wenig einladend, im Innern neu und nett gemacht. Es gibt 30 Übernachtungsplätze in 3 Zimmern mit 8, 10 und 12 Betten, Badezimmer muss geteilt werden; WiFi und Frühstück gratis. Triglavska cesta 50, ✆ 040/699-271 (mobil), www.hosteljozl.com.

Unterkunftshütte Aljažev Dom v Vratih (1015 m), am Ende des Vrata-Tals, eingebettet in Buchenwälder und mit Blick auf die imposante Triglav-Nordwand. Die Hütte mit schöner Terrasse, das Restaurant relativ neu und geräumig. 14 schöne, saubere Zimmer, Appartement und Schlafsaal. Guter Ausgangspunkt für Wanderungen und Touren. Tägl. Mai–Sept., April u. Okt. nur Sa/So. Triglavska cesta 89, ✆ 031/384-011, -012 (mobil).

🚶 Wander- und Mountainbiketouren um Mojstrana

Ins Vrata-Tal: Ein schönes Ausflugsziel südlich von Mojstrana ist das 10 km lange Vrata-Tal mit dem Gebirgsbach Bistrica, das bis kurz vor die Unterkunftshütte *Aljažev Dom* (1015 m) befahrbar ist und stetig langsam bergan führt. Schöner als eine Autofahrt ist eine Mountainbike- oder Wandertour über den Wanderweg durch die Natur – am türkis leuchtenden, zum Teil tief eingeschnittenen Bistrica-Bach entlang, durch satte Buchenwälder. Nach ca. 6 km passiert man den beeindruckenden *Slap Peričnik* (Wasserfall), den man auch umrunden und dabei die Gischt genießen kann – der untere Fall stürzt 52 m in die Tiefe, der obere nur 16 m.

Zum Bergsattel Luknja (1758 m): Eine einfache, auch für Kinder geeignete Wanderung ab der Unterkunftshütte *Aljažev Dom* (1015 m), am Vrata-Talende. Wegzeit hin und zurück bei gemütlichem Gehen 4 Std., unterwegs bieten sich Pausen am lauschigen Bach an. Natürlich kann man die Tour auch sportlicher gestalten, indem man von Mojstrana aus mit dem Mountainbike bis zum Aljažev Dom fährt.

Ab der Unterkunftshütte *Aljažev dom* (1015 m) führt südlich ein ausgeschilderter Weg an der rauschenden, türkisen Bistrica entlang, mit herrlichem, hellsandigem Bachbett (ca. 1:30 Std.). Gegenüber die über 1500 m aufragende Nordwand des Triglav-Massivs, in der sich mit dem Fernglas die Kletterer erspähen lassen. Unser Weg führt stetig bergauf und langsam weg vom Bach. Alpenrose, Enzian, Akelei, Arnika blühen üppig. Die letzten Meter führen über Geröll und grobe Steine – der einzig anstrengende Teil, den man mit Kleinkindern auch weglassen kann. Bereits von hier ist die Aussicht schön. Doch ganz oben wartet ein weiter Blick über die südliche Bergwelt und man kann sich im weichen Gras entspannen.

Vrata-Tal – Wasserfall Peričnik

Diese Wanderung ist als Rundtour erweiterbar: oben am 1758 m hohen Luknja angelangt, führt der Pfad nordwestlich zum Bovški Gam Sovec (2392 m) und hinab zum Vrata (2180 m). Von dort nordöstlich hinab unterhalb des Sovatna-Massivs in Richtung Bistrica-Tal. Insgesamt bei zügigem Tempo ca. 6 Std.

Per Mountainbike von Mojstrana nach Bled: Ein schmales Asphaltsträßchen, teils auch Makadam, führt entlang des Baches Radovna nach Bled (ca. 22 km) – zum Fahrradfahren eine herrliche Tour durch die fast unberührte Landschaft des **Radovna-Tals**. Wälder wechseln sich mit herrlichen Wiesen ab und immer wieder wird der Blick frei auf die Bergwelt des Nationalparks Triglav. Unterwegs lädt ein Gasthof zur Rast ein (→ Übernachten/Essen), er ist einer von sechs alten Höfen, der älteste ist der Pocar-Hof aus dem Jahr 1609.

»» Weiterreise ab Kranjska Gora und Umgebung: Wer Lust auf die grandiose Bergwelt und keinen Wohnwagen im Schlepptau hat, kann seine Reise von Kranjska Gora über den Vršič-Pass (14 % Steigung, 1611 m) durch das Soča-Tal und Nova Gorica in Richtung Istrien und Adriaküste fortsetzen. Die Straße in Richtung Jesenice/Ljubljana führt durch das Sava-Dolinka-Tal, auf den Wiesen stehen die typischen Heuharpfen. Dieses hölzerne Gerüst, der *kozolec,* dient zum Trocknen des gemähten Grases oder auch für Mais. 23 km östlich von Kranjska Gora wird **Jesenice** erreicht; hier lohnt v. a. der Industriepark Stara Sava (→ S. 106). In weiteren wenigen Minuten über die Autobahn(Vignette!) gelangt man nach Bled (→ S. 110) mit Burg und idyllischem See. Ab dort folgt in weiteren 30 km der Bohinjsko jezero, wo fantastische Aufstiege in die Bergwelt des Triglavs warten.

Triglav-Besteigung von der Nordseite

Nur für Geübte und mit viel Kondition!

1. Der hier einfachste Aufstieg verläuft über das Krma-Tal in 8 Std. bis zur Kredarica-(Triglav-)Unterkunftshütte (2515 m) und am nächsten Tag in ca. 1:30–2 Std. Aufstieg bis zum Gipfel (2864 m) über den Grat. Die Wanderung (bzw. der Abstieg) kann z. B. über das Sieben-Seen-Tal auf der Südseite des Triglav ausgedehnt werden. Mehr dazu (→ Ukanc).

2. Aufstieg über das Vrata-Tal und Auswahl unter drei verschiedenen Klettersteigen. Mit dem Auto bis zur Aljažev-Hütte am Ende des Vrata-Tals. Über die mächtige Nordwand des Triglav-Massivs auf gesichertem Klettersteig in 6 Std. zur Kredarica-Unterkunftshütte, dann folgt der Aufstieg (wie oben) zum Triglav-Gipfel. Mehr dazu → Ukanc und Kleiner Wanderführer/Wanderung 5, S. 468.

Steinböcke – schwindelfrei und felsgeübt

Jesenice

Alte Eisenhütten-Bergwerksstadt, die mit ihrem Erbe zu kämpfen hat und bisher nur wenig Chancen hatte, sich aufzuhübschen. Einen Besuch lohnt auf jeden Fall das Industriemuseum Stara Sava, für Naturliebhaber die hier aufsteigende Bergwelt der Karawanken.

Die Industrie- und wichtige Einkaufsstadt für die gesamte Umgebung liegt im hier breiten Sava-Dolinka-Tal auf der sonnigen Südseite der steil ansteigenden Karawanken. Jeder Slowenienbesucher, reist er über die Autobahn oder per Zug an, passiert Jesenice. Einladend sieht die Stadt von Weitem nicht aus – man blickt auf Arbeiter- und Eisenbahnsiedlungen, Hochhäuser, alte Schlöte und neuerbaute Shoppingcenter, zudem gibt es bisher auch so gut wie keine Übernachtungsmöglichkeiten. Geldprobleme und innerstädtische Interessenskonflikte ließen bisher wenig neue Infrastruktur zu. Besuchenswert ist allerdings der neu gestaltete Industriemuseumspark Stara Sava im Südosten der Stadt, eine gelungene Symbiose aus Tradition und Moderne (sehr einfach auch von der Autobahn aus erreichbar).

Geschichte

Das Eisenhüttenwesen ist eng mit der Geschichte von Jesenice verbunden. Erstmals erwähnt wurde das Gebiet 1381, als die Grafen Ortenburg hier Erzschürfrechte erwarben. Gewohnt und geschmiedet wurde damals an den waldreichen Hängen der Karawanken. Dann kamen die Grafen Zois, rundum zählten 18 Burgen zu ihrem Besitz. Bekannt wurde Jesenice, das seinen Namen nach den hier einst vielen Eschen erhielt, durch das Eisenhüttenwesen und einst größte Stahlwerk Sloweniens. Die italienische Familie Bucelleni legte 1538 den Grundstein für das erste moderne Hammerwerk an der Sava, auch errichteten sie am Fabrikgelände ihr Wohnhaus – wegen ihres Erfolgs erhob man sie sogar in den Adelsstand. 1766 übernahm das gesamte Areal die belgische Unternehmerfamilie Ruard und erneuerte die Fabriken, später dann auch das Herrenhaus zeitgemäß im damals beliebten Stil des Klassizismus. Die Franzosen (Ära Napoleon 1809–1813) errichteten hier eine Kaserne (s. u.) für ihre Soldaten, danach lebten darin Eisenhüttenarbeiter. Das industrielle Wachstum beschleunigte weltweit die Eisenindustrie, Kleinbetriebe waren bald nicht mehr konkurrenzfähig. 1871 musste auch Viktor Ruard verkaufen – das Werk ging an die Krainer Industriegesellschaft (KID, Kranjska industrijska družba). Fast zeitgleich wurde auch die erste Eisenbahnlinie mit Bahnhof fertiggestellt und der Export konnte beginnen. Die wichtigen Tunnels, das Karawanken-Tunnel gen Österreich und das Kobla-Tunnel bei Bohinj in Richtung Italien, wurden gebohrt und unter Erzherzog Franz Ferdinand von Österreich eingeweiht. Während des Ersten Weltkriegs wurde in Jesenice das Geld mit Militärausrüstung gemacht. Das Geschäft blühte auch im Zweiten Weltkrieg, kurz vor Kriegsende erlitt Jesenice allerdings durch Bombardements der Alliierten großen Schaden. Nach dem Krieg folgte eine neue Blütezeit der Stadt, Jesenice war im ehemaligen Jugoslawien ein wichtiger Stahl-Industriestandort. Mit dem Zusammenbruch Jugoslawiens gingen die Rohstoffquellen verloren, zudem waren die Werke nicht mehr konkurrenzfähig. Nach der Unabhängigkeit Sloweniens wurden sie zwar modernisiert, die Stadt setzte aber auch auf andere Wirtschaftszweige.

Information Touristinformation TIC, 4270 Jesenice, Cesta maršala Tita 18 (gegenüber Bahnhof an Hauptdurchgangsstr.), ☎ 04/5863-178, www.turizem.jesenice.si. Juli/Aug.

Nationalpark Triglav → Karte S. 82/83

Mo–Fr 9–19, Sa 10–16 Uhr; Mai/Juni, Sept u. Dez. Mo–Fr 8–16, Sa 10–15 Uhr, sonst Mo–Fr 8–16 Uhr. Gute Infos, Kartenmaterial.

Verbindungen **Bus**: Busstation vor Bahnhof, Cesta maršala Tita 18, stündlich nach Ljubljana (1:45 Std., 6,90 €), Infos über Alpetour, ☎ 04/5809-755. **Zug**: Cesta maršala Tita 19, ☎ 04/2942-329; 4- bis 5-mal tägl. nach Ljubljana.

Gesundheit **Lekarna Jesenice** (Apotheke), Cesta maršala Tita 18 (hinter TIC), ☎ 04/5865-850. **Zdravstveni dom Jesenice** (Medizinzentrum), Cesta maršala Tita 78, ☎ 04/5868-100. **Bolnica** (Krankenhaus), Cesta maršala Tita 112, ☎ 04/5868-000.

Übernachten/Essen Das Angebot ist begrenzt, gute Hotels fehlen.

≫ Mein Tipp: **Restaurant Ejga**, hübsches Haus mit netter Terrasse, von Alenka Dovžan (ehemalige Skirennläuferin und Bronze-Olympiasiegerin) und ihrem Lebensgefährten Edvin Karahodžić (Eishockeyspieler). Hier gibt es preiswerten Mittagstisch, Pizzen und v. a. sehr gute slowenische Speisen wie Štruklij, Pasta- und Gnocchi-Gerichte, Steaks und leckere Desserts wie Windbeutel mit Erdbeeren und Vanilleeis – alles sehr ansprechend arrangiert. Tägl. 9–22 Uhr, So 12–19 Uhr. Cesta maršala Tita 27, ☎ 04/5866-000. **≪**

Studio Ta 5ek, ca. 400 m östlich vom Bahnhof liegt dieses moderne und gemütliche Appartement (2+2) für 60 €, das auch Parkplätze vor der Tür bietet. Cesta Toneta Tomišiča 11, ☎ 04/5837-310, 040/221-685 (mobil).

Studios Klub Zlata ribica, im „Goldfisch", ca. 300 m östlich vom Bahnhof, kann man preiswert nächtigen. Zimmer mit Küche (ca.

30 €), zudem Parkplätze und Sauna. Cesta Toneta Tomšiča 6, ☎ 041/375-530, robert. hribar@telemach.net.

≫ Übernachten/Essen außerhalb
°°° **Touristischer Öko-Bauernhof Betel**, auf 1000 m, 6 km nördl. von Jesenice, am Ende der Asphaltstraße und am Wanderwegbeginn zum Gipfel Velika Golico (ca. 1 Std.). Familiär, schön und ruhig im Grünen gelegen. Nette 2- u. 3-Bettzimmer, gutes Frühstück/Halbpension mit Produkten vom Hof: Es gibt Würste, Fleisch, Gemüse, Obst, Milch, Käse, Eier; zudem werden leckere Buchweizen-Knödel, Štruklji, Gibanica und Brot serviert. DZ/F 60 €. WiFi. Fam. Vera & Marjan Grugurič, Planina pod Golico 39, ☎ 04/5800-463, www.prbetel.si. ∎

Berghütten **Dom (Koča) na Golici** (1582 m), bietet Schlaflager und Verpflegung. Etwa Mai–Sept. Planina pod Golico 100, ☎ 041/735-911 (mobil).

Prešernova koča na Stolu (2174 m), unterhalb des Gipfels. Schlaflager und Verpflegung. Juni–Sept. Zabreznica 67, 4274 Žirovnica, ☎ 051/345 806 (mobil).

Valvazorjev dom pod Stolom (1181 m), bestens von Koroška bela aus erreichbar. Zimmer, Schlaflager und gutes Essen. Ganzjährig. Moste 79, 4274 Žirovnica, ☎ 051/328-648 (mobil).

≫ Mein Tipp: **Dom Pristava v Javorniškem Rovtu** (975 m), die Berghütte, 1641 von Žiga Zois erbaut, steht unter Denkmalschutz und liegt idyllisch oberhalb von Javorniški Rovt. Zimmer (Kat. 3) für 2, 4, 8 und 18 Pers., beste Verpflegung. Ganzjährig. Javorniški rovt 22, 4270 Jesenice, ☎ 04/5806-732, 031/322-856 (mobil). **≪**

Sehenswertes

Industriemuseumspark Stara Sava (Gornjesavski muzej Jesenice): Nahe der Sava Dolinka und gegenüber dem großen Shoppingcenter liegt das idyllische Areal des alten Hammerwerks mit Kirche, gelben Gebäuden, Hochofen und Mühle, das seine Funktionen vom 16. bis Ende des 19. Jh. erfüllte. Den Grundstein für diesen Industriezweig legte 1538 der aus Bergamo stammende Bernardo Bucelleni, 1766 übernahm und modernisierte der Belgier Victor Ruard das Fabrikgelände (→ Geschichte). Die **Kirche Mariä-Himmelfahrt** (Cerkev Marijinega vnebovzetja) wurde Anfang des 17. Jh. von der Familie Bucelleni errichtet und rund 70 Jahre später dreischiffig erweitert und birgt einen aus schwarzem Marmor errichteten Altar (sie wird aktuell renoviert und kann nicht besichtigt werden). Das prachtvolle Gebäude mit Uhr und Sonnenuhr, **Ruardova graščina** aus dem 16.–19. Jh., war Sitz der Eisenhüttenbesitzer Bucellini-Ruard und ist seit Mitte des 20. Jh. ein Museum; gezeigt werden

Industriemuseumspark Stara Sava – bestens und anschaulich gestaltet

Nationalpark Triglav → Karte S. 82/83

die Eisenerzproduktion und ihre Gerätschaften, Mineralien und Fossilien. In der offenen Halle gegenüber stehen etlich alte Dampfloks, u. a. von 1907. Das lange, gelbe Gebäude **Kasarna** wurde Anfang des 19. Jh. für die französischen Soldaten zur Zeit der Napoleon-Ära (1809–13) errichtet und danach für Arbeiterwohnungen genutzt. Heute ist hier die *Ethnografische Abteilung* des Museums untergebracht und präsentiert u. a. die alten Stuben. Im 1. Stock hat die *Musikschule* ihren Sitz. Vor dem Gebäude ragt der alte **Hochofen** aus dem 16. Jh. auf, dahinter das Gebäude der Holzkohlelagerstätten, **Kolpern** genannt, dessen Saal für Konzerte und Kongresse dient. Zu sehen sind weiter die malerischen renovierten Außenmauern der einstigen Fabrik und Hammerschmiede sowie eine Mühle. Auf dem schönen Gelände finden im Sommer u. a. auch Konzerte statt.

Bucelleni-Ruardova graščina, Cesta Franceta Prešerna 45, ☎ 04/5833-500; www.gmj.si. Mai–Sept. Di–Sa 10–18, danach Mo–Fr 8–16 Uhr (Mi bis 17 Uhr) . Eintritt 2,50 €, Kinder 2 €, Familien 6 €.

Kasarna (Ethn. Sammlung): Cesta Franceta Prešerna 45. Geöffnet wie oben. Eintritt 1,50 €, Kinder 1 €.

Anfahrt: Liegt im Südosten der Stadt beim Einkaufscenter, ausgeschildert mit „Stara Sava". Parken kann man beim Einkaufscenter.

Schloss Kos, einstiges Herrenhaus, wurde 1521 errichtet und benannt nach seinem letzten Besitzer Pavel Kos. Es steht im Stadtwesten und birgt neben Geschichtlichem über Jesenice eine kleine Kunstgalerie mit wechselnden Ausstellungen.
Kosova graščina, Cesta maršala Tita 64, www.gmj.si. Nur Di–Fr 10–12/16–18 Uhr. Eintritt 1,50 €, Stud./Kinder 1 €.

Jesenice/Umgebung

Planina Golica: Rund 7 km nördlich an den Karawanken liegt das hübsche Dorf **Golica** und seine Almen. Hier glühten die Öfen der Eisenverhüttung bereits im 14. Jh., ehe die Produktion an die Sava verlegt wurde. Lohnenswert heute ist ein Besuch vor allem im Frühjahr zur Zeit der Narzissenblüte – weiße Blütenteppiche mit einem betörend süßen Duft überziehen dann rundum die Almwiesen. Östlich liegen die Gipfel *Črni vrh* (1366 m) und *Španov vrh* (1343 m), die im Winter auch per Lift erreichbar sind. Noch höher geht es zum Namensgeber, dem *Velika Golica* (1835 m), über die darunter liegende Berghütte *Dom na Golici*.

Wanderung 4 – Von der Planina Golica zum Berg Velika Golica → S. 480
Über blumenreiche Almwiesen zum aussichtsreichen Gipfel

Javorniški Rovt: Der Weiler mit seinen verstreuten Häusern liegt 7 km südöstlich von Jesenice auf 975 m – ein beliebtes Ausflugsgebiet und Startpunkt zu schönen Wanderungen. Auf der *Planina* (Alm) *Pristava* steht das stattliche Haus des Barons Žiga Zois, umgeben von einem Park und zwei Seen. Im Frühjahr blühen auch hier die weißen Narzissen und die nur am Südhang der Karawanken (v. a. bei Belšiča, s. u.) wachsenden gelben Stiefmütterchen, die Karel Zois, der Bruder von Žiga, entdeckte (→ Kasten S. 109). Etwas westlich liegen auf gleicher Höhe die *Javorniška Wasserfälle* (slapovi).

Wandertouren um Jesenice

Das Gebiet um Jesenice eignet sich bestens für Spaziergänge sowie vor allem ausgedehnte und anspruchsvolle, auch mehrtägige Bergtouren. Die Sicht von oben ist gigantisch. Wanderkarten sind im TIC erhältlich. Beliebte Touren sind u. a.:

Die Planina Pristava im Frühjahr, ein Meer von weißen Narzissen

1. Rundtour von der Planina pod Golico (942 m) zum Gipfel Velika Golica (1884 m) und unterhalb der Mala Golica über Marklje rovt und Korelnov rov zurück. Insg. rund 7–8 Std., 900 m Höhendifferenz, ansonsten leichte Wanderstrecke.

2. Von Javorniški Rovt und der Planina Pristava (s. o.) hinauf zum Kočna sedlo (ca. 1570 m), über Pelska Planina und Medvedjak sedlo wieder zurück. Rund 8 Std., 720 m Höhendifferenz, leichte Wanderstrecke.

3. Sehr beliebt ist auch die große 2- bis 3-Tages-Tour: Vom Ort Koroška Bela (von Jesenice in 0:30 Std. per Bus erreichbar) zur Valvasor-Hütte, evtl. hier schon Übernachtung oder weiter hinauf zum höchsten Berg dieser Gegend, dem kahlen, nach allen Seiten hin sichtbaren Kegelberg Stol (2236 m) – von hier aus überblickt man die gesamten Julischen Alpen bis hin zur Bucht von Triest. Hier kann man dann etwas unterhalb des Gipfels in der Hütte Prešernova kuča na Stolu übernachten. Am nächsten Tag wandert man entlang dem Grat (meist sehr windig) westwärts bis zum Velika Golica und der unterhalb liegenden Hütte Koča na Golicu, geht dann am nächsten Tag hinab zur Planina pod Golico (von dort Mo–Fr Bus nach Jesenice) oder in einem weiteren Tag entlang dem Grat und oberhalb des Karawankentunnels zum bekannten Gipfel Kepa bzw. Mittagskogel (2139 m) und dann talwärts nach Dovje/Mojstrana; aber auch weiter westwärts sind keine Grenzen gesetzt ...

Baron Žiga Zois (geb. 1747 in Triest, gest. 1819 in Ljubljana)

Karl Sigismund Zois (slow. Žiga Zois), Freiherr von Edelstein, war der Sprössling des Lombarden Michelangelo Zois (1694–1777), eines angesehenen Kaufmanns, der mit Eisenerz handelte und in zweiter Ehe eine wohlhabende Adelige Krainerin Johanna Katharina Kappus von Pichelstein wählte. 1739 erhielt er aufgrund seiner Leistungen den Adelstitel, den er, wie auch die zahlreichen Eisenerzgießereien, Immobilien (u. a. Grad Brdo und Grad Fužine) sowie Grundstücke in der Krainer-, Bohinjer- und Karstregion weitervererbte. Sein Filius Sigismund wuchs in einem der Herrensitze in Triest auf, erhielt beste Ausbildungen, reiste viel und musste bereits mit 21 Jahren seinem Vater, der ihn zum Alleinerben einsetzte, zur Seite stehen. Er entwickelte sich als umtriebiger kluger Unternehmer, der geschickt seine Betriebe an Familienmitglieder übertrug, aber auch als Gelehrter, Schriftsteller, Mäzen und v. a. auch Naturwissenschaftler – die Geo- und Mineralogie waren seine Leidenschaft. Seine Sammlung, inklusive dem nach ihm benannten Mineral Zoisit), kann man im Naturhistorischen Museum in Ljubljana besichtigen. Auch war er Förderer und Gastgeber namhafter Persönlichkeiten wie Marschall Marmont, Anton Tomaž Linhart oder Balthasar Hacquet. Er gründete den Zois-Zirkel, in dem es um soziale, philosophische und künstlerische Themen der Aufklärung ging, war aber auch Literaturkritiker – einer der ersten, wie man sagt. Er erhielt etliche Auszeichnungen für sein Lebenswerk und war zu seiner Zeit einer der reichsten Slowenen.

Nach seinem Bruder Karel Zois (1756–1799), einem Botaniker, der vor allem in Grad Brdo (→ Grad Brdo) lebte, wurden endemische Pflanzen benannt wie die Glockenblume, Campanula zoisii, oder das gelbblühende Stiefmütterchen, Viola zoisii.

Nationalpark Triglav → Karte S. 82/83

Vom Berg Ojstrica genießt man den besten Blick auf das malerische Bled

Bled

Der malerische Kurort schmiegt sich mit hübschen Villen um den gleichnamigen See, bietet mildes Klima und grandiose Blicke auf die Gebirgswelt. 2014 wurde im schmucken Städtchen der 1010-jährige Geburtstag gefeiert, seit 1855 reisen Touristen an. Hauptattraktionen sind die kleine Seeinsel mit Kirche und die auf dem Felsen thronende Burg.

Der 5200-Einwohner-Ort liegt eingebettet zwischen Bergen, die vor kalten Nordwinden schützen und eine Badesaison bis in den September ermöglichen. Dort, wo heute ein Barockkirchlein im See steht, soll früher die altslawische Göttin Živa verehrt worden sein. Die ersten Besucher pilgerten als Wallfahrer zur Kirche „Sv. Marija im See" auf der Insel. Später kamen viele wegen der heilenden Thermalquellen, die noch heute geschätzt werden, und wegen der guten Luft. Auch Tito und seine internationalen Gäste kamen gerne in die repräsentative Villa Bled, heute ein Hotel und immer noch beliebter Tagungsort. Bereits 1908 wurde Bled bei der Weltausstellung für Tourismus in Wien mit der Goldmedaille geehrt. Das heutige Bled strahlt mit seinen Hotels, Villen und anziehenden Cafés an der Uferpromenade noch immer etwas von dem Charme des einst exklusiven Kurortes aus. Doch was vor über einem Jahrhundert noch exklusiv war, steht heute auch einem breiteren Touristenstrom offen.

In der Saison bevölkert Alt und Jung aus Mitteleuropa die ausgedehnten Parks am See, das Spielcasino und die Cafés, in denen – auch auf Deutsch offeriert – Kuchen, Torten und die berühmte Bleder Kremešnite oder Blejska grmada reißenden Absatz finden ... Ganzjährig bietet sich Bled als beliebter Veranstaltungsort für Kongresse an. Der Golfplatz mit 18 + 9 Löchern lockt zum Einputten auf einem Plateau mit herrlicher Bergkulisse, daneben ist Bled auch ein Zentrum des Rudersports: Auf der 2200 m langen Regattastrecke werden oft internationale Ruderwettbewerbe ausgetragen. Das lange, bis auf über 1500 m ansteigende Plateau Pokljuka (→ Bled/ Umgebung) westlich von Bled ist Kulisse für die Weltcups im Biathlon. Einen Überblick über das malerische Bled und seine Umgebung verschafft man sich am besten vom Schloss oder vom Hausberg Straža (642 m) aus, der neuerdings auch Jugendliche mit einer Sommerrodelbahn, Adrenalin- und Bikepark begeistert. Und nicht zuletzt ist der Bleder See mit 24 °C einer der wärmsten der Alpen.

Geschichte

Erste Spuren menschlicher Besiedlung gehen auf die Bronzezeit zurück, zahlreicher sind die Funde aus der Hallstattzeit. Kelten und Römer zog es offenbar weniger hierher. Später besiedelten die Slowenen die Gegend (5./6. und 9./11. Jh.). Wann das Schloss von Bled, das zu jener Zeit Veldes hieß, erbaut wurde, ist nicht genau bekannt. Im Jahre 1004 stand es jedenfalls schon, der deutsche Kaiser Heinrich II. schenkte es damals dem Brixener Bischof Albuin. Einziges Überbleibsel dieser Zeit ist der Turm an der abfallenden Seite des Schlossbergs – das meiste wurde beim slowenischen Bauernaufstand 1510 zerstört. Über 800 Jahre lang gehörte das Schloss zu Brixen, war zwischenzeitlich in österreichischem und französischem Besitz, geriet in private Hand und wurde nach dem Zweiten Weltkrieg verstaatlicht.

Die Heilkraft der mit 23 °C relativ kühlen Thermalquellen wird bei neurovegetativen Störungen, Alters- und Stresskrankheiten schon seit dem 17. Jh. genutzt. 1885 begann der Schweizer Arzt Arnold Rikli (1823–1906) mit Sonnen-, Luft- und Wasserbädern und begründete Bleds Ruf als Kurort. Moderne medizinische Regenerationstherapien nach den traditionellen Methoden Arnold Riklis (Kalt- und Warmwasserbehandlungen, Dampfbäder, vegetarische Ernährung und Massagen) werden heute im Hotel Golf angeboten.

Basis-Infos   → Karte S. 114/115

Information Touristinformation TIC, 4260 Bled, Cesta svobode 10 (beim Hotel Park), ✆ 04/5741-122, www.bled.si. Juli/Aug. Mo–Sa 8–21, So/Feiertag 9–17 Uhr; Mitte April–Juni Mo–Sa 8–17, So/Feiertag 9–17 Uhr; Sept./Okt. Mo–Sa 8–18, So/Feiertag 9–17 Uhr; sonst Mo–Sa 8–18, So/Feiertag 9–16 Uhr. Infos, Angelkarten, Kartenmaterial u. Fahrradverleih.

Informationszentrum Bled & Besucherzentrum NationalparkTriglav (TNP), Ljubljanska cesta 27, ✆ 04/5780-200, www.tnp.si. Detaillierte Auskünfte und gutes Kartenmaterial zum N. P. Triglav, aber auch zur Bergwelt der Gorenjska-Region und deren Touristenorten; zudem sehr schöne Ausstellung über die Bergwelt (→ Sehenswertes) u. Fahrradverleih. Mitte April–Mitte Okt. tägl. 8–18 Uhr, sonst tägl. 8–16 Uhr.

Kompas, Ljubljanska cesta 4, ✆ 04/5727-501, www.kompas-bled.si. Mo–Sa 8–20, So 8–

12/16–20 Uhr. Breites Serviceangebot, Auskünfte, Privatzimmer.

Bled Tours, Ljubljanska cesta 19, ✆ 04/5743-520, www.bledtours.si. Privatzimmer, Transfer.

3 Glav Adventures, ✆ 041/683-184 (mobil), www.3glav-adventures.com. U. a. Mountainbike- und Bergtouren, Kajak, Rafting, Canyoning, Paragliden, Tauchen im Bleder See.

Bus Busbahnhof, Cesta svobode 4 (am Marktplatz), ✆ 04/5320-445. Stündlich Abfahrten nach Ljubljana (1 Std. Fahrzeit, 6,50 €) und zum Bohinjsko jezero; nach Radovljica und Lesce halbstündlich, nach Jesenice 6-mal tägl., ebenfalls fast stündlich nach Kranj (z. B. für Flughafen). **Skibus** im Winter nach Bohinj.

Zug Bahnhof Bled–Jezero, Kolodvorska cesta 50 (westliches Seeende), ✆ 04/2942-363. An der Zugstrecke Bled–Jesenice

Nationalpark Triglav → Karte S. 82/83

(weiter nach Ljubljana oder Österreich/Deutschland), 7-mal tägl. nach Ljubljana, 1:30 Std., 6,20 €. Zudem an der Strecke Jesenice–Bled–Nova Gorica. Hier verkehren 9-mal tägl. Züge; zusätzlich 1- bis 3-mal pro Monat von April bis Nov. Sonderzüge mit der Dampflok. Wer per Schiene zum Bohinjsko jezero und ins Soča-Tal weiter möchte, fährt hier ab (→ Bohinjska Bistrica/Verbindungen/Autoverladung).

Bahnhof Lesce–Bled, 5 km entfernt in Lesce, für Zuganbindung nach Ljubljana und Deutschland/Österreich   (→ Bled/Umgebung). Nach Ljubljana nur 50 Min. Von Bled alle 30 bis 60 Min. Busse nach Lesce.

Flugzeug Internationaler Flughafen Ljubljana, in Brnik, 37 km in Richtung Ljubljana. Zg. Brnik 130A, Fluginfos ☎ 04/2061-981, 04/2061-000, www.lju-airport.si.

Panoramaflüge vom **Sportflughafen Lesce** (→ Bled/Umgebung).

Taxi Taxistand am Busbahnhof, ☎ 04/5741-118. Zum Flughafen ca. 75 €, innerhalb von Bled ca. 11 €. Günstigere Alternative über **Agenturen** (→ Information). Transfer pro Auto/3 Pers.: u. a. Ljubljana-Stadt ca. 65 €, Flughafen 50 €, Flughafen Klagenfurt 120 € (90 km).

Ausflüge Per **Fiaker** die Gegend beschaulich erkunden: z. B. rund um den See und in die umliegenden Dörfer. Infos www.fijaker-bled.si, Haltestelle beim Festspielsaal (an der Uferpromenade). Preise: Seerundfahrt 40 €/max. 4 Pers.

Touristenzug rund um den See: fährt Juni–Okt. tägl. 10–18 Uhr alle 45 Min., danach nur am Wochenende und bei schönem Wetter. Haltestellen: Schlossbad, unterhalb Hotel Park, bei der Pletna-Station (Pension Mlino) und vor dem Campingplatz. Fahrpreis 4 €, Kinder 2,50 €.

Sessellift zum Berg Straža: Erwachsene 4 €, Kinder (6–14 J.) 2 €. Sommerrodelbahn und Adrenalinpark (→ Sport).

Pletna-Ruderboote: Zur Insel „Blejski otok" im See fahren die für Bled typischen, überwiegend aus Lärchenholz gebauten und überdachten Boote, die bis zu 18 Pers. aufnehmen können. Die Bootsmänner (pletnar) steuern mit 2 Rudern im Stehen die Insel mit kunstvoller Leichtigkeit an. Anlegestellen: unterhalb TIC, Pension Mlino (Hauptstraße Richtung Bohinj), Villa Prešeren, Ruderzentrum (vor dem Campingplatz Zaka). Ausflugstour inkl. Inselaufenthalt ca.

1,5 Std. Preis 14 €, Kleinkinder gratis. Infos: ☎ 041/448-168 (mobil), www.pletna.si.

Gesundheit Gesundheitszentrum (Zdravstveni dom Bled), Mladinska cesta 1, ☎ 04/5741-400.

Apotheken: Lekarna Zlatorog, Prešernova c. 36, ☎ 04/5741-522; Mo–Fr 7–19.30, Sa 7–13 Uhr. Lekarna Bled, Ljubljanska 4, ☎ 04/5741-524; Mo–Fr 8–12/16–19, Sa 8–13 Uhr.

Nachtleben – Bars/Vinothek V. a. im Sommer gut besucht, u. a. **Art Café** **7**, eine Mischung aus Pub und Café mit nettem Ambiente und Terrasse. Juni–Sept. tägl. 7–2 Uhr (Fr/Sa bis 3 Uhr), danach nur bis 14/15 Uhr. Cesta svobode 7a, ☎ 045/767-179 (mobil).

Vinothek Zdravljica **8**, hier kann man bestens Weine verkosten, auch Außenbereich. Neben Wein gibt's Kaffee und Bljeska grmada, abends Brot, Käse u. Oliven. 10–21 Uhr (oder länger). Cesta svobode 7, ☎ 04/543-597.

Club Kult **17**, tagsüber genießt man seinen Café und blickt auf den See, nachts im Disco-Keller einen Stock tiefer seinen Cocktail. Ganzjährig und tägl. 9/10–1 Uhr (Fr/Sa bis 3 Uhr). Ljubljanska 4 (im Shoppingcenter).

Casino Bled, beim Hotel Park. Spielautomaten, Roulette, Blackjack, Caribbean Poker. Geöffnet non-stop. ☎ 04/5741-150, www.casino-bled.si.

Casino Tivoli, in Lesce – durchgehend geöffnet.

Veranstaltungen Das Veranstaltungsprogramm ist groß, hier nur ein Auszug. Weitere Auskünfte über die Infostellen.

Biathlon-Weltcups, von Dez. bis März auf der Pokljuka-Hochebene.

Oberkrainer Festival, Fr u. Sa Mitte November.

Internationale Ruderwettkämpfe, im Juni, meist am 2. oder 3. Wochenende.

Rikli-Tage, am 1. Juliwochenende, vor Hotel Golf, zudem Aktivitäten nach der Rikli-Methode sowie Sportveranstaltungen.

Festival Bled mit klassischer Musik, u. a. am 1. und 2. Juliwochenende, von Studenten der Musikhochschule. Zudem spielen die weltbesten Violinisten (auch junge) mit verschiedenen Kammerbesetzungen.

Bleder Tage (Blejski dnevi), am letzten Juliwochenende wird der See in der traditionellen Beleuchtung – Kerzen in Eierschalen

– illuminiert. Zudem Messe, Feuerwerk, regionale Kulinarik- und Kunsthandwerksstände.

Okarina-Festival, 1. und 2. Woche im Aug., Fr–So, mit zahlreichen Ethno-Musikern aus aller Welt.

Weihnachten/Silvester Bestimmt sehr romantisch, im verschneiten Bled die Winterferien zu verbringen:

Weihnachtsmarkt, an der Uferpromenade; vonm 1. Dez.-Wochenende bis 6. Jan.

Die **Legende der Wunschglocke** wird am 25. Dez. im Strandbad gespielt.

Fackelbeleuchtung, am 30. Dez. rund um den See, 30 Kulinarikstände (u. a. Schnaps und Glühwein). Bestens, wenn der See schon zugefroren ist ...

Großes Silvester-Feuerwerk am See – wie bei uns auch, wird dann kräftig geknallt.

Neujahrskonzert, bereits am 30. Dez. mit klassischer Musik im Festivalsaal und in Kirche.

Wellness In vielen Hotels, das größte: **Wellnesscenter Živa** im Hotel Golf; Thermalwasserpools, Innen- und Außenschwimmbecken und Liegewiese mit Seeblick, Sauna. Entspannungs- und Körpermassagen, Beautyprogramme, Packungen und Bäder. ☎ 04/5791-700.

Per Fiaker die Umgebung erkunden …

Übernachten

→ Karte S. 114/115

Dem guten Ruf von Bled entsprechen Hotelkomfort und Übernachtungspreise. Alle Hotels liegen mehr oder weniger nahe am See, sind fast alle ganzjährig geöffnet und bieten preiswerte Spezialpakete; WiFi ist Standard. Eine Auswahl:

Privatzimmer, teilweise in schönen Villen, werden über TIC und die Agenturen vermittelt; 30–40 €/Pers., Frühstück 6–9 €. **Appartements** kosten für 2 Pers. ab 50 €.

Touristische Bauernhöfe (Turistične kmetije), Übernachtung 30–40 €/Pers., je nach °°°-(Äpfel)-Kat.

***** **Grand Hotel Toplice** 20, charmantes 205-Betten-Hotel direkt am See, „grand" die Ausstattung und der Blick von den Loggien auf See und Burg: Strandbad, säulenbestandener Thermalswimmingpool mit eigener Quelle (ohne chem. Zusätze), Sauna und Fitnessraum, Bridgesalon. DZ/F 190 €, mit Seeblick 256 €. Billiger sind die Dependancen. Cesta svobode 12, ☎ 04/5791-600, www.sava-hotels-resorts.com.

»» Mein Tipp: **** Villa Bled 29, geschichtsträchtiges, zeitlos elegantes Hotel am See (60 Betten), inmitten eines üppigen Parks mit altem Baumbestand. Hier residierte über den Sommer schon die jugoslawische Königsfamilie und Tito empfing die Staatsoberhäupter aus Ost und West. Eigener Badestrand mit Bootshaus und Ruderbooten, Restaurant mit bester Saisonküche, Bar Royal und Café Belvedere, gestaltet vom Architekten Jože Plečnik, mit Aussichtsterrasse direkt über dem See. Beauty- und Massagecenter, Tennisplatz, Golfpakete. Gratis-Fahrradverleih. Ein Hotel ohne Plüsch und Pomp und v. a. eine Oase der Ruhe. DZ/F mit Seeblick 230 €, Parkseite ab 180 €, Suiten ab 250 €. April–Okt. Cesta svobode 26 (2 km in Richtung Bohinj), ☎ 04/2601-000, www.brdo.si/en/vila-bled. **«««**

**** Hotel Triglav 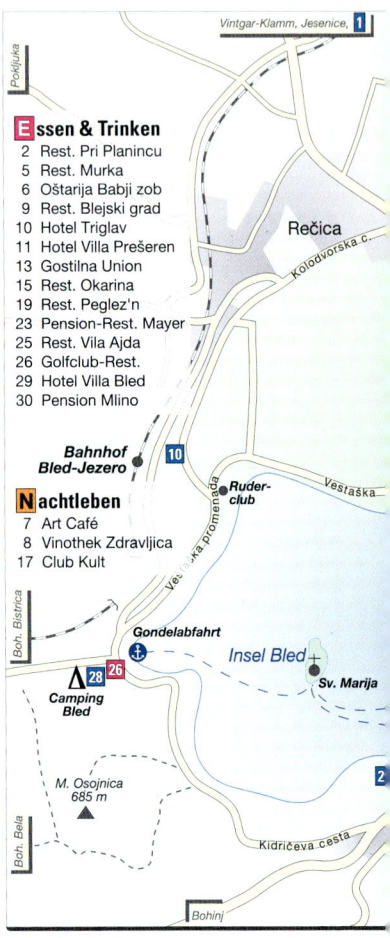, beim Bahnhof und oberhalb des westlichen Seeufers dominiert das hübsche, originalgetreu renovierte Gebäude von 1906. Vom Restaurant und der Terrasse sowie einigen der insg. 20 stilvoll eingerichteten Zimmern genießt man einen fantastischen Weitblick über den See. Ein junger Spitzenkoch verwöhnt mit frischer Saisonküche und hauseigenen Kräutern aus dem Garten die Gäste – feinstes Püree und Gemüsekreationen zu Lamm oder Lachs, zur Nachspeise u. a. hausgemachtes Karamelleis, Schokosoufflé; aus dem Weinkeller gute Tropfen. Zudem Fitnessgeräte, Sauna, großer Innenpool, alles mit Seeblick. Spezialangebote (u. a. Kochkurse, Golfpakete). DZ/F mit Balkon 259 € (in Mansarde 159 €), Suiten 359 €. Kolodvorska 33, ✆ 04/5752-611, www.hoteltriglavbled.si.

**** Hotel Park , größter Hotelkomplex von Bled (217 Zimmern), an der Uferpromenade und mit Blick auf den See, zudem regengeschützte große Balkone. Gratiszugang zum Thermalbecken von Hotel Toplice. DZ/F 138 €, mit Seeblick ab 166 €. Cesta svobode 15, ✆ 04/5791-600, www.savahotels-resorts.com.

**** Hotel Golf , 290-Betten-Hochhaus oberhalb der Hauptstraße. Baulich für Bled sicherlich keine Zierde. Trostpflaster für die Gäste: Innenausstattung und Personalführung sehr gut, Balkone rundum bis obenhin und Weitsicht auf See und Berge garantiert. Es gibt Regenerativprogramme unter ärztlicher Aufsicht, Fitnessgeräte und das Wellnesscenter Živa (→ Wellness). Golfpakete. DZ/F 164 €, mit Seeblick 204 €. Cankarjeva 6, ✆ 04/5791-600, www.sava-hotelsresorts.com.

**** Villa Prešeren , renovierte Villa (8 Zimmer, 2 App.) aus dem 19. Jh.; hier besticht v. a. die schöne Lage am See und im Park. Auf der großen Restaurantterrasse lässt es sich vorzüglich speisen mit guter slowenisch-mediterraner Küche und erlesenen Weinen, Naschkatzen locken die leckeren hausgemachten Torten, spätabends kann man ganz romantisch in der Loungebar seinen Cocktail genießen. DZ/F 149 € (ein kleines 119 €). Veslaška promenada 14, ✆ 04/5752-510, www.sportina-turizem.si.

**** Best Western Premier – Hotel Lovec , mitten im Zentrum mit sehr gut ausgestatteten 61 Zimmern/Appartements (teils Seeblick) und gutem Restaurant, das slowenische Spezialitäten bietet, sowie Café

mit eigener Konditorei, Wintergarten und Terrasse. Hallenbad, Sauna und Spa-Center. DZ/F ca. 130–170 €. Ljubljanska cesta 6, ✆ 04/6204-100, www.lovechotel.com.

**** Pension-Restaurant Mayer , ruhige Lage oberhalb des Sees im stilvoll restaurierten Gutshof mit gutem Service. 12 geschmackvolle Zimmer und Appartements, DZ/F 82 €; gratis Fahrradverleih. Das gute Restaurant (tägl. außer Mo 18–24 Uhr) bietet slowenische Küche (Buchweizenkrapfen, Pilzsuppe mit Heidensterz, Lamm oder Forellen). Želeška cesta 7, ✆ 04/5765-740, www.mayer-sp.si.

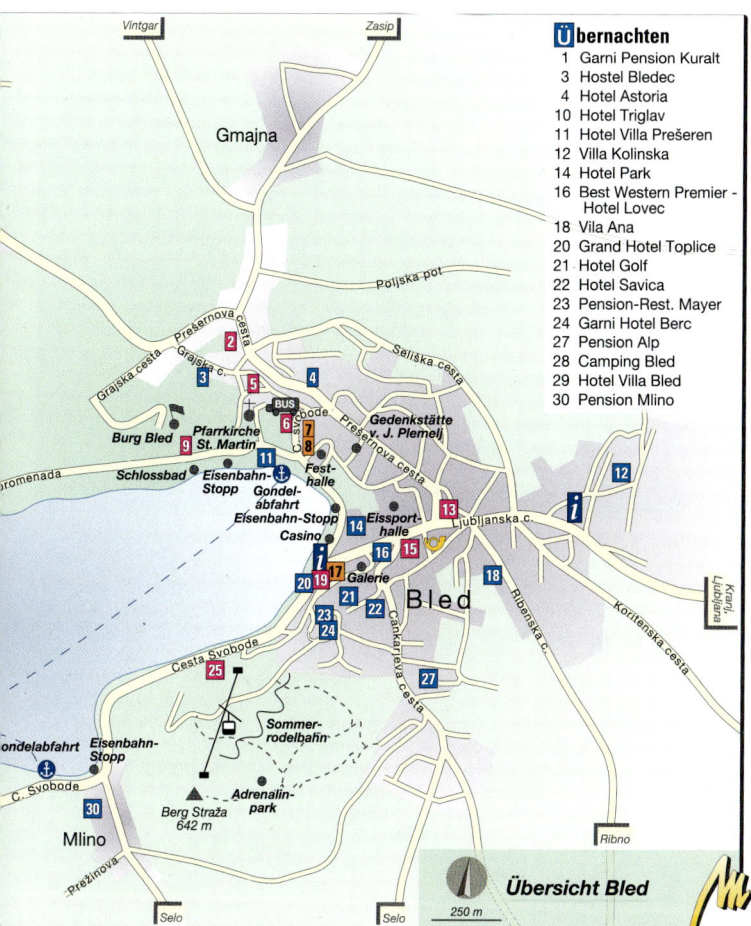

Übernachten

1 Garni Pension Kuralt
3 Hostel Bledec
4 Hotel Astoria
10 Hotel Triglav
11 Hotel Villa Prešeren
12 Villa Kolinska
14 Hotel Park
16 Best Western Premier -
   Hotel Lovec
18 Vila Ana
20 Grand Hotel Toplice
21 Hotel Golf
22 Hotel Savica
23 Pension-Rest. Mayer
24 Garni Hotel Berc
27 Pension Alp
28 Camping Bled
29 Hotel Villa Bled
30 Pension Mlino

Übersicht Bled

250 m

🌿 ***** Hotel Savica 22**, das familienorientierte und ökologisch ausgerichtete Hotel erhielt das Öko-Blumenlabel. Es bietet 104 verschieden große Zimmer und Appartements (voll ausgestattet), Spielzimmer etc. DZ/F 128 €, Familienzimmer 178 €. Cankarjeva cesta 6, ✆ 04/5791-900, www.sava-hotels-resorts.com. ■

*** Hotel Astoria 4, kleineres renoviertes 48-Zimmer-Hotel, oberhalb des Sees und des Parks gelegen, mit schöner Terrasse und kleinem Wellnesscenter. Hübsche DZ/F ca. 130 €. Prešernova cesta 44, ✆ 04/5741-144, www.hotelastoria-bled.com.

**** Villa Ana 18, hübsche, über 100-jährige Villa mit Türmchen und Erkern, umgeben von einem großen Garten mit altem Baumbestand. Seit 1929 im Familienbesitz Ristič. Große, gut ausgestattete Zimmer für 75 €, Appartements ab 100 €/2 Pers., reichhaltiges Frühstück für 9 € möglich. Ribenska 4, ✆ 04/5780-370, www.vila-ana-bled.si.

*** Pension Mlino 30, 1,5 km vom Zentrum am südlichen Ufer gegenüber der Anlegestelle an der Durchfahrtsstraße nach Bohinj. Dank nur 29 Betten familiäre Atmosphäre. Gespeist wird in der guten Konoba im Gewölbekeller oder auf der Terrasse –

Romantische Bootsfahrt mit dem traditionellen Pletna-Ruderboot

Hausspezialität sind Forellen. DZ/F 80 €. Cesta svobode 45, ☎ 04/5741-404, www.mlino.si.

**** **Pension Alp** ⬛27, ruhige Lage oberhalb des Sees, nette und familiäre Atmosphäre. Gutes Restaurant und Garten; u. a. Sauna, Fitness, Massage, Gratis-Fahrradverleih. DZ/F zu 75, 85 und 95 €, Familienzimmer ab 120 €, HP möglich. Cankarjeva cesta 20a, ☎ 04/5741-614, www.alp-penzion.com.

**** **Hotel & Glamping Ribno**, im alpenländischen Stil, 58 Zimmer, ruhige Waldrandlage oberhalb der Sava Bohinjka im Ortsteil Ribno, 2 km südlich von Bled. Geboten werden Sauna, Massage, Tennisplätze (mit Schule/Ausrüstungsverleih), Beachvolleyball, Mountainbikeverleih. DZ/F 112 €, mit Balkon 10 € mehr. Zudem gibt es noch 6 hübsche Glamping-Hütten mit Terrasse und Wasserpott (WC/Dusche extra), morgens mit reich gefülltem Frühstückskörbchen. Ibrno Izletniška 44, ☎ 04/5783-100, www.sportina-turizem.si.

*** **Garni Hotel Berc** ⬛24, gut geführtes, modernes, in hellem Holz gehaltenes, freundliches 15-Zimmer-Haus in ruhiger Lage Richtung Sessellift. Gratis-Fahrradverleih. DZ/F 77–90 €. Pod Stražo 13, ☎ 04/5765-658, www.berc-sp.si.

*** **Pension Villa Kolinska** ⬛12, in ruhiger Ortsrandlage, 10 Min. Fußweg ins Zentrum.

15 komfortabel ausgestattete Zimmer, Terrasse, Sauna und gutes Frühstücksbuffet. DZ/F 85 €. Matije Čopa 2, ☎ 04/5741-823, www.drogakolinska.si

*** **Garni Pension Kuralt** ⬛1, im Nordwesten von Bled im Ortsteil Spodnje Gorje (Richtung Pokljuka). Ruhige, schöne Lage, mit Terrasse und Gärtchen. DZ 50 €, Appartements (4–6 Pers.) 100 €/4 Pers., Frühstück 7 €. Spodnje Gorje 104, 4247 Zgornje Gorje, ☎ 041/678-007 (mobil), www.ats.si.

*** **Hostel Bledec** ⬛3, die preiswerte Alternative in Bled. Gute Ausstattung, 55 Betten in 2-, 4- und 8-Bettzimmern, auch Familienzimmer, Küche, WiFi; zudem nettes Restaurant und Wanderausflüge. Pro Pers. 24 bzw. 30 €. Grajska cesta 17, ☎ 04/5745-250, www.bledec.si.

》 Mein Tipp: °°°° Touristischer Bauernhof Pri Biscu, 1 km nördlich von Bled im Ortsteil Zasip (Richtung Vintgar). Schöner Blick auf das Umland, sehr gute Küche mit hauseigenen Produkten; Sauna, Spielplatz, Kinder können bei der Tierfütterung mithelfen. Skilehrer und Bergführer im Haus. Schöne Zimmer (32 €/Pers./F) und Appartements; auch HP. Ganzjährig. Zasip, Rebr 1, ☎ 04/5740-120, www.slovenia.info/pribiscu. **《**

🌿 °°°° Touristischer Bauernhof Mulej, ca. 1 km südlich von Bled im Ortsteil Selo.

Nationalpark Triglav → Karte S. 82/83

Schön renovierter Hof in ruhiger Lage mit Fischteich und Blick auf die Sava Bohinjka. Leckere Küche mit Oberkrainer Spezialitäten aus ökologischem Eigenanbau; auch für Nichtgäste. Im hübschen Neubau werden komfortable Zimmer und Appartements (4 Pers.) vermietet; 39 €/Pers./F, HP 49 €/Pers. U. a. Gratis-Radverleih, Pferdevermietung. Ganzjährig. Selo 20, ✆ 04/5744-617, www.mulej-bled.com. ∎

Camping   ***** Camping Bled **28**, 2 km von Bleds Zentrum am westlichen Seeende. Zum Kiesstrand über die Straße. Modernisiertes großes Wiesengelände, teils wenig Schatten. Zudem nun großer Glamping-Bereich mit fest stehenden Öko-Zelten und hübschen Holzhütten auch mit Jacuzzi; Du/WC sind separat, können aber gegen 10 € Aufpreis eigene sein. Preise 61–101 €; auch Mobilhäuser. Zudem Supermarkt, Restaurant, Sport-Animationsprogramm, Surfbrett- u. Kanuverleih, Tennisplätze, Beachvolleyball, Fahrradverleih, WiFi. Neue Sanitäranlagen; gegen Gebühr Waschmaschinen/Trockner. Guter Platz auch für Leute ohne eigenes Fahrzeug. 13,80 €/Pers. (inkl. Stellplatz). Ganzjährig. Kidričeva cesta 10c, ✆ 04/5752-000, www.camping-bled.com.

**** Camping **Šobec**, in Lesce, 3 km vor Bled (→ Lesce).

Stellplätze u. a. neben Besucherzentrum Triglav Nationalpark.

Weitere Übernachtungsmöglichkeiten (→ Bled/Umgebung)

Essen & Trinken   → Karte S. 114/115

Vor allem die **Gourmetrestaurants** der Hotels **Villa Bled 29** und **Hotel Triglav 10** sind empfehlenswert: Neben stilvollem Ambiente und Service wird saisonell frische, verfeinerte Oberkrainer und mediterrane Küche mit Raffinesse angeboten – natürlich mit Produkten aus der Umgebung und leckersten Weinen. Auch die Restaurantterrasse von **Villa Prešeren 11** bietet schönen Sitzkomfort am See und gutes Essen. Nicht zu verachten ist auch das **Golfclub-Restaurant 26**. Gemütlich und gut ist es auch im Gutshof der **Gostišče Mayer 23** oder im Kellergewölbe der **Konoba Mlino 30** (→ Übernachten).

Restaurant Okarina 15, gediegene Räumlichkeiten, schöne Terrasse und eine große Auswahl aus der slowenischen, indischen und internationalen Küche, auch für Vegetarier ist gesorgt. Auf dem Grill im Freien werden Steaks gebraten. Sa/So u. Feiertag 12–23 Uhr, werktags ab 18 Uhr. Ljubljanska cesta 8, ✆ 04/5741-458.

>>> Mein Tipp: Gostilna Pri Planincu **2**, traditionsreiche Gaststätte seit 1903, mit großer Auswahl an guten slowenischen Gerichten wie Gulasch, verschiedene Braten, Kutteln. Sitzmöglichkeiten im oberkrainisch ausgestatteten Innenbereich oder auf der überdachten Terrasse. Meist Reservierung erforderlich. Grajska cesta 8, ✆ 04/5741-613. **<<<**

Restaurant Blejski grad 9, empfehlenswert v. a. wegen dem herrlichen Weitblick von der Schlosterrasse über den See. Das stilvolle Restaurant im historischen Ambiente im Innern wird gerne von Hochzeitern gebucht. Tägl. 10–22 Uhr. ✆ 04/5741-607.

Restaurant Murka 5, Traditionslokal seit 1909 beim Busbahnhof, mit Terrassen; gute slowenische Küche und nette Atmosphäre. Sa/So u. Feiertage 12–23, werktags 10–22 Uhr. Rikljeva cesta 9, ✆ 04/5743-340.

Restaurant Peglez'n 19 (= Bügeleisen), ein sehr gutes Fischlokal mit schönem Blick auf den See; Spezialitäten sind fangfrisches See- oder Meeresgetier. Cesta svobode 19, ✆ 04/5744-218.

Oštarija Babji zob 6, gemütliches, helles Ambiente; von der hübschen Terrasse bietet sich ein Blick durch die Bäume bis zum See sowie zur Burg und Kirchturmspitze. Spezialitäten sind u. a. Oberkrainer Würste, Štruklji, Maultaschen, Lamm, Forelle. Tägl. 12–23 Uhr. Cesta svobode 8, ✆ 08/3810-584.

Restaurant Vila Ajda 25, hübsche Villa mit See- und Burgblick von der Terrasse; Spezialitäten sind Fischgerichte, vor allem Forellen. Hier zählen Lage und Ambiente. Cesta svobode 27, ✆ 04/5768-320, www.vila-ajda.si.

Gostilna Union 13, Traditionshaus mit großem Weinkeller und nettem Biergarten hinter der Hauptstraße. Spezialitäten sind Saibling oder Fisch- und Fleischgerichte vom Holzkohlengrill, der Spezialitätennachtisch ist eher sizilianisch – eine Cassata mit

Sauerkirschsauce. Tägl. 17.30–23 Uhr. Ljubljanska cesta 9, ✆ 04/5780-150.

Gostilna Vintgar, am Eingang zur Vintgar-Klamm, hier isst man bestens Forellen.

Cafés Bleds **Kavarnas** (Cafés) sind bekannt für ihre feinen Torten und speziell für die berühmte „Kremšnite" (Cremeschnitte) oder auch der „Bljeska grmada" (Scheiterhaufen). Auch ein Sonntagsausflug der Ljubljaner endet oft in den Cafés von Bled. Sehr schön und mit Blick auf Schloss und Inselchen sitzt man auf der Terrasse des **Park Hotels**. In der **Café-Konditorei Zima** soll es die besten Cremeschnitten geben (100 m vom Busbahnhof).

Weitere Restaurants (→ Bled/Umgebung)

Sport

Adventurepark Am **Berg Straža** bei der Sommerrodelbahn (s. u.). Erwachsene 20 €, Kinder bis 7 J. 10 €, Kinder ab 14 J. 16 €.

Angeln Angelkarten und Information bei TIC.

Baden Im Schlossbad „Grajsko kopališče" am See, im Sommer ziemlicher Rummel. Schwimmbäder mit Thermalwasser gibt es im Grand Hotel Toplice, Park Hotel und im Hotel Golf, Letzteres auch mit Thermalfreibad. Zugang auch für Nichtgäste, Eintritt 10 € (inkl. Drink und Liegestuhl).

Golf **Bled Golf & Country Club**, das 2016 neu eröffnete, renovierte Gelände liegt 2 km östl. von Bled (Richtung Lesce) am Berg (ausgeschildert). Auf dem Hochplateau über der Sava-Schlucht wird schon seit 1937 Golf gespielt, 1972 wurde das 65 ha große und gepflegte Areal vom Golfstararchitekten Donald Harradine umgestaltet. Schöne Aussicht auf den See, die Julischen Alpen und die Karawanken. Spielsaison von März bis Nov., in dieser Zeit viele Golfturniere für Profis und Amateure. Zudem ein gutes Restaurant mit Green-Blick von der Terrasse; auch Gästezimmer auf dem Gelände. Vrba 37, 4248 Lesce, ✆ 01/2009-901 www.golfbled.si.

Joggen Der See bietet sich optimal für eine Umrundung an, ca. 6 km.

Mountainbike Fahrradverleih, Kartenmaterial und Tourguides bei Sportagenturen u. Hotels.

Reiten Im **Hippodrom** an der Hauptstraße vor Lesce, Reitpferde und Lehrer nach Absprache unter ✆ 041/675-482 (mobil). Es wird

Bleeder See: beliebte internationale Ruder-Regattastrecke

meist auf Lipizzanern geritten. Zudem **Reitzentrum Mošnje**. Information ☎ 04/5338-111.

Rudern Vermietung von Holzruderbooten beim Hotel Toplice, Schlossbad und Velika Zaka für 10 €/Std.

Sommerrodelbahn unterhalb des Sesselliftes Straža (Fahrt 4 €/Erw., 2 €/Kind). April bis Anfang Okt. (solange Helligkeit: 11–20 Uhr bzw. 18 oder 17 Uhr); Ende Juni–Ende Aug. tägl., danach nur Sa/So u. Feiertage. Preise für Sessellift mit Sommerrodelbahn: Erw. 8 €/Fahrt, 14 €/3 Fahrten; Kinder 5–14 J. 5 €/Fahrt, 9 €/3 Fahrten.

Tennis Großes Tenniscenter beim Camping Šobec oder beim Hotel Ribno im Dorf Ribno, zudem beim Hotel Golf.

Trekkingtouren Über die Agenturen kann man ein- und mehrtägige geführte Wandertouren in den Nationalpark Triglav buchen. Auch geschulte Bergführer für den Triglav werden vermittelt. An gute Ausrüstung schon zu Hause denken!

Trimmpfad Schöne Strecke durch Buchenmischwald mit 12 Stationen hinauf zum Berg Straža.

Wandern s. u. Tourenvorschläge.

Wintersport Ski: Für den Skispaß in Bled, v. a. für Kinder, sorgt der 600 m hohe Straža (s. o.) mit Liftanlage, Schneekanonen, Flutlicht . Höher hinauf geht's in Bohinj (→ dort).

Langlauf: Rund um Bled gibt es bei Schnee 40 km schön präparierte Loipen. Das schönste und beste Loipennetz liegt auf der Pokljuka-Hochebene (20 km nordwestlich, → Pokljuka), wo Weltcups in Langlauf und Biathlon ausgetragen werden. Anfänger und Profis können auf 1200–1500 m bis zu 60 km in wunderschöner Landschaft befahren. Information ☎ 04/5320-000, www.biathlon-poljuka.com.

In kalten Wintern friert der Bled-See zu: Dann ist **Eisstockschießen**, **Schlittschuhlaufen** und **Hockey** auf dem See möglich.

🚶 Wandertouren um Bled

1. **Rund um den Bleder See**: Ein Spaziergang auf dem asphaltierten Promenadenweg bietet Gelegenheit, Burg und Inselchen einmal von allen Seiten zu betrachten, vorbei am Ruderzentrum mit Tribüne und an der schönen Villa Bled. Ca. 1–1:30 Std. gemütliche Wegzeit.

2. **Berg Straža** (642 m): Hinter dem Hotel Golf beginnt der schattige Weg Nr. 8 durch Buchenmischwald, der schöne Aussichten bietet; zudem gibt es einen Trimmpfad. Hin und zurück ca. 1:30 Std. oder per Sessellift hinauf.

3. **Berge Ojstrica und Osojnica**: Vom Campingplatz Bled (Vela Zaka) führt der markierte Rundweg Nr. 6 in ca. 0:15 Std. durch Buchenwald bergan, dann Abstecher (insg. 10 Min.) zum Berg **Ojstrica** (611 m) mit Bänkchen und schönem Blick auf den Bleder See. Wieder hinab zum Hauptweg, der weiterhin leicht bergan führt. In 10 Min. ist der Abzweig zum **Velika Osojnica** (756 m) erreicht, der mit Hin- und Rückweg ca. 0:20–0:25 Std. in Anspruch nimmt – auf der Westseite des von dichtem Buchenwald überzogenen Grades steht ein Bänkchen und lässt nur einen minimalen Ausblick auf die Pokljuka-Hochebene zu, d. h. man könnte diesen Abstecher auch getrost weglassen. Zurück am Hauptweg geht es in weiteren 0:15 Std. zum aussichtsreichen Gipfel des **Mala Osojnica** (686 m) – wunderschöner Panoramablick über den See, die Karawanken bis hin zu den Kamniker Alpen. In ca. 0:30 Std. geht's nun vor allem am Anfang steil hinab, über 88 Stahlstufen und dann ein kurzes Stück entlang dem Kletterseil; danach wird's wieder gemütlicher – durch Buchenwald geht es in Serpentinen hinab zum Seeufer und zurück zum Campingplatz.

Weginformation: Sehr gut ausgeschilderter, schattiger Rundwanderweg Nr. 6, Wegzeit ca. 2 Std. Rutschfeste Schuhe erforderlich. Auch für Kinder gut geeignet (bis auf ein kurzes Stück über Stahlstufen und Kletterseil; wer mit Kleinkindern läuft, sollte diese Route von Süd nach Nord gehen, denn bergan geht es bei

Vintgar-Klamm – lohnt einen Ausflug

schwierigen Stellen immer leichter ...). Parken evtl. beim Campingplatz 10 €/Tag, ab 15 Uhr 5 €.

4. Nach Bohinjska Bela: Start ist in Velika Zaka beim Campingplatz und es geht durch das Tesenj-Tal hoch auf den Solzno-Sattel (555 m). Hier oben schöner Blick auf das Dorf Bohinjska Bela und auf die Sava Bohinjka. Nach ca. 1 Std. erreicht man das Dorf Bohinjska Bela, kann Grotten besichtigen und geht beim Gasthaus Rot in ca. 45 Min. wieder zurück Richtung Bleder See (leider ein kurzes Stück an der Hauptstraße).

5. Von Bohinjska Bela über den Kupljenik nach Babji zob (1128 m): Diese herrliche Wanderung nimmt ca. 6 Std. Wegzeit in Anspruch. Die Grotten unterhalb von Babji zob dürfen allerdings nur mit Führung besichtigt werden (→ Bled/Umgebung). Die erste Wegstrecke bis Bohinjska Bela gleicht Route 4. Ab Bohinjska Bela laufen wir südwärts und an der Westseite des Kupljenik (ca. 700 m) aufwärts, wo wir mit einer schönen Aussicht auf den Bleder See belohnt werden, dann etwas talwärts und vorbei an der Pilgerkirche Sv. Štefan. In einer weiteren Stunde gelangen wir auf das Hochplateau Babji zob (= alte Frau mit nur noch einem Zahn) mit dem 30 m hoch aufragenden Felsen und sind nun auf über 1000 m – Weitblick garantiert. Zurück geht es wieder bis zur Pilgerkirche Sv. Štefan, von dort an der Südflanke des Kupljenik 0:30 Std. ostwärts. Dann führt der Wanderweg hinab zur Sava Bohinjika über die Brücke Selski most und weiter über Selo oder Zazer zurück nach Bled (ab Kirche Sv. Štefan rund 3 Std.).

6. **Rundtour Vintgar-Klamm 1**: Wer die Schlucht am Ende nicht auf demselbem Weg zurück gehen möchte, läuft ab dem Ausgang beim Wasserfall auf dem Weg weiter und eine Rundtour (markiert) um den Hügel Hum, über den Weiler Jurček mit der Kapelle Sv. Katarina und zurück Richtung Kassenhäuschen am Eingang. Wegzeit insg. ca. 2:30–3 Std. (auch für Familien geeignet).

7. **Rundtour Vintgar-Klamm 2**: Von der Altstadt Bled nach Überquerung der Prešernova cesta nach Norden, 200 m weiter über Partizanska cesta und nach der Brücke nach links auf ausgeschildertem Weg (Soteska Vintgar) über Podhom zur Vintgar-Klamm. Am Ausgang wie oben nach Jurček, dann aber wieder Richtung Süden über Zasip zurück nach Bled. Wegzeit insgesamt ca. 4 Std. (→ Bled/Umgebung).

Sehenswertes

Blejski grad (Bleder Burg): In etwa 20 Min. kann man von der Seeuferpromenade hochsteigen oder auch entlang der Straße. Wer es bequemer mag, benutzt die Pferdekutsche oder das Auto. Von der Burgterrasse herrlicher Blick über die Umgebung bis hin zum Triglavmassiv. Das Befestigungssystem der Burg wurde im Hochmittelalter ausgebaut. Die ältesten, heute teilweise noch erhaltenen Gebäude stammen aus dem späten Mittelalter, Wirtschafts- und Wohngebäude sind größtenteils aus der Barockzeit. Einen längeren Blick wert ist die den Brixener Bischöfen St. Albuin und St. Ingenium geweihte *Kapelle* aus dem 16. Jh. Anfang des 18. Jh. wurde sie barockisiert und mit Fresken bemalt. Der Altar zeigt Heinrich II. und seine Frau Kunigunde – eine Geste der Dankbarkeit, denn der Kaiser hatte Burg und Umgebung den Bischöfen von Brixen geschenkt. Der *Museumstrakt* (Mai–Okt. 8–20 Uhr, sonst nur bis 17 Uhr) neben der Kapelle zeigt Grabfunde aus der zweiten slawischen Besiedlungswelle, u. a. halbmondförmige Ohrgehänge aus Emaille und Eisenwerkzeuge, Gemälde, Einrichtungsgegenstände, eine Ritterrüstung und Funde aus der Umgebung. Auch die anderen Räume können besichtigt werden. Die Einrichtung stammt zwar nicht aus der Burg, entspricht aber dem Stil der einstigen Bewohner.
Nov.–März 8–18 Uhr, April/Mai u. 15. Sept.–Okt. 8–20 Uhr, Juni–15. Sept. 8–21 Uhr. Restaurant tägl. 10–22 Uhr. Eintritt 10 €, Stud. 7 €, Kinder 4–14 J. 4 €.

Blejski otok: Die Insel im See mit ihrem Barockkirchlein *Sv. Maria im See* ist das zweite Highlight von Bled. Die Abfahrtsstellen der romantischen, im Sommer auch mit bunten Zeltplanen überdachten Pletna-Boote sowie der in der Hochsaison verkehrenden Elektroboote sind beim Casino und bei der Pension Mlino an der Hauptstraße Richtung Bohinj, bei der Kirche am Kurpark und beim Ruderzentrum.

99 mächtige Barockstufen führen von der Bootsanlegestelle hinauf zur Kirche. Von den Vorgängerbauten der Kirche ist nichts erhalten. Sie fielen spätestens am Ende des Mittelalters dem Neubau einer gotischen Kirche zum Opfer. Das heutige Ensemble – Kaplanei, Propstei, Kirche und Glockenturm – aus der Zeit um 1650 präsentiert sich in einheitlichem Barock. Die Kirche schmückt ein vergoldeter Hochaltar, der Heinrich II. und seine Frau Kunigunde zeigt. Die holzgeschnitzte Madonnenstatue ist älter als die Kirche selbst, sie wurde um 1450 geschaffen. Berühmtester Gegenstand ist die Wunschglocke aus dem Jahr 1534 (→ Legende). Jeden Samstag, besonders im Frühling, geben sich hier viele Hochzeitspaare das Ja-Wort und ziehen gemeinsam an dem langen Seil der Glocke. Der Glockenturm nebenan misst 52 m.

Die Legende der versunkenen Glocke

Sie erzählt vom schönen Burgfräulein Polixana, das um seinen von Räubern getöteten Ehemann trauert und deshalb ihren gesamten Schmuck in ein Glöcklein für die Inselkirche gießen lässt. Leider kentert das Boot bei einem Sturm mit Fracht und Ruderern. Polixana, allem überdrüssig, geht ins Kloster nach Rom. Nach ihrem Tod schenkt der Papst Bled eine neue Inselglocke und wer sie nun zu Ehren von Maria läutet, hat einen Wunsch frei. Diese Legende wird in einem Open-Air-Spektakel am 1. Weihnachtstag am See erzählt und 60 Taucher bergen eine große beleuchtete Glocke aus dem eiskalten Wasser.

Živa, Göttin der Liebe

Früher soll auf der Insel ein Tempel der slawischen Göttin Živa (Göttin der Liebe und Fruchtbarkeit) gestanden haben. Der Priester *Staroslav* und seine Tochter *Bogomila* waren die Hüter des Heiligtums. Als *Črtomir*, der letzte heidnische Fürst der Slowenen und Kämpfer gegen die Christianisierung, die Insel besuchte, verliebte sich Bogomila in ihn. Doch die Anhänger des christlichen Glaubens besetzten die Insel und zerstörten den Altar. Črtomir floh, Bogomila blieb mit ihrem Vater auf der Insel zurück und hütete fortan die neue christliche Kirche. Das Bildnis Živas warfen die beiden frischgebackenen Christen in den See. Auf Bitten Bogomilas ließ sich auch Črtomir später am Savica-Wasserfall beim Bohinjsko jezero taufen und wurde schließlich sogar Mönch in Aquileia, bevor er als Missionar des Patriarchen von Aquileia nach Slowenien zurückkehrte.

Pfarrkirche Sveti Martin: Die neugotische, weiße Kirche im alten Ortskern unterhalb des Schlosses wurde 1904 nach den Entwürfen des Wiener Dombaumeisters Baron Schmidt erbaut, der auch das Rathaus und die Votiv-Kirche in Wien entwarf. Den Innenraum schmücken Plastiken aus feinstem Carrara-Marmor. Interessant ist das Freskobild „Abendmahl" rechts vom Altar, das 1936 Slavko Pengov fertigte:

statt des Verräters Judas malte er Lenin ... Der schmale, elegante Kirchturm ist fast 60 m hoch, vor der Kirche sind noch alte Mauern aus der Zeit der Türkenüberfälle und ein Gartenmarterl von Jože Plečnik zu sehen.

Sv. Martinskirche – das „Abendmahl"

Gedenkstätte des Mathematikers Josip Plemelj (1873–1967): Er war Experte für lineare Differentialgleichungen und schrieb zahlreiche wissenschaftliche Abhandlungen auf dem Gebiet der angewandten und theoretischen Mathematik. Er arbeitete als erster Rektor an der Universität in Ljubljana (1919), war Mitglied der Akademien für Wissenschaft in Ljubljana, Zagreb, Belgrad und München und erhielt im Laufe seines Wirkens zahlreiche Auszeichnungen und war weltweit anerkannt. Zu Plemeljs 100. Geburtstag wurde ihm zu Ehren beim Park ein Denkmal errichtet, in einem Gedenkzimmer (Prešernova cesta 39) kann man seine Arbeiten begutachten. Besichtigung nach Absprache über die Touristinformation.

Besucherzentrum Bled des Nationalparks Triglav und der Gorenjska-Region: Hier besteht die Möglichkeit, sich eingehend anhand von Schautafeln, wechselnden Ausstellungen und einem Infocenter über den Nationalpark, aber auch über weitere Krainer Berggipfel und deren Touristenorte und Berghütten zu informieren. Zudem finden Abendveranstaltungen mit Multimedia-Vorführungen, Fotoausstellungen etc. statt. Es gibt Internet, ein Café mit leckeren Kuchen und vor dem Haus werden an Marktbuden Spezialitäten der regionalen Landwirtschaft angeboten. Ein Steingarten weist in die heimische Pflanzenwelt ein. Öffnungszeiten (→ Information).

Bei Spaziergängen um den See und durch Bled stößt man immer wieder auf **Denkmäler** und **Skulpturen**. Im Ruderzentrum bei Zaka steht z. B. die Skulptur eines Bootsführers, die Boris Kalin, ein bedeutender slowenischer Bildhauer, schuf (eine weitere seiner Skulpturen steht auf den Brijuni-Inseln bei Pula/Istrien). Tone Svetina, Buchautor, Pazifist und Bildhauer stellt seine Kunstwerke in seinem Garten aus (Mlinska cesta 10). Das erste Denkmal, das die Slowenen ihrem beliebten Dichter France Prešeren (von ihm stammt die slowenische Nationalhymne) gestiftet haben, steht seit 1883 im Park unterhalb der Pfarrkirche.

Bled/Umgebung

Vintgar-Klamm (Soteska Vintgar): die sog. Rotweinklamm, besser bekannt unter Vintgar-Klamm, das beliebte Ausflugsziel 4 km von Bled (ausgeschildert) und schon seit dem 19. Jh. erschlossen. Der rund 1600 m lange Weg führt z. T. auf Holzstegen und Brücken über das rauschende, klare Wasser des Radovna-Flusses, vorbei an Stromschnellen und kleineren Wasserfällen. Im Wasserbecken tummeln sich die Forellen. Am Ende der Klamm stürzt der 16 m hohe Wasserfall *Šum* herab. Hier gibt es einen Kiosk und auch einen Ausgang mit der Möglichkeit einer Rundwanderung (→ Bled/Wandertouren).

Wegzeit hin und zurück ca. 1:15 Std., für Familien mit Kindern gut geeignet. **Vorsicht:** Bei Tauwetter und nach starkem Regen können sich von den steilen Schluchthängen Steine lösen! Gutes Schuhwerk wegen rutschigen Wegen und Holzbrücken empfehlenswert! Nahe Eingang Gostilna Vintgar ein Kiosk. Eintritt 4 €, Stud. 3 €, Kinder 6–15 J. 2 €. Mai–Okt. 8–19 Uhr (Sept./Okt. kürzer).

Pokljuka-Klamm (Soteska Pokljuka): Die 2 km lange, einst vom Triglav-Gletscher gespeiste, heute jedoch ausgetrocknete Klamm am östlichen Rand der Pokljuka-Hochebene ist 7 km von Bled entfernt. In der von Buchenwald umgebenen Klamm kann man entweder hin und zurück laufen oder eine ca. 5 km lange Rundwanderung machen (in Form einer Acht, nach links beginnend), zu allen Natursehenswürdigkeiten wurden Infotafeln angebracht. Vom Parkplatz steigen wir das trockene Bachbett bergan und halten uns dann links (ausgeschildert ist „Galerie"), bis wir von bis zu 80 m hohen Felswänden umgeben sind – hier ist ein beliebtes Trainingsgelände für angehende slowenische Alpinisten. Wie im Hof einer Burgruine fühlt man sich, die Slowenen nennen diesen Platz liebevoll *Virtič* (Gärtchen). Über Stufen steigen wir hinauf zur Holzgalerie, die den Fels umrundet. Dann gelangen wir durch eine Felsspalte auf die andere Seite; oberhalb verläuft eine Naturbrücke, die wir auf dem Rückweg benutzen. Hier findet sich eine reichhaltige Pflanzenwelt, u. a. Saxifraga, Potentilla, Primula auricula und Farne, die normalerweise im Hochgebirge gedeihen, zudem reichlich Fossilienvorkommen. Dann führt

Pokljuka-Klamm – in der Trockenklamm gibt's keine nassen Füße

der ausgeschilderte Weg links ca. 50 m bergan (Richtung Zatrnik) und wir gehen am Kamm entlang durch Fichten- und Ahornwald zurück nach Osten. An der nächsten Gabelung laufen wir nicht hoch Richtung Zatrnik, sondern in Richtung Schlucht hinab, bis wir die vom Fels geschaffene Naturbrücke (s. o.) überqueren – auch kommt uns ein kalter Luftzug von unten entgegen. Der Weg führt weiter ostwärts durch den Wald, die Schlucht liegt nun rechts unten, Kuhgeläute begleitet uns. An einer Felsnase wird ein schöner Blick auf den Hochstuhl *(Stol)* und auf das Radovna-Tal frei. Danach führt der markierte Weg über Stufen hinab zur *Pokljuka-Höhle*, im Innern wie in einer Kathedrale. Hier soll Primož Trubar (1508–1586; Begründer des slowen. Schrifttums; u. a. Übersetzung des Neuen Testaments ins Slowenische; protestantischer Prediger) 1548 auf der Steinkanzel seine Predigt abgehalten haben. Die große Felsöffnung soll durch ein Erdbeben verursacht sein. Wir steigen noch ein paar Meter hinab, ehe wir wieder den Hauptweg erreichen und an der Gabelung links zurück zum Parkplatz laufen.

Übrigens: Bei Regen bleibt auch die Trockenklamm nicht trocken, es tropft wie ein Wasserfall von den Felsen herab. Die Klamm wird nicht gewartet, durch Unwetter können Wegbehinderungen entstehen. Betreten auf eigene Gefahr!

Anfahrt: Per Auto Richtung Pokljuka, am Ortsende von Krnica rechts ab und nächste Möglichkeit wieder links (ausgeschildert); dann noch ca. 1,5 km bis zum Parkplatz (kurz vor Klammbeginn). Per Bus bis zum Dorf Zgornje Gorje, ab dann knapp 2 km zu Fuß.

Rundtour: Die einfach zu gehende Rundtour nimmt ca. 2 Std. in Anspruch, festes Schuhwerk ist auch hier ein Muss (auch an Trinkwasser denken!). Auch für Kinder ein Erlebnis! Kein Eintritt.

Jama pod Babjim zobom: Die Grotte liegt unterhalb des Berges Babji zob auf 1128 m, sie ist 300 m lang und birgt sehenswerte Tropfsteine. Schöne Wanderwege von Spodnje Vas oder Selo führen hinauf (→ Wandertouren um Bled, Wanderung 5). Treffpunkt ist der Eingang vor der Grotte, die nur mit einer Führung zu besichtigen ist.
Führungen Juli/Aug. So 10 Uhr, Eintritt 15 €, Kinder 6–14 J. 5 €. ✆ 031/457-509, 041/368-965 (mobil) oder über TIC, hier erhält man aktuelle Informationen, da Änderungen möglich sind.

Pokljuka-Hochebene: Das bis auf 1500 m ansteigende Gebirge mit rund 40 qkm liegt im Westen von Bled, nördlich von Bohinjska Bistrica (zu dem es verwaltungsmäßig auch gehört), zudem an der Grenze zum Nationalpark Triglav. Es ist bekannter Austragungsort für Weltcups im Biathlon. Ein schmales, kurvenreiches Asphaltsträßchen zieht sich von Bled in ca. 22 km auf das dicht bewaldete, fast ausschließlich von Fichten (bestens für Astmathiker) bewachsene Plateau auf rund 1250 m hinauf und führt dann fast eben quer durch den dichten Wald bis zum Straßenende bei Rudno Polje. Hier oben ist es rund 10 Grad kühler als in Bled, Schnee liegt meist von November bis März. Die Wälder durchziehen rund 30 km Fahrrad- und Wanderwege, 40 km Langlaufloipen mit traumhaften Ausblicken auf Täler und Hochmoore am Plateaurand und es gedeihen schöne Wildblumen, viele Pilze und Waldfrüchte wie Schwarzbeeren, Himbeeren, Walderdbeeren. Hier oben brannte man die Holzkohle für die Bohinjer Hochöfen (→ Bohinj). Das Pokljuka-Plateau ist idealer Startpunkt für verschieden lange Wandertouren zu rundum liegenden Almen (z. B. zur Planina Lipanca oder noch höher zur Debela peč, 2014 m, → Foto S. 561) oder gen Triglav, auch für Familien mit Kindern. Im Winter kann man Langlaufen, es gibt ein paar Skilifte und eine Skaterstrecke. Zwei gut ausgestattete Hotels, die frische Saisonküche anbieten, eignen sich bestens als Stützpunkt. Heilsames aus dem Fichtenwald ist der Fichtennadellikör *(Smrekovec)*, einfach nur gut der Heidelbeerlikör *(Borovničevec)*.

Wanderung 5 – Vom Pokljuka-Plateau über den Triglav und das Sieben-Seen-Tal zum Bohinjsko jezero → S. 483
Anspruchsvolle 2-Tages-Gebirgstour zum höchsten slowenischen Gipfel

Übernachten/Essen *** Hotel Šport, ruhig von Wald umgeben, knapp 4 km vor Rudnjo Polje. 40 ordentliche Zimmer, kleiner Wellnessbereich und gutes Restaurant mit Saisonküche. DZ/F ca. 90 €. Goreljek 103, 4247 Zgornje Gorje, ☏ 04/533-5017.

≫ Mein Tipp: *** Hotel Center, modernes 34-Zimmer-Hotel am Straßenende und Biathlon-Gelände mit Tribüne in Rudnjo Polje. Beste Logenplätze bei Weltcups hat man vom Balkon der gut ausgestatteten Zimmer (DZ/F ab 104 €). U. a. Inlinerstrecke, LL-Ski- und Mountainbikeverleih, Nordic Walking sowie organisierte Wandertouren, Biathlonschießplatz. Gutes Restaurant, Fitnesscenter. ☏ 04/5320-000, www.center-pokljuka.si. ≪

🚴 **Mountainbikerundtour** Nach Zajamniki (insg. knapp 20 km; wenig Steigungen; Wasser mitnehmen!): vom Šport-Hotel über die schmale Asphaltstraße ca. 5 km südlich nach Goreljek; auf dieser Strecke stehen viele Almhäuschen, Pferde – hier machen slowen. Städter Urlaub. Am Ortsende, ehe die Straße steil bergab führt, zweigen wir nach rechts in den ausgeschilderten Schotterweg Richtung Zajamniki ab. Der Weg führt entlang der Pokljuka-Südflanke auf ca. 1300 m immer leicht auf und ab durch den schattenreichen Buchen- und Fichtenwald, der auch ab und an schöne Ausblicke auf die Gebirgskette (u. a. Črna pršt) im Süden gewährt. Nach ca. 6 km liegt am sonnigen Südhang, wie an einer Perlenschnur aufgereiht, das z. T. 100-jährige alte Almendorf *Zajamniki* mit herrlichem Weitblick auf die Bergwelt. Dann geht's ca. 5 km abwärts zur Planina Praprotnica und ca. 1 km auf dem Makadam weiter. An der Weggabelung (hier wird nochmals ein Ausblick auf den Triglav frei) halten wir uns rechts nach oben und folgen dem Wanderschild Rudnjo Polje. An der nächsten Weggabelung (nach ca. 300 m) biegen wir rechts in den Makadamweg ab und erreichen nach ca. 2 km Rudnjo Polje mit Biathlonstrecke und Hotel Center. Auf der Asphaltstraße geht's nun von Rudnjo Polje durch Fichtenwald in flotter Fahrt ca. 3 km bergab, bis der rechte Abzweig zum Športhotel

uns ausbremst, noch ein kleiner Hügel, dann ist das Ziel Šport-Hotel erreicht.

Wandern Wandertouren verschiedener Länge und Schwierigkeit (auch geführte Touren): Für Familien am besten zur **Planina Lipanca**, 1633 m (hier gibt's u. a. Käse, Schmalz, Gulasch, leckere Potica etc.). Ganzjährig, auch Übernachtungsmöglichkeiten. ☏ 051/633-769 und 051/621-021 (mobil). Ca. 1–2 Std. einfache Wegzeit, je nach Startpunkt.

Eine bessere Kondition benötigt man für die **Debela peč**, 2014 m, ca. 3:30 Std. einfach, oder zur **Vodnikov-Hütte**, 1817 m, 4 Std. (geöffnet ca. 3. Juniwoche bis Ende Sept., ☏ 051/607-211 (mobil); hier gibt's ebenfalls schmackhafte Küche).

Wintersport (→ Bled/Sport)

Wie an einer Perlenschnur aufgereiht: das über 100-jährige Almendorf Zajamnik mit Blick auf den Triglav

Der Hauptplatz von Radovljica – der Linhartov trg

Radovljica

Das Städtchen schmückt sich mit einem schönen historischen Altstadtkern aus dem 15. und 16. Jh. und hat die „Biene" als ihr Label.

Radovljica mit seinen vielen Gemeinden (nicht mehr N.P. Triglav) liegt 6 km südlich von Bled – der kleine Altstadtkern lohnt einen Besuch, vor allem um den Linhartov trg gruppieren sich etliche Baudenkmäler wie der Prachtbau **Vidičeva hiša** (→ Übernachten/Essen), 1634 erbaut.

Besonders hübsch ist das **Šivec-Haus** (Šivčeva hiša) aus der Mitte des 16. Jh. mit seiner bemalten Außenfassade, im Innern mit Säulenhalle und Galerie, einer traditionellen Küche und Wohnraum und einem Hochzeitssaal. Vor dem Haus prunkt das Denkmal für Anton Tomaž Linhart (s. u. Stadtmuseum).
Galerija Šivčeva hiša, Lingartov trg 22. Tägl. außer Mo Juli/Aug. 10–13/17–20, Mai/Juni u. Sept./Okt. 10–13/16–19, sonst 10–12/16–18 Uhr. Eintritt 3 €, Kinder 2 €.

Hübsch ist auch der barocke **Palast Thurn-Vallsassina** gegenüber, auch Schloss von Radovljica genannt, wo heute ein Museum der besonderen Art untergebracht ist – das Imkereimuseum sowie im ersten Stock das Stadtmuseum. Im Sommer finden hier auch klassische und barocke Musikabende statt.

Imkereimuseum (Čebelarski muzej): Hier findet sich alles rund um die Biene. Ein Besuch lohnt sich auch für alle, die die fleißigen Tierchen nur als stechende Plagegeister kennen. Erstaunlich, wie liebevoll die Slowenen, bei denen die Imkerei eine lange Tradition hat, mit ihren Honigproduzenten umgingen. Sie gaben den Bienenstöcken viele Formen – ein Muselmane mit Turban, ein Löwe oder ein Schweinskopf. Interessant auch die Füttervorrichtungen und vorindustriellen Gerätschaften zur Serienfertigung von Bienenstöcken (deutsche Bienenstöcke waren natürlich damals schon genormt). Über die Landesgrenzen hinaus bekannt sind die sehenswerten slowenischen *Bienenstockbrettchen,* durch die die Bienen ins Innere des Stocks gelangen. Sie wurden schon vor Jahrhunderten farbig und fantasievoll bemalt. Die Mehrzahl der Motive ist religiöser, historischer oder volkstümlicher Natur, viele erzählen alte Fabeln. Am vergnüglichsten sind die Malereien, die menschliche Schwächen karikieren: Da wird ein Mann von seiner Liebhaberin mit einem vollen Weinkrug gelockt, doch sein Eheweib zerrt ihn an den Haaren nach Hause. Nach dem Ersten Weltkrieg arten die Bilder dann oft in Kitsch aus – naive Südseeträume ... Im letzten Raum folgt eine Dokumentation des medizinischen Nutzens von Bienenprodukten – leider nur in slowenischer Sprache. Fotografien dokumentieren erstaunliche Heilungserfolge bei Ausschlägen und Ekzemen, teils an höchst delikaten Körperstellen.

Ein Bieneninfocenter gibt es in der zugehörigen Gemeinde Lesce (→ Lesce).

Das **Stadtmuseum** (Mestni Muzej) im ersten Stock ist vor allem Anton Tomaž Linhart (1756–1795), dem bedeutendsten Bürger der Stadt, Begründer der slowenischen Dramatik und des slowenischen Theaters, gewidmet.

Čebelarski muzej und **Mestni Muzej**, Linhartov trg 1, ☎ 04/5320-520, www.muzeji-radovljica.si. Mai–Okt. tägl. außer Mo 10–18 Uhr; März/April u. Nov./Dez. Di, Do/Fr 8–15, Mi, Sa/So 10–12/15–17 Uhr; Jan./Febr. Di–Fr 8–15 Uhr. Eintritt für Imkereimuseum (für beide Museen): Erwachsene 3 € (5 €), Kinder 3–14 J. 2 € (3 €), Familie 7 € (11 €).

Bienenstockbrettchen und andere Imkerei-Kunstwerke

Wer im Imkereimuseum von Radovljica zum Anhänger dieser höchst lebendigen Volkskunst geworden ist, bekommt im Ethnografischen Museum von Ljubljana einen „Nachschlag": Dort kann er sich an über 1000 weiteren Bienenstockbrettchen (→ S. 304) satt sehen. Wer so ein Brettchen mit nach Hause nehmen mag, kann in gut sortierten Kunsthandwerksläden nach Original-Kopien suchen. Sie sind nummeriert und kosten je nach Motiv ca. 15 €.

Und wer von der Heilkraft der Bienenprodukte überzeugt ist, kann sich in Slowenien mit Imkerei-Artikeln aller Art von Propolis, Blütenpollen und Zahnpasta bis zu diversen Honigarten in den Lebensmittelläden, auf Märkten oder direkt beim Imker günstig versorgen. An den Straßenrändern weisen oft Schilder mit der Aufschrift „Med" (slowenisch für Honig) auf den privaten Honighandel hin. Übrigens: Besonders lecker sind Akazien- und Weißtannenhonig mit einem Stückchen Wabe.

Ein kleines Privatmuseum der **Lebkuchenbäckerei** (Linhartov trg 2, tägl. außer Di 12–22 Uhr) und die Herstellung der leckeren Herzen ist im Keller des 500-jährigen Hauses der Gostilna Lektar (→ Essen & Trinken) untergebracht. Die Tradition geht auf das Jahr 1766 zurück, damals unter Jakob Krivic.

Am südöstlichen Altstadtende steht ganz heimlig die spätgotische Pfarrkirche **Sv. Peter** und nebenan das Pfarrhaus mit seinem prächtigen Arkadenhof, zeitgleich erbaut.

Nationalpark Triglav   → Karte S. 82/83

Information Touristinformation TIC, 4240 Radovljica, Linhartov trg 9, ☎ 04/5315-112, www.radolca.si. Mai–Sept. tägl. 9–19 Uhr, sonst Mo–Fr 9–16 Uhr. Gute Informationen auch zur Umgebung.

Verbindungen Bus halbstündlich nach Bled.

Veranstaltungen Radovljica Festival, Konzerte Alter Musik (13.–18. Jh.), 2. u. 3. Augustwoche, im Schloss.

Schokoladenfest, nach Ostern Fr–So; 15 Produzenten bieten ihre Schokoprodukte im Schloss und auf dem Linhart-Platz an.

„So schmeckt Radovljica", letztes Okt.-Wochenende. Essen mit lokalen Anbietern.

Keramik-Festival, Ende Mai mit Workshops.

Markt, jeden 1. Sa im Monat in der Vila Podvin (s. u.); regionale Produkte.

Übernachten/Essen Gostilna-Pension **Kunstelj**, herrlicher Blick von der mit Kastanien bestandenen Terrasse gen Triglav-Gebirge. Gute slowenische Küche (Buchweizensterz, Strudel, Braten, Eintöpfe), aber auch moderne Kreationen. Auch Weinverkostung im Gewölbekeller (nach Anmeldung). Schöne DZ/F ca. 80 €. Ganzjährig außer Mo u. Do 12–22 Uhr. Gorenjska cesta 9, ☎ 04/5315-178, www.kunstelj.si.

Gostilna-Pension Lectar (s. o. Lebkuchenbäckerei), das Haus gegenüber dem Imkereimuseum ist großteils noch im Oberkrainer Stil erhalten; auch hier vorzügliche Küche mit Oberkrainer Spezialitäten. Zudem gibt es 9 gemütliche Zimmer, DZ/F 88 €. Ganzjährig außer Di 12–22 Uhr (Juli/Aug. tägl.). Linhartov trg 2, ☎ 04/5374-800, www.lectar.com.

Gostilna Auguštin, gutbürgerliche Küche, von der Terrasse Blick auf die Sava und die Berge. Tägl. 9–22 Uhr. Linhartov trg 15, ☎ 04/5314-163.

*** Pension Kovač, familiär, nett und neu, 5 Min. nordwestlich der Altstadt. 10 gut ausgestattete Zimmer (1–4 Pers.), Whirlpool und Sauna. DZ/F 90 €. Langusova ul. 71, 04/5300-000, www.penzion-kovac.si.

Hostel-Café & Eisdiele – Vidičeva hiša, in dem Prachtbau von 1634 residiert neben einem Café (es gibt auch lokale Käse/Schinken) auch ein Hostel mit Zimmer/Mehrbettzimmer/Appartement; pro Pers. z. B. im DZ 22,50 €. Es bietet 27 Betten. Linhartov trg 3, ☎ 051/322-779 (mobil), www.vidichouse.com.

》》》 **Mein Tipp**: Vila Podvin, ca. 4 km östlich von Radovljica. Erst 2013 eröffnete im ehemaligen Pferdestall das Gourmetrestaurant auf dem großen Anwesen von Grad Podvin (14. Jh. erstmals erwähnt). Heute dinniert man prächtig und bestens im hellen Inneren des langgezogenen einstöckigen Gebäudes oder auf der Terrasse im Grünen; die moderne Küche ist saisonal, regional und fantasievoll arrangiert. Es gibt 3- bis 8-Gänge-Menüs von 35–80 €. Auch Kochkurse werden hier abgehalten, zudem der Markttag (s. o.), auch Reitmöglichkeiten. 7 komfortable Zimmer/Suiten ab 139 €. Tägl. außer Mo 12–22 Uhr (So bis 17 Uhr). Mošnje 1, 4240 Radovljica, ☎ 08/3843-470, www.vilapodvin.si. 《《《

Vinothek Sodček, Weine vom „Fässchen", wie der Name besagt, und Flaschenweine, Degustation. Man sitzt auch gemütlich vor der Türe. Tägl. außer So/Feiertag 9–21 Uhr. Linhartov trg 8, ☎ 04/5315-071, ☎ 041/678-408 (mobil).

Camping Camping Radovljica, kleiner Platz am großen Freibad (gratis) außerhalb des Zentrums Richtung Begunje (noch vor der Schnellstraße). Supermarkt, Bahnhof usw. sind zu Fuß erreichbar. Ende April–Mitte Sept. Pro Pers. 11 €. Kopališka ul. 9, ☎ 04/5315-770, www.camping-radovljica.com.

Radovljica/Umgebung

Begunje: ca. 5 km nordöstlich von Radovljica. Kleiner Ort am Fuße der Karawanken, idealer Ausgangspunkt für Wanderungen und Mountainbiketouren.

Oberhalb von Begunje thront auf einem Hügel, auf dem früher bei Türkeneinfällen die Signalfeuer loderten, die zweischiffige Kirche *St. Petrus* aus dem 16. Jh. Die Fresken von Bartholomäus von Lack gelten als die schönsten der gesamten Gorenjska.

Am Ortsrand das *Schloss Katzenstein* (Grad Kacenštajn) aus dem 16. Jh., das im Zweiten Weltkrieg der deutschen Besatzung als Folterkammer für slowenische Patrioten diente – 12.000 Menschen wurden hier von der Gestapo festgehalten und Tausende zu Tode gequält. In einem Seitenflügel, den ehemaligen Gefängniszellen, wurde das *Geisel-Museum* (Muzej Talccv) eingerichtet. Im Schlosspark sind zwei Grabstätten zu besichtigen.

Muzej Talcev, Begunje 55, ☎ 04/5333-790, www.muzeji-radovljica.si. Tägl. außer Mo Juli/ Aug. 13–18 Uhr; Mai/Juni u. Sept./Okt. Di–Fr 9–13, Sa/So u. Feiertag 13–18 Uhr; März/April u. Nov./Dez. Mi u. Sa 9–13, So/Feiertag 13–17 Uhr. Erw. 2 €, Kinder 1,50 €, Familie 7 €.

Nördlich, am Beginn des *Draga-Tals*, ragen wildromantisch die Ruinen der *Burg Kamen* in den Himmel, einst ein Besitz der Lamberger. Im Sommer gibt es hier wöchentlich Ritterspiele in historischen Gewändern, beim Kassenhaus ist eine kleine ethnografische Sammlung zu sehen.

Begunje ist heute vor allem wegen der „Oberkrainer" bekannt, der Musikerfamilie Avsenik. Neben dem Gasthaus (→ Übernachten/Essen) zeigt die Avsenik-Galerie eine Sammlung von historischen Schallplatten und Musikinstrumenten der Brüder und einen Film über Auftritte etc. (Preise s. u.).

Übernachten/Essen   Gostišče Draga, am Ort- und Talende – hier isst man neben leckeren Oberkrainer Speisen vor allem bestens Forellen. Werktags 9.30–22 (im Winter 11–21.30), Sa 9–22, So 9–20 Uhr. Auch Zimmervermietung. Begunje 142, ☎ 04/5307-310, www.gostisce-draga.si.

**** Lambergh Chateau & Hotel, das renovierte Schloss aus dem 11. Jh. bietet Suiten, Wellness- und Spa-Center sowie Restaurant, 2012 eröffnet. Nur wenige Meter entfernt vom postmoderne Neubau mit 32 komfortablen Zimmern (DZ/F ab ca. 150 €), Restaurant, medizinischem Zentrum, Wellnesstempel, Pool und Fitnessbereich. Eingehüllt in einen großen Park mit Teichen und Hochzeitspavillon. Dvorska vas 37a, ☎ 08/2005-000, www.hotel-lambergh.com.

》》 Mein Tipp: **** Gostilna-Pension Avsenik Pri Jožovcu, in der Dorfmitte von Begunje. Der Name lässt es vermuten, die angeschlossene Avsenik-Galerie macht es klar: Das Gasthaus führt einer der Söhne des berühmten Slavko Avsenik, des Begründers des Original Oberkrainer Volksmusikensembles. Die Gostilna mit großem Tanzsaal ist im traditionellen Oberkrainer Stil eingerichtet. Im Sommer verwandelt sich der Garten unter den Kastanienbäumen zum beliebten Tanztreffpunkt und zur Bühne für die Oberkrainer-Nachwuchsgruppen. Das Speisenangebot ist bürgerlich-deftig. Mi–Sa 11–22, So 11–17 Uhr. Übernachtungsmöglichkeit in gut ausgestatteten Zimmern, DZ/F 80 €. Das Museum (mit Film) kostet 3 € (3,90 €), Kinder 2,50 € (3 €). Begunje 21, ☎ 04/5307-030, 5333-402, www.avsenik.com. 《《

Lesce: Das Städtchen an der Schnellstraße Richtung Ljubljana entwickelte sich erst durch den Bau der Eisenbahnlinie. Neben dem kleinen heimeligen Altstadtkern um die dicktürmige *Sv. Marija-Kirche* gibt es Restaurants, Campingplatz, Sportflugplatz, Schokoladenfabrik (Žito Gorenjka d. d., Rožna dolina 8) und das neue Bienen-Infocenter.

Čebelarski Center (Bienenzentrum): In dem neuen Holzhaus wird alles über die Biene, die Honig- und Bienenwachsverarbeitung gezeigt, zudem gibt es ein kleines nettes Café und natürlich einen Shop, der alle gängien Honigsorten, Schokolade, Liköre, Produkte aus Bienenwachs etc. verkauft (Rožna dolina 50a, www.cricg.com; Mo–Fr 9–19, Sa 8–13 Uhr).

Verbindungen   Bahnhof Lesce, Železniška ul. 12. Hier halten die Züge aus Deutschland/Österreich und fahren weiter nach Ljubljana. Zugreisende aus Deutschland, die nach Bohinj/Soča-Tal möchten, müssen in Jesenice umsteigen. Nach Ljubljana frühmorgens, mittags und abends mehrere Züge (→ Kranj). **Busse** nach Bled alle 30–60 Min.

Panoramaflüge   Sportflughafen Lesce, Begunjska cesta 10 (östlich der Schnellstraße), ☎ 04/5320-520, www.alc-lesce.si. Z. B.15-Min.-Flug 90 € f. max. 3 Pers.

Übernachten/Essen   Appartements Vidmar, in schön restauriertem Gutshof von 1714, im alten Zentrum von Lesce gegenüber der Kirche. 4 moderne Appartements. 2 Pers. mit Frühstück ca. 70 €.

Begunjska 6b, ☎ 04/5318-878, www.apartmaji-vidmar.si.

Camping ⟫⟫ **Mein Tipp:** ***** Camping Šobec, an der Straße von Lesce, 3 km vor Bled, gut beschildert. Einer der bestausgestatteten Plätze Sloweniens, in traumhafter Lage in einer Sava-Schleife auf 20 ha großem Platz. Viel Schatten, Waschmaschinen, Restaurant, Supermarkt, WiFi, ein kleiner künstlich angelegter Badesee und 1a Sanitäranlagen, ein Block behindertengerecht ausgestattet. Beach-Volleyball, Minigolf, Tennis (9 Courts gegenüber), Fliegenfischen in der Save. Anf. April bis Anf. Okt. 15,10 €/Pers. Zudem werden schöne Holzbungalows für bis 2 Per. oder 3–6 Pers. (ab 100 €/1–2 Pers.) mit überdachter Veranda, innen mit Bauernmöbeln ausgestattet, vermietet. Šobčeva cesta 25, ☎ 04/5353-700, www.sobec.si. ⟪⟪

Sport Reiten im Hippodrom an der Hauptstraße kurz vor der Campingzufahrt. Reitpferde (meist Lipizzaner) und Lehrer zu buchen unter ☎ 041/675-482 (mobil).

Schwimmen an der Sava-Schleife beim Campingplatz.

Brezje: Der berühmte Wallfahrtsort östlich der Hauptstraße Jesenice – Ljubljana, 5 km südlich von Radovljica, gehört zur Diözese Koper. Der 2005 verstorbene Papst Johannes Paul II. verlieh der *Marienkirche* (Marija Pomagaj) 1988 den Ehrentitel „Kleinere Basilika" und besuchte sie bei seiner letzten Slowenienreise 1996. Im Jahr 1800 stand hier die alte St.-Veit-Kirche, an die man eine Kapelle baute und vom Maler Leopold Layer ausschmücken ließ, u. a. mit einem Marienbild. Seit 1863 wurde die Kirche durch Wunderheilungen bekannt. Wegen der großen Pilgerströme bauten die Franziskaner ein Kloster und die heutige Kirche, die alte Kapelle, wurde integriert. Geweiht wurde das Bauwerk 1900.

Übernachten/Essen ⟫⟫ **Mein Tipp:** °°° Touristfarm Tominc–Frelih, seit 1903 können hier Pilger nächtigen, auch für Familien ein netter Platz. Es gibt DZ und 5-Bettzimmer, 20 €/Pers., 5 € Frühstück. Vom Bauernhof kommen Molkereiprodukte, Fleisch und Obst. Brezje 21, ☎ 04/5338-818, 031/793-853 (mobil), www. turisticna-kmetija-frelih. ⟪⟪

Touristfarm & Camping Hribar, hübsch im Grünen mit Appartements (bis 6 Pers., ab 60 €) und einem Schlafsaal (bis 6 Pers.). Gezeltet werden kann auf der schattigen Obstwiese, 10 €/Pers. Freundlich und familiär geführt. Brezje 14, 4243 Brezje, ☎ 040/260-414 (mobil), www.turisticna-kmetija-hribar.si.

Kropa: ca. 10 km von Radovljica entfernt. In dem Örtchen, eingezwängt in der Schlucht des Kroparica-Bachs, blühte im 18. Jh. die Eisenverarbeitung. Hier wurde auch einer der ältesten Schmelzöfen (13. Jh.) entdeckt. Die Geschichte des Bergbaus, der Eisenverarbeitung sowie der Schmiedekunst wird anschaulich im *Schmiedemuseum* (Kovaški muzej) dokumentiert, das sozusagen auch ein Museum des Nagelhämmerns ist: gezeigt wird die Eisenverarbeitung vom Eisenerz bis hin zum Nagel (für Familien mit Kindern interessant).

Öffnungszeiten Kovaški muzej, Kropa 10, ☎ 04/5337-200. Mai–Okt. tägl. außer Mo 10–18 Uhr; März/April u. Nov./Dez. Di, Do/Fr 8–15 Uhr, Mi, Sa/So 10–12/15–17 Uhr; Jan./Febr. Di–Fr 8–15 Uhr. Eintritt 3 €, Kinder 2 €, Familie 7 €.

Essen & Trinken Gostilna Pr'Kovač, hübsche altertümliche Inneneinrichtung und Weinkeller, draußen sitzt man gemütlich am Fluss. Gute traditionelle Gerichte wie Buchweizensterz, Kalbseintopf, Štruklji, Potica, Gibanica. Tägl. außer Mo 10–23 Uhr. Kropa 30, ☎ 04/5336-320.

Sv. Primož bei Jamnik
(Radovljica/Umgebung)

Wanderpause mit Panoramablick gen Süden und auf den Bohinjsko jezero

»» Weiterfahrt: Von Kropa windet sich ein schmales Sträßchen in 5 km über den Weiler **Jamnik** mit der hübschen, in exponierter Lage auf 831 m stehenden *Kirche Sv. Primož* aus dem 15. Jh. gen Železniki (→ Idrija, → Škofja Loka) oder bei Podblica hinab nach Kranj (→ Kranj) – auch für gut trainierte Mountainbiker ein Genuss.

Bohinj

Der Name Bohinj (Wocheiner) steht für das Becken des Bohinjsko jezero (Wocheiner See) sowie das Bohinjer Ober- und Untertal. Getrennt wird die Region durch die 900 Meter hohen Berge Rudnica und Šavnica, an denen verstreut 24 kleinere Ortschaften liegen. Sie ist von den Julischen Alpen umschlossen und gehört zum Nationalpark Triglav. Hauptsächlich Bergsteiger und Sportler bevölkern die Orte – ein Idyll für Naturliebhaber.

Hauptattraktionen der Bohinj sind der herrliche grünblaue **Bohinjsko jezero** und der kleine Touristenort **Ribčev Laz** am Seebeginn, zudem am Talbeginn das bis 1500 m aufsteigende **Hochplateau Pokljuka** (→ Bled/Umgebung). Hauptort der Bohinj ist **Bohinjska Bistrica** im Sava-Bohinjka-Tal (Bohinjer-Untertal), 6 km vom See Richtung Bled, das alle nötigen Einrichtungen bietet: Hotels, Campingplatz, die einzige Tankstelle sowie den Bahnhof der Region. Die kleinen Orte **Stara Fužina** und **Studor** lohnen als Ausflugsziele oder auch zum Übernachten. **Ukanc**, am Tal- und See-Ende gelegen, bietet einen Campingplatz, zahlreiche Übernachtungsquartiere und ist guter Ausgangspunkt für Bergtouren. Zudem gibt es sehr gute Verbindungen mit öffentlichen Verkehrsmitteln (→ Bohinjska Bistrica).

Trotz der entlegenen Lage zeugen die Reste der keltischen Siedlungen zwischen Studor und Jereka von einer Besiedlung der Bohinj schon in vorrömischer Zeit und

Almwirtschaft in der Bohinj

Wegen der relativ hohen Niederschläge und der geschützten Lage war die Bohinj über Jahrhunderte Sloweniens wichtigstes Almwirtschaftsgebiet. Hier gab es die meisten Almen – sie reichten bis unter den Gipfel des Triglav – und die höchste Milchproduktion. Das Vieh wurde etappenweise zwischen Mai und Mitte Juli auf die Almen getrieben und im Herbst wieder zurückgeholt. Die Alm Uskovnica (1154 m, oberhalb von Studor) wurde meist bis Weihnachten bewirtschaftet. Aufgrund des der Witterung ange-

Senner in der Bohinj (Ende 19. Jh.)

passsten Auftriebs und Abtriebs wurde eine hohe Milchproduktion erreicht – sie zählte zu den größten Almen und wurde leider durch deutsche Besatzungstruppen im Zweiten Weltkrieg abgefackelt; nach dem Krieg wurde sie wieder aufgebaut, eine Gedenktafel erinnert daran.

Jeder Bauer hatte eine eigene Hütte und eigene Senner und Sennerinnen, die die Tiere (Rinder und auch Ziegen) auf die Alm trieben und betreuten. Nur auf sehr hoch gelegenen Almen übernahmen die Senner auch Tiere von anderen Bauern. Diese sehr arbeitsintensive Milchwirtschaft hielt sich bis zur Mitte des 20. Jh. Noch 1958 wurden auf 28 Almen große Käsemengen erzeugt.

Bis 1873 wurde die Milch meist zu Butter verarbeitet (Hauptabnehmer war die Region Triest) oder auch zum sog. Urkäse Mohant, einem leicht säuerlichen Weichkäse mit angeblich heilsamer Wirkung. Danach verlagerte man sich mehr und mehr auf die Käseherstellung. Der hiesige Pfarrer Janez Mesar gab den Anstoß und sendete drei Almbauern in die Schweiz. Dort lernten sie das Know how und übernahmen auch das Schweizer Vorbild der genossenschaftlichen Käseverarbeitung; zudem wurde ein schmackhafter Käse mit Löchern produziert und der Käsehandel blühte. Auch heute noch kann man den Bohinjer Käse überall kosten. Bis Mitte des 20. Jh. wurden noch 90 % der Tiere auf die Alm getrieben, doch mit der Zeit gab es immer weniger Interesse am harten, einsamen Senner-Leben und nach Eröffnung eines modernen Molkereibetriebes 1971 in Srednja vas wurden viele Almen aufgegeben. Nur einige Bauern halten die wenigen, noch existierenden Sennereien in Betrieb, die auch die strikten EU-Reinheitsgesetze meistern konnten – 2010 waren es noch 20 Almen, 11 davon mit Käsereien.

auch die Gegend um Bohinjska Bistrica war im 7. Jh. v. Chr. schon bewohnt. Der verglichen mit Bled eher bescheidene Tourismus kam gerade noch rechtzeitig in die Bohinj, denn die Einnahmequellen der Dörfer begannen zu versiegen: Neben der Holzwirtschaft lebten die Einwohner seit der Spätantike hauptsächlich von der Eisengießerei und, damit verbunden, von der Holzkohleproduktion vor allem auf der Pokljuka-Hochebene. Das Schmelzeisen wurde vor allem für Drähte und Nägel verarbeitet, ab dem 16. Jh. war auch die Blütezeit der Hammerwerke in der Bohinj-Region. Doch im 19. Jh. waren die Erzvorkommen erschöpft. Als dann noch England billiges Eisen auf den Markt warf, gab 1891 die letzte Eisengießerei nach einem Großbrand auf und siedelte nach Jesenice um (aus heutiger Sicht ein Segen ...). Zudem befand sich das Tal in einer nicht nur wirtschaftlichen Sackgasse: Alles musste über Pfade, gen Soča-Tal auch über Pässe, transportiert werden – Italien war lange Zeit Hauptabnehmer der Waren. Bohinj wurde erstmals von Massenarbeitslosigkeit und Auswanderung geplagt. Eine Lösung fand man in der Land- und Forstwirtschaft und vor allem in Viehzucht und Käsereien (→ Kasten „Almwirtschaft in der Bohinj"). Die Rettung brachte auch der Bau der Eisenbahnlinie Jesenice – Nova Gorica mit dem längsten Eisenbahntunnel Sloweniens (→ Bohinjska Bistrica) – er schuf neue Arbeitsplätze und half aus der isolierten Lage. Allerdings wurde während des Ersten Weltkriegs der Zug auch „Bomberbahn" genannt, sämtliches Kriegsmaterial wurde auf dieser Linie gen Soča-Tal an die Isonzo-Front transportiert (→ Isonzo-Front). Auch die „starken Frauen" von Bohinj sind legendär, die ihre Männer einst über die Berge nach Čadrg schleppten und sie somit vor dem Tod retteten (→ Soča-Tal/Čadrg).

Der slowenische Baron **Žiga Zois** (→ Kasten S. 109), der auch in Bohinjska Bistrica sein Zuhause hatte, soll übrigens der Erste gewesen sein, der Adelige aus ganz Europa schon im 18. Jh. nach Bohinj einlud. Zois war es auch, der die Triglav-Erstbesteigung 1778 anregte und die Bergsteiger Matija Kos und Luka Korošec mit der nötigen Ausrüstung ausstattete. Von den Einheimischen wird der Baron als Pionier des Tourismus am See gepriesen. Nach seinem nicht minder bekannten Bruder Karel, ein bedeutender Botaniker, wurde auch eine endemische Glockenblume benannt, die *Campanula zoysii*.

Überhaupt sind der Blumenreichtum und die Anzahl endemischer Sorten beachtlich. Dem botanisch interessierten Wanderer seien Touren u. a. auf die Berge Rudnica (946 m), Črna prst (1844 m; → Kleiner Wanderführer/Wanderung 6, S. 491) und Soriška planina (1306 m) bei Bohinjsko sedlo empfohlen; auch im östlich davon gelegenen Massiv des Ratitovec (1642 m) und im Voje Tal (nördlich von Stara Fužina) werden die Herzen von Pflanzenfreunden höher schlagen. Natürlich lockt auch die Pokljuka-Hochebene mit ihren einmaligen Hochmooren. Seit über 100 Jahren kommen Besucher nach Bohinj, um Ruhe und Entspannung in der Natur zu suchen. Und manchmal hat man tatsächlich das Gefühl, man wäre ganz allein unterwegs.

Die Gegend um den Bohinjsko jezero bietet neben einer wunderschönen Landschaft den Sportlern, Bergsteigern und Wanderern im Sommer und Winter eine ganze Menge. Leute, die jedoch abends „action" suchen, sind am Bohinj-See am falschen Platz, am Abend wird entspannt.

Wanderung 6 – Von Bohinjska Bistrica zum Črna prst   → S. 491
Durch Wälder und blumenreiche Almwiesen zum aussichtsreichen Gipfel

Sport

Bohinj-Card (nur für hiesige Übernachtungsgäse): Diese Gästekarte kostet für Erwachsene 10 € (mit Gratis-Parken 20 €), Kinder 7–14 J. 5 €, bis 6 J. gratis. Sie gewährt Rabatt bei Ausflügen, in einigen Restaurants und Agenturen. Zudem sind gratis in der Bohinj-Region: Museen, Sehenswürdigkeiten, Parken (s. o.), Bus (lokal) und Bootsbenutzung. Erhältlich in Touristinformationen.

Adrenalinpark beim Hotel pod Voglom, tägl. 10–17 Uhr.

Ausflugsboot Von Ribčev Laz zum Camp Zlatorog fährt das **Panorama-Boot**. Es ist verglast, sodass man auch bei schlechtem Wetter fahren kann. Es pendelt von April–Mitte Okt. nonstop (vor Juni u. nach Sept. im 40-Min.-Takt) von 10–18 Uhr; eine Richtung kostet 9,50 € (Kinder 7–14 J. 7,50 €). Auf diese Weise spart man sich bei einer Wanderung ca. 1,5 Std. Fußweg. Rundfahrt 10,50 € (Kinder 7 €).

Angeln im See mit allen Ködern: Tageskarte 25 €/Tag; in der Sava nur mit Fliege für 60 €/Tag. Angelscheine bei den Touristinformationen.

Baden Am See **drei Strandbäder** mit größtenteils kiesigem Grund, daneben viele andere Zugangsmöglichkeiten zum Wasser. FKK-Strand auf einer kleinen Halbinsel am hinteren Teil des Nordufers. Wem es im See zu kühl ist: Das **Schwimmbad** des Bohinj-Hotels hat durchgehend angenehme 27 °C. Und wenn es regnet, ins Hallenbad der Hotels Zlatorog und Jezero.

Weitere Alternative ist der **Aquapark Bohinj** (Bohinj Vodni Park), (→ Wellness).

Bootsverleih **Ruderboote**, **Kajaks** (7 €/Std.) und **Kanus** für den See (9 €/Std.); auch für den Fluss möglich (u. a. bei Alpinsport und am Campingplatz). Motorboote sind auf dem See verboten!

Höhlenausflug In die zwei Grotten *Pod babjim zobom* und *Govic*. Nach dem Höhlenführer bei den Sportagenturen fragen.

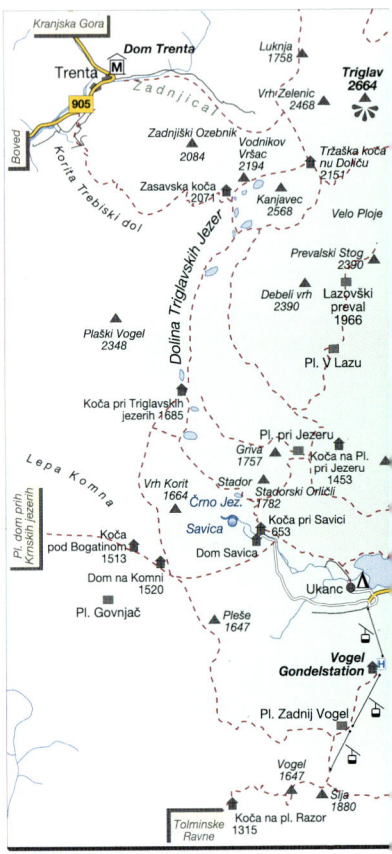

Mountainbike Um die beiden Täler und die Pokljuka-Hochebene zu erkunden, ist das Rad das optimale Fortbewegungsmittel. Mountainbikes u. a. bei Alpinsport, Pac-Sports, beim Autocamp Zlatorog und Sportzentrum Pokljuka; ca. 5 €/Std., 16 €/Tag. Die Sportagenturen Alpinsport vermitteln auch geführte Mountainbiketouren

Organisierte Sportmöglichkeiten über die Agenturen Bergführung mit ausgebildetem, erfahrenem Bergführer, z. B. 1-Tagestour je nach Anspruch und Höhenmetern 100–200 €.

Canyoning, verschiedene Strecken; u. a. durch die *Jerečica*-Schlucht, je nachdem ob lange oder kurze Variante ab 49 €.

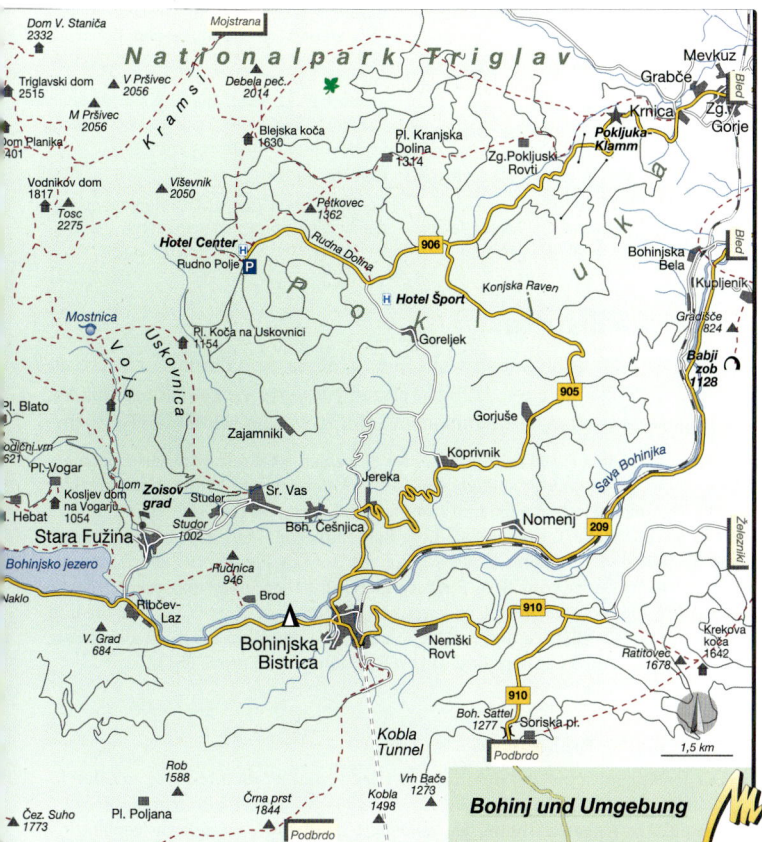

Bohinj und Umgebung

Hydrospeed, Soteska – Boh. Bela für 39 €, z. B. bei Pac-Sports.

Kajak und Kanu (→ Bootsverleih), auch Kurse und Touren über die Agenturen, u. a. Alpinsport.

Kletterschule, z. B. über Agentur Alpe, Ravne v Bohinju, ✆ 040/349-669 (mobil), www.alpe-rjavina.si; es werden Kurse bis zum IX. Schwierigkeitsgrad angeboten. Es gibt auch einen Hochseilgarten.

Mountainbike- bzw. Downhilltouren, je nach Ziel und Kondition 20–110 €.

Paragliding, Tandemflüge vom *Vogar* für 95 € oder vom *Vogel* für 140 €. Auch Kurse für Anfänger, z. B. über Alpinsport.

Rafting, über wilde Stromschnellen mit einer 4- bis 20-köpfigen Crew: Jezero – Boh. Bistrica 29 €/Pers., Soteska – Boh. Bela 39 €/Pers.

Reiten Mrcina Ranč, in Studor (→ Studor).

Tennis Courts am Campingplatz Danica.

Wellness Aqua-Park Bohinj (Vodni Park), Innen- und Außenschwimmbecken, verschiedene Saunas, Massagebehandlungen, Fitnessgeräte sowie die Gostilna Nad skalo mit Cyber-Café. Triglavska cesta 17, ✆ 08/2004-080, www.vodni-park-bohinj.si.

Wandern Riesiger Aktionsradius nach allen Seiten und mit allen Schwierigkeitsgraden, auch Almwanderungen bis hinauf zum

Triglav. **Gelber-Kreis-Markierungen** (Talbereich), roter **Kreis** (Bergregion).

Wintersport Skifahren auf dem Berg Vogel; das Skigebiet liegt bis zu 1800 m hoch. 9 Lifte mit einem Höhenunterschied von insg. 730 m bedienen 36 km Pisten, darunter einige „schwarze" Abfahrten. Auch auf dem Pokljuka gibt es einen Sessellift (für Kinder) beim Hotel Šport.

Übrigens: die **Skibusse** im Winter fahren gratis und bis nach Bled!

Skilanglauf: Im Talgrund zwischen Ribčev Laz, Srednja vas, Gorjuše und Bohinjska Bistrica sind im Winter 60 km sehr gut präparierte Loipen in abwechslungsreicher Landschaft angelegt; hinzu kommen noch ca. 40 km auf dem Pokljuka-Hochplateau (→ Bled/Umgebung).

Biathlon (→ Bled).

Touren-Skiausflüge: Mit erfahrenem Begleiter sind verschiedene Touren ins Triglav-Massiv und zum Pokljuka möglich.

Bohinjska Bistrica

Der Hauptort der Bohinj, rund sechs Kilometer vor dem Bohinjsko jezero an der Sava Bohinjka gelegen, ist Einkaufszentrum und Verkehrsknotenpunkt der Region. Die hohen Berge ziehen im Sommer wie im Winter die Gäste an.

Der Hausberg Kobla (1498 m), ein beliebtes Skigebiet, ist direkt vom Ort aus zu erreichen. Wenige Kilometer südlich gibt es für Anfänger und Kinder das Skigebiet Soriška Planina (zwischen 1280 und 1549 m). Im Sommer lassen sich von Bohinjska Bistrica aus herrliche Touren auf all diese Berge unternehmen, z. B. in die Blumenparadiese auf den Črna prst (1844 m), auf die Soriška Planina, in das Ratitovec-Massiv (1642 m) oder zum Berg Rudnica (946 m): neben einer üppigen Pflanzenvielfalt sind hier schöne Ausblicke garantiert. Baron Žiga Zois (s. o.) war oft und gerne in Bohinjska Bistrica und ließ sich in der Burg aus dem 16. Jh. nieder (heute ein Restaurant). Auch der Berg Rodica (1966 m) lohnt (→ Foto S. 651).

Der Bohinjer Tunnel

Der Eisenbahntunnel bei Bohinjska Bistrica verbindet die nördliche mit der südlichen Seite der Julischen Alpen. Von 1901 bis 1906 baute man an dem mit 6327 m längsten Tunnel Sloweniens. Ursprünglich zweigleisig geplant, ist der Tunnel heute um einige Meter kürzer, auch das imposante Nordportal ist nicht mehr vorhanden, es wurde im Zweiten Weltkrieg zerstört.

Seit 1999 gibt es zwischen Gorenjska und Primorska mit dem Autoreisezug eine bequeme Verbindung. Ansonsten müsste man über den 1310 m hohen Soriška-planina-Pass fahren (Verbindungen).

Sehenswert ist das kleine **Tomaž-Godec-Museum** in der Ortsmitte. Es zeigt archäologische Funde aus der Umgebung, historische Objekte aus dem Gerbereigewerbe und der Eisenverhüttung und dokumentiert mit Fotos den Ersten und Zweiten Weltkrieg in dieser Gegend. Das Museum wurde nach dem Eigentümer des Hauses, Tomaž Godec (1905–42) benannt, einem begeisterten Sportsmann, der sich ebenfalls um den Tourismus in seiner Heimat verdient machte.

26. Dez.–30. Juni und 1. Sept.–25. Okt. tägl. außer Mo 10–12/16–18 Uhr; Juli/Aug tägl. außer Mo 11–19 Uhr. Eintritt 2,60 €, Kinder 2,10 €, mit Bohinj-Card gratis. Zoisova 15, ✆ 04/5770-142.

Auf einem Spaziergang kann man nördlich des Ortes, auf einem bewaldeten Hügel, die von Grün überzogenen Ruinen der Wehrburg **Ajdovski gradec** (ca. 7./8. Jh.)

Nationalpark Triglav → Karte S. 82/83

Das eindrucksvolle Innere der Maria-Himmelfahrtskirche von Bitnje

bewundern, die Schauplatz der letzten Schlacht zwischen den slowenischen Heiden und Christen war und die den Poeten France Prešeren dazu veranlasste, sein Werk „Die Taufe an der Savica" zu schreiben, ein Versepos über den heldenhaften Kampf für Freiheit, Ideale und die ewige Liebe.

Im Ortsteil **Bitnje** steht in Alleinlage und nicht zu übersehen die *Maria-Himmel-fahrtskirche*, 1457 erbaut und mehrmals erweitert; interessant sind der große Holz-altar und die Eingangspforte von 1673 aus Tuffgestein.

Per Eisenbahn, zu Fuß oder per Fahrrad erreicht man den nächsten Weiler **No-menj**: Geht man südlich über die neue Hängebrücke, dann ca. 200 m links, gibt es eine mittelalterliche Eisenhütte (Hl. Hemma-Hochofen) zu bewundern; an der Hängebrücke nach rechts gelangt man zum ca. 10 m hohen Wasserfall *Grmečica*.

Für eine Rundtour mit Besuch des Ortes **Nemski Rovt** (Deutsch-Gereuth) – hier hatten sich im 12. Jh. deutschsprachige Bauern angesiedelt – mit Blick in die Kir-che *Sv. Ahac* (1492) mit schönem Holzaltar benötigt man ca. 2,5 Std.

Basis-Infos

Information Touristinformation TIC – LD Turizem, 4264 Bohinjska Bistrica, Mencinge-rjeva 10 (kurz vor Kreisverkehr), ✆ 04/5747-600, www.ld-turizem.si. Juli/Aug. u. ab 25. Dez.–1. März Mo–Sa 8–19, So 8–13 Uhr; sonst Mo–Sa 8–12/14, So 9–12 Uhr. U. a. Gästekarte (→ Bohinj), Wanderkarten, gute Auskünfte, Bergführer.

Sport4Fun, neben Camp Danica, ✆ 041/975-878 (mobil), www.sport4fun.si. Angeboten werden u. a. Rafting, Kajaking, Canyoning, Bergtouren, Mountainbike- und Bootsverleih.

Verbindungen Bus: von Ukanc (Talende) über Bohinjska Bistrica und Bled nach Ljub-ljana ganzjährig Mo–Fr stündl. 7–20 Uhr (ab Ukanc 6.40 Uhr); Sa 6-mal tägl., So nur 5-mal. Haltestelle in Bohinjska Bistrica bei der Post. Zudem Bus von Ende Juni bis Ende Sept. tägl. 8.36 Uhr, Sa/So u. Feiertage zu-sätzlich um 7.05 Uhr nach Jezero, Stara Fužina, Hotel Bellevue, Gondelstation Vo-gel, Ukanc-Mitte und Slap Savica. Info un-ter www.ap-ljubljana.si.

Skibus pendelt im Winter (auch bis Bled).

Bahn: Der Bahnhof der Region ist in Bohinjska Bistrica, ca. 0,5 km östl. vom Ortszentrum. Mehrere Züge Richtung Ljubljana, direkt nur 1-mal tägl., sonst umsteigen in Jesenice. Richtung Bled, Jesenice und Nova Gorica bis zu 9-mal tägl. Durch den 6300 m langen Kobla-Tunnel ist man schnell im Soča-Tal (Most na Soči). 1- bis 3-mal pro Monat fahren auch Dampflokzüge dorthin (→ Eisenbahnlinie durch den Nationalpark Triglav).

Auto: Eine landschaftlich reizvolle, allerdings schmale und kurvenreiche Straße führt von Bohinjska Bistrica in 22 km (ca. 1,5 Std.!) nach Podbrdo und weitere 25 km ins Soča-Tal. Der Autoreisezug ist bequemer und schneller!

Autoreisezug (Avtovlak) Bohinjska Bistrica – Podbrdo – Most na Soči: Per Bahnverladung (s. o.) bis Most na Soči. Nicht erschrecken, wenn es dunkel wird! Ganzjähriger Betrieb, 5-mal tägl. bis Podbrdo (8–10 Min., einfach 9,10 €/Auto/Fahrer; jede weitere Pers. 1,28 €), 4-mal bis Most na Soči (50 Min., einfach 14 €/Auto/Fahrer, jede weitere Pers. 2,58 €). Auskunft unter ☎ 04/5721-290, www.slo-zeleznice.si.

Einkaufen Bohinjska Bistrica ist das Einkaufszentrum der Region.

Gesundheit   **Apotheke**, Triglavska 15, ☎ 04/5727-740. Mo–Fr 7.30–19.30, Sa 8–13 Uhr.

Veranstaltungen Die meisten Veranstaltungen finden in der Nähe von Ribčev Laz auf dem Festgelände *Pod skalco* statt (→ Ukanc).

Wildblumenfestival, 2 Wochen Ende Mai–Anfang Juni; Exkursionen mit Führer, Ausstellungen etc.

Wanderfestival, Mitte Sept. bis Anf. Okt.; tägl. schöne Touren mit Führer in die gesamte Region, auch z. B. ins Soča-Tal.

Wein- und Käsefestival, Mitte Sept.

Internat. Fliegenfischertreffen, Ende Sept.

Übernachten/Essen & Trinken

Übernachten/Essen In Bohinjska Bistrica gibt's jede Menge Übernachtungsquartiere aller Kategorien, auch in den umliegenden Ortschaften wie Nemški Rovt und Ravne. Vermittlung über TIC und Website. DZ ab 15 €/Pers., über Weihnachten am teuersten (ab 20 €). Appartements ab ca. 40 €/2 Pers. (Winter ab 50 €).

🌿 ******* Bohinj Eco Hotel & Spa**, das Ökohotel mit rund 110 Zimmern/Suiten ist jedoch nicht durchgängig auf Ökobasis. Schöner Wellness- und Massagebereich, das Hotel ist auch mit dem Aquapark (s. o.) verbunden. Komfortable, großzügig ausgestattete Zimmer, Restaurant, Bar und reichhaltiges Frühstücksbuffet mit besten Produkten aus der Umgebung. DZ/F mit Balkon ca. 210 € (ohne ca. 170 €), inkl. Aquaparkbenutzung und Sauna. Ganzjährig. ☎ 08/2004-000, www.bohinj-eco-hotel.si. ∎

*** Hotel-Restaurant Tripič, gut geführter, freundlicher Familienbetrieb (gegenüber Aquapark). Das Restaurant mit Wintergarten bietet vorzügliche einheimische Küche (hier kann man auch Mohant probieren); eigene Wurstherstellung. 17 sehr gut ausgestattete Zimmer, davon 7 Familienzimmer, d. h. noch 1 Raum oberhalb (Mansarde).

Hasengehege für die Kleinen, Fahrradverleih, Angellizenz. DZ/F 80 € (TS 94 €), HP/Pers. 47 € (TS 54 €). Triglavska cesta 13, ☎ 04/5721-282, www.hotel-bohinj.si.

** Restaurant-Pension Resje, am Ortseingang von Nemški Rovt, ca. 2 km von Bohinjska Bistrica gelegen. Sehr gute Hausmannskost und gemütliche DZ/F 60 € (TS 70 €). Nemški Rovt 21, ☎ 04/5721-079, www.penzion-resje.si.

Gostilna Štrudl, im hübschen Holzhaus am Kreisverkehr, mit Terrasse und kleinem Kinderspielplatz. Es gibt leckeres Frühstück, u. a. Honigfrühstück oder Deftiges mit Wurst oder Käse, alles serviert mit hausgemachtem Brot; zudem Pilz- oder Gersteneintopf, Jota, Štruklji, aber auch Fleisch-, Gnocchi- oder Pasta-Gerichte und natürlich Strudel. Ganzjährig 7–22/23 Uhr. Triglavska 23, ☎ 031/518-969 (mobil).

Camping ***** Autocamp Danica**, 4-ha-Platz in einem Wäldchen zwischen den Flüssen Sava-Bohinjka und Bistrica am Ortsrand (an der Straße Bohinjska Bistrica – Bohinjsko jezero); Snackbar mit sehr gutem Essen, Bocciabahn und Tennisplatz. 11,50 €/Pers. (TS 13,60 €). Ganzjährig, hier auch Wintercamping. ☎ 04/5721-702, www.camp-danica.si.

Ribčev Laz

Der unscheinbare Touristenort liegt mit seinen wenigen Häusern etwas abseits des Sees, verfügt aber über einige touristische Einrichtungen.

Wahrzeichen von Ribčev Laz ist das **Janez-Krstnik-Kirchlein** (Johannes der Täufer), das einzige Bauwerk direkt am See. An seiner Stelle soll schon zur Zeit der Christianisierung eine Kirche gestanden haben, früher wurde hier auch Markt abgehalten – das bunte Treiben wurde jedoch 1451 von Kaiser Friedrich III. verboten. Das heutige Kirchlein hat die Markttage noch gesehen, seine ältesten Teile stammen vom Anfang des 14. Jh. Aus dieser Zeit sind auch die ältesten Fresken am Kirchenschiff. Sie stellen den Namenspatron, den heiligen Johannes, und den heiligen Georg dar. Die vielen, sehr farbigen Fresken aus verschiedenen Jahrhunderten sind das Interessanteste an der Kirche, der Altar aus dem 15. Jh. steht inzwischen in der Nationalgalerie in Ljubljana.

An der Straße Richtung Ukanc (Hotel Pod Voglom), erhebt sich mitten im Wald die barocke, mit Holzschindeln gedeckte **Kirche Sveti Duh** (Heiliger Geist) aus dem 18. Jh. Ein großes Gemälde an der Kirchenfassade zeigt Christophorus mit dem Jesuskind.

Zur Erinnerung an die erste Triglavbesteigung der Bergsteiger Luka Korošec, Štefan Rožič, Matija Kos und Lovrenc Willomitzer im Jahr 1778 wurde in Ribčev Laz neben der Hauptstraße ein großes Denkmal errichtet. Blickt man vom Denkmal über den See Richtung Norden, sieht man bei schönem Wetter den Triglavgipfel. Eine schöne, etwa 6-stündige Wanderung mit herrlichen Ausblicken auf den See und die Bergwelt führt über den Berg Pec zum Rudnica (946 m) oder hoch zum Rodica (1966 m).

Nationalpark Triglav → Karte S. 82/83

Basis-Infos

Information   Tourismusverband Bohinj, 4265 Ribčev Laz, Ribčev Laz 48, ✆ 04/5746-010, www.bohinj-info.com. Juli/Aug. Mo–Sa 8–20 Uhr (So/Feiertag bis 19 Uhr); restl. Monate Mo–Sa 8–18 Uhr (Nov./Dez. nur bis 17 Uhr), So/Feiertage 9–15 Uhr.

Pac Sports, Ribčev Laz 19 u. 60 (bei Hostel pod Voglom), ✆ 04/5723-461, 040/864-202 (mobil), www.pac-sports.com. Großes org. Sportprogramm (Kajak, Rafting, Canyoning, Hydrospeed, Paragliden), Mountainbike- und Bootsverleih.

Agentur Alpinsport, Ribčev Laz 53, ✆ 04/5723-486, ✆ 041/918-803 (mobil), www.alpinsport.si. Großes org. Sportprogramm wie auch bei Pac Sports. Kartenmaterial, Bergführer, Information.

Verbindungen   Busse von und nach Ljubljana und Bled stündl. 7–20 Uhr. Haltestellen bei TIC in Ribčev Laz.

Ausflug   Ausflugsboot auf dem See. Lohnendes Ausflugsziel ist der 4 km von Ribčev Laz entfernte Savica-Wasserfall, oberhalb von Ukanc. Von Ukanc in einer schönen, etwa einstündigen Wanderung zu erreichen – oder per Bus (5-mal tägl. bis Mitte Sept. ab den Hotels Jezero, Pod Voglom und Zlatorog sowie der Talstation der Vogel-Seilbahn) oder mit dem eigenen Auto. Mehr dazu (→ Ukanc).

Parken   Freie Parkplätze um den See sind rar. Es wurden große gebührenpflichtige Parkplätze angelegt (mit Gästekarte gratis).

Sport   Hochseilgarten beim Hostel pod Voglom, tägl. 10–17 Uhr.

Veranstaltungen   Die Höhepunkte des jährlichen Veranstaltungsprogramms (in Touristinformation erhältlich) sind beliebte Touristenattraktionen, wenngleich sie in erster Linie Feste der hiesigen Einwohner sind.

Kmečka ohcet, die Bauernhochzeit, dauert zwei Tage und findet am 1. Wochenende im Aug. statt. Bei Volksmusik sind dann die Hochzeitstrachten der Gegend zu bewundern. In der Nähe von Ribčev Laz, auf dem Festgelände Pod skalco.

Kresna noč (Sommernachtsfest), festlicher Fackelumzug mit Booten auf dem See, Musik und Tanz. Zum Großteil auch auf dem Festgelände. Jährlich am 1. oder 2. Sa im Aug.

Kravji bal (Almabtrieb, Kuhball) (→ Ukanc).

Übernachten/Essen

Privatzimmer und Ferienwohnungen werden über die Agenturen vermittelt, sind aber in Ribčev Laz nicht so zahlreich. Ein größeres Angebot gibt es in Stara Fužina und Srednja vas. Preise wie in Bohinjska Bistrica.

》》 Mein Tipp: **** Hotel Jezero, am Seeanfang liegt das bestausgestattete Hotel der Gegend mit altem, historischem Trakt, Hallenbad, Sauna, Fitnesscenter, Tennisplätze, Kunstkletterwand sowie gutem Restaurant mit Wintergarten, Bar und schönem Café mit leckeren Torten. Verschieden ausgestattete DZ/F ab 116 € (TS ab 138 €). Ganzjährig. Ribčev Laz 51, ✆ 04/5729-100, www.bohinj.si/alpinum/jezero. **《《**

**** Hotel-Restaurant Kristal, am Ortsbeginn mit 30 gemütlichen Zimmern und sehr gutem Restaurant mit Wintergarten. Gegen Gebühr Sauna und Fahrradverleih, auch Massageangebot. DZ/F 110 € (TS 120 €); hier lohnt auch HP für 120 € (TS 130 €). Ribčev Laz 4a, ✆ 04/5778-200, www.hotel-kristal-slovenia.com.

*** Hotel Bohinj, nett und ruhig auf einem Hügel am Ortsbeginn. Tennisplätze, Pool, Sauna, Fitnessraum. Auch Bungalows mit Kamin, Küche etc. Verschieden ausgestattete DZ/F ab 101 € (TS 121 €). Ribčev Laz 45, ✆ 04/5770-210, www.hotel-bohinj.com.

*** Garni-Hotel Gašparin, wenige Gehminuten vom See. Gut geführter Familienbetrieb im großen alpenländischen Gebäude. Komfortable Zimmer ab 90 €, mit Balkon 100 €. WiFi und Sauna. Ribčev Laz 36a, ✆ 041/540-805 (mobil), www.bohinj.si/gasparin.

*** Pension Rožič, nette Pension mit 53 Betten, kurz vor dem See an der Hauptstraße. DZ/F 62 € (TS 66 €). Ribčev Laz 45, ✆ 04/5723-393, -322, www.pensionrozic-bohinj.com.

Hostel Pod Voglom, ursprünglich das älteste Hotel am Platz, heute teils Jugendherberge. 1 km von Ribčev Laz Richtung Ukanc im Wald, wenige Meter oberhalb der Straße (beschildert) und vom See. 23 €/Pers. (TS 27 €) mit eigenem Bad, inkl. Frühstück. Etwas billiger sind die Räume ohne eigenes Bad oder die Nächtigung im Schlafsaal. Anf. Jan.–Ende Okt. Ribčev Laz 60, ✆ 04/5723-461, www.pac-sports.com.

Ribčev Laz – das Wahrzeichen am Bohinjsko jezero, die Kirche Janez Krstnik

Nationalpark Triglav → Karte S. 82/83

Im Spätherbst ist es ruhig am malerischen Bohinjsko jezero

Bohinjsko jezero

Der Bohinjsko jezero (Wocheiner See) ist der größte See Sloweniens. Wäre da nicht das kleine Touristenzentrum Ribčev Laz kurz vor dem See, könnte man glauben, ein unberührtes Paradies vor sich zu haben.

Der Bohinjsko jezero ist das genaue Gegenteil des Blejsko jezero: kein Amüsement, wenige Menschen, wenig Bebauung, noch weniger Schickeria und Prachtvillen, dafür viel Natur und eine herrliche, erholsame Landschaft. Die Hotels verstecken sich zum Großteil in den dichten Nadelwäldern, die den See auf der Südseite umgeben. Dahinter steigen die Berge bis auf knapp 2000 m an. Im Norden des Sees markiert eine mehrere hundert Meter hohe, bis fast ans Ufer reichende Felswand den Beginn des Komarča-Massivs.

Der kristallklare, grünblau schimmernde See ist über 4 km lang, ca. 1 km breit und bis zu 45 m tief. An einigen Stellen wird Fischzucht betrieben, es wird geangelt, gerudert, gesegelt und natürlich auch gebadet bei max. 22°C, wärmer wird das Wasser auch im Sommer nicht.

Wunderschön ist eine ca. 3- bis 4-stündige Wanderung um den See, die auch Kindern Spaß macht. In Ukanc gibt es einen großen Kinderspielplatz, wo sich die Kleinen müde toben können.

Einen fantastischen Blick auf den See hat man vom 719 m hohen *Velika Peč* (Peč) – der beschilderte Fußweg beginnt bei der neuen Brücke, einige Minuten vom Kirchlein am See entfernt. Nach etwa 50-minütiger Wanderung, meist durch alte Wälder, ist man auf dem Gipfel angelangt. Von hier aus entweder in einer Stunde weiter auf den Berg *Rudnica* oder direkter Abstieg ins Tal nach Stara Fužina und wieder zurück nach Ribčev Laz.

Stara Fužina

Das ruhige Alpendorf etwa 1,5 Kilometer nördlich von Ribčev Laz liegt an den sanften, sonnenverwöhnten Abhängen des Triglav-Massivs. Stara Fužina bietet diverse Übernachtungsmöglichkeiten und ist bekannt für sein Sennereimuseum.

Der fast hundertjährige Musikautomat in der Gastwirtschaft *Pri Mihovcu ine,* der schon die Arbeiter des Eisenbahntunnels zu einem Tänzchen animierte, ist eine weitere kleine Attraktion des Dorfs. Stara Fužina ist ein guter Ausgangspunkt für schöne und leichtere Wanderungen hinauf ins Gebirge, auch mit Kindern: auf den 1100 m hohen Berg Uskovnica, ins Voje-Tal oder zur noch erhaltenen Sennensiedlung auf der Blato-Hochebene auf 1142 m. Eine weitere schöne Tour führt über die Teufelsbrücke *(Hudičev most)* ins Mostnica-Tal (→ Wanderung).

Sennereimuseum (Planšarski muzej)*:* Das Museum ist in der einstigen Käserei von Stara Fužina, ein Bauernhof von 1883, untergebracht. Noch bis 1967 stellte man hier Käse her und ließ die sogenannten Käseräder reifen, die wöchentlich von den Almen mit mehreren Trägern heruntergebracht wurden. Die Käserei betrieb man zusammen mit dem Nachbarort Studor. Seit 1971 gibt es das Museum, das in seiner jetzigen Form seit 1990 besteht. In mehreren Räumen wird der Besucher in die Almwirtschaft und die Kunst der Käseherstellung eingeführt – alte Fotografien, Originalgegenstände, die man zur Käseherstellung benötigte, Werkzeuge der Senner und anderes dokumentieren das karge Leben auf der Alm. Fragen der Besucher beantwortet Renata Mlakar gern und kompetent.
Stara Fužina 181, ✆ 04/5770-156. Öffnungszeiten/Eintritt (→ Tomaž-Godec-Museum, Bohinska Bistrica).

In der Schenke nebenan gibt es Kostproben heimischer Gerichte und natürlich Käse zu kaufen (→ Essen & Trinken).

Information TIC, 4265 Stara Fužina, Stara Fužina 53b, ✆ 04/5723-326. Mitte Juni–Mitte Sept. tägl. 9–17 Uhr (Juli/Aug. bis 19 Uhr). Zimmervermittlung etc.

Agentur Hike & Bike, Stara Fužina 117, ✆ 031/374-660 (mobil, Hr. Grega), www.hikeandbike.si. Wander- u. Mountainbiketouren, Zimmervermittlung.

Übernachten Privatzimmer: Das Angebot an netten Pensionen ist groß und gut, Preise wie in Bohinj. Z. B. bei

🌿 *** Appartements Mavrica, netter, ökologisch ausgerichteter Familienbetrieb in Alleinlage/Seenähe mit Appartements für 4–6 Pers. (in NS auch für 2 Pers. nutzbar), auch Sauna, WiFi und Gratis-Fahrradverleih. 90 €/4 Per. Ganzjährig geöffnet. Fam. Cvetka und Edi Arh, Stara Fužina 251, ✆ 04/5746-555, www.mavrica.com. ∎

*** Appartements Rabič, wunderschöne Lage nahe Zois-Schloss und am Fußweg zur Teufelsbrücke. Mit Restaurant, Garten und Kinderspielplatz. Appartements bis zu 6 Pers. ab 60 €/2Pers., Frühstück 7 €/Pers. Ganzjährig geöffnet. Fam. Janko Rabič, Stara Fužina 217, ✆ 04/5723-091, www.rabic.si.

*** Apartments Kovačič, freundlicher Neubau mit Garten. Verschieden große Appartements, z. B. 60 € (2 Pers.). Ganzjährig. Fam. Kovačič, Stara Fužina 17, ✆ 04/5723-914, www.bohinj.si/kovacic.

** Appartements/Zimmer Arh, schöne Lage und herrlicher Blick, Garten und Grill; einfache, aber preiswerte 2- und 3-Bettzimmer. Kein Frühstück. Fam. Milan Arh, Stara Fužina 88, ✆ 04/5723-334.

/* Residence Triglav, nette Terrasse mit Blick auf den See und das Gebirge; zudem Restaurant und viel Platz für Kinder zum Toben. 59 Betten in Appartements für 2–5 Pers., ab 58 €/2 Pers., Frühstück 8 €. April–Nov. Stara Fužina 23, ✆ 04/729-700, www.apartmaji-triglav.si.

Essen & Trinken ⟫ Mein Tipp: Gostilna Mihovc, eine typische Dorfkneipe im Ortskern mit gemütlicher Stube und Kachelofen und traditionellen Gerichten. U. a. Gersten- und Pilzsuppe, hausgemachte Wurst in Schmalz, Bohinjer Almkäse und Almquark, Ajdovi krapi oder Štruklji tris (mit Quark, Estragon und Buchweizen) oder Forelle. Tägl. 9–23 Uhr. Stara Fužina 118, ✆ 040/216-106. ⟪

🏃 Wandertouren um Stara Fužina

Zur Korita Mostnice und Teufelsbrücke: Wir starten beim Sennereimuseum und halten uns auf dem Weg nordwestwärts, vorbei an einer weiteren Burg von Baron Zois, oder parken das Auto auf dem ausgeschilderten Parkplatz (ohne Gästekarte Gebühr 2 €/Std.) westlich und oberhalb des Ortes und folgen dem Weg (Nr. 7) nordwärts. Wir erreichen die steinerne *Teufelsbrücke* (Hudičev most) aus dem 18. Jh. und sind nach ca. 5 Min. beim *Kassenhäuschen* (Eintritt 2,50 €, Kinder 1,30 €, mit Gästekarte gratis). Hier beginnt ein 1- bis 1,5-stündiger Rundweg in einem schattigen Mischwald entlang der rauschenden Mostnica. Der Bach erhielt seinen Namen von den zahlreichen Brückchen (most = Brücke), unter denen er munter hindurchsprudelt – mal ganz tief unten, mal ganz nah oben am Weg, mit zauberhaften Steinformationen und schönen Feinkiesrändern, herrlich zum Verweilen, Spielen und Planschen.

Man kann die Wanderung am obersten Punkt der Rundtour verlängern und geradeaus in 0:20 Std. zur Voje-Hütte auf 690 m hochlaufen (→ Essen & Trinken, ✆ 041/234-625 mobil). Dort bietet sich eine weitere Möglichkeit, die Tour auszudehnen: geradeaus weiter durch das herrliche Blumental *Voje* in ca. 1 Std. bis zum *Mostnica-Wasserfall;* hier gibt es eine bewirtschaftete Hütte (sehr lecker der selbstgebackene Kamillenkuchen!). Wer möchte, kann nach Osten den Rundweg über die Planinska koča na Uskovnici (1154 m, Aufstieg), nehmen (✆ 031/341-814 mobil; ganzjährig bis auf Nov., Zimmer, Winterzimmer).

Die Wanderung lässt sich beliebig nach Osten und Westen erweitern, sodass man ab der Teufelsbrücke auch schöne Tagestouren unternehmen kann: z. B. nach Norden zur *Velo Polje* (hier gibt es eine Käserei mit gutem -Käse) und der hübschen Unterkunfthütte *Vodnikov dom* (1817 m, ✆ 051/607-211 mobil; Juni–Sept., Zimmer, Schlaflager, Winterzimmer). Die Aussicht von hier oben in Richtung Triglav ist fantastisch.

Almwanderung zur Planina pri Jezero: Gemütliche Tagestour von Stara Fužina über *Planina Vogar* zur *Koča na Planini pri Jezero* (1453 m). Wer mag, kann in dem hübschen Haus essen und auch übernachten (✆ 051/632-738 mobil; Juni–Sept.; Zimmer, Schlaflager, Winterzimmer) und gleich oder am nächsten Tag über *Planina Viševnik* (1620 m; Bregarjevo zavestišče na planini Viševnik, ✆ 031/270-884 mobil; Juni–Sept.; Zimmer, Schlaflager) und den *Pršivec* (1761 m) über *Planina Hebed* und die Hütte *Kosijev dom na Vogarju* (1054 m; ✆ 051/613-367 mobil; Juni–Sept., danach nur Sa/So bei Schönwetter) zurück nach Stara Fužina laufen. Auch diese Tour ist erweiterbar, z. B. in Richtung Sieben-Seen-Tal.

Studor

Das Alpendorf kurz hinter Stara Fužina, ca. 4 km von Ribčev Laz entfernt, ist bekannt für seine *kozolci*. Überall auf den blumenübersäten Wiesen stehen in allen Größen diese überdachten Holzgitter, die zum Trocknen von Heu dienen. Von hier lassen sich ebenfalls schöne Touren ins Gebirge unternehmen, man entspannt einfach in der wohltuenden Idylle oder besucht das kleine Museum **Oplenova hiša**: In dem Bauernhaus aus dem 19. Jh. werden Arbeitsgeräte, eine alte Bauernstube und die alten Ställe gezeigt.

Studor 16, 4267 Srednja vas, ✆ 051/723-640 (mobil, Fr Barbara Resman). Öffnungszeiten/Eintritt (→ Tomaž-Godec-Museum, Bohinska Bistrica).

Auch der folgende Ort **Srednja vas** ca. 500 m östlich von Studor liegt idyllisch und bietet nette Übernachtungsmöglichkeiten und Lokale.

Übernachten/Essen Es gibt einige Zimmer/Appartements, am besten über TIC und deren Webpage. U. a.

Appartement Rustic House, im hübsch renovierten, gemütlichen alten Bauernhaus (das ehemalige Hostel) werden 2 Appartements vermietet ab 70 €. Studor 13, ✆ 031/466-707, www.studor13.si.

》》 Mein Tipp: Gostilna Rupa, in Srednja vas am Ortsende; gemütliches und traditionelles Lokal, wirkt wie in einem Bauernmuseum, mit blumenumwuchertem Freisitz im überdachten Heustadl, zudem Kinderspielplatz. Leckere regionale Küche (u. a. Forelle, Rostbraten, Bratkartoffeln) und gute Weine aus dem Vipava-Tal. Tägl. außer So 10–24 Uhr. Srednja vas 87, ✆ 04/5723-401. **《《**

Gostilna Pri Hrvatu, hübsch und gemütlich mit Laube mitten im Ort. Es gibt slowenische Spezialitäten wie z. B. Sirove Štruklje, Ajdove krape (Buchweizenkrapfen), verschiedene Eintöpfe, Wildgerichte, Forelle; die Besitzer sprechen gut Deutsch. Tägl. außer Di 10–23 Uhr. Srednja vas 76, ✆ 04/5723-670.

Pizzeria Ema, im Holzstadl gibt es leckere Holzofen-Pizzen (auch andere Gerichte) und einen schönen Weitblick. Ganzjährig Betrieb. Srednja vas, ✆ 04/5724-126.

Reiten Mrcina Ranč, schöner Reiterhof im Ortszentrum; angeboten werden Ausritte verschiedener Länge ins Umland, Reitschule. Auch für kleine Kinder bestens. Ganzjährig. ✆ 041/790-297 (mobil), www.ranc-mrcina.com.

Ukanc

Der Ort am See- und Talende, eingerahmt von den Steilwänden des Gebirges, bestand früher nur aus ein paar Hirtenhütten inmitten von ausgedehnten Wiesen, heute stehen hier zahlreiche moderne Ferienhäuser. Bergwanderer starten von Ukanc aus ihre Touren in das Herz der Julischen Alpen. Auch bis zum Wasserfall Savica ist es nicht mehr weit. Kinder können sich im Goldhorn-Märchenland vergnügen.

Information am Campingplatz oder TIC in Ribčev Laz.

Verbindungen Gondelbahn zum Berg Vogel, Berg- und Talfahrt (einfach) 14 € (10 €), Kinder 9 € (7 €); auch Fam.-Karten. In der Hochsaison tägl. 8–18 Uhr jede halbe Stunde, Mitte Juli bis Ende Aug. bis 20 Uhr. ✆ 04/5729-712, www.vogel.si.

Veranstaltungen Kravji bal, am 2. So im Sept.; Almabtrieb mit geschmückten Kühen, Bauerntrachten, Folklore, Musik und Jahrmarkt. Das Ganze findet auf der großen Dorfwiese im Zentrum statt.

Kinder Goldhorn-Kinderland (Zlatorogova pravljična dežela), ein Parcour, der durch die slowenische Märchenwelt und deren Figuren führt. Info auch über TIC Ribčev Laz.

Übernachten/Essen Großes Angebot, Vermittlung über die TIC und Agenturen in Ribčev Laz. DZ ab 20 €/Pers., zu Weihnachten am teuersten (ab 25 €). In einigen Häusern mit besserer Ausstattung noch teurer. Appartements je nach Personenzahl ab 50 €/2 Pers. (Winter 60 €).

**** Villa Park, schöne Lage oberhalb der Savica, mit großem Garten, Kaminzimmer und Sauna. 8 gut ausgestattete Zimmer mit WiFi, HP möglich. DZ/F 120 €. Ukanc 129, ✆ 04/5723-300, www.vila-park.si.

Ski-Hotel Vogel & Restaurant Viharnik, auf 1535 m, an der Gondelstation des in die Jahre gekommenen Hotels – die Aussicht ist auf jeden Fall bestens und wer im Sommer auf seiner Wanderung eine Bleibe sucht, ist ebenfalls richtig (vorab unbedingt nach Öffnungszeiten erkundigen!). Einfache DZ/F ca. 80 €. 4 Liftfahrten frei. ✆ 068/150-833 (mobil), www.hotel-ski.si/.

*** Pension Stare, allein stehendes, alpenländisches Haus mit blumengeschmückten Holzbalkonen und gutem Essen. 10 schön und modern renovierte Zimmer/Suiten mit leckerem Frühstück. DZ/F ab 80 €, auch mit 4-Gänge-Menü möglich. Ukanc 128, ✆ 040/558-669 (mobil), www.bohinj-hotel.com.

Gostišče Erlah, nahe Campingplatz Zlatorog in Ukanc, etwas versteckt hinter dem Hotel Zlatorog. Gemütliches Holzhäuschen mit solider Küche: deftige Eintöpfe, Forellen aller Art oder hausgemachte Wurst. Im Sommer sonnige Terrasse mit schönem Blick auf die Julischen Alpen. Zudem Zimmervermietung. Ukanc 67, ✆ 04/5723-309, www.erlah.com.

Pizzeria Ukanc, hier gibt es leckere Pizzen und Pasta-Gerichte, tägl. ab 12 Uhr. Ukanc 20.

Camping *** Camping Zlatorog, in sehr schöner Lage am hinteren Teil des Sees. Riesiges Gelände, aber größtenteils durch Wurzeln unbrauchbar. Sanitärblock mit Warmduschen eher einfach, Freiluftrestaurant, Mountainbikeverleih, Kletterwand und Bootshaus mit Ruderbooten, Kanus und Kajaks. Lebensmittelgeschäft 400 m entfernt. Je nach Stellplatz 11, 13 oder 15 €/Pers. Ende April–Sept. Ukanc 2, ✆ 059/923-648 (mobil), www.camp-bohinj.si.

🥾 Wandertouren um Ukanc

Am Savica-Wasserfall

Savica-Wasserfall (Slap Savica): Das viel besuchte Ausflugsziel liegt oberhalb von Ukanc. Zu erreichen in einer knapp halbstündigen Wanderung bis zum Parkplatz und noch weiteren 0:20 Std. bis zum Wasserfall. Wer mit dem Auto anreist, benutzt die schmale Straße (Achtung, unübersichtliche Kurven); sie endet am Parkplatz (Gebühr 6 €/Tag) der Berghütte Dom Savica, zu der ein gutes Restaurant (April–Okt.) gehört.

Vom Parkplatz aus geht es bergauf, zuerst am Nebenflüsschen Savica entlang. Bei der Kontrollstelle werden 3 € (Kinder 7–14 J. 1,50 €) für Wegerhaltung fällig. Ab hier weitere 0:20 Std. steiler Anstieg über 555 Treppenstufen. Zwischendurch immer wieder schöne Blicke auf den See. Nach einer Wegbiegung mit Denkmal zu Ehren des österreichischen Erzherzogs Johann anlässlich seines Besuchs 1807 taucht dann überraschend der Wasserfall auf: Die Savica scheint aus dem steil aufragenden Felsgebirge regelrecht herauszubrechen. Die 60 m Gefälle geben dem Wasser eine solche Wucht, dass die Gischt aus dem smaragdgrünen Becken noch in 50 m Entfernung Brillen und Fotoobjektive benetzt. Hier soll vor über einem Jahrtausend Črtomir, der letzte Fürst der Slowenen, getauft worden sein – eine schönere Kulisse für dieses Ritual ist kaum vorstellbar. 1916 wurde das unterhalb liegende Wasserkraftwerk Savica erbaut, damals vor allem für die Versorgung der Bevölkerung im Hinterland der Isonzofront gedacht, letzte Modernisierung war 2007. Fototipp: Bester Blick im Sommer bis ca. 10 Uhr vormittags, wenn der Wasserfall von der Sonne beleuchtet wird und sich ein Regenbogen bildet.

Berg Vogel: Einen faszinierenden Ausblick über den See bis zum Triglav und den Julischen Alpen, bei schönem Wetter sogar bis zur Adria, bietet der Berg Vogel (1922 m). Mit der Gondelbahn (Talstation bei Ukanc) kommt man bis zur Bergstation des Skihotels Vogel auf 1540 m – von dort erreicht man die Bergspitze zu Fuß in ca. 2,5 Std. über die *Planina Zadnj Vogel.* Von der Bergstation aus ist mit zwei aufeinander folgenden Sesselliften die Weiterfahrt auf 1800 m (bis unterhalb des Berges Šija) möglich. Zu Fuß braucht man ca. 1 Std. Von seinem 1880 m hohen Gipfel bietet sich ebenfalls ein herrlicher Ausblick. Der Berg ist beliebtes Skigebiet und dementsprechend mit Liften zugebaut, zudem die Vegetation schon ziemlich platt gewalzt. Wer den Rundblick genießen möchte oder sich auf eine längere Tour (Richtung Rodica und Črna prst oder Komna) begibt, für den lohnt die Auffahrt (→ Foto S. 561).

Sieben-Seen-Tal und Triglavbesteigung: Den Aufstieg auf den 2864 m hohen Triglav (deutsch: Dreikopf; → Nationalpark Triglav/Einleitung), den höchsten Berg Sloweniens und der Julischen Alpen, sollten nur erfahrene Alpinisten mit entsprechender Ausrüstung wagen. Am Gipfel steht das Blechtürmchen von Jakob Aljaž, *Aljažev stolp,* das bei Schlechtwetter einer Handvoll Menschen Schutz bietet (man muss stehen!). Unterhalb des Gipfels (ca. 2 Std. Aufstieg), der über einen gesicherten Klettersteig zu erreichen ist, steht auf 2401 m die oft ausgebuchte Unterkunftshütte *Dom Planika pod Trigalvom* (Restaurant, Zimmer und Schlaflager, ✆ 04/8280-306; Juni–Sept.). Die Nordaufsteiger, aus dem Vrata- oder Krma-Tal kommend, nutzen meist die *Kredarica-Hütte* (2515 m; *Triglavski dom na Kredarica*; ✆ 04/5312-864; Juli–Sept., danach Sa/So bei Schönwetter). Auch Profi-Alpinisten, die die Triglav-Nordwand (sie zählt nach dem Watzmann zu den steilsten und höchsten der Ostalpen) mit einer Höhe von 1000 m und 3500 m Breite und per Seil und Klinken erklimmen, nächtigen meist hier. Die Sonnenauf- und -untergänge sind von hier oben natürlich fantastisch.

Vom Bohinj-Tal aus gibt es für Bergwanderer viele weitere und auch einfachere Ein- und Mehrtagestouren, z. B. in das **Tal der Sieben Seen,** das bis auf gut 2000 m ansteigt (über den sehr steilen 700 m-Anstieg vom Parkplatz bei der *Koča pri Savica,* unterhalb vom Slap Savica, aus oder gemächlicher von Stara Fužina über die Almen, → Stara Fužina). Hier laden viele schöne bewirtschaftete Unterkunftshütten zur Einkehr ein, die Tagesetappen können so auch einfach und kurz gestaltet werden. Im Sieben-Seen-Tal steht auf 1685 m die schöne, schindelgedeckte Unterkunftshütte *Koča pri Triglavskih jezerih* (✆ 040/620-783 mobil; Juni–Sept., Schlaflager, Betten, Winterzimmer). Eine weitere Unterkunftshütte, *Zašavska Koča na Prehoda-*

vcih (✆ 051/614-781 mobil; Juli–Sept., Winterzimmer), steht auf 2071 m. Außerhalb und nordöstlich des Sieben-Seen-Tals steht auf 2151 m die Unterkunftshütte *Koča na Doliću* (✆ 051/614-780 mobil; Juli–Sept., Schlaflager), die sich auch als Startpunkt für eine Tagestour zum Triglav nutzen lässt. Ab hier werden die Aufstiege dann anspruchsvoll, zum Teil sollte man schwindelfrei sein. Das malerische, von satten Blumenwiesen bewachsene Sieben-Seen-Tal ist auf einem Pfad einfach zu begehen.

Wanderkarten und Informationen über Berghütten und Wetter (Wetterstürze sind häufig!) in den Touristinformationen. Anspruchsvolle geführte Bergtouren kosten ab ca. 140 € pro Tag/Pers. (bei mehreren Personen günstiger) – lohnenswert!

> 🥾 **Wanderung 5 – Vom Pokljuka-Plateau über den Triglav und das Sieben-Seen-Tal zum Bohinjsko jezero** → S. 483
> Anspruchsvolle 2-Tages-Gebirgstour zum höchsten slowenischen Gipfel

》》 Weiterreise: Der einzige Weg, der südwärts aus dem Bohinj-Tal hinausführt, besteht aus einer kurvenreichen Straße von Bohinjska Bistrica nach Podbrdo (ca. 11 km, max. 12 % Steigung) und weiter nach Most na Soči im Soča-Tal; oder man nutzt die bequeme Bahnverladung (→ Bohinska Bistrica). Die Busverbindungen nach Süden beschränken sich dementsprechend auf den Kurzstreckenverkehr zu den Nachbarorten. Für Gespannfahrer lohnt der Umweg über Bled und Ljubljana oder Kranjska Gora – Soča-Tal.

Beste Rast im „Sieben-Seen-Tal" – die Koča pri Triglavskih jezerih, 1685 m

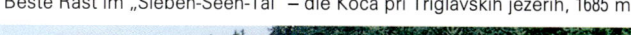

Eisenbahnlinie durch den Nationalpark Triglav und in das Soča-Tal

Die Eisenbahnlinie, einst Karawanken-Wocheiner-Bahn genannt, wurde von 1900 bis 1905 zur Zeit der österreichisch-ungarischen Monarchie gebaut. Sie diente als Alternativroute zur bestehenden Strecke von Jesenice über Ljubljana nach Triest und weiter Richtung Venedig.

Wegen des schwierigen Geländes der Berggegend gestaltete sich der Schienenbau entsprechend aufwändig und zeitraubend. Die Strecke führt über zahlreiche Brücken und Viadukte sowie durch viele Tunnels mit einer Gesamtlänge von 16 km. 1906 wurde die Bahnlinie für den öffentlichen Verkehr freigegeben.

Wer auf dem kürzesten Weg von Jesenice nach Nova Gorica und weiter nach Italien oder nach Sežana reisen will, sollte mit der Eisenbahn fahren und die malerische Gegend genießen. Mit dem Zug bietet sich auch ein Tagesausflug in das Tal der Soča bis Most na Soči, Kanal und sogar bis Nova Gorica an – oder ein Ausflug mit dem Oldtimer-Dampfzug ab Bled oder Bohinjska Bistrica.

Dampfzug-Ausflug von Bled nach Most na Soči

Die nostalgische Zugfahrt von Bled über Bohinjska Bistrica bis Most na Soči dauert 50 Min., zurück brauchen die alten Loks wegen der Steigungen etwas mehr. Bled hat auf der Bahnlinie durch den Nationalpark einen eigenen Bahnhof Bled-Jezero (Parkplätze vorhanden oder zu Fuß in ca. 30 Min. von Bled-Zentrum).

Der Dampfzug kommt von Jesenice. Die Eisenbahner, das Personal im Buffetwagen und die Reiseleiterin sind in die originalen, 100 Jahre alten Uniformen gekleidet. Die abwechslungsreiche Fahrt führt über Viadukte und durch zahlreiche Tunnels. Im Zug gibt es eine rollende Poststation mit einem Postbeamten in alter Uniform, der die Post mit Sammler-Poststempel versieht. Nach Bohinjska Bistrica fährt die Dampfbahn in den 6327 m langen Bohinjer Tunnel (→ Bohinska Bistrica) und kommt auf der südlichen Seite der Julischen Alpen, im bewaldeten Baška-Grapa-Tal, wieder heraus. Erste Station ist Podbrdo, danach folgt Most na Soči (der Dampfzug über die Agentur ABC fährt noch bis Nova Gorica weiter).

Information/Fahrplan   Der Fahrplan ändert sich von Jahr zu Jahr, ebenso die anbietenden Agenturen, derzeit gibt es zwei Anbieter (s. u.). Auskunft auch über die Touristinformationen.

ABC Tourism d.o.o., Celovška cesta 268, 1000 Ljubljana, ✆ 059/070-510, -512, www.abctourism.si. Diese Agentur bedient Fahrten ab Jesenice und Bled: Mai–Anf. Nov. 1- bis 3-mal pro Monat Jesenice–Bled–Bohinjska Bistrica–Most na Soči–Kanal–Nova Gorica.

Preise   Tagesausflug mit Agentur ABC Tourism von Jesenice, Bled, Bohinjska Bistrica, Most na Soči nach Nova Gorica kosten „mit Programm" 75 € (ohne Programm 41 €). Kinder bis 6 J. gratis, 6–12 J. 39 € (25 €). Es gibt auch Familientickets. „Mit Programm" heißt: Hin- und Rückfahrt im Museumszug, Bustransfers, Ausflug und Weinkellerbesichtigung in Goriška Brda, Reiseleitung (engl. Sprache) und Mittagessen im Speisewagen. „Ohne Programm" umfasst nur Zugfahrt und Begrüßung. Gratis-Fahrradtransport nach Voranmeldung.

Die Wiedergeburt der dampfenden Ladies

Aus der mehr als 60 Dampflokomotiven umfassenden Museumssammlung der Slowenischen Eisenbahnen wurden fünf Loks ausgewählt, technisch überholt und den heutigen Sicherheitsstandards des Schienenverkehrs angepasst. Die fünf Lokomotiven und 20 Waggons wurden zu drei Zuggarnituren zusammengestellt: Die zweiachsigen Wagen bilden zwei kleinere Züge, die vierachsigen formieren sich zu einem großen Zug im Stil der Expresszüge der 1930er-Jahre – das ursprüngliche Aussehen der Wagen wurde beibehalten.

Lokomotive MAV 342 ist eine der letzten ungarischen Konstruktionen aus der Zeit vor dem Ersten Weltkrieg. Die Nummer 17-006 wurde 1917 in Deutschland im Kasseler Henschelwerk gebaut. Die unverwüstliche, leicht zu bedienende Lokomotive war bis 1973 auf slowenischen Schienen aktiv, 1986 startete sie als First Lady zur ersten Touristenfahrt.

Lokomotive 03–003 (SB 109) wurde 1914 in der Lokomotivenfabrik in Wien-Florisdorf als SB 109.38 gebaut. Ihre Besonderheit ist die Blechkonstruktion am Schornstein, die den Rauch vom Führerstand des Lokomotivführers wegleiten soll. 1968 trat sie in den vorläufigen Ruhestand, seit 1987 zieht sie wieder den Museumszug.

Lokomotive 06–018 wurde 1930 im Borsigwerk in Berlin für den Einsatz auf Bergstrecken gebaut. Sie ist die stärkste, größte und eindrucksvollste Dampf-Lady, einige meinen, auch die schönste. Ihr Lokführer zu sein war eine echte Ehre. Große Windabweiserplatten vorne, die an Pferdescheuklappen erinnern, machen ihren besonderen Charme aus. Seit 1989 ist sie wieder im Einsatz.

Lokomotive 33–037 ist die jüngste der fünf slowenischen Dampf-Ladys, erst 1943 wurde sie in Kassel für das Militär gebaut. Sowohl im Personen- wie im Güterverkehr ist sie eine ausgezeichnete Zugmaschine. Im 20. Jh. war sie bis Ogulin und Knin in Dalmatien unterwegs.

Dampf-Lady 25–005 (kkStB 270) wurde 1917 in Österreich als verbessertes Modell der Serie 170 aus dem 19. Jh. hergestellt. Sie gilt eher als bescheiden und unauffällig. Insgesamt 34 Exemplare dieser dampfenden Damen bedienten einstmals das slowenische Schiennennetz.

Das Soča-Tal – beliebt bei Wassersportlern, Wanderern, Mountainbikern und Paraglidern

Soča-Tal

Das Tal der Soča zählt zu den schönsten Tälern der östlichen Alpenwelt. Ihr kristallklares Wasser strahlt in seiner Reinheit und Farbenpracht wie ein Juwel – ein Paradies für Wildwassersportler. Besonders in den Sommermonaten aber ist das Tal gefüllt mit Sportenthusiasten aus aller Herren Länder, das beschauliche Soča-Tal wird dann zum „Adrenalin-Tal".

Die Soča entspringt im Trenta-Tal, inmitten höchster Berggipfel im Nordwesten des Nationalparks Triglav. Sie nährt sich von dem geschmolzenen Schnee der über 2000 m hohen Berge **Mojstrovka**, **Travnik** und **Šite** und fließt zuerst unterirdisch durch Karstspalten und Höhlen auf 990 m Höhe hinab, wo sie ihr unterirdisches Bett verlässt. Die 4 °C kalte Quelle ist auf einem gut gesicherten Felssteig erreichbar. Rastlos zeigt sich die Soča von Anfang an: Rasch und stürmisch quillt sie aus einer schmalen Karstspalte hervor, stürzt über einen 15 m hohen Wasserfall und setzt dann ihren Lauf eilig fort. Unterwegs gesellen sich mehrere Flüsse zu ihr, die sich – manchmal als Wasserfall – unter lautem Getöse mit ihr vereinigen. Der imposanteste Zufluss ist der 106 m hohe **Boka-Wasserfall** südlich von Bovec.

Im Gegensatz zur Sava, die auf der anderen Seite der Berge entspringt und schließlich ins Schwarze Meer mündet, hat sich die Soča den kürzeren, nur 136 km langen Weg zur Adria ausgesucht, wo sie auf der italienischen Seite als *Isonzo* zwischen Monfalcone und Grado bei Triest ins Meer mündet.

Die Soča ist in ihrem Oberlauf im Trenta-Tal kristallklar und farbenprächtig – ihre intensiv schillernden Farben wechseln von Aquamarin über Smaragd bis Türkis. Die tiefgrünblaue Farbe besitzt sie noch im Unterlauf, in der Friauler Tiefebene. Bei Regenwetter zeigt sie sich aufgewühlt in milchig-blauen Farbtönen. Auf ihrem schnellen Lauf nach Süden durchbricht sie viele Felsen, hat enge und tiefe Schluchten geschaffen, die man an einigen Stellen sogar überspringen kann.

Heute ist die Soča bei Wildwassersportlern in der ganzen Welt bekannt. Trotz seiner entlegenen Lage erweckte das Soča-Tal schon seit alters her das Interesse des Menschen. Zeugnisse aus der Früheisenzeit wurden hier entdeckt, bei Ausgrabungen stieß man auf römische Funde. Durch das Tal zogen die Türkenheere nach

Norden, Napoleons Truppen marschierten hier gegen Österreich auf. Eine Million Soldaten ließen im Ersten Weltkrieg ihr Leben an der Soča-Front (→ Kasten „Massensterben an der Soča-Front" S. 161). Wanderer stoßen bei ihren Touren immer wieder auf Spuren aus dem Ersten Weltkrieg (→ Bovec/Wanderung entlang der Frontlinie); zudem wurde der „Weg des Friedens" angelegt (→ Wandertouren um Bovec).

Das Leben im Soča-Tal war ein hartes Leben: Die steilen Berghänge und der fehlende Sonnenschein zur Winterzeit in dem zum Teil sehr engen Tal boten nicht mehr als ein karges Auskommen. So wanderten in der Vergangenheit viele Dörfler aus. Auch mit Erdbeben und großen Erdrutschen hatten die Bewohner immer zu kämpfen (→ Bovec). Trotz allem lieben die Bewohner ihr wunderschönes Tal und kämpfen für den Erhalt ihrer Heimat. Eine Bestätigung der landschaftlichen und magischen Schönheit geben u. a. Filmemacher; neben vielen Werbespots wurde an der Soča auch der Walt-Disney-Film „Prinz Kaspian von Narnia" gedreht.

Sport & Freizeit im Soča-Tal

Die wilde Strömung der oberen Soča ist bei Kanu- und Kajaksportlern weltweit bekannt. Die Einheimischen beweisen sich auch bei internationalen Meisterschaften. Aber auch für Freizeitsportler ist es ein reizvolles Erlebnis, diesen kristallklaren Fluss mit Trinkwasserqualität in unberührter Natur zu befahren.

Bereits 1959 gewann in Südfrankreich Hr. Prijon senior, 1987 sein gleichnamiger Sohn die Kanu-Slalom-Weltmeisterschaft. U. a. fanden in Bovec 1991 WM-Läufe im Kajak- und Kanufahren statt, 2013 der EU-Meisterschafts-Kajaklauf, ein Weltcup im Jahr 2015. So ist es nicht verwunderlich, dass es in Bovec und anderen Orten an der Soča inzwischen über 25 Agenturen mit gut ausgebildeten, deutsch und englisch sprechenden Kajaklehrern gibt, viele mit internationaler Wettkampferfahrung. Meist bieten die Sportagenturen neben den gängigen Kajak- und Raftingtouren (auch mit Kursen) ein breitgefächertes Sportprogramm an, u. a. Canyoning, Hydrospeed, Klettern, Höhlenklettern, Wander- und Mountainbiketouren, Bungeejumping, Paragliden und Skydiving; auch die Wintersaison wird genutzt für Ski, Langlauf, Rodeln, Schneeschuhwandern inklusive aller Ausrüstungen (s. u.). Aber auch das Baden im kristallklaren, kalten Wasser zwischen den weißen Felsen macht Spaß.

1879 schrieb der slowenische Dichter und Pfarrer Simon Gregorčič aus der Gegend bei Kobarid sein Liebesgedicht an die Soča.

An die Soča

Schön bist du, muntres Alpenkind,
mit Reiz hat dich Natur umwoben,
und deine klaren Tiefen sind
noch rein von finstrer Stürme Toben,
du herrlich Alpenkind!
Jungkräftig über Stock und Stein
eilst du mit raschen Mädchenschritten
und bist wie Alpenluft so rein,
wie Jauchzer klingt die Stimme dein
von fernen Alpenhütten,
du herrlich Alpenkind!

Gern blick ich in die muntren Wellen,
wenn grünblau sie vorüberschnellen:
Des Alpengrases dunkles Grün,
der blauen Höhen klares Glühn
sind hold in dir versunken;
an heitrer Höhen Himmelsblau,
an grüner Bergeshänge Tau
hast Schönheit du getrunken,
du herrlich Alpenkind!

Seh von den Bergen ich dich fließen,
so bist du mir so traut bekannt,
als wollt' die liebe Heimat grüßen
aus jedem muntren Wellenband –
Gott grüß dich hier im flachen Land!
Wie laut und traut dein Brausen klingt,
wie munter deine Welle springt,
wenn sie den Weg im Fels erzwingt!

Doch strömst zum Flachland du
hernieder,
wo find ich deine Frische wieder?
Was schleichst du nun so müde weiter,
wo blieb dein Ton, so frisch und heiter?
Vermissest du die Berge jetzt,
die sich um deine Wiege ketten?
Ahnst du, dass deine Flut benetzt

die Gräber einst sloven'scher Stätten?
Du trägst wohl zweifach Leid mit dir!
So leidvoll, traurig und beschwerlich
scheinst eine Riesenträne mir,
doch noch als Träne – herrlich!

Schön bist du, muntres Alpenkind,
mit Reiz hat dich Natur umwoben,
und deine klaren Tiefen sind
noch rein von finstrer Stürme Toben.
Doch ach, um dich, du Arme, brütet
ein drohend Wetter, schwer und wild;
ich seh's, wie's dort vom Süden wütet
hin übers fruchtbare Gefild,
das deiner Wellen Lauf behütet.
Weh', dass die Stund´ sich bald erfüllt!
Ob dir der lichte Himmelsdom,
doch um dich Blei wie Hagelschauer,
ein Regen Blut's, ein Tränenstrom
und Blitz und Donner – Tod und
Trauer!

Da blinken Schwerter, Kämpfer sinken,
und Bäche Blutes wirst du trinken,
genährt von unserm Blut so rot,
beschwert von unsrer Feinde Tod.

Dann magst du, Soča, dich erinnern
an mein Gebet aus tiefstem Innern:
Was du an Wassern hältst bereit
in Wolken deines Himmels weit,
was in den Bergen noch vorhanden
und in der Eb'ne Blumenlanden,
lass alle los aus deiner Hut,
schwill an zur furchtbar mächt'gen Flut!
Verlass der Ufer engen Schlund,
und trotzend allen Widerständen,
lass fremde Ländergier verenden
in deiner Tiefen tiefstem Grund!

Dieses Gedicht lernen die slowenischen Kinder noch heute in der Schule auswendig, damit die beliebten Klassenausflüge in das Trenta-Tal zu einem unvergesslichen Erlebnis werden ...

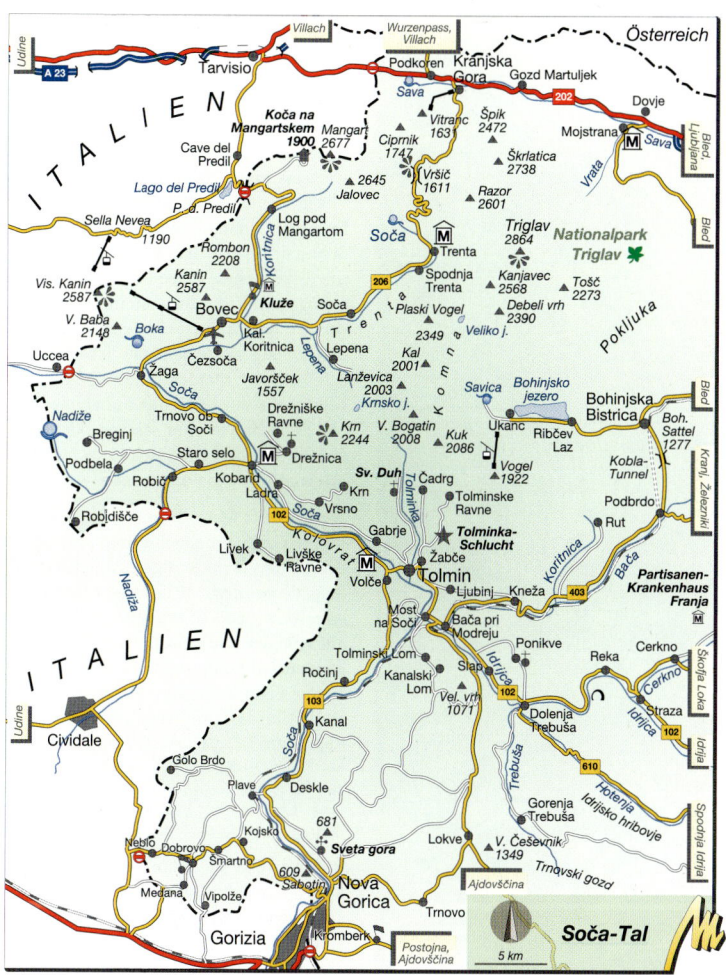

„Soča-Permit" (Erlaubnisschein)

Wer mit dem eigenen Kajak, Kanu oder Raftingboot auf der Soča unterwegs ist oder Canyoning geht, muss in der Touristinformation einen sog. „Soča-Permit" erwerben; der Schein ist tage- und wochenweise oder als Jahresticket erhältlich. Preise: für ein Kajak, Kanu oder Raftingboot (max. 3 Pers.) pro Pers. 3 €/Tag, 16 €/Woche, 30 €/Saison. Raft (über 3 Pers.) 50 €/Tag, 500 €/Saison; Canyoning 4,50 €/Tag. Ein Befahren der Soča ist nur vom 15. März bis Ende Oktober von 9 bis 18 Uhr erlaubt.

Die Soča bietet alle Schwierigkeitsgrade für Kajakfans

Wildwasserhighlights an der Soča

Kajak-Programm: Das Gefälle der Soča beträgt 10–40 %. Anfänger fahren den Flussabschnitt von der Brücke bei Čezsoča bis zur Brücke bei Log Čezsoški. Für erfahrene Kajakfahrer ist der Obere Sočalauf nach der Velika-Korita-Schlucht bis zur Brücke bei Čezsoča ein unvergessliches Erlebnis. Einige Streckenabschnitte sind nicht oder nur schwer befahrbar. Schwierig und technisch sehr anspruchsvoll ist der Abschnitt von Srpenica (8 km südlich von Bovec) bis kurz vor der Fußgängerbrücke bei Trnovo. Hier steigen Nichtprofis aus – es folgt die extrem schwierige internationale Slalomstrecke (ww IV).

Auch Anfänger ohne Vorkenntnisse können sich im Kajakfahren versuchen und unter fachkundiger Anleitung die Angst vor dem Wildwasser abbauen. Alle Kurse sind so konzipiert, dass man auf ruhigen Flussabschnitten Sicherheit gewinnt und dann nach Lust und Laune weiter üben kann. Schwimmkenntnisse sind Voraussetzung.

Kajakkurs: 1 Tag/2 Std. ca. 60 €. Leihgebühr für Kajak, Ausrüstung und Neoprenanzug ca. 25 €/Tag. Kajakkurse für Fortgeschrittene sind teurer. **Individueller Kajakausflug**: ca. 3 Std. je nach Anbieter/Strecke 90 €.

Rafting: Die sicherste und funreichste Sportart auf der Soča zieht jährlich Tausende von Touristen an. Voraussetzung sind gute Schwimmkenntnisse und Teamgeist für das Paddeln mit 4–10 Personen. Neben Rafting (Standard, soft, lang und Familienrafting) ist auch Minirafting im Angebot (max. 3 Personen im Boot).

Preise: Die Raftingstrecken sind verschieden lang (1–2,5 Std.) und schwierig, entsprechend die Preisdifferenz von ca. 45 bis 57 €.

Familienrafting wird auf der Flussstrecke Čezosoča – Srpenica angeboten; ist auch mit Kindern machbar (diese sollten allerdings schwimmen können).

9 km werden zurückgelegt, gepaddelt wird ca. 1,5 Std., Preis ca. 40 €. Die Strecke ist für alle geeignet, die es gemütlich angehen möchten. Je nach Wasserstand ist der Fluss schwieriger oder leichter zu befahren.

Eine weitere Rafting-Strecke beginnt beim Boka-Wasserfall südlich von Bovec und führt auf ca. 10 km Länge in 1,5 Std. durch die engen und schnellen Schluchten nach Trnovo. Die Fahrt kostet ca. 47 €, ist sehr viel schneller, abenteuerlicher und hat eine hohe Schwierigkeitsstufe. Ab 15 Jahren können Kinder alleine mitfahren, Jüngere nur in Begleitung der Eltern.

Die längste Raftingstrecke misst 21 km und ist der Flussabschnitt Vodenca – Trnovo. Fahrtdauer ca. 2,5 Std., Preis ca. 57 € je nach Anbieter (nur im Frühjahr bei hohem Wasserstand machbar).

Stand-Up-Paddling (SUP): Das sog. Stehpaddeln, der neueste Kick im Wassersport. Gut für das Gleichgewicht und nett auf Seen, herausfordernd auf dem Wildwasser. Bisher nur bei Alpin Action, Kobarid. Einführung 48 €.

Hydrospeed: Per Schwimmbrett, dem Hydrospeed, Schwimmflossen, Helm und einem verstärkten Neoprenanzug auf der Soča an Felsen vorbeischießen – vielleicht geht's auch langsamer ... Wer sich's alleine nicht zutraut, wird von einem Führer begleitet. Auch hier gibt's verschiedene Längen.
Preise: je nach Länge und Schwierigkeit zwischen 48 und 55 €.

Canyoning: Noch etwas mehr Nervenkitzel bietet die Kombination Klettern in engen Schluchten sowie Überspringen und Hinabrutschen von Wasserfällen. Je nach Klettererfahrung und Kondition gibt es verschiedene Touren zwischen 2 und 6 Std. Wer diese Herausforderung lernen möchte, kann einen 2- oder 5-Tagekurs buchen.
Preise: Eine für jeden machbare Strecke (auch für Kinder ab 9 Jahre) ist Šusec (ca. 50 €, ca. 1,5 Std.), ab Mitte März–Okt. Technisch schwierig und länger ist die Strecke Fratarca (90 €, ca. 2 Std.); Mai–Okt.

Information zu organisierten Touren

Anmeldung und Information zu Sportagenturen (→ Bovec, Kobarid, Tolmin). Start- und Endpunkt sind die Agenturen, d. h. man wird auch wieder zurückgebracht. Der Preis beinhaltet die Leihgebühr für die Ausrüstung (Neoprenanzug, Wind- und Rettungsjacke, Schutzhelm und Paddel oder Board und Seile; die Ausrüstung für den Winter ist dementsprechend warm), auch das Soča-Permit ist in diesem Preis enthalten. Alle Teilnehmer sind unfallversichert. Studenten/Schüler erhalten gegen Ausweisvorlage 15 % Preisnachlass, Familien 20 %, Geburtstagskinder bis 50 %. Teils 10 %-Aufschlag im Juli/Aug. Je nach Agentur werden die Ausflüge ab Mitte März bzw. April bis Ende Oktober durchgeführt. Bei Niedrig- oder Hochwasser muss manchmal auf andere Streckenabschnitte ausgewichen werden.

Weitere Sportarten an der Soča – von A bis Z

Adventureparks: Vor allem für Kinder spannend, zu finden bei *Srnica* (Agentur Outdoor Galaxy, www.parksrnica.wixsite.com/home; geöffnet März–Nov.), unterhalb vom Kanin; zudem bei Log pod Mangartom, Eröffnung war Herbst 2016.

Angeln: Angelfreunde finden paradiesische Verhältnisse in schönster Natur. Jedoch wird das Angeln streng kontrolliert. Angelreviere, Fangzeit, Fangart und

Soča-Tal → Karte S. 153

andere Vorschriften müssen eingehalten werden. Alle Informationen sind auf der deutschsprachigen Internetseite abrufbar, es gibt Broschüren über TIC oder direkt beim Fischereiverein in Tolmin.

Fischereiverein Tolmin (Ribiška družina), Trg 1. maja 7, 5220 Tolmin, ✆ 05/3811-710, www.ribiska-druzina-tolmin.si.

Baden: Im Sommer in der Soča, wenn man nicht allzu verfroren ist – zumindest ein Fußbad ist angenehm. Eine schöne Badestelle ist der Flusspool Slatenik bei Čezsoča, westlich der Brücke.

Eine weitere schöne Bademöglichkeit gibt es 10 km von Bovec entfernt im Trenta-Tal (Richtung Vršič fahren; am Abzweig Richtung Pristava Lepena/Camp Klin, nach der Sočabrücke gleich rechts auf die Straße nach Lepena; nach ca. 200 m geht es zum Schluchtausgang hinab zur Soča). Auf den glatt geschliffenen Felsplatten kann man sich sonnen und auf die ca. 750 m lange und 15 m tiefe Schlucht blicken – Kajakfahrer dürfen nach dem neuen Gesetz erst nach der Schlucht aufs Wasser.

Umgebung von Kobarid: Schöne Schwimmstellen gibt es auch am Fluss Nadiža (westlich von Kobarid). Hier empfehlen wir die Badestellen Nadiža-Kred, Nadiža (bei der Napoleon-Brücke, südlich von Logje) und Nadiža-Robič.

Umgebung von Tolmin: Schön ist es am Zusammenfluss von Soča und Tolminka.

Umgebung von Most na Soči: Östlich der Stadt am Zusammenfluss von Bača und Idrijca bei Lazi sowie weiter südlich beim Slap ob Idrijci (Wasserfall).

Bungee-Jumping: Von der Solkan-Brücke (Solkanski most) hinab, aus einer Höhe von 55 m über der Soča. Der besondere Kick kostet 50 €. Information z. B. unter Agentur Top Extreme (→ Bovec und Nova Gorica).

Golf: Schöner 9-Loch-Golfplatz mit 5 Tee-Positionen auf 3012 m Länge. Er liegt südlich von Bovec am Kaninabhang und dem kleinen Sočazufluss Gljun, der noch vom Bächlein Gereš gespeist wird.

Golfclub Bovec, Podklopca 15, ✆ 05/3896-102, ✆ 040/382-229 (mobil), www.golfbovec.si.

Höhlenwanderung und **Höhlenklettern**: Am Fuße des karstigen Kaninmassiv erstrecken sich u. a. die 790 m tiefe Höhle *Srnica* oder *Mala Boka* (s. u.). Die zehnt-tiefste Höhle der Welt, *Čehi 2*, versteckt sich auf der Rombonski-Hochebene, ist je-

Kobarid – am Soča-Nebenfluss Nadiža lässt es sich prima in Pools baden

doch nicht zu besichtigen. Wer also kleinere Hindernisse nicht scheut, kann dies von Mai bis Oktober mit Höhlenführer tun.

Preise: Ausflugstouren von ca. 3–4 Std. zur Srnica-Höhle oder Mala Boka kosten ca. 45 €.

Klettern: An künstlichen Kletterwänden oder Felswänden. Um Bovec z. B. am *Žvikar* (beim Rest. Žvikar, nahe Boka-Wasserfall), 17 Richtungen, Schwierigkeitsgrad 5–7, Länge 25 m. *Pri Paurju* (in Trenta bei der Kirche), 10 Richtungen, Schwierigkeitsgrad 5–8, Länge 40 m. *Trenta* (am Felsblock), 13 Richtungen, Schwierigkeitsgrad 5c–6b, Länge 8 bis 16 m. Organisierte Anfänger-Klettertour ab ca. 40 €. Zudem Klettersteige in Tolmin, Kobarid. Infos über TIC.

Mountainbiken: Auf vielen Feldwegen, durch Wiesen, den Fluss entlang, durch Wälder und auf der Hauptstraße im Tal. Anspruchsvollen Radlern ist kaum eine Grenze nach oben gesetzt: Sie können Berggipfel zwischen 1800 und

Das Soča-Ufer lädt zum Spielen ein

Soča-Tal → Karte S. 153

2200 m erklimmen (u. a. Mangartsattel). Wer sich lieber einer Gruppe mit Führer anschließt, bucht bei den Agenturen einen Mountainbike-Ausflug.

Preise: MTB ca. 20–25 €/Tag; E-Bike ca. 35 €/Tag. MTB-Ausflüge ca. 2,5 Std, ca. 28 €; Stol-Tour ca. 56 €/5–7 Std.

Paragliding und Skydiving: Von den 700 bis 1600 m hoch liegenden Startplätzen der umliegenden Berge bietet sich beste Thermik für Paraglider – beim Mangart; bei Kobarid vom Kobariški Stol (= auch Breginjski Stol); bei Tolmin vom Kuk oder vom Kobala; zudem östlich von Nova Gorica vom Berg Lijak, einem gerade in der kühleren Zeit, d. h. Frühjahr und Herbst, sehr beliebten Startplatz, allerdings nur für erfahrene Paraglider. Einige umliegende Pensionen und Campingplätze haben sich auf die Gleitschirmfliegerei eingestellt und bieten auch entsprechenden Service an (→ Bovec, Kobarid, Tolmin, Nova Gorica). Wer im Tandem-Gleiter mit erfahrenem Instruktor mitfliegen will, zahlt ca. 110 € (ca. 25 Min.) oder bucht einen 5- bis 7-tägigen Kurs.

Der Sprung aus dem Flugzeug, das *Skydiving,* ist sicherlich „das" Erlebnis! Mit dabei ist eine Begleitperson. Infos gibt es in Bovec am Flughafen (www.aviofun.com).

Reiten: Wunderbare Reitmöglichkeiten gibt es im Lepena-Tal (→ Bovec und Pristava Lepena), in Trnovo ob Soči (s. u.) und in Kobarid (s. u.). Auf Vollblut-Lipizzanern kann man zwischen steilen Bergen ausreiten, zudem werden Trekking-Ausflüge organisiert und man kann Reitunterricht nehmen.

Reiterhof **Pristava Lepena**, Lepena 2, ☏ 05/3889-900, www.pristava-lepena.com. Nur für Hotelgäste Reitkurse und Ausflüge.

Ranč Pegaz, Žaga, ☏ 041/262-757 (mobil). Ausritte, Kurse.

Posestvo Blata, Žaga, ☎ 040(274-077 (mobil), www.posestvoblata.si. Ausritte, Kurse, Ponyreiten für Kinder etc.

Alpin Action, Trnovo ob Soči 26a, ☎ 05/3845-504, ☎ 041/708-132 (mobil), www.alpinaction. it. Es gibt 6 Pferde.

Tennis: Auf den Tennisplätzen in Bovec hinter Hotel Kanin. Tennisausrüstung vorhanden.

Wanderungen und Bergwanderungen: Das Soča-Tal ist guter Ausgangspunkt für verschieden lange Touren in die Bergwelt, je nach Alter und Kondition. Gutes Kartenmaterial (unverzichtbar bei Touren!) kauft man zu Hause oder u. a. in Bovec, Kobarid oder Tolmin (→ Landeskunde & Reisepraktisches/Karten). Wer wenig Bergerfahrung hat, sollte nur einfache Wanderungen unternehmen, schließt sich am besten organisierten Wandertouren an (→ Kobarid und Tolmin/Wanderfestival) oder bucht einen Bergführer (über Agenturen und TIC) – eine Überschätzung seiner Kondition und Kenntnisse kann bis hin zu tödlichen Folgen haben. Zudem bei Bergwanderungen unbedingt an eine hochalpine Ausrüstung denken. Zu den Wanderwegen gibt es verschiedene Tipps in den jeweiligen Ortskapiteln sowie im → Kleinen Wanderführer/Wanderungen 7 bis 10. Der ortsübergreifende „Weg des Friedens", der von Log pod Mangartom in 109 km nach Tolmin führt, kann in mehreren Tagen oder abschnittsweise gelaufen werden. Ein weiterer Genuss ist der ca. 30 km lange „Soča-Weg" auf dem Alpe-Adria-Trail von Bovec zur Soča-Quelle (→ Kleiner Wanderführer/Wanderung 7, S. 495).

Slowenischer Alpenverein (Planinska Zveza Slovenije), Dvorakova 9, 1001 Ljubljana, ☎ 01/4345-680, www.pzs.si.
Eine jährlich erscheinende Broschüre bzw. eine immer aktuelle Website (beide auf Englisch) geben u. a. Auskünfte über ausgebildete Bergführer, Preislisten und Hüttenverzeichnis (→ Übernachten/Berghütten und N.P. Triglav).

Wintersport: *Abfahrtsskifahrer* können seit 2016 wieder per Kabinenbahn auf den 2202 m hohen Kanin. Der Veliki Kanin ist Teil des Verbunds mit der italienischen Skischaukel Sella Nevea. Ein Tagesticket (Woche) kostet in der HS (Weihnachten–Mitte März) 29 € (150 €), Kinder 10–20 J. 22 € (112 €).

Skilanglauf: Für Langläufer werden um Bovec, bis Čezsoča und nach Trbiž über 60 km Loipen präpariert.

Rodeln kann man auf der hochalpinen Mangart-Straße, ein besonderer Spaß ist das Nachtrodeln; wird von Soča Rafting organisiert.

Eisklettern: Einen besonderen Reiz bieten die vereisten Wasserfälle; wird ebenfalls von den Agenturen organisiert.

Zip-Lines: Kein Sport, aber Adrenalin-Spaß pur und gleich zwei Möglichkeiten:

Zipline Bovec, verläuft über 5 gespannte Stahlseile über das Krnica-Tal, ist 2,4 km lang und rund 130–200 m hoch über dem Abgrund. Wird von Activni Planet (www.aktivniplanet.si) organisiert.

Zipline Učja, hier sind es 8 gespannte Stahlseile, 250–400 m lang; verläuft 100–150 m oberhalb des Učja-Baches, westlich von Bovec, am Kanin-Abhang. Wird über Soča-Rafting (www.soca-rafting.si) organisiert.

Blick auf das Soča-Tal gen Bovec

Bovec

Der größte Ort im Oberen Soča-Tal und Touristenzentrum der Gegend, auf 483 Metern Höhe am sonnigen Soča-Westufer gelegen, ist von über 2000 Meter hohen Berggipfeln eingerahmt, u. a. vom Hausberg Kanin. Das Sportangebot lässt kaum Wünsche offen und zieht auch jüngere Sportenthusiasten an, die hier preiswert auf vielen Camps nächtigen können.

Bovec (1650 Einwohner) und seine Umgebung haben sich zu einem Freizeitparadies für internationale Aktivurlauber und Naturliebhaber entwickelt. Von Wildwasseraktivitäten über Bergwandern, Extremklettern, Karsthöhlenbesichtigung und Gleitschirmfliegen in unberührter Natur bis zur Besichtigung von Almen und Museen ist alles machbar.

Bovec liegt an der Hauptstraße vom Predil- und Vršič-Pass nach Kobarid, Tolmin und Nova Gorica, wo sich das schmale Soča-Tal nach Süden in ein breites Talbecken öffnet. Der Ort ist mehr als 800 Jahre alt, auf Deutsch hieß er *Flitsch,* auf Italienisch *Plezzo*. Es herrscht mildes Alpenklima mit warmen, aber nicht zu heißen Sommern und milden Wintern. Im Juli beträgt die durchschnittliche Tagestemperatur 18–19 °C, im Januar minus 6 °C. Der schlichte Baustil der Häuser im Ort zeigt ein Gemisch aus alpenländischen und mediterranen Einflüssen.

Der Ortskern wirkt mediterran, an vielen Häusern ranken Wein und üppige Blumen. Die ursprüngliche Bauform der Alpenhäuser finden wir nur am Ortsrand und in nahe gelegenen, kleineren Ortschaften. Im Trenta-Tal stehen noch uralte Einödbauernhöfe in Natursteinbauweise und mit Lärchenholzschindeln gedeckt. Interessant ist die Architektur des Kamins: Wegen des leicht entzündlichen Heues auf dem Dachboden wurde er neben das Haus errichtet.

Immer wieder jedoch gibt es bei Bovec Erdbeben, so 2004, 2012 (Stärke 4,3) und 2015 (4,5). Das schwerste Beben zerstörte 1998 (5,6) viele der schönen alten Häuser.

Im Trenta-Tal (= Oberes Soča-Tal), das nach dem kleinen Hauptort benannt wurde, war es nie leicht, zu überleben. Vom Spätherbst an, wenn die ersten kälteren und kürzeren Tage kommen und der Vršič-Pass unbefahrbar wird, kam und kommt noch heute kaum jemand in dieses Tal. Die Einödhöfe und Dörfer auf dem linken Ufer sind wegen der Steilhänge über drei Monate ohne Sonne, dafür scheint sie im Sommer an einigen Stellen erstaunlicherweise bis zu 12 Stunden am Tag.

Die Gegend ist für Käse, den *Bovški sir* und vor allem für den hervorragenden Schafskäse bekannt, der bis ins 14. Jh. als Zahlungsmittel diente. Den Käse kann man bei Bauern im Tal oder auf den Hochalmen kaufen, auf die die Tiere im Frühjahr hinauf getrieben werden. Viele Einheimische finden Beschäftigung im Tourismusgewerbe oder vermieten in ihren Bauernhöfen Zimmer. Die 1974 eröffnete *Gondelbahn* auf den Berg Kanin ist seit Herbst 2016 wieder in Betrieb (sie war ab 2013 wegen Sanierung geschlossen).

Geschichte

Erste Nachweise menschlicher Zivilisation stammen aus der frühen Eisenzeit 500 Jahre v. Chr. (Hallstatt-Zeit). Unterhalb des Ravelnik-Hügels wurde ein Friedhof mit den typischen Urnen dieser Zeit entdeckt. Auch für die Römer war der natürliche Übergang an der Soča, die Verbindung nach Norden über die Alpen nach Kärnten, von Bedeutung. Römische Münzen und die noch erhaltenen Überreste der einstigen Römerstraße Richtung Predil-Pass zeugen davon, dass hier eine wichtige Handels- und Heerstraße die römischen Provinzen *Noricum* im Norden und *Venetia et Histria* im Süden verband. Im 7. Jh. siedelten sich Slowenen an. Sie waren über den Predil-Pass von Kärnten gekommen und wollten eigentlich bis in die Friaul-Ebene – doch die dortigen Langobarden wussten dies zu verhindern. Seit dieser Zeit verläuft hier die ethnische und sprachliche Grenze zwischen Slawen und Romanen.

Im 8. Jh. verloren die Alpenslawen ihre politische Selbstständigkeit, das Gebiet von Bovec geriet unter fränkische Herrschaft. Damit begann die Christianisierung der Slowenen, die aber in dieser abgelegenen Bergwelt sehr zögernd verlief: Heidnischer Glaube lässt sich bis spät ins Mittelalter nachweisen.

Schriftlich wird Bovec erstmals im 11. Jh. erwähnt. Der Ort und seine Umgebung waren über lange Zeit im Besitz der Patriarchen von Aquileia, unter Verwaltung durch das Domkapitel von Cividale und später unter der Herrschaft der Grafen von Görtz. Im Jahr 1500 fiel deren gesamte Grafschaft durch Erbvertrag an die Habsburger, die daraufhin mehr als 400 Jahre die Region beherrschten. Oft mussten die Habsburger ihr neu erworbenes Gebiet gegen die Stadtrepublik Venedig verteidigen – doch bereits im österreichisch-venezianischen Krieg 1508–1516 stellten sich die Bovecianer auf die Seite der Alpenmonarchie.

Im 15. Jh. drangen Türkenheere durch das Soča-Tal über den Predil-Pass nach Kärnten. Erste Kriegshandlungen im Soča-Tal fanden zur Zeit von Napoleons Eroberungszügen (1797 und 1809) bei der Festung Kluže und auf dem Predil-Pass statt. Die schlimmsten Kämpfe im Soča-Tal und auf den umliegenden Berggipfeln tobten in den Jahren 1915–1917 (→ Wandertouren um Bovec/Wanderung entlang der Frontlinie). Das Gemetzel zwischen österreichischen und italienischen Truppen an der berühmt-berüchtigten *Soča-Front* (Isonzo-Front) kostete rund einer

Million Soldaten das Leben. Nach dem Ersten Weltkrieg gehörte die Region um Bovec bis 1943 zu Italien. Von 1943 bis 1945 wurde sie von den Deutschen besetzt, von 1945 bis 1947 von den angloamerikanischen Alliierten verwaltet. Seitdem gehört das Gebiet zu Slowenien.

Massensterben an der Soča-Front (Isonzo-Front)

In dieser schönen, stillen Bergwelt, in einem entlegenen, schwer zugänglichen Alpental, das zu den am dünnsten besiedelten Gegenden Mitteleuropas zählt, mussten im Ersten Weltkrieg über eine Million Soldaten ihr Leben lassen – hier, an der Soča-Front (Isonzo-Front), spielte sich eine der grausamsten militärischen Auseinandersetzungen des Ersten Weltkriegs ab (→ S. 36).

Im Mai 1915 erklärte Italien Österreich-Ungarn den Krieg. Und bis 1917 verlief hier am Soča-Ufer die Front, an die zahlreiche Gräber und Denkmäler, Reste von Festungen, Kavernen, Schützengräben und Bunkern sowie bis heute erhaltene Maultierpfade erinnern. Auch oberhalb in den Bergen sind noch Kavernen und Schützengräben erhalten und auf Wanderungen kann man auf alte Handgranaten, Munition, Flaschen und Überreste von Gasmasken und Schuhen stoßen. Männer wie Benito Mussolini, Erwin Rommel oder Ernest Hemingway erhielten hier ihre Feuertaufe. Die einheimische Bevölkerung wurde teilweise ins Hinterland der österreichisch-ungarischen Monarchie umgesiedelt, die anderen erlebten die Front vor der Haustür. In der 12. österreichisch-ungarischen Offensive, die nur vier Tage dauerte (24. 10. bis 28. 10. 1917), besiegten die Österreicher mit Hilfe der bayerischen Division Edelweiß die Italiener. Die österreichisch-ungarische Armee war eine „Vielvölker"-Armee": Auf den Grabkreuzen finden sich ungarische, deutsche, tschechische, slowakische, russische, rumänische, kroatische, slowenische, italienische und serbische Namen, darunter viele Persönlichkeiten.

Ausstellungen über die Soča-Front sind in den Museen auf dem Berg Sveta gora bei Nova Gorica, in der Festung Kluže bei Bovec und im prämierten Museum von Kobarid zu besichtigen – besonders Letzteres ist sehr beeindruckend. Zudem dokumentieren in Bovec und anderen Orten zahlreiche Privatsammlungen die blutigen Kriegsereignisse.

Soča-Tal → Karte S. 153

Basis-Infos

Information Touristinformation TIC, 5230 Bovec, Trg golobarskih žrtev 21 (Hauptplatz), ☎ 05/3841-919, www.bovec.si. Sehr gut organisiert, kompetente Auskünfte, Kartenmaterial, Vermittlung von Bergführern etc. Juni–Sept. tägl. 9–17 Uhr (Juli/Aug. bis 18 Uhr); sonst Mo–Fr 9–17 Uhr, Sa/So u. Feiertage 9–12 Uhr.

Agenturen für Sport (s. u. Sport).

Anfahrt Bovec ist ca. 17 km vom **Predil-Pass** und 15 km vom **Učeja-Pass** (aus Richtung Udine) entfernt.

Von **Kranjska Gora** über den **Vršič-Pass** und durch das landschaftlich schöne **Trenta-Tal** nach Bovec sind es ca. 50 km auf kurvenreicher Straße. Der Vršič-Pass (1611 m, 14 % Steigung, 49 enge Kurven!) ist nur für Autos ohne Wohnwagen geeignet und bei Schnee gesperrt (meist Ende Nov. bis Ende April). Um diese kurvenreiche Strecke zu umgehen, fährt man von Kranjska Gora nach **Rateče** (Grenzübergang Italien), in Richtung **Tarvis** und dann wieder links zum **Predil-Pass** (1156 m, 10–12 % Steigung) und Grenzübergang zu Slowenien.

Der Pass ist auch im Winter geräumt und für Wohnwagen geeignet. Über die Hauptverbindung von Ljubljana über Nova Gorica oder Idrija, Most na Soči ist Bovec ebenfalls ganzjährig problemlos erreichbar.

Verbindungen Bus: Haltestelle am Ortsausgang (beim Mercator). Information bei TIC, www.avrigo.si, zudem www.apljubljana.si. Nur in der Saison gibt es Busse über den Vršič-Pass nach Kranjska Gora und Ljubljana: Juni u. Sept. nur Sa/So (Abfahrt in Bovec 15.35 Uhr, in Kranjska Gora 8.28 Uhr); Juli/Aug. 6-mal tägl. Busse nach Kranjska Gora und 5-mal weiter nach Ljubljana. Busverbindungen mit Ljubljana über Tolmin ganzjährig Mo–Sa 6.50 u. 13.15 Uhr. Werktags mehrmals tägl. direkt nach Nova Gorica.

Bahn: Nächste Bahnstation ist Most na Soči an der Eisenbahnlinie Jesenice–Bohinjska Bistrica–Nova Gorica; Weiterfahrt mit Bussen aus Richtung Nova Gorica und Ljubljana, ca. 1 Std. nach Bovec. Infos über TIC.

Taxis: unter ℡ 041/338-308, 041/695-491 (mobil).

Gondelbahn Kanin: Infos: ℡ 051/770-485 (mobil), www.kanin.si/en oder über TIC. Öffnungszeiten noch nicht fix! Ca. Juli/Aug. tägl. 7–17 Uhr, Juni u. Sept.–Anf. Okt. Sa/So 8–16 Uhr; zudem in der Wintersaison bei Schnee. Preise (retour) 14 € (17 €), Kinder 10–18 J. 9 € (12 €). Das Restaurant ist geöffnet, wenn die Gondel fährt.

Flüge: Vom Flugfeld in Bovec starten Panoramaflüge. Auskunft unter www.bovec-airfield.si. Auch Skydiving ist möglich (s. u. Sport).

Einkaufen Vom Sportladen über Supermärkte ist alles vorhanden.

Bovec-Käse (Bovški sir) wird eigentlich aus reiner Schafsmilch hergestellt und ist 50 % fett- und eiweißhaltiger als Kuhkäse. Heute wird dem Käse z. T. bis zu 20 % Kuh- oder Ziegenmilch beigemengt. Zu kaufen am wöchentlichen Bauernmarkt, direkt bei den Almen oder in Soča.

Gesundheit Apotheke, Kot 86 (Hauptstraße südwärts), ℡ 05/3896-180. Mo–Do 8–13/15.30–17.30, Fr 8–13, Sa 9–12 Uhr.

Ambulanz, Kot 85 (neben Apotheke), ℡ 05/3886-057; Mo–Do 8–19, Fr 8–13, Sa 9–12 Uhr. Die nächste Erste-Hilfe-Ambulanz ist in Kranjska Gora oder Tolmin. Das nächste Krankenhaus in Nova Gorica oder Jesenice.

Veranstaltungen Buški dan, der Bovec-Tag, Anf. Juli; mit regionalen Produkten auch aus der Handwerkskunst. OrksterkamP (www.upol.si), im Juli; mit jungen Musikern in verschiedenen Orchestern. **Sommercamp für Musiker**, ein langjähriger Event im Juli/Aug. **Mangart Bike Race** (3. Aug.-So) und **Bovec-Marathon** (www.bovec maraton.si), Mitte Sept. Beliebt ist das **Wanderfestival**, Mitte Sept. bis Anf. Okt.

Übernachten

Bovec bietet ein breites Übernachtungsangebot mit Hotels, Privatzimmern und etlichen idyllischen Campingplätzen, teils direkt an der Soča gelegen. Wer familiäre Atmosphäre sucht, quartiert sich am besten in Gasthäusern oder auf Bauernhöfen Richtung Čezsoča, Trenta- und Lepena-Tal ein. Hotelgäste erhalten Gratis-Eintritt in die Museen der Umgebung und 10–20 % Ermäßigung bei allen Sportaktivitäten; zudem gibt's Übernachtungs-Sportpauschalen.

Privatzimmer werden über **TIC und Websiten** vermittelt, 15–20 €/Pers. ohne Frühstück. Appartements für 2 Pers. ab 35 €, größere Wohnungen ab 50 €; auch Luxuswohnungen mit offenem Kamin sind im Angebot.

*** Hotel Kanin, Ledina 6, ℡ 05/3896-880, www.hotel-kanin.com. Bis mindestens 2017 geschlossen.

*** Hotel Sanje ob Soči, zentrumsnah, in moderner Holzbauweise. Zimmer/Appartements, Wellness und Sportpakete. DZ/F ca. 100 €. Mala Vas 105a, ℡ 05/3896-000, www. sanjeobsoci.com.

*** Hotel Mangart, 34 nette Zimmer, auch Familienzimmer. Wassersportangebote. DZ/F ab ca. 100 €. WiFi. Mala vas 107, ℡ 05/3884-250, www.hotel-mangart.com.

》》 Mein Tipp: ****** Hotel Dobra Vila**, stilvoll und komfortabel renovierte Villa, schöner Garten und Terrasse, Wintergarten, Weinkeller, Internet. Sehr empfehlenswert auch das Restaurant, wo man lauschig speisen kann. DZ/F ab 160 € (mit Balkon 180 €). Mala vas 112, ℡ 05/3896-400, www. dobra-vila-bovec.si. 《《

Gostišče Martinov Hram, hier werden auch schöne Zimmer angeboten. DZ/F ab 70 €, leckere HP möglich. Trg golobarskih žrtev 27, ℡ 05/3886-214, www.martinov-hram.si.

Appartements Stari Kovač, im Zentrum, nette familiär geführte Appartements verschiedener Größe ab 50 €, Frühstück 8 €. WiFi. Rupa 3, ℡ 05/3841-700, www.stari kovac.com.

Hostel Soča Rocks, mit farbenfrohen 2- und 6-Bettzimmern, Bar, WiFi, Küche, Terrasse, Grill. Preiswerte Sportpakete (gehört zu Agentur Aktivni Planet). Ab ca. 15 €/Pers. Mala vas 120, ℡ 041/317-777 (mobil), www. hostelsocarocks.com.

Außerhalb **** Hotel Ana (Ex=Boka), nettes 48-Betten-Hotel 5 km südlich von Bovec, gegenüber Boka-Wasserfall in Alleinlage an der Soča; mit Restaurant, Bar. Gemütliche Zimmer- und Suitenausstattung mit moderner Technik. Sportpakete. DZ/F 104 €, auch HP möglich. Ganzjährig bis auf Mitte Okt.– Nov. Fam. Hrvatin, Žaga 156a, ℡ 05/3845-552, www.hotel-ana.com.

🌿 °°°° **Touristischer Öko-Bauernhof Pri Plajerju**, schöne Waldrandlage oberhalb vom Fluss. Sehr gepflegter und großflächiger, familiär geführter Biohof mit einem neuen Appartementhaus (2–4 Pers., ab 60 €), Kinderspielplatz; es gibt Pferde, Schweine, Hühner, Ziegen und Schafe, biologisch angebautes Gemüse, Obst, eigene Käse- und Wurstherstellung. DZ 50 €, Frühstück 7 €, auch beste HP für 11 € möglich. Fam. Stanka Pretner, Trenta 16a, ℡ 05/3889-209, www.eko-plajer.com. ■

**** **Reiterhof Pristava Lepena**, am Beginn des Lepena-Tals in Alleinlage auf einem von alten Bäumen bewachsenen Plateau,

auf Familien ausgerichtet. Genächtigt wird in verschieden großen Holzbungalows (Appartements komplett eingerichtet, auch mit Ofen). Angeboten werden Tennis, Bogenschießen, Fitness, Sauna, kleiner Pool und das Reitzentrum mit Schule. Zudem Restaurant, im Sommer wird für Besucher über offenem Feuer gekocht, am Spieß drehen sich dann Soča-Forellen, Lamm und Zicklein. Pro Pers./F 72 €, HP 95 €. Lepena 2, ℡ 05/3889-900, www.pristava-lepena.com.

»» Mein Tipp: °°°° **Touristischer Bauernhof Kekčeva domačija**, inmitten wunderschöner Landschaft am Fuße der Alm Zapotok und umgeben von einer grandiosen Berglandschaft, nahe der Soča-Quelle. Gemütlicher Hof mit ein paar Appartements, deren Bezeichnungen auf Filmhelden zurückgehen – 1963 wurde hier ein slowenischer Heimatfilm gedreht. 65 €/Pers./F, HP 80 €. Trenta 76, 5232 Soča, ℡ 041/413-087 (mobil), www.kekceva-domacija.si. **««**

°° **Touristischer Bauernhof – Camping Jelinčič**, schöner Hof in Alleinlage in Soča auf 25 ha; gute Hausmannskost von den eigenen Tieren wie Schaf, Lamm, Forelle, hausgemachter Schinken oder Quark und Käseherstellung. DZ/F 54 €, auch HP; auch kleines Camp. April–Okt. Soča 50, 5232 Soča, ℡ 05/3889-510, www.turisticnekmetije.si/de/jelincic.

Berghütte Mangart (Koča na Mangartskem sedlu), wunderschöne Lage auf 1900 m, am Ende der Panoramastraße. Es gibt Hausmannskost, Zimmer und Schlafsaal. Juni– Sept. ℡ 041/954-761 (mobil), Strmec na Predelu 34, 5231 Log pod Mangartom.

Weitere Übernachtungsmöglichkeiten (→ Essen & Trinken und Camping)

Soča-Tal → Karte S. 153

⌒ Camping

Die Campingplätze sind meist schon ab Ostern mit internationalem Publikum – Wildwasserurlaubern und anderweitig Sportbegeisterten – belegt. An allen für Kanu- und Kajakfahrer wichtigen Ufer- und Einstiegsstellen der Soča sind mit der Zeit kleinere Campingplätze entstanden. Einige liegen sehr idyllisch direkt an der Soča – das Rauschen des Wassers schläfert müde Sportler schnell ein.

*** **Campingplatz Polovnik**, der größte Platz in Bovec, nahe der Straße Bovec–Čezsoča auf freiem Feld, bis zur Soča ca. 1 km; auch für größere Camper geeignet. Hier ist auch die Gostilna Pod Lipco (→ Essen), Einkaufsmöglichkeiten im Ort (5 Min. zu Fuß).

April bis 15. Okt. Pro Pers. 8,50 €, zzgl. Auto, Strom. Ledina 8, ℡ 05/3896-007, www.kamppolovnik.com.

* **Campingplatz Toni**, 3 km südöstlich von Bovec. Sehr ruhig und malerisch liegt der einfache, aber saubere Campingplatz oberhalb

und kurz vor dem Zusammenfluss von Koritnica und Soča. Große, sonnige Wiese mit Feuerstellen und Bergpanorama. In der Nähe eine Hängebrücke über die Koritnica. 12 €/Pers. zzgl. Strom. Vodenca 1, ✆ 05/38 86-454, www.kajakkamptoni.com.

Unmittelbar beim Camp Toni zwei weitere kleine Campingplätze, etwas geschützter durch Bäume und Hecken: **Camp Kovač** (Vodenca 7, ✆ 05/3886-831), direkt unten am Fluss (Weg führt steil hinab). **Camp Liza**, erreicht man auf der Durchfahrt von Toni, mit nettem Restaurant und Waschmaschine (gegen Gebühr); 11,50 €/Pers., zzgl. Strom. Ganzjährig. Vodenca 4, ✆ 05/3896-370, www.camp-liza.com.

Camp Vodenca, netter Platz oberhalb vom Fluss in Vodenca. 11 €/Pers., zzgl. Strom. Ende März–Okt. ✆ 031/542-299 (mobil), www.camp-vodenca.com.

Weitere Campingplätze In Richtung Trenta-Tal und bei den Weilern Soča und Trenta (→ www.trenta-soca.si).

** **Camping Soča**, kurz vor dem Abzweig ins Lepena-Tal, beliebter kleiner Campingplatz unterhalb der Straße am Fluss. Im Ort Gasthaus Lovec mit Übernachtungsmöglichkeiten und guter Hausmannskost. Ca. 7 €/Pers. Soča 8, ✆ 031/824-486, kamp.soca @siol.net.

≫ Mein Tipp: *** Campingplatz-Pension **Klin Lepena**, netter Familienbetrieb im Lepena-Tal (rechts über die Sočabrücke und

geradeaus weiter). Große sonnige Wiesenfläche direkt am Zusammenfluss von Soča und Lepena. Restaurant mit sehr leckerer Hausmannskost (Mo–Fr 8–23 Uhr, Pause 16–18 Uhr). Camp (April–Okt.) 13,50 €/Pers., Parzelle 14,60 €. Auch nette Zimmer, DZ/F 67 €; diese und Restaurant ganzjährig. Lepena 1, ✆ 05/3889-513, kampklin@siol.net. **≪**

🍃 *** Eco-Campingplatz-Hostel   **Korita**, nach dem Ort Soča am Fluss. Schöner Platz mit den verschiedensten Schlafmöglichkeiten: u. a. Open-Air-Holz-Zelt-Hütten (ab 22 €/Pers.), Bungalows, Holzhaus mit 10 Betten bzw. auch offen mit Hängematten (13 €/Pers.), auch Zeltverleih – vieles aus natürlichen Materialien; Kinderspielplatz, Sportaktivitäten und natürlich Lagerfeuer. Nicht billig, aber interessant. Soča 38, ✆ 05/9031-759, 041/383-662 (mobil), www.adrena line-check.com. ∎

* **Camping Triglav & Appartements Mija**, am Ortsbeginn, abseits der Hauptstraße. Wiesengelände, mit Pool; ca. 10 €/Pers., auch schöne Appartements ab 40 €. Ganz in der Nähe die Gostilna Metaja. Fam. Kravanja, Trenta 18, ✆ 05/3889-311, ww.kravanja.si.

** **Camping Trenta**, am Ortsende, an der Hauptstraße. In der Nähe ebenfalls eine Gostilna. Ende April–Ende Okt. 8 €/Pers; auch Zimmervermietung (Kat. ***), ganzjährig. Fam. Bolčina, Trenta 60a, ✆ 041/615-966 (mobil).

⌒ Essen & Trinken

Spezialität von Bovec ist der *Bovški krafi (Bovec-Krapfen)*, den man unbedingt probieren sollte – eine Art feiner Strudelteig mit Walnussfüllung und einer Mostbirne im Innern, mit Sahne und Honigsirup serviert.

≫ Mein Tipp: Gostišče Martinov hram, Traditionsgasthaus in der Ortsmitte mit gemütlichem, weinberankten Biergarten. Schmackhafte Küche mit hausgemachten Erzeugnissen wie Kräuteressig oder Nudeln; zudem typische Gericht aus alten Zeiten: *Čompe* (Pellkartoffeln mit Schafskäsetopfen und Tomatensalat) oder *Bovška frika* (Kartoffeln, Schinken und Käse werden zusammen gebraten) und *Trenta frika* (Polenta, Käse und Eier; natürlich auch *Jota* (Sauerkraut-Kartoffel-Bohnen-Eintopf), Zicklein mit Polenta, Wildgulasch (Gams oder Hirsch), Pilzgerichte und Forellen; als Dessert *Bovški krafi*. Hauseigene Grappa- und

Likör-Sorten: von Pinie über Pflaume, Heidelbeere bis hin zu Bergenzianschnaps. Zimmervermietung (s. o.). Ganzjährig ab 10 Uhr, Mo Ruhetag. Trg golobarskih žrtev 28, ✆ 05/3886-214. **≪**

Gostilna Letni vrt, im netten Innern oder im Innenhof, der Sommergarten musste dem Anbau weichen, speist man lecker und bei gutem Service Pizzen, Gnocchi, Wildgerichte, Seefisch, Forellen bis hin zu Fleischgerichten und Nachspeisen wie Bovec-Krapfen. Die Wände zieren Bienenstockbrettchen. Tägl. außer Di ab 11 Uhr. Trg golobarskih žrtev 1, ✆ 05/3896-383.

Das kleine Zentrum von Bovec mit Blick auf den Hausberg Kanin

Gostilna Sovdat, gemütlich mit Gaststube und Biergarten im Hinterhof. Die Wände schmücken historische Fotografien von Bovec und Umgebung. Gute Hausmannskost und klassische Küche. Das Wirtshausschild am Eingang mit seinem marschierenden Soldaten verrät die Bedeutung des Namens. Trg golobarskih žrtev 24, ☎ 05/3886-027.

Gostilna Pod lipco, beim Campingplatz Polovnik, familiär geführt. Im Winter speist man im Gebäude unterm offenen Holzgebälk, im Sommer unter den Namensgebern, den schattigen Linden, u. a. Eintöpfe, Pilzgerichte, Schweinshaxe, Grill- und Wildspeisen, Soča-Forelle, Bovec krafi. Tägl. ab 11 Uhr. Ledena 8, ☎ 041/620-849.

Außerhalb **Gostišče Vančar**, in Čezsoča (3 km von Bovec); schattiger Biergarten, Hausmannskost und Fischgerichte. Auch Zimmervermietung. Tägl. außer Mo ab 11 Uhr. Čezsoča 43, ☎ 05/3896-076, www. penzionvancar.com.

Gostilna Hedvika, in Kal Koritnica, 4 km in Richtung Trenta-Tal; schöne Terrasse und sehr gute Küche, Spezialität sind Lammgerichte. Kal Koritnica 36a, ☎ 05/3896-363.

Gostilna Žvikar, 5 km in Richtung Kobarid, mit Terrasse und sehr guter Küche; nebenan ist der Klettergarten. Tägl. ab 11 Uhr. Podklopca 4, ☎ 05/3896-377.

Gostilna Pri mostu, im Ortsteil Žaga, 8 km in Richtung Kobarid; schöne Terrasse, die Pizzen und Forellen werden gelobt. Tägl. außer Do ab 10 Uhr (in HS ab 7.30 Uhr) Žaga 138, ☎ 05/3845-680.

🍃 **Touristischer Öko-Bauernhof Černuta**, liegt auf 650 m und auf 30 ha. Vom Hof kommt die Schafsmilch, aus der leckerer Käse zubereitet wird, zudem Lammbraten. Es gibt Appartements, Kinderspielplatz und gute Küche. Ganzjährig. Fam. Černuta, 5231 Log pod Mangartom, Haus-Nr. 40, ☎ 041/822-940 (mobi). ∎

Sport

Sport/Wassersport Umfasst ein breites Angebot (→ Sport & Freizeit im Soča-Tal; → Wandertouren um Bovec; → Kleiner Wanderführer/Wanderung 7).

Sportagenturen Hier nur eine kleine Auswahl der über 25 Agenturen:

Bovec Rafting Team, Mala vas 106 (Straßenkreuzung Richtung Predil/Vršič), ☎ 041/338-308

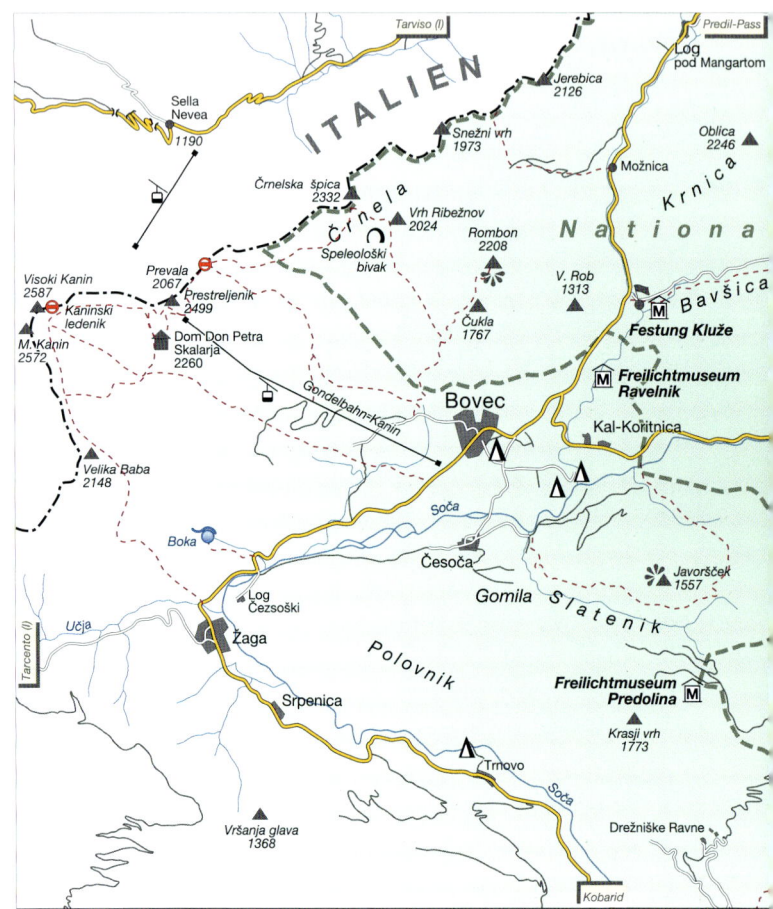

(mobil), www.bovec-rafting-team.com. Älteste Agentur, seit 1982. Angeboten werden u. a. Rafting, Kajak, Canyoning, Hydrospeed, Paragliding, Skydiving, Picknick, Mountainbike, Höhlenklettern, Wintersportaktivitäten.

Soča Rafting, Trg golobarskih žrtev 14, ☎ 041/724-472 (mobil), www.socarafting.si. Auch eine der ältesten Agenturen, seit 1989. Organisiert werden Kajak-, Canyoning-, Rafting-, Hydrospeed- und Höhlentouren, Rodel, Ski, Snowboard (auch Verleih und Kurse).

Bovec Šport Center, Kot 2, ☎ 05/3886-032, www.bovec-sc.si. Ebenfalls mit erfahrenen Lehrern. Rafting, Kajak, Canyoning, Hydrospeed, Höhlenklettern, Wandern, Wintersport.

Sport Mix, Trg golobarskih žrtev 18, ☎ 031/871-991 (mobil), www.sportmix.si. Angeboten werden Rafting, Kajak, Hydrospeed, Canyoning, Klettern, Höhlentouren, Mountainbiken, Zipline.

Aktivni planet, Trg golobarskih žrtev 19, ☎ 040/639-433 (mobil), www.aktivniplanet.si. Topadresse für fortgeschrittene Kajakfahrer, Rafting, Hydrospeed, Canyoning, Paragliding und Info über die Zip-Line.

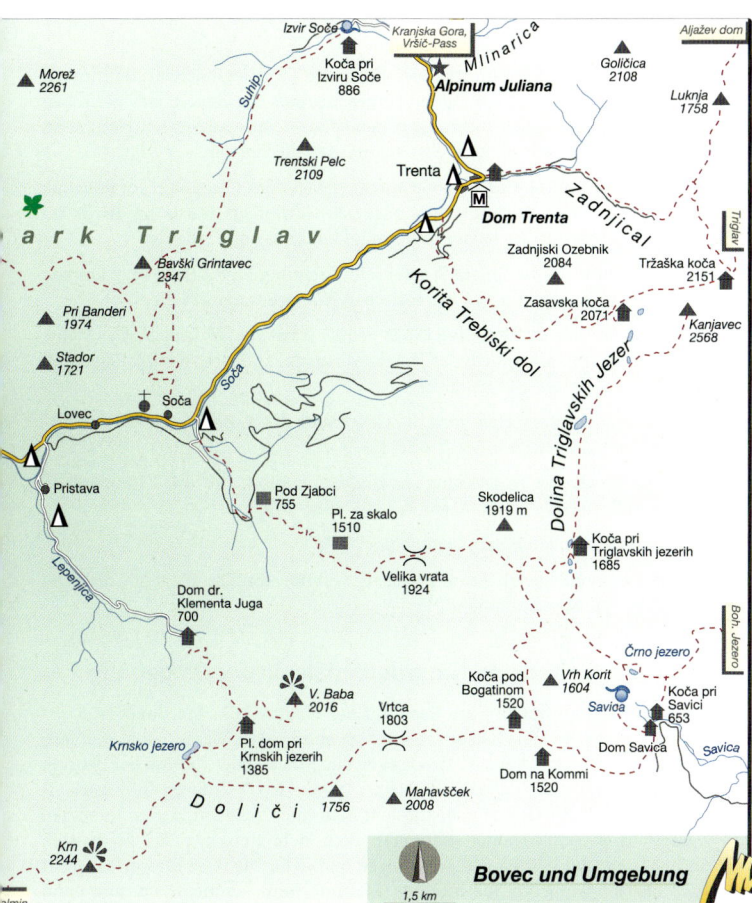

Bovec und Umgebung

1,5 km

Avantura, Trg golobarskih žrtev 45, ✆ 041/718-317 (mobil), www.avantura.org. Paragliden/Tandemfliegen.

Alpe šport Vančar, Trg golobarskih žrtev 20, ✆ 05/3896-350, 041/635-893 (mobil), www.bovecsport.com. Paragliding/Tandemfliegen, Rafting, Kajak, Hydrospeed, Canyoning, Bergtouren, Vermietung von Mountainbikes und Rodelschlitten.

Sportagenturen außerhalb von Bovec
Prijon Sport Center, Čezsoča 12b, ✆ 041/528-767 (mobil), www.www.prijon-sport-center.si. Der WM-erfahrene Familienbetrieb (gewannen die WM-Titel mit Marke Eigenbau) geht nun in die 3. Generation – unter ihren Fittichen ist man sicherlich bestens aufgehoben. Kajakkurse jegl. Schwierigkeit, Ausrüstungsverleih und Shop mit den weltweit bekannten selbsentwickelten Kajaks. Zudem Mountainbikes.

Top, Klanc 46 (kurz vor Žaga), ✆ 031/620-636 (mobil), www.top.si. Hauptsitz ist in Nova Gorica. Ebenfalls sehr gute Agentur seit 1993. Im Angebot: Rafting, Canyoning, Kajak, Hydrospeed, Bungee-Jumping.

Sehenswertes

Kirche Sveti Urh: von der Ortsmitte über eine breite Treppe erreichbar. Im Inneren der Kirche im neoromanischen Stil sind noch deutlich die Spuren des gotischen Vorgängerbaus zu sehen. Der mächtige Altar ist aus heimischem roten Naturstein gebaut, Apostelfiguren aus buntem Glas schmücken die Fenster.

Kirchlein der Jungfrau Maria: Sie steht direkt neben dem Campingplatz Polovnik auf dem Feld vor Bovec Richtung Čezsoča. Das Gotteshaus wurde im 16. Jh. im spätgotischen Stil gebaut, die alten Fresken sind teilweise noch erhalten.

Kirche Sveti Lenart: An der linken Straßenseite Richtung Predil-Pass, ca. 2 km von Bovec entfernt, stehen die Ruinen der gotischen Kirche aus dem 15. Jh.

Privatmuseen zum Ersten Weltkrieg (Soča-Front): *Museum Ivo Ivančic:* Das kleine Privatmuseum ca. 100 m westlich des Hotels Alp zeigt Exponate vom 87. Regiment. Tägl. 18–22 Uhr. Kot 48, ✆ 05/3886-249.

Museum Miloš Domevšček: Hier wird die Geschichte des 4. Bosnien-Herzegowina-Regiments dokumentiert. Brdo 53, ✆ 05/3886-577.

Museum Sašo Prochazka: Ausstellung „In einem anderen Land" mit Exponaten zu Hemingway und zur Soča-Front. Klanc 1, ✆ 05/3886-259.

Auskünfte und Terminvereinbarung auch über TIC.

Berg Kanin: Der Gondelbetrieb zum Hausberg von Bovec auf ca. 2200 m wurde seit Herbst 2016 wieder aufgenommen.

Sehenswürdigkeiten und Naturdenkmäler in der Umgebung

🚶 **Wasserfall Boka (Slap Boka)**: Etwa 5 km auf der Hauptstraße von Bovec in Richtung Kobarid (kurz vor Žaga) sieht man den zweithöchsten Wasserfall Sloweniens auch schon von der Straße aus (entweder vor der Brücke oder danach bei Pension Boka parken). Kurz nach der Brücke biegt ein markierter Fußweg (hier verläuft auch der neue Alpe-Adria-Trail) ab, auf dem man in ca. 0:20 Std. den unteren Teil des Wasserfalls erreicht – höher sollte man auch nicht steigen, es ist viel zu steil und unpräpariert und lohnt auch nicht wegen der Sicht. Die volle Wasserfallpracht zeigt sich allerdings nur im Spätfrühling (Mai und Juni) – rund 106 m und dann noch einmal 30 m beträgt der freie Fall des herabstürzenden Schmelzwassers des Kanin. Das Rauschen des Wassers ist gewaltig und beherrscht die ganze Umgebung.

🚶 **Izvir Glijuna und Slap Virje**: Die beiden Naturreservate liegen westlich von Bovec. Man fährt ca. 3 km über Kaninska Vas zum Weiler Plužna, folgt dort in der Ortsmitte rechts der Ausschilderung „Slap Virje" noch ca. 500 m bis zu einem Parkplatz im Wäldchen. Geht man hier rechts, bzw. wenige Minuten geradeaus und über die Brücke, blickt man auf einen kleinen Stausee, gespeist vom Glijun-Bach. Um zu seiner Quelle zu gelangen, geht man rechts entlang der Staumauer aufwärts. Nach wenigen Minuten wird die Quelle in einer Karsthöhle im Fels erreicht, wo er mit konstanten 5,5°C entspringt und malerisch über moosüberzogene Felsen in Stufen talwärts fließt, ehe er in den Staumauern je nach Gebrauch gebündelt wird und in Richtung Wasserfall Virje weiterfließt.

Geht man vom Parkplatz leicht links und rund 10 Min. talwärts durch den Mischwald, blickt man bald auf den schönen, rund 20 m breiten und 12 m hohen Wasser-

Per Mountainbike bestens erreichbar, der malerische kleine Wasserfall Virje

Soča-Tal → Karte S. 153

fall, den *Slap Virje* des Baches Glijun, der sich in seine herrlichen grün-türkisfarbenes Becken ergißt – vor allem in der Sommerhitze ein fantastischer Platz.

Festung Kluže: ca. 4 km von Bovec in Richtung Predil-Pass, über der tiefen Koritnica-Schlucht gelegen, in einer schmalen Passage zwischen senkrechten Felswänden. An der rechten Straßenseite steht die eindrucksvolle, efeubewachsene Festung, die Georg Phillip von Gera, zuständiger Kommandant für die Region von Bovec, in der ersten Hälfte des 17. Jh. erbauen ließ. Die erste befestigte Anlage an dieser Stelle wurde im 15. Jh. noch aus Holz errichtet und verhinderte erfolgreich den Vorstoß der Türken nach Kärnten. Dem napoleonischen Heer hielt die Festung Ende des 18. Jh. aber nicht mehr stand – trotz des listigen nächtlichen Abbaus der Brücke über die Koritnica, der viele französische Soldaten das Leben kostete – sie stürzten in die Schlucht. Ihr heutiges Aussehen erhielt die Festung in den Jahren 1881/1882 unter dem neuen Bauherrn Klaus Flitscher. In der Festung Kluže gibt es eine sehenswerte Ausstellung (auch in Deutsch erklärt), Fotoausstellung und Café/Bar.
Die Obere Festung, auch *Fort Hermann* genannt, liegt westlich der Festung Kluže und oberhalb der Straße – von unten ist sie nicht einsehbar (s. u.).
Trdnjava Kluže, ✆ 05/3886-758, www.kluze.net. Juli/Aug. tägl. 9–20 Uhr; Juni/Sept. tägl. 10–17, Sa bis 18 Uhr; Mai und Okt. Sa/So 10–17 Uhr. Eintritt 3 €, Stud./Kinder (6–15 J.) 2 €.

Obere Festung (Fort Hermann): Die obere Festung liegt auf einem steil aufragenden Felsgrat westlich der Hauptfestung Kluže. Der Zugang zu der im Ersten Weltkrieg zerstörten Festung ist durch einen Felsentunnel möglich. Er liegt auf der linken Straßenseite über der Schlucht, etwa 100 m rechts der Kaverne. Eine Taschenlampe ist empfehlenswert; zur Not geht es auch ohne, weil man in der Dunkelheit das Licht des gegenüberliegenden Ausgangs immer als Ziel vor sich hat. Man sollte jedoch auf Bodenunebenheiten achten. Nach dem Ausgang folgt man dem schmalen Fußpfad (Markierung: gelber Kreis), der sich in Serpentinen über die Schlucht zur Festung hinauf schlängelt. Die Obere Festung, eine Ruine, ist in einer halben

Stunde erreichbar. Von dort oben bietet sich ein weiter Blick ins Soča-Tal in Richtung Bovec und auf die umliegende Bergwelt.

Parken kann man auf dem großen Parkplatz gleich über die Brücke links Richtung Predil-Pass. Trotz idyllischer Lage – Wildzelten und Übernachten an der Festung wie an der Straße sind verboten (Polizeikontrollen!).

Hängebrücken: Unzählige schmale, hölzerne Hängebrücken über die Soča geben dem Trenta-Tal seinen unverwechselbaren Charakter. Diese schwankenden Steige, nur für Mensch und Tier gedacht, verbinden noch heute einige Einödbauernhöfe mit der Hauptstraße oder dienen den Bauern als einzige Möglichkeit, zu den über der Soča liegenden Wiesen und Äckern zu gelangen. Die Schafherden wandern über die Brücken auf die höher gelegenen Weiden, die Ernte und das Heu werden auf dem gleichen Weg ins Tal getragen. Im lang gestreckten Dorf Soča auf der Hauptstraße Richtung Vršič führt ein schmaler Schotterweg etwa 500 m hinter der Kirche nach rechts steil zur Soča hinunter – hier haben sich die Anwohner der gegenüberliegenden Talseite sogar eine Hängebrücke für Autos gebaut. Von den Hängebrücken sind die kristallklaren Wasserbecken mit spielenden Fischen, die schmalen Schluchten, in denen wild das Wasser schäumt, und die fast träge wirkenden Abschnitte des Sočalaufs mit schneeweißen Sandbänken und gewaltigen, in der Sonne glänzenden weißen Felsen gut zu sehen.

Trenta-Museum in Na Logu, dem Mittelpunkt der Siedlungen im Trenta-Tal (= Oberes Soča-Tal), etwa 22 km von Bovec entfernt. Das große, modern gestaltete Museum ist im Trenta-Haus untergebracht, das auch Unterkunftsmöglichkeiten und Informationen bietet. Durch Mulitmediavorstellungen und über Monitore gewinnt man gute Einblicke in das Gebiet des Nationalparks Triglav sowie das Trenta- und Soča-Tal: geologischer Aufbau, Flora, Fauna, ethnologische Sammlungen mit dem Originalnachbau einer Hütte mit Inventar oder der sog. „Schwarzen Küche" mit offenem Kaminfeuer, Werkzeug, Geräten. Zudem eine reichhaltige Sammlung an Bergliteratur, Fotografien der bekannten Bergführer, präparierte Alpentiere und Jagdtrophäen sowie die Bergsteigerausrüstung, die bei der Erstbesteigung der Julischen Alpen benutzt wurde. Die „Trenta-Glocke", die 1717 aus heimischem Eisen gegossen wurde, ist hier ebenfalls zu finden. Eindrucksvoll sind die mehrsprachigen Multivisionen „Geheimnisse der Soča", „Das Triglav-Gebirge" und „Die Goldhorn-Sage" (→ Nationalpark Triglav).

Das Museum vermittelt einen sehr guten Eindruck über das beschwerliche Leben in diesem abgeschiedenen Tal der Julischen Alpen in den letzten Jahrhunderten.

Öffnungszeiten Besucher- und Infozentrum Dom Trenta, Na logu v Trenti, 5232 Soča, ✆ 05/3889-330, www.tnp.si. Ende April–Ende Okt. tägl. 10–18 Uhr (Juli/Aug. 9–19 Uhr), Nov.–Ende April Mo–Fr 10–14 Uhr. Eintritt 5 €, Stud. 3,50 €, Kinder ab 6 J. 2,50 €, Familie 12 €.

Übernachten/Essen *** Dom Trenta, im Besucherzentrum werden Zimmer (2–4 Pers.) und schöne Appartements (4–5 Pers.) im Neubau vermietet. Zudem gibt es auch eine Gostilna (Mai–Okt.) und Pizzeria.

Das Infozentrum vermittelt auch weitere Unterkünfte.

Alpinum Julijana: ein botanischer Garten oberhalb der Straße im Trenta-Tal, ca. 4 km hinter Na Logu/Trenta Richtung Vršič. Der Garten wurde 1926 von *Albert Bois de Chesne* (1871–1953), Waldbesitzer aus Triest und ein Freund von *Dr. Julius Kugy*, über der Soča angelegt. Hier sind viele typische Pflanzen und Blumen der Julischen Alpen und des Karstes zu sehen.

Mai bis Ende Sept. tägl. 8.30–18.30 Uhr. Eintritt 3 €, Stud. 2 €.

Die Velika korita (Große Schlucht) – eindrucksvoll bahnt die Soča sich ihren Weg

Soča-Quelle (Izviru Soče): westlich der Hauptstraße zum Vršič-Pass (ca. 1 km nördlich vom Alpinum Julijana, dann Abzweig). Nach einem weiteren Kilometer ist die bewirtschaftete *Unterkunftshütte* bei der Soča-Quelle *(Koča pri izviru Soče, 886 m)* erreicht. Von der Hütte führt ein schmaler, steil ansteigender Pfad in ca. 10 Min. hinauf zur Soča-Quelle (der Weg ist zum Teil mit Stahlseilen gesichert – für Kleinkinder ungeeignet!). Unterhalb der steil aufragenden Felswand des Travnik-Massivs sprudelt das klare Wasser der Soča aus einer Karstspalte des Felsens Šnita und stürzt einen 15 m hohen Wasserfall hinab. Hier startet der *Soška pot*, der Wanderlehrpfad, zusammen mit dem von Norden kommenden Fernwanderweg *Alpe-Adria-Trail*.

> 🚶 **Wanderung 7: Auf dem Soča-Weg von der Quelle nach Bovec** → S. 495
> Eindrucksvolle 2-Tages-Tour entlang des türkis leuchtenden Flusses

Von der Soča-Hütte aus lassen sich natürlich weitere Wanderungen unternehmen . Eine schöne zweistündige Tour führt z. B. von Trenta aus die Soča aufwärts; zurück geht es mit dem Bus (→ Bovec/Verbindungen) oder zu Fuß.

Soča-Wanderlehrpfad (Soška pot)

Der ausgeschilderte Weg beginnt beginnt bei der Soča-Quelle und führt in rund 33 km hinab nach Bovec: Soča-Quelle – Dr. Kugy-Denkmal – Mlinarica-Schlucht – Alpinum Julijana – Trenta-Kirche – Dom Trenta-Velika korita-Vodenca-Bovec und kann in Teilstücken gelaufen werden Diesen einfachen Wanderweg kann man auch mit der Familie in voller Länge in 2- bis 3-Tagesetappen gehen oder auch nur den oben Teil bis zum Dom Trenta (405 Höhenmeter). Infos bei TIC und Dom Trenta (→ Kleiner Wanderführer/ Wanderung 7, S. 495).

Dr. Julius Kugy

Mlinarica-Schlucht: Wenige Meter nördlich nach dem Abzweig zur Soča-Quelle und in Richtung Vršič-Pass, kann man am ausgeschilderten Parkplatz in der Rechtskurve (48. Kurve) parken und folgt zu Fuß dem markierten Wanderpfad entlang dem Bach Mlinarica, einem Soča-Zufluss. Nach ca. 10 Min. steht man vor der gewaltigen Schlucht, so eng, dass ein Mensch kaum durchpasst. Überhängende Felswände verdunkeln das Tageslicht. Am Ende der Schlucht ein hoher Wasserfall, der in eine Felsspalte hinabstürzt. Mehr dazu (→ Kleiner Wanderführer/ Wanderung 7).

Kugy-Denkmal: zu erreichen ab dem Parkplatz (wie zur Mlinarica-Schlucht). Man trifft schon nach wenigen Minuten auf das Denkmal (hier führt auch der *Soška pot* vorbei) in herrlicher, sonniger Lage. Hier errichtete der Slowenische Alpenverein dem Erforscher der Julischen Alpen, Dr. Julius Kugy (1858–1944), ein Denkmal, das auf seinen Lieblingsberg Jalovec und weitere erhabene Gipfel schaut, gefertigt vom Bildhauer Jakob Savinšek (→Foto S. 495). In Görz nahe Triest geboren, bezwang Kugy mit Hilfe einheimischer Bergführer aus dem Trenta-Tal viele Gipfel als Erstbesteiger und durchkletterte auch zahlreiche bis dahin unbekannte Routen. Schon als 17-Jähriger war er das erste Mal auf dem Triglav – insgesamt erwanderte er über 50 neue Touren in den Julischen Alpen. Obwohl er nach dem Tod seines Vaters als 25-Jähriger die Geschäftsführung des Handelshauses in Triest übernehmen musste, fand er immer wieder Zeit, in den Julischen Alpen zu wandern. Erst mit 58 Jahren, nachdem sein Geschäft infolge des Ersten Weltkriegs Konkurs gegangen war, begann er zu schreiben und machte damit die Julischen Alpen und das Trenta-Tal bekannt (Julius Kugy, Aus dem Leben eines Bergsteigers, Bergverlag R. Rother, München 1987).

Anton Tožbar, der Bärentöter aus Trenta

In seinen Büchern schildert Julius Kugy das bewundernswerte Geschick der Jäger aus dem Trenta-Tal, die besten Routen zu den Berggipfeln zu finden. Anfang des 20. Jh. waren zwei Brüder aus dem Tožbar-Haus (neben der Kirche) die Bergführer des slowenischen Autors – einer von ihnen war der berühmte Bärentöter Anton Tožbar, über den diese Geschichte erzählt wird:

Als einmal ein Bär eine Schafherde angriff, verfolgten ihn die Trenta-Jäger. Anton Tožbar schoss auf den Bären, traf ihn aber nicht tödlich. Er verfolgte den verwundeten Bären ins Unterholz, der sich plötzlich umwandte und seinem Jäger mit einem gewaltigen Schlag den Unterkiefer wegriss. Tožbar lebte zwar noch viele Jahre, konnte sich seitdem aber nur noch mühsam mit Flüssignahrung ernähren.

Tožbars Schicksal wurde auf Gemälden verewigt, auch ein Bildstock an der Straße oberhalb des Tožbar-Hauses in Trenta erzählt davon. Wenn man heute die Leute im Trenta-Tal auf Anton Tožbar anspricht, sagen sie: So einen Bärentöter wie Tožbar könnten wir jetzt wieder brauchen. In der Tat wurden auf den Almen immer wieder Schafe gerissen und man entdeckte die Spuren eines Braunbären. Angeblich ist er aus Kočevski Rog, dem Braunbärengebiet im südlichen Slowenien, in den Nationalpark Triglav eingedrungen. Gesehen wurde er jedoch bis heute nicht ...

Kriegsdenkmäler in der Umgebung

Freilichtmuseum Ravelnik – Wege des Friedens im Soča-Tal: 1 km von Bovec entfernt, kurz vor der Straßenabzweigung Predil, führt ein einstündiger Weg an Kavernen und den noch heute sichtbaren Schützengräben des Ersten Weltkriegs entlang. Hier, am östlichen Becken von Bovec, auf dem Hügel Ravelnik, konnte man die Straßengabelung ins Koritnica- und Soča-Tal gut sichern. Hier verlief auch die Frontlinie, die die österreichisch-ungarischen Soldaten gegen die Italiener erbittert verteidigten (→ Kasten „Massensterben an der Soča-Front").

Soldatenfriedhof der österreichischen Armee: 2 km von Bovec rechts an der Straßenabzweigung Predil bzw. Vršič; typische, niedrige Betongrabsteine mit einem

Soča-Tal → Karte S. 153

Schützengraben im Freilichtmuseum Ravelnik bei Bovec

Kreuz in einem Kreis. Direkt an der Kreuzung steht ein verzierter Steinobelisk mit einer Widmung in Deutsch.

Soldatenfriedhof in Log pod Mangartom: 10 km von Bovec Richtung Predil, im Ort Log pod Mangartom, liegt links direkt hinter dem Ortsfriedhof ein Soldatenfriedhof. Die Gräber auf zwei Terrassen sind von Fichten und Lärchen umgeben. Auf dem Friedhof eine imposante Betonskulptur zweier Soldaten, die in Richtung des Berges Rombon blicken, wo die meisten Soldaten ihr Leben ließen. An der Skulptur Tafeln mit Widmungen in Deutsch, Slowenisch und Kroatisch. Ein Leser machte mich auf den in unmittelbarer Nähe liegenden Südostausgang des Predilstollens aufmerksam, durch den während des Ersten Weltkriegs die Schmalspurbahn aus Cave del Predil/Raibl fuhr und damit die Versorgung der österreichisch-ungarischen Truppen aufrechterhielt. Die ursprüngliche Inschrift über dem Tunneleingang wurde gelöscht. Wer mehr zum Thema wissen möchte, dem sei das Buch „Die Bahnen zwischen Ortler und Isonzo 1914–1918", Walther Schaumann, Wien 1991, empfohlen.

Soldatenfriedhof im Trenta-Tal: Im Ort *Na Logu* befindet sich zwischen den Fichten neben dem Ortsfriedhof ein weiterer Soldatenfriedhof aus dem Ersten Weltkrieg. Hier sind österreichische Soldaten neben russischen Kriegsgefangenen begraben. 12.000 russische Kriegsgefangene wurden von den Österreichern eingesetzt, um zur Versorgung der Soča-Front die Nachschubstraße über den Vršič-Pass zu bauen. Unter unmenschlichen Bedingungen mussten sie die Straße bauen, zahlreiche Russen starben dabei an Krankheiten oder kamen durch Schneelawinen ums Leben. Wer auf der kurvenreichen Straße von Kranjska Gora Richtung Vršič hochfährt, kann nach der Kurve 8 auf dem Parkplatz rechts halten und in einem Wäldchen unterhalb einer steilen Felswand eine kleine, typisch *russisch-orthodoxe Kapelle* besichtigen – eine mit Holzschindeln gedeckte Holzkonstruktion, ihr Inneres birgt Ikonen und Soldatenbilder.

🏃 Wandertouren um Bovec

Ausflug zum Berg Kanin: Mit der Gondel bis zur Endstation auf ca. 2200 m. Ab dort führt ein Wanderweg in ca. 3 Std. zum Visoki Kanin (2587 m). Herrlicher Blick über das Soča-Tal, bei klarer Sicht bis zur Adria.

> **Achtung** – Die Gondelbahn fährt nicht immer! (→ Bovec/Verbindungen/Gondelbahn Kanin).

Berg Prevala und Krnica-Tal: Mit der Gondel bis zur Endstation auf ca. 2200 m (s. o.). Zuerst ein Stück über Geröll hinauf zum *Sattel Skrbina pod Prestreljenikom* (2292 m) und dann hinab zum *Prevala-Pass* (2067 m) mit dem alten Fronthaus der Italiener am Fels. Hier verlief die 3. Verteidigungslinie der italienischen Artillerie. Über das *Krnica-Tal* und die *Planina Krnica* (Alm) kann man nach Bovec hinab laufen. Laufzeit ca. 6 Std. Reichlich Wasser mitnehmen – keine Hütte, keine Quelle! Leider sieht man immer wieder Kriegstrophäenjäger, die in den Kriegsüberresten (Schuhe, Flaschen, Munition, Stacheldraht) stöbern.

Zum Veliki vrh Rombon: Eine wunderschöne, aber sehr lange Wanderung – nur für konditionsstarke Bergsteiger!

Weginformation Wegzeit 11 Std.! Sehr gute Kondition erforderlich, Hochgebirgsausrüstung notwendig. Wanderstöcke, Wanderkarte, ausreichend Wasser und Essen mitführen, da es keine Unterkunftshütte gibt! Am besten mit Bergführer gehen! Um ca. 2 Std. lässt sich die Wegstrecke verkürzen, indem man den Veliki vrh Rombon auslässt und vom Bivak hinab durch das Rupa-Tal über Geröll nach unten läuft und bei der Planina Goričića wieder auf den unten beschriebenen Weg gelangt.

Mit der Kanin-Gondel bis zur Endstation (s. o.). Wie oben beschrieben zum *Prevala-Pass*. Dann zieht sich der Pfad unterhalb der Südwand von Lopa und Črnela ostwärts. Der Pfad geht auf und ab, ab und zu stößt man auf Kavernen und Reste aus dem Ersten Weltkrieg. Hier fand am 26. Oktober 1917 die letzte blutige Schlacht der Alpinimaschinengewehrtruppe (Alpini-Bataillonen Bes und Val d'Ellero) gegen das Salzburger k. u. k.-Infanterieregiment 59 statt. Auf beiden Seiten gab es unzählige Tote. Die Überreste und das Wissen um diese Ereignisse prägt die Wahrnehmung der friedlich mit Blumen übersäten schönen Landschaft. Der unerbittliche Stellungskrieg begann im Mai 1915 mit der Kriegserklärung Italiens. Um die Front zu verteidigen, zogen sich die Österreicher auf die umliegenden Berge im Soča-Tal zurück. Die Soldaten kämpften dabei im Sommer zusätzlich mit der Hitze sowie im Winter mit enormen Schneefällen.

Vom Prevala-Pass zum *Zasilni Bivak* (1955 m, ebenfalls eine Kaverne) sind es etwa 1:30 bis 2 Std. Gehzeit. Ab dem Bivak ist eine Abkürzung über das Rupa-Tal möglich (s. o.). Kurz vor dem Anstieg zum Rombon herrlicher Weitblick auf die Nordseite der Alpen, tief unten das malerische Možnica-Tal (das von hier oben bombardiert wurde!), Blick auf den Mangart. Dann führt der Pfad steil bergauf zum Veliki vrh Rombon (2208 m), der Weitblick rundum ist fantastisch – Fernsicht auf Triglav, Mangart und in der Ferne der Großglockner. Die fantastische Fernsicht war auch im Krieg von großer Bedeutung – der Berg wurde immer wieder erbittert im Nahkampf verteidigt und erobert. Ein beklemmendes Gefühl, das mich auf diesem schönen Weg auch ständig begleitet.

Dann führt der Pfad auf der Südseite abwärts, Blick auf das Soča-Tal und Bovec. Hier überall auf den Almwiesen Kavernen, Schützengräben und Kriegsrelikte wie Handgranaten, Munition. Der Pfad verläuft nun weiter steil bergab, am Naklo und Čukla entlang (hier stand einst ein Lazarett), dann hinab zur *Planina Goričića*.

Nun geht es durch Latschen und über Wiesen hinein in einen satten Buchenwald mit schönem Wurzelpfad, allerdings immer steil bergab in Richtung Bovec.

Umgebung von Log pod Mangartom: Rund um das Örtchen gibt es ein herrliches Wandergebiet mit zahlreichen Wasserfällen. Eine Route führt von Log ins Koritnica-Tal zu den Wasserfällen von *Loška Koritnica*. Oder, zum Teil auch mit Mountainbike machbar, ins Možnica-Tal und zur gleichnamigen Schlucht. Gute Alpinisten gehen von Log auf den 2645 m hohen Jalovec.

Mangartsattel: von Bovec aus über Log pod Mangartom und Strmec, dann Abzweig in die Panoramastraße (Achtung: vorsichtig fahren, sehr schmal); ca. 1 Std. Fahrt über die Mangart Planina (1295 m) zur Mangart-Hütte auf 1906 m *(Koča na Mangrtskem sedlu*, ✆ 041/954-761, → Übernachten). Die Fahrstraße führt bis zur Mangart-Hütte, ab dann geht es auf einem Wanderpfad in 0:20 Std. hinauf zum Sattel – bei schönem Wetter bietet sich von hier eine grandiose Fernsicht bis zum Großglockner. Auf den Wegen über blühende Wiesenteppiche sind Murmeltiere zu sehen. Dann wird es steil und es gibt zwei Möglichkeiten, in ca. 2 Std. den Gipfel Mangart (2678 m) zu erklimmen. Unterhalb zwei tiefgrüne Bergseen *(Mangrtski jezeri)*. Von dem Ort Strmec führt auch ein Wanderweg hinauf. Die Panoramastraße ist eine beliebte Mountainbike-, aber auch Motorradstrecke, besonders am Wochenende sehr voll.

Das herrliche Bergpanorama und die bequeme Zufahrt fanden etliche internationale Regisseure für ihre Werbefilme perfekt, u. a. drehte man den Spot für die Milka-Kuh, auch Mitsubishi und Škoda entdeckten die Panoramastraße als gute Kulisse für ihre Fahrzeuge.

Aufstieg zum Berg Krn (2244 m) von der Nordwestseite: Wir fahren von Bovec in Richtung Trenta-Tal, biegen nach dem Dorf Podklanec ins Lepena-Tal ab und parken das Auto am Talende bei der hübschen Unterkunftshütte *Dom dr. Klementa Juga v Lepeni* (700 m; ✆ 05/9969-504; Mai–Aug., Essen, Zimmer und Schlafsaal). Der breite Serpentinenweg führt durch schattigen Mischwald in ca. 2:30 Std. zur Krn-Seen-Hütte auf 1385 m *(Planinski dom pri Krnskih jezerih*, ✆ 051/328-928, Juni–Sept., März–Mai nur Sa/So bei Schönwetter*)*, mit guten Essen und Übernachtungsmöglichkeiten in 2- bis 4-Bettzimmern und Schlafsaal.

In weiteren 0:20 Std. läuft man in einem Hochtal mit schönen Blumenwiesen zum malerisch von Bergen umgebenen Krn-See. Nun geht es ca. 2 Std. auf schmalem Pfad stetig, zum Schluss steil in Serpentinen bergauf in Richtung Sattel Krnska škribina (2058 m). Die Vegetation wird karg, kleine blühende Moose und die endemische lila Zoisji-Glockenblume setzen Farbtupfer in der steingrauen Landschaft. Wer Glück hat, sieht Murmeltiere und Gämsen. Am Sattel angelangt, mit Kaverne und Gedenk-Tafel zur Isonzo-Front, gehen wir westwärts in ca. 0:30 Std. bergauf zum Gipfel Krn und genießen den weiten Blick nach allen Seiten bis hin zum Großglockner und zur Adria. Wer mag, nächtigt kurz unterhalb vom Gipfel auf der Krn-Unterkunftshütte (an der Südseite) oder geht zurück zur hübschen Krn-Seen-Hütte. Schön ist auch die Tour hinab auf die Südseite des Krn (→ Kleiner Wanderführer/Wanderung 8, S. 505).

Aufstieg zum Triglav (2864 m): von Trenta aus durch das Zadnjica-Tal zur Unterkunftshütte *Koča na Doliću* (2151 m, ✆ 051/614-780 mobil, Juni–Sept.). Von da aus weiter zum Gipfel. Diese anstrengende Tour dauert ca. 8 Std. einfache Strecke. Übernachtung entweder in der *Dolić*- oder *Planika-Hütte*. Zurück nach Trenta z. B. auch über die *Zasavska-Hütte* (Zasavska koča na Prehodavcih, 2071 m; ✆ 051/614-781, Juli–Sept., auch Winterzimmer) am nördlichen Rand des Sieben-Seen-Tals und hinab zur Planina Trebiščna (→ Kleiner Wanderführer/Wanderung 5, S. 483). Diese Touren sind nur für Geübte zu empfehlen, am besten mit Bergführer.

Alpe-Adria-Trail (www.alpe-adria-trail.com), das Fernwanderprojekt vom Großglockner bis nach Muggia passiert auch die Region Bovec, hier von der Soča-Quelle entlang dem Soča pot (→ Kleiner Wanderführer/Wanderung 7, S. 495); südlich von Bovec verläuft er Richtung Boka-Wasserfall – Srpenica – Trnovi und weiter gen Kobarid-Region.

Kobarid

Malerisch liegt das Städtchen unter dem mächtigen, 2244 Meter hohen Berg Krn, der Friaul-Venetien mit dem Oberen Soča-Tal verbindet. Hier wohnte einst Ernest Hemingway, der mit 19 Jahren im Ersten Weltkrieg als freiwilliger Sanitäter auf italienischer Seite an der Soča-Front stand.

Der mediterrane Einfluss zeigt sich deutlich: Überall säumen Oleander-, Palmen- und Agavenkübel die Häuser; farbenprächtige Blumen, die bis in den Spätherbst hinein blühen, umrahmen die Fensterbänke. Wäre nicht der Berg **Krn** über der Soča mit seinem schneebedeckten Rücken, könnte man glauben, bis zur Adria wären es nicht hundert, sondern nur ein paar Kilometer. Der alte Ortskern mit wenigen Gassen und den in alpenländisch-mediterraner Bauweise eng aneinander gebauten Häusern erstreckt sich entlang der Durchfahrtsstraße bis zum breit angelegten Marktplatz mit Kirche. Von hier zweigt die Straße nach Tolmin ab, eine mächtige Lindenallee führt bis Staro Sedlo, die Straße weiter Richtung Grenzübergang Robič. Kobarid bietet dem Besucher neben landschaftlicher Schönheit eine dichte Fülle an geschichtlichen Informationen zum Ersten Weltkrieg und den Ereignissen an der Soča-Front: Zeugnis legen davon ab u. a. das von der EU prämierte Museum Kobarid, die in exponierter Lage stehende Kirche Sv. Anton und der historische Pfad rund um den Ort sowie zahlreiche Freilichtmuseen, die auch mit geführten Touren besichtigt werden können.

Auf der Ostseite der Soča liegen viele kleine ruhige Orte, die sich als Übernachtungsquartier und Ausgangspunkt für Touren in die nahe Bergwelt sehr gut eignen. Paraglider finden auf dem **Kobariški Stol** (1405 m) ihren in diesem Raum höchstgelegenen Startplatz und ihr Paradies.

Geschichte

Der Ort Kobarid, auf Italienisch *Caporetto,* auf Deutsch *Karfreit,* entstand im 12. Jh. Er war Knotenpunkt der alten Handelswege, die von Čedad (Cividale) und dem größeren Videm (Udine) in der friaulischen Ebene in das Soča-Tal führten. Vom einstigen mittelalterlichen Handelstreiben ist heute nichts mehr zu spüren. Nur die Läden befinden sich wie früher am Marktplatz sowie an der Straße nach Bovec und Italien. In einem der alten Häuser soll während des Ersten Weltkriegs – oder nach seinem Ende, die Historiker sind sich da nicht einig – Ernest Hemingway gewohnt haben. Die Fronterlebnisse des Kriegsfreiwilligen und jungen Schriftstellers sind in seinen Büchern „In einem fremden Land" und „Ein Lebewohl den Waffen" nachzulesen, in denen er die Gegend von Gorizia über Banjščica bis nach Kobarid auf der slowenischen Seite beschreibt und die Kriegsereignisse an der Soča-Front schildert.

Basis-Infos

Information Touristinformation TIC, 5222 Kobarid, Trg Svobode 16, ✆ 05/3800-490, www.visit-soca.com. Juli/Aug. tägl. 9–20 Uhr; Mai/Juni u. Sept. Mo–Fr 9–13/14–19 Uhr, Sa/So u. Feiertag 9–13/16–19 Uhr (Sept. ab 15 Uhr); Okt.–März Mo–Fr 9–13/14–16 Uhr, Sa 10–14 Uhr. Infos, Wanderkarten, org. Wanderungen, Unterkünfte und WiFi.

Fundacija Poti miru v Posočju, Gregoriči-čeva ul. 8, ✆ 05/3890-167, www.potmiru.si. Mo–Fr 9–12.30/13.30–18 Uhr, Sa/So u. Feiertag 10–13/14–18 Uhr. Organisiert Führungen

Soča-Tal → Karte S. 153

zum „Weg des Friedens" und zu Freilicht-museen, zudem alle Infos zur Isonzo-Front.

Sportagenturen X-Point, Trg svobode 6, ✆ 05/3885-308, www.xpoint.si. Im Angebot: Rafting, Kajak, Hydrospeed, Canyoning, Ski- und Mountainbiketouren, Klettern, Tandem-Paragliding, Wandern.

Positiv sport, Trg svobode 13, ✆ 040/654-475 (mobil), www.positive-sport.com. Rafting, Kajak, Canyoning, Mountainbiketouren (auch Verleih u. Service).

Alpin Action, ca. 5 km sočaaufwärts in Trnovo ob Soči 26a, 5224 Srpenica, ✆ 05/3845-504, 041/708-132 (mobil), www.slovenia rafting.si. Organisiert werden: Rafting, Kajak, SUP, Hydrospeed, Canyoning, Reiten.

Verbindungen Bus mehrmals tägl. Richtung Ljubljana und Nova Gorica (s. a. Bovec); mehrmals werktags nach Bovec. Bushaltestelle am Marktplatz. Info-✆ 05/3801-143.

Zug: von Ljubljana über Jesenice–Bohinjska Bistrica–Most na Soči (über Postojna–Most na Soči zu langsam); dann per Bus weiter; mehrmals tägl. Infos ✆ 05/2965-034.

Gesundheit **Apotheke**, Trg Svobode 3 (hinter Hotel Hvala), ✆ 05/3885-077; Juli/Aug. Mo 8–16.30, Di–Fr 8–14.30, Sa 8–12 Uhr. Daneben **Ambulanz**, Trg Svobode 3a, ✆ 05/3885-013, -059; Mo–Fr 8–19 Uhr.

Nachtleben Aurora – Casino, Cabaret & Diskothek, ca. 1 km westlich von Kobarid in Staro selo. Slotmachines, Spieltische, Cabaret, Shows, Bar/Restaurant. Ganzjährig non-stop. Staro Selo 60a, www.aurorahitstars.si.

Veranstaltungen Wanderfestival, Mitte Sept.–Anf. Okt. Jestival, 1. Okt.-Sa, Essen und Kunst. Outdoorfestivals (u. a. MTB, Kajak), ab Mitte Mai–Mitte Juni wöchentlich in und um Kobarid.

Ⓤbernachten/Camping

Privatzimmer/Appartements vermittelt TIC, ab 15–25 €/Pers.

**** Hotel Hvala, kleines, modernes Hotel (27 Zimmer, 4 Suiten) am Marktplatz mit kompetentem Service. Angeschlossen ist ein gutes Restaurant (→ Essen). Fahrradverleih und -unterstand, Sauna, Angellizenzen. DZ/F 104 € (TS 112 €). Ganzjährig. Trg Svobode 1, ✆ 05/3899-300, www.hotelhvala.net.

*** Restaurant-Pension Kotlar, am Marktplatz mit Restaurant (→ Essen); auch komfortable Gästezimmer. DZ/F ca. 70 €. Trg Svobode 11, ✆ 05/3891-110, www.kotlar.si.

**** Appartement pri Nas, im Zentrum, neu, komfortabel und gemütlich. 5 bestens eingerichtete Appartements (2–5 Pers. 75–130 €), sogar mit Wasch- und Spülmaschine, Fahrradunterstand. Goriška cesta 5, ✆ 031/377-585 (mobil), www.pri-nas.si.

*** Hemingway House, gemütlich und nett mit verschieden großen Appartements (2–5 Pers.), Garten und WiFi. Ab 50 €/2 Pers. Volaričeva 10, ✆ 040/774-106 (mobil, Fr. Marie), www.hemingwayhouseslovenia.com.

Appartements Soča, einfach, nett und preiswert im Einfamilienhaus mit Garten im Ortsteil Svino, 500 m von Kobarid-Zentrum. Appartements für 2–6 Pers. ab 45 €. Svino 1b, ✆ 041/373-879 (mobil), www.apartma-soca.si.

Hostel Xpoint, mitten im Zentrum bei gleichnamiger Agentur, gegenüber TIC. Freundliche 2- bis 6-Bettzimmer mit Aufenthaltsraum, WiFi, Waschmaschine. 16 €/Pers., im 2-Bettzimmer 40 €. Trg svobode 6, ✆ 05/3885-308, www.xpoint.si.

Außerhalb ››› **Mein Tipp:** ****** Hotel Hiša Franko**, 3 km in Richtung Italien. In Alleinlage steht das rote Gebäude im friaulischen Stil mit großem Garten und Kinderspielplatz – ein Traditionshaus, zeitgemäß weitergeführt von Junior. 17 komfortable Zimmer (Internet, TV, Minibar) stehen im ideenreich gestalteten Haupthaus, gutes Restaurant (→ Essen). Fahrradverleih, Angellizenzen. Im Haupthaus DZ/F 120–148 €, u. a. mit großer Loggia und Hängematten, im gemütlichen Nebenhaus DZ/F 90 €. Ganzjährig. Staro selo 1, ✆ 05/3894-120, www.hisafranko.com. **‹‹‹**

🌿 **Touristischer Öko-Bauernhof Robidišče**, im gleichnamigen Grenzort (17 km von Kobarid); es gibt nette Zimmer und Essen vom Bio-Hof (→ Essen). Robidišče 3, ✆ 05/3849-858, www.robidisce.si. ■

**** Gostišče Jazbec, in Idrsko, 1 km Richtung Tolmin. 15 komfortable Zimmer und ein gutes Restaurant (→ Essen). DZ/F 70 €. Idrsko 56, ✆ 05/3899-100, www.jazbec.si.

Hübsche Häuser dominieren in Kobarid – hier ein Traditionsgasthaus

Turistične Hiše Nebesa, „Über den Wolken" nennt sich die Anlage ca. 7 km südlich von Kobarid beim Ort Livek (von Livek ca. 1,5 km in Richtung Livške Ravne, bei den Skiliften) am Berghang – und der Name trügt nicht: traumhafte Lage und fantastischer Blick auf die Berge mit dem Krn-Massiv. 4 komfortable Cottages für 2 Pers. mit kleinem Wellnesscenter und gemütlichem Kaminzimmer. 270 €/Tag, ab 5 Tagen 220 €/Tag. Livek 39, ☎ 05/3844-620, www.nebesa.si.

In Drežnica   An der Napoleon-Brücke links hoch, ca. 5 km von Kobarid: *** **Gostišče Jelkin hram**, gut geführter Gasthof mit schöner Terrasse und Weitblick. Täglich wechselnde Gerichte mit frischen Produkten aus der Umgebung. Zum Nächtigen: 20 nette Zimmer/Appartements (3+1 Pers.) im Nebenhaus (auch Sauna) oder im Haupthaus. 29 €/Pers./F, HP 39 €. April–Okt., Juli/Aug. tägl., danach Mo/Di Ruhetag. Angeschlossen die Paraglide-Station Adrenalin, die Sohn Klavdij führt (Tandemflüge, Infos, Transport) – internationales Publikum. Drežnica 30, ☎ 05/3848-610, www.jelkin-hram.com.

In Koseč   Südöstlich von Drežnica:

⟫⟫ Mein Tipp: °°°° **Touristfarm Kranjc**, 1 km von Drežnica entfernt liegt diese familiäre und gut geführte Pension – ein Platz zum Wohlfühlen. Gemütliche Zimmer und Studios; 30–38 €/Pers./F, auch HP möglich. Von der Terrasse schöner Krn-Blick. Vermittlung von Bergführern etc. Koseč 7, ☎ 05/3848-562, www.turizem-kranjc.si. ⟪⟪

In Drežniške Ravne   Ca. 8 km oberhalb von Kobarid:

🌿 *** **Öko-Bauernhof Žvanč** (Besitzer des Campingplatzes). Der Hof mit Kühen, Schafen und Ziegen liegt am Berghang auf 630 m, unterhalb der über 2000 m hohen, bis im Frühsommer schneebedeckten Berge am Nationalpark Triglav. Aus der Milch wird guter Käse zubereitet, zudem gibt's das eigene Fleisch und Gemüse. Verschieden große Appartements (2 Pers./45 €, 4 Pers./ 60 €), gutes Frühstück 5 €. Ganzjährig. Drežniške Ravne 33, ☎ 031/664-248 (mobil), www.ekometija-zvanc.it. ■

** **Appartements Fon**, nette Studios (ab 39 €/2 Pers.) und Appartements für 2 Pers. (43 €) bis 4–6 Pers. (ab 55 €), Frühstück 5 €. Drežniške Ravne 20, ☎ 05/3848-592, fon. apartma@siol.net.

Camping   *** **Campingplatz Lazar**, 2-ha-Platz gegenüber von Campingplatz Koren, am Westufer oberhalb der Soča. Mit Grill, Imbissstube, Spielplatz, Waschmaschine,

WiFi etc. Pro Pers. 13 €, Strom 5 €. Zudem schöne Appartements/Zimmer für 70 €/Pers. April–Okt. Zufahrt von der Hauptstraße. Gregorčičeva ul. 63, ✆ 05/3885-333, www.lazar.si.

🍃 **** Öko-Campingplatz Koren, ca. 1 km von Kobarid (nach Napoleon-Brücke links). Schöner 2-ha-Platz am Ostufer der Soča, sehr beliebt bei Paraglidern, Bergwanderern und Kletterern. Mit kleinem Laden, zudem serviert die Snackbar u. a. hauseigenen Pršut, Schafskäse, Bauernsalami. Mountainbike-Verleih, Sauna, Fliegenangeln, Kletterturm, WiFi. 12,50 €/Pers., Strom 4 €; auch Parzellen. Auch 6 sehr schöne Öko-Holzbungalows (2–6 Pers.) mit Balkon/Terrasse. Ganzjährig. Ladra 1b, ✆ 05/3891-311, 041/371-229 (mobil), www.kamp-koren.si. ∎

*** Campingplatz Rut, nur 500 m südwestlich von Kobarid und quasi in Laufweite zur Stadt; nettes Wiesengelände mit Stol-Blick. 10 €/Pers. Zudem nächtigen im platzeigenen Hostel mit seperaten Zimmern u. Mehrbettzimmer (ab 14 €) oder im Ferienhaus (max. 8 Pers.) für 80 €. Bar, Spielplatz,

Bioprodukte können bezogen werden. Mai–Okt. Svino 13, ✆ 05/9915-059, 031/755-263 (mobil), www.kamp-rut.si.

*** Campingplatz Nadiža, schöner großer, schattiger 2-ha-Platz am Zusammenfluss von Nadiža und Bela, am Fuße des Bergs Stol (1673 m). Kleiner Laden 300 m entfernt. Im Fluss kann man im Sommer herrlich baden, die Umgebung lädt zu schönen Wanderungen ein. Bar, Pizzeria, Kinderspielplatz, WiFi, Mountainbikeverleih. 12 €/Pers., 5 €/Strom. Mitte März bis Mitte/Ende Okt. Straße Richtung Breginj nehmen und in Borjana nach Podbela abbiegen. Stresova 18, ✆ 05/3849-110, www.kamp-nadiza.com.

* Campingplatz Trnovo, in Trnovo ob Soči, ca. 6 km nördlich von Kobarid. Schönes 2-ha-Wiesengelände oberhalb der Soča. Verleih von Kajaks und Ausrüstung; wenn Wettbewerbe stattfinden, kann man von der Hängebrücke zusehen (sočaabwärts ist die Profistrecke). Schöne Feinkiesbank in der Nähe. 10 €/Pers., 3 €/Strom. Mai–Sept. Nur eine Cafébar am Platz, Einkaufen 300 m im Dorf. Trnovo ob Soči 64, ✆ 05/3845-583, www.camp-trnovo.si.

◖ Essen & Trinken

Einige Kobarider Gastronomen haben sich zum *Gastronomie-Kreis* zusammengeschlossen, der für Service und Qualität bürgt; Mitglieder sind: Kotlar, Topli val, Breza und Franko. Weitere Restaurants (→ Übernachten).

⟫ Mein Tipp: Hotel-Restaurant Topli val, nettes Sitzen auf der Terrasse hinter dem Haus; innen hell und modern. Spezialitäten sind v. a. frische Fischgerichte, gute Weinauswahl sowie hausgebrannte Schnäpse. U. a. Fischcarpaccio, Sushi von Scampi, Austern, Meeresfische, Soča-Forelle, Karpfen, aber auch Beefsteak, Chateaubriand oder Wildfilet; als Nachspeise sind Štruklji oder Gibanica zu empfehlen. Mai–Okt. tägl. 12–22 Uhr, sonst 12–15/18–21 Uhr, Nov. u. Febr. geschlossen. Trg Svobode 1, ✆ 05/3899-300. ⟪

Restaurant Kotlar, am Marktplatz im hübschen friulanischen Haus. Gute Süßwasser- und Meeresfischgerichte. Auch Übernachtungsmöglichkeiten (→ Übernachten). Di/Mi Ruhetag, sonst 12–15/16 u. 18–22 Uhr. Trg Svobode 11, ✆ 05/3891-110, www.kotlar.si.

Gostilna Breza, im Südwesten des Orts, ca. 10 Min. Fußweg vom Zentrum. Gemütliche Gaststube und traditionelle, gute Kü-

che. 11–15/18–22 Uhr, Mi/Do Ruhetag. Mučeniška ul. 17, ✆ 05/3890-040.

Außerhalb   Pizzeria-Goštiče Jazbec, 2 km in Richtung Tolmin–Nova Gorica. Sehr gutes Lokal und guter Service. Auch komfortable Zimmer (→ Übernachten). Idrsko 56, ✆ 05/3899-100.

⟫ Mein Tipp: Restaurant Hiša Franko, gemütlich und stilvoll im Innern, leicht und luftig im Wintergarten. Wer gehobene kreative Kulinarik basierend auf Tradition und Qualität mag, ist hier richtig. Gemüse, Obst, Fleisch aus der Umgebung, Käse von den Almen, Chutneys, Marmeladen und Kuchen sind selbst gefertigt. Hervorragend z. B. Beefsteak in Teran- und Kräutersauce oder Lamm mit frischen jungen Bohnen und Mintcreme, dazu violette Kartoffeln. Zum Abrunden ein feiner Käse oder doch lieber eine zartschmelzende Creme mit Waldfrüchten? Sieben Köche zaubern unter dem wachsamen Auge von Ana Roš die

Speisen, während sich Valter Kramar als Hausherr um die Gäste und als Sommelier um die Weinverkostung kümmert; rund 400 Flaschen birgt der Weinkeller, der Gast wird kenntnisreich beraten. Mitglied der Jeunes Restaurateurs d'Europe. Mi–Fr 19–22, Sa/So 12–15/19–22 Uhr. Zimmervermietung (→ Übernachten). Staro selo 1, ☎ 05/3894-120, www.hisafranko.com. «

🌿 Touristischer Öko-Bauernhof Robidišče, im gleichnamigen Grenzort (17 km von Kobarid); das Essen kommt vom Bio-Hof, u. a. Schafsmilch, Käse, Jogurt, Lamm, Gemüse, Früchte. Es gibt auch Pferde. Familien fühlen sich hier sicherlich wohl. Übernachtungsmöglichkeiten (→ Übernachten). Robidišče 3, ☎ 05/3849-858, www.robidisce.si. ∎

Sport

Angeln Lizenz in Hotels Hvala u. Jazbec.

Baden Hervorragend zum Baden eignet sich die Nadiža westlich von Kobarid. Badestellen in Nadiža-Kred, Nadiža (bei der Napoleon-Brücke, südlich von Logje) und in Nadiža-Robič.

Paragliden Adrenalin-Paragliding Team (seit 1987), beim Gasthof Jelkin hram in Drežnica, Haus-Nr. 30, ☎ 05/3848-610, 041/953-370 (mobil), www.drustvo-adrenalin.si. Verwaltung, Transport, Fluggenehmigung für Paraglider (auch Zimmervermittlung). Geflogen wird vom Kobariški Stol (höchster und bester Startplatz im Soča-Tal; auch gute Landebedingungen am Südrand von Kobarid).

Reiten Reiterhof Kmetija Smrekar, Livške Ravne 2, ☎ 041/473-644 (mobil). Zudem Camp Lazar und über Alpin Action (s. o.).

Sehenswertes

Italienisches Beinhaus und **Kirche Sveti Anton**: Nördlich über dem Städtchen auf einem bewaldeten Hügel steht auf einem achteckigen Plateau die schon von weitem sichtbare Kirche aus dem 17. Jh. Die erst 1938 fertig gestellten Bogennischen an der monumentalen Treppe dienen als Beinhaus für über 7000 im Ersten Weltkrieg gefallene italienische Soldaten. Die alten Fresken, geschaffen vom einheimischen Maler Luka Šarf, sind teilweise noch erhalten. Die Zufahrt zur Kirche erfolgt direkt vom Marktplatz, schräg gegenüber vom Gasthaus Kotlar, dort führt eine asphaltierte Straße hinauf. Wanderer können das Auto auf dem Marktplatz stehen lassen, etwa eine halbe Stunde auf dem gleichen Weg hinauflaufen und so auch

Wandern/Wanderfestival (s. u. Wanderungen auf historischen Pfaden.) Von Mitte Sept. bis Mitte Okt. werden tägl. Touren verschiedener Schwierigkeitsgrade vom TIC angeboten.

Wassersport Kajak, Hydrospeed, Canyoning, Mountainbikes etc. (→ Sportagenturen).

Kirche Sv. Anton mit Beinhaus

die 14 bronzenen Kreuzwegstationen mit italienischer Beschriftung betrachten. Von oben schöne Aussicht über die hier ziemlich breite Soča-Ebene, das Flussbett und auf die Berge.

Museum von Kobarid (Kobariški Muzej): Das renommierte Museum des Ersten Weltkriegs residiert in einem weißen, im friaulischen Stil erbauten, schön renovierten Gebäude vom Anfang des 18. Jh.; den Eingang ziert die wuchtige Kanone, oberhalb weht die Museumsfahne. Die von altem Gebälk durchzogenen Holzdecken im Innern zieren prächtige Schnitzereien. Hier lebte einst die slowenische Großgrundbesitzerfamilie Mašera. Das Museum, im Jahr 1990 eröffnet, zeigt auf drei Stockwerken über 1000 Exponate: Waffen, Geschosshülsen, Uniformen, Medaillen, die Rekonstruktion einer Kaverne, Fotos, Militärkarten und Originaldokumente. Die militärischen Operationen an der Isonzo-Front können anhand eines Großreliefs der bergigen Kampfgegend nachvollzogen werden. Ein Dachraum wurde der entscheidenden 12. Offensive (auch „Schlacht bei Karfreit" genannt) gewidmet und multivisionell eindrücklich nachgestellt (auch in Deutsch). Das Treppenhaus schmückt ein großes Schwarzweißbild von Ernest Hemingway aus seinen späteren Jahren, ein Geschenk des Amerikanischen Kulturzentrums aus Ljubljana. Das Museum zählt zu den meistbesuchten in Slowenien und wurde 1993 vom Europarat als „Europäisches Museum des Jahres" prämiert, nicht zuletzt wegen seines Anti-Kriegs-Konzepts.
April–Sept. tägl. 9–18 Uhr, Okt.–März tägl. 10–17 Uhr. Eintritt 6 €, Stud. 4 €, Kinder 2,50 €. Gregorčičeva 10, ✆ 05/3890-000, www.kobariski-muzej.si.

Almmuseum (Planika Mlekarna): südlich des Zentrums. Gezeigt wird der traditionelle Prozess der Milch- und Käseherstellung; auch mit Verkauf.
Mai–Sept. Mo–Sa 10–12/17–19 Uhr; Okt. Mo–Sa 10–12 Uhr, So/Feiertag geschlossen. Eintritt 2,50 €. Gregorčičeva ul. 32, ✆ 05/3841-000.

Kobarid/Umgebung

Italienische Soldatenkapelle (Spomenik I. Sveti vojne): Die Kapelle unterhalb der Planica (1376 m) und des Pleče (1299 m) am Krn-Massiv wurde während des Ersten Weltkriegs in der Nähe der Beobachtungsposten und des Lazaretts erbaut. Sie trägt den Namen des Hauptmanns Celestino Bes, der von seinem Bataillon den Bau errichten ließ, ist rechteckig angelegt und besitzt nach hinten ein rundes Kuppeldach. Das Portal zieren die Lettern CONSOLATRIX AFFLICTORUM (Asyl der Leidenden). In dreijähriger Restaurierungsarbeit wurde 1993 die durch den Krieg schwer beschädigte Kirche wieder aufgebaut. Von Kobarid sind es über Vrsno zum Parkplatz der Kuhinja-Alm ca. 14 km. Die schmale Straße führt in vielen Windungen den Berg hoch. Ab dort noch ca. 20 Min. Fußweg zur Kapelle.

Tonocov Grad: Ca. 1 km von Kobarid entfernt, Richtung Bovec, begann man mit der Ausgrabung von drei Kirchen aus dem 5./6. Jh. Nach dem Bunker rechts an der Hauptstraße kommt links ein Parkplatz. Von dort noch ca. 100 m hochlaufen. In der Spätantike befand sich hier ein Militärlager; Ende des 5. Jh. wurde auf dem Berg eine Siedlung mit Wohngebäuden und Kirchen errichtet.

Breginj: Das Dorf wurde 1976 bei einem Erdbeben fast vollständig zerstört, nur wenige Häuser konnten erhalten werden. Bei der Kirche lädt ein kleines *Ethnografisches Museum* zum Besuch ein. Oberhalb vom Ort der *Stol* (auch Breginjiski Stol genannt), die beliebte Startrampe für Paraglider.

Drežnica: Kleiner idyllischer Ort, ca. 5 km östlich und oberhalb von Kobarid, der mit seiner dominierenden Pfarrkirche *Presvetega srca jezusovega*, 1910 erbaut, den Vordergrund der beeindruckenden Gebirgskulisse des Krn-Massivs bildet. Drežnica ist ein guter Ausgangspunkt für Bergtouren zum Krn (4 Std. für sportliche Naturen) und vor allem Treffpunkt der Paraglider (→ Übernachten/Jelkin hram).

Ein *Privatmuseum* über den Ersten Weltkrieg lädt zum Besuch ein – seit über 30 Jahren hat Mirco Kurinčić Kriegsmaterial aus dem Krn-Gebirge und der Umgebung sowie ethnologische Funde zusammengetragen.

Oberhalb von Drežnica in **Drežniške Ravne** lädt das *Freilichtmuseum Predolina* mit einem an die Soča-Front erinnernden historischen Pfad zum Rundgang ein (→ Wanderungen auf historischen Pfaden).

Koseč: Ein Dörfchen etwa 1,5 km südlich und oberhalb von Drežnica bietet Übernachtungsmöglichkeiten und einen schönen Rundweg (→ Koseška Korita).

Panoramastraße   Kobarid–Ladra–Smast–Vrsno–Krn: Von der Napoleon-Brücke bei Kobarid führt das schmale Sträßchen südlich bergan über Ladra, Smast und Vrsno hinauf zum Weiler Krn unterhalb des Berges Krn (2244 m). Die Weiler (mit Übernachtungsmöglichkeiten) bieten sich als Ausgangspunkt für Wanderungen ins Krn-Massiv und weiter z. B. in Richtung Triglav an. Hier verläuft auch der Europäische Fernwanderweg E 7 (→ Wanderungen auf historischen Pfaden).

Blick auf die Napoleon-Brücke

Im Dorf **Vrsno** ist das Geburtshaus des Dichters Simon Gregorčič (der Verfasser des Liebesgedichts an die Soča) zu besichtigen. Sein Grab befindet sich auf dem Friedhof bei der Kirche *Sveti Lovrenc*, auf einem Hügel mitten im Soča-Tal (am besten erreichbar vom Dorf Smast, ca. 2 km vor Vrsno).

Südöstlich von Vrnso sind die **Wasserfälle Brinta** und **Gregorčič** sehenswert – mit 104 und 88 m Höhe zählen sie zu den größten Sloweniens. Beide Wasserfälle sind von der Straße Selce–Vrsno gut zu sehen.

Nadiža-Flussbett: ca. 2 km südöstlich des Campingplatzes Nadiža in Podbela herrliche Badegelegenheit im *Nadiška korita;* das von hohen Felsen umgebene Becken hat kiesige Buchten; im Sommer erwärmt sich das Wasser auf bis zu 24 °C. Von Podbela führt ein Flurweg dorthin.

Wanderungen auf historischen Pfaden

Die **Fundacija Poti miru v Posočju** (→ Kobarid/Information) organisiert Gruppenführungen zu den Freilichtmuseen.

Historischer Rundweg um Kobarid: Von 1993 bis 1998 wurde dieser 5 km lange Rundweg angelegt. In 3 bis 5 Std., je nach Lauf- und Besichtigungstempo, kann man alle wichtigen historischen und Naturdenkmäler erleben. Der Lehrpfad beginnt am Museum Kobarid, führt zur römischen Siedlung auf der Anhöhe Gradič, weiter zum italienischen Beinhaus mit Kirche *Sv. Anton* und hoch zur Befestigung *Tonocov Grad*. Dann führt der Pfad östlich zur italienischen Verteidigungslinie und hinab zur Soča-Schlucht. Über die Hängebrücke geht es über die Soča und nordöstlich zu den *Kozjak-Wasserfällen*. Schließlich führt der Weg, vorbei an einer italienischen Verteidigungsstellung, wieder zurück. Weiter im Süden erreicht man dann die Napoleon-Brücke und kommt wieder in die Stadt und zum Museum Kobarid, dem Ausgangspunkt. Eine kleine Broschüre mit Routenverlauf und Erklärungen (Kobariška Zgodovinska Pot) informiert detailliert über den Rundweg.

Napoleon-Brücke und Kozjak-Wasserfall: Vor dem Museum (aus Richtung Bovec kommend) zweigt links eine Straße ab, die zum Campingplatz Koren zur Soča hinab und dann über die Napoleon-Brücke führt. Die ehemalige, von französischen Soldaten gebaute Natursteinbrücke über die türkisblaue Schlucht der Soča wurde im Ersten Weltkrieg zerstört und erst später wieder aufgebaut. Ein paar hundert Meter nach der Brücke führt ein beschilderter Weg Soča-aufwärts in Richtung des Wasserfalls (Slap) am Nebenfluss Kozjak. Der Weg steigt an einer Felsmauer an und führt durch ehemalige Schützengräben. Von der Warte schöner Ausblick auf die unterhalb liegende Soča mit Campingplatz sowie auf die umliegenden Berggipfel. An einer Kaverne vorbei erreicht man die Brücke über den Kozjak-Bach, ein wenig später – teilweise über Holzstege – den *Kozjak-Wasserfall*.

In der Koseška Korita

Koseška Korita – kleiner Rundweg um Koseč (bei Drežnica): Wer sich hier oben bei Drežnica einquartiert hat, kann sich an dem 3,5 km langen idyllischen Pfad erfreuen. Er führt vom südlichen Ortsende von Koseč hinab zur Kapelle *Sv. Just* aus dem 14. Jh. (im Innern schöne Freskenmalereien aus der zweiten Hälfte des 15. Jh.) und weiter zu vier tosenden Wasserfällen, den *Stopnik slaps*, die zwischen 16 und 25 m in die Tiefe stürzen. Die *Koseška Korita* ist eine beeindruckende Schlucht – der Pfad geht tief hinab und wieder hinauf durch sattgrünen Buchenwald, vorbei an herrlichem Efeubewuchs, verschiedensten Farnen, Immergrün und Alpenveilchen – besonders im Frühjahr eine wahre Blütenpracht.

Freilichtmuseum Kolovrat – Wege des Friedens im Soča-Tal: von Kobarid 7 km südlich (über Idrsko). Beim Ort Livek führt ein Abzweig in der Ortsmitte nach weiteren 3 km zum Ort Livške Ravne. Beim ausgeschilderten Parkplatz beginnt der historische Pfad. Hier verlief die dritte italienische Verteidigungslinie – das gesamte Soča-Schlachtfeld von Rombon über Krn und Tolmin konnte von hier aus überblickt werden. Auf dem Pfad zu sehen sind die Befestigungstechniken der Italiener, Kavernen u. a. m.

Freilichtmuseum Predolina – Wege des Friedens im Soča-Tal: mit dem Auto von Bovec nach Drežniške Ravne, dort das Auto parken. Den ausgeschilderten Pfad hoch nach Predolina nehmen. Bis zur Alm (Planina) Zabrikraj benötigt man ca. 1 Std. Wer mag, kann bis dahin auch mit dem Mountainbike radeln. Dann ist in einer halben Stunde der historische Pfad erreicht. Ca. 1,5 Std. dauert der Rundweg, man sieht Kavernen, Bunker und Schützengräben der Soča-Front. Insgesamt dauert die Wanderung je nach Lauftempo 4 bis 5 Std.

Europäischer Fernwanderweg E 7 (Strecke Robič–Vrsno–Krn): Der E 7 verläuft auf diesem Teilstück vom Grenzübergang Robič aus durch Kobarid, Richtung Ort Krn (hier trifft er auf den Alpe-Adria-Trail s. u.) und weiter nach Süden. Vom Grenzübergang läuft man erst auf der Straße an dem sauberen und im Sommer sehr warmen Fluss Nadiža entlang. Ein riesiger Parkplatz im Tal, wo die Nadiža einen Bogen macht, markiert mitten in der wilden Natur einen beliebten Sommer-Badeplatz für Abkühlungsbedürftige von beiden Seiten der Grenze. Von hier braucht man bis Kobarid noch eine gute Stunde. In Kobarid überquert der Wanderweg den Marktplatz Richtung Bovec, führt am Museum vorbei Richtung Napoleon-Brücke und über die Soča. Nach der Brücke nach rechts abbiegen und weiter hinauf in Richtung der Orte Vrsno und Krn.

Der **Alpe-Adria-Trail** passiert auch Kobarid, oberhalb von Bovec kommend über Trnovi–Drežniške Ravne–Drežnica–Koseč–Krn gen Zatolmin und Tolmin.

Aufstieg zum Krn (2244 m): Es gibt mehrere Aufstiegsrouten. *Route 1:* Man nimmt von Kobarid die Straße über Vrsno und fährt wie oben beschrieben (Italienisches Beinhaus/Italienische Soldatenkapelle) bis zur Planina Kuhinja, parkt dort sein Auto und läuft in ca. 3,5 Std. bis zum Gipfel. Oben kann man eine Rundtour über den östlich gelegenen Krnska škrbina machen.

🚶 **Wanderung 8: Aufstieg zum Berg Krn von der Südseite**   → S. 505
Hochgebirgsrundtour von der Planina Kuhinja mit Stärkung in Käsereien

Route 2: von Kobarid aus mit dem Auto oder Bus (2-mal tägl.) bis Drežnica. Von dort Aufstieg über den Berg Kožljak (1587 m) zum Krn in ca. 5 Std. Oben bietet sich die Möglichkeit einer weiteren Tour über den Krn-See, mit Übernachtungsmöglichkeit in der gleichnamigen, 10 Min. entfernten Hütte (Planinski dom pri Krnskih jezerih). Am nächsten Tag Abstieg ins Lepena-Tal und mit dem Bus über Bovec wieder zurück nach Kobarid.

Soča-Tal → Karte S. 153

Tolmin

Der Ort mit ein wenig Industrie ist das Wirtschafts-, Kultur- und Verwaltungszentrum der Region Oberes Soča-Tal. Tolmins Umgebung lädt zu schönen Wanderungen ein – Hauptattraktionen sind die Tolminer Klammen, die Dante-Höhle und das Kirchlein Sveti Duh.

Tolmin liegt auf einer terrassenähnlichen Anhöhe zwischen den Flüssen Tolminka und Soča. Die Altstadt mit ihren schmalen Gassen liegt westlich, die Wohnsiedlung entstand in den letzten 50 Jahren östlich der Durchgangsstraße (→ Foto S. 511).

Tolmins Umgebung, die **Tolminska**, wird wegen ihrer zahlreichen Gewässer und Wasserfälle auch „Land des lebendigen Wassers" genannt. Die Nachbarorte **Zatolmin** und **Poljubinj** (schöne Übernachtungsmöglichkeiten) sind gute Ausgangspunkte für einfache und anspruchsvolle Wanderungen sowie Mountainbiketouren ins Gebirge und bieten auch Paraglidern einen guten Startplatz vom Berg **Kobala** (1080 m).

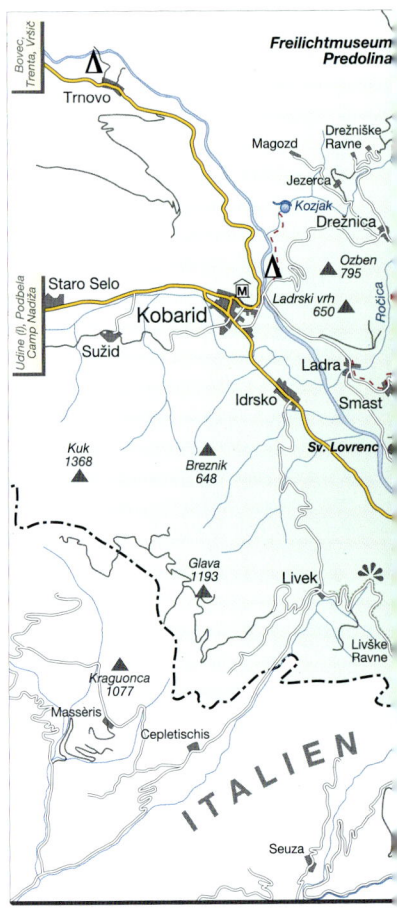

Geschichte

Wegen seines sehr milden Klimas und der günstigen geografischen Lage in der hügeligen Alpenlandschaft war Tolmin schon frühzeitig besiedelt. Im 9. Jh. v. Chr. lebten hier Illyrer, im 6. Jh. n. Chr. kamen die Slowenen, im 8. Jh. erhielten Tolmin und seine Umgebung die Rechte einer Markgrafschaft.

Auf dem strategisch wichtigen Hügel Kozlov rob (428 m) an der Zufahrtsstraße aus Richtung Kobarid sind heute nur noch Ruinen zu sehen. Die Patriarchen von Aquileia errichteten hier Anfang des 11. Jh. eine Festung, zu deren Füßen sich bald das Städtchen Tolmin entwickelte. Später wechselten die Herrscher häufig: Nach den Venezianern regierten vom 14. bis zum Ende des 15. Jh. die Grafen von Görtz, darauf die Habsburger, nach ihnen die Grafen von Coronini. Deren brutales Regime führte 1513 und noch einmal im Jahr 1713 zu heftigen Bauernaufständen, die sich von hier auf das gesamte Küstengebiet ausdehnten und blutig niedergeschlagen wurden.

Ende des 19. Jh. fand in Tolmin ein großes Volkstreffen der Slowenen statt, das unter anderem forderte, in dem von Italien besetzten Gebiet offiziell Slowenisch sprechen zu dürfen. Bis Ende 1945 blieb Tolmin unter italienischer Herrschaft, seitdem gehört es zu Slowenien. Das moderne Industriegebiet an der Peripherie in Richtung Most na Soči zeigt deutlich, dass die wirtschaftliche Entwicklung der Region erst in den letzten Jahrzehnten stattgefunden hat.

Basis-Infos

Information Touristinformation TIC, 5220 Tolmin, Petra Skalarja 4, ✆ 05/3800-480, www.visit-soca.com. Juli/Aug. tägl. 9–12.30/13.30–20 Uhr; Juni u. Sept. nur bis 19 Uhr; April/Mai Mo–Fr 9–12.30/13.30–18 Uhr, Sa 9–13 Uhr; Okt.–März Mo–Fr 9–16 Uhr, Sa 9–13 Uhr.

Fischereiverein Tolmin (Ribiška družina), Trg 1. maja 7, ✆ 05/3811-710, www.ribiska-druzina-tolmin.si. Informationen rund ums Angeln in der Soča. Mo–Fr 8–15 Uhr.

Sportagenturen Maya, ✆ 05/3810-530, www.maya.si. Sehr umfangreiches Sport-

Soča-Tal → Karte S. 153

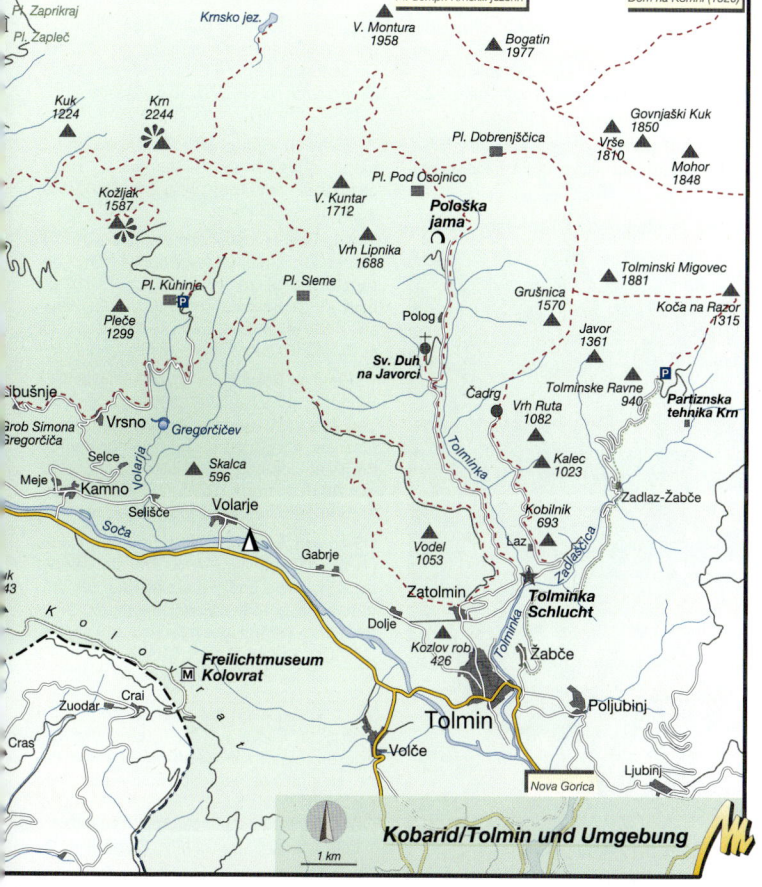

Kobarid/Tolmin und Umgebung

programm. Die Basis mit Kajak-, Rafting- u. Fahrradvermietung ist am Soča-Ufer, Labrca genannt (nach Kreisverkehr von Kobarid kommend, vor Brücke). Hier kann man im Fluss schwimmen, es gibt ein Restaurant.

Fly Zone, Čiginj 57 g (4 km südlich von Tolmin), ℘ 031/212-286 (mobil), www.paragliding-adventure.com. Paraglide-Flugschule, Transfer, Zimmer.

Verbindungen Bus mehrmals tägl. nach Bovec, Ljubljana und Nova Gorica. Busbahnhof links an der Durchfahrtsstraße Richtung Most na Soči (beim Einkaufszentrum). Infos ℘ 05/3801-143.

Gesundheit Apotheke, Trg Maršala Tita 11, ℘ 05/3811-480 (auch Notfall-Nr.). Mo–Fr 7.30–19, Sa 8–12.30 Uhr.

Ambulanz, Presernova ul. 6, ℘ 05/3881-120. Durchgehend geöffnet.

Veranstaltungen Tolmin hat sich auch einen Namen mit seinen Open-Air-Festivals gemacht, die auf dem idyllischen Gelände südlich der Stadt, am Zusammenfluss von Tolminka und Soča, stattfinden. U. a. **Metal-Tage**, Ende Juli Mo–Fr. **Punk-Rock-Festival**, im Aug. Mo–Fr. **Reggea-Festival**, ab Mitte Aug. **Soča-Outdoorfestival**, Mitte Mai–Mitte Juni.

Übernachten/Essen & Trinken

Übernachten Privatzimmer und **Appartements** vermittelt die Touristinformation. Von der Lage her schöne Übernachtungsmöglichkeiten gibt es in den Ortsteilen **Zatolmin** oder **Poljubinj**. Pro Pers. ab 15 €.

*** Hotel Dvorec (Ex Hotel Krn), rosafarbenes Gebäude mit reizvoller Fassadenbema-

Tolminer Klamm und Teufelsbrücke

lung; am steinernen Balkon über dem Eingang grüßt ein schmiedeeiserner Drache. Gutes Restaurant (→ Essen). 48 gemütliche Zimmer mit WiFi, DZ/F 80 €. Mestni trg 3, ℘ 05/3821-100, www.hoteldvorec.com.

**** Pension Rutar, stilvolles Haus mit 9 netten Zimmern und Restaurant für Hausgäste. DZ/F 72 €. Mestni trg 7, ℘ 05/3800-500, www.pension-rutar.si.

*** The Blue House, 5 km westlich von Tolmin im Ort Čiginj und – wie der Name besagt – mit blauer Fassade. Im 19. Jh. erbaut. 10 gemütliche Zimmer im Landhausstil. Kein Restaurant. DZ/F 70–80 €. Čiginj 25, ℘ 05/3883-180, www.bluehouse.si.

*** Pension Kobala, im Ortsteil Poljubinj. 27 Betten in gut ausgestatteten Appartements und Zimmern; Garten, Terrasse und Pool; familiäre Atmosphäre; Transfer für Paraglider wird geboten, u. a. ist ein Landeplatz nur 200 m entfernt. DZ/F 72 €. Poljubinj 6a, ℘ 05/3810-155, www.penzion-kobala.si.

** Pension Fly Zone, Sitz des Flugteams (→ Sport/Paragliden), d. h. Transfer, Kurse etc.; Picknick- und Feuerplatz auf der umgebenden großen Wiese. Im netten Neubau gibt es etliche freundliche Zimmer. DZ/F 56 €. Čiginj 57 g, ℘ 031/212-286 (mobil), www.paragliding-adventure.com.

🌿 °°° **Öko-Bauernhof & Käserei Pri Lovrcu**, in Čadrg auf 700 m, umgeben von Wiesen, bietet schöne Weitblicke und Ruhe. Hier gibt es vom Hof Bioprodukte wie Milch, Kuhmilchkäse, Fleisch, Gemüse, Obst und Birnenschnaps. Appartements für 2 Pers. ca. 50 €. Ganzjährig. Čadrg 8, ℘ 05/3811-154, www.prilovrcu.si. ■

🌿 **Ökologischer Bauernhof & Käserei Pri Križarju**, auch hier gibt es leckeren Käse, zudem organisiert die junge Familie Bradac vieles. Čadrg 21, ☎ 041/641-862, www.prikrizarju.si. ■

Koča na planini Stador, auf 1050 m auf der gleichnamigen Alm, schön gelegen; 9 einfache Betten. Mai–Okt. Poljubinj 93, ☎ 031/411-373 (mobil).

Camping ** **Campingplatz Vili**, 6 km nördlich von Tolmin (über Zatolmin); schöner kleiner Platz am Flussufer mit Grill-Bar. April–Sept. 10 €/Pers. Volarje 9, ☎ 031/711-288 (mobil), www.camp-vili.si.

* **Camp Gabrje**, ca. 5 km nördlich von Tolmin, 2-ha-Wiese-Wald-Platz nahe Flussufer, der v. a. gerne von Paraglidern genutzt wird – hier ist ein Paraglider-Center. Mit Bar. 9 €/Pers., 2 €/Strom. Mai–Sept. Volarje 57, ☎ 040/153-490 (mobil), www.camp-gabrje.com.

Essen & Trinken **Restaurant Hotel Dvorec** (→ Übernachten), nett sitzt man im Wintergarten. Neben Pizzen auch deftige Hausmannskost wie Schweinemagen mit Meerrettich oder Bauernaufschnitt mit Kuhkäse von den Almen des Krn.

Gostilna Zatolmin, im Ortsteil Zatolmin; gute Hausmannskost wie Suppen, Štruklji, Frika. Zatolmin 1, ☎ 05/3882-533.

Restaurant Labrca, nahe an der Soča. Hier speist man u. a. guten Palatschinken, aber auch Suppen, Grillfleisch und Würste. Volče 87, ☎ 051/312-972. Tägl. 11–22/23 Uhr. (→ Information/Sportagentur Maya).

Restaurant Tolminska korita, am Eingang zu den Schluchten. Auch hier gute Hausmannskost, u. a. Forellen. Tägl. ab 11 Uhr.

Sport

Angeln Lizenz im Fischereiverein (→ Information).

Freeclimbing Über Agenturen. Rund um Tolmin gibt es 4 markierte und gesicherte Klettergärten.

Mountainbiken Geführte Mountainbiketouren mit **Agentur Maya**. Eine anspruchsvolle Route führt von Tolmin/Zabče über Zadlaz-Zabče hoch nach Tolminske Ravne und weiter zur Unterkunfthütte Razor (Koča na planini Razor) auf 1315 m. Dann wieder langsam hinab über die Planina Kuk und Planina Stador mit der Unterkunftshütte Stador (Koča na planini Stador) auf 1230 m. Schließlich geht es in Serpentinen steil abwärts zum Ort Ljubinj (387 m) und über Poljubinj wieder zurück nach Tolmin.

Paragliden Guter Abflugplatz ist der Berg **Kobala** (1080 m) östlich von Tolmin, mit dem Auto erreichbar (er ist auch bei der slowenischen Luftbehörde eingetragen); ebenso gut ist der angelegte Landeplatz bei **Tolmin-Poljubinj**. Hier herrscht günstige Thermik in Richtung Oberes Soča-Tal sowie in Richtung Italien. Agentur **Fly Zone** (s. o.) bietet Transfer etc.

Fluggenehmigung für Paraglider, ☎ 041/966-367 (mobil), www.kobala.si.

Wandern/Wanderfestival (s. u. Wander- und Mountainbiketouren um Tolmin). Von Mitte Sept. bis Mitte Okt. werden tägl. Touren verschiedener Schwierigkeitsgrade vom TIC angeboten.

Wassersport Über **Agentur Maya**, u. a. Rafting, Canyoning, Kajak inkl. Kurs, Hydrospeed.

Sehenswertes

Tolminski Muzej: Die Tolminer Sammlung, untergebracht in einem schön restaurierten Herrensitz aus dem 17. Jh., besteht aus drei Abteilungen – einer archäologischen, einer kunstgeschichtlichen mit Werken aus der Umgebung und einer reichhaltigen ethnografischen Sammlung. Im Erdgeschoss und Keller gibt es zudem wechselnde zeitgenössische Ausstellungen.

Juli/Aug. Di–Fr 9–16, Sa/So und Feiertag 13–17 Uhr; sonst Di–Fr 9–16, Sa/So und Feiertag 13–17 Uhr und nach Vereinbarung. Eintritt 3 €. Mestni trg 4, ☎ 05/3811-360, www.tolmuzej.si.

Soča-Tal → Karte S. 153

Ruine auf dem Hügel Kozlov rob (426 m): Der Hügel am nördlichen Stadtrand in Richtung Zatolmin ist zu Fuß von der Ortsmitte aus in ca. 30 Min. erreichbar. Ein schöner Spazierweg führt durch das Wäldchen zur Ruine hinauf – von hier oben guter Ausblick über das Städtchen. Die Festung wurde in der Vergangenheit durch Erdbeben zerstört und ist seitdem dem Verfall überlassen (→ Foto S. 511).

Tolminer Klammen (Tolminska korita) **und Dante-Höhle** (Zadlaška jama): Die Klammen, auch Flussbetten genannt, sind 2 km nördlich von Tolmin (nach dem Ort Zatolmin) am Zusammenfluss der Tolminka und Zadlaščica zu Fuß wie auch mit dem Auto erreichbar. Wie auf der Tafel am Schluchteingang nachzulesen ist, war der große Renaissance-Poet Dante Alighieri im Jahr 1319 Sommergast bei den Patriarchen von Aquileia. Er war von der nahe gelegenen unterirdischen Höhle und der Schrecken erregenden wilden Schlucht so begeistert, dass er sich davon für seine „Göttliche Komödie" inspirieren ließ – gut vorstellbar, wie er in seinem roten Gewand vor der Höhle saß und einige Gesänge seines Hölleninfernos dichtete.

Der Weg hinab zum Fluss, der smaragdgrün und türkis leuchtet, und dann links steil hoch über die *Teufelsbrücke* ist sehr lohnend – von der hohen Brücke bietet sich ein fantastischer Blick auf die über 1 km lange, tiefe Tolminka-Schlucht. Weiter führt der Weg zur Dante-Höhle. Der erste Höhlenteil ist für Touristen zugänglich, aber man benötigt Taschenlampe und Regenjacke. Der Gang durch die Höhle (ca. 1,5 Std.) ist nur mit einem Höhlenführer möglich!

Tolminska korita: Juni–Aug. 8.30–19.30, Mai 9–19, März/April u. Sept. 9–18.30, Anf.–Mitte Okt. 9–17.30, Mitte–Ende Okt. bis 16.30, 1. Nov.-Woche 9–16 Uhr; ab 1. Nov.-Woche bis Ende März geschlossen. Eintritt 4 €, Stud. 3,20 €, Kinder 7–14 J. 2 €. Zadlaška jama (Dante-Höhle) nur nach Vereinbarung mit Führung, ca. 20 €. Infos am Eingang oder www.dolina-soce.com.

Das Biokäsedorf Čardg – hier lässt es sich gut nächtigen

Oberhalb von Tolmin bei Javorca – Sveti Duh (1916)

Soča-Tal → Karte S. 153

Čadrg: Der Weiler mit seinen wenigen Bauernhäusern liegt auf 700 m, in sonniger Lage oberhalb der Tolminer Klammen, und bietet einen herrlichen Weitblick auf das Tolminer Becken. Angeblich wurde das Dorf von Bohinjern gegründet, die sich gegen ihre Gutsbesitzer und deren Forderungen stellten. Kurzerhand wurden die Aufständischen zum Tode verurteilt, deren Frauen mussten ihr Dorf verlassen, mit der Auflage, nur das mitzuführen, was sie tragen konnten – so nahmen sie ihre Männer Huckepack und schleppten diese den weiten Weg über die Berge, bis sie hier auf der Hochebene die erste Möglichkeit zum Siedeln fanden. Auf dem fruchtbaren Boden grasen heute auf saftigen Wiesen Kühe, Ziegen und Schafe, aus deren Milch der leckere Tolminer Käse, Quark und Butter hergestellt werden. Die Dorfgemeinschaft von rund 35 Einwohnern betreibt die moderne Käserei und die Vermarktung des *Tolminc-Käse*, einer Art Hartkäse. Auch produzieren die Menschen hier ihr eigenes Gemüse und Obst – man kann von einem Biodorf sprechen, denn fast alle arbeiten nach biologischen Richtlinien (→ Tolmin/Übernachten). Zudem kann man hier herrlich wandern, ob über Laz ins Tal hinab oder über Javorca (s. u.), Konditionsstarke auch gen Bohinj-Tal.

 Wanderung 9: Von der Tolminka-Schlucht nach Čadrg   → S. 511
Schöne Wander- bzw. konditionsstarke Mountainbiketour
zum Bio-Käsedorf

Kirche Sveti Duh von Javorca: Oberhalb des Tolminka-Tals und der Polog-Alm steht malerisch in Alleinlage auf einer Felskuppe die Kirche des Heiligen Geistes, von österreichischen Soldaten 1916 im Ersten Weltkrieg nach Plänen des Architekten Remigius Geyling erbaut. Der ausladende Treppenaufgang besteht wie der untere Kirchenteil aus weißem Stein, der obere Abschnitt mit dem Kirchturm ist eine wunderbare Holzkonstruktion. Diese Holzteile wurden an der Kunstakademie in Wien gefertigt. Die Außenwände sind mit Freskomalereien verziert und zeigen die Länderwappen, die einst zur österreichisch-ungarischen Monarchie gehörten. Im Innern wirkt die Kirche sehr farbenfroh, die Holzsäulen sind in Blau gehalten und mit Ornamenten verziert, ebenso die herrliche Kassettendecke. Auch der Altar mit Heiligem Geist ist ein Meisterwerk. Auf Holztafeln, die die Seiten eines Buches symbolisieren, sind die Namen gefallener österreichischer Soldaten eingebrannt. Der Weg zur Kirche führt von Tolmin aus etwa 9 km durch Zatolmin gen Javorca hinauf durch abwechslungsreiche Landschaft mit üppigen Wiesen und Obstbäumen, optimal für eine Mountainbike-Tour (auch mit Auto befahrbar, allerdings sehr schmale Schotterstraße).

Juli/Aug. tägl. 10–19, Sept. tägl. 10–17, Mitte April–Juni u. Okt. nur Sa/So u. Feiertag (zudem bei gutem Wetter) 10–17 Uhr. Außerhalb der Saison Schlüssel bei TIC. Eintritt 2 €.

Deutsches Beinhaus: Die Gedenkstätte wurde 1938 mit deutschen Steinen von einem Münchner Unternehmen errichtet und liegt am Zusammenfluss von Soča und Tolminka – 965 deutsche Soldaten sind hier begraben. Die Vestibültür ist aus österreichischen und italienischen Gewehrläufen geschmiedet (Schlüssel ist bei TIC).

Wander- und Mountainbikevorschläge um Tolmin

Richtung Tolminer Klammen, auch Flussströge genannt: Die Gegend um Tolmin lädt zu zahlreichen Touren ein, die auch teils auch per Mountainbike machbar sind (→ Tolmin/Sport/Mountainbiken). Zum Beispiel auf dem E 7 von Tolmin über Zatolmin und dann die Almen hinauf entlang der Tolminka mit den Tolminer Klammen (Tolminska korita), die zum Symbol der Gegend wurden – der Fluss spülte im Laufe der Jahrtausende das Kalkgestein aus und grub eine Schlucht, die z. T. nur wenige Meter breit ist. Auf diesem Weg (E 7) erreicht man die Kirche *Sv. Duh* in Javorca. Weiter nordwärts, hoch über Polog, kommt man zur Quelle der Tolminka – sie sprudelt aus vielen Felsen. Von Javorca kann man auch auf dem Wanderweg E 7 über die Almen zur Unterkunftshütte *Koča na planina Kuhinja* laufen (1012 m; geöffnet 15. Mai–30. Sept.) und weiter über Vrsno nach Kobarid. Oder natürlich hoch zum Krn (→ Kleiner Wanderführer/Wanderung 8, S. 505).

Richtung Berg Razor: von Zatolmin nach Laz und dann über Almen hinauf zur Unterkunftshütte *Razor* (1315 m; ☎ 050/632-720 mobil). Weitere Touren sind Richtung Berg Vogel oder Komna möglich.

Wanderung Richtung Alm Stador: Sehr schön ist auch eine Wanderung von Tolmin über Ljubinj zur Stador-Alm *(Planina Stador),* von der man einen weiten Blick ins Sočatal und auf Most na Soči genießt. Von der Stador-Alm gelangt man auf dem Fahrweg zu den Almen Lom und Kuk und erreicht weiter nordwärts die Unterkunftshütte Razor (→ Tolmin/Sport/Mountainbiken).

Wasserfall Beri (Slap Beri): östlich vom Ortsteil Tolmin-Poljubinj. Das Flüsschen Godiča, das oberhalb der Planina Stador entspringt, stürzt hier 36 m in die Tiefe. Zwei weitere kleine Wasserfälle sind ganz in der Nähe. Der Wasserfall ist auf markiertem Fußweg in ca. 30 Min. zu erreichen.

Alpe-Adria-Trail, von Kobarid kommend schwenkt er nun südwestwärts Richtung Civiale del Friuli (Italien).

Most na Soči – nur im Sommer kreuzt der Raddampfer auf dem See

Most na Soči

Das Städtchen am Zusammenfluss von Idrijca und Soča, oberhalb des türkisblauen Soča-Sees, war seit der Eisenzeit besiedelt. Im 21. Jahrhundert ist Most na Soči beliebtes Ausflugsziel und Anglerparadies.

Schon seit drei Jahrtausenden ist Most na Soči, sicherlich aufgrund der günstigen Lage, besiedelt. Zeugnisse belegen eine der größten archäologischen Funde – rund 7000 Gräber aus der frühen Eisenzeit wurde hier freigelegt, die meisten davon sind heute allerdings in Triester und Wiener Museen zu sehen. Unterhalb der Kirche Sv. Maver und des heutigen Friedhofs sind die Reste einer **römischen Siedlung** freigelegt (zu finden hinter der Kirche Sv. Lucija, dann zur „Stihl-Werkstatt", hier links ab und die 2. Straße wieder links). Ringsum neu erbaute Häuser mit üppigen Gemüsegärten, in denen Granatapfelbäume gedeihen.

Die Kirche **Sv. Lucija** (Santa Lucija) aus dem Jahr 1612 ist im Stil der Spätgotik und Renaissance erbaut; besonders erwähnenswert die schöne Altarbemalung. Auf dem nächsten Hügel über der Kirche Sv. Lucija steht die Kirche **Sv. Maver**, bei der sich der heutige Friedhof befindet. Der etwa 30-minütige Weg hinauf lohnt, von oben schöne Aussicht über das Städtchen und den Stausee.

Schön ist auch ein Spaziergang am See oder ein gemütlicher Ausflug auf einem der zwei kleinen **Raddampfer** im Mississippi-Look. Zum Baden ist das türkisblaue Wasser leider zu kalt. Ein reizvolles Ausflugsziel ist auch das östlich von Most na Soči liegende Hochland Šentviška Planota mit dem Ort **Ponikve** und seiner von Plečnik gestalteten Kirche (→ Idrijca-Tal).

In Most na Soči halten die von Bled kommenden historischen Dampflokzüge (→ Eisenbahnlinie durch den Nationalpark Triglav und in das Soča-Tal).

Basis-Infos

Information 5216 Most na Soči; Gemeinde Tolmin; alle Infos über **TIC-Tolmin**.

ABC Turizem, ✆ 059/070-512, www.abc-tourism.si. Reservierung für Dampflokfahrten (→ S. 148).

Verbindungen Bus: mehrmals tägl. Richtung Bovec, Idrija–Ljubljana, Nova Gorica. Busbahnhof an der Straße Richtung Idrija–Ljubljana, unterhalb der Kirche Sv. Lucija.

Auto: von Most na Soči nach Podbrdo 25 km, weiter nach Bohinjska Bistrica (50 km), schön, jedoch sehr kurvenreich. Zugverladung lohnt (s. u.).

Zug: Bahnhof ca. 2 km östlich (Richtung Idrija–Ljubljana), über dem Fluss Idrijca. Tägl. mind. 8-mal tägl. Linie u. a. Nova Gorica–Most na Soči–Podbrdo–Bohinjska Bistrica und weiter Richtung Jesenice. Teilweise mit Autoverladung (AVT), nach Nova Gorica nur wenige Verbindungen, AVT nur 1-mal tägl. ✆ 05/2963-774, www.slo-zeleznice.si.

Zug-Autoverladung (AVT): Von Most na Soči–Podbrdo–Bohinjska Bistrica (35 Min. Fahrtzeit). Preise (Auto und Fahrer): 14 €, weitere Pers. 2,58 €. Tägl. 7.34, 10.35 u. 18.31 Uhr (nur April–Sept).
Von Podbrdo–Bohinjska Bistrica (10 Min. Fahrtzeit), 9,10 € (Auto und Fahrer), weitere Pers. 1,28 €, um 8.09, 11.05, 13.15, 15.40; April–Sept. zusätzl. um 18.59 Uhr (→ Bohinjska Bistrica).

Angeln Tageskarten und Infos zum Fliegenangeln in den bei Trophäenanglern sehr beliebten Flüssen Soča, Idrijca und Tolminščica gibt es im Fischereiverein in Tolmin, in der Pension Šterk und Vila Noblesa.

Ausflüge Karten für Wochenend-Ausflüge (1 Std.) mit den **Raddampfer** sind an der Anlegestelle am See erhältlich. An Bord gibt es Getränke und Menüs. Infos unter ✆ 05/3881-305 oder 031/698-561 (mobil).

Historische Dampflokzüge: vom Soča-Tal (Nova Gorica und Most na Soči) nach Bled und Jesenice, ca. 13-mal zwischen Mai bis Anf. Nov. Infos bei **Agentur ABC** (s. o.). Preise etc. (→ Eisenbahnlinie durch den Nationalpark Triglav und in das Soča-Tal).

Übernachten/Essen

Übernachten *** Hotel Lucija, 25-Zimmerhotel mit Ausblick auf die Soča. Die Hotelfassade ist im friaulischen Baustil renoviert. Im Sommer sitzt man bestens im Garten direkt über der Soča. DZ/F 60 € (TS 72 €). März–Okt. Most na Soči 57, ✆ 05/3813-292, www.hotel-lucija.com.

*** Gostilna-Pension Pri Štefanu, ca. 500 m südlich der Stadt (Richtung Podbrdo), oberhalb der Soča und nur 100 m vom Zug- und Bus-Bahnhof. DZ/F ca. 56 €. Gutes Restaurant und schöner Biergarten. Tägl. 10–22; Okt.–März Di–Do 10–17, Fr bis 21, Sa/So 12–21 Uhr. Postaja 3, ✆ 05/3887-195, www.pristefanu.si.

»» Mein Tipp: *** Restaurant-Pension Šterk, westlich oberhalb des Zusammenflusses von Soča und Idrijca; schöner Blick von der überdachten Terrasse auf Ort und

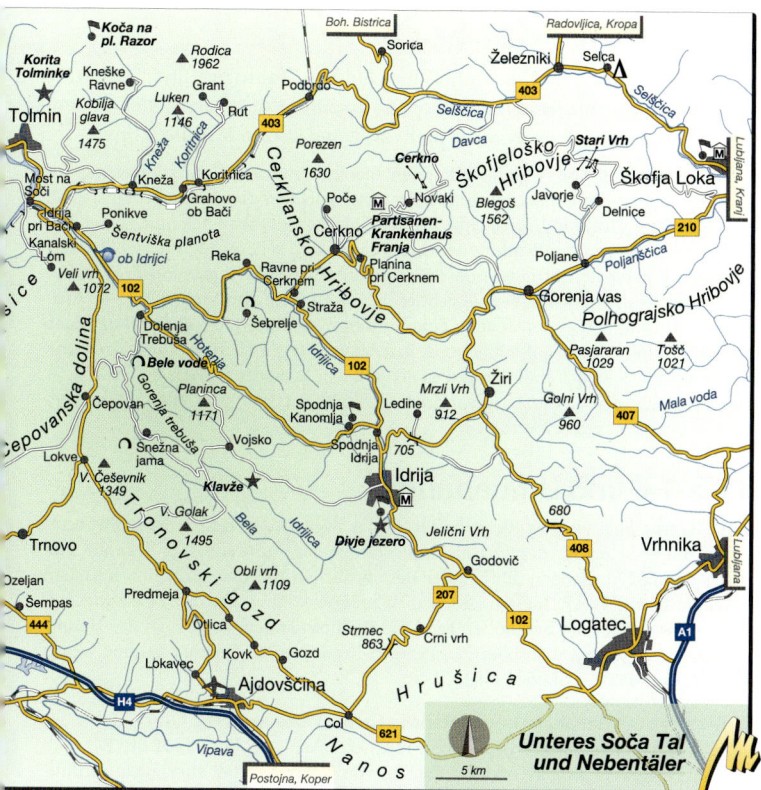

Unteres Soča Tal und Nebentäler

5 km

Soča-Tal → Karte S. 153

Fluss. Swimmingpool, Verkauf von Angelscheinen. DZ/F 64 €, auch Appartements. Im Restaurant gute Hausmannskost, z. B. Wildgerichte, Forellen. April–Okt. tägl. 7–22 Uhr, danach Mo/Di Ruhetag. Most na Soči 55, ℡ 05/3887-065, www.penzion-sterk.si. «

*** Appartements Taljat, ruhig am Ortsrand gelegen. Sauna, Fitness, Tennisplatz, Verkauf von Angelscheinen. Zimmer 40 €/2 Pers. oder nette Appartements je nach Größe ab 2 Pers. (55 €) bis 8 Pers. (135 €). Most na Soči 95, ℡ 05/3813-086, www.apartma-taljat.com.

» Mein Tipp: °°° **Touristischer Bauernhof Široko**, rund 6 km südlich von Most na Soči, in Alleinlage auf 20 ha am Berg Čukla auf 755 m mit herrlichem Bergpanorama. Der Weiler Široko ist noch 3 km entfernt. Auf dem Hof gibt es Kühe, Kälber und Schweine, eigenes Gemüse, hausgemachtes Brot, Pršut, Salami. Leckeres Essen wie süße Štruklji oder Frika (Kartoffeln, Käse u. Pršut), Schnäpse (Pflaume, Blaubeeren, Enzian). Hier nächtigt man in Zimmern/Appartements (DZ/F 57 €). Ganzjährig. Tolminski Lom 41a, ℡ 05/3887-220, 031/252-786 (mobil), www.siroko.si. «

°°° **Touristischer Bauernhof Pri Flandru**, gehört zur Gemeinde Cerkno (→ Cerkno), ist aber vom Bača-Tal in Bača (in Richtung Podbrdo) zu erreichen.

Essen & Trinken Gostilna Vuga, im Zentrum (neben dem Hotel), mit Blick von der überdachten Terrasse auf den Zusammenfluss von Soča und Idrijca. 300-jährige gastronomische Tradition. Spezialität ist die Balkanküche – die Pächterin ist aus Serbien. Auch Angelscheinverkauf. Most na Soči 58, ℡ 05/3887-506.

Seitentäler der Soča

Die Täler der Bača, der Idrijca und ihre Zuläufe Trebuščica und Cerknica – die Umgebung von Tolmin und Most na Soči lockt mit malerischen Seitentälern und reizvollen Bergen, die mehr als einen kurzen Ausflug lohnen.

Mountainbikefans und Wanderer können hier in einer von Touristen wenig besuchten Gegend die Landschaft erkunden, Angler locken die glasklaren Flüsse mit reichlich Fang. Die Stadt Idrija, einst für den Quecksilberabbau bekannt, bietet eindrucksvolle Museen und Kulturgüter. Mountainbikern sei die anspruchsvolle Bergstrecke auf schmalen Straßen von Bača hinauf nach Lokve und von dort weiter nach Predmeja empfohlen; bergab geht es nach Ajdovščina im Vipava-Tal (→ Vipava-Tal). Alternativ bietet sich auch eine Rundtour an, die weiter über Zdlog hinab nach Idrija führt, kurz auf leider stark befahrener Straße nach Spodnja Idrija und weiter über Gorenja Kanomlja und Dolenja Trebuša verläuft. Wen es im Winter hierher zieht, den erwarten die nordöstlich von Cerkno gelegenen Skizentren Cerkno und Črni vrh (1291 m).

Bača-Tal und Umgebung

Von Most na Soči verläuft Richtung Osten das Bača-Tal, an dessen Ende **Podbrdo** liegt. Den meisten ist der Ort als Haltestation des Autoreisezugs bekannt und durch den 6327 m langen Tunnel, der die nördlichen mit den südlichen Julischen Alpen verbindet (→ Bohinjska Bistrica). Wanderer können den 2001 neu angelegten Rundweg über die Berghöhen rund um Podbrdo laufen. Folgt man der Hauptstraße weiter, gelangt man über den Petrovo-Brdo-Pass ins Selšćica-Tal und weiter nach Škofja Loka (→ Škofja Loka).

🚶 **Wanderweg auf der alten Grenze (Rapallo Grenze):** Der Rundweg führt durch wunderschöne blumenübersäte Landschaft, mit herrlichen Ausblicken auf die Bergwelt des Nationalparks Triglav und auf das Tal von Bohinj, vorbei aber auch an Bunkern, Kavernen, Grenzposten und den alten Grenzsteinen der Italiener, denen 1920 im Vertrag von Rapallo dieses Gebiet zugesprochen wurde. Gerade an den schönsten Aussichtspunkten stehen Kavernen, halb verfallen und von der Natur überwuchert.

Ausgangspunkt für Zug- und Autofahrer ist der Parkplatz am Bahnhof von Podbrdo. Von dort geht es nordwestlich über den *Sedlo* (983 m) Richtung Črna prst (→ Bohinjska Bistrica). Ein Abstecher zum Gipfel und zur Unterkunftshütte *Črna prst* (1640 m) lohnt. Unser Grenzweg verläuft unterhalb der Unterkunftshütte Črna prst in Richtung Nordosten zum *Kontni vrh* (1646 m), dann weiter zum *na Kalu* (1362 m) mit Blick auf die Skilifte vom Črna gora. Der Weg führt nun östlich zum *Kobla* (1498 m), dann langsam hinab zum *Vrh Bače* (1273 m). Von hier bietet sich ein fantastischer Blick auf den gegenüber liegenden Triglav. Dann folgt ein Aufstieg zum *Lajnar* (1549 m) – auch von hier wunderbare Fernsicht. Die am Hügel erbauten Kasernen aus dem Ersten Weltkrieg haben längst grüne Dächer. Auf einem Eisenbunker ist unser Wanderweg markiert.

Wir müssen nun südlich hinab zum *Petrovo-Brdo-Pass* (803 m). Kurz davor die - *Koča na Petrovem Brdu* (s. u.) . An der einst wichtigen Verbindungsstraße (Podbrdo–Škofja Loka) steht der Bunker *Caposaldo*. Wir überqueren die Straße, gehen südlich wieder bergan Richtung *Pohoški kup* (1542 m) und weiter zur *Unterkunfts-*

Wanderung vom Berg Vogel gen Črna prst –
fantastischer Weitblick gen Süden und hinab ins Tal von Podbrdo

Soča-Tal → Karte S. 153

hütte Porezen (Dom Andreja-Žvana Borisa na Poreznu) auf 1585 m (→ unten und S. 200 und 514). Nun verläuft der Rundweg wieder in Richtung Norden und hinab über *Stovla* (749 m) wieder zurück nach Podbrdo.

Für die vollständige Tour, die viele Höhenunterschiede zu überwinden hat, braucht man einen vollen Tag (eine kleine Gratis-Broschüre beschreibt die Wanderung detailliert). Die Touristinformation in Tolmin vermittelt auch Wanderführer für die Tour, sei es als Tages- oder Halbtagesausflug (ca. 140 € bzw. 85 €).

Übernachten/Essen in Berghütten
Koča na Petrovem Brdu (804 m), Petrovo brdo 2b, ✆ 041/320-966 (mobil), www.petrovobrdo.si. Hübsches Almhaus mit gemütlichen Zimmern, Appartement, Schlafsaal; auch Essen/Trinken. Mai–Sept. tägl., danach nur am Wochenende. In ca. 300 m ein kleines Restaurant.

Dom Zorka Jelinčiča na Čirni prsti (1835 m), ✆ 051/662-071 (mobil). Zimmer, Schlafsaal, Winterzimmer, Essen. Juli/Aug. tägl., Juni u. Sept./Okt. am Wochenende.

Dom Andreja-Žvana Borisa na Poreznu (1585 m), ✆ 031/615-245 (mobil), www.planinsko-drustvo-cerkno.si. Tägl. Juni–Aug., danach am Wochenende bei gutem Wetter. Zimmer, Schlafsaal, Winterzimmer und Essen.

Idrijca-Tal

Das malerische Idrijca-Tal zieht sich von Most na Soči Richtung Süden. Höhepunkt gleich zu Beginn ist die schöne Badestelle am Zusammenfluss von Soča und Idrijca. Eine weitere folgt beim **Wasserfall Idrijca** (Slap ob Idrijci), hier kann man im Becken herrlich in die kalten Fluten eintauchen. Im Hintergrund ragt die von Karsthöhlen durchzogene Hügelkette Šentviška Planota bis zu 800 m in den Himmel. Hier oben liegt **Ponikve** mit einer von Plečnik gestalteten Kirche. Von den Slap ob Idrijci lässt es sich auf ausgewiesenen Mountainbikestrecken in Richtung Ponikve oder Šentviška Gora wunderbar radeln.

Bei **Dolenja Trebuša** zweigt das von sehenswerten Natur- und Kulturdenkmälern gesegnete Trebuščica-Tal nach Süden ab: Wasserfälle, wie *Slap Pršjak,* Grotten, alte Bauernhöfe. Am schönsten lässt sich die reizvolle Landschaft mit dem Mountainbike erkunden, am besten unter der Woche (am Wochenende kommen die Einheimischen). Eine komplette Rundtour umfasst ca. 30–40 km. Vom Trebuščica-Tal zweigen weitere reizvolle kleine Seitentäler ins hügelige Gorenja Trebuša ab.

Essen & Trinken **»** Mein Tipp: Gostilna Podkorito, Traditionslokal, nett und gut, am Fluss Idrijca. Hausgemachte Brat- und Blutwürste, Brot, Žlikrofi und Süßwasserfische. Verkauf von Angelscheinen. Tägl. außer Mo/Di 10–23 Uhr. Dolenja Trebuša 12c, 5283 Slap ob Idrijci, ℡ 05/3805-045. **«**

Kurz vor dem Örtchen **Reka** und oberhalb der Idrijca kann man den Archäologischen Park *Divje Babe* mit Relikten aus der Eis- und Steinzeit besichtigen. Neben ca. 58 Tierknochen, vor allem von Höhlenbären, war der bedeutendste Fund eine von einem Neandertaler daraus gefertigte Flöte. Seit 2005 ist die Höhle zugänglich, aber nur nach Absprache mit TIC Cerkno zu besichtigen (entweder bei Reka parken und in 30 Min. Fußweg bergan; per Auto umständlich 15 km über den Weiler Šebrelje – für Mountainbiker wiederum eine empfehlenswerte Strecke).

Bei Straža zweigt das Cerknica-Tal ab (→ Škofja Loka) mit dem gleichnamigen Hauptort Cerkno.

Cerkno

Der kleine Hauptort des Cerknica-Tales liegt auf 320 m und ist gesäumt von bis zu 1630 m hohen Bergen, die ganzjährig Besucher anziehen.

Neben dem bekannten Skigebiet Črni vrh und den Faschingsmasken ist vor allem das **Partisanenkrankenhaus Franja** (→ Kasten) bedeutsam, ein Relikt aus dem Zweiten Weltkrieg, oberhalb von Dolenji Novaki, kurz nach Cerkno. Eine Stippvisite wert ist auch das alte, mit Stroh gedeckte Bauernhaus **Domačija Kamionarše** oberhalb vom Parkplatz des Partisanenkrankenhauses.

Eine Cerknoer Besonderheit zur Faschingszeit sind die *Laufarji* (Läufer): Bewohner, die sich mit Stroh, Efeu, Moos und anderen natürlichen Materialien verkleiden, um mit ihrer bedrohlichen Maskerade den Winter auszutreiben. Neben historischen Gebrauchsgegenständen sind einige dieser Masken im **Stadtmuseum** an der Hauptdurchgangsstraße zu besichtigen.
Cerkljanski muzej, Bevkova 12. Di–Fr 9–15, Sa/So u. Feiertag 10–13/14–18 Uhr. Eintritt 3,50 €, Kinder 2,50 €.

In dem Weiler Zakojca, am Berg nordwestlich von Cerkno, mit schönem Weitblick, steht das **Geburtshaus** des Dichters France Bevk, das besichtigt werden kann (→ Übernachten/Pri Flandru). Vom Tourismus im Sommer weitgehend unberührt, kann man um Cerkno zahlreiche Wanderungen bis hin zu anspruchsvollen Bergtouren hinüber ins Bohinj-Gebiet und in die Bergwelt von Škofja Loka *(Škofjeloško Hrbovje)* unternehmen, zudem lassen sich die zahlreichen Bergstraßen per Mountainbike erklimmen.

 Mountainbiketour: Von Cerkno bietet sich die Möglichkeit, auf einer schmalen kurvenreichen Straße über Novaki und weiter bergan den Bergzug Škofjeloško hrbovje in ca. 18 km zu umrunden – eine landschaftlich äußerst reizvolle Strecke –, um bei Zali Log auf die Straße 403 (Podbrdo – Železniki – Škofja Loka bzw. Kranj) zu gelangen. Hier, oberhalb von Novaki am Črni vrh (1291 m) liegt auch das bekannte **Skizentrum** Cerkno (www.ski-cerkno.com).

Das Partisanenkrankenhaus Franja

Gut versteckt in der schwer zugänglichen Pasica-Klamm hoch oberhalb von Dolenji Novaki, ca. 3 km nach Cerkno, wurde zwischen 1943 und 1945 das Franja-Partisanenkrankenhaus errichtet, ein Anwesen aus 13 Holzbaracken. Partisanen unterschiedlichster Nationen wurden hier in den letzten Jahren des Zweiten Weltkriegs medizinisch versorgt. Gründer des Hauses war Dr. Viktor Volčak, benannt ist es nach der hier tätigen leitenden Ärztin Dr. Franja Bojc Bidovec.

Das Gelände um das Krankenhaus war zum Schutz gegen feindliches Militär vermint, Verteidigungs- und Schutzbunker waren gebaut worden. Die Verwundeten, denen man zur Sicherheit die Augen verband, transportierte man durch den durch die Schlucht fließenden Čerinščica-Bach nach oben. Dort waren sie in den „Stationen", den Holzbaracken untergebracht, es gab Röntgenzimmer, Operationsraum, Invalidenheim, ein Elektrizitätswerk und sogar eine Krankenhauszeitschrift. Die dazu nötige Partisanendruckerei war nicht weit entfernt, sie befand sich, ebenfalls abgelegen im Wald versteckt, unterhalb der Vojsko-Hochebene.

Dr. Franja Bojc Bidovec

Das Franja-Krankenhaus, das bis Kriegsende nie entdeckt wurde, ist ein bleibendes Mahnmal der Menschlichkeit und Findigkeit im Kampf um die Rettung von Menschenleben – und ein Symbol des internationalen antifaschistischen Widerstandes.

Ca. 10 Min. läuft man über einen markierten Weg und Treppen die Schlucht bergan zum Kassenhäuschen. Im September 2007 wurden die Häuser durch eine Flutkatastrophe und Erdrutsch fast völlig zerstört. Nach schon früher erstellten Plänen wurden die Baracken und Nebenanlagen rekonstruiert, von den Originalgegenständen Repliken angefertigt und auch Ersatz erworben. Seit 2013 ist die Anlage, Dank großer finanzieller Hilfen, wieder eröffnet und wurde auch auf die UNESCO-Tentativliste aufgenommen.

Parizanska Bolnica Franja, Dolenji Novaki pri Cerknem, ✆ 05/3723-180, www.muzej-idrija-cerkno.si. April–Sept. tägl. 9–18 Uhr, im Okt. tägl. 9–16 Uhr; danach nur bei gutem Wetter und für Gruppen. Eintritt 5 €, Stud./Kinder 3 €.

Information Touristinformation TIC, 5282 Cerkno, Močnikova ul. 2, ✆ 05/3734-645, www.turizem-cerkno.si. Mo–Fr 8–16, Sa 8–13, So 8–12 Uhr. Infos, Wander- und Mountainbikekarten.

Verbindungen Bus: 2-mal tägl. über Tolmin nach Nova Gorica; 5-mal tägl. nach Idrija und Ljubljana; 3-mal tägl. Škofja Loka.

Veranstaltungen Keltica-Musikfestival, 1-mal im Monat (Fr oder Sa) mit Jazz, Soul, Funk. Internationales Jazzfestival, 3. Maiwochenende Do–Sa. Faschingsumzüge mit den Lauferija.

Übernachten/Essen Cerkno hat seine süße Verführung: Potička, mit getrockneten Früchten, Walnüssen und Honig.

Soča-Tal → Karte S. 153

»» Mein Tipp: *** Hotel Cerkno, gut geführtes 180-Betten-Hotel mit sehr gutem Restaurant und Café mit eigener Konditorei. Gegenüber ist das hauseigene große Hallenbad mit Thermalwasser (30–31° C), Sauna, zudem Sandtennisplätze (auch Flutlicht); Angelscheine erhältlich, Mountainbikeverleih. Gut ausgestattete, renovierte DZ/HP 118 € (TS 130 €). Sedejev trg 8, ℡ 05/3743-400, www.hotel-cerkno.si. **««**

»» Mein Tipp: °°°° Touristischer Bauernhof Grapar, in Planina pri Cerknem, ca. 5 km südlich von Cerkno (Straße in Richtung Sovodenj) auf ca. 600 m mit wunderschönem Rundblick auf Cerkno und die Bergwelt. Sehr gepflegt mit großen Holzbalkons, die das Haus rundum schmücken, zudem leckeres Essen. Schöne Zimmer für 48 €/2 Pers./F oder HP 66 €. Planina pri Cerknem 47, ℡ 05/3724-117, 3724-118, kmetija.grapar@email.si. **««**

°° Gostišče Gačnk v Logu, 3 km nordöstlich von Cerkno an der Straße in Richtung D. Novaki. Gemütliches Lokal mit schöner Terrasse; die leckere Küche bietet aus eigenem Anbau Gemüse, vom Hof Fleisch und selbstgebackenes Brot und Kuchen. 9 nette Zimmer. Ganzjährig. Pro Pers. ÜF 27 €, HP 35 €. Dolenji Novaki 1, ℡ 05/3724-005, www.cerkno.com.

°°° Touristischer Bauernhof Pr' Šoštarju, 3 km vom Skizentrum und 6 km von Cerkno. Herrliches Panorama, gutes Essen – ein Platz zum Wohlfühlen für Ruhesuchende. DZ/F 70 €. Davča 46, 4228 Železniki, ℡ 041/760-846 (mobil), www.turizem-sostar.si.

°°° Touristischer Bauernhof Želnic, schöner 500-jähriger Hof in idyllischer Lage am Zusammenfluss von Idrijca und Cerknica. Im Anbau 15 Appartements und Zimmer, zudem Swimmingpool und Sauna. Auf den Tisch kommen die täglich frischen Produkte vom Hof; auch Apitherapie im Bienenhaus. Ganzjährig. Pro Pers. ÜF ab 25 €, HP ab 35 €. Straža 8, ℡ 05/3724-020, www.zelinc.com.

°° Touristischer Bio-Bauernhof Pri Flandru, liegt mitten in der Bergwelt, im Weiler Zakojca auf rund 700 m unterhalb des Berges Kojca (ca. 10 km von Cerkno). Schönes Haus, umgeben von Obstbäumen und Wiesen, mit gemütlichen Zimmern und WiFi. Aus den hofeigenen Produkten (Milch, Gemüse, Obst, Würste, Brot) wird hervorragendes Essen zubereitet, auch Naschwerk wie Žlikrofi oder Štruklji mit Walnüssen und Hüttenkäse. Reitmöglichkeiten. Nebenan steht das Haus des Dichters France Bevk. Pro Pers. 27 €/ÜF oder 38 €/HP. Zakojca 1 (Anfahrt über Bača im Bača-Tal), ℡ 05/3779-800, www.kmetija-flander.si. ■

Berghütte (Dom) Andreja-Žvana Borisa na Poreznu (1585 m), ℡ 031/615-245 (mobil), www.planinsko-drustvo-cerkno.si. Tägl. Juni–Aug., danach am Wochenende bei gutem Wetter. Es gibt Zimmer, Schlafsaal, Winterzimmer und leckeres Essen, u. a. Johta, Gulasch, Strudel etc. Von der Terrasse wetterbedingt eine Weitsicht bis zur Adria.

Paragliding Die Bergkante bei Vrše (in Richtung Berg Porezen) bietet optimale Thermik. Hier gibt es die **Viharnik Paragliders**, Straža 19, ℡ 041/521-995 (mobil, Ivan Lahajnar), www.drustvo-viharnik.si.

Wandern/Mountainbiken   Siehe auch Bača-Tal/Wanderung auf der alten Grenze, S. 196.

Vom Parkplatz beim Partisanenkrankenhaus führt ein aussichtsreicher Wanderweg in 4 Std. hinauf auf den Berg Porezen (1630 m). Wer abkürzen möchte, fährt mit dem Auto von Cerkno nördlich bis Ortsende

Cerkno – eingebettet von Bergen, die zum Wandern einladen (hier zum Porezen)

von Gorje Poce, parkt und läuft in ca. 2:30–3 Std. zum Gipfel (→ Kleiner Wanderführer/Wanderung 10, S. 513).

Vom Weiler Zakojca kann man schöne Wanderungen zum Hausberg *Kojca* (1300 m) oder etwas weiter zum *Porezen* und in Richtung *Črna Prst* unternehmen.

Wintersport Skigebiet Črni vrh: das modernste Skigebiet Sloweniens liegt 10 km nördlich von Cerkno; mit Skibus erreichbar. Es gibt etliche Sessel- und Schlepplifte bis auf knapp 1300 m. Restaurants, Schneekanonen, Skischule, Hänge für Snowboarder, 5 Loipen etc.

 Wanderung 10: Über den Berg Kopa zum Berg Porezen   → S. 513
Herrliche Familienwanderung über Almwiesen mit Gipfelweitblicken

Soča-Tal → Karte S. 153

Idrija

Das Städtchen, das wenig auf Touristen angewiesen ist, bietet für diese jedoch eine Reihe an Sehenswertem, das man zu einem Geopark ausgewiesen hat. Neben Schlössern, Spitzen, Quecksilbermine und Holzwasserrad gibt es schöne Wanderwege und leckeres Naschwerk.

In einem Becken von steil abfallenden Bergen umgeben, verdankt Idrija seine Entstehung den im 15. Jh. entdeckten Quecksilbervorkommen, die bald die zweitgrößte Quecksilbermine Europas entstehen ließen. Heute dient der aufgelassene Antonio-Stollen als sehenswertes Museumsbergwerk und steht auf der UNESCO-Liste. Und Idrija, das sich zu einem Zentrum des wissenschaftlichen und technischen Fortschritts entwickelte, schmückt sich mit weiteren Superlativen: Hier dreht sich das Kamšt, Europas größtes Holzwasserrad, hier steht die Realka, Sloweniens erstes, 1901 gegründetes Realgymnasium (heute Jurij-Vega-Gymnasium), zudem ist Idrija Zentrum der jahrhundertealten slowenischen Klöppeltradition.

Die Geschichte der Stadt ist auf der oberhalb thronenden Burg Gewerkenegg anschaulich dargestellt. Eine Naturschönheit liegt südlich von Idrija: der Karstsee Divje jezero.

Rund 4 km nördlich in Richtung Tolmin liegt der historische Ortsteil Spodnja Idrija. Auf einem Hügel oberhalb des Tales steht das älteste Baudenkmal dieser Gegend, die Kirche **Marija na Skalci** von 1156, später mehrmals umgebaut und im Innern mit sehenswerten Fresken von Jožef Mrak Mitte des 18. Jh. ausgestattet. Gegenüber des Tales, auf gleicher Höhe, steht der große Gutshof der Familie Kenda von 1377, heute von der Familie Svetlik als prachtvolles Luxushotel geführt. Wichtiger Arbeitgeber und kultureller Sponsor für die Idrija-Region sind die hier ansässigen Elektromotorenwerke Hidria d.o.o. (Familie Svetlik).

Information Touristinformation TIC, 5280 Idrija, Mestni trg 2 (Stadtzentrum), ☎ 05/3743-916, www.visit-idrija.si. Mai–Sept. Mo–Fr 9–19, Sa/So 9–18 Uhr; April u. Okt. Mo–Sa 9–17, So 9–16 Uhr; Nov.–April Mo–Fr 9–15, Sa 10–15 Uhr.

Verbindungen Bus: nach Ljubljana stündlich Mo–Fr, Sa/So seltener. Infos ☎ 05/3726-703 oder bei TIC.

Übernachten/Essen *** Gostišče Barbara, gutes Lokal mit großer Terrasse, neben dem Antonio-Stollen. Zudem werden 6 nette DZ/F für 60 € vermietet. Tägl. 9–22, Sa ab 10, So ab 11 Uhr. Kosovelova 3, ☎ 05/3771-177, www.barbara-idrija.si.

≫ Mein Tipp: **** Hotel Jožef, der rote moderne Stahl-Steinbau liegt an der Hauptstraße etwas stadtauswärts in Richtung

Die Quecksilberminen von Idrija

Ein Fassbauer soll es gewesen sein, der, als er in einem Brunnen Holzgefäße quellen ließ, 1490 die Quecksilbervorkommen von Idrija entdeckt haben soll. Zwei Jahrzehnte später, im Juni 1508, stieß man zudem auf reichhaltiges Zinnobererz – so konnte mit dem Quecksilberabbau begonnen werden.

Quecksilber ist das einzige Schwermetall, das bereits bei Zimmertemperatur verdampft. Bei minus 38,9 Grad wird es fest, der Siedepunkt liegt bei 357 Grad. Das wichtigste Mineral zur Gewinnung des Quecksilbers ist Zinnober (HgS). Das Zinnobererz, das Quecksilber (Quecksilbersulfid) enthält, ist von scharlachrot-silberner Farbe. Erst nach langwierigem Erhitzen bei 800 Grad konnte man das Quecksilber aus dem Zinnober herauslösen. Hochgiftige Stoffe werden dabei freigesetzt, die die Bergwerkleute einatmen mussten.

Das Schwermetall Quecksilber hat die Eigenschaft, Metalllegierungen (Amalgame) zu lösen. Dieses Amalgamverfahren wurde seit Mitte des 16. Jh. im großen Rahmen für die Gewinnung von Edelmetallen in den spanischen Besitzungen in Mittel- und Südamerika eingesetzt. 1564 entstand zu diesem Zweck in Huancavelica bei Lima (Peru) ein riesiges Quecksilberbergwerk. Die Ausbeute reichte aber bald nicht mehr. Und so wurden aus Europa (dem spanischen Almadén und dem slowenischen Idrija) zusätzlich riesige Mengen nach Peru exportiert. Denn hier in Idrija war nach der von Almadén die zweitgrößte europäische Mine, zudem galt das slowenische Quecksilber als das reinste. So waren die drei größten Quecksilberbergwerke der Welt in den Händen der (spanischen und österreichischen) Habsburger. Neben der Edelmetallgewinnung wurden die Eigenschaften des Quecksilbers auch in der Medizin (Thermometer), der Zahnmedizin (Amalgamfüllungen) sowie in Wissenschaft, Technik und Rüstungsindustrie genutzt. 147.000 Tonnen Quecksilber sollen in Idrija über die Jahrhunderte abgebaut und weltweit exportiert worden sein, abgefüllt in 3.132.000 Stahlflaschen.

Unter den Mineralien von Idrija sind die Zinnoberkristalle bedeutend: In den aufgelassenen Stollen gibt es den tropfstein- oder haarförmigen *Epsomit* und den *Melanterit*. Der *Idrinalin*, ein seltenes Mineral, wurde nach der slowenischen Stadt benannt.

Wegen des gestiegenen Umweltbewusstseins, des geringeren Einsatzes von Quecksilber und dem damit verbundenen Preisverfall wurden die Minen von Idrija in den letzten Jahrzehnten nach und nach aufgelöst und, bis auf einen Schaubergwerkstollen, mit Beton zugeschüttet.

Cerkno. Beste Zimmerausstattung und Service. Das Restaurant bietet traditionelle slowenische Küche auf hohem Niveau, dazu ausgewählte Weine. Meist von Geschäftsleuten gebucht. DZ/F 110–130 € (Sa/So preiswerter). Ganzjährig. Vojkova ul. 9a, ✆ 05/3750-650, www.hotel-jozef.si. **«**

Gostišče Škafar, preiswertes Lokal inmitten der Stadt. Es gibt Pizza, Gulasch und Spezialitäten wie „žlikrofi d'Idrija" (Krapfen,

diesmal auf Idrija-Art → Bovec). Mo–Do 11–16, Fr/Sa auch 18–21, So/Feiertag 11–20 Uhr. DZ/F 50 €. Ul. Sv. Barbare 9, ✆ 05/3773-240, www.skafar.si.

Gostilna Kos, hier wurden die hausgemachten „žlikrofi d'Idrija" prämiert! Zudem gute Gnocchi und Fleischgerichte. Tägl. 7–21, Fr/Sa bis 22 Uhr; in den Wintermonaten nur bis 15 Uhr, So/Feiertag Ruhetag. Tomšičeva 4, ✆ 05/3722-030.

Gostilna Mlinar, ca. 800 m vom Zentrum in Richtung Žiri. Schönes und sehr gutes Lokal mit Terrasse, Spezialitäten sind Wild und Meeresgetier. Tägl. bis auf Mo/Di ab 12 Uhr. Žirovska cesta 4, ✆ 05/3776-316.

Kavana, neben TIC im alten Rathaus trinkt man am besten seinen Café. Mestni trg.

Übernachten/Essen außerhalb

°°° **Touristischer Bauernhof Podobnik**, 1 km nördlich mit herrlichem Blick auf Idrija. Leckere hausgemachte Speisen. Reitmöglichkeiten. Etliche schöne DZ/F 60 €. Pot v češnjice 24, ✆ 05/3741-103, www.kmecki-turizem-podobnik.com.

*** **Pension Kmečki Hram Fortuna**, 7 km in Richtung Žiri. Schöner Blick und Lage und sehr gute Gerichte mit hauseigenen Produkten (u. a. Žlikrofi, Würste, Schinken, Brot). Für Nichtgäste Do–So ab 12 Uhr. DZ/F 60 €. Idršek 1a, Razpotje, Spodnja Idrija, ✆ 05/3779-149, kmecki.hram@siol.net.

≫ Mein Tipp: ***** **Schlosshotel Kendov dvorec**, auf dem großzügigen Landgut, dessen Entstehung bis in das Jahr 1377 zurückreicht, nächtigten zahlreiche Persönlichkeiten von Rang und Namen. Die Zimmer sind sehr komfortabel und geschmackvoll mit Stilmöbeln ausgestattet. DZ/F zu 140 € und 200 €, Deluxe zu 300 €. Der umliegende uralte Park und Obstgarten ist eine Oase der Ruhe. Angeboten wird traditionelle Küche auf hohem Niveau: Alle Zutaten kommen aus der Umgebung und den umliegenden Gärten; die inzwischen 80-jährige Marica fertigt das leckere Gebäck und die Törtchen. Getafelt wird auf feinstem Porzellan, die Gläser wurden in Rogaška Slatina gefertigt und mit dem Schlosssymbol, der weißen Nelke mit Krönchen obenauf, versehen. Hervorragende Weine, die der Sommelier mit Geschichten garniert. Das Restaurant mit Pianomusik ist tägl. 8–22 Uhr, an Feiertagen bis 20 Uhr geöffnet. Besitzerin Ivi Svetlik kümmert sich liebevoll um das Hotelgeschehen. Mitglied von Relais & Chateau. 5281 Spodnja Idrija, Na griču 2, ✆ 05/3725-100, www.kendov-dvorec.com. ≪

Sehenswertes

Das Kultur- und Naturerbe der Stadt wurde zum **Geopark** erklärt und ist auf schönen Wanderwegen in verschiedensten Längen ausgewiesen (www.geopark-idrija.si; Broschüre bei TIC). Innerhalb der Stadt kann man z. B. auf den Spuren der 500-jährigen Quecksilberminen wandeln oder über das große Holzwasserrad hinaus ins Grüne zum Karstsee Divje jezero (→ Wandern im Geopark).

Schaubergwerk Antonio-Stollen (Rudnik Živega Srebra – Antonijev Rov): Der Eingang zum Antonio-Stollen ist von einem schmucken Haus, dem Šelštev, überbaut und der älteste Bergwerksteil. Der Stollen wurde nach der Entdeckung der Quecksilbervorkommen als erster angelegt; er diente als Eingangsstollen, in dem sich die Bergwerksleute frühmorgens versammelten, um ihr hartes Tagwerk in der Unterwelt anzutreten.

Die Besichtigungstour führt auf mehreren Ebenen durch den 1300 m langen Stollen und zeigt anschaulich das harte Leben der Bergwerksarbeiter. Am Ende des Stollens steht die im 18. Jh. erbaute *Kapelle Hl. Dreifaltigkeit* (Sv. Trosica) mit den Schutzpatronen der Bergleute, der hl. Barbara und dem hl. Achacius. Ein Multimedia-Film gibt nach der Stollenbesichtigung weitere Informationen.
Geführte Besichtigung: Mo–Fr 10 u. 15 Uhr; Sa/So und Feiertag 10, 15 u. 16 Uhr. Die Führung dauert ca. 1,5 Std. Eintritt 9 €, Stud. 7 €, Kinder 5 €. Kosovelova 3, ✆ 05/3771-142, www.rzs-idrija.si.

Grad Gewerkenegg mit Stadtmuseum: Der über der Stadt thronende Herrschaftssitz wurde von 1522 bis 1533 im Stil der Renaissance erbaut. Die Arkadengänge und großen ummalten Fenster zum Hof kamen später hinzu. Bei Türkengefahr diente das Schloss als Zufluchtsort und Lebensmittellager, später wurde es Verwaltungssitz des Quecksilberbergwerks. 1990 wurde Gewerkenegg aufwendig renoviert, seitdem residiert hier das Stadtmuseum. In 11 Ausstellungsräumen werden

Soča-Tal → Karte S. 153

„fünf Jahrhunderte Quecksilberbergwerk" und die ebenso lange Geschichte Idrijas anschaulich und umfassend dokumentiert.

Arbeit im Quecksilberbergwerk

Noch bevor die Hähne krähten, zu nachtschlafender Zeit um 3.30 Uhr war es, als jeden Werktag ein „menschlicher Wecker" an eine Stahlschiene am Eingangsstollen beim Šelštev-Haus schlug – das durchdringende Signal zum Aufstehen, das fast bis in die hinterste Ecke der Stadt zu hören war. Das Eckchen, das von dem Lärm nichts hörte, wird bis heute „Schlafende Stadt" genannt. So begann im 15. Jh. das Tagwerk der Bergwerksknappen in den Quecksilberminen von Idrija – für heutige Verhältnisse ein unvorstellbar hartes Leben.

Das Stadtbild von Idrija prägten damals hohe, schmale 5-stöckige Häuser mit kleinen Fenstern, in denen mindestens drei Familien mit bis zu 30 Personen lebten. Mit 18 Jahren wurden die Männer in die Mine zur Arbeit geschickt, ihre Lebenserwartung betrug im Durchschnitt nicht mehr als 35 Jahre.

Nachdem sich die Knappen im Morgengrauen vor dem Grubeneingang versammelt hatten, nahm jeder seine Erkennungsmarke (die er abends wieder hinterlegen musste). „Glück auf" hieß es dann, und über 1000 Stufen ging es hinab in die Finsternis, ausgerüstet nur mit einem fahlen Karbidlämpchen, das für mehrere Knappen leuchtete. Unten in den Stollen musste das Zinnobererz mit einem Hammer aus dem Fels geschlagen werden. 1,5 m Schachtlänge bedeutete für einen Knappen ein Jahr harte Arbeit! Bis zu ihrer Schließung wies die zweitgrößte Quecksilbermine Europas insgesamt 700 km Schachtlänge auf – in einer Tiefe bis zu 400 m.

Die engen, kaum mannshohen Stollen dienten zum Abtransport des Erzes und des toten Gesteins. Durch Holzbalken wurde das Erdreich anfangs abgestützt, ab 1766 wurde es mit Kalkblöcken ummauert. Nach einem großen Brand im 18. Jh. wurde die Beleuchtung auf Öllampen umgestellt. Ebenfalls erst im 18. Jh. durften die Knappen Gebete zu ihren Schutzpatronen an der Hl.-Dreifaltigkeit-Kapelle sprechen. Für etwas Ablenkung sorgte der sog. Grubenschrat, der *Berkmandlc*, der den Knappen Gesellschaft leistete und seine Witze machte. Nach einem knochenharten Arbeitstag in der Unterwelt waren ein letztes Mal über 1000 Stufen zu gehen, diesmal jedoch treppauf. Und nicht selten fehlte am Abend wieder eine Erkennungsmarke ...

Ein besonderes Augenmerk legt das Museum auf die Klöppelkunst, die in Idrija 300 Jahre Tradition hat. Um das karge Einkommen der Knappenfamilien aufzubessern, begannen die Frauen mit dem Klöppeln von Spitzendeckchen. Die 1876 gegründete Klöppelschule existiert noch heute und jährlich werden hier im Schloss die besten Stücke präsentiert und ausgezeichnet – darunter auch ein kostbares Spitzentuch (*Čipke*), das einst für Titos Frau gedacht war; 12 Arbeiterinnen nähten 5000 Stunden an dem Schmuckstück.

Das Treppenhaus schmückt eine imposante Kostbarkeit: 400 Kilogramm in Glas eingefasstes Quecksilber, dessen Bläschen wie Perlen wirken – den Boden bildet eine Sonne aus verschiedenfarbigem Marmor (→ Foto S. 205).

Schloss Gewerkenegg wird auch für kulturelle Veranstaltungen genutzt, monatlich finden hier klassische Konzerte statt.

Grad Gewerkenegg – Mestni muzej Idrija, Prelovčeva 9, ☎ 05/3726-600, www.muzej-idrija-cerkno.si. Tägl. 9–18 Uhr. Eintritt 5 €, Kinder 3 €.

Kamšt (Wasserrad): Mit einem Durchmesser von 13,5 m ist es Europas größtes hölzernes Wasserrad. Es wurde vor einigen Jahren saniert und zum Schutz überbaut. 160 Jahre lang, vom Ende des 18. Jh. bis 1948, war es in Betrieb, um das Wasser aus den Bergwerksgruben zu pumpen. Für den Antrieb wurde bereits Ende des 16. Jh. die Idrijca oberhalb vom Divje jezero eingedämmt und von dort der 3,5 km lange Kanal, *Rake* genannt, erbaut (diese Wasserzufuhr dient auch heute noch dem Wasserkraftwertk Mesto). Das Kamšt steht oberhalb vom Fußballplatz, an der Straße Richtung Logatec.
Besichtigung in Begleitung eines Stadtmuseumsführers von 9–16 Uhr.

Jašek Frančiške (Franz-Josef-Schacht): Der schöne alte Bergwerksbau mit seinem Maschinenpark liegt oberhalb vom Kamšt und wurde nach dem österreichischen Kaiser Franz Josef I. benannt. Zu sehen gibt es Zentrifugalpumpen mit Elektro- und Dieselmotorantrieb, Einzylinder-Kolbendampfmaschinen, Fördermaschinen. In der ehemaligen Ladestation stehen vier Lokomotiven und Eisenerztransportwagen, zwei der Loks zählen zu den ältesten Sloweniens. Eine Rarität ist zudem die restaurierte Dampfantriebspumpe der Marke Kley, die zu den größten erhaltenen europaweit zählt – sie wurde im tschechischen Pilsen 1893 von der Fabrik E. Skoda hergestellt und war bis 1948 in Betrieb.
Besichtigung in Begleitung eines Stadtmuseumsführers von 9–16 Uhr.

Klavže: Die sog. slowenischen Pyramiden, Wassersperren in Form von steinernen, überdachten Häuschen über die Idrijca und Belca, dienten zum Flößen von Baumstämmen, die für das

Schloss Gewerkenegg – Innenhof ▲
Quecksilber im Museum ▼

Bergwerk und die Stadt gebraucht wurden. Die beiden letzten noch erhaltenen Klavže wurden um 1770 erbaut.
Information und Anfahrtsbeschreibung über das Stadtmuseum.

Knappenhaus (Rudarska hiša): Dieses dreistöckige Haus mit hohem steilen tannen-schindelgedeckten Dach am Berghang beherbergt ein *Ethnologisches Museum*. Auf dieser Westseite der Stadt wohnten in ähnlichen Häusern im 19. Jh. bis zu 16 Personen. Der Eigentümer vermietete Wohneinheiten, er selbst hatte mehr Wohnraum und auch Haustiere und erhielt natürlich Miete und war daher sozial besser gestellt.
Bazoviška ulica 4, Besichtigung in Begleitung eines Stadtmuseumsführers von 9–16 Uhr.

Partisanendruckerei Slovenija: Versteckt im Wald, ca. 8 km westlich von Idrija unterhalb des Vojsko-Hochplateaus, arbeitete die Druckerei zwischen 1944 und 1945. Hier wurde heimlich die slowenische Tageszeitung der Widerstandsbewegung gedruckt, im damals von den Nazis besetzten Europa ein einmaliges Ereignis. Die Druckanlagen und Einrichtung sind in ihrer ursprünglichen Form bis heute erhalten.
Alle Infos beim Stadtmuseum erfragen. 15. April bis 15. Okt. 9–16 Uhr.

Divje jezero: Smaragdgrün leuchtet der Karstsee Divje, der „Wilde", in seinem Becken, eingefasst von 100 m hohen Steilwänden, eingezwängt zwischen die Plateaus von Zadlog und Idrijski log. Das Karstphänomen ist bis zu 83 m tief (Forscher sprechen sogar von 112 m) und steht seit 1967 unter Naturschutz. Ab hier beginnt auch der *Zgornja-Idrijca-Naturpark*. Ein Weg führt durch den Buchenwald in wenigen Minuten hinab zum See, die Pflanzen- und Tierwelt ist vielfältig und selten, hier tummelt sich sogar der Grottenolm (Proteus anguinus).
Anfahrt: ca. 2,5 km südlich von Idrija (Straße nach Logatec), bei Idrijski Log Abzweig (ist auch mit „Divje jezero" ausgeschildet) auf schmalem Sträßchen ca. 800 m Richtung Idrijski Bela und am kleinen Parkplatz parken oder auf markiertem Fußweg vom Kamšt.

Wandern im Geopark: Eine schöne rund 2-stündige Familientour (einfache Wegzeit) führt z. B. von der Innenstadt und Mine südwärts in rund 20 Min. zum beeindruckenden *Kamšt* und *Franz-Josef-Schacht*, dann rund 3,5 km weiter auf dem Fußweg durch schönen Wald und auch entlang dem Kanal, der *Rake*, der neben dem Fluss Idrijca verläuft, bis zum geheimnisvollen *Divje jezero*. Viele weitere Routen gibt es zu entdecken.

»» Weiterfahrt: Von Idrija führt eine landschaftlich reizvolle kleine Straße über Žiri ins Poljanščica-Tal und weiter nach Škofja Loka (→ Škofja Loka); Alternativroute über Logatec auf die Autobahn A 1 in Richtung Ljubljana oder Postojna/Koper.

Nova Gorica

Erst nach dem Zweiten Weltkrieg, als Gorica (ital. Gorizia, deutsch Görz) an Italien fiel, entstand auf der slowenischen Seite der Grenze das neue Verwaltungs-, Wirtschafts- und Kulturzentrum Nova Gorica – mit rund 12.650 Einwohnern (19.200 mit Gemeinden). Wegen ihrer florierenden Spielcasinos nennt man die Stadt das slowenische Las Vegas.

Dort, wo das schmale Soča-Tal bei Solkan endet, die Soča auf italienischer Seite als Isonzo in die Adria fließt und das Gebirge seine letzten Ausläufer zur friaulischen Ebene hinabschickt, breitet sich Nova Gorica aus. Im Südosten geht die Ebene in das Karstplateau über, nördlich wird die Stadt von den Bergen **Sabotin** und **Sveta gora** beschützt. Bis zur Adria sind es nur noch 30 km. Der rege Grenzverkehr zeigt, wie eng die Menschen hier miteinander leben und verbunden sind: Für die Einwohner der beiden Städte Gorizia und Nova Gorica wurden neben den internationalen Grenzübergängen für Touristen zusätzliche für den täglichen Kleingrenzverkehr geschaffen.

Die rasante Entwicklung Nova Goricas zeigt sich an den mächtigen Betonblocksiedlungen, einige davon der Umgebung angepasst, andere ohne Stil hingeklotzt – ein liebloses Bild, das auch die Grünflächen, Parkanlagen und breit angelegten Baumalleen kaum mildern können. Das Klima hier ist mediterran geprägt. So sieht die Stadt im Winter nur selten Schnee, und wenn, nur für wenige Stunden. Im Gegensatz dazu die Bergkette Trnovski gozd (→ Vipava-Tal/ Ajdovščina) im Nordosten (ca. 30 Min. per Auto) – ein auch zum Paragliden beliebtes Gebiet. An den Nordhängen des Naherholungsortes **Lokve** finden Skifahrer gepflegte Pisten, Schlepplifte und ein breites Sportangebot.

Franziskanerkloster Kostanjevica

Nova Gorica hat ein erfolgreiches Theater mit einem eigenen festen Ensemble. Das Theatergebäude wurde vor wenigen Jahren in moderner Ziegelbauweise errichtet. Auch geschichtlich hat die sehr junge Stadt in ihren Randgebieten überraschenderweise einiges zu bieten. Das touristische Zugpferd Nova Goricas aber sind die großen, rund um die Uhr geöffneten Spielcasinos mit dazugehöriger internationaler Gastronomie, täglichen Shows, Modeschauen, Auftritten internationaler Sänger und Musiker, Varietés und meist riesigen Diskotheken. Wen Fortuna, die römische Göttin des Glücks, hier nicht verlässt, für den kann ein Stück des American Dream in Erfüllung gehen. Täglich strömen unzählige Spielbegeisterte aus Italien in die Stadt, aber auch Einheimischen vergnügen sich gerne in den Casinos – nahe Parkplätze sind rar.

Basis-Infos

Information Touristinformation TIC, 5000 Nova Gorica, Delpinova ul. 18 b (beim Eda Center), ✆ 05/3304-600, www.novagorica-turizem.com. Juli/Aug. Mo–Fr 8–20 (Juni u. Sept. bis 19 Uhr), Sa/So 9–13 Uhr; sonst Mo–Fr 8–18, Sa/So 9–13 Uhr. Gute Infos, Kartenmaterial und Internet (gratis).

Avrigotours, Kidričeva ulica 20, ✆ 05/3303-120, www.avrigo.si. Bustickets, Exkursionen etc.

Verbindungen **Bus**: Busbahnhof im Zentrum, in der Nähe der Hotels und des Einkaufszentrums. Regelmäßige und gute Verbindungen nach Ljubljana; Busse auch in Richtung Koper und weiter nach Istrien. Nach Bovec je nach Saison mehrmals tägl. Kidričeva 22, ✆ 05/3303-133.

Zug: Bahnhof, Kolodvorska pot 8 (fast an der Staatsgrenze), ✆ 05/2963-700. Richtung Ljubljana gibt es zwei Strecken: Die südliche Verbindung führt durch den Karst (Sežana–Divača–Pivka–Postojna), die nördliche durch den Nationalpark Triglav (Most na Soči–Bohinjska Bistrica–Jesenice–Kranj). Hier verkehren die meisten Personenzüge.

Die eingleisige Strecke nach Sežana durch den Karst ist sehr reizvoll und führt an den sehenswerten Dörfern Branik und Štanjel vorbei. Auf beiden Linien verkehren tägl. Züge, allerdings nur wenige pro Tag; bis Ljubljana muss man öfters umsteigen.

Museumszüge: Mit historischen Dampfloks in den Nationalpark Triglav – von Nova Gorica nach Most na Soči und weiter nach Bled. Preise und Infos (→ Eisenbahnlinie durch den N.P. Triglav und in das Soča-Tal). Infos über **Agentur ABC** (→ S. 148).

Gesundheit Poliklinik, Rejčeva ul. 4, ✆ 05/3383-333. Bereitschaftsdienst 24 Std. **Apotheke**, Rejčeva ul. 2, ✆ 05/3303-450.

Nachtleben U. a. **Casino Park**, mit glitzerndem Las Vegas-Salon, über 650 Slotmachines – non-stop geöffnet; für anspruchsvollere Spieler der Prive Salon Luxor, an 28 Spieltischen ist man umgeben von vergoldeten ägyptischen Statuen. Zudem Blackjack, Caribbean Stud Poker, Trente et Quarante, Punto Banco, das Würfelspiel Craps sowie Amerikanisches u. Französisches Roulette. Im Automatensalon tägl. Bingo. Cocktailbars. Eintritt gratis.

Casino Perla, im verspiegelten, halbrunden Gebäude (neben Hotel Perla) stehen 946 Spielautomaten. Klassische Tischspiele gibt es in Extraräumen mit 9 und 25 Tischen. Im Untergeschoss Diskothek Captain Hook's Club, gestaltet wie ein großes Schiff, mit einer Tanzfläche für 600 Leute und Spielautomaten, mit meist jungen Besuchern. Liebhaber guten Essens finden im Casino-Restaurant Perla kulinarische Variationen der franz. Küche, zudem fachliche Weinberatung durch den Sommelier. Eintritt ab 18 J. (Ausweis mitnehmen): Mo–Do gratis, Fr–So u. Feiertage 5 €. Nonstop geöffnet. Hoteleigene Shuttlebusse verkehren zwischen Hotels und Casinos.

Sport Agentur Top, Vojkova 9 (Stadtteil Solkan), ✆ 05/3300-090, 041/620-636 (mobil), www.top.si. U. a. Rafting, Bungee-Jumping (Solkan-Brücke), Kajaktouren, Canyoning, Hydrospeed, Paragliden.

Paragliden, beim Berg Lijak (885 m) am Rand der Hochebene Trnovski gozd, zählt zu den beliebtesten Fluggebieten mit guter Thermik und sonnenverwöhnt; nicht für Anfänger geeignet. Fluggenehmigung etc. unter ✆ 031/327-953, www.polet-ng.si.

(Ü) Übernachten/Camping

Schöne Privatunterkünfte und kleinere Hotels gibt's außerhalb in Šempeter, Richtung Šempas, auf der Hochebene in Lokve (s. u.) oder in den Weinanbaugebieten Goriška Brda und Vipava-Tal (→ Goriška Brda u. Vipava-Tal).

In vielen Hotels muss am Wochenende und zu italienischen und slowenischen Ferienzeiten ein Aufschlag bezahlt werden.

**** Hotel Perla & Casino, komfortables 500-Betten-Hotel mit gleichnamigem Casino in moderner verglaster und verspiegelter Bauweise. U. a. Sauna, Schwimmbad, Beauty- und Fitnesscenter. DZ/F ab 130 € (Fr/Sa u. Ferien ab 150 €), Suiten ab 160 €. Ganzjährig. Kidričeva 7, ✆ 05/3363-000, www.thecasinoperla.com.

**** Hotel Park & Casino, im Zentrum liegt das gut ausgestattete Hotel mit 124 Betten. Mit Restaurant und Casino. DZ/F 110 € (Fr/Sa u. Ferien 128 €), Suiten ab 134 €. Delpinova 5, ✆ 05/3362-000, www.thecasinopark.com.

*** Hotel Sabotin, kleines, gemütliches Hotel im Vorort Solkan. Schöner Biergarten, Eingang im Tiffanystil, sehr gutes Essen. DZ/F 184 €. Ganzjährig. Cesta IX. korpusa 35, ✆ 05/3365-000, www.hotelsabotin.com.

*** Hotel Lipa, kleineres Hotel mit gutem Restaurant, ca. 6 km südlich im Ortsteil Šempeter (nahe ital. Grenze und Hospital). DZ/F ab 100 € (Fr/Sa u. zu ital. Ferien ab 130 €). Trg Ivana Roba 7, ✆ 05/3366-000, www.hotellipa.com.

Jugendherberge Nova Gorica, südlich vom Zentrum beim Krankenhaus. EZ und 2-/3-Bettzimmer. Pro Pers./F 26 € im EZ (eigene Du/WC); im DZ 23 €/Pers (2 Zimmer teilen sich Du/WC); pro Pers./F 17 € (mehrere Zimmer teilen Du/WC); auch HP/VP möglich; WiFi. Streliška pot 7, ✆ 05/3354-800, www.hostel-ng.si.

Hotel & Camp Siesta, kurz vor Industriegelände; preisgünstige Alternative. Gut ausgestattete DZ für 49 € (inkl. Internet, AC). Auf der Wiese ist Platz für 25 Camper, 6 €/Pers. Industrijska cesta 5, ✆ 05/3331-230, www.hotel-siesta.si.

Blick von der Brda auf Nova Gorica, den Berg Sabotin und Wallfahrtsort Sv. Gora

Soča-Tal → Karte S. 153

Camping ≫ **Mein Tipp:** * Camping Lijak, angenehmer kleiner und umweltfreundlich gehaltener Platz beim Ort Ozeljan unterhalb des Bergzuges Trnovska planota, kurz vor Šempas (ca. 8 km östlich von Nova Gorica). Beliebt auch bei Paraglidern, Startplatz in der Nähe, zudem bietet das Camp die komplette Serviceleistung für Paraglider. Zum Camp (11 €/Pers.) gehört auch der **Touristische Bauernhof Mladovan** mit Zimmervermietung; zudem werden Holzbungalows mit Terrasse (2–6 Pers.) und Zimmer in preiswerten Holzbaracken vermietet. Es werden auch gastronomische Abende mit Spezialitäten dieser Gegend angeboten. Ganzjährig. Von hier schöne Spaziergänge zur Lijak-Quelle oder hinauf zum Aussichtspunkt Sekulak. Ozeljan 6, ✆ 05/3088-557, www.camplijak.com. ≪

Essen & Trinken

Gute Lokale gibt es auch außerhalb Richtung Vipava-Tal (→ Übernachten).

Restaurant Hotel Sabotin, preiswertes Mittagessen (hier wird für die Beschäftigten der Hotels gekocht). Gute Scampi, Meeresfrüchte und Meeresfische. Mit Terrasse. Cesta IX. korpusa 35, ✆ 05/3365-000.

Restaurant-Pension Primula, nördlich von Solkan und ca. 500 m nördlich vom Abzweig nach Lokve. Nur Innenbetrieb, aber mit Panoramafenstern. Sehr gute Fischgerichte. Tägl. ab 12 Uhr, So Ruhetag. Auch Zimmervermietung (DZ 60 €) und Parkplätze. Soška cesta 40, ✆ 05/3300-000.

Ošterija Žogica, gute internationale und traditionelle Küche, leckere Pizzen; schöne Terrasse nahe der Soča. Tägl. ab 11 Uhr. Solkan, Soška cesta 52, ✆ 05/3305-240.

Gostilnica Pr' Mikiju, sehr gute slowen. Speisen. Tägl. ab 11, Sa/So ab 12 Uhr. Prvomajska ul. 122, Solkan, ✆ 05/3029-230.

≫ **Mein Tipp:** *** Gostišče Šterk, im Ort Ajševica, 5,5 km Richtung Ajdovščina (noch vor Šempas). Das Restaurant inmitten eines Wäldchens mit angrenzendem Zoo ist bei Geschäftsreisenden sehr beliebt. Großer Bau mit verschieden gestalteten Räumen, auch ein Jagdzimmer, das Trophäen zieren; schattige Terrasse unter altem Baumbestand. Große Speisekarte, gute Fischgerichte, z. B. frische Venusmuscheln, Pasticcio, Cannelloni, Rehgulasch mit Polenta und viele Desserts. Auch Zimmervermietung, DZ/F 50 €. Tägl. außer Mo/Di ab 11 Uhr. Ajševica 13, ✆ 05/3304-633, www.gostisce-sterk.si. ≪

Gostilna Pri Hrastu, an der Hauptstraße Richtung Kromberk, mit schönem baumbestandenen Biergarten und guter slowen. Küche. Tägl. ab 11, Sa/So ab 12 Uhr. Kromberska cesta 2, ℡ 05/3027-210.

Fischrestaurant Pikol, am Stadtteilrand Rožna Dolina (Vipavska cesta in Richtung Ajševica). Ganz romantisch steht das Holzhaus an einem Teich, umgeben von Wald. Das Lokal zählt zu den besten Fischrestaurants Sloweniens, daher auch das gehobene Preisniveau. Tägl. außer Di/Mi 12–15/19–22 Uhr (Sa bis 23 Uhr). Vi-

pavska cesta 94, ℡ 05/3334-523, 3022-562, www.pikol.si.

>>> Mein Tipp: Gostilna Mandrija, der Weg in den Weiler lohnt sich (→ Gostišče Šterk) – schönes traditionelles Haus mit Pferdeställen und Koppel und herrlichem Blick auf die Hügelkette. Das Essen ist vorzüglich, ebenfalls der Service. Moderne, saisonfrische slowenische Küche, u. a. Lamm, Steaks und Fisch sowie hausgemachte Gnocchi, Fuži, Nudeln und Ravioli. Do–Mo 12–23 Uhr. Ajsevica 81, ℡ 041/752-584 (mobil), www.mandrija.si. <<<

Sehenswertes

Sveta gora (Heiliger Berg): Die imposante *Basilika Heilige Maria* nördlich über der Stadt auf einem 682 m hohen Berg ist von unten nicht zu übersehen. Ein Besuch lohnt sehr. Von der Kreuzung Tolmin/Lokev (nördlich von Nova Gorica) führt eine gut beschilderte und ausgebaute Straße in vielen Serpentinen zur Basilika hinauf, einer bedeutenden Pilgerstätte. Neben der aus weißen Blocksteinen errichteten Basilika mit großem Portal und schöner Rosette steht ein *Franziskanerkloster*. Von hier oben genießt man die schöne Aussicht über die friaulische Ebene bis nach Venedig, zum Golf von Triest, zu den Karnischen Alpen auf italienischer, dem Karst auf slowenischer Seite und natürlich über die zu Füßen liegenden Städte Gorizia und Nova Gorica.

Der Heilige Berg

Im Jahre 1539 erschien einem Hirtenmädchen aus dem Dorf Grgar unterhalb des Berges Skalnica (Sveta gora) die Mutter Gottes. Diese trug ihr auf, den Menschen auszurichten, sie sollten ihr ein Haus bauen, um dort zu ihr zu beten. Als das Mädchen aber die Botschaft der Jungfrau Maria übermittelte, wurde es wegen öffentlicher Verbreitung von Lügenmärchen mehrmals ins Verließ gesperrt, aus dem es aber immer wieder auf wunderliche Weise entfliehen konnte. Die Menschen begannen, auf den Berg zu pilgern und dort zu beten. Zuerst errichteten sie eine Kapelle aus Holz, in der sie vor der hölzernen Statue der Madonna ehrfürchtig auf die Knie fielen. Die Statue ist bis heute erhalten. 1541 erlaubten die Behörden den Kirchenbau. Bei den Fundamentgrabungen fand man eine Platte mit eingemeißelten Ornamenten und dem Ave-Maria-Gebet – der einzige Überrest eines Vorgängerbaus aus dem 14. Jh., der wahrscheinlich von Türken vernichtet worden war.

Zur Einweihung stiftete der Patriarch von Aquileia das Gemälde der Mutter Gottes, 1544 geschaffen vom venezianischen Maler Palma il Vecchio. 1786 wurde die Kirche auf Befehl des österreichischen Kaisers Joseph II. zerstört, nach seinem Tod 1793 wieder aufgebaut. Von 1916 bis 1919 verlief die Isonzo-Front auch über diesen Berg. Wieder blieb von der Kirche nichts mehr übrig. Fünf Jahre später begann man mit dem Bau der Basilika, die man heute in ihrer pompösen Schönheit bewundern kann. Der inzwischen über 400 Jahre alte Pilgerweg auf den Berg ist bis heute sehr beliebt.

Direkt unterhalb der Kirche an der Zufahrtstraße liegt das *Marian Museum* (Marijanski muzej) mit Informationen zur Isonzo-Front. Der Berg hatte im Ersten Weltkrieg wegen seiner strategischen Lage eine große Bedeutung.

Juli–Sept. Sa/So 9–17 Uhr, Mai/Juni u. Okt. Sa/So 10–16 Uhr. Evtl. aktuelle Zeiten im TIC erfragen, ☏ 05/3304-600.

Franziskanerkloster Kostanjevica: Auf einem Hügel am südlichen Ortsrand steht das große Franziskanerkloster aus dem 17. Jh. Die barocke Klosterkirche, in der regelmäßig Gottesdienste abgehalten werden, ist im Inneren mit schönen Stuckaturen geschmückt. Die Mönche zeigen den Besuchern gern die Krypta unter dem Kirchenaltar mit der bekannten Grabkammer des geflüchteten französischen Königs Karl X. aus der Dynastie der Bourbonen. Der König war nach seinem Sturz während der französischen Julirevolution 1830 nach Gorizia geflohen und hier sechs Jahre später an der Cholera gestorben. Auch sein Sohn Louis-Antoine, Herzog von Angoulême, der 1844 starb, wurde hier beigesetzt. Die Grabstätte in der Kirche kann besichtigt werden, man muss dazu allerdings an der Klostertür klingeln. Im Klostergar-

ten duften alte Sorten der Bourbon-Rose mit ihren gefüllten, kugelförmigen Blüten (→ S. 207). Von hier oben wie vom Heiligen Berg schöne Fernsicht über die Grenze nach Italien und über die Altstadt von Gorizia mit Castello.

Tägl. 9–12/15–17 Uhr, So/Feiertag nur 15–17 Uhr. Eintritt 2 €. Škrabčeva ul. 1 (in Richtung Krankenhaus, dann Abzweig).

Nova Gorica/Umgebung

Villa Bartolomei: Die Villa in der Ortsmitte von *Solkan* dokumentiert die slowenische Geschichte sowie die Entwicklung und Besonderheiten der Region Primorska.

Mo–Fr 8–15 Uhr. Eintritt 2 €, Kinder 1 €. Pod vinogradi 2.

Eisenbahnbrücke von Solkan: Der „Steinriese über die Soča", wie Gorazd Humar die Brücke in einer Monografie nannte, ist schon von weitem zu sehen; bei Solkan schlängelt sich das gewaltige Monument aus steinernen Bögen malerisch über den Fluss. Der Viadukt feierte 2006 seinen 100-jährigen Entstehungstag, Erzherzog Franz Ferdinand eröffnete 1906 diesen wichtigen Abschnitt der Zugstrecke, die Wien mit dem Hafen Triest verband. Die Brücke wurde mehrmals im Ersten und Zweiten Weltkrieg bombardiert und rekonstruiert, seit 1985 steht sie unter Denkmalschutz. Der originale Steinbrückenbau mit einer Spannweite von 85 m, damals von der Wiener Baufirma der Brüder Redlich & Berger errichtet, gilt in dieser Konstruktionsart, also ohne Hilfsmittel wie Mörtel und Bruchstein, als der größte der Welt.

Grad Kromberk: Etwas versteckt mitten in einem barocken Garten mit einem Brunnen aus dem 18. Jh. steht das Schlösschen unterhalb eines Hügels nordöstlich von Nova Gorica im Ort Kromberk. Der Weg dorthin, kaum 1 km von der Hauptstraße Richtung Ajdovščina–Ljubljana entfernt, führt durch die umliegenden Weinberge hinauf und ist ausgeschildert. Das quadratische Gebäude mit vier Ecktürmen war bis in die 1950er-Jahre die Sommerresidenz der Fam. Coronini-Cronberg aus Görtz. In der Eingangshalle ist das Familienwappen, im Schlosspark und in der Eingangshalle ein Lapidarium zu sehen.

Soča-Tal → Karte S. 153

In dem sehr schön erhaltenen Schloss – erbaut im für Norditalien am Ende des
16. Jh. typischen Renaissancestil – residiert heute das *Goriški Museum*. Die archäologische Abteilung dokumentiert die Vergangenheit von Most na Soči von der
Bronzezeit bis zum 5. Jh. n. Chr. Die ethnologische Abteilung stellt die einzelnen
Gegenden der Region vor. Die kulturhistorische Abteilung präsentiert Gemälde
und Stilmöbel des 19. Jh., zudem eine Ausstellung bildender Kunst des 20. Jh. mit
Werken einheimischer Künstler aus der Primorska: von Realismus, Postimpressio-
nismus, Expressionismus bis zum Sozialistischen Realismus. Den Werken aus der
Region Primorska vom Mittelalter bis zum Barock in der Galerie der alten Kunst
sieht man deutlich die Einflüsse des deutschen und mediterranen Raumes an. Das
Schlossrestaurant wird nur für Meetings und Geschäftsessen geöffnet.
Goriški Museum, Grajska cesta 1, ✆ 05/3359-811. Mo–Fr 9–17 Uhr (im Sommer bis 19 Uhr),
So/Feiertag 13–17 Uhr (Sommer bis 19 Uhr). Eintritt 2 €, Kinder 1 €.

Friedenspark Sabotin: Der 609 m hohe Berg Sabotin liegt im Norden von Nova
Gorica. In der ehemaligen Grenzwache wurde ein kleines *Museum* eingerichtet, die
Berghütte Sabotin (s. u.) mit herrlicher Terrasse ist v. a. im Sommer ein beliebtes
Ausflugsziel. Am Bergkamm verlief die Staatsgrenze zu Italien, die mit dem EU-Beitritt überflüssig wurde. Auch die Isonzo-Front verlief dort oben, wo im Ersten
Weltkrieg 23 Nationen kämpften und Hunderttausende ihr Leben lassen mussten.
In Gedenken an die Opfer wurde hier ein Friedenspark errichtet. Auf dem Berg mit
seinem herrlichen Fernblick nach allen Seiten und der reichen alpinen und mediterranen Flora wurden zahlreiche Wanderwege (auch in andere Gebiete führend)
verschiedener Streckenlängen angelegt. Man trifft hier oben auf Kirchenruinen,
aber vor allem auf viele Gräben, die man entlanggehen kann, Kavernen und Relikte
der Soča-Front. Der Sv.-Valentin-Weg führt von der Berhütte hinauf zum aussichtsreichen Gipfel – gegenüber im Osten ruht friedlich der große Sveta-gora-Komplex
(s. o.), unten die Soča und im Süden und Westen die hügelige Goriška Brda und Friaul. Die Erkundung erleichtert eine Führung (s. u.). Kartenmaterial bei TIC erhältlich.

Anfahrt Per Auto: über Gonjače (Goriška
Brda), kurz danach zweigt ein schmales
Sträßchen ab und führt in ca. 7 km bergan
bis zum Parkplatz unterhalb der Berghütte.
Zu Fuß: Es gibt verschieden lange Wanderwege von allen Seiten hinauf; für den kürzesten parkt man ca. 300 m nach der Solkan-Brücke (in Richtung Goriška Brda) am
Parkplatz (oder in Solkan) und läuft dann
auf dem markierten Wanderpfad mindestens 1,5 Std. steil bergan. **Per Fahrrad:** Anfahrt wie mit Auto, der erste Kilometer ist
sehr steil, danach zieht es sich mit nur
leichter Steigung bergan, das letzte Stück ist
noch einmal steiler – schön durch Mischwald. Infos über TIC in Nova Gorica oder
Hr. Bogdan Potokar, ✆ 040/253-234 (mobil).

Essen & Trinken Okrepčevalnica Sabotin (560 m), Snacks u. Getränke. Sa/So u.
Feiertag 9–18 Uhr, Okt.–März 9–17 Uhr,
15. Juli–15. Aug. geschlossen.

Lokve: 20 km nordöstlich von Nova Gorica liegt auf 950 m der kleine Touristenort.
Im Winter tummeln sich hier die Skifahrer auf gut präparierten Pisten. Im Sommer
genießen die Waldpfade Wanderer und Mountainbiker und auch zum Paragliden
kommt man gerne – manche aber auch einfach nur, um den wunderbaren Ausblick
zu genießen. Auf der herrlichen Bergstraße gelangt man hinüber ins Vipava-Tal
(→ Vipava-Tal) – auch eine schöne Mountainbikestrecke.

Übernachten Es gibt einige Privatzimmer,
u. a.: **Restaurant-Pension Planota**, hier gibt
es traditionelle, gute Küche und 7 Zimmer.
Tägl. außer Mi/Do 10–21 Uhr, Fr/Sa bis 23 Uhr.
5252 Trnovo pri Gorici, Lokve 23, ✆ 040/515-
347 (mobil), www.penzionplanota.eu.
*** **Hotel Winkler**, schöner Landgasthof mit
Sauna (Zuzahlung), Ökokräutern und -Tees,
Fahrradverleih, Tennis und guter Küche.
DZ/F 80 €, Suite 95 €, auch HP. Lokve 36a,
✆ 05/3074-037, www.hoteliwinkler.com.

Vom Berg Sabotin genießt man besten Weitblick auf das Soča-Tal und die Brda

Goriška Brda

Das traditionelle Wein- und Obstanbaugebiet Sloweniens, eine liebliche, hügelige Landschaft, liegt nordwestlich von Nova Gorica, an der Grenze zum italienischen Friaul. Die Slowenen nennen ihre Hügel „Brda", die nahen Italiener „Collio".

Die „Brda" erreicht man, vom nördlichen Soča-Tal kommend, bei Plave, wo ein kurvenreiches Sträßchen auf 400 m nach Vrhovlje führt; vom Süden nimmt man die Anfahrt über die Solkan-Brücke.

Die Großgemeinde **Brda** zählt insg. 6000 Einwohner, Hauptort ist **Dobrovo** – eine malerische Landschaft mit 45 Dörfern und allein stehenden Bauernhöfen, mit Schlössern, Landgütern und Kirchen auf den Hügeln zwischen Wein- und Obstgärten. Schon im Frühling wird es hier sehr warm, dann verwandelt sich die Brda in einen blühenden, duftenden Garten. In der Landwirtschaft dominiert mit zwei Dritteln der Weißweinanbau, die Rebula, eine autochthone Rebsorte, ist hier vorherrschend. Jährlich werden rund 13.000 Tonnen Weintrauben zu Most gepresst. Etliche gute Kellereien laden zur Weinverkostung ein. Im Juni werden die ersten Kirschen geerntet, später Pfirsiche und Aprikosen. Olivenanbau spielt eine nur untergeordnete Rolle. Der Kirschenanbau dagegen ist neben dem Weinbau für die Bauern von so großer Bedeutung, dass sie jedes Jahr am zweiten Juni-Wochenende das traditionelle **Kirschenfest** mit Umzug feiern – ein großes Volksfest und eine Attraktion für Besucher aus nah und fern.

Den schönsten Überblick über die Goriška Brda und in Richtung Nova Gorica hat man vom **Aussichtsturm in Gonjače**. Hervorragend eignet sich die Region für Mountainbiketouren, einen schönen Badeplatz, **Kotline**, gibt es bei Pristavo. Auch zu Fuß ist die hügelige Gegend bestens zu erkunden, auch auf dem bestens markierten **Alpe-Adria-Trail**, der bei Golo Brdo von Italien kommend die Brda an ihrer Westseite streift (→ Wandern). Wer italienischen Flair genießen möchte, huscht kurz über die Grenze – in nur 40 Min. erreicht man Grado, doppelt so lang benötigt man bis Venedig.

Feine Weine aus der Brda

Im milden, geschützten Klima der Goriška Brda gedeihen ausgezeichnete Rebsorten. Vorherrschend ist der Weißwein, der etwa zwei Drittel der Produktion ausmacht; beliebteste Rebsorte ist die Rebula, danach folgen Jakot (→ Landeskunde & Reisepraktisches/Essen & Trinken), Pinot, Sauvignon und Chardonnay. Etwa ein Drittel der Weine sind Rotweine, hier sind Merlot und Cabernet Sauvignon führend, die auch gerne zu Cuvées ausgebaut werden. Gute Winzer, die jährlich um die begehrten Medaillen konkurrieren, gibt es in fast jedem Ort. Namhafte Weinkellereien sind Movia, Belica, Čarga, Zalatel, Fabricijo und viele weitere. Natürlich werden in der Brda auch Grappas und feine Liköre aus Kirschen, Pflaumen, Aprikosen produziert. Und gefeiert wird damit ebenso gerne (→ Veranstaltungen).

Information TIC-Dobrovo, 5212 Dobrovo v. Brdih, Grajska cesta 10 (am Schloss), ✆ 05/3959-594, www.brda.si. Zimmervermittlung, Internet, Ausflüge, Führungen zu Weinkellern und Weinbergen. Vermietung von E-Bikes und Scootern. April–Okt. Mo–Fr 9–17, Sa/So 10–18 Uhr; sonst Mo–Fr 9–16, Sa/So 9–12 Uhr.

TIC-Vipolže, Vipolže 29 (im Schloss), ✆ 031/699-458 (mobil). Mai–Sept. Mo–Fr 9–17, Sa/So 10–18 Uhr.

Verbindungen Busse nach Nova Gorica nur 3-mal tägl.

Gesundheit Hospital in Šempeter, ✆ 05/3331-811 (24-Std.-Bereitschaft).

Apotheke, Trg 25. maja 7, ✆ 05/3959-566. Mo–Fr 8–15.30, Mi 11.30–19, Sa 8–12 Uhr.

Ambulanz, Trg 25. maja 3, ✆ 05/3045-016. Mo–Fr 7–14, Di 12–19 Uhr.

Tankstelle in Doborovo und Vipolže.

Veranstaltungen Diverse **Weinfeste**, z. B. „Tag des offenen Kellers" am 1. Juniwochenende: Viele Winzer öffnen dann ihre Pforten zur Weinverkostung.

Martinovo, Weinfest in Šmartno für den neuen Wein, am Sa um den 11. Nov.

Kirschenfest, am 2. Juniwochenende. Zentrum ist Dobrovo, aber auch in anderen Orten wird gefeiert; mit Musik und Prozession.

Übernachten/Essen Die Region bietet ganzjährig schöne Unterkünfte und gute traditionelle Gasthöfe (Öffnungszeiten beachten!); Infos über TIC Dobrovo und TIC Nova Gorica (→ jeweilige Orte).

Wandern Die Goriška Brda auf dem **Alpe-Adria-Trail** durchlaufen: Golo Brdo–Vrholje pri Kožbana–Pristavo–Hruševlje–Fojana–Dobrovo–Šmartno–Gonječe–Ceglo–Sp. Plešivo (ital. Grenze).

Kulturdenkmäler und Weingüter in der Brda

Dobrovo: Der Hauptort der Goriška Brda zählt 450 Einwohner – alles Wichtige wie Post, Bank und Tankstelle usw. findet man nur hier. Mitten im Ort steht das reizvolle Schloss *Grad Dobrovo* aus dem 16. Jh. In den Schlossgemächern befindet sich die Galerie eines der bekanntesten slowenischen Grafiker, Zoran Mušič, zudem eine ethnografische und historische Sammlung. In der Schlosskapelle an der Eingangsmauer gibt es mittelalterliche Wandmalereien zu sehen, im Keller eine

Vinothek. Hier und in der ortsansässigen großen Weinkellerei Goriška Brda können die edlen Tropfen der Weinbauern der Region verkostet und erworben werden.
Grad Dobrovo, Grajska cesta 10, ✆ 05/3959-586. Di–Fr 8–16, Sa/So 13–17 Uhr. Eintritt 2 €.

Übernachten/Essen **Vinothek Brda**, im Schlosskeller; rund 200 regionale Weine können verkostet und gekauft werden, auch Grappas und Honig. Tägl. außer Mo 11.30–21 Uhr. ✆ 05/3959-210, www.vinotekabrda.si.

Gostilna Bužinel, gute Brda-Küche, Weine und Zimmervermietung. DZ/F 70 €. Fam. El-vis Bužinel, Plešivo 37, 5212 Dobrovo, ✆ 05/3045-082, info@gostilna-buzinel.si.

Weinkellerei Goriška Brda, Weine von ca. 800 umliegenden Winzern. Weinverkauf u-verkostung nach Voranmeldung. Zadružna cesta 9, ✆ 05/3310-100, www.klet-brda.com.

Šmartno: hübscher alter Ort, 1317 erstmals erwähnt, mit zusammengedrängt stehenden Häusern und herrlichem Weitblick. Anfang des 16. Jh., während der kriegerischen Auseinandersetzungen zwischen Habsburg und Venedig, wurde Šmartno befestigt. Die Pfarrkirche *St. Martin* ist die größte in der Region, der Kirchturm auch hier ein ehemaliger Wehrturm. Das Gotische Haus, so genannt wegen seines gotischen Steinportals, birgt eine *Ethnografische Sammlung.*

Übernachten/Essen »» Mein Tipp: Ho-tel San Martin Šmartno, Familienbetrieb, Ende 2013 eröffnet, gegenüber der Altstadt und mit schönem Weitblick über die Brda. Das Restaurant mit Terrasse und Wintergarten sowie die Vinothek verwöhnen den Gaumen mit Saisonküche. 13 schöne DZ/F 80 €. Ökologisch ausgerichtetes Management, u. a. Erdwärme, Häckselheizung, eigene Bioweine und -Obst, Käse u. Wurst aus der Umgebung; zudem Fahrradraum mit Waschmaschine u. Trockner. Šmartno 11, 5211 Kojsko, ✆ 041/724-794 (mobil), www.sanmartin.si. ««

»» Mein Tipp: Hiša Marica, hübsches, renoviertes, traditionelles Haus mitten im Ortskern. Zu den leckeren Belica-Weinen aus der Vinothek (Inh. Weingut Belica) werden Karstschinken und Käse geboten. Nette Zimmer (1–4 Pers.), DZ/F 80–100 €. Šmartno 33, ✆ 05/3041-039, www.marica.si. ««

Gostilna Turn Šmartno, im Turm am Westende. Hübsche Gaststube im 1. Stock, auch Sitzmöglichkeiten im Freien. Durch Besitzerwechsel nun nur Grillgerichte. Mi–So ab 12 Uhr. Šmartno 62, ✆ 051/684-132.

Šmartno – weiter Blick bis Venetien

Gonjače: Das Dorf überragt ein 23 m hoher *Aussichtsturm,* auf den 144 Stufen führen – ein Denkmal an die Gefallenen des Zweiten Weltkrieges. Von oben fantastischer Weitblick über die gesamte Brda bis hin zu den Julischen und Karnischen Alpen, nach Triest und zur Adria, zum Karst und Nanos.

Übernachten/Essen   »» Mein Tipp: **Gostišče pri Mariotu**, nahe dem Aussichtsturm, mit verspieltem Eingang, der das Soča-Tal mit Solkan-Brücke symbolisiert. Beliebtes und gutes Ausflugslokal mit Weitblick und herrlichem Garten; abends funkeln die Lichter von Nova Gorica und der umliegenden Dörfer in der Ferne. Es gibt Saisonküche, zudem Maneštra, Gnocchi, Fisch, Fleisch, selbstgebackenes Brot, dazu z. B. einen süffigen Rebula. Fr–So 12–22 Uhr. Zimmer 25 €/Pers., Appartements 30 €/Pers., Frühstück 5 €. ✆ 05/3041-029, www.primarjotu.si. ≪

Kojsko: Altes Straßendorf (1086 erstmals erwähnt) mit herrlichem Blick in Richtung Šmartno und in die hügelige, weinbepflanzte Brda. Oberhalb dominiert die Wallfahrtskirche *Sv. Križ* mit ihrem gotischem Flügelaltar, 1515 gefertigt. Einige Touristfarms bieten Essen und Übernachtungsmöglichkeiten.

Übernachten/Essen Touristfarm Štekar, hübscher Landhof, hier kann man Weine kaufen und nach deren Genuss auch übernachten. Essensmöglichkeit nur nach Anmeldung. Nebenan auch Vermietung, DZ/F 75 €. Snežatno 26, ✆ 05/3046-540, www.stekar.si.

Podsabotin: wie der Name besagt, unterhalb des Berges Sabotin, am Brda-Beginn. Netter Weinort mit guten Übernachtungsmöglichkeiten.

Übernachten/Essen ≫ Mein Tipp: **Weingut Valentinčič**, junger Familienbetrieb. Der Winzerhof von 1921, umgeben von 4 ha Weinbergen, wurde zu einem Schmuckstück renoviert, zum Relaxen gibt es einen schönen Außenpool. Aus der hauseigenen Räucherkammer kommen leckerer Pršut und Salami, das Frühstück ist üppig und mit frischen Leckereien bestückt. Im alten Gewölbekeller gibt es auf 500 qm Weinverkostung (u. a. lagern Merlot, Pinot Nero in Akazien- und Eichenfässern); Fahrradverleih, Reitmöglichkeiten in der Nähe. Hübsche DZ/F ca. 70 €. Ganzjährig. Podsabotin 48a, 5211 Kojsko, ✆ 05/3046-578, www.valentincic.si. ≪

Touristischer Bauernhof Pri Bregarju, hübsches Natursteinhaus in Alleinlage mitten im Grünen. Hier kann man bestens nächtigen und gut essen. Podsabotin 18, ✆ 040/601-216 (mobil), info@pri-bregarju.si.

🌿 °°° **Touristischer Bauernhof Štanfel**, netter Familienbetrieb im hübschen Neu-

Blick auf Dobrovo mit seinem Schloss und gen Hügelkette Trognovski gozd

bau in Alleinlage am Ende eines Seitentals (600 m); Abzweig am Ortsende von Podsabotin (von Solkan kommend). Die schöne Terrasse bietet Blick auf die umgebenden Weinberge und zum Sabotin, den man von hier besteigen kann. Neben leckerer Bio-kost aus eigenem Anbau gibt's u. a. Öko-Weine wie Malvazija, Sekt, Grappa und hauseigenen Pršut. Ganzjährig Fr–So 12–24 Uhr (für Nichtgäste). DZ/F 70 €. Podsabotin 5, ✆ 05/3046-252, www.stanfel.si. ∎

Medana: Hübscher kleiner Weinort mit Fernblick und netten Unterkünften; von hier ist es nur ein Katzensprung ins 1,5 km entfernte Italien. Ca. 1 km westlich noch der Weiler **Plesivo**.

Übernachten/Essen **》》 Mein Tipp:** **Wein & Tourismus Belica**, Gutshof von 1898, in wunderschöner Hanglage mit Fernsicht. Eigene Weine, Grappas und schöne Vinothek, hausgemachter Schinken und Fleischwaren. Die Produkte kommen aus der Umgebung (der Käse von Almen aus Bovec und Kobarid); sehr gute Küche, tägl. wechselnde Menüs und hauseigene Spezialitäten – gehobene Preise. Schöne Terrasse und Pool, Mountainbikeverleih. Komfortable, geschmackvolle Zimmer (80–130 €) und Appartements. Ganzjährig, Mo Ruhetag. Fam. Mavrič, 5212 Medana, Medana 32, ✆ 05/3042-104, www.belica.net. **《《**

Weingut Klinec, traditionelle Küche, die Weine reifen in Akazien-, Kirsch-, Maulbeer- und Eichenholzfässern und erhalten da-durch ihre besondere Note. Fr 19–23, Sa 12–16/19–23 u. So 12–16 Uhr. Zimmervermietung, DZ/F 82 €. 5212 Medana, Medana 20, ✆ 05/3959-408, www.klinec.si.

Vino@Modana, im Zentrum mit kleiner Terrasse, gute Pasta- und Fischgerichte und ausgezeichnete Weine. 12–23 Uhr. 5212 Medana, Medana 16, ✆ 05/3959-600.

Weingut Ščurek, im gut geführten Familienbetrieb gibt es u. a. besten Rebula. Plesivo 44, ✆ 041/625-842 (mobil), www.scurek.com.

Übernachten/Essen Italien Restaurant **Al Cacciatore della Subida**, ca. 3 km von Medana (kurz vor ital. Cormons). Für einen Michelin-Stern lohnt es sich über die Grenze zu fahren; elegante, aber auch gemütliche Atmosphäre. Auch komfortable Zimmer. Mo, Do u. Fr bis 19 Uhr, Sa/So Mittag- und Abendessen (tel. Reservierung). Via Subida 52, 34071 Cormons, ✆ (0039) 0481/60531, www.lasubida.it.

Golf Golfplatz in Castelo di Spessa (Italien), 18-Loch-Platz, ca. 3 km von Medana. Hr. Fillipo Formentini, ✆ (0039)-32-81751611 (mobil).

Ceglo: Das Dorf nahe der italienischen Grenze (ca. 1 km südlich von Medana) hat sich wegen seiner Weinkellerei international einen Namen gemacht. Das stilvolle *Weingut Movia (*seit 1820) der Fam. Mirko und Aleš Kristančić errang hohe Auszeichnungen; Prominenz von Rang und Namen war hier schon zu Gast.

Übernachten/Essen ******* Hotel Gredič, nettes Schlösschen inmitten der Weinberge, im Innern modern gehalten; mit Restaurant (gehobene Preiskategorie) und einem Weinkeller, der über 1000 verschiedene Marken bietet. 15 Zimmer, DZ/F 120 €. Ganzjährig. Ceglo 9, ✆ 05/8280-120, www.gredic.si.

Soča-Tal → Karte S. 153

Weingut Movia, Weinverkostung und Essen nur nach Voranmeldung. Ceglo 18, ✆ 05/3959-510, www.movia.si.

Weinkeller Marjan und Salko Simčič, seit 1860. Weinverkostung und -verkauf nach Voranmeldung im Schlösschen. Ceglo 3b, ✆ 05/3959-200.

Touristischer Bauernhof Cukjati, preiswert und nett mit Produkten vom Hof. Ab 25 €/ Pers. Ceglo 13a, ✆ 05/3042-162.

Vipolže: Das Dorf einen Kilometer östlich von Ceglo ist bekannt wegen seiner beiden Schlösser. Das sehenswerte Schloss im Osten von Vipolže war seit dem 11. Jh. Landsitz namhafter Adeliger – zuerst im Besitz der Grafen von Görz, dann der von Herberstein, später der von Della Torre und Attem, zuletzt wurde es von der Familie Teuffenbach bewohnt. Im 17. Jh. erhielt es eine Modernisierung im Renaissancestil. Kriege und Brände ließen seinen Glanz verblassen; heute präsentiert sich das renovierte Schloss (Ende 2016 eröffnet) im Stilgemisch aus Renaissance und Barock. Es wurden ein Museum, Touristinformation (→ Einleitung Brda) und Appartements eingerichtet. Durch den schönen Park mit seinen jahrhundertealten Zypressen kann man schlendern.

Übernachten/Essen   **Villa Vipolže**, im Schloss kann in 6 Appartements genächtigt werden, 106 und 120 €. Vipolže 29, ✆ 00386/8/ 2055-420 (slowen. Tel.), www.vilavipolze.eu.

Weingut Edi Simčič, Weinverkostung nach Anmeldung. Vipolže 39a, ✆ 05/3959-173, -174.

Neblo: Das kleine Örtchen liegt ca. 1,5 km westlich von Dobrovo.

Übernachten/Essen Gostilnica Pr' Noni, netter Familienbetrieb. Gute Fisch- und Fleischgerichte, preiswerter Mittagstisch – v. a. viele italienische Gäste. Tägl. ab 10 Uhr, Mo/Di Ruhetag. Neblo 1, ✆ 05/3045-035.

≫ Mein Tipp: Landhaus Kabaj–Morel, hübsch im mediterranen Stil mit großen Fenstern und Terrasse – der Blick auf die Weinberge ist fantastisch. Im Keller lagern Weinfässer und aus Georgien importierte Amphoren, in denen autochthone Sorten wie u. a. Rebula oder Malvasija 6 Monate in ganzen Früchten gären dürfen, ehe sie zur Weitergärung in Fässer kommen. Feine moderne Brda-Küche mit einer Brise französischen Einschlags, vor allem bei den Nachspeisen (Katja berücksichtigt die franz. Wurzeln ihres Ehemanns). U. a. hausgemachte Gnocchi oder Ravioli mit Fleisch und Gemüse, Peka-Gerichte, Schweinemedaillons mit Feigen, Crème Brûlée oder Erdbeerparfait mit Limetten. Hübsche, gemütliche DZ/F für 80 €. Mo/Di Ruhetage, Mi auf Vorbestellung, Fr 19–22 Uhr, Sa 12–15/19–22 Uhr, So 12–16 Uhr. Šlovrenc 4 (kurz vor Neblo), ✆ 05/3959-560, www.kabaj.si. ≪

Die Renaissancevilla Vipolže hat Ende 2016 frisch renoviert ihre Pforten eröffnet

**** Hotel & Casino Venko, so kurz vor der Grenze kann man das Konzept und den für die Gegend zu groß geratenen Bau gerade noch verschmerzen.beautycenter, Indoorpool, Haustierstation, Casino mit 200 Slot-machines und Roulette (nonstop geöffnet, Eintritt frei). Im Innern komfortable Ausstattung in 32 Zimmern (DZ/F 80 €) und 2 Appartements, bester Service. Neblo 11, ✆ 05/39 88-750, www.venko.si.

Hruševlje: ca. 5 km nördlich von Dobrovo, mitten in den hügeligen Weinbergen mit einigen guten Weingütern und Übernachtungsmöglichkeiten – verdursten kann man hier nicht.

Übernachten/Essen   ≫≫ Mein Tipp: Casa Verderber, auf einem Hügel, umgeben von Weinbergen, liegt das gepflegte 100-jährige Anwesen (Zimmer/Appartments für bis zu 11 Pers.), im Innern gemütlich im modernen Landhausstil. Familiäre Atmosphäre; sehr gut eingerichtete Küche, zudem u. a. eigener Wein, Obst, Marmelade. 70 €/2 Pers. Hruševlje 4a, ✆ 041/838-377 (mobil), www.verderber.si. ≪≪

Wein   Weingut Fabricijo, gute Weine wie Merlot, Sivi Pinot, Rebula. Hruševlje 4, ✆ 05/3042-592.

Weingut Zalatel, Familienbetrieb, v. a. leckere Weißweine. Hruševlje 6, ✆ 05/3042-594.

Pristavo: ca. 7 km nördlich von Dobrovo. Am Südhang des kleinen Dorfs residiert die seit 1767 bestehende renommierte *Weinkellerei Čarga*, einst ein Meierhof der Grafen von Thurn und Taxis. Das Gut wird heute von der Familie Erzetič geführt. In dem in den Fels gemeißelten Weinkeller lagern viele der in der Region produzierten Weine, darunter etwa 15 Weißweine, einige Rotweine sowie der Champagner Donna Regina.

Fährt man am Weingut nördlich weiter, erreicht man den beliebten, von schattigen hohen Bäumen umgebenen *Badeplatz Kotline*. Der Kožbanjšček-Wildbach fließt hier in Becken und Kaskaden hinab, von den Felsen kann man gut ins kühle Nass springen.
Weingut Čarga, Besichtigung und Verkostung nach Voranmeldung. Pristavo 2, 5212 Dobrovo, ✆ 05/3959-496, www.carga1767.si.

Vrhovlje pri Kožbani: ca. 5 km von Neblo, auf 400 m gelegen. Kirchen- und Kunstliebhaber zieht es wegen der *Kapelle des hl. Andreas* hierher. Die Fresken im Presbyterium datieren man auf die zweite Hälfte des 15. Jh., sie gelten als die ältesten der Brda.

Golo Brdo: Wer sich hier, im westlichsten Eckchen der Goriška Brda, in einer Touristfarm einquartiert, genießt Natur und Ruhe pur. Die scheint auch die unter Naturschutz stehende *Primula aurikula* zu genießen: Die sonst nur im Hochgebirge wachsende Primel hat sich in Golo Brdo auf nur 100 m Meereshöhe an einer Felswand oberhalb des Ortes eine neue Heimat gesucht. Ihre Blütezeit ist Ende März.

Übernachten/Essen   ≫≫ Mein Tipp: Touristfarm Breg, schöne Lage am Berg inmitten von Wein- und Obstgärten, herrlicher Blick zur über dem ital. Friaul untergehenden Sonne. Gemütlichkeit und Service werden groß geschrieben. Gute Küche. Für Nichtgäste: Fr–So und nach Vereinbarung. Behagliche Zimmer (60–85 €). Fam. Peresin, Breg bei Golo Brdo, ✆ 05/3042-555, www. turizembreg.com. ≪≪

≫≫ Weiterfahrt von Nova Gorica in Richtung Sezana oder Postojana: Von Nova Gorica durchs Tunnel Richtung Šempeter, dann weiter Richtung Sežana. Der Weg nach Sežana durchquert das Vipava-Tal, ein Seitental der Soča, und führt über die malerischen Karstdörfer Dornberk, Branik und vor allem Štanjel. Wer Richtung Postojna möchte, kann auf der Landstraße das reizvolle Vipava-Tal durchqueren, dessen Orte einen Besuch lohnen (→ Vipava-Tal). Eilige nehmen die H 4, um dann am Autobahnkreuz auf die A 1 in Richtung Koper oder Ljubljana zu stoßen.

Soča-Tal → Karte S. 153

Blick auf den Nanos und die weinreiche, aber auch karge Landschaft des Karstes

Karst und Umgebung

Der slowenische Karst ist ein bis über 600 Meter aufragendes Hochplateau – eine raue, sehr reizvolle, aber kaum bekannte Gegend: Das Gebiet um den Cerknica-Karstsee und das Vipava-Tal ist vom Tourismus bisher fast unberührt. Weltbekannt und viel besucht dagegen ist die Unterwelt der Region: die Höhlensysteme von Postojna und Škocjan. Kulinarische Köstlichkeiten des Karsts sind der luftgetrocknete Schinken (Pršut), der rote Teran, Ziegen- und Schafskäse sowie die Weine aus dem Vipava-Tal.

Östlich von Triest steigt der slowenische Karst steil von der Adria auf und erstreckt sich bis zu den über 1000 m hohen, im Winter schneebedeckten Bergketten des **Trnovski gozd** im Norden und des **Nanos** im Osten. Das Hochplateau, im Nordosten vom fruchtbaren **Vipava-Tal** begrenzt, ist nur etwa 25 km breit und rund 50 km lang. Im Süden begrenzt den schmal auslaufenden Karst auf slowenischer Seite die **Čičarija-Bergkette**, im Osten die Gegend **Notranjska** und die **Bergkette Snežnik**.

Wegen der extremen Temperaturschwankungen – im Sommer glühende Hitze und Wassermangel, im Winter die eiskalten, bis zu 130 km/Std. starken Böen der Bora aus Nordosten – leben die Bauern in Steinhäuschen mit steinbeschwerten Ziegeldächern. Doch die Karstlandschaft ist keine öde, nur aus Fels und Stein bestehende Gegend – geschützt zwischen Eichen- und Föhrenwäldern liegen die Felder und Weinberge; überwiegend werden hier die dunkelvioletten, herben Weinsorten Teran und Merlot angebaut und noch heute fertigen einige Bauern den leckeren luftgetrockneten Pršut in ihren Schwarzküchen. Auch leckere Schnäpse werden gebrannt, u. a. aus Wacholder oder der Brikini-Pflaume. Vorab ein deftiger Eintopf mit hausgemachten Würsten, zum Dessert u. a. die Estragon- oder Walnuss-Potica, Apfelstrudel und Pflaumenknödelchen.

Neben den weltbekannten **Karsthöhlen** von **Postojna** und **Škocjan** wurden in Slowenien bislang fast 6000 unterirdische Höhlen erforscht, viele von ihnen sind mit erfahrenen Höhlenführern begehbar. Aber auch die Lipizzaner, die edlen weißen Pferde aus **Lipica**, lohnen einen Abstecher.

Die Karstdörfer und -städte sind per Auto, aber auch per Bus und teils per Zug erreichbar. Mountainbiker finden hier viele kleine Sträßchen durch herrliche hügelige Landschaft, vorbei an kleinen sehenswerten Dörfern (Karten bei TIC erhältlich, u. a. „Mit dem Fahrrad durch den Karstpark"; weitere Infos unter www.visitkras. info oder www.zelenikras.si).

Die Region Karst

Der slowenische Karst, die kleine Kalklandschaft hinter Triest, gab allen geologisch verwandten Regionen auf der Welt seinen Namen. Seine oft bizarren Oberflächenformen entstehen durch die Verwitterung des Kalkgesteins: Das im Regenwasser enthaltene Kohlendioxid löst den Kalk, es entstehen Ritzen und Spalten, die sich im Lauf der Zeit erweitern. Dringt ein Fluss in ein Karstgebiet ein, so arbeitet er sich nach und nach immer tiefer, bis er an besonders durchlässigen Stellen versickert, um oft erst weit entfernt (und oft unter anderem Namen) wieder zu Tage zu treten.

Auch eindringendes Regenwasser, das sich an manchen Stellen stetig sammelt, bildet unterirdische Wasserläufe. Diese fressen sich immer tiefer ins Gestein und ändern dadurch ihren Verlauf. An den dann trocken gelegten Stellen entstehen **Karsthöhlen** wie die von *Postojna* oder *Škocjan*.

Ein weiteres Karstphänomen sind die **Dolinen**, runde oder elliptische Löcher, die an der Oberfläche durch den Einsturz darunter liegender Höhlen entstanden sind. In viele dieser „Schüsseln", die einen Durchmesser bis zu einem Kilometer haben können, wurde fruchtbare rote Erde eingeschwemmt, die im sonst unwirtlichen Karst Ackerbau ermöglicht. Weit größer als die Dolinen sind die **Poljen** (Felder) – ebene Täler, die oft Ausmaße von mehreren Dutzend Quadratkilometern erreichen. Durch die intensive landwirtschaftliche Nutzung wirken die Poljen wie grüne Inseln in der Mondlandschaft des Karsts.

Der slowenische Karst ist, anders als z. B. der dalmatinische Karst in Kroatien, eine fruchtbare Region, überzogen mit Wein-, Obst- und Gemüseanbau und auch von Wäldern. Der gängige Begriff Karst, der meist eine öde, karge Felslandschaft meint, trifft hier in Slowenien nicht zu.

In diesem Kapitel werden auch die an den eigentlichen Karst angrenzenden Orte und Landschaften, die für Touristen interessant sind, vorgestellt, u. a. der zur Region Notranjska gehörende Sickersee **Cerkniško jezero** und Umgebung sowie das **Snežnik-Gebirge** südlich davon.

Vipava-Tal

Die Vipava, ein Seitenfluss der Soča, ist die Mutter einer teils lieblichfruchtbaren, teils auch unwirtlichen Gegend unterhalb der beiden hoch aufragenden Karstplateaus Trnovski gozd und Nanos. In ihrem Tal suchen kleine zusammengedrängte Orte Schutz vor den stürmischen Winden.

Bis zum Karststädtchen **Vipava** umfährt man das Karstplateau von Nova Gorica aus nordostwärts durch die fruchtbare Talsohle des breiten Vipava-Tals. Mitten durch das schöne Tal führt nun die Autobahn (H 4) bis zum Anschluss an die A 1 bei Razdrto – reizvoller ist es sicherlich, die alte Straße zu benutzen. Von Vipava aus führt eine gut ausgebaute Straße zum 9 km entfernten, westlich gelegenen **Štanjel**. Das Vipava-Tal ist im Vergleich zu den Karst-Hochplateaus stärker besiedelt und auch geschichtlich interessant. Das Tal lässt sich am besten mit dem Mountainbike erkunden – es wurden viele markierte Wege angelegt. Kletterfans finden hier zahlreiche schöne Felsengärten. Zudem ist diese Gegend ein ausgezeichnetes Wandergebiet (Wanderkarten bei den Tourismusverbänden).

Weine aus dem Vipava-Tal

Im Vipava-Tal gedeihen eine Reihe fast schon vergessener regionaler Weinsorten, darunter Zelen und Klarnica (benannt nach Klara von Dornberk), die Pinela (ein gelber Muskateller), die Dišečka, eine 200 Jahre alte seltene Rebsorte, sowie die Trauben für den Dessertwein Pikolit. Die gängigen Weißweine im Vipava-Tal sind Rebula, Chardonnay, weißer Pinot, weißer Cuvee und Malvazija. Zu den Rotweinen zählen der beliebte Barbera, Merlot, der rote Pinot und andere. Über 300 Winzer keltern hier ihren Wein; der größte Weinkeller ist in Vipava. Wer die Keller besichtigen möchte, sollte am besten vorab anrufen und einen Termin vereinbaren.

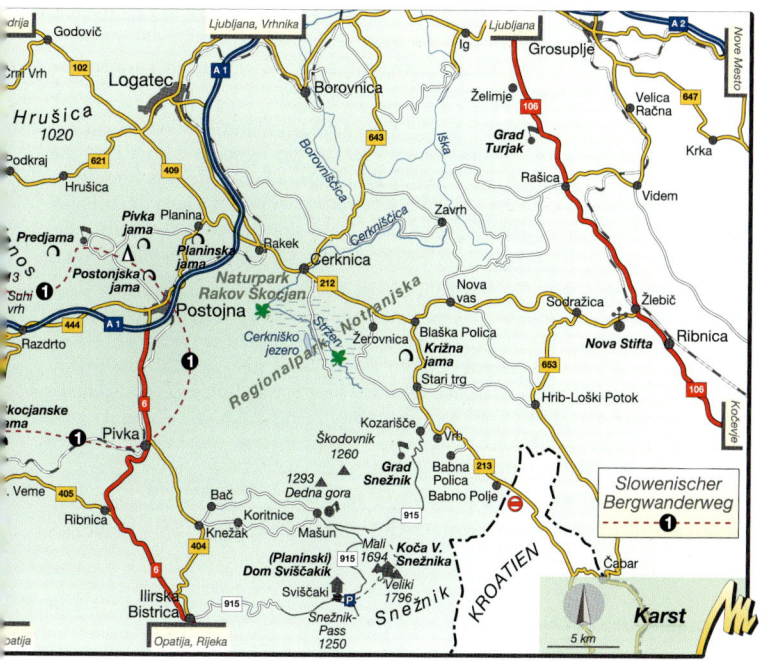

Am Fuße der Bergketten Trnovski gozd und Nanos finden sich überall verstreut Dörfer. In **Ajdovščina**, im Zentrum des Tals, gibt es größere Industrieansiedlungen, u. a. Flugzeugbau, vorwiegend aber Lebensmittel- und Möbelfabriken. Zwischen großen Wein- und Obstgärten mit Kirsch-, Pfirsich-, Aprikosen- und Birnbäumen und sorgsam bearbeiteten Äckern grasen Rinder auf satten Wiesen. Viele, besonders die älteren Häuser, haben wegen der heftigen Bora-Böen ihre Dächer zusätzlich mit Steinen beschwert. Die Naturgewalten der Bora prägen bis heute den Alltag: Im Winter, wenn sie von Osten über den Nanos durch das Tal fegt, spielt sich das Leben der Einheimischen nur noch im Haus ab – alles, was nicht festgezurrt wurde, fliegt davon, sogar manches Auto. In der Antike soll die Bora mit ihrem plötzlichen Ansturm schon so manche Schlacht entschieden haben, indem sie die Pfeile in die falsche Richtung lenkte ...

Die wichtige römische *Festung Ad Pirum* (Zum Birnbaum), die zum Sperrsystem Claustra Alpinum Julianum gehörte und wo einst die Via Gemina verlief, war bei Podbroj, östlich von Ajdovščina (→ S. 226/Gostilna Stara pošta).

Ajdovščina

Das 6000-Einwohner-Städtchen ist das wirtschaftliche Zentrum des Vipava-Tals, u. a. fertigt die Firma Pipistrel hier ihre Ultraleichtflugzeuge und gewann 2007 den NASA-Award. Zur Römerzeit stand hier die Siedlung *Castrum ad Fluvium Frigidum* (Festung am kalten Fluss). Hier fand auch die berühmte Schlacht zwischen den Kaisern Konstantin und Theodosius statt, die zur Teilung des Römischen

Reichs beitrug und schließlich zu seinem Zerfall führte. Die Schlacht soll die Bora mitentschieden haben, indem sie die konstantinischen Bogenschützen begünstigte. Teile der gut erhaltenen römischen Festungsmauer mit ihren runden Türmen sind heute noch im Stadtzentrum zu sehen.

Interessant und modern gestaltet ist die **Museumssammlung Ajdovščina** mit reicher Stein- und Fossiliensammlung sowie einer archäologischen Sammlung (nur Sa/So 13–18 Uhr und nach Absprache mit TIC; Eintritt 2 €, Kinder 1 €; Prešernova ul. 24). Sehenswert ist auch die kleine **Pilonova Galerie** mit Gemälden des bekannten slowenischen Expressionisten Veno Pilon (1896–1970), der in der Stadt geboren wurde (Di–Fr 8–17, Sa/So 15–18 Uhr; Prešernova ul. 3, www.venopilon.com).

Trnovski gozd, die Bergkette oberhalb der Stadt, oft einfach nur *Gora* (der Berg) genannt, ein fast unbewohntes Gebiet, zieht vor allem die Sportler an: Freeclimber, Mountainbiker, Paraglider, Wanderer und im Winter Langläufer (→ Sport). Neben satten Mischwäldern und einer herrlichen Flora gibt es eine Vielzahl von Eishöhlen. Von hier wurden früher Eisschollen nach Triest für die Kühlung von Schiffsladungen transportiert. Die Gebirgsstraße entlang dem Kamm von Trnovski gozd und hinüber nach Lokve (→ Lokve) wurde zwischen dem Ersten und Zweiten Weltkrieg von russischen Gefangenen gebaut.

》》 Weiterfahrt: Eine geruhsame Fahrt durch die Bergwelt von Trnovski gozd führt von Ajdovščina hoch über Predmeja nach Lokve und weiter in Richtung Idrijca- und Soča-Tal.

🥾 Wandertouren um Ajdovščina

Naturlehrpfad: Ein schöner Rundweg, als Naturlehrpfad ausgewiesen, startet nahe der TIC (bzw. Jugendhaus) am Hubelj-Fluss, führt an diesem entlang hinauf zu seiner Quelle und zurück unterhalb der westlich liegenden Hügelkette. Insgesamt muss man mit 1:30 Std. Gehzeit rechnen.

Vertovec-Pfad: Eine weitere markierte Rundwanderung, für die man ca. 4:30– 5 Std. veranschlagen muss, führt von Ajdovščina zur weinreichen, hügeligen Südseite des Trnovski gozd: Ustje–Dolenje–Sv. Marjeta–Planina–Ostri vrh–Potok– Šmarje–Vrtovče–Tevče–Uhanje–Usteje. Der Pfad wurde nach dem Priester und Schriftsteller Matija Vertovec (1784–1851) benannt, der bei Šmarje das Licht der Welt erblickte.

Engelsberg-Pfad (Pot po Angelski gori): Eine schöne, ca. 8-stündige (man kann auch abkürzen) und aussichtsreiche Strecke führt zum Engelsberg *(Angelska gora)* mit der fenstergleichen Felsöffnung *Otliško okno* bei Otlica.

Basis-Infos

Information Touristinformation TIC, 5270 Ajdovščina, Cesta IV. Prikomorske 61a (nördlich der Stadt im Jugendzentrum), ☎ 05/3659-140, www.tic-ajdovscina.si. Mo–Fr 8–16 Uhr (Mai–Okt. bis 18 Uhr), Sa 8–12 Uhr. Wander- und Mountainbikekarten, detaillierte Infos.

Flughafen Aeroclub Josip Križaj, Goriška cesta 50, ☎ 05/3689-192, 031/555-315 (mobil), www.aeroklub-jk-ajdovscina.si. Geschäfts- und Panoramaflüge, Fallschirmspringen etc.

Wein In der Umgebung (es gibt eine Karte) sind rund 100 gute Winzer tätig, hier eine kleine Auswahl (meist Anmeldung erforderlich): **Weingut Sveti Martin**, Fam. Stegovec, 7 km südwestlich der Stadt in Brje 121 (Sv. Martin), ✆ 05/3057-700, 041/369-633 (mobil), www.vinasvetimartin.si.

Tilia Estate, Fam. Matjaž & Melita Lemut, Potoče 41 (6 km westl.), ✆ 031/399-748 (mobil), www.tiliapremiumwines.com. Mo–Sa 10–17 Uhr. Gute Pinotweine.

Weingut Guerila, Fam. Zmago Petrič, Planina 111 (ca. 3 km südl.), ✆ 051/660-265 (mobil), www.guerila.si. V. a. gute Schaumweine.

Die Weinverkostung lässt sich gut mit einer Fahrradtour verbinden (solange man nicht zu tief ins Glas schaut.)

Sport Mountainbiketouren: Von Ajdovščina nach Planina, weiter nach Gaberje, entweder hier wieder hinab über Šmarje nach Vipavski Križ oder oben weiter und kurz ein Stück abwärts nach Branik, dann wieder hinunter ins Tal nach Brje und Dobravlje; dann über die Autobahnbrücke hinüber nach Cesta und zurück nach Ajdovščina. Die Gesamtstrecke beträgt ca. 25 km. Unterwegs laden einige Gostilnas zur Rast ein.

Für Konditionierte sei der Gora empfohlen, herrliche Weitblicke belohnen: Ajdovščina–Col–Gozd–Kovk–Otlica–Predmeja–Lokavec–Ajdovščina. Ca. 40 km.

Zudem kann man von hier aus mehrtägige Mountainbiketouren unternehmen: Von Predmeja über Lokve in Richtung Most na Soči oder auch die Gebirgstour hinüber über Vojsko nach Idrija.

Paragliden: Paraglidingkurse und Tandemflüge; Startbahn für Tandemflüge ist auf dem Kovk. Infos über TIC.

Wandern: Viele Wege finden sich oben auf dem Gora, zudem die Lehrpfade (s. o.).

Der Gora – Wiege der Skier oder „als die Skier laufen lernten ...“

Lehrer Edmond Čibelj aus Predmeja, ein fleißiger Zeitungsleser, vernahm mit Erstaunen 1888 im Wiener Tagblatt die Meldung, dass der Norweger Fridtjof Nansen mit einer eigenartigen Vorrichtung, „Ski“ genannt, ganz Grönland bereiste. Auch er hatte Probleme, sich im tief verschneiten Winter auf seinem 1000 m hohen Berg Gora fortzubewegen. Er bestellte sich in Christiania (Oslo) ein Paar dieser eigenartig geformten Holzbretter, zahlte die geforderten 15 österreichischen Gulden und erhielt sie gerade rechtzeitig im November. Das unbekannte Metier erlernte er schnell und fand bei Jägern und Förstern bald Nachahmer. Unter seiner Anleitung wurde auch der Ortstischler rührig und bald waren die Skier „in“. Bereits im März 1895 wurden die ersten Wettbewerbe ausgetragen und die slowenische Skiära war geboren.

Übernachten/Essen & Trinken

** **Hotel Gold Club & Casino**, in Ajdovščina-Zentrum, das einzige Hotel im Vipava-Tal; modern eingerichtet mit 36 Zimmern und 2 Appartements. DZ/F ab 89 €. Das Essen wird sehr gelobt, aus dem Zapfhahn fließt Bier aus eigener Brauerei. Kleines Casino. Ganzjährig. Goriška 25c, ✆ 05/3644-700, www.hotelgoldclub.eu.

》》》 Mein Tipp: **Hostel Ajdovščina**, im modernen und freundlichen, erst 2011 eröffneten Jugendhaus (hier ist auch TIC) mitten im Grünen, 2 km nördlich vom Zentrum in Richtung Quelle Hubelj. 50 Betten in 4-, 6- und 8-Bettzimmern und Schlafsaal (18 €/ Pers.); im 4-Bettzimmer 21 €/Pers. Frühstück 3 €, auch Bar, nebenan Sportplatz und Downhill-Gelände. Ganzjährig. Mladinski Center, Cesta IV. Prikomorske 61a, ✆ 05/3689-383, www.hostel-ajdovscina.si. 《《《

°°° **Touristischer Bauernhof Arkade**, ca. 8 km westlich von Ajdovščina, nördlich der alten Straße nach Nova Gorica. Sehr schöner Gutshof von 1830 auf 15 ha. Bestes Essen (nach Vorbestellung, nur Fr ab 17 Uhr bis So immer) – die Fleischwaren sind hausgemacht (u. a. Kaninchen mit Polenta,

Ajdovščina – „Castrum ad Fluvium Frigidum"

überbackene Salami in Weinsauce), dazu süffige eigene prämierte Weine (u. a. Malvazija). Nette DZ/F 60 €, auch leckere HP. 5262 Črniče, Haus Nr. 91, ℡ 05/3666-009, www.arkade-cigoj.com.

Touristischer Bauernhof Birsa, 2 km westlich von Ajdovščina und der Autobahn im Weiler Brje. Das Essen (z. B. Spanferkel oder Štruklji mit Spinatfüllung) ist köstlich, es gibt hausgemachten Pršut und Wein aus eigenem Anbau. Gemütliche Zimmer (DZ/F 50 €) und Appartements (50 €/2 Pers.). 5263 Dobravlje, Brje 18a, ℡ 05/3688-113, www.kmetijabirsa.com.

Gostilna-Pension Stara pošta, im Osten des Nanos, ca. 12 km von Ajdovščina in Richtung Logatec. Traditionsreiche Gaststätte mit guter Küche – die Anfahrt bzw. ein Stopp lohnt; Spezialitäten sind Wildgerichte. Auch einfache Zimmer, DZ/F 42 €, HP 27 €/Pers.; WiFi. Nebenan ein kleines Museum und die Überreste der römischen Festung Ad Pirum. Podkraj 100, Hrušica, ℡ 05/3668-444, www.gostilna-staraposta.com.

》Mein Tipp: Touristischer Bauernhof **Sinji Vrh**, ca. 3 km auf schmaler Straße oberhalb von Kovk auf über 1000 m, in einmaliger Alleinlage mit Weitblick über das Vipava-Tal und bis zur Adria. Nicht umsonst finden hier jährlich von Juni bis Aug. internationale Maler-Workshops statt. Das Haus hängt voll mit Gemälden, im Freien stehen Skulpturen. Gute Hausmannskost., v. a. Wildspezialiäten. Mi–So 12–21 Uhr oder nach Absprache; Winter nur Sa/So. Einfache, aber nette Zimmer mit Etagendusche (30 €/Pers./F; mit HP 35 €, 40 € VP). Kovk 19a, 5273 Col, ℡ 05/3649-608, 041/502-056 (mobil), www.sinj-vrh.si. 《

Appartements & Stellplatz Žonta, auf 900 m in Predmeja und mitten im Föhrenwald liegt das Appartementhaus und das Wiesengelände; es gibt auch Essen. Fam. Žonta, Predmeja 18, ℡ 031/600-694 (mobil), zonta.ivan@gmail.com.

Touristischer Bauernhof Pri Rebkovih, der 55 ha-Hof 3 km von Ajdovščina entfernt – hier sind Ziegen, Pferde, Rinder zu Hause. Es gibt zwei neue Appartements (ÜF 23 €/Pers.), zudem frische Erzeugnisse wie hausgemachte Salami, Schinken, Brot, Gemüse und Obst. Fam. Kompara, Lokavec 46a, ℡ 05/3689-129, 041/636-289 (mobil).

Autocamp Ajdovščina, nördlich der Altstadt beim gleichnamigen Sportgelände, mit Innen- und Außenpool. Ganzjährig geöffnet. 6,50 €/Pers., Camper 3 €. Cesta 5. maja 14, ℡ 05/3644-722, www.zs-ajdovscina.si.

Weitere sehenswerte Orte im Vipava-Tal

Vipavski križ: etwa 4 km vor Ajdovščina aus Richtung Nova Gorica. Das winzige Städtchen, das als erstes in der Region Stadtrechte erhielt, liegt auf einer Anhöhe westlich der Eisenbahnlinie und der Autobahn. Der Marktplatz ist durch das schmale Stadttor auch mit dem Auto erreichbar. Die mächtige *Burg,* eine heute teils efeubewachsene Ruine, sowie das über 350 Jahre alte, gut erhaltene und renovierte *Kapuzinerkloster* nebenan können besichtigt werden (nach Anmeldung über Priester, ✆ 041/660-445 (mobil). Das Kloster, in dem im Mittelalter der Schriftsteller und Prediger Janez Svetokriški (Johannes a Santa Cruce) wirkte, wird heute noch von einer Handvoll Mönchen bewohnt. Die Klosterbibliothek birgt etliche Kostbarkeiten, u. a. die erste Bibel in slowenischer Sprache von 1584.

Zemono: Der Weiler ist bekannt durch sein gut erhaltenes *Dvorec Zemono,* das einstige Jagdschloss der Grafen Lanthieri. Es wurde 1683 erbaut, Ende 1970 saniert und liegt idyllisch auf einer Anhöhe links der Straße von Ajdovščina nach Vipava-Zemono. Das Schloss beeindruckt mit seinen rundum verlaufenden Arkadengängen, einem Saal, dessen Wände mit Marmor verziert sind, sowie Gemälden. Es ist eingebettet in einen gepflegten Park – die Aussicht durch die mächtigen Bäume auf das Vipava-Tal ist herrlich. Das Anwesen ist ganzjähriges Ausflugsziel und beliebter Schauplatz, um den „Bund fürs Leben" zu schließen; zudem mit Gourmettempel *Pri Lojzetu.*

Essen & Trinken 》》 Mein Tipp: Gostilna pri Lojzetu, romantische Lokalität mit schöner Terrasse und besten saisonalen Speisen, die Menüs sind kreative Kunstwerke, arrangiert von Tomaž Kavčič und seinem Team, zudem erlesene Weine vom Sommelier Anže Kristan; die Mitgliedschaft u. a. im Jeunes Restaurateurs d'Europe spricht für sich. Tägl. außer Mo/Di 12–22 Uhr (abends Reservierung erbeten). ✆ 05/3687-007, www.prilojzetu.com. 《《

Vipava: Das 1600-Einwohner-Städtchen erhielt seinen Namen nach dem aus sieben Karstquellen entspringenden Fluss, der hier am schroff abfallenden Felsabhang des Nanos fast ein kleines Delta bildet – 25 Brücken und Brückchen soll es alleine in Vipava geben. Oberhalb der Stadt thront die Burgruine *Stari Grad* aus dem 12./ 13. Jh., nach ca. 30 Min. Wegstrecke kann man von hier oben die Aussicht genießen. Vor dem Zweiten Weltkrieg war Vipava ein Kurort, heute ist es das Weinbauzentrum des Vipava-Tals. Im Sommer versteckt die alte Lindenallee das kleine Städtchen fast gänzlich, in der Ortsmitte dominiert – neben zahlreichen Putten und Springbrunnen des Hauptplatzes – das gelb getünchte *Schloss* der Grafen Lanthieri aus dem Jahr 1762, heute u. a. Sitz der Weinhochschule, die Nebengebäude sind teils verfallen. Sehenswert sind die Fresken von Franz Jelovšek in der barocken Pfarrkirche *Sv. Štefan* und auf dem Ortsfriedhof zwei 4500 Jahre alte ägyptische Sarkophage, ein „Mitbringsel" des Diplomaten Anton Laurin. Am südlichen Ortsende steht der sog. Weintempel, der *Vipavski hram* (Besichtigung s. u.) von 1894. Hier, im großen über 120-jährigen Weinkeller der Genossenschaft Vinska klet Vipava, reifen die besten Weine der autochthonen Sorten Zelen und Pinela in alten Eichenfässern. In einem geschmackvoll eingerichteten, hell beleuchteten runden Raum in der Mitte des Kellers, dem Weintempel, werden die Weinsorten der Gegend präsentiert: Sauvignon, Chardonnay, Laški Rizling, Beli Pinot, Merlot, Cabernet, Barbera. Diese Weine stehen nun in der Vinotheka Vipava (neben TIC) zur Verkostung (s. u.).

Karst und Umgebung → Karte S. 222/223

Information Touristinformation TIC, 5271 Vipava, Glavni trg 1 (Hauptplatz), ☏ 05/3687-040, www.vipavska-dolina.si. Juli–Sept. Mo–Fr 9–19, Sa 9–14 Uhr, sonst Mo–Fr 9–17 Uhr. Gute Infos sowie Wander- u. Mountainbikekarten. Nebenan die Vinothek.

Veranstaltung Vipava osmica, 2-mal im Jahr (vor Ostern und vor Weihnachten) findet dieser 8-Tage-Event der „Offenen Weinkeller" mit etlichen Winzern aus dem Vipava-Tal statt. Dann öffnen die sog. Heckenwirtschaften und es gibt zu den Weinen auch leckere Speisen.

Übernachten/Essen Gostilna Podskala, idyllische Lage direkt an den Vipava-Quellen unter schattigen Bäumen. Spezialitäten sind fangfrische Forellen und süffige Vipava-Weine. Tägl. 10–22, Fr/Sa 9–24 Uhr. ☏ 041/540-964 (mobil).

Gostilna Podfarovž, kurz vor den Quellen; hübsch sitzt man hier auf der kleinen Terrasse hinterm Haus am Bach. Spezialitäten sind u. a. Forellen, zudem mit Forellen-Carpacchio gefüllte Ravioli, Steaks. Tägl. außer Mo 12–23 Uhr. Ul. Ivana Šćeka 2, ☏ 040/232-090 (mobil).

Appartments Koren, im Zentrum mit Vorder- und Hinterhaus von 1772. Kleiner Innenhof, Weinkeller, Zimmer und Appartements (ab 60 €/2 Pers.), viele Gemälde; die Brüder widmen sich auch der Musik – neben dem Musizieren und Vertonen werden wunderschöne Harmonika-Unikate gefertigt. Glavni trg 2, ☏ 040/217-213 (mobil), www.apartmajikoren.com.

Touristischer Bauernhof Na hribu, hier gibt es eigene Rot- und Weißweine und Produkte vom Hof; daraus werden leckere Gerichte für die Hausgäste gekocht. Auch Zimmervermietung, nette DZ/F 50 €, HP 32 €/Pers. Fam. Žorž, Slap 93 (2 km von Vipava), 5271 Vipava, ☏ 05/3645-708, 041/235-434 (mobil), tk.nahribu@gmail.com.

»› Mein Tipp: Landgasthof Majerija, nördlich vom Weiler Slap steht in Alleinlage und umgeben von schattigen Bäumen und Weinbergen das ehemalige Landgut der Grafen Lanthieri von 1856, heute in Händen von Matej und Nataša Tomažič. Geboten werden in den gemütlichen Räumen oder auf der lauschigen Terrasse feinste Saison-Küche, 3- bis 8-Gänge-Menüs mit hauseigenen Kräutern und Produkten aus der nahen Umgebung, zudem Süffiges aus dem Weinkeller (über 130 erlesene Weine!). Mai–Sept. Do–Sa 12–15/18–22, So 12–17 Uhr; sonst nur Fr–So. Hübsche, nach Kräutern benannte DZ/F 116 € (ganzjährig geöffnet). Slap pri Vipavu 18, ☏ 05/3685-010, www.majerija.si. «‹

Blick gen Süden auf Vipava und das fruchtbare Vipava-Tal

Camping Camp Vrhpolje, kleiner sonniger Wiesenplatz in Vrhpolje (1 km nördlich von Vipava). 10 €/Pers. April–Sept. Vrhpolje 42, ✆ 041/387-514 (mobil), kampvrhpolje@gmail.com.

Camp Tura, in Vipava-Gradiške, auf der Hochebene neben der Kletterwand Gradišče tura; zudem Sportplatz für Basket- und Beachvolleyball, Tennis etc. Gradišče pri Vipavi 14a, ✆ 059/930-067 (mobil), www.kamp-tura.si.

Wein Vinothek Vipava, neben TIC (gleiche Öffnungszeiten). Im modern gehaltenen Raum gibt es 160 Weine von rund 40 Produzenten der Winzergenossenschaft Vipava zu kaufen, viele davon können verkostet werden.

Weingut Avin, in Gradišče. Neben leckeren Weinen gibt es während des Vipava osmica (→ Veranstaltungen) auch Verkostung, u. a. auch Pršut, Salami, Strudel. Gradišče 39, ✆ 041/708-087 (mobil).

Weingut Cultus, im Weiler Podraga (ca. 3 km südwestlich von Vipava). Sehr gute Weine, u. a. Zelen, Merlot, Cabernet Sauvignon und Grauburgunder. Nette Verkostung durch den Inhaber Matej Žvanut. Podraga 67, 5272 Podnano, ✆ 040/425-691 (mobil), www.cultus.si.

In Vrhpolje gibt es zwei gute Winzer, die auch autochthone Reben keltern:

Weingut Tomažić, Vrhpolje 77, ✆ 041/707-534 (mobil). Weingut Žvokelj, Vrhpolje 7, ✆ 041/320-921 (mobil).

Nanos-Gebirge: Die Hochebene erstreckt sich auf 65 Quadratkilometern südöstlich von Ajdovščina; von ihrem höchstem Berg, dem *Suhi vrh* (1313 m), genießt man einen fantastischen Weitblick bis auf die Bucht von Triest (im Westen), zum Snežnik (im Süden) und zum Nationalpark Triglav (im Norden). Der Nanos ist ein herrliches Wandergebiet, durch den auch der Europäische Fernwanderweg E 6 verläuft. Viele Quellen, Karst- und Eishöhlen und eine reiche Gebirgsflora wie Pfingstrose, Akelei, Feuer- und Schwertlilie sowie zahlreiche Heilkräuter sind zu entdecken. Und neben den üblichen Gebirgstieren wie Birkhuhn, Gämse, Uhu, Steinadler, Baumfalke streifen Bären, Wölfe, Luchse und Wildkatzen durch die Gegend. Zum Mountainbiken eignen sich die über die Hochfläche führenden Wege hervorragend; auch Paragliden ist möglich; und wer gern klettert, besucht den Klettergarten *Viparska Bela*. Übernachtungsmöglichkeiten gibt es im Weiler *Nanos*, der aus verstreut liegenden Bauernhöfen besteht.

Im Zweiten Weltkrieg waren die dichten Wälder der Nanos-Hochebene Zuflucht für antifaschistische Widerstandskämpfer und Partisanen. Schilder erinnern an die Schlacht von Nanos am 18. April 1942.

Übernachten Unterkunftshütte Vojkova koča na Nanosu, auf 1240 m unterhalb des aussichtsreichen Berges Pleša (1262 m); es gibt ein 4-Bettzimmer, Schlafsaal und Gaststube. Juni–Sept. ab Mi 17 Uhr bis So-Abend; sonst nur Sa/So u. Feiertag. Anfahrt: Ab Podnanos ca. 14 km bergan. Hüttenwirt Hr. Dušan Žitko, ✆ 041/218-993 (mobil).

🌿 °°° **Touristischer Bio-Bauernhof Abram**, schon seit über 500 Jahren steht der Hof auf 920 m in Alleinlage am Waldrand. Fantastischer Blick gen Adria. Die Gerichte werden mit den Bio-Produkten vom Hof zubereitet, es gibt Maneštra, Jota, Wild, Kalbfleisch, Pilzgerichte und leckeres Naschwerk. Es gibt 8 Zimmer (auch Familienzimmer), DZ/F 52 €, 32 €/Pers./HP. Anfahrt: Abzweig kurz vor Col (Straße Richtung Logatec) nach Sanabor, dann ca. 12 km auf Asphaltstraße (ausgeschildert). 5271 Vipava, Nanos 6, ✆ 051/6622-002 (mobil), www.abram-si.com. ∎

Dornbek: Das Dorf (an der N 204) liegt am Beginn und auf der Südseite des Vipava-Tales und gehört noch zur Gemeinde Nova Gorica. Die schmalen Gassen laden zum Bummeln ein, in der Kirche sind schöne Wandmalereien zu besichtigen und an der Vipava, die sich um das Dorf schlängelt, kann man herrlich spazieren gehen. Auch hier gibt es etliche gute Weinkeller, vor allem im Ortsteil Zalošče (ca. 2 km westlich). Die alte regionale Weinsorte *Klarnica* ist übrigens nach Klara von Dornbek, der Witwe des einstigen Schlossherrn, benannt.

Karst und Umgebung → Karte S. 222/223

Übernachten/Camping/Essen Touristischer Bauernhof Slavček, hier gibt es süffige Weine, gute Hausmannskost und nette Zimmer (DZ/F 60 €). Fam. Vodopivec, Potok pri Dornberku 29, 525294 Dornberk, ℘ 05/3018-745, 051/634-323 (mobil), www.slavcek.si.

Touristischer Bauernhof Kraljič, schöner Weitblick; nach Vorbestellung gibt's gutes Essen, dazu hauseigene Weine und nette Zimmer (DZ/F 50 €). Fam. Čotar Ivo, Tabor 1, 5294 Dornberk, ℘ 05/3018-032, 041/363-102 (mobil), www.kmetijakraljic.si.

≫ Mein Tipp: Touristischer Bauernhof Gregorič, sehr schöner Hof, wo ausgezeichnete Weine gekeltert werden. Auch Pferdezucht – es kann geritten werden.

Das leckere Essen komplettiert das große Angebot (Fr/Sa 18–24, So 12–22 Uhr oder nach Anmeldung). Daneben stehen 10 nette Zimmer zur Verfügung, DZ/F 40 €, 25 €/Pers./HP. Zalošče 1, 5294 Dornberk, ℘ 05/3018-860, 3018-294, www.tk-gregoric.si. ≪

Touristischer Bauernhof & Camp Saksida, mitten im Grünen mit neuen schönen Mobilhäusern, einem Pool und Stellplätzen für Camper; am Rande der Weinfelder und des Gemüsegartens kann man sein Zelt aufschlagen. Nach Voranmeldung auch gute Hausmannskost und natürlich die süffigen Hausweine. Ganzjährig. Zalošče 12a, 5294 Dornberk, ℘ 05/3017-853, 041/208-345 (mobil), www.vinasaksida.com.

Branik: Das Dorf gehört ebenfalls noch zur Gemeinde Nova Gorica, liegt südlich und oberhalb des Vipava-Tals am Nebenfluss Branica und auf dem Weg gen Štanjel an der N 204. Weithin sichtbar ragt auf dem hohen Waldhügel die namensgebende *Burg Branik* aus dem 13. Jh. (deutsch Rihemberk) empor (nicht für Besucher geöffnet).

Übernachten/Essen *** Appartement Dandelion, sehr schön und gemütlich, für max. 4 Pers. 20 €/Pers. Branik 122, 5295 Branik, ℘ 040/576-391 (mobil), www.apartmadandelion.si.

°°° Touristischer Bauernhof Toncevi, im Weiler Pedrovo kann man nächtigen und gut essen – Produkte aus eigener Tierzucht und Gemüseanbau. Nichthausgäste nur Sa/So. Pedrovo 9, Branik, ℘ 040/348-464 (mobil), www.kmetija-toncevi.si.

Štanjel

Der malerische mittelalterliche Ort mit eindrucksvollem Kirchturm zieht sich terrassenförmig über eine weithin sichtbare bewaldete Hügelkuppe. Den Beinamen „Perle des Karstes" trägt Štanjel nicht zu unrecht, dennoch verweilt es noch immer im Dornröschenschlaf.

Schon von weitem zieht der einzigartige Kirchturm von Sv. Danijel den Blick auf sich – mit seinem Kreuz an der Spitze wirkt er wie eine Zipfelmütze. Die mittelalterliche Einfriedung des Städtchens ist im Süden und Osten noch erhalten, ein Hinweis darauf, dass trotz der einsamen Lage hier ein Handels- und Verkehrsweg verlief und die Bewohner sich vor begehrlichen Angriffen schützen mussten. Das letzte Mal wurde die Stadt im Zweiten Weltkrieg schwer beschädigt. Vor einigen Jahren restaurierte man das Schloss, auch viele der typischen Natursteinhäuser in den schmalen Gassen wurden wieder bewohnbar gemacht.

Geschichte

Archäologische Funde deuten darauf hin, dass der Ort schon in der frühen Eisenzeit besiedelt war. Auch die Römer ließen Štanjel nicht links liegen, sondern errichteten hier oben einen Kontrollstützpunkt, von dem sie die Karstgegend gut überwachen konnten. Erstmals wird Štanjel Anfang des 15. Jh. erwähnt; hier verlief im Mittelalter ein bedeutender Handelsweg vom Hafen Stivan im Golf von Triest (bei Montefalcone) ins Landesinnere nach Slowenien. Um Bewohner und Kaufleute vor Räuberbanden zu schützen, befestigten die Patriarchen von Aquileia den Ort mit einer

Štanjel – der Westeingang zur Altstadt ist gut befestigt

Stadtmauer und zwei Eingangstürmen im Osten und Westen. Unbeeindruckt von dem Bollwerk plünderten 1470 türkische Heere und später die Venezianer die Stadt.

Seit Beginn des 16. Jh. herrschten die Habsburger in Štanjel. Das heutige Schloss im Renaissance- und Barockstil erbauten die Grafen Cobenzl Ende des 17. Jh. auf den mittelalterlichen Ruinen. Die Grafen sind in der Familiengruft der Kirche Sveti Danijel neben dem Schloss begraben. Sv. Danijel wurde Mitte des 15. Jh. im spätgotischen Stil erbaut, der unvergleichliche Kirchturm kam 1609 dazu, wahrscheinlich das Werk eines italienischen Baumeisters, der auch arabische Länder bereist hat.

Die Häuser im venezianischen Stil mit Parkanlage außerhalb der Stadtmauer kamen erst zwischen den beiden Weltkriegen dazu. Diese Neubauten, auch Ferrari-Villen genannt, waren die Sommerresidenz wohlhabender Triestiner, die seinerzeit noch mit dem Zug anreisten. Entworfen hat die Siedlung Max Fabiani, ein slowenischer Architekt aus dem nahen Dorf Kobdilj.

Information Touristinformation TIC, 6222 Štanjel, Grad Štanjel (im Schloss), ✆ 05/7690-056, www.stanjel.eu. Mai–Okt. Di–Fr 9–15, Sa/So 10–18 Uhr; sonst Di–Fr 9–15, Sa/So 10–16 Uhr. Infos, Zimmervermittlung und Karten.

Verbindungen **Bus**: Hauptstraße, mehrmals Verbindungen mit Sežana und Nova Gorica (3-mal tägl.). **Zug**: Der Bahnhof liegt südlich unterhalb des Städtchens, zu Fuß etwa 15 Min. Züge aus Richtung Sežana und Nova Gorica 3- bis 4-mal tägl.

Veranstaltung Bauernmarkt, Sa/So mit regionalen Produkten.

Übernachten/Essen in und um Štanjel (→ Štanjel/Umgebung).

Restaurant-Grad, im Schloss (nun unter neuer Ltg.), herrlicher Ausblick auf die Um-

gebung, zudem schönes Sitzen im Schlosshof. Geöffnet tägl. außer Mi 9–21 Uhr (Feiertage nur bis 19 Uhr); Nov.–März nur Sa/So 10–16 Uhr. ✆ 031/356-138 (mobil).

*** Appartements und Zimmer Fr. Marija Jera Švagelj, im alten Ortskern mit insg. 17 Betten. Pro Pers. 25 €, mit Frühstück 31 €. Štanjel 6a, ✆ 05/7690-018, www.apartments-stanjel.si.

*** Appartements Štanjelski Razgledi, hier gibt es 2 neue hübsche Appartements für je 60 €. Štanjel 6, ✆ 031/385-281 (mobil).

** Appartements Stanarjevi, schöne Lage ganz oben im Ort. 55–70 €, je nach Größe. Štanjel 29, ✆ 05/7691-007, www.stanarjevi.com.

** Pension Fratnik, an der Straße Štanjel–Vipava links, kurz nach der Kreuzung nach

Štanjel – Parkanlage im venezianischen Stil, von Enrico Ferrari

Sežana. Einfache DZ/F 46 €, Appartements ab 35 €/Pers. Kobdilj 5c, ☎ 05/7690-116, www.fratnik.com.

Touristischer Bauernhof Grča, ca. 3 km südwestlich von Štanjel im kleinen Ort Hruševica (an der Kreuzung unterhalb von Štanjel rechts Richtung Komen, dann gleich links nach Hruševica). Es gibt ausgezeichneten hausgekelterten Wein (Teran, Vitovska grganjam) und Teran-Likör, hausgemachten Karst-Schinken und viele weitere Gaumengenüsse. Nur Sa/So u. Feiertag 11–22 Uhr. Hruševica 6, ☎ 05/7690-224, www.grca.si.

》 Mein Tipp: °°°° **Hiša posebne sorte**, das kleine Hotel, übersetzt „Haus der besonderen Art", liegt bei Kodreti (6 km östl., Anfahrt über Koboli) im Grünen. Genächtigt wird in 4 Appartements (2–3 Pers. ab 90 €) oder 3 Zimmern (ab 30 €/Pers.), Frühstück 4,50 €. Zudem gibt es ein Restaurant mit hübscher Terrasse, das mit feinen Speisen verwöhnt, und einen Weinkeller. Im Angebot auch Massagen, Ausflüge etc. Ganzjährig Do–Mo 12–22 Uhr. Kodreti 15, ☎ 05/7690-000, 041/728-619 (mobil), www.sorta.si. 《

Sehenswertes

Durch das schmale Westtor gelangt man in die kleine bewehrte Altstadt und zum großen schattigen Kirchplatz unter hohen Kastanienbäumen. Hier ragt die **Sv. Danijel-Kirche** empor, an deren Fassade ein Grabstein der Grafen Cobenzl eingelassen ist, im Inneren sind die Tierfiguren am Presbyterium und das kunstvolle Relief des Schlosses auf der Marmortafel des Hauptaltars aus dem 17. Jh. sehenswert.

Etwas nordwestlich steht das **Schloss** mit seinem großen Innenhof, im Sommer gute Kulisse für Events. Im unteren Trakt liegt das Restaurant, im oberen restaurierten Teil *TIC* und nebenan die *Galerie Lojzeta Spacala* (April–Okt. Do/Fr 11–17, Sa/So 10–18 Uhr, Eintritt 2 €). In der Dauerausstellung werden Grafiken, Bilder und Tapisserien des bedeutenden slowenischen Malers und Grafikers Lojze Spacal (1907–2000) aus Triest gezeigt. Seine Grafiken spiegeln die Landschaft des Karst wider – warme Rottöne und ein herbes, kaltes Grau. Lojze Spacals Werk wurde mit vielen internationalen Kunstpreisen ausgezeichnet, seine Arbeiten in bedeutenden Galerien von San Francisco bis Tokio ausgestellt.

Östlich der Kirche birgt ein renoviertes romanisches **Karsthaus** (Kraška hiša) heute eine *Ethnologische Sammlung*. Das Äußere zeigt steinerne Dachrinnen und einen Wasserbrunnen, im Inneren sieht man die Einrichtung eines typischen Karsthauses (Öffnungszeiten wie Galerie).

Südlich des Karsthauses steht der viereckige **Wehrturm** und Stadteingang, einst Teil der Ferrari-Villa, zu deren Zeit er als Speisesaal für die Triester Gäste diente. Heute befinden sich darin ein Souvenirshop und kleine Galerie, von oben genießt man einen herrlichen Blick auf die Umgebung. Durch das Tor gelangt man zum romantischen Park am Hang außerhalb der Stadtmauer und hinab nach Kobdilj. Hier zeigt sich ein ganz anderes Štanjel: der **Ferrari-Garten** mit Terrassen, Fischteich mit Brücke und Parkanlage mit Pergolen und Fontänen, die Enrico Ferrari 1923 vom Architekten Max Fabiani im venezianischen Stil errichten ließ.

Sehr schön ist ein Spaziergang auf dem **Fabianiweg**, der vom Wehrturm südwärts nach **Kobdilj** führt: über Wiesen und an ein paar alten Villen vorbei, bis man in rund 30 Min. das idyllische Dorfzentrum mit weiteren alten Fabiani-Villen, alle zwischen 1920 und 1930 erbaut, erreicht (Wanderkarte bei TIC erhältlich).

Štanjel ist ebenfalls ein guter Ausgangspunkt, um die Karstlandschaft mit ihren sehenswerten Dörfern per Mountainbike zu erkunden (Fahrradkarten bei TIC).

Štanjel/Umgebung

In der Umgebung gibt es viele Karstdörfer zu entdecken, z. B. **Komen** (ca. 8 km westlich), **Dutovlje** (9 km südlich) oder **Tomaj** (10 km südlich).

Das alte **Tomaj** wird gern als „Hauptstadt des Teran-Weins" bezeichnet; Weinberge rundum, rote Karsterde, ein paar Eichenwälder – ein malerischer, kontrastreicher Anblick. Tomaj ist aber auch die Wiege des Dichters Srečko Kosovel. Sein Geburtshaus ist heute ein kleines *Museum* (Tomaj 39, www.kosovel.org). Wer gerne wandert, kann ab hier auf dem *Srečko-Kosovel-Weg* (7 km, markiert) über Šmarje nach Sežana laufen (→ Sežana).

Übernachten/Essen Jugendherberge **Pliskovica**, preiswerte, schöne Übernachtungen im alten, denkmalgeschützten renovierten Karster Bauernhof. Einfache, aber ordentliche Zimmer, separate Bäder, Teeküche, Kamin; WLAN und Fahrradverleih. Pro Pers./F 18 € (im Mehrbettzimmer), 20 € (im DZ). Pliskovica 11, 6221 Dutovlje, ✆ 05/70640-250, www.hostelkras.com.

»» Mein Tipp: Touristischer Bauernhof **Špacapanova hiša**, stilvoll und gemütlich, Restaurant mit bester Karstküche, aus der Vinothek kommen erlesene Weine. DZ/F 64 €. Übernachtung ganzjährig möglich, das Restaurant ist Fr/Sa 11–22, So/Feiertag 11–19 Uhr nach Voranmeldung geöffnet. 6223 Komen, Komen 85, ✆ 05/7660-400, 041/297-829 (mobil), www.spacapan.si. **«««**

🌿 Öko-Bauernhof Kmetija pri Kamnarjevih, hier wird nach Demeter-Vorschrift die autochtone Schweinerasse Krškopolje gezüchtet, zudem gibt's Schafe, Weinanbau und Gemüse und selbstgebackenes Brot. Sa/So 10–22 Uhr. Fam. Stancin, Volčji Grad 40, 6223 Komen, ✆ 040/644-121 (mobil). ∎

°°° Touristischer Bauernhof **Škerlj**, im netten Bauernhof kann man nächtigen und zudem bestens die Hausprodukte wie Pršut, Wein, Säfte, Honig und natürlich die guten Gerichte kosten. Tomaj 53, Dutovlje, ✆ 031/306-919 (mobil), www.tk-skerlj.si.

** Pension & Camping **Brajda**, im alten Gutshof ca. 10 km südöstlich von Štanjel kann man preiswert nächtigen, auf der Wiese zelten, bzw. mit dem Camper stehen und auch gute Hausmannskost genießen. Štorje 5, 6210 Sežana, ✆ 031/666-842 (mobil), www.brajda.com.

Weitere Unterkünfte (→ Sežana).

Karst und Umgebung → Karte S. 222/223

»» Weiterfahrt: Direkte Weiterfahrt Richtung Sežana und Lipica möglich, zudem nach Postojna, Divača oder an die Slowenische Riviera. Die Entfernungen sind kurz, die Straßen gut ausgebaut. Bis zu den Touristenzentren Postojna, Škocjanske jame und Lipica benötigt man höchstens eine Stunde Fahrzeit. Restaurants und Gasthäuser gibt es auf dem Karst viele, auch hier sind die Italiener Stammgäste, deshalb kann es ab und zu etwas eng werden. Wer ein nettes Picknick zwischen den Weingärten vorzieht, kauft unterwegs in einer der gemütlichen Gostilnas „Sendvič s pršutom" (Weißbrot mit Pršut) und dazu Teran- oder Merlotwein vom Fass.

Postojna

Trotz guter Verkehrslage war die knapp 8000-Einwohner-Siedlung lange Zeit nur ein unbedeutender Marktflecken; erst 1909 wurde Postojna zur Stadt ernannt. Dass der nicht sehr anziehende Ort um die Gunst der Touristen nicht buhlen muss, verdankt er der zufälligen Entdeckung eines Höhlenführers.

Bis zum 14. April 1818 war die Höhle von Postojna nur zu einem kleinen Teil bekannt – sie war nicht mehr als eine von vielen Grotten im Karst. An diesem Tag aber erkletterte Lukas Čeč eine Steilwand in der Höhle und entdeckte eines der größten Höhlensysteme der Welt: „Hier ist eine neue Welt, hier ist ein Paradies." Als **Adelsberger Grotten** wurden die Grotten von Postojna, das damals unter Habsburger Herrschaft stand, weltbekannt.

Die Kunde von den märchenhaften Tropfsteinen in riesigen Sälen verbreitete sich, die Besucherzahl stieg erst langsam, mit dem Beginn des Massentourismus aber rasant an. Das inzwischen gut ausgebaute Leitsystem reguliert bestens die Besucher, sodass man nicht mehr Schulter an Schulter durch die beleuchteten Gänge wandelt. Wohl nirgendwo sonst können Laien so sicher und bequem in eine Welt eintauchen, deren Schätze über Jahrmillionen im Dunkeln lagen, und nur wenige andere Höhlen können sich mit dem Reichtum an Tropfsteinen und der Weitläufigkeit der Grotten von Postojna messen.

Wer mag, geht noch ins städtische **Notranski muzej Postojna**, wo man alles Wissenswerte über den Karst erfährt (hier auch Infostelle).

Kolodvorska cesta 3, ✆ 041/313-179, www.karstmuseum.com. Mai–Okt. 10–18 Uhr (danach nur bis 17 Uhr); Mo Ruhetag. Eintritt 5 €, Kinder 3 €.

Basis-Infos

Information Es gibt etliche Infostellen verschiedener Firmen:

Touristinformation TIC, 6230 Postojna, Tržaška cesta (westliche Stadtzufahrt in Richtung Höhlen), Holzneubau mit Parkflächen, ✆ 064/179-972, www.zelenikras.si. Juli/Aug. tägl. 9–21 Uhr, Juni u. Sept. 9–18 Uhr, April/Mai u. Okt. Fr–So 10–18 Uhr, Nov/Dez. Fr–So 10–15 Uhr. Jan.–März geschlossen.

TIC Galerija, Trg padilh borcev 5 (im Stadtzentrum), ✆ 064/179-970. Mai–Sept. 10–21 Uhr, sonst Mo–Fr 9–18, Sa/So 10–15 Uhr.

Tourismusverband, Jamska cesta 9, ✆ 05/7201-610, www.tdpostojna.si. Ganzjährig Mo–Fr 8–18 Uhr.

Info-Center Höhlen (→ Höhlen von Postojna).

Verbindungen Bus: Busbahnhof unterhalb der Tržaška cesta. Gute Verbindungen besonders an die Küste. Ljubljana (auch Direktbus ganzjährig ab Postojna-Höhlen), Koper, Nova Gorica stündl., Rijeka 4-mal, Pula 3-mal, Triest 2-mal, Zagreb 2-mal tägl. Auskunft ✆ 05/7210-183.

Touristenbus: vom Bahnhof über Altstadt zu den Grotten (1,5 km).

Zug: Der Bahnhof liegt auf einem Hügel, 1,5 km vom Zentrum entfernt, zu den Grotten sind es 2,5 km. Nach Ljubljana, Koper, Sežana und Rijeka tagsüber alle 2 Std., nach Triest und Nova Gorica mehrmals, Pula 1-mal tägl. Auskunft ✆ 05/2962-334.

Panoramaflüge Kleiner **Flugplatz** südlich der A 1-Auffahrt; Infos im Avio Pub (→ Essen & Trinken), ✆ 05/7201-310.

Angeln Beste Fischgewässer um Planina, 10 km nördlich von Postojna, internationales Publikum. Angelschein in Gostilna ob kaminu (✆ 05/7201-501) und im Restaurant Demšar in Planina (✆ 05/7565-013).

Veranstaltungen Fuhrmannsfest, am 1. So im Juli bei der Postojna-Höhle. **Weihnachtskrippe** in der Postojna-Höhle, 24. Dez.– 2. Jan. Zudem **Konzerte** in der Höhle.

Übernachten/Essen & Trinken

Übernachten Großes Angebot an **Privatzimmern** und **Touristischen Bauernhöfen**, DZ ab 40 €. U. a.:

Pension Čehovin, ca. 1 km in Richtung Höhlen; schön renoviertes Stadthaus mit 12 Zimmern. Jamska cesta 21, ✆ 031/534-276, info@postojna-rooms-cehovin.si.

** **Pension Ribnikar Štefka**, zentral, südlich des Zentrums. Freundliche, hilfsbereite Vermieter. Rožna ulica 20, ✆ 05/77262-721, stefka.ribnikar@gmail.com.

**** **Hotel Postojna Jama**, oberhalb der Postojna-Grotten mit herrlichem Weitblick, komfortabel renoviert und ausgebaut und im Sommer 2016 wieder eröffnet. V. a. nachts absolut ruhig. Komfortable DZ/F ab 130 €. Jamska cesta 30, ✆ 05/7000-130, www.postojnska-jama.eu.

**** **Hotel Kras**, ein Business-Hotel im Zentrum mit 24 Zimmern und 3 Suiten, komfortabel und mit modernster Technik ausgestattet. Gutes Restaurant, Café, Bar und Tiefgarage. DZ/F 108 €. Tržaška cesta 1, ✆ 05/7002-300, www.epiceco-hotels.com.

*** **Restaurant & Zimmer/Appartements Proteus**, mitten am Hauptplatz liegt das sehr gute Restaurant mit schöner Terrasse, dahinter das neu erbaute Appartementhaus mit bester Ausstattung (Küche mit Kaffeemaschine etc.). Gefrühstückt wird im Restaurant. DZ ab 70 €, Appartements ab 114 €. Parkplätze. Titov trg 1, ✆ 05/7000-103, www.postojnska-jama.eu.

*** **Hotel & Hostel Sport**, im Zentrum von Postojna, an der Hauptstraße Richtung Planina. Neu renovierter, schöner Altbau. Das Hotelteam hat sich vor allem auf Radfahrer spezialisiert, d. h. es gibt Werkstatt, Service, Tourenangebot, Rad- und Gepäckaufbewahrung; dazu Sauna und Restaurant. DZ/F 85 €. Kolodvorska 1, ✆ 05/7202-244, www.epiceco-hotels.com.

*** **Aparthotel Epicenter**, ca. 2 km westlich vom Zentrum – hier findet man alles: 10-Bahnen-Bowling, Billard, Wellnesscenter mit Sauna; zudem das Restaurant Erasmus mit Terrasse (slowenische Gerichte und Pizzen) und Rockcafé; auf dem Freigelände Spielplatz und Kletterwand und riesige Parkflächen. Wirkt äußerlich wie ein Firmengebäude, im ruhigen Innern des Hotels (17 DZ, 23 Appartements) aber gute Ausstattung (LCD-TV, Internet, AC) zum guten Preis, DZ/F 84 €. Auch für Familien bestens,

Postojna jama – Tropfsteingebilde

Appartements (mit eingerichteter Küche) 2–6 Pers. 75–130 €. Kazarje 10, ☎ 05/7002-200, www.epiceco-hotels.com.

🌿 °°° **Touristischer Bio-Bauernhof Hudičevec**, in Hruševje, ca. 10 km westlich von Postojna, in Alleinlage auf 550 m, umgeben von Wiesen. Innen mit altem Werkzeug dekoriert, hübsche überdachte Terrasse, auf der man all die selbst produzierten (auf Öko-Basis) Köstlichkeiten der netten Familie probieren kann. Einzig die nahe Autobahn trübt etwas die Idylle. Pro Pers. 26 €/ÜF, 35 €/HP. Ganzjährig. Razdrto 1, 6225 Hruševje, ☎ 05/7030-300, www.hudicevec.si. ■

°°° **Touristischer Bauernhof Dolenčevi**, in Sajevče, ca. 10 km westlich von Postojna. Schön für Kinder, sie dürfen im Stall bei der Fütterung zusehen oder mithelfen. Fleisch und Gemüse vom Hof, Spezialität sind verschiedene Gebäcksorten, eine Versuchung für Naschkatzen. Pro Pers. 24 €/ÜF, 34 €/HP. Ganzjährig. Sajevče 8, 6225 Hruševje, ☎ 05/7562-022, www.dolencevi.si.

*** **Lipizzaner Lodge**, 9,5 km nordwestl. von Postojna bzw. 5,5 km Richtung Predjama (zu Fuß nur 3,3 km) steht das modernisierte alte Haus mitten im Grünen. 6 moderne Zimmer/Appartements (für bis zu 7 Pers.) mit WiFi, Sauna, zudem Pferde zum Reiten und bester Service. DZ/F 70 €. Landol 17, ☎ 040/470-239 (mobil), www.lipizzanerlodge.com.

Camping *** Camping Pivka jama, 5 km vom Zentrum, an den Grotten vorbei Richtung Predjamski grad, dann rechts hoch, noch 1 km. Keine Busverbindung! Schöner weitläufiger Platz in altem, schattigem Fichtenwald. Gepflegte Sanitäranlagen; kleiner Pool, Tennis; Restaurant, Fahrradverleih; in der Hochsaison Lebensmittelgeschäft. Ebenfalls in der Saison Kurse in Bogenschießen. Vom Platz aus Zugang zu den Höhlen Pivka jama und Črna jama. Pro Pers. 11,90 €. Auf dem Gelände gibt's auch nette *** Bungalows: für 4 Pers. 84 € (99 € mit Küche). Mitte April–Okt. Veliki Otok 50, ☎ 05/7203-993, www.camping-postojna.com.

Wohnmobilstellplatz, auf Parkplatzgelände (ausgewiesen) vor Postojna-Höhle, mit Strom, Wasser, Abfallwasser. April–Okt. 24-Std.-Parken 18 €.

Pension-Camp Mirjam, ca. 12 km westlich von Postojna in Razdrto liegt das große Gebäude, ähnlich einem Gutshof, umgeben von Wiesengelände. DZ/F 44 €, auch sehr einfache Zimmer für 19 €/Pers., kleiner Campingstellplatz, Miniwellness, Bar, Pool und Pferde. Razdrto 19, Hruševje, ☎ 041/684-988 (mobil), www.mirjam.si.

Essen & Trinken   Restaurant Proteus, bietet verfeinerte slowenische Saisonküche (→ Übernachten).

Postojna jama – beeindruckende Millionen Jahre alte Stalagmiten und Stalagtiten

Restaurant Jamski dvorec, sog. „Höhlen-palast" (am Eingang zur Postojna-Grotte); stilvoller Innenraum, gute Gerichte. Jamska cesta 30, ☎ 05/700-0160.

Gostilna Spajza (auch Storja Pod Stopnica-mi), südlich der Lubljanska cesta liegt das sehr kleine Lokal mit Gärtchen und mit vorzüglichen und dazu noch sehr preiswerten Fleisch- und Fischgerichten. Ul. Maja 1, ☎ 05/9927-898.

Pizzeria Minutka, an der Hauptstraße im Zentrum von Postojna (in Richtung Plani-na); gute Pizzen, nette Terrasse.

⟫⟫ Mein Tipp: Gostilna ob kaminu, ca. 1 km in Richtung Razdrto, abseits der Hauptstraße. Das Lokal mit Terrasse liegt ruhig am Wiesenrand, die Küche serviert verschiedene Vorspeisen und viele Fischgerichte, dazu große Auswahl an Weinen. Mo Ruhetag. Tržaška 88, ☎ 05/7201-501. **⟪⟪**

Gostilna Ravbar, gutes Lokal, ca. 5 km in Richtung Planina. Ravbarkomanda 21, ☎ 05/7261-065.

Avio Pub, Treff- und Infopunkt der Flieger und für Panoramaflüge. Zudem Pizzeria und Steakhouse. Tägl. 12–22 Uhr. Rakitnik 1 (südlich der A 1-Auffahrt), Prestranek, ☎ 05/7201-310.

Der Höhlenpark von Postojna (Adelsberger Grotten)

Die Höhlen **Postojnska jama** sind ein Werk des Pivka-Flusses, der neben dem Eingang in der Unterwelt verschwindet. Seine Arbeit wurde durch Brüche im Kalkstein erleichtert, die entstanden, als vor Millionen von Jahren die horizontal gelegenen Schichten durch die Urgewalten unter der Erdoberfläche gefaltet wurden. Das heute bekannte Höhlensystem umfasst zwischen dem Eingang bei Postojna und der Höhle von Planina mehr als 24 km unterirdischer Gänge auf zwei Ebenen. In einem Teil der oberen, trockenen Ebene finden die Führungen für die staunenden Besucher statt, die untere Ebene mit der rauschenden Pivka ist nur Höhlenforschern zugänglich.

Der Eingangsbereich der Höhlen war den Menschen schon lange bekannt, Spuren erster Besiedlung stammen aus der letzten Eiszeit. Auch auswärtige Neugierige besuchten diesen Teil der Höhlen schon lange: Die ersten Unterschriften im sog. Namensgang datieren aus dem 13. Jh. 1802 berichtet Johann Gottfried Seume in seinem Reisebuch „Spaziergang nach Syrakus" von bezahlten Höhlenführungen. Damals war jedoch nur ein Bruchteil des Höhlensystems von Postojna bekannt. Erst als anlässlich eines Besuchs von Kaiser Franz I. die Höhle festlich beleuchtet werden sollte, entdeckte Lukas Čeč 1818 hinter einem Steilhang eine Fortsetzung. Damit begann die weitere Erforschung und systematische Erschließung dieses weit verzweigten Labyrinths und bereits im folgenden Jahr wurden die Höhlen der Öffentlichkeit zugänglich gemacht. Ließen sich anfangs die begüterten Herrschaften noch auf komfortablen Bahren durch die Grotten tragen, wurde ab 1872 eine **Höhlenbahn** installiert, die anfangs noch mit Muskelkraft betrieben wurde. Später übernahmen Dieselloks die Arbeit, heute geht's geruchlos mit Strom. 1884 erstrahlten in den Höhlen die ersten elektrischen Glühlampen der Provinz Krain – ein Beweis für die touristische Bedeutung, die die Grotten damals schon hatten. Auch gibt es seit 1894 eine **Post** mit eigenem Stempel sowie rund 120 verschiedene **Höhlentiere**, im Winter finden hier bis zu 40 Spezies Unterschlupf. Ein kleines Spektakel heutzutage ist das **Fuhrmannsfest**, das am 1. Julisonntag am Höhleneingang gefeiert wird, zudem gibt es im Konzertsaal (s. u.) auch heute noch Events.

Rundgang durch die Höhlen: Eine Führung dauert ca. 1,5 Std., die Temperatur in den Grotten liegt ganzjährig bei ca. 8 °C (warm anziehen!). Gleich hinter dem

Karst und Umgebung → Karte S. 222/223

Eingang steigt man an der unterirdischen Haltestelle in die Höhlenbahn. Die insgesamt etwa 4 km lange Fahrt mit den gelben Wägelchen ist schon ein Vergnügen für sich, die Höhlenwände sausen so knapp vorbei, dass man unwillkürlich den Kopf einzieht – aufzustehen oder sich hinauszulehnen würde vermutlich denselben kosten. Nachdem ein künstlicher Stollen durchfahren ist, tauchen die ersten Tropfsteinhöhlen auf. Durch den verheerenden Brand eines deutschen Treibstofflagers, das Partisanen im Zweiten Weltkrieg anzündeten, sind sie bis heute stark geschwärzt – die Hitze war so groß, dass die meisten Tropfsteine abbrachen. Zu schnell, um Einzelheiten erkennen zu können, geht die Fahrt durch verschiedene Säle in den früheren **Tanzsaal**, der 1965 zu Ehren eines Treffens der Höhlenforscher in **Kongresssaal** umbenannt wurde. Heute beleuchtet ein Kronleuchter die Szenerie – wie mag es gewesen sein, als hier vor über 100 Jahren im Schein von Petroleumlampen Tanzfeste abgehalten wurden? Beim **Großen Berg** ist dann die Endstation erreicht. Nach Sprachen getrennt, geht es zu Fuß weiter. Das Gewölbe ist hier über 300 m weit, der Boden ein einziger, verschiedenfarbig beleuchteter Tropfsteinwald. Das Fotografieren ist wegen der Empfindlichkeit der Tropfsteine verboten.

Wie Tropfsteine wachsen

Das Regenwasser kann durch die Kalkschichten sickern, weil es sich zuvor in der darüber liegenden Humusschicht mit Kalk lösendem Kohlendioxid angereichert hat. In der Höhlenluft, die weniger Kohlendioxid enthält, entweicht das Gas und der Kalk setzt sich allmählich an der Decke ab: Es entstehen Deckenzapfen, die sog. Stalaktiten. Läuft das Wasser schneller nach, als sich das Kohlendioxid verflüchtigen kann, fallen die kalkhaltigen Tropfen auf den Boden – es bilden sich Bodenzapfen, Stalagmiten, die eine wesentlich plumpere Form haben als ihre schlanken, hängenden Geschwister. In sehr trockenen Höhlen oder im zugigen Eingangsbereich bilden sich Tropfsteine auch durch Verdunstung des Wassers: Der Kalk bleibt übrig. In den Grotten von Postojna wachsen Tropfsteine vergleichsweise schnell – über einen halben Zentimeter in 10 Jahren.

Der 1,5 km lange Rundweg führt weiter durch verschiedene Säle, vorbei an riesigen, bis zu 16 m hohen Stalagmiten, an bizarren Tropfsteinformationen in der Form eines Hahns oder Papageis, an dünnen Kalksintervorhängen und kleinen Gärtchen noch „junger" Tropfsteine. Man überquert die **Russische Brücke**, im Ersten Weltkrieg von russischen Kriegsgefangenen erbaut, und erreicht die fast einen halben Kilometer langen **Schönen Höhlen**. Sie wurden erst 1891 entdeckt, bald elektrifiziert und blieben so vom Ruß zahlloser Fackeln verschont. Der Farbenreichtum ist hier noch auffälliger als in den anderen Grotten, die Skala reicht von Schneeweiß bis Knallrot. An der Decke hängen hauchdünne Stalaktiten, Makkaroni genannt. Durch einen künstlichen Gang führt der Weg in den **Wintersaal**, den tiefsten Punkt des touristischen Teils der Höhle. Zwischen der Decke und der Erdoberfläche erstreckt sich eine Kalkschicht von 100 m Dicke. Vorbei am **Brillanten**, einem riesigen blitzenden Stalagmiten – dem Symbol der Grotten –, erreicht man das Bassin mit den **Grottenolmen**.

Weiter führt der Weg zum **Konzertsaal** mit seiner hervorragenden Akustik. Das Echo braucht hier sechs Sekunden, bis es zurückkommt. Zu Weihnachten wird hier eine „lebende Krippe" von jugendlichen Laiendarstellern aufgestellt. An Weihnachten und Neujahr finden zudem Konzerte statt. Von hier aus führt ein künstlicher Gang zurück zum Startpunkt der Höhlenbahn. Noch ein kurzer Blick auf die unterirdische Pivka, die eine Etage tiefer verschwindet, dann geht es hinaus ins blendende, warme Sonnenlicht.

Information TIC, innerhalb des Vivariums (s. u.), Öffnungszeiten ganzjährig (wie Postojna-Höhlen, s. u.). Infos, Kartenmaterial, Unterkunft etc.

Besucherzentrum, gegenüber Vivarium, als Entlastung zu TIC in der Saison. April–Nov. 9–18 Uhr (Juli/Aug. bis 19 Uhr). ✆ 05/7000-116. Infos, Karten und Internet.

Postojnska jama, Information und Online-Reservierung für die Höhlen. Jamska cesta 30, ✆ 05/7000-100, www.postojnska-jama.eu.

Anreise Autobahn A 1, Ljubljana–Postojna. Die Höhlen liegen ca. 1,5 km nördlich vom Zentrum Postojnas. Es gibt große Parkflächen; ein **Touristenbus** fährt ab Bahnhof über Stadtmitte zu den Höhlen; auch direkt ab Ljubljana.

Öffnungszeiten Ganzjährig tägl. Führungen, Dauer ca. 1,5 Std. Juli/Aug. stündl. 9– 18 Uhr; Mai/Juni u. Sept. stündl. 9–17 Uhr; April u. Okt. 10, 12, 14, 16 Uhr; Nov.–März 10, 12, 15 Uhr.

Eintritt Erwachsene 23,90 €, Stud. 19,10 €, Kinder 6–15 J. 15,30 €, bis 5 J. 1 €.

Sammelticket Wer mehrere Höhlen oder Sehenswürdigkeiten besichtigen will, kann ein Sammelticket kaufen, also z. B. Höhle von Postojna, Vivarium Proteus, Burg Predjama, Höhle unter Predjama, Militärmuseumspark Pivka – und zahlt dabei deutlich weniger.

Diverses Die Temperatur in den Grotten liegt ganzjährig bei ca. 8–10 Grad.

Vor den Höhleneingängen fast jegliche Infrastruktur: Cafés, Restaurants, Schmuck- und Souvenirshops; in der Nähe Hotel, Camping- und Wohnmobilstellplatz.

Lichtscheue Grottenolme

Diese Tierchen, die nur in den unterirdischen Karstflüssen des Dinarischen Gebirges vorkommen, sind (neben dem Adler) die Wappentiere von Postojna. Bei Hochwasser an die Oberfläche geschwemmt, wurden sie in früheren Jahrhunderten für junge Drachen gehalten. Später nannten sie die Laien wegen ihrer hellrosafarbenen Haut „Menschenfische", Wissenschaftler tauften sie *Proteus anguinus* – Proteus nach dem griechischen Gott der Meerestiere, anguinus wegen der Ähnlichkeit mit einer Blindschleiche.

Diese „Menschenfische" sind sehr seltsame Lebewesen, denn sie atmen sowohl mit Kiemen als auch mit einer einfach gebauten Lunge; sie legen Eier, bringen aber auch lebende Junge zur Welt. Sie ernähren sich von Plankton, können bis zu zwei Jahre ohne Nahrung auskommen und werden mit Augen geboren, die allmählich verkümmern. Das Licht nehmen sie dann durch die Haut wahr, was sie aber als sehr unangenehm empfinden. Deshalb können sie nicht über längere Zeit z. B. in dem Wasserbassin der Höhle von Postojna bleiben und werden daher alle zwei Wochen ausgetauscht.

Expo-Höhle Karst

Neben dem Info- und Ticketcenter wurde ein Bereich dem Karst gewidmet, wo man alles Wissenswerte erfahren kann.

Ganzjährig tägl., Juli/Aug. 9–19 Uhr, Juni/Sept. bis 18 Uhr, Mai bis 17 Uhr; April 10–17 Uhr, Okt. bis 16 Uhr, Nov.–März bis 15 Uhr. Erwachsene 8,90 €, Stud. 7,10 €, Kinder 6–15 Jahre 5,30 €.

Karst und Umgebung → Karte S. 222/223

Proteus-Höhle und Vivarium

Die Biospeläologische Station **Vivarium Proteus** (50 m vom Höhleneingang von Postojna entfernt) informiert mit einer gut gemachten Multimediapräsentation über die Entstehung des Karstes, das Leben im Untergrund und zeigt Vivarien mit Höhlentieren – in den Höhlensystemen leben über 130 verschiedene Tierarten. Nebenan wartet die Schmetterlingsausstellung (im Preis inbegriffen) **Razstava Metulji sveta**, „Schmetterlinge der Welt", die eine Sammlung von 7000 Tag- und Nachtfalter präsentiert.

Vivarium Proteus: Ganzjährig tägl. Mai–Sept. 8.30–18 Uhr (Juli/Aug. bis 19 Uhr), Okt. u. April 9.30–16 Uhr, Jan.–März u. Nov./Dez. 9.30–15 Uhr. Eintritt inkl. Schmetterlinge: Erwachsene 8,90 €, Stud. 7,10 € Kinder (6–15 J.) 5,30 €. Kombination mit Postojna-Höhle: Erwachsene 28,90 €, Stud. 23,10 €, Kinder (6–15 J.) 17,30 €.

Razstava Metulji sveta: Öffnungszeiten wie Vivarium Proteus. Erwachsene 4,40 €, Stud. 3,50 €, Kinder (5–15 J.) 2,60 €, bis 5 J. 1 €.

Höhlen in der Umgebung

In der Nähe können fünf weitere Höhlen und Gänge besichtigt werden, darunter die **Pivka jama** (Pivka-Höhle) sowie die **Črna jama** (Schwarze Höhle, so genannt wegen der mit schwarzem Sinter überzogenen Wände und Decken), die ebenfalls zum Höhlensystem von Postojna gehören, aber weit weniger dem touristischen Rummel ausgeliefert sind. Der Eingang beider Höhlen liegt etwa 5 km von Postojnska jama Richtung Predjamski grad (45 Min. Fußmarsch, gut beschildert; oder mit dem Auto bis zum Campingplatz Pivka jama). Die Besichtigung erfolgt zu Fuß und dauert ca. 1 Std. Anfangs steigt man über 317 Stufen zum Pivka-Fluss in die Pivka-Höhle hinab, die Wege sind betoniert und beleuchtet. Nach dem Fußmarsch bei erfrischenden 8 Grad Celsius kommt man aus der Schwarzen Höhle wieder ans Tageslicht. Eine Extra-Tour wäre bei günstiger Witterung eine Bootsfahrt in der Höhle. Die Zeiten für die Höhlenbesichtigung ändern sich jährlich, am besten vorab bei TIC erkundigen.

Juli/Aug. Führungen tägl. 9 u. 17 Uhr; Mai/Juni u. Sept. nach Vereinbarung mit mind. 3 Pers. Erwachsene 11,90 €, Stud. 9,50 €, Kinder 6–15 J. 7,10 € (bis 6 Jahre 1 €). Auch Kombitickets erhältlich. Dauer ca. 1 Std.

Otoška jama (Otoker-Höhle): Ihr Eingang befindet sich im Dorf Veliki Otok, ebenfalls in Richtung Predjamski grad. Von der Kirche *Sveti Andrej* (heiliger Andreas) sind es noch etwa 300 m zum Eingang. Hier muss man sich selber leuchten – Taschenlampen werden gestellt. Der Boden ist geschottert, Führungsdauer rund 1 Std.
Besichtigung nur Juli/Aug. um 12 Uhr nach Anmeldung.

Jama pod Predjamskim gradom (Höhle unter der Burg Predjama): → Postojna/Umgebung.

Planinska jama (Höhle von Planina): an der Straße Postojna – Logatec – Ljubljana, ungefähr 10 km von Postojna entfernt. Wer von Ljubljana auf der Landstraße über Vrhnika – Logatec nach Postojna fährt, kommt am Ort Planina vorbei, der Weg zum Parkplatz hinter dem Mali grad (Ravbarjev stolp) bei der Quelle des Unica-Flusses ist ausgeschildert. Die Planinska jama ist Sloweniens größte Wasser-Karsthöhle – in ihr stauen sich in großen Becken riesige Wassermengen. Kurz nach dem Eingang begrüßen rechter Hand mächtige, über 10 m lange Stalaktiten den Besucher. Durch einen Gang erreicht man einen gut beleuchteten großen Saal, in dem zwei unterirdische Flüsse (Pivka und Rak) zusammenfließen. Die Besichtigung dauert etwa 1 Std., auch hier sind Taschenlampen erforderlich.

Nach Anmeldung Juli/Aug. tägl. um 17 Uhr; April–Sept. Sa 15 u. 17 Uhr, So zusätzlich um 11 Uhr. ✆ 041/338-696 (mobil), Infos auch über TIC.

Park Škocjanske jame: eindrucksvolles Höhlensystem (→ Škocjanske jame, S. 251*).*

Tipps zu Höhlenbesichtigungen

Auch wenn die in diesem Kapitel beschriebenen Höhlentouren für jeden zugänglich sind – trotzdem an feste, warme Kleidung, feste Schuhe sowie Lampen (Taschen- oder Stirnlampe) denken! Kleinere Kinder können gut mitmarschieren und sind meist von den geheimnisvollen Entdeckungen in der Unterwelt begeistert.

Individuelle Führungen für andere Karsthöhlen können vereinbart werden. Kontaktadresse (→ Information Postojnska jama).

Postojna/Umgebung

Das Höhlenschloss **Burg Predjama** (Predjamski grad) liegt 9 km nördlich der Höhlen von Postojna nahe der Ortschaft Bukovje. Kurz nach der Pension Erazem führt die Straße auf den Höhenrücken Na Vreh hinauf, einer Wasserscheide zwischen Adria und Schwarzem Meer. Die Gegend hier wirkt wie eine deutsche Mittelgebirgslandschaft, grün und saftig, erst kurz vor Bukovje tauchen wieder Karstfelsen auf. Das Höhlenschloss liegt am Ende eines Tals wie ein Adlerhorst in einer 123 m hohen Felswand, hinter der sich ein für Touristen nicht zugängliches Höhlenlabyrinth mit über 6 km Länge erstreckt.

Im 14. Jh. stand hier die Burg der Familie Lueger. Einer ihrer Nachkommen, Erasmus, war der letzte slowenische Raubritter. Dass er die Handelskarawanen in der Gegend um Postojna ausraubte, missfiel Kaiser Friedrich III. derart, dass er die Burg umzingeln ließ. Trotz fast einjähriger Belagerung schien es Erasmus an nichts zu fehlen, er verhöhnte die Truppen noch, indem er ihnen Ochsenfleisch und frische Kirschen vor die Füße warf. Des Rätsels Lösung war ein Geheimgang aus der Höhle, durch den er kam und ging, wie er wollte. In dieser Situation half den Belagerern nur mehr schnöder Verrat: Ein Diener wurde bestochen und markierte mit einer Kerze die Stelle, wohin Erasmus musste, wenn er mal musste. Auf ein Zeichen des Untreuen hin erschlug eine Steinkugel den Raubritter in einer höchst unritterlichen Position.

Von der einstigen Burg ist kaum etwas erhalten, an ihrer Stelle steht heute ein Renaissanceschloss aus dem 16. Jh.; der Geheimgang wurde zugemauert, nachdem findige Diebe durch ihn ins Schloss eingedrungen waren. In mehreren Räumen des Schlosses ist heute ein *Museum* untergebracht, das eine kunterbunte Sammlung zeigt: römische Münzen neben Gefäßen aus der Bronzezeit (die Höhle war schon im Neolithikum besiedelt), Jagdtrophäen neben alten Gemälden. Zeugnis genialer Erfindungsgabe ist eine mittelalterliche Federuhr, die zu einem automatischen Bratspieß umgebaut worden war. Die Exponate im oberen Raum erinnern an die Partisanenzeit, als das Schloss als Versteck und Druckerei diente: Waffen und Drucke mit teils satirischen Motiven. Unterhalb der Burg Predjama liegt die *Jama pod*

Predjamskim gradom (Höhle unter der Burg Predjama, s. u.) – die Führung kann mit der Burgbesichtigung kombiniert werden.

Ganzjährig tägl. Juli/Aug. 9–19 Uhr, Mai/Juni u. Sept. 9–18 Uhr, April u. Okt. 10–17 Uhr, Nov.–März 10–16 Uhr. Erwachsene 11,90 €, Stud. 9,50 €, Kinder 6–15 J. 7,10 €, bis 6 J. 1 €. Kombi-Tickets möglich.

Jama pod Predjamskim gradom (Höhle unter der Burg Predjama): Bei einer Besichtigung der Burg Predjama kann man auch die Höhle unter der Burg besuchen (Eingang unter der Burg). Hierfür sind Taschenlampen (werden auch ausgeliehen) und gutes Schuhwerk nötig. An den Wänden sind die Namen von Höhlenforschern mit der Jahreszahl ihrer Höhlentour zu entziffern. Bald ist ein schneeweißer Stalagmit erreicht – wäre es nicht so finster und geheimnisvoll, könnte man sich fast einbilden, dass hier Eskimos einen Iglu gebaut hätten ...

Führungen (ca. 40 Min.) nur Mai–Sept. tägl. 11, 13, 15, 17 Uhr. Erwachsene 8,90 €, Stud. 7,10 €, Kinder 6–15 J. 5,30 €, unter 6 J. 1 €. Kombi-Tickets möglich.

Park der Militärgeschichte: südlich von Pivka, nach all den Höhlen etwas völlig anderes. Gezeigt werden auf dem ehemaligen Militärgelände in Hallen neben der Panzer- und Artilleriesammlung, Flugzeugen, U-Booten und weiterem militärischem Equipment auch Filme und eine Dokumentation zum 10-tägigen militärischen Aufmarsch 1991 und dessen Erfolg für die Unabhängigkeit. Zudem gibt es auch einen Museumsladen und ein gutes Restaurant. Wer mag, kann auch eine geführte 4-stündige Rundwanderung durch Tunnels und auf den Berg Primož buchen.

Park vojaške zgodovine Pivka, 6257 Pivka, Kolodvorska 51, ℡ 05/7212-180, www.park vojaskezgodovine.si. Juli/Aug. tägl. 10–18 Uhr; Mai/Juni u. Sept./Okt. Mo–Fr 10–16 Uhr, Sa/So/Feiertag u. Ferien 10–18 Uhr; danach nur Sa/So, Feiertag u. Ferien 10–16 Uhr. Erwachsene 10 €, Stud. 8 €, Kinder 6–15 J. 6 €, unter 6 J. 0,50 €. Kombikarten möglich. Wanderung nur nach vorheriger Anmeldung.

Übernachten/Essen   °°° Touristischer Bauernhof **Pri Andrejevih**, ca. 8,5 km südlich von Pivka. Hier kann man in Ruhe nächtigen und sich mit den frischen Produkten vom blumengeschmückten Hof verwöhnen lassen. Es gibt 2- und 4-Bettzimmer mit Balkon, WiFi, Kinderspielplatz und einen schönen Pool, zudem Pferde, Kühe und Bienen und Gemüse. DZ/F 60 €. Narin 107, 6257 Pivka, ℡ 05/7532-070.

Das Höhlenschloss Predjamski grad

Cerknica und Umgebung

Die beeindruckende Karstgegend mit ihren vielen Naturdenkmälern westlich von Postojna ist touristisch noch relativ unberührt. Kleiner Hauptort der Gegend ist Cerknica; sehenswert in der Umgebung sind der riesige Karstsee **Cerkniško jezero**, die **Rakov-Škocjan-Schlucht**, die mächtige **Križna-jama** (Höhle) – allesamt zum *Regionalpark Notrajnska* erklärt. Weiter im Hinterland das einsame **Bloke-Plateau** sowie das im Süden aufragende, fast 1800 m hohe **Snežnik-Gebirge** und auch die gleichnamige schöne **Burg Snežnik** weiter nördlich. In Dolenje Jezero gibt es das kleine **Museum Cerkniškega jezera** (☎ 041/561-870 mobil), es zeigt die Besonderheiten und eine ethnologische Sammlung dieser Gegend. Das gesamte Gebiet eignet sich hervorragend für Mountainbiketouren, im Winter für Langlauftouren – rund um den See fährt man ca. 35 km.

Information Touristinformation TIC, 1380 Cerknica, Tabor 42 (im Stadtturm) ☎ 01/7093-636, www.notranjski-park.si, www.zelenikras.si. Juni–Sept. Mo–Sa 10–17, So 8–12 Uhr; danach Mo–Sa 8–16, So 8–12 Uhr.

Info-Center, am See bei Dolenja vas. Hier auch Cafébar. Nur Mai–Sept. Sa/So.

Anreise/Verbindungen Cerknica erreicht man über die A 1 (Ausfahrt Unec) oder auf der Landstraße Planina–Rakek nach Cerknica (ca. 20 km östlich von Postojna) in Richtung Snežnik-Gebirge (s. u.). **Direktbusse** (Schulbusse) Cerknica–Postojna ab Sept. bis Mitte Juni Mo–Fr rund 10-mal, Sa ca. 4-mal, So nicht.

Übernachten/Essen In den Dörfern entlang der Nordostseite des Sees gibt es einige Gostilnas und Übernachtungsquartiere; Cerknica ist die einzige größere Ansiedlung.

Okrepčevalnica Valvasorjev hram, einfache Gerichte. Tägl. 8–23 Uhr. Partizanska cesta 1, Cerknica, ☎ 01/7093-788.

Gostilna Glažk, neben Pizzen gibt's hier gute Puten- u. Beefgerichte, auch das Ljubljaner Schnitzel. Partizanska cesta 17, ☎ 01/7093-074.

Gostišče & Pizzeria Furman, im Ort Rakek, ca. 3 km vor Cerknica (von der A 1 kommend); hier kann man preiswert und gut essen und nächtigen (DZ/F 60 €). Tägl. 10–22 Uhr geöffnet. Partizanska cesta 1, 1381 Rakek, ☎ 01/7051-124, www.gostiscefurman.si.

*** Pension Telič Vilma, nettes Haus östlich vom Ort mit Pool, Fahrradvermietung. Cerknica, Brestova 9, ☎ 01/7097-090, www.telico.info.

Appartements Vrdjan, 2,5 km südlich von Cerknica am See; ansprechende Studios für 45–50 €/2 Pers., zudem Whirlpool und Massagen. Dolenje jezero 13, ☎ 040/154-380 (mobil). www.apartmaji-vrdjan.si.

🌿 °°°° **Bio-Touristfarm Logar**, 8 km südlich von Cerknica in Richtung Grahovo (Str.-Nr. 212) in schöner Lage und mit biologisch angebautem Essen. Ein guter Standort, um die Gegend per Mountainbike zu erkunden. Ganzjährig geöffnet. Žerovnica 16, 1384 Grahovo, ☎ 01/7092-071, www.turisticnakmetija logar.si. ■

🌿 °°° **Touristischer Biobauernhof & Camping Tekavca Ograda**, der hübsche Gutshof steht in Alleinlage, umgeben von Bäumen, und folgt nach Touristfarm Logar im nächsten Weiler. Auch hier wird biologisch gewirtschaftet. Es gibt Hühner, eigenes Fleisch, Milchprodukte (Käse, Milch, Joghurt), Früchte und eigenen Grappa, zudem leckere Speisen nach Vorbestellung. Genächtigt werden kann in DZ oder Appartements (2–5 Pers.), DZ/F 50 €. Auf der Wiese kann auch gezeltet werden, bzw. gibt es Platz für Camper. Fam. Modic, Lipsenj 32, 1384 Grahovo, ☎ 051/261-322, www.tekavca-ograda.com. ■

* Unterkunftshütte Dom na Slivnici (1075 m), liegt etwas unterhalb vom Berg Slivnica (1114 m); schönes Haus mit Terrasse und Wintergarten, beliebtes Ziel für Wochenendausflüge; auch Zimmer und Schlafsaal. Do/Fr 12–20 Uhr, Sa/So u. Feiertag 6–20 Uhr. Zufahrt von Cerknica. ☎ 040/132-575 (mobil).

≫ Mein Tipp: *** Gostišče Slamar, ca. 15 km von Cerknica in Richtung Ribnica auf 720 m Höhe. Schöner 150 Jahre alter Gutshof mit Terrasse und Obstgarten. Gemütliche Zimmer im Landhausstil. Hervorragende

Küche, u. a. Wildschweinbraten, Hirschragout, gefüllte Kalbsbrust, Forellen, Topfenstrudel. Fahrradverleih. Idealer Standort, um die waldreiche Gegend zu erkunden. DZ/F 65 €. Tägl. außer Di/Mi 10–22 Uhr. Novo Vas 45, ✆ 01/7098-152, pension.slamar @siol.net. ⟪

🌿**Camping** Camp Idila, in schöner Lage direkt am Bloško jezero (ca. 13,5 km östlich von Cerknica) mitten im Wald stehen diese Holzhütten (Glamping). Bloško jezero, 1385 Nova vas, ✆ 041/847-821 (mobil), www. blosko-jezero.si. ■

Wandern Zum Berg Slivnica (1114 m), Start ist Cesta 4 Maja/Ecke Brestova ul. mit

Parkplatz, dann dem Makadam nach rechts folgen (markiert mit Wanderzeichen Querbalken u. „Slivnica"). Es sind rund 3,6 km bzw. rund 1,5 Std. einfache Wegstrecke immer wieder durch Mischwald bergan. Von oben bietet sich ein herrlicher Weitblick über den gesamten Sickersee. Zudem liegt oben die Unterkunftshütte (s. o.)

Mountainbike Zum Berg Slivnica, man fährt am besten über die Cesta pot Slivnica, d. h. kurz nach TIC rechts über die Brücke und den Fluss Cerkniščica auf der schmalen Asphaltstraße rund 7,6 km durch schattigen Wald bergan. Wanderkarte bei TIC.

Rund um den Cerkniško jezero, rund 35 km auf Makadam. Fahrradkarte bei TIC.

Sehenswerte Natur- und Kulturdenkmäler

Cerkniško jezero (Zirknitzer See): Sloweniens größter Karstsee zählt zu den größten Sickerseen weltweit und ist ein Paradies für verschiedenste Vogelarten. Das Gebiet wurde zum *Regionalpark Notrajnksa* ausgewiesen. Zweimal jährlich verschwindet das Wasser, was die Menschen seit alters her irritierte und schon den griechischen Geografen und Historiker Strabo (geb. 63 v. Chr.) an sich selbst zweifeln ließ. Im Frühjahr, Herbst und Winter ist der See bis zu 10 km lang – ein flaches, 26 qkm großes Gewässer. Mitten im See erhebt sich die einzige slowenische

Weitblick vom Berg Slivnica und auf den Cerkniško jezero …

Insel mit einem kleinen Dorf samt Kirchlein. In dem Dorf wurden die typischen schmalen, hölzernen Seeboote gebaut. In kalten Wintern friert der See zu, dann heißt es Schlittschuhlaufen nach Herzenslust. Im Sommer aber versickert das Wasser in den Karstritzen des Untergrunds, nur ein paar sumpfige, schilfbewachsene Stellen erinnern an den verschwundenen See. Dann grast auf den Weiden im ehemaligen Seegrund das Vieh. Doch genauso schnell, wie der See verschwindet, füllt er sich wieder nach länger anhaltendem Regen, in kurzer Zeit sind die saftigen Wiesen wieder verschwunden. Im Frühsommer ist der seichte Cerniško bei Surfern, besonders bei Anfängern, beliebt: Auch mehrere 100 m vom Ufer reicht das Wasser nur bis zum Oberschenkel (kein Surfbrettverleih, die Gegend ist touristisch noch kaum erschlossen). Den besten Blick über den See genießt man vom östlich gelegenen, 1114 m hohen *Slivnica*, auch Hexenberg genannt, der bei Paraglidern (und vermutlich auch bei Hexen) beliebt ist.

Rakov Škocjan: Durch die 6 km lange, bereits seit 1949 geschützte Schlucht westlich von Cerknica (ebenfalls Regionalpark Notranjska) strömt der Rak-Fluss hindurch, er schuf Höhlen, Gräben und Brücken, ehe er bei der Planina-Höhle in die Pivka strömt. Die Schlucht lässt sich gut durchwandern, es gibt einen Waldlehrpfad und Führungen – ein eindrucksvoller Spaziergang auch für Kinder.

Križna jama: Die Höhle südlich des Cerniško jezero bei Bloška Plolica zählt zu den schönsten Wasserhöhlen des Landes – bestehend aus riesigen unterirdischen Sälen mit Tropfsteinen und 22 untereinander verbundenen, moosgrün leuchtenden, glasklaren Seen – und steht ebenfalls unter Regionalparkschutz. Für Besucher zugänglich sind der Bärenstollen (einst lebten hier Höhlenbären), der „Erste See", der „Hafen von Venedig", das „Piratenschiff" und der „Kalvarienberg". Die Besichtigung ist ein Erlebnis – warme Kleidung, Taschenlampe und gutes Schuhwerk nicht vergessen!

Nur mit Führung April–Sept. zu besichtigen, danach nach Voranmeldung. Dauer 1 Std. Juli/Aug. 11, 13, 15 u. 17 Uhr; Sept. 11, 13 u. 15 Uhr; April–Juni nur Sa/So u. Feiertag 15 Uhr. Erwachsene 8 €, Kinder 3–15 J. 5,50 €.

Es werden auch 4- bis 5-Std.-Touren (mit Boot) nach Anmeldung angeboten. Bloška polica 7, 1384 Grahovo, ☎ 041/632-153 (mobil, Hr. Alojz Troha), www.krizna-jama.si.

Bloke-Plateau: Das ca. 800 m hohe 15 km südöstlich von Cerknica gelegene Plateau ist eine waldreiche, kalte, von Bären bewohnte Gegend mit lang anhaltenden, schneereichen Wintern. Besonders an Sommerabenden spürt man den Temperaturunterschied deutlich. Im Winter ist die Hochebene ideal für Skilangläufer, im Sommer lockt der *Bloško jezero*.

Snežnik-Gebirge (Schneeberg): Wie der Name schon andeutet, liegt im Snežnik-Gebirge mit dem 1796 m hohen *Veliki Snežnik* der Schnee bis ins Frühjahr. Eine Makadamstraße führt über den 1250 m hohen Snežnik-Pass von Nord nach Süd. An der Makadamstraße liegt die *Unterkunftshütte Sviščakih* (s. u.), von hier kann man in 1,5 Std. zum Gipfel Snežnik aufsteigen (s. u.). Im Sommer ist das Gebiet bei Wanderern und Mountainbikern beliebt. Im aus zwei Häusern bestehenden Weiler *Mašun*, einem Kreuzungspunkt, gibt es eine Gostišče, einen Waldlehrpfad (ca. 1 Std.) und die malerischen Überreste des Jagdschlosses Schönburg.

Am Nordoststrand des Snežnik-Gebirges, am Ende des Loška-Tals, steht, umgeben von einem großen Park, die schmucke **Burg Snežnik** (11. Jh.). Wegen ihrer isolierten Lage und geschützt durch Mauern, Türme, Zugbrücke und Wassergraben, war sie für Eroberer wenig verlockend. Im 16. Jh. wurde sie im Renaissancestil renoviert, heute zählt sie zu den besterhaltenen und schönsten Burgen Sloweniens,

Karst und Umgebung → Karte S. 222/223

was die Innenausstattung betrifft. Die rund 50 Räume auf 3 Stockwerken schmücken herrliche Möbel, Gemälde und Hausrat des letzten Besitzers Hermann Schönburg-Waldenburg.

Grad Snežnik, Kozarišče 67, 1386 Stari trg pri Ložu, ✆ 01/7057-814, www.nms.si. Anfahrt: In ca. 0:30 Std. per Auto (ca. 21 km) von Cerknica; auch von Ilirska Bistrica möglich, von dort ca. 60 Min. (41 km, ca. 30 km Makadam). April–Sept. tägl. 10–19 Uhr, Okt.–März tägl. außer Mo 10–16 Uhr. Besichtigung mit Führung ca. 45 Min., immer zur vollen Stunde. Erwachsene 5 €, Stud./Kinder 3 €, Familie 12 €.

Blick vom Westen auf den Berg Snežnik, einem herrlichen Wandergebiet

Übernachten/Essen **Planinski dom na Sviščakih** (1242 m), liegt am Pass an der Straße; ganzjährig geöffnet, es gibt Schlafsaal und einfache Gerichte. Sviščaki 1, 6250 Ilirska Bistrica, ✆ 051/219799 (mobil).

Unterkunftshütte Koča Draga Karolina na Velikem Snežnika (1796 m), auf der Bergspitze mit Gaststube, Zimmer und Schlafsaal. Im Aug. tägl. geöffnet, Juni–Okt. nur Sa/So u. Feiertag und bei gutem Wetter (s. u.). ✆ 041/595-879 (mobil, Fam. Slavko & Janja Škoberne).

Gostilna-Pension Mašun, guter und ruhiger Standort für eine Bergwanderung (bis Sviščaki 14 km, ca. 0:30 Std. Fahrtzeit) oder auch zur Burg. Hier gibt es eine gute Wildbretküche (Hirschsalami, Wildschweinwurst, Ziegenkäse, Pilzsuppe, Wildschweingulasch, Hirschbraten und Rotwild – leider auch Bärenfleisch). 13 nette Zimmer (bis 4 Pers.), Pro Pers. 27 €/ÜF. Tägl. 7–22 Uhr (Sa/So ab 8 Uhr). Auch Bärenbeobachtungsausflüge. Mašun 1, Knezak 6253, ✆ 051/661-611 (mobil), www.masun.si.

Wandern Zum **Veliki Snežnik** (1796 m), in gut 1:30 Std. ab dem Pass (s. o.) und der Wegkreuzung kurz vor der Berghütte Dom na Sviščakih (hier auch Parkflächen, zudem wird hier auf der Info-Tafel angekündigt, ob die Berghütte Velikem Snežnika geöffnet ist). Zuerst läuft man auf Makadam durch schönen Buchen- und Fichtenwald, dann über den aussichtsreichen Felspfad nach oben. Bei gutem Wetter eine grandiose Weitsicht rundum, u. a. bis zu den Kvarner-Inseln. **Anfahrt**: Ilirska Bistrica–Sviščaki 40 Min. (ca. 20 km) oder Ilirska Bistrica–Knežak–Mašun–Sviščaki in ca. 40 Min. (20 km, Hälfte Makadam) oder von Grad Snežnik in ca. 1 Std. (ca. 28 km).

Grad Snežnik – besterhalten und komplett möbliert

>>> Weiterfahrt von Postojna/Cerknica: Hinter Postojna können Reisende Richtung Rijeka den kürzesten Weg über Pivka – Ilirska Bistrica – Grenzübergang Rupa (alles Landstraße) nehmen. Wer zu den Höhlen Škocjanske jame und Lipica oder gleich ins westliche Istrien möchte, fährt entweder auf der Landstraße oder der Autobahn (A 1) 12 km weiter bis Razdrto. Dort zweigt eine zur Autobahn ausgebaute Schnellstraße (H 4) ins Vipava-Tal nach Nova Gorica (Soča-Tal und Štanjel) ab, die Hauptstraße bzw. Autobahn (A 1) führt geradeaus weiter Richtung Divača – Kozina – Koper. Bald nach Divača (bzw. Autobahnausfahrt) zweigt nordwärts die Straße nach Lipica ab sowie eine südwärts zu den Škocjanske jame.

Auch wer in Richtung Rijeka unterwegs ist, sollte sich trotz des Umwegs von knapp 30 km überlegen, die Lipizzaner und die Höhlen in der Nähe von Divača oder das Vipava-Tal und den Karst mit dem Städtchen Štanjel zu besuchen und anschließend über Kozina – Grenzübergang Starod weiterfahren. Die Höhlen von Škocjanske jame können sich mit denen von Postojna (Adelsberg) durchaus vergleichen – und sie sind längst nicht so überlaufen.

Lipica

Das Gestüt der Lipizzaner der spanischen Hofreitschule in Wien, eines der ältesten Stammgestüte der Welt, hat hier mitten im Karst seine Heimat. Nach dem Verlust Sloweniens im Ersten Weltkrieg züchtete Österreich seine eigenen „Lipizzaner" in der Steiermark – Lipica musste nach dem Zweiten Weltkrieg wieder klein anfangen: Gerade noch elf Pferde hatten überlebt.

Das seit 1996 staatliche Gestüt ist von einem herrlichen, 311 Hektar großen Gelände mit mächtigen Laubbäumen umgeben. Aus einstmals einfachen Pferdeställen hat sich heute ein auf Reit-Touristen und auf Profis eingestelltes Zentrum entwickelt: Derzeit werden hier neben weiteren Reitveranstaltungen jährlich die Weltmeisterschaften im Dressurreiten abgehalten. Dem Besucher wird die traditionelle klassische Lipizzaner-Dressur und Reitschule vorgeführt, zudem lässt es sich hier gut entspannen und Ausflüge in die Umgebung machen.

Bereits die Römer sollen sich aus der Region ihre Pferde geholt haben, die wegen ihrer Ausdauer und Schnelligkeit begehrt waren. Im 13. und 14. Jh. begann man mit der Pferdzucht, 1580 begründete der Sohn von Erzherzog Karl, Kaiser Ferdinand, das Lipizza-Gestüt. Der österreichische Adel brauchte für seine Paraden ein leichtes, elegantes Pferd und zugleich ein robustes Kutschenpferd. Immer wieder mussten die Lipica-Pferde wegen der Kriege ihren Heimatort verlassen und in Ungarn oder Österreich, im Zweiten Weltkrieg sogar in der Tschechoslowakei Zuflucht suchen. Im Gestüt stehen heute über 230 Pferde zum Reiten und zur Dressur zur Verfügung. Die Lipizzaner kommen als braune oder mausgraue Fohlen zur Welt, nach vier bis sechs Jahren wechselt die Farbe ins Graue oder Weiße und erst im Alter von sechs bis zehn Jahren werden sie die weltberühmten Schimmel.

Lipica hat sich auf seine zahlreichen Gäste gut eingestellt, nicht zuletzt locken die internationalen Reitturniere. Das Gestüt mit Hotelkomplex bietet vom Hochzeitssaal über Galerie, Nachtclub und Casino bis zu Tennisplätzen, Hallenbad, Fitnesscenter und Golf abwechslungsreiche Möglichkeiten der Unterhaltung und Erholung, zudem eignet sich die Umgebung für schöne Fahrradtouren, zum Walken oder Joggen. Reitkurse auf den eleganten Lipizzanern gibt es nur für Erwachsene,

Lipica – im feinen Frack auf edlen Lipizzanern

die Kinder müssen sich mit Ponys zufrieden geben. Aber auch alle, die nichts von Reiten und Pferden verstehen, können hier eine angenehme Ruhepause auf dem Weg zur Küste einlegen. Besonders in der glühenden Sommerhitze spenden uralte Eichen und Linden angenehmen Schatten und die Kleinen können sich auf dem großen Kinderspielplatz vergnügen.

Information An der Eintrittskasse beim Gestüt oder an den Rezeptionen der Hotels Klub und Maestoso. **Kobilarna Lipica**, Lipica 5, 6210 Sežana, ✆ 05/7391-580, www.lipica.org.

Gestütsbesichtigungen Die aufgeführten Zeiten gelten tägl. Mo Ruhetag (Ausnahme Ostermontag). Nov.–März 10, 11, 13, 14 u. 15 Uhr, April–Okt. stündl. 10–17 Uhr. Erwachsene 16 €, Stud. 12 €, Kinder 8–18 J. 8 €, darunter 1 €.

Gestütsbesichtigung mit **Vorführung der klassischen Reitschule**: Mai–Sept. Di, Fr, So 15 Uhr; April u. Okt. 15 Uhr. Erwachsene 23 €, Stud. 18 €, Kinder 6–18 J. 12 €, unter 6 J. 1 €. Fam.-Karte 59 €.

Reiten Reitunterricht (Fr–So) in kleiner Gruppe (2–4 Pers.). Verschiedene Variationen wie Geländeritt, Dressurunterricht, Ferienprogramme für Anfänger und Fortgeschrittene. Jährlich unterschiedliche Programme und Infos, am besten vorab erfragen.

Ponyreiten, tägl. außer Mo.

Kutschfahrten April–Okt. Di–So 10–14/ 16–18 Uhr, Nov.–März Sa/So 11–15 Uhr. 50 €/ Std., 20 €/15 Min.

Sport Angeboten werden **Tennis**, **Minigolf** und **Tischtennis**. Zudem **Sauna** und **Hallenbad** im Hotel.

Golf, 9- und 18-Loch-Platz nördlich der beiden Hotels und des Gestüts; 1989 vom Golfplatzfachmann Donald Herradine angelegt. Hotelgäste erhalten beim Golfspielen Ermäßigung.

Veranstaltungen Tag der Lipizzaner, Mitte Mai.

Meisterschaften im Ponyfahren, Dressurreiten etc. zu unterschiedlichen Terminen.

Übernachten *** Hotel Maestoso, großer Komplex gleich bei den Besucherparkplätzen. Snack-Bar, Nachtclub; Sauna und Hallenbad (gegen Gebühr); Pizzeria, Casino in 50 m Entfernung. Ganzjährig. DZ/F ab 70 €, Suiten ab 90 € (Fr–So Aufschlag).

Karst und Umgebung → Karte S. 222/223

Zur Doline der Mutter Gottes

Entlang der breiten Wege des Lipica-Gestüts kann man sich nicht nur auf die Suche nach den Lipizzanern machen, die irgendwo draußen auf der Koppel grasen. Auf dem Spazierweg vom Klub-Hotel zweigt nach etwa 300 m ein Pfad durch den Wald in eine Karstsenke ab, die Doline der Mutter Gottes *(Dolina matere božje)*. In einen Felsen ist eine kleine Kapelle mit der Muttergottes eingemeißelt, die Fläche als kleiner Park mit Wegen angelegt und mit Sitzbänken versehen. Die Kapelle ließ Gestütverwalter Graf Karl Grunne errichten, als er nach langer, schwerer Krankheit wieder gesund wurde. Während seiner Krankheit verweilte er oft den ganzen Tag in dieser schattigen Senke. Auch ein blindes Mädchen soll vor der Kapelle seine Sehkraft wiedererlangt haben. Das sprach sich natürlich schnell herum und besonders Anfang des 19. Jh. pilgerten die Menschen in Massen hierher – die Inschriften im Felsen berichten über erstaunliche Heilerfolge.

Lipica/Umgebung

Vilenica (Feenhöhle): Etwa eine Fußstunde (auf der Straße, beschildert) vom Hotel Maestoso entfernt liegt die älteste erschlossene Karsthöhle Sloweniens, die Vilenica. Sie wurde in der ersten Hälfte des 17. Jh. entdeckt und umgehend für touristische Zwecke erschlossen. Besonders in Mode war die Höhle zu Beginn des 19. Jh., als sie von vornehmen Schiffsreisenden aus Triest und Rijeka regelrecht überrannt wurde. Der Höhleneingang ist über eine Treppe auf dem ebenen Boden einer Einsturzdoline zu erreichen. Gleich darauf erreicht man den *Tanzsaal,* in dem früher Tanzfeste veranstaltet wurden. Durch die an Steinsäulen und Sintervorhängen reiche Tropfsteinallee führt der 1,3 km lange Weg in den *Roten Saal,* benannt nach den mächtigen roten Stalaktiten-Vorhängen. Der nächste Saal, der *Feensaal,* zeigt sich in frischen Tropfstein-Farben, was der Entdeckung der rußfreien Beleuchtung zu verdanken ist. Der Besuch mit Führung dauert ca. 1 Std., die Höhle ist beleuchtet, Fußwege sind angelegt.

Nur So u. Feiertage! April–Sept. 15 u. 17 Uhr. Okt.–März nur nach Anmeldung für Gruppen. Bazoviška cesta 9, 6210 Sežana, ✆ 05/7344-259, www.vilenica.com.

Lokev: Der südöstlich von Lipica gelegene Ort ist Zentrum der Karstschinkenherstellungs- und Trockenanlagen *(Pršutarna)*, es gibt hier etliche Firmen, um den leckeren Pršut einzukaufen. Zudem lädt das *Militärmuseum Tabor* historisch Interessierte zur Besichtigung ein. Rund 160.000 Teile aus Zeiten des Ersten Weltkriegs hat Hr. Srečko Rože zusammengetragen, beeindruckend vor allem die Uniformensammlung.

Öffnungszeiten Vojaški muzej Tabor, 6219 Lokev, ✆ 05/7670-107, 041/516-586 (mobil), www.vojaskimuzejtabor.eu. Mi–So 9–12/14–18 Uhr, Jan./Febr. nur Sa/So 10–12/14–17 Uhr. Erwachsene 6 €, Kinder 3 €.

Übernachten/Essen In Lokev kann man preiswert in Pensionen übernachten.

Gostilna Razem, kulinarische Genüsse in schönem Ambiente; sehr gute Küche, vor allem Fisch. Lokev 215, ✆ 05/7670-515.

»» Mein Tipp: Gostilna & Pension Muha, seit 1679 werden Gäste bewirtet – der hübsche Gutshof zählt zu den ältesten im Karst. Im Hinterhof wird beste Karstküche serviert (u. a. Karstschinken, verschieden gefüllte Hefeklößchen, hausgemachtes Brot, Strudel), dazu gibt's aus dem Weinkeller u. a. Teran oder Refošk und wer mag, nächtigt in den gemütlichen Zimmern/Appartements (WiFi, LCD-TV), DZ/F 60 €.

Geöffnet Mi–Sa 12–22 Uhr. Lokev 138, ☏ 05/7670-055, www.gostilna-muha.com. 《

Einkaufen Wer **Pršut** kaufen möchte, geht werktags zu Pršutarna Lokev (Lokev 9, www.prsutarna-lokev.si), zu Mesarija Prunk Marko (Lokev 166b, www.mesarija-prunk.si) oder zu Pršutarna Mevlja (Lokev 190).

Sežana: Das grenznahe Städtchen lockt vor allem mit seinem *Botanischen Garten.* Die Triestiner Reederfamilie Scaramangà legte den Grundstein für die Anlage und brachte mit ihren Schiffen Pflanzen aus allen Kontinenten hierher. 1890 wurde das Glashaus gebaut. Zu bewundern sind Pflanzen aus aller Herren Länder, ein Palmengarten, Herbarium sowie eine geologische und archäologische Sammlung. Wer gerne wandert, kann auf dem *Srečko-Kosovel-Weg* (Beginn gegenüber der alten Schule, ca. 7 km) nach Tomaj gelangen (→ Štanjel/Umgebung).

Übernachten/Essen *** Hotel Tabor, zentral gelegen. DZ/F 70 €. Kolodvorska 4, ☏ 05/7341-551, www.hotelitabor-kozina.si.

»» Mein Tipp: Gostilna Kraški hram, im Ort Križ (ca. 7 km nördlich von Sežana, in Richtung Tomaj), eine wunderbare Lokalität mit gemütlicher Atmosphäre für Feinschmecker und Genießer; bodenständige Karstküche, verfeinert mit hauseigenen Produkten. Spezialitäten sind u. a. Kaninchen in Teran-Sauce, Karststeak mit Pršut, dazu selbstgebackenes Brot und beste regionale Weine. Križ 237, ☏ 05/7640-620, www.masim.si. 《

Weitere Lokale → Štanjel oder Postojna.

Park Škocjanske jame

Die Grotten von Škocjan sind ein riesiges, weitläufiges Höhlensystem mit einer ungewöhnlichen Besonderheit: Die St.-Kanzian-Höhlen, so der deutsche Name, ein gewaltiger unterirdischer Canyon, werden vom Reka-Fluss durchströmt.

Wer einmal am Eingang der 3,5 km langen, knapp 90 m breiten und über 100 m hohen rauschenden Höhle stand, tief unter sich die tobende Reka, wird verstehen, was der französische Höhlenforscher Casteret 1955 ins Gästebuch schrieb: „In der Höhle von Postojna sieht der Höhlenforscher alles, was das Herz sich wünschen kann, die Höhlen von Škocjan aber haben in der Welt nicht ihresgleichen."

Die Grotten wurden von der Reka, die 55 km entfernt im Snežnik-Gebirge entspringt, geschaffen. Sie verlässt hier die Oberwelt, wühlt sich tief ins Gestein und verschwindet am Ende der 3,5 km langen Schlucht – ein Teilstück davon heißt **Hankekanal**. Erst 34 km weiter taucht die Reka hinter Triest als Quelle des Timavo wieder auf. Die Höhlengänge sind insgesamt 6 km lang, der Höhenunterschied zwischen dem höchstgelegenen Eingang (Okroglica) und seinem tiefsten Zugang, dem sog. Abflusssiphon, beträgt 250 m. Die Schlucht verbreitert sich zu Hallen, die größte ist die **Martel-Halle**, 308 m lang, durchschnittlich 89 m breit (die größte Breite beträgt 123 m) und 106 m hoch (ihr höchster Punkt hat sogar 146 m). Die äußeren Teile der Höhlen waren schon in der Jungsteinzeit besiedelt, in den Canyon wagte man sich aber erst 1839. Der Fremdenverkehr begann gegen Ende des 19. Jh., Elektrizität gibt es erst seit 1959. Heute besichtigen im Jahr etwa 90.000 Menschen die Škocjanske jame. Zum Vergleich: Der Jahresrekord in Postojna liegt bei einer knappen Million. Die geringe Besucherzahl verwundert, denn die Höhlen von Škocjan brauchen keinen Vergleich zu scheuen. 1986 wurden sie in die UNESCO-Liste des Weltkulturerbes der Menschheit aufgenommen, eine Ehre, die den Adelsberger Grotten bisher versagt blieb!

Karst und Umgebung → Karte S. 222/223

▲ Škocjanske jame – eine märchenhafte Unterwelt

▼ Jahrtausende alter Stalagmit in der
„Großen Halle"

Den oberirdischen Überblick erhält,
wer vom Info- und Kassenhaus den
schmalen Fußweg zum **Aussichtspunkt**
(beschildert „Belvedere") nimmt: schöner Blick auf das gegenüber liegende
Škocjan mit Kirchlein und Reka-Fluss,
der in der Velika dolina gut hundert
Meter tiefer aus einem Felsentor he-
rausbricht und dann in einem Becken
verschwindet.

Ebenfalls vom Infohaus wurde der
wunderschöne **Škocjan-Lehrpfad** in
Form eines 1,5-Std.-Rundwegs angelegt (→ Umgebung).

Information Park Škocjanske jame, 6215
Divača, Škocjan 2, ✆ 05/7082-110, www.park-
skocjanske-jame.si. Juni–Sept. 10–17 Uhr.

Anreise Autobahnausfahrt Divača, danach
ausgeschildert (noch ca. 2 km).

Verbindungen Für Bus- und Bahnreisen-
de gibt es ab Divača einen **Shuttlebus** zu
den Höhlen: Tägl. 10, 11.04, 14 u. 15.10 Uhr.
Zurück von Škocjanske jame 10.50, 11.45
(nur Mo–Fr), 14.12 u. 15.23 Uhr. Wer dennoch laufen möchte: es gibt einen 45-Min.-
Weg (an der Infostelle erkundigen).

Zug: Der kleine Bahnhof in Divača hat gute
Anschlüsse nach Ljubljana und Postojna
(alle 2 Std.), ebenso an die Küste nach Rijeka, Koper und Pula.

Sehenswertes Wer noch etwas Zeit hat,
kann in Bahnhofsnähe den **Škratelj-Hof**
(Škrateljnova hiša) aus dem 17. Jh. besichtigen, mit Dauerausstellung zur berühmten
slowenischen Schauspielerin Ita Rina. Kolodvorska ul. 3a, www.divaca.si.

Übernachten Direkt unterhalb der Höhlen
werden Appartementhäuschen im alten Karster Stil vermietet. Infos in der Verwaltung.

** **Gostišče Risnik**, mitten in Divača gegenüber Tankstelle, kleinere, gepflegte Pension
mit 30 Betten, gutbürgerliche Küche – Wild-,
Fisch- und Karstspezialitäten. Ganzjährig 7–
22 Uhr. Kraška cesta 34, ✆ 05/77630-008,
www.tic-divaca.si.

Pension Dujčeva Domačija, s. u. Camping.

*** **Hotel Malovec**, hübscher 16-Zimmer-
Gutshof mit sehr gutem Restaurant. Tägl. außer Di/Mi 12–23 Uhr. DZ/F 80 €. Kraška cesta
30a, ✆ 05/7633-335, www.hotel-malovec.si.

Domačija Pr' Vncki Tamara, unterhalb der Höhlen in Matavun, hübsch renovierter Hof mit weinberankten Terrassen. Gemütliche DZ/F 50 €. Matavun 10, ☏ 05/7633-073, 040/697-827 (mobil), pr.vncki.tamara@gmail.com.

Touristfarm Pr' Betanci, im nächsten Weiler. Netter Hof mit Zimmer/Appartements. Betanja 2, ☏ 05/763-006, www.prbetanci.si.

Camping Camping-Pension Dujčeva Domačija, 2 km südlich von Škocjanske jame.

Hübscher Bau mit kleinem Privatcamp. Naturbelassene Wiese am Fluss, ordentliche Sanitäranlagen, überdachter Essplatz, zudem Reitmöglichkeit und Kanuverleih. Nette DZ/F 50 €. Skoflje 33, 6217 Vremski Britof, ☏ 05/7625-305, 031/786-125 (mobil), www.dujceva.si.

Essen & Trinken Gostilna Mahnić, beim Eingang zu den Škocjan-Höhlen. 9–23 Uhr. Ansonsten in Škocjan oder Divača.

Rundgänge durch die Škocjan-Höhlen

Es wurden zwei Rundgänge durch die Höhlen angelegt:

Tour I – Durch den unterirdischen Canyon: Die Führung dauert etwa 1,5–2 Std., der Weg durch die Höhlen ist 3 km lang, Höhenunterschied 144 m. Ausrüstung: warme Kleidung und Sportschuhe mit griffiger Sohle – die Temperatur in den Höhlen beträgt ganzjährig 12 °C.

Zuerst geht es 15 Min. an der Oberfläche entlang zur Einsturzdoline *Globočak*. Am Boden des Talkessels führt ein 130 m langer, künstlicher Gang ins Erdinnere, zuerst zur *Stillen Höhle* (Tiha jama). Durch das versinterte *Paradies* und die *Kalvarien* gelangt man in den 118 m langen, 25 m hohen *Großen Saal* mit vielen, teils sehr schönen Stalagmiten. Im anschließenden *Kleinen Saal* hat der Tropfstein Orgeln gebildet, die wie ein Xylophon klingen, wenn man dagegen klopft. Wer schon in den Grotten von Postojna war, wird bisher kaum vom Hocker gerissen sein, doch die eigentliche Attraktion der Škocjanske jame kommt erst noch. Der Weg führt tiefer, allmählich wird das Rauschen des Flusses lauter. Nach einer Biegung sind die *Rauschenden Höhlen* erreicht – der Anblick nimmt einem den Atem. Die Ausmaße der Höhle sind so gewaltig, dass durch die Dunstfetzen die Grenzen des riesigen Raumes kaum zu erkennen sind. Dutzende von Metern tiefer tost die Reka über Wasserfälle und Stromschnellen. Der Besucher fühlt sich wie Orpheus in der Unterwelt, ein besseres Szenario für den Hades ist kaum denkbar.

Nach Regenzeiten führt die Reka unvorstellbare Wassermengen mit sich. Als 1965 der Abflusssiphon im *Hankekanal* durch angeschwemmtes Material verstopft war, füllte der Fluss binnen eines einzigen Tages fast die ganze Höhle, bis der Druck der Wassermassen das Hindernis sprengte (wird heutzutage kontrolliert und reguliert). Der Weg führt nun, hoch in die Felswand gehauen, oberhalb der Schlucht entlang, man überquert die *Cerkvenik-Brücke* 50 m über der Reka, die hier im Hankekanal verschwindet. Auf schmalen Pfaden geht es weiter bis zum Anfang der Höhle. Hier sind der 10 m hohe *Versteinerte Wasserfall* und große *Kalksinterterrassen* zu bewundern, die vor 40.000 Jahren im damaligen Flussbett entstanden. Ein Stückchen weiter, im *Schmidl-Saal*, strahlt wieder das Tageslicht, nach 300 m ist man wieder am Ausgangspunkt.

Führungen Juni–Sept. stündl. 10–17 Uhr; April/Mai u. Okt. 10, 13, 15.30 Uhr; sonst 10 u. 13 Uhr, So/Feiertage auch 15 Uhr. Eintritt 16 €, Stud. 12 €, Kinder 7,50 €. Auch Kombi-Karten mit Tour 2 möglich.

Tour 2 – Entlang der Reka durch die Unterwelt: Die Führung dauert 1–1,5 Std., ist 1,5 km lang und hat einen Höhenunterschied von 100 m.

Karst und Umgebung → Karte S. 222/223

Die Führung beginnt beim Dorf Škocjan und verläuft durch den ersten Teil der Höhle durch die *Mala dolina,* dann zur *Velika dolina* und durch die *Tomic-Höhle* (Tominčeva jama).

Führungen Juni–Sept. stündl. 10–15 Uhr; April/Mai u. Okt. 11 u. 14 Uhr. Kombi-Karte Tour 2+1 21 €, Stud. 16 €, Kinder 11 €.

Škocjan-Höhlen/Umgebung

Der 2 km lange **Lehrpfad** in Form eines 1,5-stündigen Rundwegs (an Sportschuhe denken!) durch die Umgebung der Škocjan-Höhlen beginnt beim Verwaltungsgebäude bei den Höhlen. Der Pfad führt am Aussichtspunkt **Belvedere** vorbei, mit herrlichem Blick auf die Reka-Doline tief unten und auf den Naturpark. Weiter führt der Weg durch einsame Landschaft und schöne Vegetation in Richtung Betanja und Škocjan. Vom Aussichtspunkt Škocjan genießt man nochmals den Weitblick auf den Park und bis zum 1796 m hohen Snežnik-Gebirge im Süden.

In **Škocjan** (10 Min. Fußweg hinab) laden auch drei *Museumssammlungen* zur Besichtigung ein: Sammlung zur Geschichte bzw. Erforschung der Höhlen, Ethnologische Sammlung im Speicher, Sammlung im Delež-Hof.

Museum Škocjan, Juni–Sept. 11.30–19.30 Uhr. Grotten-Eintrittskarte auch hier gültig. Für den Lehrpfad ist ein kleines, gut aufbereitetes Begleitbuch erhältlich.

Tiefer Blick hinab auf die Unterwelt mit den Höhlen Škocjanske jame …

»» Weiterfahrt von Škocjanske jame: Nach Koper sind es noch 35 km (über A 1), nach Rijeka etwa 65 km (Landstraße, ab Rupa A 7). Pferdefreunde können ab den Škocjanske jame einen ca. 10 km langen Abstecher zu weltberühmten Lippizaner-Gestüt, nach Lipica unternehmen.

»» Weiterfahrt nach Koper: Die Autobahn (A 1) von Ljubljana nach Koper verläuft bei Črni kal über die imposante Brücke und führt über das Osapska-Tal in Richtung Golf von Triest. Die moderne Brückenkonstruktion misst über einen Kilometer Länge und hält sogar Windgeschwindigkeiten bis 200 km/h stand.

Wer mag, kann natürlich immer noch die alte, bis auf 479 m hinauf führende Landstraße nehmen, jetzt vielleicht ohne lästige lange Kolonnen: dazu bei der alten Straßenkreuzung in Kozina von der A 1 abzweigen. Die lang gestreckte hohe Felswand bei Črni kal linker Hand, die sanften Hügel Istriens unterhalb und die in der Sonne glitzernde Adria zur Rechten zeigen an, dass man sich am Rande des Karstplateaus befindet. Vor den ersten Serpentinen, die ins Rizana-Tal hinabführen, zweigt (beim Aussichtsrestaurant) eine Straße rechts Richtung Socerb ab, ein Ort mit der mittelalterlichen Festung Grad Socerb, etwa 4 km von der Hauptstraße entfernt (→ Koper/Umgebung).

… sowie die weite Oberwelt mit den kahlen Karstbergen vom Nanos

Karst und Umgebung → Karte S. 222/223

Mittelslowenien

Das Herzstück Sloweniens umfasst die sehenswerte Hauptstadt Ljubljana, schmucke, teils mittelalterlich geprägte Orte wie Škofja Loka, Kamnik, Kranj und das idyllische Kokra-Tal. Das malerische Krka-Tal mit dem Hauptort Novo mesto sowie der Grenzfluss Kolpa locken Wassersportfreunde an. Ganz im Süden liegen die weinreiche Bela krajina und das riesige Waldgebiet um Kočevje, wo sich Bären tummeln.

Die Strecke von Bled bis Kranj führt durch die Sava-Ebene, vorbei an verstreut liegenden kleineren Ortschaften, Wiesen, Feldern und Obstgärten. Linker Hand ist die Alpenkette der **Kamnišker Alpen** (Steiner Alpen) mit ihren 2000 m hohen Gipfeln zu sehen, rechts vor den Bergspitzen der Julischen Alpen ziehen sich die Wälder des Jelovica-Hochplateaus hin. Ungefähr 15 km südlich von Bled stößt die Straße vom Loibl-Pass dazu. Von **Kranj** erreicht man in knapp 30 km, am einfachsten auf der A 2, **Ljubljana**, die Hauptstadt Sloweniens. Wer sich unterwegs noch ein paar nette Städtchen ansehen oder Berge erklimmen möchte, dem seien in kurzer Entfernung abseits der Autobahn Kranj und umliegende Schlösser empfohlen sowie das mittelalterliche **Škofja Loka** (hier ist eine Weiterfahrt nach Cerkno und Idrija möglich). Auch die Bergwelt um **Cerklje**, **Zgornji Jzersko** oder um das hübsche **Kamnik** lohnen Abstecher oder Aufenthalte.

Wer Ljubljana links liegen lassen möchte, bleibt auf der Autobahn, fährt durchs Tunnel und geradeaus weiter Richtung Postojna in das Karstgebiet. Südlich von Ljubljana lohnt die weinreiche *Doljenska* mit dem Hauptort **Novo mesto** und dem Krka-Tal. Ganz im Süden folgen die kleine, ebenfalls weinreiche *Bela krajina* mit dem Grenzfluss Kolpa, ein Naturschutzgebiet, sowie das waldreiche Gebiet um **Kočevje**.

Kranj

Der kleine Altstadtkern von Kranj liegt verkehrsberuhigt oberhalb der Kokra-Schlucht. Es lohnt sich ein Bummel zum Schloss Khislstein oder hinab in die sehenswerten Tunnel.

Die alpenländische Stadt zählt mit ihren Vororten etwa 55.500 Einwohner und ist das Verwaltungs- und Wirtschaftszentrum der Oberkrain. Die historische Altstadt liegt auf einer felsigen Terrasse zwischen den Flüssen Sava und Kokra.

wenen und errichteten die strategisch wichtige Festung. Funde der größten altslawischen Grabstätte (ausgestellt im Beinhaus, das aber 2013 wegen Renovierung geschlossen war) bezeugen diese Epoche. Im 11. Jh. hieß die Siedlung *Chreina* und war Sitz der Markgrafen. Im 13. Jh. bekam *Krain* Stadtrechte und wuchs in der Folgezeit zu einem bedeutenden Handels- und Messezentrum heran.

Südlich des Glavni trg steht die Pfarrkirche **Sveti Kancijan** (St. Kanzian), Anfang des 15. Jh. erbaut, die zu den bedeutendsten gotischen Baudenkmälern der Region zählt. Unter ihrem Fundament wurden Reste eines vorslawischen Sakralbaus entdeckt.

In der Stadt erinnern etliche Denkmäler an den großen slowenischen Dichter France Prešeren – sein Grab befindet sich auf dem schön angelegten alten Friedhof, auch **Prešeren-Hain** genannt, auf dem auch der Dichter Simon Jenko begraben liegt. Im Haus, das er in seinen letzten Lebensjahren bewohnte, ist heute das **Prešeren-Gedenkmuseum** untergebracht (Prešernova ul. 7, Di–So 10–18 Uhr; Eintritt 2,50 €, Kinder 1,70 €) und erinnert an sein Wirken; im Erdgeschoss ist eine Galerie. Vor dem **Prešeren-Theater**, südlich von Sv. Kancijan, steht unübersehbar das Bronzedenkmal des Dichters.

Sehenswert sind die Stadtmauerreste, die von Jože Plečnik gestalteten **Arkaden des Stadttheaters** und das alte **Rathaus** am Hauptplatz mit seiner spätgotischen Säulenhalle. Hier können drei Dauerausstellungen besichtigt werden: die Skulpturen von Lojze Dolinar (1893–1970), eine ethnografische Sammlung sowie eine archäologische Abteilung u. a. zum Thema Eisengewinnung und ein römischer Sarkophag (Glavni trg 4; Di–So 10–18 Uhr; Eintritt 2,30 €, Kinder 1,70 €).

Gegenüber dem Rathaus steht ein prachtvoller Bauzeuge der Gotik, das **Pavšlar Haus** mit der Galerie der Prešeren-Preisträger.

Das **Schloss Khislstein** südlich der Altstadt war Teil der Altstadtbefestigung. Es wurde 1256 erbaut und mehrmals umgebaut; sein heutiges Aussehen datiert man auf das 16. und 17. Jh. In den letzten Jahren wurde es aufwändig renoviert und birgt nun das *Regionalmuseum* – „Prelepa Gorenjska" (Wunderschönes Oberkrain) und ist auch Kulturzentrum mit nettem Café (Tomšičeva ul. 44; Mo–Sa 8–19, So ab 10 Uhr; Eintritt 2,50 €, Kinder 1,70 €). Die Grünfläche um das Schloss, der Vovk-Park und das Open-Air-Theater werden für sommerliche Konzerte genutzt.

Am südlichen Altstadtende, am Trubarjev trg, auch *Pungert* genannt, steht der einzig komplett erhaltene mittelalterliche **Wehrturm** aus dem 16. Jh., heute ein Kinderspielhaus. Nebenan ragt der Glockenturm (18. Jh.) mit der zugehörigen Kirche **Sv. Rok** aus dem 15. Jh. empor. Auf dem Platz gibt es einen schönen Spielplatz, am äußersten Eck eine Glasplattform mit Blick hinab zur Kokra-Schlucht.

Ein Spaziergang hinab zur **Kokra-Schlucht** (→ Wandern) lohnt sich – eine Oase der Ruhe. Ein Blick tief hinab zum Fluss, der die Alt- von der Neustadt trennt, bietet sich auch von der Fußgängerbrücke östlich vom Glavni trg. Die Schlucht steht unter Naturschutz und bietet ein Fülle geschützter Pflanzen und Tiere. Kurz vor der Brücke steht eines der ältesten Häuser von Kranj, das hübsche **Brückengeldhaus** (Mitnica) von 1527, heute eine beliebte Cafébar.

Die Attraktion Kranjs wartet allerdings im Untergrund mit den **Tunnels von Kranj**.

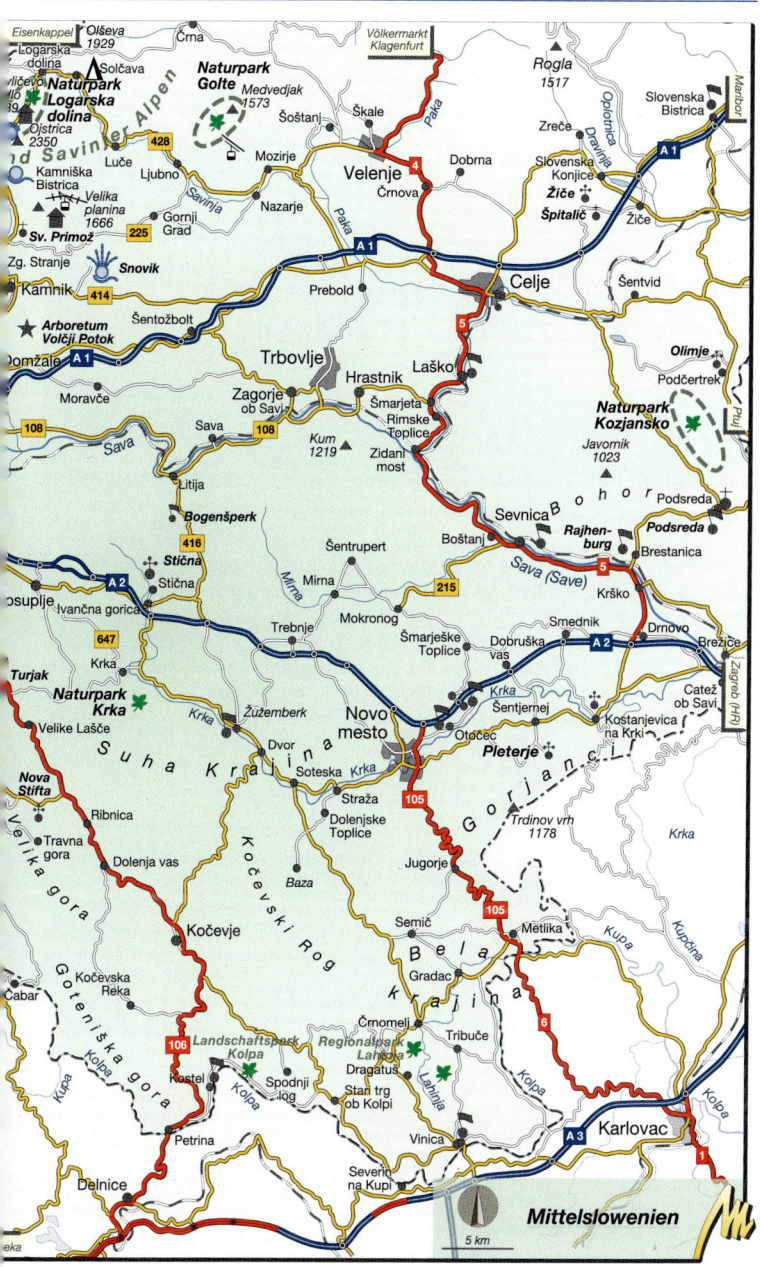

Mittelslowenien

5 km

Die Kokra-Schlucht – eine grüne Oase, bewachsen auch mit Gebirgspflanzen

Auf 1,3 km erstreckt sich das prächtig renovierte Tunnelsystem unterhalb der Altstadt. Es sollte der Bevölkerung bei Luftangriffen während des Zweiten Weltkriegs zum Schutz dienen und hatte vier Zugänge. Heute kann man die gut präparierten Tunnels, versehen mit Licht und Info-Tafeln, auf geführten Touren mit Musikklängen in rund 1 Std. ablaufen. Auch finden hier Ausstellungen und Musikevents statt, aber eher leise Klänge, denn inzwischen gibt es hier auch Bewohner – Höhlenspinnen. Treffpunkt und Anmeldung bei TIC (Sa/So 10 Uhr, Di/Fr 17 Uhr; Erwachsene 3 €, Kinder 2,50 €).

Basis-Infos

Information Touristinformation TIC, 4000 Kranj, Glavni trg 2 (Altstadt), ☎ 04/2380-450, www.tourism-kranj.si. Mo–Sa 8–19 Uhr, So u. Feiertag 9–18 Uhr. Wanderkarten, Internet, Fahrradverleih, gute Infos.

Verbindungen Bus: u. a. nach Ljubljana, Jesenice, Bled, Škofja Loka; werktags regelmäßig, Sa/So weniger Verbindungen. Busbahnhof Stošičeva ulica 2 (15 Min. zu Fuß nördlich des Zentrums), ☎ 04/2013-210, www.alpetour.si. Flughafenbus: von Brnik (7,5 km von Kranj) nach Ljubljana (25 km) werktags 5–20 Uhr 16-mal, Sa/So seltener; 4,60 €.

Zug: Früh, mittags und abends Verbindungen über Škofja Loka nach Ljubljana (schnellste Verbindung ca. 20 Min.); Lesce–Bled ca. 23 Min. Kolodvorska cesta 11 (südwestlich der Altstadt), ☎ 04/2817-500.

Taxi: Zum Flughafen 20 €.

Gesundheit Apotheke Kranj, Glavni trg 21, ☎ 04/2361-710. Krankenhaus, Gosposvetska 10 (nördlich der Altstadt), ☎ 04/2082-109.

Mountainbike Gesamtlänge der angelegten Wege 238 km, Höhenunterschiede zwischen 385 und 1600 m; nicht alle Wege sind bisher markiert. Cityradverleih bei TIC.

Wandern Naturlehrpfad Kokra, rund 2 km kann man auf diesem Wanderweg in der Schlucht gehen. Bester Einstieg ist kurz vor der Kokra-Brücke an der Poštna ul. (nahe Glavni trg). Unterwegs wird auf Tafeln die Flora und Fauna sowie auch einiges zu den Mühlenruinen erklärt.

Veranstaltungen Musikfestival Carniola, Mitte Juni–Mitte Juli; an vielen Altstadtplätzen gibt es Jazz, Rock, Ethno mit internationalen Bands. Kranj-Fest, letzte 2 Julitage; Markt, Konzerte.

Übernachten/Essen & Trinken

Übernachten Privatzimmer (40–60 €) gibt es in der Altstadt wenige, besser außerhalb (gerne auch Abholung vom Vermieter). Information über TIC.

**** Hotel Actum, einziges Altstadthotel, 24 Zimmer und Restaurant; ein Stilgemisch von integrierten Oldtimer-Teilen, u. a. von Rolls Royce und Bentley, über venezianische Kristallleuchter, Deckengemälde und Möbel aus Biedermeier, dazu moderne Technik und WiFi. DZ/F 140 € (mit Jacuzzi 160 €). Ganzjährig. Prešernova ul. 6, ✆ 059/082-400 (mobil), www.actum-hotel.com.

*** Hotel Creina, gegenüber der Altstadt, mit 87 Zimmern. Hier stand einst das Mitte des 17. Jh. gegründete Kapuzinerkloster. DZ/F ca. 100 €, auch Appartements. Das Restaurant wird gelobt, das Café bietet hausgemachtes Naschwerk, zudem eine schöne Terrasse gen Sava. Fahrradstellplätze. Ganzjährig. Koroška cesta 5, ✆ 04/2024-550, www.hotelcreina.si.

»» Mein Tipp: Hiša Layer, wer Kunst liebt, wird sich hier wohlfühlen – hier liebte einst der bedeutende Maler Leopold Layer (1752–1828). Es gibt eine Cafébar und zwei 4-Bett-Appartements (2 Pers. 55 €), die oft von gastierenden Künstlern angemietet werden. Tomišičeva ul. 32, ✆ 031/379-237 (mobil), www.layer.si. **««**

*** Appartements Boltez, nördlich der Altstadt (ca. 15 Min. Fußweg) in einer stattlichen Villa. Nette, verschieden große Appartements (80 €/2 Pers.) und Zimmer (64 €/2 Pers.), Frühstück 5 €. Oldhamska 10a, ✆ 040/504-544, www.apartmaji-boltez.si.

Hostel Cukrarna, in einem Innenstadthaus aus dem 17. Jh., oberhalb des Kokra-Canyons mit Blick auf die Berge. Sehr nett gemacht, mit Küche, Gemeinschaftsraum, WiFi und 2- bis 8-Bett-Zimmern, u. a. 2 Pers./F mit eigenem Bad 40 € (ohne 30 €), 12 €/Pers./F im 8-Bett-Zimmer. Tavčarjeva ul. 9, ✆ 051/788-887 (mobil), www.cukrarna.si.

Weitere Übernachtungsmöglichkeiten (→ Essen).

Übernachten in Flughafennähe Wer flughafennah und im Grünen wohnen möchte, ist in Richtung Cerklje (8 km östlich) richtig.

Übernachten außerhalb **–*** Gostišče **Dežman**, im nordöstlich gelegenen Weiler Kokrica (2 km von Kranj) fast im Grünen mit Pizzeria und hübscher überdachter Veranda. Für einen Stopp gut geeignet. DZ/F 54 €. Kokrica, Betonova 2, ✆ 04/2045-248, www.gostisce-dezman.si.

🌿 Touristfarm Na Poljani, ca. 7 km südlich von Kranj, westlich der Save und wenige Meter westlich der N 211. Der schön renovierte Gutshof ist umgeben von Wiesen und Feldern mit Blick auf die Karawanken. Freundliche 2- und 3-Bettzimmer mit schönen Stilmöbeln, DZ/F 54 €. Das Frühstück besteht aus Produkten aus dem ökologischen Gemüse- und Obstgarten, auch hausgemachtes Brot kommt auf den Tisch. Auf der Wiese kann gezeltet werden, bzw. gibt es Stellplätze für Camper. Fam. Frelih, Meja 7, 4211 Mavčiče, ✆ 040/354-108 (mobil). ∎

*** Pension Valjavec, 3 km von Kranj in Ilovka, im Grünen mit Blick auf die Berge. Nette familiäre Atmosphäre. DZ/F 56 €. Ilovka 17, ✆ 040/501-555.

Camping ✆ Camping Smlednik, in Dragočajna, ca. 10 km südlich von Kranj; Autobahnausfahrt Vodice, dann noch 7 km über schmale Straßen (gut ausgeschildert). Angenehmer, ruhiger 4-ha-Platz an der Sava. Durch Laubwald zum Großteil schattig, Laden und Bistro, die Sanitäranlagen mit Warmduschen (Solarzellen). Am Platz kann man angeln, Tennis spielen und Kanus mieten, in der Nähe ist ein Golfplatz (→ Ljubljana/Sport). Gebadet wird in der Sava oder im 2 km entfernten Zbiljsko jezero (dort auch schönes See-Restaurant). Pro Pers. 8 €. Auch Bungalowvermietung, 40 €/2 Pers. Mai–15. Okt. ✆ 01/3627-002, www.dm-camp smlednik.si.

Camping Trnovc, 11 km nördlich von Kranj, kurz vor dem Straßenabzweig nach Tržič, am Fluss Tržiška Bistrica. Kleines, schattiges Wiesengelände, in der Nähe gibt es ein Fischrestaurant. 8 €/Pers. Mai–Sept. Zgornje Duplje 4, 4203 Duplje, ✆ 04/5331-000, www.trnovc.com.

Essen & Trinken Gostilna Kot, in der Altstadt oberhalb des Kokra-Flusses, mit Terrasse und einheimischer Küche. Maistrov trg 4 (Norden der Altstadt), ✆ 04/2026-105.

Mittelslowenien → Karte S. 258/259

Schloss Khiselstein – heute Museum

»» Mein Tipp: *** **Gostišče Arvaj**, östlich der Kokra und nordöstlich der Altstadt (ca. 1,5 km). Das Restaurant mit eigener Metzgerei wird sehr gelobt, hier gibt's die Spezialität *Kranjska klobasa*, Krainer Wurst mit Kraut, Eintöpfe, Štruklji. Tägl. ab 8, So/Feiertag 9–16 Uhr. 4 nette DZ/F ab 60 €. Kajuhova 2, ℰ 04/2800-100, www.arvaj.si. **««**

Restaurant Sonet, modernes, gut geführtes Altstadtlokal mit Produkten aus der Umgebung. Mo–Fr 11–15/18–22, Sa 11–22 Uhr. Prešernova ul. 6, ℰ 04/256-059.

Restaurant-Café Brioni, hier speist man vorzüglich slowenisch-mediterrane Küche. Auch die Kuchen und das Eis finden großen Anklang. Tägl. ab 8 Uhr. Koroška cesta 10 (gegenüber Hotel Creina).

Gostilna Krištof, das gemütliche „Sternerestaurant" liegt 5 km südöstlich von Kranj und nur 500 m südlich von Grad Brdo (s. u.). Hier wird der Gaumen mit feinster Qualität verwöhnt, alles bei bestem Service; auch nette Terrasse. Mo–Sa 12–24, So 12–17 Uhr. Predoslje 22, ℰ 041/358-786.

Kranj/Umgebung

Ausflüge auf die umliegenden Berge belohnen mit herrlichen Rundblicken auf das Becken und die Höhenzüge in der Ferne – schöne Aussichtspunkte sind z. B. der 651 m hohe **Šmarjetna gora** im Nordwesten von Kranj mit einer Kapelle und dem Hotel Bellevue oder weiter westlich der 845 m hohe **Sv. Jošt nad Kranjem** mit Ausflugsgaststätte und Berghütte.

Übernachten/Essen *** Hotel Bellevue, auf dem Hügel Šmarjetna gora (gegenüber von Kranj); hierher kommt man vor allem wegen dem herrlichen Weitblick. Das Restaurant bietet gute Küche (Mittagsmenü 12–17 Uhr), die Zimmer sind sehr einfach. DZ/F 60 €. Ganzjährig. Zufahrt genau gegenüber der Abbiegung in die Stadt. Šmarjetna gora 6, ℰ 04/2700-000, www.bellevue.si.

Berghütte Dom na Joštu, beliebtes Ausflugslokal auf dem Berg Sv. Jošt, ca. 5 km westlich von Kranj; gute Hausmannskost wie Eintöpfe, Gerstensuppe, Štruklji, Kuchen. Tägl. außer Mo 8–20 Uhr. Sveti Jošt nad Kranjem 2, ℰ 04/2012-128, 031/889-329 (mobil).

Grad Brdo: Das Schloss auf dem insgesamt 470-Hektar-Areal liegt nur 5 km nordöstlich von Kranj und ist von außen kaum zu erkennen. Bis vor kurzem war es für die Öffentlichkeit nicht zugänglich. Im Jahr 1510 errichtete Georg von Egg, ein Krainer Fürst, das Schloss. Viele weitere Besitzer folgten, bis es im 18. Jh. in den Besitz von Baron Žiga Zois überging – sein Bruder Karel Zois, ein Botaniker, lebte hier viele Jahre und veranlasste die Pflanzungen. 1935 erwarb es der letzte jugoslawische Monarch Karađorđević, nach dem Zweiten Weltkrieg hatte Tito hier seinen Regierungspalast und seine Sommerresidenz, anschließend diente es für Staatsempfänge – von Bush über Putin bis Angela Merkel haben schon viele namhafte Politiker hier übernachtet (→ Foto S. 31).

Seit kurzem steht ein Teil auch der Öffentlichkeit zur Besichtigung und Nutzung offen. Vom Eingangsbereich mit dem Hotel Brdo gelangt man durch ein großes Tor mit Wachpersonal zum prächtigen Renaissanceschloss mit Park, das auch heute bei Staatsbesuchen geschlossen bleibt. Ansonsten kann man das Schloss mit dem Tagungssaal und Titos Wohnräume besichtigen, in der Gästesuite nächtigen, im weitläufigen, gepflegten Park mit stattlichen Bäumen, Rhododendren, zwei Seen mit Seerosen wandeln, sich mit dem Caddy fahren lassen oder auch heiraten. Flora und Fauna sind beeindruckend. Es gibt ein Kongresszentrum, Cafés, Restaurant (im Sommer am Wochenende geöffnet) und Bar (täglich). Pferde und Reitplatz stehen zur Verfügung, ein Golfübungsplatz, eine Golfanlage ist geplant. Die restlichen vielen Hundert Hektar Wald mit Bächen und neun weiteren Seen sind abgezäunt und waren Jagdgebiet, heute eher Naturreservat.

Besichtigung Schloss und Park Brdo, Predoslje 39, ☎ 04/2601-000, www.brdo.si. Schlossbesichtigung nur nach Anmeldung. Parkbesichtigung Di, Mi, Fr/Sa 17–18.30, So/Feiertag 16–19 Uhr; 3,50 €/Pers., 4 € mit Führer.

Übernachten Schloss Brdo, hier herrscht gediegene Ruhe in den bestens durch Teppiche isolierten Zimmern, von außen dringen nur die Vogelgeräusche herein. Herrschaftsräume 300 €/DZ/F, Tito's Schlafgemach 360 €.

»» Mein Tipp: **** Hotel Brdo, am Eingang zum Schlosspark Brdo mit Café und sehr gutem Restaurant und bestem Service. Es wird oft von Kongressteilnehmern gebucht. Die Zimmer bieten eine moderne, komfortable und gediegene Ausstattung; schönes Wellnesscenter. DZ/F 120 €, Suite 150 €, Präsidentensuite 180 €. **«**

Von Kranj nach Zgornje Jezersko

Als Ausflug auf der An- oder Rückreise oder auch zur Weiterreise ins Savinja-Tal bietet sich die Fahrt von Kranj zum Seebergsattel an (Grenzübergang Österreich). Die Straße führt durch das herrliche **Kokra-Tal**, im Osten eingerahmt von den hohen Bergen der Kamniške Alpen (z. B. Grintovec 2558 m), über Preddvor hoch nach Jezersko (900 m) und kurvenreich hinauf zum Seebergsattel auf 1218 m. Eine Weiterfahrt über den Pauličevo sedlo ins Obere Savinja-Tal ist ebenfalls sehr reizvoll (→ Ostslowenien/Oberes Savinja-Tal, S. 410).

Unterwegs lohnen einen Stopp die Orte Preddvor, das etwas südlich des Kokra-Tales liegende Cerklje, bekannt durch seinen nahen Berg *Krvavec* (1996 m), Schloss Strmol und die Kirche mit Kloster Mariä Verkündung in Adergas.

Preddvor: kleiner, bereits 1147 erwähnter Ort auf dem Weg nach Jezersko. Heute ein beliebtes Ausflugsziel wegen seinem hübschen *Schloss Hrib* am Črnava-See. Es wurde im 16. Jh. erbaut, Besitzer war die Adelsfamilie Egkh-Hungerspachov, die prachtvolle Räume hinterließ, die gerne für Kongresse und Hochzeiten genutzt werden. Im See kann man baden und Boot fahren und auf einem Waldlehrpfad wandern, die hügelige bis bergige Umgebung lädt zum Mountainbiken und Paragliden ein.

Übernachten *** Hotel Bor – Grad Hrib, das 31-Zimmer-Hotel mit Restaurant und Terrasse bietet Toplage direkt am See, umgeben von Wald und schönen Spazierwegen; Zimmer und Service eher einfach (DZ/F 94 €). Gegenüber das malerische Schloss Hrib mit Kongresszentrum, Zimmern und Restaurant. DZ/F 84–160 € (Standard-Suite). Ganzjährig. Hrib 4a, Preddvor, ☎ 04/2559-200, www.hotelbor.si.

*** Gostilna-Pension Zaplata, im hübschen Ort Tupaliče kurz vor Preddvor. Der ganzjährig geöffnete Gasthof (tägl. außer Mo 12–22 Uhr, Di ab 16 Uhr) im alpenländischen Stil bietet gute slowenische Küche (u. a. eigenes Gemüse und Forellen) und 16 komfortable Zimmer; Flughafentransfer. DZ/F ab 73 €. Tupaliče 32, ☎ 04/25560-250, www.pension-zaplata.com.

Mittelslowenien → Karte S. 258/259

Cerklje: Rund 8 km südöstlich von Kranj liegt dieser kleine 7400-Einwohner-Ort, der vor allem wegen des nahen Bergs *Krvavec* (1996 m), der Wanderer, Skifahrer sowie Down-Hill-Freunde lockt, bekannt ist. Oben gibt es einen Bike- und Adrenalinpark (s. u.) und u. a. den neuen 8 km langen Pussycat-Trail.

 Wanderung 11: Vom Berg Krvavec zu weiteren Gipfeln   → S. 518
Teils schwierige Tour mit herrlichen Weitblicken in alle Richtungen

Noch weiter nördlich lockt der bis über 2000 m aufragende Gipfel des *Storžič*. Die Gegend ist beliebter Übernachtungsplatz wegen des nur 5 km entfernten Flughafens.

Grad Strmol: Nur 2 km nördlich in Dvorje liegt in traumhafter Lage an einem See am Waldrand das hübsche Schloss mit Park. Es ist das einzige erhaltene und das älteste von 12 weiteren mittelalterlichen Schlössern, die hier in der Umgebung standen. Im Außenbereich etliche Putten, das Innere prunkt im Renaissancestil mit originaler Ausstattung. Man kann das Schloss nach Anmeldung besichtigen und auch darin nächtigen (s. u.).

Nach einem weiteren Kilometer folgt der Weiler **Adergas** mit der großen Kirche *Marijinega oznanjenja* (Mariä Verkündigung) und den Seitentrakten des einstigen Frauen-Dominikanerklosters Velesovo mit Wallfahrtskirche. Das Kloster wurde 1238 erbaut und 1471 durch Türkenüberfälle stark beschädigt. Die heutige große Kirche stammt von 1771, das Kloster musste 1782 auf Anordnung von Kaiser Josef II. aufgehoben werden; heute sind darin u. a. Schule und Pfarramt untergebracht. Das Kircheninnere zieren Barockgemälde und den Hauptalter eine wertvolle romanische Pilgerstatue „Maria mit Jesuskind".

Grad Strmol – herrschaftliches Anwesen zur Besichtigung oder zum Nächtigen

Information Tourismusverband/TIC, 4207 Cerklje, Krvavška cesta 1b, ☎ 04/2815-822, www.tic-cerklje.si. Ganzjährig Mo–Fr 8–18 Uhr. Infos, Zimmer, Kartenmaterial.

Verbindungen Bus: 3-mal tägl. nach Kranj. **Gondelbahn Krvavec** (www.rtc-krvavec.si): Ende Juni–Anf. Sept. Mo–Fr 7–18, Sa/So u. Feiertag 8–18 Uhr; Mai–3. Juniwoche u. 2. Sept.-Woche–Anf. Okt. Mo–Fr 8–14, Sa/So u. Feiertag 8–18 Uhr. Erwachsene 9 € (retour 11 €), Kinder 6–14 J. 6 € (retour 7 €). Der Sommer-Fun-Park ist ab 10 Uhr geöffnet.

Übernachten/Essen ⫸ **Mein Tipp: Grad Strmol**, im Renaissanceschloss mit historischen Möbeln nächtigen, sehr idyllisch und bezahlbar. Es gibt 11 absolut ruhige Zimmer. DZ/F zu 190, 240 und 360 €. Dvorje 3, ☎ 04/2522-119. Führungen um 11 und 15 Uhr. 8 €. ☎ 04/2025-900, www.brdo.si. (→ Grad Brdo, S. 262). ⫷

**** Dvor Jezeršek Brnik, 2 km südlich von Cerklje steht der hübsch restaurierte Gutshof mit sehr gutem Restaurant und 18 komfortablen Zimmern mit WiFi; Flughafentransfer (4 km). DZ/F ab 110 €. Zgornji Brnik 73, ☎ 04/2529-410, www.jezersek.si.

⫸ **Mein Tipp: Domačija Vodnik**, 3 km nordöstlich von Cerklje mitten im Grünen und fast in Alleinlage liegt der Landgasthof mit 17 modernen und gemütlichen Zimmern (DZ/F 60 €), Jacuzzi, Sauna. Das Restaurant (Di–Do ab 11, Fr–So ab 8 Uhr, Mo Ruhetag) bietet sehr gute slowenische Küche; zudem gibt es Pferde und Ziegen. Flughafentransfer (4 km). Ganzjährig. Adergas 27, ☎ 04/2927-260, www.domacija-vodnik.si. ⫷

*** Hotel Jagodic, 3 km südlich von Cerklje und ebenso weit zum Flughafen. Nett mit gutem Restaurant und Terrasse, ordentlichen Zimmern und WiFi. DZ/F ca. 60 €. Vopovlje 10, ☎ 04/2521-333, www.penzion-jagodic.si.

Gostilna Pod Krvavcem, 1 km nördlich in Grad (Richtung Krvavcem), schöner Gutshof mit großem Garten und bester slowenischer Küche, Spezialitäten sind Forellen und Fleischgerichte. Tägl. außer Mo/Di 12–21, So 11–18 Uhr. Grad 28, ☎ 04/2525-700.

Wandern/Berghütten Auf dem Krvavec gibt es etliche aussichtsreiche Wanderwege und auch Unterkünfte (→ Kleiner Wanderführer/Wanderung 11, S. 518).

Mittelslowenien → Karte S. 258/259

Zgornje Jezersko: Am Ende des Kokra-Tales und unterhalb des 1218 m hohen Jezersko-Passes (Seebergsattel) liegt auf 906 m dieser kleine Luftkurort mit fantastischer Aussicht und seinem über die Jahre deutlich geschrumpften Almsee *Planšarsko jezero*. Von hier bieten sich herrliche Wander- und Mountainbiketouren an, auch über weitere Strecken, z. B. hinüber ins Savinja-Tal. Lohnend ist auch ein Ausflug ins Ravenska-Kočna-Tal oder zum 80 m hohen Wasserfall Čedca *(Slap Čedca)*, der sich durch einen Erdrutsch verkleinert hat. Im Ortsteil Ravne (ca. 2 km östlich) steht die *Kirche Sv. Andrej* aus dem 14. Jh. mit Fresken aus dem 16. Jh. Kurz davor ist links nahe der Straße eine Mineralwasserquelle – 2 cl aus dem Schöpfer sind gut, mehr kann Herzprobleme verursachen! Das Örtchen hat auch einen bekannten Einwohner, *Davo Karničar*, ein Alpinist und Skirennläufer, der als erster vom Gipfel des Mount Everest im Jahr 2000 mit den Skiern abfuhr. Sein kleines Infocenter ist inzwischen leider wieder geschlossen.

 Wanderung 12: Von Zgornje Jezersko zur Berghütte Česka koča → S. 522
Aussichtsreiche Tour ins Hochgebirge mit Tal- und Gletscherblick

Information TIC, 4206 Zgornje Jezersko, Zg. Jzersko 57 (im Postgebäude), ☎ 051/219-282 (mobil), www.jezersko.info. Juni–Aug. tägl. 9–12/13–17 Uhr (Sa bis 18 Uhr); Sept. nur Sa/So 9–12/13–18 Uhr. Zimmervermittlung, Karten, gute Infos, E-Bikes.

Agentur Raj Jezersko, Zg. Jezersko 28a, ☎ 031/203-930 (mobil), www.feelgreen.si. Ganzjährig. Wander- und Mountainbiketouren, Bergführer, Erlebnispark Orjaška mit Hochseilgarten (Ortsende).

Zgornje Jezersko – auch vom Adventure-Park bester Alpenblick

Verbindungen Auto: Weiterreise über den Seebergsattel nach Österreich und hinüber ins Savinja-Tal über den Pauličevo-Sattel. **Tankstelle** im Ort, tägl. außer Do (!) 9–12/13–17 Uhr. **Bus**: wenige Verbindungen (früh und abends) nach Kranj.

Veranstaltungen Schäferfest, 2. Wochenende im Aug. Traditionelle Speisen wie Sauermilch *(Kislo mleko)* oder *Masovnjek* (Sahne mit Mehl), Wollverarbeitung etc.

Mountainbike Verleih bei **TIC, Agentur Raj** und im Hotel. 60 km ausgewiesene Fahrradwege, Karten bei TIC. Gut fährt es sich das Kokra-Tal hinab bis Preddvor; steilstes Teilstück zwischen Spodnja und Zgornje Jezersko – am besten die Wochenenden meiden, da starker Autoverkehr.

Wandern/Berghütten Vom See und Parkplatz wurde ein 9 km langer Lehrpfad ins Ravenska-Koča-Tal angelegt. Zu Fuß rund 2:30 Std., auch mit Mountainbike machbar.

Češka koča (1543 m), zu erreichen ab dem Talende des Ravenska-Koča-Tales, über einen steilen, aber nicht zu schwierigen Wanderpfad in ca. 1:15 Std. (→ Kleiner Wanderführer/Wanderung 12, S. 522). Schöne alte Berghütte in herrlicher Lage. Übernachtung 20 €/Pers., mit AV-Ausweis 10 €. Gutes Essen, angenehme Atmosphäre. Mitte Juni–Aug. tägl., Anf. Juni u. Sept./Okt. nur Sa/So. ✆ 040/425-260 (mobil).

Kranjska koča na Ledinah (1700 m), gegenüber (mit Abendsonne!) liegt die gut ausgestattete Hütte mit 60 Betten und Helikopter-Landeplatz. Über den schwierigen Slovenska pot (Klettersteig) oder den einfacheren Lovska pot zu erreichen. Mai–Sept. Fr–So (zur HS 15.6–15.9. tägl.). ✆ 031/309-600 (mobil).

In weiterer 1:30 Std. läuft man über den Sattel (Jezersko sedlo) zur **Frischaufov-Hütte** (1396 m) oberhalb vom Logarska dolina. Zum Rinka-Wasserfall hinab sind es nochmals 0:45 Std. (→ Savinja-Tal und Kleiner Wanderführer/Wanderung 15, S. 537).

Rundtour über das Makekova-Kočna-Tal ins Ravenska-Tal in ca. 5 Std., hinauf in den schönen Mischwald mit Blick auf den Wasserfall und über den Felsenweg mit Stopp auf der oberhalb liegenden **Češka-Hütte** wieder hinab ins Ravenska-Tal.

Übernachten/Essen Es gibt einige nette Pensionen und Touristische Bauernhöfe, u. a.:

*** Pension Valerija**, ca. 20 Zimmer; an der Hauptstraße am Ortsende gelegen, mit Blick auf die Berge. DZ/F 60 €. Zgornje Jezersko 67a, ✆ 04/2541-009.

🌱 °°° **Touristischer Bio-Bauernhof Makek**, sehr schöner Hof mit Garten, Kinderspielplatz, eigenen Stallungen, Pferden und Schafzucht, in idyllischer Alleinlage ca. 1,5 km östlich vom Ortszentrum im gleichnamigen

Tal. Bestens ausgestattete, hübsche, verschieden große Zimmer ab 90 €/2 Pers./F aus natürlichen, umweltschonenden Materialien, zudem Wohnen in schönen Glamping-Hütten. Auch das Essen ist von biologischer Herkunft. Erfrischung gibt's im Naturschwimmteich. Zgornje Jezersko 77, ☎ 04/0874-974, www.makek.com. ■

🌿 °°° **Touristfarm Senkova Domačija**, im Ortsteil Ravne im renovierten Gehöft aus dem 16. Jh. mit Nebengebäuden in idyllischer Alleinlage auf 50 ha, eingehüllt von Obstwiesen. Hier findet man familiäre Atmosphäre und besten Service. Genächtigt werden kann in Appartements, im Heuhaus (Mehrbettzimmer) oder der Campingarea (mit kleiner Küche und Heißwasser). Pro Pers. 35 €/ÜF, 43 €/HP. Bestes Essen vom Hof, auf Wunsch auch Frühstück. Es gibt Schafe, Hunde, Katzen, Hühner, Kühe und Pferde und schönen Bergpanoramablick. Fam. Polona & Drejc Karničar, Zgornje Jezersko 140 (ca. 2 km ortsauswärts), ☎ 031/777-188 (mobil), www.senkovadomacija.si. ■

🌿 °°° **Touristischer Bauernhof Ancelj**, dieser Hof liegt 5 km vom Ort entfernt in Alleinlage im Ravenska-Kočna-Tal, mit gigantischer Bergkulisse ringsum − ein idealer Standort für Touren. Das Essen kommt überwiegend aus biologischem Anbau. Pro Pers. 28 €/ÜF. Zgornje Jezersko 151, ☎ 04/2541-146, www.ancel-muri.net. ■

*** Hotel Planinka, gute Lage, schöner Blick, aber leider insgesamt sehr wenig gepflegt. Auch das Restaurant bietet abends nur wenige Gerichte. DZ/F 70 € mit Balkon (ab 3 Nächte 50 €). Mai–Sept. Zgornje Jezersko 67, ☎ 04/2319-452, www.hotel-planinka.si.

** Hiša Kocka, nettes neues Haus mit Garten. Appartements mit 2–5 Betten. Ab 70 €. Zgornje Jezersko 112, ☎ 04/2541-037.

Camp & Hostel Stara pošta, im netten gelben Haus an der Hauptstraße ortsauswärts gibt es 2-, 4- und Mehrbettzimmer, ein Holzhaus mit Bett (Glamping) und auf der Wiese Zeltmöglichkeiten; u. a. Gratis-WiFi, Fahrradverleih, Restaurant. Zgornje Jezersko 124, ☎ 070/542-123 (mobil), www.hostel-jezersko.si.

Essen & Trinken   Gostilna Planšarskem jezeru, am See mit Terrasse, bietet gute Hausmannskost (Gulasch, Reh, Lamm). Juni–Sept. tägl., danach nur am Wochenende. Zgornje Jezersko 125a, ☎ 04/2545-060.

Škofja Loka

Die über 1000 Jahre alte beschauliche mittelalterliche Stadt (ca. 12.000 Einwohner) lädt zum gemütlichen Bummeln ein. Škofja Lokas Altstadt mit ihren schmalen, autofreien Gassen steht unter Denkmalschutz.

Die schönen Häuser mit gotischen und barocken Portalen sowie die alte Steinbrücke sind sehr gut erhalten. Besonders hübsch ist der Stadtplatz Mestni trg mit seinen bemalten Häuserfassaden. Die Handwerker- und Handelsstadt, die über 800 Jahre von den Bischöfen (Škofja=Bistum) von Freising regiert wurde, lag am wichtigen Handelsweg nach Süden und war durch die Flüsse, die die Stadt von zwei Seiten umgeben, die Burg und die Stadtmauer einigermaßen gut geschützt.

Geschichte

Den Grundstein zur Altstadt am Zusammenfluss der Soraflüsse Selška Sora und Poljanska Sora legten die Freisinger Bischöfe im 10. Jh. Die Gegend um Škofja Loka war ein Geschenk des deutschen Kaisers Otto II. an den Freisinger Klerus. Die Siedlung unterhalb der Burg dehnte sich bald aus, 1248 erhielt sie das Marktrecht, kurz darauf das Stadtrecht. Mitte des 15. Jh. kam es zu blutigen Kämpfen zwischen dem kaiserlichen Heer und den Einwohnern von Celje. 1457 legte der Celjer Feldherr Jan Vitovec fast die ganze Stadt in Schutt und Asche. Ein übriges besorgte das Erdbeben von 1511 – zahlreiche Bauten wurden schwer beschädigt. Es wurde renoviert,

Mittelslowenien → Karte S. 258/259

besonders unter Bischof Philipp. 1803 schließlich ging die Herrschaft der Freisinger Bischöfe, die ihre Stadt *Bischoflack* nannten, zu Ende. Nach dem Ersten Weltkrieg begann der industrielle Aufschwung in der Textil-, Leder- und Holzbranche. Es gibt übrigens auch in Škofja Loka Passionsspiele. Der Text wurde bereits 1721 unter dem Kapuziner-Pater Romuald abgefasst und gilt als ältester slowenischer Schauspieltext. Alle paar Jahre, das nächste Mal 2021, findet dieses Ereignis mit rund 800 Personen und 80 Kavalleristen statt.

Basis-Infos

Information Touristinformation TIC (für das gesamte Gebiet), 4220 Škofja Loka, Kidričeva cesta 1a (Straßenkreuzung Altstadt und Cerkno), ✆ 04/5170-600, www.skofja-loka.com. Mai–Sept. tägl. 8–18 Uhr (Juli/Aug. bis 20 Uhr), Okt.–April Mo–Sa 8–16 Uhr. Gute Infos, Zimmer, Kartenmaterial, Fahrradverleih.

Info-Punkt Altstadt, Mestni trg 7, ✆ 04/5120-268, www.skofjaloka.info. Okt.–Mai Mo–Fr 8.30–19, Sa 8.30–12.30 Uhr; Juni–Sept. Mo–Fr 8.30–19, Sa/So 8.30–12.30 Uhr. Infos, Zimmer, Karten und E-Bike-Verleih.

Verbindungen Bus: Mo–Fr fast im 30-Min.-Takt nach Ljubljana (40 Min., 3,10 €) und Kranj, Sa/So jede Std. Busbahnhof an der Durchgangsstraße am Altstadteingang.

Zug: mehrmals Züge nach Kranj und Ljubljana (25 Min., 1,85 €). Der Bahnhof liegt ca. 2,5 km östlich der Stadt. Kidričeva cesta 61, ✆ 04/2944-189.

Veranstaltungen Škofja Loka Historial, ein Mittelalterfest am letzten Juniwochenende. Mittelalterliche Musik, Tänze, Kostüme und Speisen. Weitere Feste bei TIC oder im Internet zu erfragen.

Mountainbikes Verleih bei TIC.

Übernachten/Essen & Trinken

Übernachten Privatzimmer und Appartements in der Umgebung vermittelt TIC.

≫ Mein Tipp: *** Hotel Paleta **5**, kleines, nettes Frühstückshotel (6 Zimmer) im Altstadthaus an der Sora, nahe Fußgängerübergang; mit nettem Innenhof. Fahrradverleih. DZ/F 62 €. Kapucinski trg 17, ✆ 041/874-427, www.hotel-skofjaloka.si. **≪**

°°° **Pension Loka 2**, im Stadtteil Stara Loka in einem neueren Haus, Zimmer und Appartements, DZ/F 70 €. Fahrradverleih. Stara Loka 8a, ✆ 040/354-635 (mobil), www.loka.si.

Mini Hotel 6, ruhig im Ortsteil Vincarje gelegen, 800 m östlich der Altstadt. 8 komfortable Zimmer (auch 4-Bettzimmer), Sauna, Swimmingpool, Tennisplatz, Fitness und Fahrradverleih. DZ/F 65 €. Fam. Demšar Metka, Vincarje 47, ✆ 04/5150-540, www.minihotel.si.

Kavarna-Pension Vahtnca 8, hübsches Altstadtcafé mit Terrassen (WLAN) und preiswerte, ordentliche DZ für 48 €, auch gutes Frühstück. Tägl. 8–22 Uhr (Fr/Sa bis 24 Uhr). Mestni trg 31, ✆ 04/5121-479, www.vahtnca.si.

Übernachten außerhalb Viele schöne Übernachtungsmöglichkeiten liegen in den Tälern Poljanska und Selška Sora (→ Škofja Loka/Umgebung).

Essen & Trinken Traditionelle Spezialitäten der Gegend sind die **Loška medla** (eine dicke Gerstensuppe) und die **Škofjeloška mešanica**, ein Gemüseeintopf mit Fleischstückchen.

Gostilna-Bierhalle-Vinothek Kašča 3, das wohl beste Lokal der Stadt in den Kellergewölben des ehemaligen Getreidespeichers. Gute Hausmannskost und süffige, offene Weine, leckeres Bier. Es gibt auch Pizzen. Tägl. außer So/Feiertage 12–23 Uhr. Spodnji trg 1, ✆ 04/5124-300, www.vahtnca.si.

≫ Mein Tipp: Gostilna Pr' Starman **1**, renoviertes altes Haus, innen gemütlich zum Sitzen, hübsche Gartenterrasse. Hier gibt es typische slowenische Spezialitäten wie Gersten- und Pilzsuppe, Kalbs- und Wildgerichte, Štruklji, Forelle oder Starman-

Essen & Trinken
1 Gostilna Pr' Starman
3 Gostilna-Bierhalle-Vinothek Kašča
4 Pizzeria Jesharna

Cafés
7 Café Homan
8 Kavarna Vahtnca

Übernachten
2 Pension Loka
5 Hotel Paleta
6 Mini Hotel
8 Kavarna-Pension Vahtnca

Putenschnitzel. Aus der Peka kommen Schweine- oder Kalbskeule; auch mittelalterliche Gerichte (ab 4 Pers.) nach Vorbestellung. Tägl. außer So/Feiertag ab 7 Uhr. Stara Loka 22, ✆ 04/5126-490. «

Pizzeria Jesharna 4, gute Pizzen, Pasta und schöne Terrasse oberhalb des Flusses Sora. Blaževa ul. 10, ✆ 04/5122-561.

»» Mein Tipp: Restaurant Pri Danilu, Spitzenlokal mit Terrasse (Mitglied von Jeunes Restaurateurs d'Europe); Slow-Food und moderne Küche mit heimischen Produkten, dazu Spitzenweine. 5 km außerhalb (Richtung Ljubljana). Tägl. außer Mo 12–22, So/Feiertag 12–16 Uhr. Reteče 48, ✆ 04/5153-444, www.pridanilu.com. «

Restaurant Pri Bostjanu, auf dem Križna gora (700 m) (→ Škofja Loka/Umgebung).

Café Homan 7, unter mächtiger Linde am Stadtplatz. Große Auswahl an Kuchen und Torten. Mestni trg 2.

Sehenswertes

Über der Stadt und weithin sichtbar thront die mächtige **Burg** (Loška grad), die 1202 erstmals erwähnt wird. Bauherren waren die Freisinger Bischöfe. Ein Erdbeben im Jahr 1511 beschädigte die Bausubstanz erheblich, bei den Renovierungsarbeiten unter Bischof Philipp wurden die Schäden jedoch z. T. wieder behoben. Weitere Umbauten folgten im 18. Jh. und Ende des 19. Jh. 1892 wurde der Zentralturm im Innenhof ganz abgerissen und die Burg mit dem darunter liegenden Ursulinenkloster verbunden. Von 1892 bis 1941 hatten die Ursulinerinnen hier ihr Mädcheninternat – die Schule zählte zu den besten Europas. Die neu renovierte Kapelle Sv. Duh wird nun für Trauungen genutzt. In der Burg ist das sehenswerte *Loški muzej* (Loka-Museum) untergebracht, das eine reiche ethnografische Sammlung und eine Galerie mit temporären Ausstellungen beherbergt.
Di–So 10–17 Uhr (Mai–Sept. bis 18 Uhr). Eintritt 5 €, Stud./Kinder 3 €. Grajska pot 13, wwwloski-muzej.si.

Über die **Stein- oder Kapuzinerbrücke** betritt man die Altstadt. Mit ihrer Konstruktion aus der Mitte des 14. Jh. ist sie eine der ältesten Bogenbrücken Mitteleuropas. Leider kam der Bauherr Bischof Leopold bei einer Überquerung hier zu Tode. Er stürzte mit seinem Pferd auf der geländerlosen Brücke und ertrank in den Fluten der Sora. Bischof Leopold wurde in der Ursulinenkirche beigesetzt; seine Grabtafel ist im Museum zu besichtigen. Ende des 19. Jh. wurde das Eisengeländer angebracht und die Nepomukstatue aufgestellt, nun steht hier nur noch eine Kopie, das Original sieht man im Burgmuseum. Der Zweitname – Kapuzinerbrücke – ist dem Orden entlehnt, der sich im 18. Jh. in Škofja Loka niedergelassen hatte.

Etwas südlich der Brücke steht die **Ursulinenkirche** (Nunska cerkev), die Mitte des 17. Jh. an der Stelle einer Vorgängerkirche erbaut wurde. Weiter östlich zieht sich der zentrale Stadtplatz, der **Mestni trg**, in Nord-Süd-Richtung durch die Altstadt, gesäumt von mittelalterlichen Hausfassaden. Ins Auge fällt dabei das herrlich bemalte, ursprünglich gotische **Homans Haus** (jetzt Café), das nach dem Erdbeben 1511 im Stil der Renaissance „modernisiert" wurde.

Am Stadtplatz steht das Ende des 16. Jh. erbaute, Ende des 17. Jh. mit Fresken und spätgotischen Stilelementen versehene **Alte Rathaus** (Stari rotovž) mit Arkadenhof. Daneben kann in der **Galerie Ivan Grohar** zeitgenössische Kunst besichtigt werden (Di–Fr 16–19, Sa/So 10–13 Uhr). Das nächste Gebäude ist das **Alte Pfarrhaus** (Stari župnišče), Mitte des 18. Jh. aus zwei Häusern geschaffen.

Nebenan wurde ein kleines **Kunsthandwerkscenter** (Rokodelski center) eröffnet, das neben dem Verkauf von hübschen Holzwaren, Körben und alten Modeln u. a. zeigt, wie man klöppelt (Mestni trg 34).

Die mit Figuren geschmückte **Mariensäule** auf dem Platz stifteten die Bürger im Jahr 1751 zum Dank, dass sie von der Pest verschont blieben. Dahinter das **Žigon-Haus** (Žigonova hiša), ein stattliches Wohn- und Handelshaus aus dem 16. Jh. mit feinen Steinmetzarbeiten.

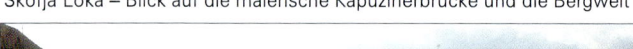

Škofja Loka – Blick auf die malerische Kapuzinerbrücke und die Bergwelt

Škofja Loka – Mestni trg

Am Ende des Mestni trg stoßen wir auf das **Martins-Haus** (Martinova hiša), das im 17. Jh. an die hier noch gut erhaltene Stadtmauer angebaut wurde. Von den fünf Stadttoren und der **Stadtmauer** aus dem 14. Jh., die sich einst um die ganze Stadt zog, ist der Südteil von der Burg bis zum Spodnji trg noch erhalten; ein großer Teil wurde im 18. Jh. abgerissen.

Schlendern wir weiter ost- und dann nordwärts, treffen wir auf den **Spodnji trg** mit kleiner Barockkirche, der **Spitalskirche** (Špitalska cerkev) des städtischen Armenhauses (1720). Kurz vor dem Fluss stellt sich der 1513 erbaute **Getreidespeicher** (Kašča), ein mächtiges Renaissancegebäude, in den Weg. Die großen, von Säulen getragenen Hallenräume dienten früher als städtisches Lager. Eine Steintafel von 1521 zeigt das Wappen des Freisinger Bischofs Philipp. Heute sind im Getreidespeicher die **Galerie France Mihelič** (1907–1998) mit einer Dauerausstellung der Werke des Künstlers (Öffnungszeiten in der Burg erfragen) und eine Gostilna (→ Essen & Trinken) untergebracht. Die Gasse westlich davon führt an der **Schule** (Šola) vorbei, an deren Fassade auf einer Steintafel von 1627 der Name des Erbauers, des Schlossherrn Michael Papler, verewigt ist. Dahinter erhebt sich am Cankarjev-Platz die **Pfarrkirche Hl. Jakob** (Cerkev Sv. Jakoba) von 1471. Nach dem Erdbeben von 1511 bekam die Kirche ihren heutigen Turm und das Presbyterium. Den von Jože Plečnik gestalteten Kirchenraum zieren Wappen und Fresken. Erst 1968 entdeckte man bei Renovierungsarbeiten ein großes Fresko aus dem 16. Jh. Eine Fußgängerbrücke führt schließlich wieder aus der Altstadt hinaus.

Stadtteil **Stara Loka**, bereits 1286 unter diesem Namen erwähnt. Er wird momentan aufgehübscht. Die Siedlung Loka gab es bereits 973, die mächtige *Georgskirche* 1074, ihr heutiges Aussehen ist von 1863. Lange Zeit war im alten Schloss, *Starološki grad,* das Postmuseum untergebracht, das aber schließen musste. Das renovierungsbedürftige Schloss mit seiner umgebenden Wehrmauer, seinen runden Türmen und den bis auf ein kleines Stück zugeschütteten Graben stammt aus dem

Die Burg von Škofja Loka wacht über die Stadt

15. Jh. und dient heute zum Teil als Wohnraum.

Das älteste Baudenkmal von Škofja Loka, die Turm-Ruinen aus dem 12. Jh., stehen südwestlich der Altstadt auf dem 475 m hohen **Krancelj-Hügel**. Von hier oben hielten die Wachmannschaften Ausschau und organisierten die Verteidigung.

Nace's Haus (Nacetova hiša): Das denkmalgeschützte Bauernhaus und Museum der Familie Polenec wurde im 15. und 16. Jh. erbaut, Mitte des 18. Jh. im Barockstil modernisiert. Viele kunstvoll gearbeitete Details wie Fenstergitter oder Ofenkacheln von 1417 lohnen den Besuch. Das blumengeschmückte Landidyll steht nahe der Poljanščica im südlich gelegenen, ca. 1,5 km entfernten Stadtteil Puštal – ein netter Spaziergang von der Altstadt aus.

Puštal 74. Nur nach Voranmeldung, ✆ 040/500-791 (mobil, Fr. Natalija Polenec). Eintritt 3,50 €.

Škofja Loka/Umgebung

Mountainbike- und Wandertouren: Škofja Loka bietet Mountainbikern wunderbare Touren über zahllose kleine Wege und Straßen zu den westlich gelegenen Tälern und ins bergige Hinterland – all die Sehenswürdigkeiten rundum lassen sich dabei besichtigen – die Fahrradkarte „Loka-Radweg" mit unterschiedlich anspruchsvollen Touren auf einer Gesamtlänge von 390 km und Höhenunterschieden von 63 bis 989 m gibt es bei den Infostellen. Empfehlenswert sind auch die Themenwanderwege durch das Bergland (spezielle Wanderkarte; ebenfalls bei TIC). Ein nettes Ausflugsziel in Verbindung mit gutem Essen ist z. B. der 6 km nördlich liegende Berg Križna gora (700 m) mit Weiler und der Kirche Sv. Križ. Sie wurde im 15. Jh. erbaut und Mitte des 19. Jh. erweitert, ihr Inneres zieren schöne Fresken und die Weitsicht gen Karawanken ist imposant (Kirchenschlüssel/Anfahrt s. u. Gostilna pri Boštjanu).

In **Crngrob** (Straße Richtung Kranj, bei Dorfarje links ab nach Crngrob) steht eine der am besten erhaltenen und schönsten gotischen Kirchen Sloweniens, die *Wallfahrtskirche Maria Verkündigung*. Die im 14. Jh. erbaute, später mehrfach umgestaltete und vergrößerte Kirche erhebt sich auf einem Hügel – das wuchtige Kirchenschiff in Weiß mit angebautem, über 60 m hohem Zwiebelglockenturm ist schon von der Ferne gut zu sehen. Sehenswert im Innenraum sind die kostbaren Gemälde, der größte vergoldete Barockaltar in dieser Region sowie am Glockenturm das gut erhaltene Fresko des hl. Christophorus sowie die schönen Fresken an den beiden Seiten des Hauptportals. (Falls die Kirchentür verschlossen ist, im Haus unterhalb der Kirche nachfragen.)

Für Touristen ist Škofja Loka auch guter Ausgangspunkt für die auf über 1000 m ansteigenden Berge, die südlichsten Ausläufer der Julischen Alpen. Auf dem 1217 m hohen **Stari vrh** kann man im Winter Ski fahren. Im Spätsommer locken schöne Bergwanderungen oder Mountainbiketouren durch das hügelige bis bergige Hinterland, das durch das **Poljanska-Sora-Tal** geteilt wird. Wer mag, kann von hier über Cerkno in ca. 90 km auf malerischer Strecke nach Tolmin ins Soča-Tal fahren (→ Soča-Tal/Mošt na Soči/Umgebung/Idrija-Tal).

Sehenswert ist im Pojanska-Sora-Tal die Siedlung **Visoko pri Poljanah** mit dem Anwesen *Tavčarjev Dvorec,* das bereits von der Hauptstraße besticht (Anfahrt über Na logu, dann über die Brücke, durch das hübsche Debeljakova-Gehöft nach Westen). Die beiden großen barocken Gebäude stehen malerisch in Alleinlage, davor ein altes Heuhaus. Bereits im 14. Jh. wurde das Anwesen schriftlich erwähnt und war ein Jagdschloss der Grafen von Loka. Bedeutung bekam es durch den Schriftsteller und Politiker Ivan Tavčar (1851–1923) aus Poljane, der es 1893 kaufte. Um 1980 renovierte man das Herrenhaus mit seiner breiten Rampe, ein Trakt mit der Gutsküche wurde für Festivitäten und Hochzeiten erst jüngst restauriert, einen Gedenkraum gibt es ebenfalls. Hinter den Gebäuden steht idyllisch die Bronzestatue von Tavčar, gefertigt vom Bildhauer Jakob Savinšek (1922–1961), der kurz vor seinem Tod die slowenischen Bildhauersymposien ins Leben rief (→ Konstanjevica na Kriki und Seča/Forma Viva).

Eine weitere empfehlenswerte Tour führt durch das nördliche Tal der **Selška Sora** und weiter über den Pass **Bohinsko sedlo** in Richtung Bohinj, Fahrzeit ca. 1,5 Std. (→ Bohinj).

🌿 Übernachten/Essen

°°° Touristischer Ökobauernhof/Pension Pri Marku, 6 km nördlich von Škofja Loka. Schöne Zimmer und Appartements; DZ/F 64 €. Das Fleisch kommt von den eigenen Rindern und Schweinen, es gibt eigenes Gemüse und Obst sowie Hausschnäpse und Säfte. Crngrob 5, 4209 Žabnica, ☎ 04/5131-626, www.pri-marku-porenta.si. ■

≫ Mein Tipp: Gostilna pri Boštjanu, 6 km entfernt auf dem Križna gora (700 m) mit schöner Terrasse, leckerer Hausmannskost wie Pilzgerichten, *Štrukli* süß oder salzig als Beilage, Braten aus dem Ofen, als Nachspeise Hefekuchen *Potica*. Anfahrt: in Stara Loka links halten, dann über Vrlog und Moškrin bergan – bestens auch per Mountainbike. Tägl. außer Mo/Di 10–22 Uhr (Fr/Sa bis 24 Uhr). Križna Gora 8a, ☎ 04/5103-320. ≪≪

**** Gostišće Kveder, der Hof liegt ca. 10 km entfernt bei Selca (Selška-Dolina-Tal). Es gibt einen Mini-Zoo und Wild. Spezialität sind Wildgerichte. Möglichkeit zu herrlichen Touren in die Umgebung. Komfortable DZ/F 48 €, auch HP möglich. Mi Ruhetag. Spodnja Luša 16, 4227 Selca, ☎ 04/5141-499, www.kveder-sp.si.

🌿 °°° Touristischer Bio-Bauernhof Ljubica, ca. 13 km von Škofja Loka bei Poljane (Poljanska-Dolina-Tal) mit schönem Blick auf die Karawanken. Man kann Pferde mieten und wandern. Beste Biokost (Milch, Gemüse, Fleisch) und obendrein noch Selbstgebrannter. DZ/F ca. 50 €. Vinharje 10, 4223 Poljane, ☎ 04/5107-350, www.turisticna-kmetija-ljubica.si. ■

Touristischer Bauernhof Žgajnar, ca. 15 km von Škofja Loka; mitten auf dem Berg und an der Skipiste Stari Vrh bei 860 m steht das 200 Jahre alte Haus. Es bietet leckeres Essen mit Produkten wie Mich, Fleisch, Gemüse vom Hof; zudem Sauna, Whirlpool, Kinderspielplatz. DZ/F 50 €, HP 30 €/Pers. Fam. Demšar, Zapreval 3, 4223 Poljane, ☎ 04/5188-032, www.zgajnar.starivrh.si.

🌿 **** Appartements Cvetja & Jeseni, 10 km von Škofja Loka. Auf dem gepflegten und blumengesäumten einstigen Debeljak-Gehöft (Weg zum Tavčar-Gehöft) gibt es 4 modern ausgestattete Appartements (70 €/ 2–4 Pers.), alles wird ökologisch bewusst geführt. Fam. Demšar, Visoko pri Poljanah 2, ☎ 041/816-744 (mobil), www.visoko-turizem.si. ■

Mittelslowenien → Karte S. 258/259

Kamnik – Blick über die Stadt und auf die Kamniker Alpen

Kamnik

Das über 800 Jahre alte schmucke mittelalterliche Städtchen liegt am Fuß der Kamnišker Alpen (Steiner Alpen). Eine Besonderheit Kamniks sind die prunkvoll verzierten schmiedeeisernen Ladenschilder.

Der historische Kern des 12.200 Einwohner zählenden Ortes mit seiner schönen Fußgängerzone und hübschen, mit Arkaden, Steinportalen und Erkerchen verzierten Häusern zieht sich am Flüsschen Kamniška Bistrica entlang. Im Süden schließt sich der Stadtteil Šutna an, im Mittelalter eine bedeutende Handwerkersiedlung.

Das Stadtbild wird geprägt von der Burg Mali grad (Kleine Burg) mit der zweistöckigen romanischen Wallfahrtskapelle, die auf einer felsigen Anhöhe mitten in der Stadt steht. Von hier bietet sich ein herrlicher Blick auf das mittelalterliche Kamnik mit seinen Barockfassaden und die Kamnišker Alpen. Unterhalb der Anhöhe, in der ehemaligen Vorstadt Šutna, steht in der Fußgängerzone die Kirche Maria Verkündigung mit imposanten Heiligenstatuen auf dem Dach und einem Campanile. Beim Bahnhof wacht trutzig der Stadt-Wehrturm aus dem 16. Jh. Sehenswert sind auch das Schloss Zaprice (heute ein Museum), das Franziskanerkloster und ein Privatmuseum. Die Ruinen von Stari grad aus dem 13. Jh. finden sich auf einer Anhöhe 500 m östlich. Im Süden von Kamnik kann man im Arboretum lustwandeln und die Bäume und schönen Blumen bewundern.

An das blühende mittelalterliche Handwerk der Stadt erinnern die vielen Zunftzeichen an den Hausfassaden, kunstvoll geschmiedete Aushängeschilder, die zeigen, dass Handwerk und Kleingewerbe in Kamnik bis heute lebendige Erwerbszweige sind. Eine Spezialität der Kamniker Bäckerzunft sind die feinen slowenischen Brezeln, die allerdings ganz anders schmecken als ihre süddeutschen Schwestern.

Urkundlich erwähnt wird Kamnik erstmals 1229. Im Mittelalter war in Kamnik im Stadtteil Šutna eine große Zahl von Handwerksberufen mit eigener Zunft ansässig, die Stadt entwickelte sich zu einem blühenden Handelszentrum mit eigenem Münzrecht. Als bedeutende Zünfte galten die der Gerber, die sich beidseitig des Flusses Mlinščica ansiedelten, der Schmiede, Kürschner und Schneider. Als Feriendomizil war Kamnik schon zu dieser Zeit beim europäischen Adel beliebt – die Grafen von Andechs erwarben sich hier Grundbesitz.

Heute ist Kamnik bei Wassersportlern und Anglern beliebt und bietet sich als Ausgangspunkt für Touren in die Täler Kamniška Bistrica und Tuhinj in den nahen Kamnišker Alpen an. Highlights sind ebenso Ausflüge zu Fuß oder per Mountainbike in die angrenzende Bergwelt – auch internationale Mountainbike- und Bergrennen werden in dem anspruchsvollen Gelände ausgetragen.

Basis-Infos

Information   Touristeninfomation TIC, Glavni trg 2 (Hauptplatz), 1240 Kamnik, ✆ 01/8318-250, www.kamnik-tourism.si. Juli/Aug. tägl. 9–21 Uhr; April–Juni, Sept./Okt. tägl. 9–18/20 Uhr; sonst Mo–Fr 10–18, Sa/So u. Feiertag 10–14 Uhr. Kartenmaterial, Zimmervermittlung, Fahrradverleih, Internet, WiFi, Bergführer, Infos zu Sportaktivitäten.

TIC Mali Grad, auf der Burg. Geöffnet wie Burg.

Verbindungen   Bus: halbstündl. über Vransko nach Ljubljana (1:15 Std., 3,10 €); nach Maribor nur über Ljubljana. Busbahnhof, Maistrova 18, ✆ 01/8309-414. **Zug:** Schnell und preiswert kommt man nach Ljubljana; Mo–Fr stündl. (45 Min., 2,70 €), am Wochenende keine Verbindung! Bahnhof, Kranjska 4, ✆ 01/8394-090.

Gesundheit   Apotheke (Lekarna) **Kamnik**, Šutna 7, ✆ 01/7770-188, Mo–Fr 7.30–19.30, Sa bis 13 Uhr; **Gesundheitszentrum** (Zdravstveni dom) mit **Apotheke**, Novi trg 26, ✆ 01/8318-600.

Sport   Breite Sportpalette: Bergtouren, Mountainbiken (mehrere Agenturen), Kajakfahren, Canyoning, Paragliden, Klettern, Tennis, Golf, Angeln, Reiten, Skifahren, Langlauf und Tourenski. Alle Infos und Vermittlung auch über TIC.

Golf Arboretum: schönes 18-Loch-Gelände für Golfliebhaber, beim Arboretum (→ Sehenswertes) mit gutem Restaurant und Terrasse. Volcji potok 43, 1235 Radomlje, ✆ 01/8318-080, www.golfarboretum.si.

Therme Snovik (→ Kamnik/Umgebung).

Mountainbike: Kamnik-Radweg mit einer Gesamtlänge von 277 km, höchster Punkt auf 1612 m. Sehr gutes Kartenmaterial speziell für Cycling-Routen bei TIC.

Wandern: Sehr gute Wanderkarten und Infos bei TIC.

Von Kamnik kann man in 0:30 Std. nach Starigrad (im Osten) spazieren. Zur Velika Planina: bis Stahovica mit Bus, von dort (bei Fabrik Cacit) auf Wanderweg nach Sv. Primož und steil hoch zur Mala Planina, dann zur Velika Planina; einfache Wegzeit ca. 3–3:30 Std., Höhenunterschied 1200 m. Rückweg z. B. mit Gondel und Bus. Auch als lange Rundtour möglich, dann ab V. Planina zur Pl. Dol und hinab zur Gondelstation, im Tal Wanderweg entlang der Bistrica, dann insg. ca. 7–7:30 Std. Weitere Routen (→ Kamniška-Bistrica-Tal).

Veranstaltungen   Stadtfest am 29. März. **Kamfest**, 9 Tage Mitte Aug., auch auf der Burg.

Trachtenfest am 2. Septemberwochenende (Fr–So) mit Trachtengruppen aus den verschiedenen Regionen.

Veronika-Kinderfestival, 3. Freitag im Mai.

WM-Bergrennen, im Juli, Kamniška Bistrica–Grintovec, 1957 m Höhenunterschied auf 9600 m Länge. Eines der härtesten Bergrennen der Welt.

Internationaler Bike-Marathon, Kamnik–Zgornje Jezersko–Logarska dolina–Ljubno–Kamnik, insg. 131 km, Höhenunterschied 1300 m. Infos/Anmeldung: www.kd-alpe.si.

Übernachten/Essen & Trinken

Übernachten Um Kamnik zahlreiche **Privatunterkünfte**, besonders schön im Kamniška-Bistrica-Tal, im Črna- und Tuhinj-Tal oder auf den Almen; DZ ca. 30–40 €. Vermittlung über TIC (→ Kamnik/Umgebung).

*** Pension-Gostilna Špenko, unterhalb der Burg, mit Restaurant und netter Terrasse sowie 12 einfachen Zimmern (DZ/F 64 €). Prešernova ul. 14c, ☎ 01/8317-330, www.penzionspenko.si.

*** Appartement Kotnik, ca. 500 m nordwestlich von Kamnik, nettes Haus im Grünen; Appartement für 5 Pers. für 60 €. Tunjiška cesta 8a, ☎ 01/8312-129, www.apartma-kotnik.com.

** Pension Pri Cesarju, nette Frühstückspension nördlich der Stadt. DZ 58 €, Frühstück 6 €/Pers. Tunjiška cesta 1, ☎ 041/629-846 (mobil), www.cesarski-dvor.si.

*** Pension/Jugendherberge Pod Skalo, 10 nette, ordentliche Zimmer (EZ, DZ u. 3- bis 10-Bettzimmer) neben Campingplatz Resnik 300 m östlich der Altstadt. DZ/F 56 €, im 10-Bett 18 €/Pers./F. WiFi, Internet, Parkplätze. Maistrova ul. 32, ☎ 01/8391-233, www.podskalo.si.

*** Pension Kamrica, im Zentrum mit gutem Service. Nette DZ/F 50 €. Trg svobode 2, ☎ 01/8317-707, www.kamrica-kamnik.si.

Berghütten (→ Velika Planina und Kamniška-Bistrica-Tal).

Camping **** Campingplatz Resnik**, 300 m östlich der Altstadt (Richtung Celje). 1 ha großer, schattiger, schlicht ausgestatteter Campingplatz. Nebenan Tennisplätze, Kinderspielplatz. 5 €/Pers., Auto 2 €, Zelt 3 €. Mai bis Sept. Nevlje 1a, ☎ 01/8317-314, www.kampresnik.com.

Campingplatz Alpe (→ Kamniška-Bistrica-Tal).

Essen & Trinken Die Kamniker Spezialitäten sind u. a. **Gamsova juha**, eine kraftvolle Gämsensuppe, **Trnič** (hergestellt v. a. auf der Velika Planina) – verzierte kleine Käsekugeln aus Magermilch, die früher an die Angebetete als Liebesbeweis verschenkt wurden. Sehr schmackhaft auch **Tuhinska fila**, ein mit Schinken, geräucher-

tem Fleisch, Zwiebeln etc. gefüllter Strudelteig. Die Ursulinen hinterließen Süßes: **Kloštrska kremšnita**, dreistöckiger Windbeutel, gefüllt mit Sahnecreme und Früchten. In fast allen guten Gostilnas sind diese Spezialitäten erhältlich.

Gostilna-Café Majolka, im Innern Landhausstil, im Innenhof südamerikanisches Ambiente. Es gibt eine Galerie. Gekocht wird slowenisch und mexikanisch, auch Pizzen, zudem gibt es hausgemachte Kuchen und Eis. So nur bis 21 Uhr. Maistrova ul. 11, ☎ 031/856-372 (mobil).

Konoba Mali Grad, nettes Altstadtgebäude. Hier isst man bestens Seefisch – der Besitzer ist Dalmatier. Tägl. außer Mo 16–22/23, So 12–16 Uhr. Trg svobode 1.

⟩⟩⟩ Mein Tipp: **** Gostilna-Pension Repnik, am Ortsende in Vrhpolje, ca. 2 km in Richtung Tuhinska dolina. Familiär geführtes Lokal von Primoz & Alexandra mit bester traditioneller Saisonküche und Produkten aus der Umgebung; gespeist wird in der kleinen Stube, im großen Wintergarten oder auf der Terrasse, es gibt auch Pferde, bzw. Kutschfahrten. Beliebter Hochzeitsplatz. Nebenan das neue Gästehaus mit 9 Studios mit bester Ausstattung. Di–Fr 10–22, Sa ab 12, So 12–15 Uhr. Vrhpolje pri Kamniku 186, ☎ 051/300-357, www.gostilna-repnik.si. **⟨⟨⟨**

** Gostišče Mili vrh, nördlich der Altstadt im Stadtteil Žale. Sehr gute preiswerte Hausmannskost. Zimmervermietung (DZ/F 50 €). Mo, Do/Fr 11–22, Sa 9–22, So 9–20 Uhr. Žale 10a, ☎ 01/8317-045.

⟩⟩⟩ Mein Tipp: Gostilna Čubr, in Križ, ca. 3 km südlich von Kamnik, Straße nach Moste (ausgeschildert), auf einem Hügel gleich einem Schlösschen erbaut. Hervorragende traditionelle und internationale Saisonküche sowie Slow-Food; 5 verschiedene Sorten selbstgebackenes Brot, für Naschkatzen gibt es etliche köstliche Hausrezepte; guter Service; herrliche Terrasse – empfehlenswert für verwöhnte Gaumen! Tägl. außer So/Mo 12–22 Uhr. Križ 53, ☎ 01/8341-115. **⟨⟨⟨**

Sehenswertes

Mali grad: Von der Burg auf einer Anhöhe über der Stadt blieben nur der
zur mittelalterlichen Stadtmauer gehörende romanische Turm und die
zweistöckige, um 2009 sehr schön restaurierte romanische *Kapelle* mit
Krypta (ca. 1250) erhalten. Bei Ausgrabungen wurden hier Zeugnisse von
der Urgeschichte bis zum Mittelalter
entdeckt.

Mitte Juni bis Ende Sept. tägl. 9–20 Uhr.
Eintritt 3 €, Kinder 2 €.

Stadtmuseum im Schloss Zaprice: Das
Schloss im Südwesten der Stadt im
Stadtteil Šutna wurde Anfang des
16. Jh. an der Stelle eines Vorgängerbaus von Jurij Lamberg erbaut. Es
wurde eingefriedet, bekam zwei
Wachtürme und diente als Versamm-
lungsort der Lutheraner. In der Barockzeit wurde es umgestaltet und
komfortabel modernisiert. Heute residiert hier ein Museum, u. a. mit einer
sehenswerten Sammlung von Thonet-
Möbeln; auf dem Schlossgelände wird
die Architektur historischer Bauernhäuser dokumentiert.

Di–Fr 8–13/16–19, Sa 10–13/16–18, So u.
Feiertage 10–13 Uhr. Eintritt 2,50 €, Kinder
1,50 €. Muzejska pot 3, www.muzej-
kamnik-on.net.

Franziskanerkloster und **Kirche St.
Jakob**: 1492 wurde das Kloster neben
der Kirche gegründet. Beide Gebäude
wurden Ende des 17. Jh. mit Barockaltä-
ren aus den Franziskanerwerkstätten
geschmückt. Die Wandmalereien im
Treppengang des Klosters schuf A.
Cebej. Die Klosterbibliothek birgt eine
reiche Sammlung von Inkunabeln und
anderen bibliophilen Kostbarkeiten aus
dem 15. bis 18. Jh., eine Bibel von Jurij
Dalmatin sowie eine Gemäldesammlung alter Meister (Cebej, Menzinger,
Langus u. a.). Die *Gottesgrab-Kapelle* ist
ein Werk des slowenischen Architekten
J. Plečnik. Nur nach Anmeldung über
TIC zu besichtigen.

Kunstvolles Ladenschild

Arboretum Volčji Potok – ein hübscher Landschaftspark

Kirche Mariä Verkündigung: Im südlichen Stadtteil Šutna steht die 1734 von Gregor Maček erbaute Kirche. Ihr Glockenturm stammt noch von der Vorgängerkirche aus dem Mittelalter. Im Innenraum beeindrucken die prächtigen Barockaltäre, der Hauptaltar wurde in den Franziskanerwerkstätten gefertigt und mit Gemälden von Valentin Metzinger, einem berühmten slowenischen Barockmaler (1699–1759), geschmückt.

Arboretum Volčji Potok: von Kamnik ca. 6 km südwärts in Richtung Radomlje zum Ort Volčji Potok, beschildert. Der sehr gepflegte, 80 Hektar große Botanische Garten mit barocker Blumenparkanlage und Teichen lädt zum entspannten Spaziergang auf versteckten Pfaden ein – rund 3000 Bäume und Sträucher aus aller Welt, 450 Pflanzenarten sowie die Tierplastiken des Bildhauers *Janez Boljka* im Pavillon sind zu bewundern, zudem gibt es viele Kulturveranstaltungen und wechselnde Blumenschauen. Die fleißigen Gärtner lassen sich jedes Jahr etwas Neues einfallen – vor allem im Frühjahr entfaltet sich eine Blumenpracht aus unterschiedlichen Sorten von Tulpen, Narzissen und Rhododendren. Für Kinder gibt es Sonderprogramme, Workshops und ein Labyrinth.
April–Aug. 8–20 Uhr, Sept. bis 19 Uhr, März u. Okt. bis 18 Uhr, Nov. bis 16.30 Uhr. Eintritt 7,50 €, Kinder 6 € (bis 6 J. 4 €), Familie 20 €. ✆ 01/8312-345, www.arboretum-vp.si.

Wallfahrtskirche St. Primož: Das zweischiffige Kirchlein an den Abhängen der Velika planina oberhalb von Črna wurde Mitte des 15. Jh. auf den Grundmauern einer romanischen Kirche erbaut, 1504 kamen ein langes Presbyterium und die mittelalterliche Wandbemalung hinzu, die zu den schönsten Sloweniens zählt. Im 17. Jh. erhielt die Kirche einen neuen Altar und eine Faller-Orgel aus dem Jahr 1680. St. Primož ist in der Saison von Fr–So geöffnet, sicherheitshalber vorher im TIC nachfragen.

Stranje: Der kleine Ort liegt nördlich von Kamnik und beherbergt eines der gelungensten Werke des Architekten Jože Plečnik: die *Kirche St. Benedikt;* in den 1950er-Jahren gestaltete er St. Benedikt in seinem unverkennbaren Stil innen und außen neu. Besichtigung nach vorheriger Absprache über TIC.

Heilhain Na Tratah: Im Örtchen Tunjice, 3 km nordwestlich von Kamnik nahe der Wallfahrtskirche Sv. Ana, liegt in unberührter Natur, umgeben von Mischwald dieser 10.000 m^2 große Kraftplatz mit einem Heilwasserbrunnen. Der Platz ist unterteilt in Kreise und Kraftzeichen, deren wohltuende und heilende Wirkung auf verschiedensten körperlichen Ebenen spürbar ist. Vorab können die Besucher eine Aurafotografie machen lassen, mit der Blockaden erkannt werden und nach der ein Therapieplan erstellt wird. Heilungen von verschiedensten Schmerzarten, rheumatischen Beschwerden, Gelenkentzündungen, Nervenleiden und chronischen Atemwegserkrankungen wurden schon erzielt. Die Anwendungen dauern allerdings oft mehrere Wochen bis Monate. Wer lediglich seine Energieströme wieder in Schwung bringen möchte, dem helfen wahrscheinlich auch schon ein bis zwei Anwendungen – für die Sinne auf jeden Fall ein guter Platz.

Führungen Mo–Do 10–14, Fr–So bis 17 Uhr. Eintritt 10 €. Tunjice 12, ☎ 041/785-675 (mobil), www.zdravilnigaj.si.

Kamnik/Umgebung

Tuhinjska Dolina (Tal): Nördlich von Kamnik zweigt gen Osten das Tuhinjska-Tal mit dem Flüsschen Nevljica ab, eingebettet in das bis 1508 m aufsteigende *Menina-Gebirge* – ein wunderbares Wandergebiet. Highlight ist die *Therme Snovik,* 8 km östlich von Kamnik.

Wellness Therme Snovik, Snovik 7, 1219 Laze v Tuhinju, ☎ 01/8344-100, www.terme-snovik.si. Tägl. 9–20 Uhr (Mi, Fr/Sa bis 22 Uhr). Schönes Gelände, umgeben von Wiesen und Wald. 500 m^2 Wasserfläche mit einer Wassertemperatur von 28 C, Außenpool, zudem Öko-Spa mit verschiedenen Saunas und Massagen.

Übernachten/Essen **»** Mein Tipp: **** Appartements Therme Snovik, beim

Thermengelände in modernen netten Häusern am Waldrand. Zimmer/Appartements für 2–8 Pers. Thermenbesuch gratis. 2er-Studio 84 € (TS 120 €), DZ/F mit Balkon 104 € (TS 134 €). Snovik 7, 1219 Laze v Tuhinju, ☎ 01/8344-100, www.terme-snovik.si. **«**

Gostilna Izba, einladendes Landhaus-Lokal mit mediterraner Küche und Pizzen, Sitzplätze auch im Freien. Tägl. 11–22, So ab 12 Uhr. Snovik 2c, ☎ 01/8319-590.

Kamniška-Bistrica-Tal: Hinter Kamnik beginnt der schönste Flussabschnitt der Bistrica, nun Kamniška Bistrica genannt, die im Süden in die Sava mündet. Umgeben von schönen Laubwäldern, windet sie sich sprudelnd durchs Tal. Ihre Quelle mit einem kleinen See liegt bei der gleichnamigen Ansiedlung auf 1200 m. Etwas tiefer, beim Zusammenfluss der Bäche Bistrica und Bela, kann man die herrliche *Predaselj-Schlucht* bewundern. Mutige können eine Schluchtüberquerung per Seil wagen, aber Achtung Kajakfans: Einige Fahrer ließen hier aufgrund der engen Felswände schon ihr Leben! Etwas weiter talaufwärts, nahe der östlichen Straßenseite, rauscht der 20 m hohe Wasserfall der Bistrica herab. Bei der *Unterkunftshütte Kamniška Bistrica* sind das Straßenende und der Parkplatz erreicht (Wegzeit von Kamnik durch das Tal ca. 2 Std.); idealer Ausgangspunkt für Touren ins Hochgebirge und hinüber zu den Savinjer Alpen (z. B. ab Berghütte in ca. 3–3:30 Std. hoch zum Kamniško sedlo mit Unterkunftshütte auf 1903 m).

Mittelslowenien → Karte S. 258/259

Wanderung 13: Vom Kamniška-Bistrica-Tal zum Kamniška sedlo   → S. 527
Lohnender Anstieg durch Buchenwald zum Hochgebirgssattel
mit Weitblick

Das Tal teilt die Gebirgskette auch vom Namen her: Der Westen mit dem höchsten
Gipfel – dem Grintovec (2558 m), der vom Dom Kamniška Bistrica in knapp 6 Std.
zu erreichen ist – zählt zu den Kamnišker Alpen, im Osten erheben sich die Savinjer Alpen mit dem 2350 m hohen Ojstrica – das gesamte Gebiet wurde 2005 zum
Regionalpark Kamniške und Savinške Alpe erklärt. Neben Bergsteigen und -wandern
lädt das Kamniška-Bistrica-Tal zum Angeln, Kajakfahren oder Drachenfliegen ein.

Information   Dom Kamniška Bistrica
(s. u.), April–Sept. Mo–Do 10–17, Fr–So 8–
19 Uhr; danach nur Wochenende. Infos, etc.

Übernachten/Essen   ** Pension-Gostilna
Pri Gamsu, einfache, nette Pension in Sta-
hovica (5 km nördlich von Kamnik). Deftige
Hausmannskost und gute Weine werden
auch im Biergarten serviert. DZ mit gutem
Frühstück (Etagen-Bad) 52 €. Tägl. außer Do
8–21 Uhr (So bis 20 Uhr). 1242 Stahovica,
Stahovica 31, ✆ 01/8325-588.

》》 Mein Tipp: *** Pension-Gostilna Pri
planinskem orlu, Haus im alpinen Stil an
der Hauptstraße kurz nach dem Abzweig
ins Črna-Tal. Die Küche serviert Gämsensuppe, Wildspezialitäten und leckere Forellen; Sitzplätze auch im Biergarten. Es
gibt 4 komfortable Zimmer, auch Familienzimmer im Neubau (mit PC, Flatscreen),
DZ/F 70 €; im Haupthaus DZ/F 60 €; zudem
Sauna, Whirlpool. Tägl. außer Di ab 10 Uhr
(So nur bis 20 Uhr). 1242 Stahovica, Haus Nr.
20, ✆ 01/8325-410, www.priorlu.si. 《《

Velika Planina – die alte Hirtensiedlung mit schindelgedeckten Almen …

*** **Pension Berdnik**, nördlich der Seilbahn und am Waldrand – wer in die Berge möchte, ist hier richtig. Es gibt Zimmer/Appartements und Sauna; DZ 60 €. Kamniška Bistrica 4b, ✆ 041/635-903 (mobil, Hr. Franc), www.hisaberdnik.si.

Planinski Dom Kraljev hrib & Hostel/Appartementhaus und Camping, von Wald umgebene Berghütte und Ausflugslokal gegenüber der Gondelstation, Tische und Bänke im Freien; Kinderspielplatz, kleines Schwimmbad, Reitmöglichkeiten. Auf der Karte stehen Wildgerichte und regionale Spezialitäten. Im schönen Holzhaus werden gemütliche Zimmer (2 u. 4 Betten) vermietet, auch Campen ist möglich. Kamniška Bistrica 2, ✆ 041/672-919 (mobil), www.kraljevhrib.si.

≫ **Mein Tipp:** Gostilna Pri Jurju, etwas abseits und urig (Abzweig kurz vor Dom Bistrica); einfache gute Gerichte, zudem kann man auf der Obstwiese zelten oder im Heu schlafen. Ganzjährig 8–22 Uhr. ✆ 041/732-099 (mobil). ≪

Unterkunftshütte Dom Kamniška Bistrica, hübscher und beliebter Ausflugsgasthof mit Terrasse auf 600 m am Straßenende des Tals; vor allem am Wochenende sehr voll. Es gibt gute Gerichte und Zimmer. DZ/F 40 €, zudem Schlaflager und zwei 6-Bettzimmer. Ganzjährig (s. o. Info). ✆ 01/8325-544, 040/620-787 (mobil), www.pd-ljmatica.si.

Kamniška koča na Kamniškem sedlu (1864 m), sehr schöne Berghütte am Sattel in wunderbarer Lage – Blick gen Ljubljana, ins Logarska-Dolina-Tal und auf die Bergwelt im Norden. Schöne Zimmer (22 €/Pers., mit AV-Ausweis 14 €) und Schlaflager (16 € bzw. 8 €), Solarzellen am Dach. Juni–Sept., danach nur Wochenende bei gutem Wetter. ✆ 051/611-367 (mobil).

Camping Camp Alpe, an der Gondelstation mit einfachem Lokal, Wiesenplatz und Holzbungalows. 9 €/Pers. Mai–Sept. ✆ 031/226-763 (mobil), www.kamp-alpe.com.

… Schäfern, satten Almwiesen und vielen Wanderwegen

Velika planina: Etwa 12 km nördlich von Kamnik befindet sich die Talstation der Gondelbahn, die auf die 1550 bis 1666 m hohe Velika-Planina-Ebene in den Kamniŝker Alpen führt – die größte slowenische Alm mit ca. 560 Hütten. Mal verstreut, mal dicht wie ein Dorf zusammengedrängt stehen uralte und neuere schindelgedeckte, gedrungene Holzhäuser, eines als *Museum* eingerichtet, dazwischen hölzerne Wasserrinnen und die ebenfalls in Holzbauweise errichtete *Kapelle Marija Snežna*. Teilweise werden die schönen alten Hirtenhütten wegen des besseren Schutzes leider mit Blechhauben versehen.

Von hier oben genießt man einen herrlichen Blick auf die Ebene von Kamnik und auf die hohen Berge rundum – ein guter Startpunkt für schöne Touren auf markierten Wanderwegen bis zum Talende oder auf die andere Seite zu den Savinjer Alpen; ein guter Startpunkt auch für Gleitschirmflieger (Information bei TIC). Im Winter gute Möglichkeiten zum Abfahrts- und Langlauf; beim Üben hilft eine Skischule. Im Sommer treiben die Hirten ihre Kühe auf die Almwiesen, dann gibt es für Wanderer frische, selbst gemachte Sauermilch, Topfen und Käse. In den Hirtenhütten auch Übernachtungsmöglichkeit.

Information/Gondelbahn/Sessellift Infopunkt Fr–So 8–19 Uhr.

Liftbetrieb: 15. Juni–15. Sept. Mo–Do jede volle Stunde 8–18 Uhr (Sessellift 9–17.15 Uhr); Fr–So/Feiertag 8–20 Uhr zu jeder vollen Stunde (Sessellift 9–19.15 Uhr). Außerhalb der Saison Mo–Do 8, 12, 16 Uhr (Sessellift 8.30, 12.30, 16.30 Uhr); Fr u. Tag vor einem Feiertag 8 u. stündl. 12–18 Uhr (Sessellift 8.30 u. 12.15–17.30 Uhr); Sa/So u. Feiertag stündl. 8–18 Uhr (Sessellift 8.30–17.15 Uhr). **Preise:** Hin- u. Rückfahrt mit Gondel und anschließendem Sessellift 15 €, Kinder 11 €. Wer die letzten Höhenmeter zu Fuß hochsteigt, also den Sessellift nicht benutzt, zahlt 13 €, Kinder 9 € – lohnt aber nicht, da der Fußweg unterhalb des ratternden Lifts verläuft. Auch Biketransport möglich. In der Nebensaison unbedingt Fahrplan erfragen: Info-☏ 051/644-519 (mobil), www.velikaplanina.si.

Übernachten/Essen/Berghütten Auf der Velika und Mala planina gibt es die folgenden Alpenherbergen, in denen man nächtigen (15 €/Pers. inkl. einfachem Frühstück) und speisen kann:

Berghütte Zeleni rob (1600 m), auf der Velika planina, nordwestlich der Liftstation. Schöner Ausblick, Getränke und Essen (u. a. Eintopf, Štruklji). Juni–Sept. tägl. 8–20 Uhr, danach nur Fr–So. ☏ 051/644-5121 (mobil).

Domžalski dom na Mala planini (1534 m), Mehrbettzimmer (3-er, 4-er, 6-er und 8-er). Mai–Okt. ☏ 051/665-665 (mobil).

Črnuški dom na Mala planini (1526 m), einfache Zimmer und Schlaflager. Mai–Okt. ☏ 051/621-732 (mobil), www.pdcrnuce.si.

Jarški dom na Mala planina (1520 m), sehr schöne Hütte mit Schlaflager; gute Küche. Mai–Okt. ☏ 041/676-254 (mobil), www.jarski-dom.si.

Dom na Kisovcu (1275 m), hübsche Berghütte auf der gleichnamigen Alm (südlich der Mala planina); es gibt Spielplatz, Schafe und Pferde; schöne Alleinlage, sehr gute Gerichte und schöne Zimmer, auch Mehrbettzimmer. Tägl. ganzjährig. ☏ 031/817-351 (mobil, Fr. Boža), www.kisovec.si.

»» Weiterfahrt – über das Črna-Tal ins Savinja-Tal: Etwa 4 km nördlich von Kamnik zweigt eine Straße ostwärts ins landschaftlich reizvolle Črna-Tal mit der sehenswerten Kapelle St. Primož (→ Savinija-Tal) ab. Die Straße windet sich durch Alpendörfer hinauf zum Berg Črnivec (1902 m) und weiter über Gornji Grad mit sehenswerter Kapelle nach Radmirje im ebenso reizvollen Oberen Savinja-Tal. Wer gute Kondition hat, kann sich hier auf einer herrlichen Mountainbikestrecke austoben.

Blick von der Burg auf die Altstadt an der Ljubljanica und gen Kamniker Alpen

Ljubljana

Bewacht von der mächtigen Burganlage, zieht sich die historische Altstadt der slowenischen Metropole malerisch am Flüsschen Lubljanica entlang. Die Stadt ist 2000 Jahre alt – und jung und lebendig geblieben, mit prächtigen Jugendstil- und Barockbauten, in den Seitenstraßen fast dörflich anmutend und mit südländischem Flair.

Die Hauptstadt Sloweniens (ca. 287.000 Einwohner) sucht ihresgleichen: In gemütlicher Laufweite sind alle wichtigen kulturellen und wirtschaftlichen Stätten zu erreichen und dies in herrlichem Ambiente – durch Parks und hübsche enge Gassen, die sich den Burgberg hinaufziehen, vorbei an wunderschönen Barock- und Jugendstilgebäuden und an den Cafés und Restaurants entlang der von schattigen Bäumen gesäumten Ljubljanica. In den letzten Jahren wurden in der Altstadt viele Plätze neu gestaltet, alte Bauten modernisiert, Verkehrsprobleme wie die Neuschaffung von Parkhäusern angegangen und neue gemütliche Nischen, gerade entlang der Ljubljanica, geschaffen, die nun zum Verweilen einladen. 2010 war Ljubljana „Weltkulturhauptstadt des Buches", 2016 schmückte sie der Titel „Grüne Hauptstadt Europas". Die für Touristen herrliche Verkehrsberuhigung stößt bei den Einwohner Ljubljanas auch auf Unbehagen, müssen sie doch hier ihren Alltag meistern.

Die Altstadt ist ein historisches Kleinod, aber kein verstaubtes; sie wird belebt von den vielen Studenten, die hier an verschiedensten Fakultäten studieren, und von jung gebliebenen Kreativen vor allem im Kunst- und Kulturbereich. Auch Shoppingfreunde kommen auf ihre Kosten und werden sich in den vielen kleinen edel und ideenreich gestylten Geschäften wohl fühlen. Und wer der Stadt mal entfliehen möchte, ist in einer halben Stunde in den Alpen oder in zwei Stunden am Meer ...

Prächtige Jugendstilgebäude
(Edelkaufhaus u. Hotel)

Ljubljana stand mehr als sechs Jahrhunderte lang unter österreichischer Kontrolle: Von 1282 bis nach dem Ersten Weltkrieg herrschte fast ununterbrochen der habsburgische Doppeladler über das damalige Laibach. Diese westliche Orientierung hat Ljubljana bis heute geprägt. Geprägt wurde die Stadt zudem von ihrem berühmten Architekten Jože Plečnik, dem es gelang, Tradition und Moderne zu vereinen und dessen Handschrift überall gegenwärtig ist. Die Stadt hat eine Jahrhunderte alte Musiktradition; berühmt ist die über 300 Jahre alte Slowenische Philharmonie, in der schon Größen wie Beethoven, Paganini oder Brahms Mitglied oder Gast waren – Gustav Mahler war hier zwei Jahre als Dirigent angestellt. Jacobus Gallus war ein bedeutender Vertreter der polyphonen Renaissancemusik, eine Instrumentalmusik, die im Barock ihre Blütezeit hatte. Und Ljubljana lockt nicht nur mit schönen Klängen – seit 1955 zieht die Stadt zur Grafik-Biennale und seit 1964 zur Design-Biennale ein internationales Publikum an.

Alleine der Festivals wegen könnte man Wochen in der Stadt verbringen: Aufführungsorte sind neben dem renommierten Theater und Opernhaus das Freilichttheater Križanke mit seiner historischen Kulisse des ehemaligen Klosters – und natürlich die schönen Räumlichkeiten und die Freilichtbühne oben auf der Burg. Das ganze Jahr über folgt ein Event dem anderen, die wichtigsten sind neben der Grafik-Biennale die in den Sommermonaten steigenden Festivals der Alternativ- und Ethno-Musik sowie das berühmte Jazzfestival. Das Nationaltheater ist Bühne für jegliche Form von Theater und Tanzkunst; das reizvolle Exodus-Festival der zeitgenössischen Bühnenkünste sowie das internationale Straßentheater-Festival zählen zu den Publikumsmagneten. Daneben ziehen zahlreiche kleinere und größere Events Besucher in den Bann: Film-, Multimedia- und Fotofestivals –

und natürlich die alljährlichen Sommerfestspiele mit Oper, Ballett und Konzerten renommierter Interpreten ...

Nicht verwunderlich daher, dass das hübsche und verkehrsgünstig gelegene Ljubljana nicht nur Gäste aus aller Welt anzieht, sondern auch die eigenen Landsleute. So hat sich die Einwohnerzahl Ljubljanas in den letzten 50 Jahren fast verdoppelt. Die Industrieanlagen in den Außenbezirken dokumentieren die Wirtschaftskraft der kleinen Republik Slowenien – und die Stadt expandiert weiter. Einen ersten Überblick über die Stadt und ihre Umgebung verschafft man sich am besten mit einem Besuch auf der Burganlage. Ein schöner Fußweg führt hinauf, bequem und informativ fährt es sich aber auch mit dem Touristenzug oder – ganz schnell – mit der Standseilbahn. Einen fantastischen Stadtblick genießt man auch vom Nebotičnik.

Geschichte

Ljubljana entstand an der Kreuzung zweier bedeutender Verkehrswege, der Bernsteinstraße von der Ostsee zum Mittelmeer und der alten Heeresstraße von Oberitalien nach Osteuropa. Die Stadt liegt in der *Pforte von Ljubljana*, einem Tal zwischen zwei Gebirgsstöcken, und an der direkten Verlängerung der *Pforte von Postojna*, des niedrigsten Durchgangs vom Mittelmeer durch die Ketten der Alpen und des Dinarischen Gebirges. Seit seinen ersten Lebensjahren in der jüngeren Steinzeit durchzogen Heere und Händler den Ort. Vor weit über zweitausend Jahren gründeten dann Illyrer im Laibacher Moor die Pfahlbausiedlung *Emona* (→ Landschaftspark Ljubljansko barje, S. 307). Sie profitierten als Erste von der günstigen Verkehrslage, der Handel blühte, wie Funde aus dieser Zeit zeigen. Als zu Beginn unserer Zeitrechnung Rom die Illyrer verdrängte, tat die Weltmacht, was sie an strategisch wichtigen Stellen immer zu tun pflegte: Sie legte ein Kastell an, ebenfalls *Emona* genannt. Die Siedlung um das Lager entwickelte sich zunächst prächtig, doch mit der Völkerwanderung kamen die Hunnen und mit ihnen Attila, der seinem Ruf alle Ehre machte und in Emona kaum einen Stein auf dem anderen ließ.

Im 7. Jh. errichteten die mittlerweile hier heimisch gewordenen Slowenen eine neue Siedlung und nannten sie *Lubiana* (ljubezen = Liebe). 1144 wird der Ort erstmals urkundlich erwähnt, 1220 zur Stadt ernannt. 1282 kommt die Stadt, mittlerweile *Laibach* genannt, unter die Herrschaft der Habsburger, die hier fast ohne Unterbrechung über sechs Jahrhunderte lang regieren. Im 15. und 16. Jh. befestigten sie die alte Burg aus dem frühen Mittelalter, um Laibach gegen die Türken zu schützen.

Ihre Blütezeit erlebte die Stadt zur Zeit des Barock, aus dem viele Baudenkmäler wie auch Details an den Fassaden erhalten sind. Den politischen Höhepunkt seiner Geschichte erreichte Laibach unter Napoleon. Der kleinwüchsige Imperator ernannte es zur Hauptstadt seiner *Illyrischen Provinzen* und ihr Einfluss erstreckte sich kurzfristig bis nach Kärnten und Dubrovnik. Allerdings nur von 1809 bis 1813, danach fiel Laibach erneut an Österreich. Erst 1918 wurden die Slowenen nach langer Zeit der Fremdherrschaft wieder unabhängig.

Als sich zu Beginn des Zweiten Weltkriegs die Widerstandsbewegung mit Mittelpunkt Ljubljana formierte, wurde 1942 die gesamte Stadt von der italienischen Besatzung mit Stacheldrahtzaun umschlossen, um den Kontakt zu den Partisanen im Hinterland zu unterbinden. Entlang der Stacheldrahtlinie wurden über 206 Wachtürme und Bunker errichtet, von rund 1300 Soldaten und mehreren Hundert Polizisten bewacht. Nach der italienischen Kapitulation übernahm 1943 die Deutsche Wehrmacht die Kontrolle. Die Erlösung kam am 9. Mai 1943 durch die Befreiungsarmee.

Mittelslowenien → Karte S. 258/259

Kurz danach begann man mit dem Bau des „Wegs der Erinnerung und der Kameradschaft", der 1985 fertiggestellt wurde (→ Sehenswertes außerhalb der Altstadt).

Nach Kriegsende war Ljubljana über 40 Jahre die Hauptstadt der jugoslawischen Teilrepublik Slowenien. Seit dem 25. Juni 1991, nach 10-tägigen Kämpfen gegen das damalige jugoslawische Militär, ist sie die stolze und vitale Hauptstadt der jungen, selbstständigen Republik Slowenien.

Basis-Infos

Information Touristinformation TIC, 1000 Ljubljana, Adamić-Lundrovo Nab./Stritarjeva ul., ✆ 01/3061-215, www.visitljubljana.com. Juni–Sept. tägl. 8–21, Okt.–Mai 8–19 Uhr. Gut organisiert; Zimmervermittlung, Stadtpläne, Veranstaltungskalender (vodič) sowie Straßen-, Wander- u. Fahrradkarten; Ausflüge.

Slovenian Tourist Information Center STIC, Krekov trg 10, ✆ 01/3064-576, www.visitljubljana.com. Juni–Sept. tägl. 8–21 Uhr; Okt.–Mai Mo–Fr 8–19, Sa/So u. Feiertag 9–17 Uhr. Ruhige Räumlichkeiten, Internet, Ausflüge, Ballonfahrt, Fahrradverleih; gute Beratung u. Kartenmaterial.

Interaktive Infoseite: www.turizem.gis.ljubljana.si.

Infostand Flughafen Jože Pučnik, Brnik (→ Unterwegs in Slowenien/Mit dem Flugzeug).

Stadtführungen Jährlich gibt es ein neues Angebot an touristischen Führungen, zudem veränderte Zeiten und Konditionen: Am besten vorab bei TIC nachfragen; Karten sind ebenfalls bei allen Infostellen erhältlich. Mit der Ljubljana-Card gibt's Rabatt.

Sicherlich lohnenswert die **2-stündige Altstadtführung** (auch Deutsch/Engl.), mit oder ohne Bootstrip zum Abschluss. Tägl. April–Sept. um 10 Uhr (mit Burg), 14 Uhr (Bootstripp am Ende) und 17 Uhr (mit Zug zur Burg); Erwachsene 10 €, Kinder 4–12 J. 5 €. Treffpunkt Rathaus (Mestni trg 1).

Rathausbesichtigung, Sa 13 Uhr, 1 Std., 2 €.

Bootstour auf der Ljubljanica, zu buchen bei den Infostellen, verschiedene Anbieter. *Boot Ljubljana*, Abfahrt Ribij trg (Stadtplan, Boot 1) hat englischsprachige Führungen; um 12 und 16 Uhr, 1 Std., 10 €.

Bootstrip ohne Führung, z. B. *Holzboot Barka*, Abfahrt Novi trg, stündlich 10–20 Uhr Juni–Sept., 8 €. www.barka-ljubljanica.si.

Bootstour bei Nacht, ganz romantisch mit Schampus: April–Sept. tägl. 21 Uhr, 1 Std., 15 €.

Für die Stadtbesichtigung kann man sich auch ein **Fahrrad** mieten, u. a. bei STIC für 8 €/Tag oder 2 €/2 Std. Im Sommer pendelt stündl. ab 9 Uhr ein **Touristenzug** zur Burg (→ Verbindungen).

Wer Ljubljana von der Luft aus betrachten möchte, bucht den **Heißluftballon**; Infos über STIC.

Ljubljana Card: Erhältlich an Infostellen und am Flughafen. Pro Pers. 23 €/24 Std. (ab Stempelung), 30 €/48 Std., 35 €/72 Std. (bei Online-Kauf 10 % Rabatt) und bietet u. a. folgende Leistungen:

- Gratiseintritt oder Ermäßigungen in Museen, Galerien, bei Veranstaltungen.
- Gratisfahrt mit Standseilbahn, Stadtbussen, Touristenzug.
- Gratis 24-Std.-WiFi
- Ermäßigung in Restaurants, Bars, Taxen, bei Übernachtungen, Mietwagen u. v. m.

Familienrabatt: wird ebenfalls bei Eintrittspreisen gewährt.

Urbana-Card: einsetzbar u. a. im Bus, bei Fahrradanmietung. Der Chip (mit PIN) ist am Kiosk, in Hotels und bei TIC und STIC erhältlich und kostet 2 € (Pfand), wird mit Guthaben aufgeladen.

Blick gen Tromostovje (Drei Brücken), Franziskanerkirche und Prešernov trg

Verbindungen

Aufgrund seiner guten Verkehrslage bietet Ljubljana in alle Richtungen hervorragende Verbindungen.

Zug   Bahnhof, Trg OF 6, ✆ 01/2913-332, www.slo-zeleznice.si. Nur 15 Min.-Fußweg zur Altstadt. Hier halten alle internationalen Fern- und Schnellzüge: Verbindungen tägl. u. a. nach Kroatien (Zagreb), Italien (Venedig), Schweiz (Zürich), Österreich (Villach, Salzburg, Graz, Wien), Deutschland (München). Nach Postojna, Nova Gorica, Koper, Pula und Rijeka sowie nach Maribor, Jesenice und Zagreb alle 1 bis 2 Std., nach Kamnik stündl.; in der Nacht große Fahrplanlöcher. Zum Einkaufen/Versorgung am besten in die Straßen südlich des Bahnhofs gehen.

Bus   Busbahnhof beim Bahnhof Trg OF 4 (Osvobodilne fronte), ✆ 01/2344-600, www.ap-ljubljana.si. Info und Fahrkartenverkauf 5–22.30, Sa 5–22, So 5.30–22.30 Uhr. Die langgestreckte Betonhalle vor dem Bahnhof dient als Wartesaal und Schalterhalle. Internationale Direktverbindungen, nach Istrien. Insgesamt noch bessere Möglichkeiten als per Schiene. Direktbusse nach Kranjska Gora, Bled, Bohinj, Maribor, Portorož, Koper, Nova Gorica, Bovec und Zagreb etwa jede Std.; nach Postojna noch öfter.

Stadtbusse: Eine Fahrt kostet 1,50 € (auch Umsteigen möglich) und muss mit der *Urbana-Card* (s. o.) bezahlt werden (nicht Cash!).

Flughafenbus (www.ap-ljubljana.si): Abfahrt am Busbahnhof (Nr. 28), werktags 5.20–20.10 Uhr 16-mal, Sa/So weniger; 4 €. Zudem *Markun Shuttle*, nahe Busbahnhof, tägl. 5.20–22.30 Uhr, 10-mal, 9 €. Auch Hotel-Pickup. ✆ 051/321-414 (mobil), www.prevozi-markun.com.

Flughafen   Internationaler Flughafen Jože Pučnik, Ljubljana-Brnik, 25 km nördlich in Richtung Kranj. ✆ 04/2061-981, -000, www.lju-airport.si. Flughafenservice, Busshuttle (s. o.), Verbindungen etc. (→ Unterwegs in Slowenien/Mit dem Flugzeug).

Taxi   Taxistände überall in der Altstadt. Zum Flughafen ca. 35 €. Preisgünstig nach Anruf u. a. **Laguna Taxi**, ✆ 080/1117 (gratis) oder **Taxi Metro**, ✆ 080/1190 (gratis).

Parken   Die Parkplatznot im Zentrum ist groß, trotz gebührenpflichtiger Parkhäuser und Parkplätze. Nur Samstagnachmittag und sonntags (gratis) ist Parken im Zentrum kein Problem. Falschparker werden rigoros abgeschleppt, deswegen lieber gleich eine der folgenden Parkmöglichkeiten ansteuern:

Tivoli-Park, große Parkflächen, ins Zentrum ca. 10 Min. Fußweg. Ideal auch für eine Pause und für die Kinder zum Austoben, im Parkwesten ist ein Spielplatz.

Beim Bahnhof, großer Parkplatz (Einfahrt gegenüber der Resljeva cesta), ebenfalls ca. 10 Min. ins Zentrum.

Tiefgaragen/Parkhäuser finden sich u. a. beim **Hotel Union Central**, beim **Kaufhaus Maximarket** (Trg Republike), unter dem **Zvezda-Park** (vor Kongresni trg). Parkflächen **Ecke Slovenska cesta/Zoisova cesta**.

Standseilbahn   Vom Krekov trg hoch zur Burg in 1 Min. und im 10-Min.-Takt: Juni–Sept. 9–23 Uhr, April/Mai u. Okt. 9–21 Uhr, Dez. 10–22 Uhr, Nov. u. Jan.–März 10–20 Uhr. Fahrpreis 2,20 €/Pers. (retour 4 €); Stud./Kinder (7–18 J.) 1,50 € (retour 3 €).

Touristenzug   Abfahrt Stritarjeva ul. (südlich TIC/Ecke Mestni trg), hoch zur Burg; mit Audioguide (nur Engl.). Fahrpläne ändern sich saisonbedingt. Im Sommer erste Abfahrt um 9 Uhr; 3,50 €/Pers.

Diverses

→ Karten S. 289 und S. 292/293

Ausflüge/Wandern   Mit dem Zug nach Kamnik (20 km) oder Škofja Loka (21 km); Wandern auf der Velika planina (→ Kamnik); nach Bled (54 km), Bohinj oder Richtung Adria nach Postojna (53 km), Lipica ...

Ein beliebtes Ausflugsziel der Ljubljaner ist der 669 m hohe Berg **Šmarna gora**. Mit Buslinie 16 und 8 bis Tacen, dann noch gut 1 Std. hinaufsteigen durch herrlichen Buchenwald. Oben stehen die barocke und eingefriedete Wallfahrtskirche, erbaut Anfang des 16. Jh., eine Gostilna und Souvenirshop – fantastische Fernsicht.

Bank   Die meisten Banken der Stadt sind Mo–Fr 9–12/14–16.30, Sa 9–12 Uhr geöffnet. Zudem überall Bankomaten.

Einkaufen   In der Innenstadt ist das größte Kaufhaus **Maximarket**, Trg republike 1. Gut sortiert ist **Nama**, Cankarjeva cesta 1. **Galerija Emporium**, mit Designerkleidung, Prešernova trg 4b, Mo–Fr 10–21, Sa 10–20, So 11–17 Uhr.

Shopping Center BTC City (Mo–Sa 9–20, So 9–15 Uhr) und **City-Park** (Mo–Fr 9–21, Sa 8–21, So 9–17 Uhr), im östlichen Stadtteil Moste, Šmartinska 152 und 152g. Auf riesigem Gelände gleich zwei Shoppingmeilen mit Restaurants, Kino, Billiard etc. und über 500 Shops.

Designershoppingcenter Emporium, Letališka 3 (im Südwesten des BTC); rund 100 Labelshops u. a. von Hugo Boss, Versace und slowenische Labels wie Mura oder Labod. Mo–Fr 10–21, Sa 9–21, So 10–17 Uhr.

In der Altstadt viele kleine Läden und Boutiquen mit Unikatkleidung, -schmuck und Geschenkartikeln, z. B. rund um Gornji trg und Levstikov trg. Hier kann man noch Schuhe, Stiefel oder Anzüge nach Maß fertigen lassen. Die Modedesignerin Almira Sadar z. B. finden Sie in der Tavčarjeva ul. 6. Etliche Designerläden nun auch in der Miklošičeva ulica.

Naschkatzen werden im **Konfektladen Cukrček**, u. a. Mestni tg 11, glücklich; hier gibt es u. a. den „Laibacher Drachen" aus bester Schokolade. Für Gesundheitsbewusste sind viele **Bioläden** eröffnet worden, z. B. Kalček in der Trubarjeva 28.

Markt, am Vodnikov trg, im Sommer Mo–Sa 6–18 Uhr (Winter 6–16 Uhr); hier bieten die Bauern aus der Umgebung eine Riesenauswahl an Obst und Gemüse an. An den Randzonen des Marktes Stände mit Lederwaren, Bienenwachs, Keramikprodukten. Im **Marktgebäude** gibt es frische Produkte, hier kaufen Hausfrauen und Berufstätige ein. Berge von frischem, krümeligem Topfen und Crème fraîche, abgewogen für Topfenstrudel, Walnüsse, hausgemachte Eiernudeln, Suppenhühner direkt vom Bauern, frisch gemahlenes Getreide; geöffnet 7–16 Uhr. Frische und gefrorene Adria-Fische lagern im Keller der Markthalle.

Offene Küche (www.odprtakuhna.si), internationale Köche bieten an Imbissbuden am Markt von April–Okt. jeden Fr 9–22 Uhr ihre Köstlichkeiten an (bei gutem Wetter).

Flohmarkt, speziell für Antiquitäten, jeden So 9–14 Uhr, am Flussufer, Breg.

Gesundheit   **Krankenhaus** (Erste Hilfe), Bohoričeva 4, ✆ 01/5228-408, -09. **Klinikzentrum** (Klinični center), Zaloška 2–7, ✆ 01/5225-050. **Apotheke** (Lekarna) **Miklošič**, Miklošičeva 24 (gegenüber Hotel Union Central), ✆ 01/2314-558. **Lekarna Ljubljana**, Prisojna 7 (westlich des Krankenhauses), ✆ 01/2306-230; 24-Std.-Bereitschaft.

Ljubljana-Übersicht

Übernachten
1 Ljubljana Resort Hotel & Camping
2 Pension Tavčar
3 Pension-Resaurant Pri Vodniku
4 M Hotel
6 Touristischer Bio-Bauernhof Pri Lazarju
8 Four Point by Sheraton - Hotel Mons
9 Bit Center Jugendhotel

Essen & Trinken
3 Gostilna Pri Vodniku
7 Rest. Čad (Pod Rožnikom)
10 Gostilna Pod vrbo

Nachtleben
5 Orto-Bar

Post Pražakova ul.; Mo–Fr 8–19, Sa 8–12 Uhr. Außerdem Slovenska 32 (beim Hotel Slon), hier Service poste restante (postlagernd); Mo–Fr 8–20, Sa 8–13 Uhr.

Sport Baden: im Schwimmbad im Stadtpark Tivoli mit Sportpark; **Atlantis**, beim Shoppingcenter BTC, Erlebnisbad (Sauna, Badebecken, Whirlpools); **Wasserpark Laguna**, beim Ljubljana Resort.

Bei **Zbilje** liegen der gleichnamige **Stausee** sowie der Campingplatz Smlednik; hier kann man wunderbar baden, angeln, Kanu und Fahrrad fahren sowie Golf spielen.

Golf: Diners Golf & Country Club Ljubljana, Smlednik 200, 1216 Smlednik, ☎ 051/623-883 (mobil), www.golf-ljubljana.si. 19-Loch-Platz, mit sehr gutem Restaurant. **Golf Trnovo Ljubljana**, Cesta dveh Cesarjev (Südseite der A 1), ☎ 051/366-690 (mobil), www.golftrnovo.com. 9-Loch-Platz im Süden der Stadt. Hier wird keine offizielle Golflizenz benötigt.

Nachtleben
→ Karten S. 289 und S. 292/293

Die aktuellen **Events** sind über den Veranstaltungskalender (auch www.visit ljubljana.com/de/besucher/events) ersichtlich. Für **Jazz-**, **Tango-** (www.tango.si) **und Salsafans** (www.salsaslovenija.org) gibt es bei gutem Wetter auch etliche Gratis-Open-Air-Events und Partys. Montags sind viele Diskoclubs geschlossen.

Zentrum abendlicher Vergnügungen ist die **Altstadt** mit einer Fülle an Kneipen für jeden Geschmack. Besonders beliebt im Sommer sind der Prešernov trg, vor Tromostovje (den 3 Brücken), die vielen Cafés entlang der Ljubljanica und die kleinen Gässchen Knafljev prehod um das Restaurant AS.

Diskotheken Club Zoo ⓭, Tržaška cesta 2, ✆ 040/533-301 (mobil), www.zoo-club.si. Hier gibt es Konzerte, ein Pub und eine Bar; am Wochenende wird zu Elektromusik getanzt. Mo–Do 20–1, Fr 20–5, Sa 22–5 Uhr.

Klub K 4 ⓮, für Jüngere; gute Musik und Livekonzerte mit angesagten DJs. Mi 23–4, Do 21–1, Fr/Sa 23–6 Uhr. Kersnikova 4, www.klubk4.org.

Bars/Nachtclubs Orto-Bar ⓹, Grablovičeva 1, www.orto-bar.com. Di/Mi 21–1, Do bis 4, Fr/Sa bis 5 Uhr. Sehr beliebt und oft Livemusik (Rock und Trash metal).

≫ Mein Tipp: Café-Bar & Loungeclub Nebotičnik ㉓ (→ Sehenswertes), im 11. Stock des Hochhauses mit halbrunden Fensterausblicken hat eine edle Lounge-Bar mit Club (auch Events u. Livemusik) und großer Auswahl an Alkoholika ihren Sitz; die Café-Bar mit Terrasse im 12. Stock (→ Cafés/Sehenswertes) sorgt für Frischluft (beide Do–Sa 9–3, sonst bis 1 Uhr). Hungrige gehen in den 10. Stock ins Restaurant (intern. Küche, Mo–Fr 12–16/18–22 Uhr) mit stilvollem Interieur von einst. Štefanova ulica 1, ✆ 01/59070-395, www.neboticnik.si. ≪

Opera Bar ㉕, hübsche kleine, gediegene Bar. Cankarjeva ul. 12. Mo–Sa 7–1 Uhr (ab Do bis 3 Uhr), So 10–18 Uhr.

Cafébar Pritličje ㊼, im „Erdgeschoss" gibt's tagsüber guten Café (Snacks, Kuchen), Mate-Tee, hausgemachte Eistee und abends neben lokalen Biersorten Hauswein und Cocktails. Lesungen, Livekonzer-

te und DJ-Musik. Do–Sa 9–3 Uhr, sonst bis 1 Uhr. Mestni trg 2, www.pritlicje.si.

Cafébar Tozd ㊽, stylisch und nett und – ein ruhiges Kleinod an der Ljubljanica. Handgefertigte Fahrräder sind die Hingucker; zudem Fairtrade-Café, Süßes, leckere Antipasti, regionale Biere und Weine; auch Livemusik und DJs. Tägl. 8.30–1 Uhr. Gallusovo nabrežje 27.

Um das Restaurant AS ㊲, Knafljev Prehod, etliche „In-Kneipen" mit schönen Terrassen: z. B. das Pub von AS, Cantina Mexicana oder Cutty Sark Pub.

Jazz u. a. Gajo jazz club ㉘, Tomišičeva ul. 12, www.jazzclubgajo.com. Von Mai–Sept. Open-Air-Konzerte im lauschigen Garten in der Cankarjeva cesta (gegenüber Südfront Nationalgalerie).

Sax Pub ㊷, Eipprova 7 (Beginn Stadtteil Trnovo, nahe Ljubljanica), ✆ 01/2831-457. Hier gibt es Konzerte; auch Sitzmöglichkeit im Freien. Sehr beliebt.

Salsa u. a. Café-Restaurant Plato ㉒, zentral am Ajdovščina trg 1; bei gutem Wetter im Sommer jeden Do 20–2 Uhr Gratis-Open-Air-Salsa auf dem Platz davor. Kavarna SEM ⓳, Metelkova ul. 2; schöne Tanzlocation beim Ethnografischen Museum, kein Eintritt; jeden Fr 22–2 Uhr; tagsüber hübsches Café (→ Cafés). Bar Sputnik ㊻, Tržaška cesta 128; jeden Mi 21–01 Uhr; gratis. Dancefloor ⓭, Šmartinska 106; jeden Sa 22–3 Uhr, 5 €; groß, schöner Parkettboden. Kolosej ⓫, (BTC), Šmartinska cesta 152; auf der Terrasse des Kinopalastes, Juni–Sept. Mo 21–24 Uhr; gratis. Diamant ⓬ (BTC), Open-Air-Salsa ab Mitte Juni mittwochs 22–2 Uhr; gratis.

Tango Milonga Tabor ㉔, Kotnikova 4, jeden Fr 21.30–1 Uhr; Eintritt 8 €; schöner Parkettboden. Im Sommer geht's ins Milonga Tivoli ㉞, beim Bootshaus, Cesta 27. aprila 2a. Gratis-Open-Air-Milongas im Juli/Aug. 20–23 Uhr.

Veranstaltungen

Veranstaltungsorte Cankerjev dom (Kultur- und Kongresszentrum), am Trg republik; hier finden Theater-, Musik- und andere Kulturveranstaltungen statt und hier spielen die Symphoniker.

Križanke (Kreuzritterkloster), das hübsche Atrium mit Freilichtbühne wird vor allem im Rahmen der Sommerfestspiele genutzt.

Metelkova, beim Hostel Celica; hier finden ebenfalls im Sommer Konzerte und Veran-

staltungen vor allem für die Alternativ-Szene statt. Metelkova 8; südlich angrenzend der Museumsbereich.

Opera Balet (slowen. Nationaloper, Ballet und Theater), im hübschen Neorenaissancegebäude von 1892 mit musizierenden Engeln obenauf (tschech. Architekten Hraski und Hruby) und einem angegliederten modernen Erweiterungsbau finden hochkarätige Aufführungen statt. Infos: www.opera.si.

Veranstaltungen In Ljubljana ist, im Sommer zusätzlich auch im Freien, wirklich jede Menge los. Veranstaltungsprogramm bei TIC oder unter www.visitljubljana.si. Eine kleine Auswahl:

Druga godba Festival: Anfang Juni, im Freilichttheater Križanke; Ethnomusik.

Internationales Jazz-Festival: Ende Juni/ Anf. Juli, an verschiedenen Spielorten, u. a. im Freilichttheater Križanke. ✆ 01/2417-170, www.cd-cc.si.

Internationales Sommerfestival: Die berühmteste Veranstaltung Ljubljanas, seit 1952 jedes Jahr von Juli–Ende Aug. Im Freilichttheater Križanke und Schloss von Ljubljana trifft man sich zu Theater, Musical, Folklore, Tanz und Konzerten. Trg francoske revolucije 1. Kasse: 11–13/18–19 Uhr sowie 1 Std. vor Vorstellungsbeginn. ✆ 01/ 4264-340, www.festival-lj.si.

Ana Desetnica Festival: Am 1. Juliwochenende, internationales Straßentheater auf allen Plätzen Ljubljanas.

Internationale Grafik-Biennale: Seit 1955 alle zwei Jahre von Anfang Sept. bis Ende Okt., weltweit eine der größten Ausstellungen moderner Grafik, ihrer Schulen und Techniken. Rund 500 Künstler aus 50 Ländern werden jedes Jahr mit 1500 ausgewählten Grafiken vorgestellt. Eine große Chance auch für junge Künstler. 2017 findet die 32. Biennale statt. Informationen unter ✆ 01/2413-800, www.mglc-lj.si.

Internationale Design-Biennale (BIO), jährt sich 2017 seit 1964 zum 25. Mal. Ende Mai– Ende Okt. im Schloss Fužine, in der Jakopič und Modernen Galerie.

»» Mein Tipp: **Museums-Sommernacht,** jährlich 21. Juni; Gratisbesuch in allen Galerien, Museen; es finden Konzerte und Vorträge statt und die gesamte Altstadt ist mit Kerzen hübsch illuminiert; von morgens bis 24 Uhr (die meisten Events sind am Abend). **«**

Exodos: alljährlich Ende Mai bis Anfang Juni – das Festival der zeitgenössischen Bühnenkunst. ✆ 01/4313-122.

Dezemberfeiern: Mit oder ohne Schnee verwandelt sich die Altstadt bis spät in die Nacht in eine beleuchtete Märchenwelt mit Ständen und Buden zum Aufwärmen, Kindervorstellungen, Kirchenkonzerten. Am 24. 12. Christmette um 24 Uhr, am 31. 12. die ganze Nacht Silvesterfeier auf den Straßen.

ⓘ Übernachten

→ Karten S. 289 und S. 292/293

Die vielen Messen und Kongresse lassen freie Betten gelegentlich knapp werden, zudem wird das Angebot an ****-Hotels immer größer, preiswerte Übernachtungen dagegen sind rar und schnell ausgebucht, über Online-Buchungen gibt es jedoch immer wieder starke Ermäßigungen. Wer mit großem Gefährt anreist, wählt aus Parkgründen am besten die Unterkünfte außerhalb des Altstadtbereichs.

Privatzimmer, Hotels & Pensionen Privatzimmer: ab 30 €/Pers. oder ab 50 € für Appartements.

»» Mein Tipp: **** **Grand Hotel Union – Executive** 29, dominierender Jugendstilbau oberhalb vom Prešeren trg, auch im Innern herrscht Art-Nouveau-Stil. Eine lange Liste der Prominenz stieg hier ab, u. a. Bill Clinton mit Frau Hillary, der spanische König Juan Carlos I., der schwedische König Gustav XVI., Roger Moore, Mika Häkkinen, auch der Dalai-Lama war schon da. Casino; Parkgarage im Haus; Swimmingpool, Sauna, Fitness; WiFi. DZ/F ab 185 € (Standard), 470 € (Suite). Miklošičeva ulica 1, ✆ 01/3081-270, www.gh-union.si. **«**

Preiswerter wohnt es sich in den zur gleichen Hotelkette gehörenden und in der gleichen Straße gelegenen **** **Grand Hotels Union Business** 21, Miklošičeva ul. 3, und vor allem im **Grand Hotels Union Central** 17, Miklošičeva ul. 9, hier DZ/F ab 180 € (Standard).

**** **Hotel Slon Best Western Premiere** 32, direkt im Zentrum mit sehr gutem Service. Das frühere Hotel Elefant Laibach hat 450 Jahre Tradition – die Türklinken in Elefantenform und Skulpturen erinnern daran. Im Erdgeschoss Café-Bistro, wo sich Geschäftsleute zum Drink oder Mittagessen treffen, zudem gibt es den Club Slon für Nachtschwärmer. Parkgarage (18 €/Tag) wenige Minuten entfernt. Zimmer sehr komfortabel. DZ/F ca. 150–300 € (auch Economic-Zimmer). Slovenska cesta 34, ✆ 01/ 4701-100, www.hotelslon.com.

Mittelslowenien → Karte S. 258/259

Übernachten

15 Pension Slamič
16 Hotel Center
17 Grand Hotel Union Central
18 JH Celica
20 City Hotel
21 Grand Hotel Union Business
27 Hotel Park - Urban and Green
29 Grand Hotel Union - Executive
32 Hotel Slon Best Western Premier
35 JH Tresor
38 JH Fluxus Prenočišiča
39 JH Vila Veselova
43 Pension Maček
46 Hotel Cubo
50 Pension Pod Lipo
54 Hotel Pri Mraku
57 Lesar Hotel Angel
59 Hotel Andora

Essen & Trinken

26 Rest. Šestica
30 Rest. Smrekarjev hram
31 Rest. Pen Klub
33 Fischrest. Opera klet
37 Rest. AS
44 Slovenska hiša
48 Rest. Strelec
54 Gostilna Pri Mraku
55 Rest. Špajza
56 Rest. Druga Violina
60 Rest. Pri Škofu
61 Gourmetrest. Manna

Cafés/Wein

19 Kavarna SEM
23 Café-Bar Nebotičnik
36 Café Cacao
40 Café Torta Ljubljana
41 Slaščičarna Zvezda
42 Café Makalonca
43 Café-Bar Maček
45 Café-Bar Solist
51 Grajska kavarna
53 Čajna hiša
58 Cafébar Tozd

Nachtleben

11 Kolosej
12 Diamant
13 Dancefloor
14 Club K 4
19 Kavarna SEM
22 Bar Plato
23 Loungeclub Nebotičnik
24 Milonga Tabor
25 Opera Bar
28 Gajo jazz club
34 Milonga Tivoli
45 Café-Bar Solist
47 Cafébar Pritličje
49 Club Zoo
52 Bar Sputnik
62 Sax Pub

○ **Meisterwerke von Plečnik**

Bahnhof

BUS

M. f. zeitgenöss. Kunst
Nationalmuseum

Ethnograph. Museum

Haus der Experimente

Markt

STIC

Ljubljanski grad

200 m

Ljubljana

Novo mesto, Zagreb

»» Mein Tipp: **** Hotel Cubo 46, im alten Prachtbau in der Altstadt vermutet man zuerst kein modernes Design – das Innere überrascht. Ideenreiche moderne und trotzdem gemütliche Atmosphäre, Burgblick und bester Service. Das Frühstücksbuffet lässt keine Wünsche offen. Das Restaurant bietet kreative Küchenkunst, die Bar lädt zu einem Cocktail ein. DZ/F190 €. Parkplätze vor der Türe oder in Garage. Slovenska cesta 15, ℅ 01/4256-000, www.hotelcubo.com. **«**

**** Four Points by Sheraton – Hotel Mons 8, im westlichen Stadtteil Brdo, nahe Autobahnring, umgeben von Spazier- und Joggingwegen. Verschiedenpreisige Zimmerausstattungen, Gourmetrestaurant, WiFi, Fitness- u. Spacenter; in die Innenstadt eigener Shuttlebus. Bestens zum Parken. DZ/F 130 €, 232 € (2 Kingsizebetten). Pot za Brdom 55, ℅ 01/4702-700, www.hotel.mons.si.

**** Lesar Hotel Angel 57, stilvolle Kreativität durchzieht das gemütliche komfortable Haus mit 12 Zimmern/Suiten, kleinem Garten, Frühstücksraum und verschiedenen Terrassen. DZ/F 180–350 € (auch Spezialpreise). Gornji trg 7, ℅ 01/4255-089, www.angelhotel.si.

*** Hotel Adora 59, nettes 10-Zimmer-Frühstückshotel in einem Altstadthaus unterhalb der Burg mit kleinem Gärtchen, WiFi und gutem Service. Geparkt wird nahe auf hauseigenen Plätzen/Garage. DZ/F ab 125 €. Rožna ul. 7, ℅ 08/2057-240, www.adora.si.

*** City Hotel 20, wenige Gehminuten vom Prešeren trg. 109 Zimmer, freundliche Atmosphäre, großes reichhaltiges Frühstücksbuffet, Sommerterrasse, gratis Fahrradverleih. DZ/F ab 100–125 € (bei frühzeitiger Buchung), auch Mehrbettzimmer für Familien. EZ z. T. leider ohne AC. Zentrumsnah, Tiefgarage. Dalmatinova ul. 15, ℅ 01/2390-000, www.cityhotel.si.

*** Hotel Park – Urban & Green 27, 5 Min. vom Altstadtzentrum entfernt; unattraktives Hochhaus (ca. 90 Zimmer), modernisiert und preisgünstig mit gutem Restaurant. Gratis Parkplätze. DZ/F ab 92 €. Tabor 9, ℅ 01/3002-500, www.hotelpark.si.

*** Pension Slamič 15, zentrumsnah, 11 stilvolle, moderne und komfortabel ausgestattete Zimmer, WiFi und kleines Café-Teehaus. DZ/F 110 €; auch Suiten; Parken nach Absprache möglich. Kersnikova 1, ℅ 01/4338-233, www.slamic.si.

*** Hotel-Gostilna Pri Mraku 54, in der Nähe des früheren Križanke-Klosters. Angenehme Atmosphäre. Die angeschlossene Gostilna mit Biergarten ist bei den Einheimischen beliebt. DZ/F ab 100 €. Rimska 4, ℅ 01/4219-600, www.daj-dam.si.

** Pension Pod Lipo 50, westlich von Pri Mraku; ruhige Lage, familiengeführt mit preiswerten Zimmern (2–4 Pers.). DZ 45 €, Frühstück 6 €. Gratis Parkplätze und WiFi. Borštnikov trg 3, ℅ 031/809-893 (mobil), www.penzion-podlipo.com.

Pension-Cafébar Maček 43, 5 große, modern ausgestattete Zimmer (DZ/F 96 €) und 2 Appartements mitten in der Altstadt, mit WiFi und Flussblick und Frühstück ab 9 Uhr; nette Café-Bar (9–24 Uhr). Keine eigenen Parkplätze. Krojaška ul. 5, ℅ 01/4253-791, www.sobe-macek.si.

*** Hotel Center 16, zentrumsnah im ruhigeren Hintergebäude. 8 moderne, preiswerte Zimmer. Im Erdgeschoss ein Club; kleine Terrasse. DZ ab 66 €. Slovenska cesta 51, ℅ 041/263-347 (mobil), www.hotelcenter.si.

Außerhalb des Stadtzentrums
*** M Hotel 4, schöne Lage nahe dem Tivoli-Park, ca. 15 Min. Fußweg zum Zentrum. Freundliche, gut ausgestattete Zimmer mit WiFi, Frühstückservice; ausreichend Parkplätze und Fahrradverleih. DZ/F ab 120€, Suite 130 €. Derčeva ul. 4, ℅ 01/5137-000, www.m-hotel.si.

*** Pension-Restaurant Pri Vodniku 3, westlich vom M-Hotel (2,5 km vom Zentrum, Bus Nr. 7), nahe der Grünzone Ljubljanas. 6 nette Zimmer (DZ/F 90 €); gutes Restaurant (So/Feiertag nur 12–17 Uhr). Gratis Parkplätze. Vodnikova 65a, ℅ 01/5055-907, www.privodniku.si.

*** Ljubljana Resort Hotel 1, am Campingplatz Ježica an der Sava, umgeben von Wiesengelände und dem Wasserpark Laguna; Restaurant. 62 gut ausgestattete, ruhige Zimmer, auch Familienzimmer, WiFi, Fahrradverleih. Anfahrt (→ Camping). DZ/F ca. 150 €. Dunajska 270a, ℅ 01/5683-913, www.ljubljanaresort.si.

*** Pension-Gostilna Tavčar 2, im Stadtteil Šmartno im Nordosten der Stadt (Bus Nr. 7). Restaurant nur Mo–Fr 10–22 Uhr. DZ/F ca. 80 €. Cesta v. Šmartno 7, ℅ 01/5466-970, www.penzion-tavcar.si.

🌿 **°°°° Touristischer Bio-Bauernhof Pri Lazarju 6**, im Stadtteil Podgrad (ca. 12 km östlich), umgeben von Wiesen und mit herrlichem Blick auf Ljubljana und die Kamniker Alpen, stadtnah und doch auf dem

Land mit Kühen, Schafen, Pferdekutschen-ausfahrt, Ballonflügen. Vom Hof kommen Milch, Gemüse, Ochsenfleisch, Obst. DZ/F 70 €, auch HP möglich; WiFi. Podgrajska cesta 9c, ☎ 01/5281-862, www.pri-lazarju.si. ■

Jugendherbergen ** Bit Center Jugend-hotel **9**, neben dem Sportcenter im Stadt-teil Štepanjsko Naselje (im Stadtosten) na-he der Ljubljanica. Mit Fitnessraum und Sauna; Internet. Bus Nr. 9 in die Innenstadt. Nur Frühstücksrestaurant. Es gibt EZ, DZ und Mehrbettzimmer; DZ ca. 60 €, Früh-stück 3,50 €/Pers; im Schlafsaal 15,50 €/Pers. inkl. F. Litijska cesta 57, ☎ 01/5480-055, www.bit-center.net.

>>> Mein Tipp: * JH Celica **18**, im Stadtteil Tabor, 10 Min. Gehzeit vom Bahnhof Rich-tung Osten. Aus dem ehemaligen Gefäng-nis und seinen Zellen wurde ein modernes, lichtdurchflutetes Jugendhotel; über 80 international anerkannte Architekten, Künst-ler, Maler, Bildhauer und Philosophen ha-ben an der Umsetzung des Projekts mitge-wirkt. Jede der ehem. Zellen (29 Zimmer, 2–12 Betten, 1 Appartement) ist individuell ge-staltet. Das große Gelände bietet Freiraum, u. a. finden im Sommer auch zahlreiche Open-Air-Festivals statt. Restaurant und Café, leckere Gerichte. Gemütliche Sitz-ecken; WiFi. Für Jugendliche und Jungge-bliebene ein idealer Platz. Im 12-Bettzimmer 19 €, im 4-Bettzimmer 24 €/Pers. Auch DZ u. EZ. Metelkova 8, ☎ 01/2309-700, www.hostel celica.com. ◀◀◀

** JH Fluxus Prenočišča **38**, beliebt und oft ausgebucht; im DZ 63 € (mit eigenem Bad), im Mehrbettzimmer 21 €/Pers. Tomšičeva 4, ☎ 01/2515-760, www.fluxus-hostel.com.

** JH Tresor **35**, erst 2013 eröffnet, 28 nette 2- bis 5-Bettzimmer, freundlich mit Parkett-boden und Frühstücksraum. Mit Frühstück im DZ 29–35 €/Pers., im 3- bis 5-Bettzimmer 27–31 €. Čopova 38, ☎ 01/2009-060, www.hostel-tresor.si.

* JH Vila Veselova **39**, 2- bis 8-Bettzimmer (insg. 42 Betten und Gemeinschaftsbäder), in einer alten Villa mit Garten, familiär und nett geführt, WiFi. DZ/F 70 € (mit Bad), im 6-Bettzimmer 28 €/Pers./F. Veselova 14, ☎ 051/655-254 (mobil), www.v-v.si.

Camping >>> Mein Tipp: **** Ljubljana Resort Camping Ježica **1**, im Norden der Stadt im Stadtteil Ježica (Richtung Črnuče-Kamnik, vor Rechtskurve mit Eisenbahnbrü-cke Schild Laguna beachten!); schöner 8 ha großer Wiesenplatz mit hohen Bäumen an der Sava. 1a-Sanitäranlagen, Supermarkt (nur in der Saison), Restaurant, Fahrradverleih, WiFi und nebenan Wasserpark Laguna. Stadt-bus Nr. 6 ab Slovenska cesta. Ganzjährig. Zudem Zimmervermietung im Hotel (s. o.). Pro Pers. 11,30 € (TS 13,70 €); auch Mobil-häuser (2 Schlafräume, Küche, Veranda). Ein-tritt Wasserpark Laguna inkl. Dunajska cesta 270, ☎ 01/5683-913, www.ljubljanaresort.si. ◀◀◀

** Camping Smlednik, ca. 15 km nördlich beim gleichnamigen Ort auf halber Strecke nach Kranj (→ Kranj).

→ Karten S. 258/259

Mittelslowenien →

(Essen & Trinken

→ Karten S. 289 und S. 292/293

In Ljubljana gibt es unzählige Restaurants für jeden Geschmack und Geldbeutel. Schön sitzt man z. B. entlang der weidenbestandenen Ljubljanica. Preiswerte kleine Lokale gibt es u. a. in der Trubarjeva cesta. Ein beliebtes Naschwerk ist die *Torta Ljubljana* (s. u.).

Restaurants Restaurant Špajza **55**, ruhig gelegenes, gutes Lokal mit internationaler Küche und schönem Garten; serviert wird u. a. Erbsensoufflé mit Steinpilzen, Kürbis-gnocchi mit Hasenragout, Lamm, Seefisch; preiswerter Mittagstisch. Tägl. 12–22 Uhr. Gornji trg 28, ☎ 01/4253-094.

>>> Mein Tipp: Gourmetrestaurant Manna **61**, zählt zu den besten Restaurants Slowe-niens und auch Gault Millau lobte wieder 2014; edel und trotzdem gemütlich, über-dachte Terrasse. Feinste Speisen und aus-gewählte Getränke verwöhnen Gaumen und Kehle. Reservierung erwünscht. Mo–Fr 11–24, Sa ab 12, So 12–18, Feiertag 11–22 Uhr. Eiprova ul. 1a, ☎ 070/494-739 (mobil), www.restavracija-manna.si. ◀◀◀

Restaurant AS **87**, sehr gutes Restaurant mit Wintergarten und Terrasse, modernes Am-biente; internationale und italienische Küche. Spezialität sind die Fischgerichte. Gleich ne-benan bietet das Bistro mit schöner Terrasse schmackhafte Pasta-Gerichte, Salate etc. an. Tägl. ab 12 Uhr. Čopova 5a, ☎ 01/4258-822.

Lauschige Cafés reihen sich entlang der Ljubljanica

≫ Mein Tipp: Restaurant Druga Violina **56**, „die zweite Geige" ist ein Nichtprofit-Lokal unter dem sozialen Aspekt, Menschen mit Behinderungen zu integrieren – so werden Sie auch von diesen Menschen hier liebevollst bedient. Es gibt täglich wechselnde schmackhafte slowenische Gerichte von monatlich wechselnden angesagten Küchenchefs: zwei normale Menüs (5–15 €), ein Vegi-, ein Diabetes- und ein glutenfreies Menü sowie à la Carte – leckerer Nachtisch wie Gibanica, Fruchttartes; bester Winzerwein oder Café. Spontane Musikeinlagen sind ebenfalls geboten. Gemütliches Sitzen im Innern und auf der Straßenterrasse. Tägl. 7–24 Uhr. Stari trg 21, ✆ 082/052-506 (mobil). **≪**

Gostilna Šestica **26**, das Landgasthaus mitten im Zentrum erinnert an die Zeit, als Ljubljana ein Dorf war. Hier kann man viele slowenische Spezialitäten kosten; trotz vieler Reisegruppen guter Service. Auch im Innenhof kann man speisen. Freitags slowen. Musikgruppen und Folkloretanz. Mo–Fr 11–23, Sa ab 12, So 12–17 Uhr. Slovenska cesta 40, ✆ 01/2420-855.

Restaurant Smrekarjev hram **30**, im modernen Jugendstil-Ambiente (gehört zum Grand Hotel Union); geboten wird kreative slowenisch-französische Küche, dazu gute Weine; empfehlenswert sind die preiswerten 2- bis 3-gängigen Mittagsmenüs. Tägl.

ab 12 Uhr, an Feiertagen geschlossen. Nazorjeva 2, ✆ 01/3081-975.

Restaurant Strelec **48**, in der Burg mit schönem Stadtblick und leckerer moderner slowenischer Küche. Tägl. außer So/Feiertag 12–22 Uhr. Na Gradu, ✆ 031/687-648 (mobil).

Restaurant Operna klet **33**, beliebtes Fischlokal gegenüber der Oper. Kleiner Innenhof, im Sommer betischt, das Restaurant im Keller. Mo–Fr 11–23, Sa bis 18 Uhr, So Ruhetag. Zupančičeva ul. 2, ✆ 01/2527-003.

Gostilna-Pension Pri Mraku **54**, gemütliches Lokal mit kleinem Garten; netter Service. Es gibt Fischspezialitäten und slowenische Küche, auch Štrukli – süß und herzhaft. Rimska cesta 4, ✆ 01/4219-600.

Restaurant Pri Škofu **60**, ruhige Lage südlich der großen Karlovška cesta (Brücke). Slowenische/mediterrane Küche, gute Salate und preiswerter wöchentlich wechselnder Mittagstisch. Tägl. 10–24, Sa/So ab 12 Uhr. Rečna 8, ✆ 01/4264-508.

Restaurant Pen Klub **31**, nahe Oper. Stilvolles Ambiente, große Salatbar und Vorspeisenauswahl, gute Fischgerichte und leckere Menüs; auch preiswerter Mittagstisch. Mo–Fr 12–23 Uhr. Tomšičeva ul. 12, ✆ 01/2514-160.

Slovenska hiša **44**, schönes Sitzen an der Ljublianica. Wie der Name besagt, sind alle Produkte aus Slowenien; es gibt verschiedenste leckere Wurst- und Käseplatten, eine große Auswahl an Weinen und Schnäpsen, auch zum Frühstücken gut. Tägl. ab 8 Uhr. Cankarjevo nabrezhje 13.

Restaurant Čad (auch Pod Rožnikom) **7**, beliebtes und sehr ansprechendes Traditionslokal auf der südwestlichen Seite des Tivoli-Parks (Zufahrt wie Zoo), in Alleinlage zwischen alten Bäumen am Fuß des Rožnik-Hügels. Großer, schattiger Biergarten, ruhig und gemütlich. Innen stilvoll. Spezialitäten sind slowenische Küche, Grillgerichte und Balkanspeisen. Tägl. 11–23 Uhr. Cesta na Rožnik 18, ✆ 01/2513-446.

》》 Mein Tipp: Gostilna Pod vrbo 10, südlich der Altstadt im Stadtteil Trnovo – die Anfahrt lohnt, um im Sommer z. B. „Unter der Weide" und anderen Laubbäumen zu sitzen oder im gemütlichen Innern, um die slowenische Traditionsküche mit besten Zutaten zu kosten. An hausgemachten Spezialitäten gibt es u. a. Brot, Gulasch, Teigtaschen, Gnocchi mit verschiedenen Soßen und Füllungen, Kalbsragout mit Polenta, auch leckere Fischgerichte; beim angebotenen Naschwerk könnte man glatt auf die Hauptspeise verzichten: u. a. saftiger Quark- oder Apfelstrudel, Potica. Tägl. außer So/Feiertag 11–22 Uhr. Ziherlova ul. 36, ✆ 01/2808-892. **《《**

Gostilna-Pension Pri Vodniku 8, nordöstlich der Altstadt (→ Übernachten) liegt das große Anwesen von 1868 mit dem Geburtshaus (heute Sitz der Musikschule) des Poeten und Verfassers des ersten slowenischen Kochbuchs Valentin Vodnik. Die alten Stallungen wurden hübsch renoviert und dienen heute als Restaurant und Pension. Die frische Saisonküche (tägl. 11–22, So 12–17 Uhr) sind dem Poeten alle Ehre machen: z. B. Vorspeisenplatte Vodnikova Zakuska (u. a. hausgemachtes Brot, Pršut, Leberpastete mit Pistazien), gebratenes Kalbfleisch mit Štrukli und Buchweizenbrei und leckere Nachspeisen wie Grmada (Biskuitteig mit Schokocreme), Gibanica (mit hauchdünnem Strudelteig) und Apfelstrudel; am besten lässt man sich von der netten Bedienung eine Essensempfehlung geben. Vodnikova 65a, ✆ 01/5055-907.

Cafés/Wein weitere **Cafès** (→ Nachtleben).

Café Nebotičnik 23, vom 12. Stock hat man den besten Stadtüberblick, ob von Innen oder auf der Terrasse; es gibt ein reichhaltiges Kuchenbuffet wie auch Kaffee- und Teeauswahl. Tägl. ab 9 Uhr. Štefanova ulica 1 (→ Nachtleben u. Sehenswertes).

Café Torta Ljubljana 40, nun in den Plečnik-Arkaden. Die Firma produziert die beliebten glutenfreien Naschwerke ausschließlich aus slowenischen Zutaten: u. a. die Torte (Torta Ljubljana) und die sog. Kuss-Plätzchen (Poljub iz Ljubljane); die Zutaten sind u. a. Buchweizenmehl, Feigen, Kastanien, Nüsse, Kürbiskerne und Schokolade. Tägl. 9–16, Fr 8–23 Uhr (Nov.–März So geschlossen). Adamič-Lundrovo Nabrežje 1.

Entlang der Ljubljanica beidseitig zahlreiche Café-Bars mit hübschen, lauschig-romantischen Terrassen und nettem Ambiente, die auch am Abend geöffnet sind, z. B. auf der Westseite (Hribarjevo nab.) des Flusses die **Café-Bars Makalonca 42** und **Solist 45**; zudem **Café Cacao 36**, nördlich vom Prešeren trg; hier genießt man in gemütlichen Polstern Cappuccino, Kakao und die große Eiscremeauswahl. Gegenüber auf der Ostseite des Flusses (Cangarjevo nab.) **Café-Bar Maček 43**, gemütlicher und beliebter Treffpunkt rund um die Uhr; mit Pension (→ Übernachten).

Grajski kavarna 51, gemütliches Sitzen im großen Hof auf der Burg (→ dort).

Čajna hiša 53, gemütliches, erstklassiges Teehaus mit großer Auswahl, auch im Freien Sitzplätze. Tägl. ab 9 Uhr. Stari trg 3.

Kavarna SEM 19, beim Ethnografischen Museum. Ansprechendes Inneres, auch im Außenbereich Sitzgelegenheiten. Kaffee, Kuchen, Wein (→ Salsa). Metelkova ul. 2.

Slaščičarna Zvezda 41, diese Kette hat auch am Park Zvezda eine Filiale (u. a. auch in der Nationalgalerie); es gibt besten Kuchen, Kaffee, Snacks und unzählige Eissorten – alles aus besten Zutaten. Gut auch zum Frühstücken. Mo–Sa 7–23, So 10–20 Uhr. Wolfova 14.

Sehenswertes

Prešernov trg (Prešeren-Platz): Der große Platz, umrahmt von schönen barocken Gebäuden und begrenzt durch die Ljubljanica, ist an warmen Sommerabenden beliebter Treffpunkt. In der Mitte steht die *Statue von France Prešeren*, des bekanntesten slowenischen Dichters aus dem 19. Jh. Das Denkmal gestalteten Anfang des 20. Jh.

Mittelslowenien → Karte S. 258/259

der Architekt Maks Fabiani und der Bildhauer Ivan Zajc, die ringsum verlaufenden Stufen sind beliebter Sitzplatz für Jung und Alt. Im Norden schließt sich die *Franziskanerkirche*, erbaut von 1646 bis 1660, an den Platz an. Den ziegelroten Barockbau überragen zwei mächtige Glockentürme, die hinter dem Kirchenschiff in den Himmel wachsen. Im Inneren ein Altar (1756) von Francesco Robba (1698–1757), einem italienischen Bildhauer und Architekten, der in Ljubljana lebte und arbeitete, sowie die Wand- und Deckenmalereien des Slowenen Matej Langus aus der Mitte des 19. Jh. Im Jugendstil ist die Fassade des *Kaufhauses Centromerkur* neben der Kirche gehalten. In der Ecke des Platzes, an der Čopova, steht eine große Miniatur-Nachbildung von Ljubljana, mit der man sich einen guten Überblick über die Stadt verschaffen kann.

Tromostovje (Drei Brücken): Sie begrenzen den Prešernov trg im Süden. Die drei Brücken streben auf einen gemeinsamen Punkt auf der anderen Seite des Flüsschens Ljubljanica zu. Das Trio wirkt in sich geschlossen, obwohl seine Bestandteile aus verschiedenen Epochen stammen. Die mittlere und größte Brücke stammt von 1842, die beiden seitlichen Fußgängerbrücken wurden erst 1931 vom Stadtarchitekten Jože Plečnik dazugefügt.

Stolnica (Domkirche St. Nikolaus): Hier, südöstlich von Tromostovje am Marktplatz, sollen im 12. Jh. die Schiffer und Fischer von Ljubljana eine Kirche zu Ehren ihres Schutzpatrons St. Nikolaus erbaut haben. Anfang des 18. Jh. entstand nach Plänen des Venezianers Andrea Pozzo die heutige Domkirche. Im Inneren herrliche Kuppelgemälde von Matej Langus (von 12 bis 15 Uhr ist der Dom geschlossen). Daneben das *Renaissance-Bischofspalais Škofijski Dvorec*, heute Sitz der slowenischen Metropoliten, mit dem später dazugekommenen barocken Arkadenhof und der Ende des 18. Jh. gestalteten Fassade. Hier wohnte Napoleon während seiner Ljubljana-Besuche, ebenso die Gouverneure seiner Illyrischen Provinzen.

Vodnikov trg (Vodnik-Platz): Der Marktplatz Ljubljanas ist zu erreichen über die Tromostovje, dann ostwärts, am säulengeschmückten Laubengang der von Jože Plečnik gestalteten *Markthalle* entlang oder über die Fußgängerbrücke Mesarski most mit ihren Skulpturen. Hier, auf dem Vodnikov trg, kann man die bäuerlichen Trachten der Gegend bewundern, aus dem Riesenangebot an Obst und Gemüse wählen oder sonntags beim Flohmarkt in alten Schätzen wühlen (→ Einkaufen). Der Platz entstand nach dem Erdbeben im Jahr 1895, um Raum für den Markt zu schaffen. Ein Denkmal von Bildhauer Alojz Gangl erinnert an den Namensgeber Valentin Vodnik, einen slowenischen Poeten.

Nordöstlich des Vodnikov trg führt die **Zmajski most**, die Drachenbrücke, über die Ljubljanica, bewehrt von vier drohenden, geflügelten Drachen, den von Jurij Zaninovich geschaffenen Wahrzeichen der Stadt. Die Zmajski most wurde anstelle der alten hölzernen Fleischerbrücke 1901 errichtet und auf den Namen Kaiser-Franz-Joseph-Brücke getauft, ein Name, den jedoch niemand verwendete. Die moderne Brückenkonstruktion aus Beton und Eisen zählte damals zu den ersten ihrer Art in Europa.

Ljubljanski grad (Stadtburg): Der Aufstieg über den Fußweg südlich des Marktes oder die Fahrt mit der Standseilbahn lohnt in jedem Fall – vom Burgturm auf dem 376 m hohen Stadthügel bietet sich ein großartiger Panoramablick bis zu den Karawanken, den Kamnišker und Julischen Alpen. Erwähnt wird die Stadtburg erstmals 1144, den eigentlichen Baubeginn datiert man ins 9. Jh. Ausgrabungen zeigen, dass der Schlossberg schon unter den Kelten und Illyrern befestigt war und sich auch die Römer hinter den Wehrmauern verschanzt hatten. Die heutige Burg stammt aus dem 15. und 16. Jh., als sie zum Schutz gegen Türkenüberfälle verstärkt wurde. Im 19. Jh. dienten die von dicken Mauern geschützten Räumlichkeiten als Gefängnis. Heute kann man sich in dem Turmtrakt bei einer 3-D-Filmvorführung über die Geschichte und Entwicklung der Stadt informieren, zudem von der Aussichtsterrasse den schönen Blick auf Ljubljana genießen. Zu besichtigen sind in der Burganlage außerdem noch die beiden Trausäle, die anderen Räume werden nur für Veranstaltungen genutzt. Neben dem Einstieg zur Standseilbahn wurde im freigelegten Felsengewölbe eine informative Fotoausstellung eingerichtet: In thematischen Überblicken werden hier der Erste und Zweite Weltkrieg sowie Sloweniens Weg in die Unabhängigkeit gezeigt. Auch der Eingangsbereich der Standseilbahn, der aus dem Fels gesprengt wurde, ist in seiner ansprechenden Konstruktion aus Ziegel, Glas und Stahl durchaus sehenswert. Zudem gibt es noch ein Marionetten-Museum. Im modern gestalteten Café oder den Restaurants mit schönen Terrassen kann man eine Pause einlegen. Hier oben auf dem großen Platz finden im Sommer Veranstaltungen statt. Der von Jože Plečnik gestaltete westliche Fußweg hinab in die Altstadt führt durch die lebhaften Kneipen- und Ladenstraßen wieder zurück zur Tromostovje.

Burg und Fünfeckturm mit Virtuellem Museum (www.ljubljanskigrad.si): Juni–Sept. 9–23 Uhr, April/Mai u. Okt. 9–21 Uhr, Jan.–März u. Nov. 10–20 Uhr, Dez. 10–22 Uhr. Eintritt inkl. Standseilbahn/Museum (ohne) 10 € (7,50 €), Kinder 7–18 J. 7 € (5,20 €); Familienticket 26 € (19 €); es gibt auch Führungen. Grajska kavarna (geöffnet wie Burg), Restaurant Strelec (→ Essen/Cafés) und Gostilna na Gradu (tägl. 10–24 Uhr, Küche 12–22 Uhr; So 10–18 Uhr, Küche 12–16 Uhr).

Stara Ljubljana (Altstadt): Die historische Altstadt beginnt südlich der Tromostovje, am Mestni trg (Stadtplatz). Der Platz wird beherrscht von einem

Drachenbrücke über die Ljubljanica ▲
Die Markthallen ▼

Kongresni trg – Philharmonie und Burgblick ▲
Universität ▼

Jože Plečnik (1872–1957)

Der weltbekannte slowenische Architekt wurde am 23. Dezember 1872 in Ljubljana geboren und starb hier am 7. Januar 1957; begraben ist er auf dem von ihm gestalteten Friedhof in Žale (→ Friedhofsanlage Žale). Nach dem Abitur machte der junge Jože eine Ausbildung an der Industriegewerbeschule als Möbeldesigner, danach studierte er an der Wiener Akademie der Bildenden Künste Architektur bei Otto Wagner. Als freischaffender Architekt arbeitete Plečnik in Wien und machte durch sehr moderne Bauten von sich reden. 1911 ging er als Professor an die Kunstgewerbeschule in Prag und hinterließ auch dort viele kreative Spuren. Ein paar Jahre später kehrte Plečnik nach Ljubljana zurück und arbeitete an der neu gegründeten Universität. Gleichzeitig wurde ihm die Leitung zur Renovierung des Prager Hradschin übertragen.

In Slowenien und besonders in Ljubljana begann nun seine große Schaffenszeit – er prägte die Stadt durch und durch. Neben Bauten gestaltete er Parks und Plätze, setzte Akzente durch Säulen, Obelisken und Pyramiden. Zu seinen wichtigsten Arbeiten zählen die Kirche St. Franziskus im Stadtteil Šiška (1925–30), das Fußballstadion (1925–37), das Schulhaus im Stadtteil Zgornja Šiška (1927–29), die Handelskammer (1927–28), das Versicherungsgebäude (1929–30), die National- und Universitätsbibliothek (1936–40), Kirche St. Michael in Barje (1936–39), das Ursulinengymnasium (1939–41), der Friedhof Žale (1939–40) und die Markthallen (1939–42). Städtebaulich gestaltete er die Verbindung der Vegova cesta mit dem Kongressplatz (1929–31), Kais und Brücken der Ljubljanica und Gradaščica (1930–39), Cojzova cesta und Šentjakobski trg (1926–27), Tivoli-Park und Tromostovje (um 1930), Römische Mauer, Kirchplatz der St. Jernej, Stadtteil Šiška (1936), Burgschanzen und Križanke (1954–56).

1986 gab es eine international beachtete Ausstellung mit den Arbeiten Plečniks in Paris, die danach auch in Wien, München, Mailand, Venedig, New York und Washington gezeigt wurde. Der Großteil der Pariser Plečnik-Ausstellung befindet sich heute im Renaissanceschloss Fužine.

Der Architekt Jože Plečnik und sein Modell von Ljubljana

Marmorbrunnen, eine Arbeit von Francesco Robba aus dem Jahr 1751 – die drei bärtigen Wassermänner und die Delfine symbolisieren die krainischen Flüsse Sava, Krka und Ljubljanica. Im Hintergrund das *Rathaus Rotovž* aus dem späten 15. Jh., das im 18. Jh. barockisiert wurde. Hier residiert das Stadtparlament, im Erdgeschoss sind zahlreiche Denkmäler zu besichtigen, u. a. eine *Herkulesstatue* von Francesco Robba und im hübschen Innenhof der von ihm gestaltete *Narzissbrunnen.* In den Gassen mit ihren historischen Häusern, Kneipen, Straßencafés und vielen, teils recht noblen Geschäften, Kunstgalerien und schönen Boutiquen ist besonders nachmittags und abends jede Menge los. Alternativ kann man entlang der Ljubljanica mit ihren vielen Straßencafés promenieren oder auf einer der Fußgängerbrücken die malerische Kulisse der Häuser mit ihren alten Balkonen genießen.

Križanke (Kreuzritterkloster Križanke): Das Kloster steht auf der Neustadtseite des Flüsschens, am Ende der Straße Križevniška vor dem Trg francoske revolucije (Platz der Französischen Revolution) mit *Napoleon-Obelisk,* einem Denkmal, das der Imperator sich selbst und seinen Illyrischen Provinzen stiftete. Križanke wurde im 13. Jh. von dem deutschen Ritterorden der Kreuzherren *(križniki)* gegründet und im Lauf der Jahrhunderte mehrfach zerstört und umgebaut. Der heutige Bau erhielt sein Aussehen Anfang des 18. Jh. Im Innenhof unter Arkaden ein angenehmes, ruhiges Café, in einem weiteren Innenhof findet jeden Sommer das Festival von Ljubljana statt.

Rimski zid (Römische Stadtmauer): Von der Stadtmauer, einem Überbleibsel der römischen Siedlung Emona, blieb nur der südwestliche Teil erhalten. Kaiser Augustus soll hier im Jahr 14 v. Chr. eigenhändig den Grundstein gelegt haben. Die Mauer erreicht man, wenn man auf der Slovenska cesta Richtung Aškerčeva geht, diese an der Ampelkreuzung überquert und in die nächste Straße nach rechts einbiegt (ca. 5 Min. von Križanke).

Kongresni trg (Kongressplatz): Der baumlose große Platz, der sich von der Slovenska cesta gen Osten erstreckt, nach dem Kongress der Heiligen Allianz 1821 entstanden, bietet einen schönen Blick auf die Burg. Am westlichen Platzende steht die *Dreifaltigkeitssäule* von 1693, die die Bewohner der Stadt aus Holz errichteten – zum Dank, dass die Pest sie verschont hatte. 1721 wurde sie durch eine aus Stein gemeißelte Kopie ersetzt. Die Plastik auf der Säule ist heute eine Kopie, das Original steht im Stadtmuseum.

Am südlichen Ende des Platzes befindet sich die **Universität,** daneben die **Slowenische Philharmonie,** die 1891 auf den Fundamenten des niedergebrannten Landestheaters erbaut wurde. Sie zählt zu den ältesten Philharmonien der Welt, schon vor ihrer Gründung 1701 gab es eine ältere Musikvereinigung. Mitglied in der Slowenischen Philharmonie war alles, was in der Welt der Musik Rang und Namen hat: u. a. Beethoven, Brahms, Haydn und Paganini; Franz Schubert bewarb sich um die Stelle eines Musiklehrers, Gustav Mahler dirigierte in der Saison von 1881/82. Nördlich des Kongressplatzes schließt sich das neoklassizistische **Kazina-Haus** an.

Der **Zvezda-Park** (Sternenpark), sternförmig angelegt und schön schattig durch Platanen, grenzt an den Kongressplatz. Hier steht zwischen Mauerresten des antiken Emona eine Kopie der vergoldeten *Patrizierstatue* aus Emona, die man hier einst gefunden und für die Statue des Kaisers Konstantin gehalten hatte. Im Untergrund nun die Tiefgarage.

Mittelslowenien → Karte S. 258/259

Feinster Klassizismus – die Oper von Ljubljana

Ursulinenkirche (Uršulinska cerkev): Die beeindruckende, ungewöhnliche Barockkirche gegenüber dem Kongressplatz wurde in den Jahren 1718–1726 von einem unbekannten Architekten erbaut – ihr Inneres ist nicht bemalt. Den prächtigen Hochaltar gestaltete Francesco Robba, die drei Bilder der Seitenaltäre stammen von Palma dem Jüngeren. Außen schmücken die Ursulinenkirche sechs wuchtige Säulen.

Westlich der Ursulinenkirche und Slovenska cesta liegt der **Trg republike** (Platz der Revolution) mit Einkaufszentrum, Parkhaus, dem *Kultur- und Kongresszentrum* (Cankerjev dom) und dem nördlich stehenden *Parlament der Republik Slowenien,* vom Architekten Vinko Glanz (Plečnik-Schüler) zwischen 1954 und 1959 errichtet; beachtenswert hier das monumentale, mit Personen verzierte Eingangsportal von Zdenko Kalin und Karel Putrih.

Nebotičnik: An der Slovenska cesta (Eingang Štefanova ulica 1) prunkt das renovierte Hochhaus von 1933 mit 13 Stockwerken, Fensterfronten rundum und gläsernem Türmchenaufsatz – zur damaligen Zeit war der Wolkenkratzer *(nebotičnik),* erbaut von Vladimir Šubic nach amerikanischem Vorbild, ein Highlight, war höher als die Kirche und zählte anfangs zu den größten in Mitteleuropa. Der Ausblick durch die großen Glasfronten oder von der Terrasse des Cafés im 12. Stock (13. Stock ist VIP-Bereich) über Ljubljana bis hin zu den Kamniker Alpen beeindruckt (→ Cafés und Nachtleben).

Im Nordosten der Altstadt, zwischen Metelkova und Maistrova ulica, hat sich auf dem einstigen Militärgelände mit Gebäuden vom Beginn des 20 Jh. ein modern gestalteter Museums- und Kulturbereich etabliert, genannt **Metelkova** (u. a. mit Ethnografischem und Nationalmuseum, Cafés sowie Gelände um JH Celica).

Museen und Galerien

Ljubljana ist die Stadt der Museen und Kunstgalerien. In den Altstadtgassen gibt es viele gut bestückte Verkaufsgalerien mit den verschiedensten Kunstobjekten. Bei mehreren Museumsbesuchen lohnt die *Ljubljana Card* (→ Basis-Infos).

Nationalmuseum (Narodni muzej Slovenije): Die bemerkenswerte archäologische Sammlung zeigt u. a. die *Situla von Vače*, ein illyrisches, reich geschmücktes Kultgefäß aus Bronze; im Glasanbau befindet sich ein Lapidarium. (s. u. Nationalmuseum/Zweigstelle Metelkova).

Naturhistorisches Museum (Prirodoslovni muzej): im gleichen Gebäude wie das Nationalmusem; hier werden eine anspruchsvolle naturwissenschaftliche Abteilung, eine reichhaltige Mineraliensammlung sowie die Abteilungen zu Fauna, Flora, Bergen und Meer präsentiert.

Narodni/Prirodoslovni muzej: Juni–Sept. tägl. 10–18 Uhr (Do/Sa 8–22 Uhr), Okt.–Mai tägl. 10–18 Uhr (Do bis 20 Uhr). Eintritt (mit Prirodoslovni muzej) 6 € (8,50 €), Stud./Kinder ab 6 J. 4 € (6 €). Prešernova 20, Eingang: Muzejska 1, ☎ 01/2414-400, www.nms.si.

Moderne Galerie (Moderna galerija): kurz vor der Fußgängerunterführung zum Tivoli-Park, mit wechselnden Ausstellungen zu Malerei und Grafik zeitgenössischer Künstler. Hier findet auch immer die Grafik-Biennale statt.

Tägl. 10–18 Uhr (Do bis 20 Uhr), Mo geschlossen. Eintritt 5 €, Stud./Kinder 2,50 €. Auch Kombi-Tickets mit Museum der Zeitgenössichen Kunst am Metelkova-Platz. Jeden ersten So im Monat Gratis-Eintritt. Cankarjeva cesta 15, ☎ 01/2416 800, www.mg-lj.si.

Nationalgalerie (Narodna galerija): schräg gegenüber der Modernen Galerie. Sie wurde Ende des 19. Jh. im Neo-Renessaincestil vom tschechischen Architekten František Edmund Škabront erbaut und durch einen Neubau erweitert. Hier wird slowenische Kunst vom Mittelalter bis hin zum slowenischen Symbolismus und Impressionismus gezeigt. Neben Malerei auch beachtliche Skulpturen. Zudem gibt es auch Räumlichkeiten mit wechselnden Ausstellungen zu verschiedensten Themen.

Nationalgalerie (Wechselnde Ausstellungen): Tägl. 10–18 Uhr, Mo geschlossen. Eintritt 7 € (5 €), Stud./Kinder 3 € (3 €), Familie 10 € (7 €); erster Monatssonntag gratis. Kombi-Ticket für beide Ausstellungen 10 €, Stud./Kinder 5 €, Fam. 15 €. Eingang: Prešernova 24, www.ng-slo.si.

Mittelslowenien → Karte S. 258/259

Die Nationalgalerie – ein Prachtbau und im Innern ein sehenswerter Genuss

Jakopič-Galerie: Im Untergeschoss auf dem Forum der einstigen römischen Stadt Emona (zwischen Gregorčićeva und Rimska cesta) residiert seit 1988 die Galerie für zeitgenössische Bildende Kunst und für zeitgenössisches Design mit temporären Ausstellungen namhafter in- und ausländischer Künstler; auch die Design-Biennale hat hier ihren Platz. Gewidmet wurde sie dem bedeutenden Ljubljaner Rihard Jakopič (1869–1943), der als Pionier der slowenischen impressionistischen Kunst gilt.
Tägl. außer Mo 10–18 Uhr. Slovenska cesta 9 (Ecke Rimska cesta), www.mgml.si. Eintritt frei.

Stadtmuseum (Mestni muzej Ljubljana): residiert im prachtvollen Auersperg-Palast seit 1937. Die große, sehenswerte Sammlung dokumentiert auf mehreren Ebenen die fast 5000-jährige Geschichte Ljubljanas: Steinzeitliches, Funde aus dem römischen Emona, Möbel verschiedener Epochen, lustig bemalte Zielscheiben ... Es gibt ein Café, Führung (auch in Deutsch), einen Audioguide und einen unterhaltsamen Frosch-Guide namens Ljuba für die Kinder.
Di/Mi u. So 10–18, Do–Sa 10–21 Uhr. Eintritt 8 €, Stud./Kinder 5,50 €, Familien 12 €. Gosposka 15, www.mgml.si.

Kunstmuseum der Stadt Ljubljana (Mestna galerija): wechselnde Ausstellungen zeitgenössischer Gemälde, Skulpturen, Grafiken und Illustrationen.
Di/Mi u. Fr/Sa 11–19, Do bis 21, So bis 15 Uhr, Mo geschlossen. Eintritt frei. Mestni trg 5, www.mgml.si.

Ethnografisches Museum (Etnografski muzej): am Metelkova-Platz auf dem modern gestalteten Museumsgelände der ehemaligen Kasernen. Auf drei Stockwerken gibt es zwei permanente und zwei temporäre Ausstellungen (slowen./engl.). Gezeigt werden das Leben und die Dinge, mit denen man sich umgibt, von einst und heute im Vergleich, untermalt mit Videos; auch Sinnfragen zu bestimmten Gegenständen, Verhalten etc. werden nicht ausgelassen. Zudem Ausstellungsstücke zu Handel und Gewerbe, so z. B. auch zu „Cockta" einer Coca-Cola-Art, die man in Slowenien ab 1950 produzierte. Präsentiert werden auch zahlreiche kostbare alte Bienenstockbrettchen. Auch für Kinder/Jugendliche ist das Museum gut geeignet. Im Erdgeschoss ist ein kleiner Laden, vom großen Webstuhl kann man handgewebte Schals etc. erwerben.
Di–So 10–18 Uhr, Mo/Feiertag geschlossen. Eintritt 4,50 €, Stud./Kinder 2,50 €, am ersten So im Monat Eintritt frei. Metelkova ul. 2, www.etno-muzej.si.

Nationalmuseum – Zweigstelle Metelkova (Narodni muzej Slovenije): In diesem modernen Gebäude wird anschaulich gezeigt, wie die Menschen vom 14. Jh. bis heute lebten, womit sie sich umgeben haben, welche Materialien Verwendung fanden (u. a. Möbel, Keramik, Musikinstrumente, Glas), wie Familien mit Kindern lebten, außerdem

Prešeren-Denkmal – beliebter Treffpunkt

alles um den Fechter und Trainer Rudolf Cvetko sowie eine Gemäldesammlung von der frühen Renaissance bis zur Moderne.

Di–So 10–18 Uhr, Mo geschlossen. Eintritt (mit Nationalmuseum Prešernova ul.) 6 € (8,50 €), Stud./Kinder 4 € (6 €), Fam. 12 € (16 €). Maistrova ul. 1, www.nms.si.

Museum der Zeitgenössischen Kunst (Muzej sodobne umetnosti Metelkova): Der lichtdurchflutete Neubau liegt ebenfalls am Metelkova-Platz. Das Museum gibt Einblick in Arbeiten von slowenischen Künstlern im In- und Ausland und stellt bildende Künstler des 20. und 21. Jh. aus.

Di–So 10–18 Uhr (mit Moderner Galerie, s. o.) 5 € (7,50 €), Stud./Kinder 2,50 € (2,50 €), Fam. 12 € (12 €). Maistrova ul. 3, www.mg-lj.si.

Plečnik-Haus: Architekturliebhaber zieht es sicherlich in die Räumlichkeiten mit originalem Inventar, in denen der Architekt (→ Kasten „Jože Plečnik") von 1921 bis zu seinem Tod 1957 lebte und arbeitete. Zum Plečnik-Jahr 2017 wird alles neu gestaltet.

Di–So 10–18 Uhr, Mo Ruhetag; Besichtigung nur mit Führung jede volle Stunde. Eintritt 6 €, Stud./Kinder 4 €, Fam. 12 €. Karunova 4–6, www.mgml.si.

Eisenbahnmuseum (Železniški muzej): über 60 Lokomotiven und über 50 weitere historische Gerätschaften der Eisenbahner – Fans finden hier sicherlich ein paar Kostbarkeiten.

Di–So 10–18 Uhr. Eintritt 5 €, Stud./Kinder 2,50 €. Parmova ul. 35, ✆ 01/2912-641.

Experimentierhaus (Hiša eksperimentov): vor allem für Kinder, aber auch für Erwachsene sehr interessante Einrichtung, die die physikalischen Gesetze hautnah erfahren lässt und zum Experimentieren einlädt. 34 verschiedene Versuche kann man ausprobieren, von der Demonstration der Erosion über optische Versuche bis zu Experimenten mit Seifenblasen und Echo-Effekten.

Sa/So 11–19 u. Mi 16–20 Uhr. Eintritt 6 € (ab 5–99 J.). Trubarjeva 39, www.h-e.si.

Sehenswertes außerhalb der Altstadt

Die grüne Lunge des **Tivoli-Parks** westlich der Altstadt ist ideal zum Ausspannen nach einer Besichtigungstour. Doch Ausruhen ist in Ljubljana nicht angesagt, Kunst, Kultur und Wissenschaft sind überall präsent:

Museum der zeitgenössischen Geschichte (Muzej novejše zgodovine): am nördlichen Rand des Tivoli-Parks im *Cekin-Palast (Cekinov grad)* aus dem 17. Jh. Im Garten der Villa sind Reste römischer Fundamente mit Mosaikböden zu sehen.

Tägl. 10–18 Uhr, Mo/Feiertag geschlossen. Eintritt 3,50 €, Stud./Kinder 2,50 €, Fam. 8 €; jeden ersten So im Monat gratis. Celovška 23, www.muzej-nz.si.

Tivoli-Galerie – Internationales Grafisches Zentrum (Grafični center): im Schloss Tivoli *(Tivolski grad)* im Tivoli-Park. Durch die Fußgängerunterführung, dann auf der Promenade mit Leuchtsäulen treppauf zum Schloss. Die Promenade ist inzwischen auch eine beliebte temporäre Ausstellungsmeile themenbezogener Kunst (u. a. Fotografie, Architektur) geworden.

Tägl. außer Mo 10–18 Uhr. Eintritt 5 € (während Biennale höherer Preis), Stud./Kinder 3 €. Pod turmom 3, www.mglc-lj.si.

Museum für Architektur und Design – Schloss Fužine (Arhitekturni muzej, Grad Fužine, MAO): lohnenswert für alle, die sich für Architektur und vor allem für Plečniks Arbeiten interessieren, zudem auch für Industrie- und Grafikdesign. Das schöne Schloss am linken Ufer der Ljubljanica, im 16. Jh. im Renaissancestil mit Ecktürmen und langen Arkaden versehen, war lange Zeit Wohnsitz des protestantischen

Mittelslowenien → Karte S. 258/259

Humanisten Janez Khissl. Seit 1964 wird hier die Design-Biennale abgehalten. Sie jährt sich 2014 das 24. Mal (→ Kasten „Jože Plečnik").

Di–So 10–18 Uhr, Mo Ruhetag. Eintritt 3,50 €, Stud./Kinder 2 €. Pot na Fužine (im östlichen Stadtteil Novo Fuzine, Anfahrt aus dem Zentrum über die Zaloška cesta), www.mao.si.

Friedhofsanlage Žale: in der Med hmeljniki 2, nördlich der Šmartinska cesta im Stadtteil Bežigrad. Die riesige Anlage ging aus dem älteren Friedhofsteil, um die Heilig-Kreuz-Kirche erbaut, hervor. Unter Jože Plečnik wurde die Anlage 1940 mit dem imposanten Totenkapellen-Komplex mit Gebetshaus, Aufbewahrungs- und Aussegnungshallen erweitert. Die Architektur dieser Totenhäuser beherrschen am Eingang ein Triumphbogen, zweietagige Säulenreihen und Statuen – eine Mischung aus antiken und byzantinischen Stilen. Der Friedhof, auf dem rund 2000 Prominente ruhen, darunter auch Plečnik, erhielt das EU-Kulturerbe-Siegel.

Grüner Ring – „Weg der Erinnerung und der Kameradschaft" (Pot spominov in tovarištva): Entlang der ehemaligen Stacheldrahtlinie, die Ljubljana und seine Bewohner von 1942 bis 45 einschloss, verläuft auf 35 km ein Spazierweg mit Lehrtafeln (→ Stadtgeschichte). Er kann auch mit dem Fahrrad (Rücksichtnahme auf Fußgänger!) abgefahren werden und führt durch Wald, Wiesen und etliche Stadtteile wie Bežigrad mit dem Friedhof Žale und durch Fužine.

Botanischer Garten: Der seit 1810 bestehende Garten, die älteste wissenschaftliche und bildende Einrichtung der Stadt, zeigt mehr als 4500 Pflanzenarten, gut ein Drittel aus der Region, der überwiegende Rest Pflanzen aus allen Kontinenten.

April–Okt. 7–19 Uhr, Juni–Aug. bis 20 Uhr, Nov.–März 7–17 Uhr. Eintritt ohne Führung ist frei. Ižanska cesta 15 (Bus Nr. 3, Linie Rudnik), www.botanicni-vrt.si.

Zoo: in einem Wald südlich des Rožnik-Hügels hinter dem Tivoli-Park, 15 Min. Fußmarsch vom Zentrum entfernt. Zu sehen gibt es Tiere aus allen Kontinenten, natürlich mit dem Fokus auf der heimischen Tierwelt.

Mai–Aug. 9–19 Uhr, April u. Sept. 9–18 Uhr, März u. Okt. 9–17 Uhr, im Winter nur bis 16 Uhr. Eintritt 8 €, Stud. 7 €, Kinder (3–10 J.) 5,50 €. Večna pot 24, www.zoo.si.

Tivoli-Park – eine grüne Oase mit Kunstflair zum Relaxen oder Sporteln

Ljubljana/Umgebung

Landschaftspark Ljubljansko barje (Moorgebiet von Ljubljana; oft auch „Laibacher Moor" genannt): Hier lebten vor rund 4000 Jahren Menschen in ihren Pfahlbauten und gründeten die Siedlung *Emona;* Fundstücke sind u. a. im Nationalmuseum zu sehen. Das sog. Ljubljaner Becken wurde durch Absenkung vor über 2 Millionen Jahren gebildet und erstreckt sich auf 160 qkm südwestlich von Ljubljana, entlang der Ljubljanica und im Groben zwischen den Autobahnen A 1 (bei Vrhnika) und A 2 (Rudnik/Črna vas), die südliche Begrenzung ist der bis 1100 m aufragende Bergzug Krim. Im 16. Jh. versuchte man wenig erfolgreich das Sumpfland für die Landwirtschaft zu nutzen und durch Kanäle zu entwässern, dergleichen Ende des 18. Jh. Erst die Begradigung und Eindämmung der Ljubljanica und modernere Entwässerungstechniken brachten in der ersten Hälfte des 19. Jh. Erfolg. Bald merkte man, dass Torf eine bessere Geldquelle war als Getreideanbau und so senkte man durch Moorabtragungen erneut die Flächen und alles wurde überschwemmt. Letztendlich siegte die Natur über den Raubbau und trotzte dem Eingreifen in diese Landschaft, die nun aus Wassergräben, Wäldern, Hecken, Wiesen und Feldern besteht. Heute ist dies das größte slowenische und auch Europas südlichstes Feuchtgebiet, Rückzugsgebiet und Brutstätte für über 100 Vogelarten – u. a. die raren Schwarz- und Braunkehlchen, Wachteln, Wachtelkönig, Zwergohreule, Großer Brachvogel; leider wurde die Population von Wiedehopf und Sumpfohreule durch früheren großen Landwirtschaftsmaschineneinsatz stark gefährdet. Zudem machen hier viele Zugvögel Zwischenstopp oder überwintern. Im Spätsommer kann man entlang den Gewässern 89 Schmetterlingsarten beobachten, im Sumpf tummeln sich Amphibien und die seltene Europäische Sumpfschildkröte. Diese Fakten waren überzeugend genug, um das Gebiet in die Schutzliste Natura 2000 (www.nabu.de) aufzunehmen.

Ein architektonischer Leckerbissen ist beim Dorf **Črna vas** (A 5, Ausfahrt Ljubljana Rudnik) Plečnik gelungen: seine nahe der Ljubljanica gebaute Kirche Sv. Mihael na Barju (St.-Michaels-Kirche im Moor, 1937–1940), deren Inneres man über eine Art Brücke betritt – die Bauweise wie auch Innenausstattung treffen das Landschaftsbild (Schlüssel in der Pfarrei erhältlich).

》》Weiterfahrt von Ljubljana nach Postojna: Die kleine Stadt mit den weltbekannten Höhlen erreicht man am schnellsten über die Autobahn (A 1) gen Istrien in 55 km. Nutzt man die gut ausgebaute Landstraße, durchfährt man hinter Ljubljana zunächst eine Ebene mit kleinen, ländlichen Ansiedlungen, gelegentlich stören Industriebauten die Idylle. Südlich der Autobahn liegen das „Moor von Ljubljana" und die Kirche Sv. Mihael na Barju (→ Ljubljana/Umgebung).

Bei Vrhnika steigt die Straße an, dichte Laubwälder lösen die Wiesen und Felder ab. Zwischen den Bäumen blitzen zerklüftete weiße Felsen hervor. Hier beginnt der Karst *(Kras),* eine für die Primorska typische Landschaft, die sich vom Soča-Tal im Westen bis zur Region Notranjska südlich von Ljubljana erstreckt. Die Straße verläuft nun – wie die Eisenbahnlinie – weiter über die *Pforte von Postojna.* Der mit 609 m Höhe niedrigste Übergang vom Mittelmeer über die Alpen und das Dinarische Gebirge wird seit Jahrtausenden als Verkehrsweg genutzt (→ Postojna, S. 234). Nach weiteren 50 km (A 1) ab Postojna erreicht man Koper an der Slowenischen Riviera (→ Slowenische Riviera, S. 428).

Mittelslowenien → Karte S. 258/259

Blick auf den Hauptort Kočevje in der Region Kočevska

Von Ljubljana in die Region Kočevska

Um in die südlichste Region von Slowenien zu kommen, nimmt man die gut ausgebaute N 106. Zuerst passiert man die Region **Ribniško**. Bis **Kočevje**, dem Hauptort der Region **Kočevska**, sind es rund 60 km ab Ljubljana. Bis nach Petrina (slowen.-kroat. Grenzübergang) an der **Kolpa**, einem Landschaftspark (→ S. 330), sind es weitere 30 km. Alternativ fährt man auf der A 2, verlässt diese ca. 7 km östlich von Ivančna Gorica, fährt südlich in Richtung Krka-Tal gen Žužemberk und quert dieses bei Dvor, rund 113 km sind es auf dieser Strecke (→ „Von Ljubljana Richtung Novo mesto und Krka-Tal", S. 319)

Auf dieser N 106-Strecke lohnen unterwegs die **Burg Turjak**, das Städtchen **Ribnica** und die nahe **Wallfahrtskirche Nova Štifta** sowie der Hauptort der Kočevska, **Kočevje**. Ganz im Süden erreicht man den Grenzfluss **Kolpa**, der sich auf slowenischer Seite ostwärts bis Metlika zieht (→ Bela krajina).

Konditionsstarke, naturliebende Mountainbike- oder Rennradfahrer können die einsame Landschaft auf Makadam oder schmalen Asphaltstaßen durchfahren (Karten über TIC) – nur wenige Weiler finden sich, dafür ausgedehnte Wälder, hügeliges, aber auch bergiges, weitläufiges Karstterrain, wo meist nur Schafe grasen und sich in den Wäldern die scheuen Bären tummeln. Auch die Küche ist sehr authentisch, auf den Tisch kommt, was die Wälder und Flüsse liefern, dazu von den Feldern Mais und Buchweizen für leckeres Brot und Štruklji, für den Magen ein hausgebrannter Obstler.

Grad Turjak: Die malerisch mit vielen Türmchen geschmückte Stammburg der Grafen von Auersperg (knapp 20 km südlich von Ljubljana) wurde im 11. Jh. von Konrad von Auersperg erbaut, während der Türkenüberfälle mehrmals zerstört, im Renaissancestil neu aufgebaut und während des Zweiten Weltkriegs erneut schwer beschädigt, weshalb sich das Burginnere ohne die üblichen Kostbarkeiten präsentiert. Von hier zog Andreas von Auersperg 1593 in die siegreiche Schlacht bei Sisak; hier predigte Jurij Dalmatin, der protestantische Übersetzer der Bibel ins Slowenische, der auf der Burg vor seinen Verfolgern in Sicherheit war. In der katholischen

Burgkapelle werden heute Messen gehalten, im Burghof gibt es Turniere im Bogen-schießen sowie jährlich mittelalterliche Ritterspiele mit Markt.

Grad Turjak, 1311 Turjak, ☎ 01/7881-006, www.trubarjeva-domacija.si. Mai–Okt. Sa 12–19, So 11–19 Uhr oder nach Vereinbarung; Führungen zu jeder vollen Stunde. Eintritt 3 €, Stud./Kinder 2 €.

Ribnica: Nach weiteren 20 km (nach Ljubljana knapp 45 km) wird der 900 Jahre alte Hauptort der Region Ribniško, malerisch an der Bistrica gelegen, erreicht. Die Altstadt entwickelte sich rund um die Burganlage aus der zweiten Hälfte des 12. Jh., die im 15. und 16. Jh. einen zweiten Verteidigungsring erhielt. Bekannt ist Ribnica durch seine Korbflechter und Töpfer – und durch die *Pfarrkirche des hl. Stefan* mit den beiden von Plečnik gestalteten Glockentürmen und schöner Ausmalung im Kirchenschiff. Von der einst mächtigen Burganlage mit ihren schönen Arkaden sind nur noch Teile erhalten; in der Parkanlage mit Skulpturengarten sind die in Stein gemeißelten Persönlichkeiten der Stadt zu bewundern. Das *Korbwaren- und Töpfermuseum* in der Burg zeigt schöne historische Arbeiten dieser Hand-werkskünste (Mai–Sept. tägl. 10–13/16–19 Uhr). Wer in die Karstregion möchte, fährt 37 km gen Cerknica, 53 km nach Postojna.

Ca. 7 km westlich von Ribnica (in Richtung Postojna) steht oberhalb in **Nova Štifta** die mächtige barocke *Wallfahrtskirche Mariä Himmelfahrt* von 1671. Über ihrem achteckigen Grundriss erhebt sich eine 20 m hohe Kuppel; im 18. Jh. wurde das Kirchengebäude um eine Arkadenvorhalle und ein überdachtes, zum Mittelschiff führendes Treppenhaus erweitert. Den Innenraum prägen kostbare vergoldete Altäre und die von Jurij Skanmos geschaffene Kanzel mit reichem Schnitzwerk. Die *Kapelle des hl. Josef* hinter der Kirche stammt ebenfalls aus dem 18. Jh. Gegenüber, in einer der beiden mächtigen, über 250-jährigen Linden, steht ein Baumhaus.

Information Touristinformation TIC, 1310 Ribnica, Škrabčev trg 23, ☎ 01/8369-335, www.miklovahisa.si/tic bzw. www.visit dolenjska.eu. Mo–Fr 8–19, Sa 8–12 Uhr.

Übernachten/Essen Gostilna Mihelič, 100-jähriges Gasthaus am Hauptplatz von Ribnica. Gute regionale Küche mit Štruklji, Gnocchi, Buchweizensterz, Wildgerichten, eigenen Würsten, Fleisch- und Fischge-richten. Mo–Fr 6.30–16.30, Sa/So 7–15 Uhr. Škrabčev trg 22, ☎ 01/8363-131.

Gostilna Pri Pildarju, ebenfalls am Haupt-platz und mit Garten, serviert wird Haus-mannskost wie Gulasch, Kutteln sowie hausgemachte Kuchen und Gebäck. Mi–Sa 8–21, So–Di 8–15 Uhr. Škrabčev trg 27, ☎ 01/8362-549.

*** Gostišče Makšar, ca. 1 km nördlich von Ribnica liegt das gut geführte Gasthaus mit traditioneller Küche und eigener Brauerei. Gut ausgestattete gemütliche DZ/F 80 €. Di 18–22, Mi/Do 15–22, Fr/Sa bis 23, So 12–20 Uhr. Breze 18a, 1310 Ribnica, ☎ 01/8373-160, www.penzion-maksar.si.

°° Touristischer Bauernhof Pri Boltetnih, in himmlisch ruhiger Lage. Mai–Sept. Dane 9, Ribnica, ☎ 01/8360-208.

Kočevje und Umgebung

Das Städtchen, Zentrum der Koečevska, liegt 60 km südlich von Ljubljana (47 km nach Novo mesto und ebenso nach Črnomelj). Davor erstreckt sich nordöstlich der einsame, dicht bewaldete Gebirgszug Kočevski Rog, ein rund 70 qkm großer Natur-park mit dem Visoki Rog (1099 m), seiner höchsten Erhebung. Wer erzählt, er wolle in die Region Kočevje, in die Kočevska fahren, wird oft erstaunt angesehen, denn kaum einen Touristen verschlägt es hierher. Und tatsächlich: Außer Natur gibt es hier nicht viel – aber viele Höhlen und unendlich weite Wälder, in denen rund 300 scheue Braunbären, Wildkatzen, Wölfe, Luchse, Hirsche und Rotwild leben, dazwi-schen in den Weilern ein paar hundert Menschen. Ein wunderbares Gebiet zum Wandern und Mountainbiken (Karten über die Infostellen).

Mittelslowenien → Karte S. 258/259

Bären (Ursus arctos) – Verhaltenstipps

Bären sind normalerweise sehr scheue Waldbewohner und Einzelgänger. Geschlechtsreif wird die Bärendame mit drei bis fünf Jahren, Paarungszeit ist meist Mai bis Juli. Sie kann ein bis vier Junge gebären, durchschnittlich jedoch nur zwei, dies passiert meist im Januar. Im Frühling verlassen Mutter und Kinder die Höhle, zu Beginn bleiben sie nahe am sicheren Zuhause. Die Alleinerziehende verbringt mit ihren Jungen rund zwei bis drei Jahre, den Vater kennen die Kleinen nicht. Sie sind gute Kletterer, können auch sehr schnell (bis zu 50 km/h) und weit (bis ca. 30 km) laufen, bei Tag oder in der Nacht, meist sind Bären jedoch nachtaktiv. Bären ernähren sich hauptsächlich von Waldfrüchten, Samen, Nüssen, Wurzeln, Gras, Insekten (Ameisen, Bienen, Wespen), Aas, manchmal auch Wild oder Huftieren (u. a. Ziegen, Schafe).

Meister Petz auf Futtersuche

Ein Neugeborenes wiegt rund 0,5 kg, eine ausgewachsene Bärin zwischen 85 und 160 kg, ein Bär zwischen 130 und 260 kg (in seltenen Fällen bis zu 350 kg).

Verhaltensregeln: Bären lieben, wie etliche Wildtiere, keine Überraschungen. D. h., wer im Wald spazieren geht, sollte sich bemerkbar machen. Hunde müssen an die Leine! Wird ein Bär gesichtet, sollte man nicht leichtsinnig sein und sich wegen eines Fotos nähern oder gar Steine nach ihm werfen. Niemals eine Höhle aufsuchen! Keine Lebensmittel im Wald wegschmeißen (Reste wieder mit nach Hause nehmen) – ein Bär sollte keine Verbindung zwischen Essen und Mensch herstellen. Sie werden an Straßen durch Waldgebiete diesbezüglich auch Schilder vorfinden (→ Ars Naturae, Kočevje, Fr. Petra Draškovič Pelc – die mir freundlicherweise diese Infos gab).

In Kočevje dokumentiert das neu renovierte *Regionalmuseum Šeško dom* (benannt nach Jože Šeško, einem Helden im Volksbefreiungskampf) die Geschichte der Gegend unter dem Titel „Das verlorene Erbe der Gottscheer Deutschen“. Es gibt zudem eine Sammlung von Zeichnungen von Božidar Jakac zu sehen, eine ethnologische Abteilung sowie einen Dokumentarfilm über die Kulturdenkmäler und die Tier- und Pflanzenwelt der Region.
Presernova 11 (südöstlich der Altstadt, ausgeschildert), ☎ 01/8950-303, www.pmk-kocevje. si. Mo–Fr 7–15, Sa 10–13 Uhr. Eintritt 3 €, Kinder 2 €.

Baza 20 (Basis 20): Die einsame Gegend des Gebirgszuges Kočevski Rog diente im Zweiten Weltkrieg den Partisanen unter Marschall Tito als Quartier und Unterschlupf, mit gut versteckten Krankenhäusern aus Holz, mit Bunkern, Schulen, Druckereien. Zentrum des Widerstands gegen die faschistischen Besatzer war Baza 20. Das Areal mitten im dichten Buchen-Mischwald ist heute eine Art *Freilichtmuseum*, das über angelegte und markierte Wege ganzjährig und jederzeit (bis auf die Ausstellungsräume) erkundet werden kann. Auch die Partisanenkrankenhäuser *Jelendol* (auf dem Wanderweg ca. 2 km nördlich von Baza 20) und *Zgronji Hrastnik* (auf dem Wanderweg ca. 2 km gen Süden) können besichtigt werden. Informationen zum Thema in der Broschüre „Heritage Trails through Doljenska and Bela krajina" (www.slovenia-heritage.net).

Anfahrt Von Kočevje auf der N 917 25 km in Richtung Doljenske Toplice/Soteska, in Podstenice Straße nach Baza 20. Vom Krka-Tal (Straße Soteska in Richtung Črnomelj) nach 5 km in Podturn Abzweig nach Baza 20 bzw. in Richtung Podstenice. Beim Parkplatz ist die Berghütte **Lukov dom**, zudem eine Snackbar.

Öffnungszeiten Das Freigelände ist ganzjährig zugänglich. Die Ausstellungen mit 15-Min.-Videofilm in den Baracken 16 und 22 von Baza 20 können nach Anmeldung von April bis Okt. tägl. außer Mo 8–16 Uhr besichtigt werden (Eintritt 2 €), die

Baza 20 – Partisanenstützpunkt in den Wäldern des Kočevski Rog

Partisanenhospitäler *Jelendol* und *Zgronji Hrastnik* nach vorheriger Absprache. ✆ 041/-315-165 (mobil), www.dolenjskimuzej.si.

Der **Rudniško jezero** (auch Kočevsko jezero) zwischen Kočevje und Šalka vas entstand durch eine frühere, längst aufgelassene Kohlengrube aus dem 19. Jh., heute ein ziemlich klarer, reiner See, der schnell warm wird und damit auch bestens zum Schwimmen geeignet ist.

Südwestlich von Kočevje erheben sich die über 1000 m hohen bewaldeten Bergzüge *Stojna* und *Goteniška Gora*. Das Gebiet um **Kočevska Reka** bis hinab zur kroatischen Grenze mit dem Grenzfluss Kolpa war bis 1990 Sperrgebiet – hier erholte sich die politische Prominenz, ging angeln und auf die Jagd. Heute ist die einsame Landschaft nördlich und südlich von Kočevje ein Eldorado für Mountainbiker – kleine Straßen oder Forstwege durchziehen die waldreichen Gebiete. Aber Vorsicht vor den Braunbären – auch wenn Meister Petz sehr scheu ist, man weiß ja nie …

Information Touristinformation TIC Jezero, Trdnjava 3 (nahe Rudniško jezero), 1330 Kočevje, ✆ 08/3821-762, www.kocevsko.com. Ganzjährig 8–19 Uhr.

Tourismusverband & Souvenirshop, Trg zbora odposlancev 47 (gegenüber Kirchplatz), ✆ 08/3829-000, www.kocevsko.net. Mo–Fr 8–19, Sa 8–13 Uhr. Infos, Karten, regionale, handgefertigte Produkte (Seifen, Honig, Spielzeug) und Bärenbeobachtungsausflüge (s. u. Ausflüge).

Ausflüge Rafting, Kanu u. Kajak (→ Kostel u. Stari trg ob Kolpi). **Wildtier- und Vogelbeobachtungsausflüge** u. a. über Ars Naturae,

Fr. Dr. Petra Draškovič, ✆ 041/345-686, www.petradraskovic.com. Die Fotografin, Biomedizinerin u. Umweltschützerin vermittelt bestens die Natur und alles über Wildtiere wie Bären und Vögel; mit Glück sieht man auch Bären, wenn man lang genug wartet – es sind wilde Tiere und sie kommen und gehen wann und wie sie wollen.

Übernachten/Essen *** **Gostišče Tri Zvezde**, gemütlich und mit Wintergarten, die Küche wird sehr gelobt. Es werden auch nette Zimmer vermietet. Mo–Do 8–22, Fr, So u. Feiertage ab 9 Uhr, Sa Ruhetag. Pri Unionu 32, ✆ 01/8953-036.

>>> **Mein Tipp:** *** Gostišče Veronika, wie ein kleines Schlösschen steht das gut geführte Lokal mit Terrasse da. Neben hausgemachten Kuchen gibt es u. a. leckere Wildgerichte und Forellen. Auch 7 schöne, geräumige Zimmer, DZ/F 65 €. Mo–Fr 9–22, Sa ab 11, So 11–17 Uhr. Ljubljanska cesta 35, ✆ 01/8953-017, www. artplet.si. **‹‹‹**

** Gostilna-Pension Tušek, neben dem See, einfache DZ/F 50–70 €; das Restaurant (Pizzen, slowen. Gerichte, Fische) ist tägl. ab 9 Uhr geöffnet. Rudnik 18, Kočevje, ✆ 01/8952-230.

Mestna kavarna, nettes Café am hübschen Altstadtplatz unter großen Schatten spendenden Bäumen. Tägl. 7–22 Uhr (Fr/Sa bis 24 Uhr). Trg zbora odposlancev 2.

Der Untergang des Gottscheer Landes

Das einstige Gottscheer Land mit seinen heute ca. 16.000 Einwohnern war schon in der Stein- und Bronzezeit besiedelt. Unter Führung der Familie Ortenburg kamen deutsche Siedler von Tirol und Kärnten hierher, kultivierten und bewirtschafteten das Land von 1330 bis 1941, das heute wieder zu 90 % mit Wald bedeckt ist. 1471 erhielt Kočevje Stadtrecht. Die Grafen Auersperg bauten 1650 die Burg, die 1943 komplett zerstört wurde – Kočevje fiel an Italien, die Sava war die Grenzlinie zwischen Deutschen und Italienern. Zwischen 1941 und 1945 wurden 11.500 Menschen aus der Region in die Gegend von Krsko, Rogaška Slatina und Olimje (im Osten der Sava) zwangsweise umgesiedelt. Neben der Stadt Kočevje zerstörten die Italiener über 170 ehemalige Siedlungen sowie über 100 Kirchen und Kapellen. Das Gottscheer Land, eine über die Jahrhunderte gewachsene Kulturlandschaft, wurde in ein paar Monaten dem Erdboden gleich gemacht.

Kostel: Der Weiler liegt ca. 30 km südlich von Kočevje, heute bedeutsam wegen Kajak- und Raftingtouren und dem Kostelska rakija (Obstbrand aus autochthonen Apfel- und Birnensorten), früher wegen seiner Burg. Gleich einem Adlerhorst thront *Burg Kostel* oberhalb des Kolpa-Canyons am engsten Übergang von der Kočevska nach Gorski Kotar (Kroatien). Der Ausblick von hier oben auf das Kolpa-Tal ist fantastisch, das Burginnere ist jedoch nicht zu besichtigen. Die 1336 erstmals erwähnte Burg, die auch den Ort bekannt machte, ist nach Celje die zweitgrößte Verteidigungsanlage Sloweniens – ein Stilgemisch aus verschiedenen Epochen, mit gotischer Kirche der Hl. Drei Könige und einer Siedlung unterhalb. Erst in den 1990er-Jahren begann man die Burg zu sanieren, erst ein Teil ist bisher fertiggestellt. Mehrmals versuchten die Türken die strategisch wichtige Burg einzunehmen, nur kurzfristig schafften sie es 1578 mit einer List: Die Angreifer kamen als kroatische Bäuerinnen verkleidet – mit Säuglingen auf dem Arm baten sie um Einlass und Schutz hinter den Mauern und die Wachen öffneten das Tor …

Etwas südwestlich davon, oberhalb des Ortes **Fara**, führt ein Weg zum *Wasserfall Nežica* – von der Burg Kostel führt ein wunderbarer Fußweg hierher.

Eine wunderbare Radstrecke (ca. 19 km), die auch zu Fuß zu bewältigen ist, führt von Kostel an der Kolpa entlang nach Stari trg ob Kolpi (→ S. 331).

Information Tourismus- und Sportverein Kostel, 1336 Vas, Hrib 6, ✆ 01/8948-070, www. tsdrustvo-kostel.si. Infos zu Übernachten, Kanu-, Kajak- und Raftingtouren auf der Kolpa, Ausrüstungsverleih (→ Stari trg ob Kolpi).

Übernachten/Essen & Trinken Lokale auch in Stari trg ob Kolpi.

°°° **Lukčeva domačija**, auf dem Hof gibt es Zimmer, Appartements und ein Häuschen, man kann auch im Heu schlafen. Es gibt gute Hausmannskost, selbstgebackenes Brot und leckere Kuchen, Obstsäfte und den guten Kostelska rakija. Vrh 1, Kostel, ✆ 031/285-723 (mobil), www.lukceva-domacija.si.

Touristischer Bauernhof Padovac, auf den hübschen Hof gibt es typische Hausmannskost wie den Kostelski-Magen und zum Nachspülen die bekannten Kostelski rakji (Obstbrände). Selo 3, Kostel, ✆ 031/338-645 (mobil), www.kmetija-padovac.si.

Camp Žaga, 1,5 km nördlich von Kostel (bzw. 20 km südlich von Kočevje) an der Kolpa im Wald. Hier gibt's Stellplätze mit Strom und Mobilhäuser. Mai–Sept. Gorenja Žaga 1a, 1336 Kostel, ✆ 041/218 049 (mobil), www.kamp-zaga.si.

Sport Agentur Rafting Kolpa, Potok 4, Kostel, ✆ 041/806-355 (mobil), www.raftingkolpa.com. Kajak-, Kanu- und Raftingtouren, auch Ausrüstungsverleih (→ Stari trg ob Kolpi).

>>> **Weiterfahrt:** Wer in die Bela krajina Richtung Črnomelj und Metlika möchte, fährt rund 50 km gen Osten (→ S. 329 und 328).

Von Ljubljana Richtung Novo mesto und Krka-Tal

Von Ljubljana südwestwärts erreicht man die **Dolenjska** (www.visitdolenjska.eu), den Unterkrain, im Norden mit Zentrum Novo mesto und dem malerischen Krka-Tal (→ S. 319). Südlich davon erstreckt sich **Bela krajina** (www.belakrajina.si, → S. 327).

Die Autobahn (A 2) von Ljubljana Richtung Novo mesto und Zagreb ist durchgängig befahrbar. 30 km hinter Ljubljana bei Ivančna Gorica zweigt eine Straße nach rechts Richtung Žužemberk/Novo mesto ab und führt durch das landschaftlich reizvolle **Krka-Tal** (→ S. 319) – kilometermäßig kein großer Umweg, doch braucht man auf dem kurvenreichen Sträßchen bis Novo mesto schon ein Weilchen länger. Dafür führt die Fahrt durch kleine Bauerndörfer, vorbei an Picknickplätzen und Spazierwegen am Krka-Fluss, der auch zum Kajakfahren gut geeignet ist. Auf der Strecke über die A 2 nach Novo mesto lohnt beim Städtchen **Ivančna Gorica** ein Besuch des Klosters Stična, Kunstinteressierte können sich in **Trebnje** die Galerie der Naiven Kunst anschauen oder noch einen Abstecher zu traditionellen Heuharfen bei **Šentrupert** machen.

Arkadengang im Kloster Stična

Kloster Stična (Cistercijanski samostan Stična): Das 1136 von den Zisterziensern erbaute Kloster gruppiert sich mit seinen mächtigen Gebäuden um einen Innenhof – es ist das älteste Kloster Sloweniens und zugleich eines der bedeutendsten kirchlichen und kulturellen Denkmäler des Landes. Die Zisterzienser (benannt nach dem französischen Kloster Citeaux) sind ein benediktinischer Reformorden, der 1098 in Frankreich gegründet wurde. Zu den Besonderheiten der Ordensregeln der Zisterzienser gehörte das strikte

Schweigen, durch das sich eine spezielle Zeichensprache entwickelte – heute geht es unter den 14 Mönchen lockerer zu.

Das Kloster Stična galt als bedeutendes religiöses, kulturelles und pädagogisches Zentrum. Durch die jahrhundertelangen Um- und Anbauten sowie Renovierungsarbeiten z. B. nach den Türkenüberfällen gegen Ende des 15. Jh. zeigt das Bauwerk heute zahlreiche Stilrichtungen. Seit Ende des 15. Jh. war das Kloster mit einer mächtigen, über 8 m hohen Befestigungsmauer gegen Eindringlinge geschützt. Vor dem Edikt von Kaiser Joseph II. (1784) „gegen die untätigen Orden" schützte das freilich nicht – Joseph II. verbot sämtliche Mönchsorden ohne Ausnahme, nicht zuletzt eine Reaktion auf die wachsende kirchliche Macht und die Korruption. Erst über ein Jahrhundert später (1898) durften die Mönche wieder in ihr Kloster zurückkehren. Stična wurde in den letzten Jahrzehnten aufwändig renoviert und wird bis heute von Priestern und Mönchen bewohnt.

Sehenswert in der dreischiffigen romanischen *Kathedrale*, die im 17. und 18. Jh. im Barock- und Renaissancestil umgestaltet wurde, sind die 11 Seitenaltäre, ein wunderbarer, mit Engeln verzierter blauer Orgelschrank (1747) und die 1766 von Fortunat Bergant gemalten Kreuzwegstationen.

Südlich davon die lichtdurchflutete *Kapelle;* im äußersten Eck hinter der Alten Prälatur der *Obere Turm,* dessen Decke herrliche Stuckarbeiten von 1620 zieren, u. a. Szenen aus der Passion Jesu Christi. Die *Alte Prälatur* zeigt auf zwei Stockwerken eine reiche Sammlung von Gemälden, Möbeln, Ikonen, Messbüchern, medizinischen Schriften des Priesters Simon Ašič (er beschäftigte sich mit Heilkräutern und schrieb das bekannte Büchlein „Hausapotheke"), zudem eine sehr gute Einführung über die Geschichte des Christentums in Slowenien sowie kostbare Kopien seltener Dokumente, wie das „Stična-Manuskript", das zu den ersten in slowenischer Schrift verfassten Schriften zählt (das Original ist in der Nationalbibliothek in Ljubljana zu sehen). Ein Raum ist dem Missionar Frederick Baraga (1797–1868; geboren im nahen Trebnje) gewidmet, der Indianer in Michigan unterrichtete und 1843 eine Grammatik dieser indianischen Sprache verfasste. In einem Nebengebäude kann man im *Klosterladen* und *Teehaus* (Mo–Fr 8– 16, Sa 8–13 Uhr) u. a. Priester Ašič's Heilkräutertees erwerben.

Skulptur von Jože Volarič, 1989

Öffnungszeiten/Anfahrt   Besichtigung nur mit Führung möglich: Di–Sa 8.30, 10, 14, 16 Uhr; So 14 u. 16 Uhr. Eintritt 7 €, Stud./ Kinder 2 €. Stična 17, ✆ 01/7877-863, www. mks-sticna.si. Das Kloster liegt 2 km nördlich von Ivančna Gorica (35 km südlich von Ljubljana).

Veranstaltungen   Pietá-Fest, letzter So im Aug.; mit Picknick auf dem Gelände.

Von Ivančna Gorica bietet sich ein nördlicher Abstecher (ca. 16 km, N 416) zur **Burg Bogenšperk**, die sich vor Šmartno pri Litija erhebt. Die Herren von Wagen ließen sie im 15. Jh. erbauen. Später lebte und forschte hier der Polyhistor Johannes Weichard Valvasor. Bekannt machten ihn seine Forschungen über den regelmäßig versickernden Cerkniško-See (→ Cerkniško jezero) – Valvasor wurde Mitglied der Königlichen Geografischen Gesellschaft in London. 1689 erschien sein historisch-topografisches Werk „Die Ehre des Herzogtums Krain", eine für die Zeit einzigartige Arbeit. Da er all sein Geld in das teure Projekt investierte – allein 533 Kupferstichplatten mit Karten und Illustrationen waren zu finanzieren – musste er Bogenšperk verkaufen. Die Besitzer wechselten nun häufig; 1853 kaufte Fürst Windischgrätz die Burg, die bis zum Zweiten Weltkrieg in Familienbesitz blieb. Ende des 20. Jh. wurde Bogenšperk umfassend restauriert und ist heute ein beliebtes Ausflugsziel. Es gibt ein Valvasor-Gedenkzimmer, Hochzeitszimmer, sowie kulturelle Veranstaltungen. Von hier ist auch eine Weiterreise ins Sava- und Savinje-Tal möglich (→ S. 389).

Grad Bogenšperk, Bogenšperk 5, 61275 Šmartno pri Litiji, ✆ 01/8987-664, www.bogensperk. si. April–Okt. tägl. außer Mo 10–16 Uhr (Juli/Aug. bis 17 Uhr), So/Feiertag bis 18 Uhr; Nov. u. März nur Sa/So 10–17 Uhr. Eintritt 4,50 €, Stud./Kinder 3,50 €.

Trebnje: Sehenswert in dem Städtchen (rund 30 km südöstlich von Ljubljana auf dem Weg nach Novo mesto) ist vor allem die *Galerie der Naiven Kunst* (Galerija likovnih samarastnikov), eine sehr farbenprächtige Stilrichtung, die Slowenien im Ausland bekannt machte. Die Galerie zeigt eine internationale Auswahl wundervoller Werke der Naivmalerei, u. a. der Slowenen Viktor Magyar, Greta Pečnik, Jože Peternels, Anton Repnik, Jože Horvat und auch des bekannten Kroaten Ivan Rabuzzin (1919–1990). Die Sammlung beinhaltet insgesamt 930 Bilder und Skulpturen von 236 Künstlern aus 35 Ländern weltweit. Daneben finden wechselnde Ausstellungen und jährlich ein einwöchiger Workshop internationaler Künstler statt. Die Umgebung lädt zum Radeln ein.

Öffnungszeiten Center za izobraževanje in kulturo Trebnje, 8210 Trebnje, Goliev trg 1, ✆ 07/3482-100, www.ciktrebnje.si, www. visitdolenjska.eu. Nur Okt.–April Di–Fr 10–12/14–18, Sa 10–12 Uhr. Eintritt 3 €, bis 15 J. gratis.

Übernachten/Essen ** Hotel-Restaurant-Café Galaksija, wer in Trebnje gut essen möchte, ist hier richtig, auch hauseigene Konditorei. Tägl. ab 6, Sa/So ab 7 Uhr. Zudem 28 gut ausgestattete Zimmer mit WiFi, DZ 40 €. Podjetniška ul. 13, ✆ 07/3045-933, www.galaksijatrebnje.si

》 Mein Tipp: Gostilna-Hotel *** Rakar, ca. 2 km südöstlich der Stadt und der A 2; hierher lockt bestes Essen, gleich einem Kunstwerk mit frischen Zutaten, dazu über 200 auserlesene und süffige Weine. Tägl. außer Di 11–22, So/Feiertag 11–17 Uhr. Im gemütlichen und komfortablen Holzanbau gibt es ruhige DZ zu 65 und 75 €, auch WiFi. Gorenje ponikve 8, ✆ 07/3466-190, www.rakar.si. 《

Šentrupert: Am Nordrand der Dolenjska liegt der kleine Ort (ca. 12 km nördlich von Trebnje, über N 215). Der Ausflug lohnt wegen der wuchtigen, spätgotischen Pfarrkirche *Sv. Ruperta*, im 15. Jh. auf ihrer Vorgängerin aus dem 12. Jh. erbaut, mit kunstvoller Deckenmalerei und fast wehrhafter Fassade. Hübsch anzusehen ist auch das *Freilichtmuseum Dežela kozolcev*, das auf 2,5 ha 19 traditionelle Heuharfen (*Kozolec*, ein slowenisches, architektonisches Kulturerbe) und offene Heustadel (mit Dach), Holzgestelle zum Trocknen u. a. von Heu und Mais, zeigt. Die sogar weltälteste ist die Doppelharfe von 1795, die Lukatov toplar. Fast alle Heuharpfen wurden aus dieser Region zusammengetragen und hier wieder aufgebaut.

Dežela kozolcev, Šentrupert 5, 8232 Šentrupert, www.dezelakozolcev.si. Tägl. außer Mo 9–16 Uhr, Sa/So bis 18 Uhr.

Mittelslowenien → Karte S. 258/259

Novo mesto – der malerische Stadtteil Breg an der Krka

Novo mesto

Das 21.300-Einwohner-Städtchen im Krka-Tal mit seiner mittelalterlichen Altstadt ist das Wirtschaftszentrum der Region und Mittelpunkt der weinreichen Dolenjska-Gegend. Rundum auf den Hügeln sind Weinfelder mit Weinkellern angelegt.

Viele Bürger der nur 4 km von der Hauptstraße Ljubljana – Zagreb entfernten Stadt haben ihren Broterwerb in der Pharmaziefabrik Krka, eine der größten des Landes, oder in der Niederlassung von Renault. Am Wochenende allerdings frönen sie ihrem Hobby, dem Weinbau, und kultivieren die verschiedensten Rebsorten wie Modri pinot, Moda frankinja, Chardonnay, Sauvignon – und eine ganz besondere Mischung aus roten und weißen Trauben ergibt den leichten *Cviček*.

Gegründet wurde Novo mesto (Neustadt) 1365 vom habsburgischen Herzog Rudolf IV., der die Stadt ganz unbescheiden Rudolfswerth taufte. Das mittelalterliche Stadtzentrum **Breg** liegt in einer Krka-Schleife, die malerisch über dem Fluss aufsteigenden Häuser sind ein beliebtes Fotomotiv. Auch wenn hier alles etwas verschlafen wirkt – der Hauptplatz des Städtchens mit seinen Arkadengeschäften, das **Rathaus** (Anfang 18. Jh.) und der **Wasserbrunnen** sind sehenswert.

Auf dem Stadtberg thront die **Kapitelkirche des hl. Nikolaus**, ein spätgotischer Bau mit Altarbild des Renaissancemalers Tintoretto. Unterhalb der Kapitelkirche sind im modern gestalteten **Regionalmuseum** (Dolenjski Muzej) die historischen Funde der Gegend (u. a. fast modern anmutende bunte Glasperlen aus dem 5.–4. Jh. v. Chr.) sowie die ethnografische Abteilung sehenswert: Glasmalereien aus dem 19. Jh., Geschichte der Bienenzucht, der Kerzenherstellung und Lebkuchenbäckerei sind einige Themen; ein Weinkeller und eine Mühle dürfen natürlich nicht fehlen. Di–Sa 9–17 Uhr, Nov.–Jan. Di–Sa 9–16 Uhr, an Feiertagen geschlossen. Eintritt 5 €, Kinder 3 €. Muzejska ul. 7, ✆ 07/3731-130, www.dolenjskimuzej.si.

Kunstinterssierte sollten die **Galerie Dom Božidar Jakac** (1899–1989) besuchen. Jakac Božidar zählt zu den bedeutendsten slowenischen Malern und wurde in Novo mesto geboren, gezeigt werden seine frühen und späten Arbeiten (→ Kostanjevica). Öffnungszeiten wie Regionalmuseum. Eintritt 3 €, Kinder 2 €. Sokološka ul. 1, ☏ 07/3731-131, www.dolenjskimuzej.si.

In der Nähe des Marktplatzes liegt das **Franziskanerkloster** mit Kirche (1472) und alter Klosterbibliothek.

Novo mesto eignet sich außerdem gut als Ausgangspunkt für Mountainbiketouren entlang der Weinstraße oder zu Raftingtouren auf der Krka.

Kirschroter Cviček

Der Cviček-Wein, der seinen Ursprung in der Dolenjska hat, wird in einem ganz bestimmten Verhältnis gemischt: 70 % rote Trauben der Žametna-črnina-Rebe, 10 % der Sorte Modre frankinje und 20 % weiße Kraljevina-Trauben – das ist das Rezept für den trockenen, leichten Wein mit 8,5 bis 10 Volumenprozent, die in verführerisch-kirschroter Farbe erstrahlen.

Seit 2001 ist der Cviček international als eigenständige Weinsorte anerkannt, dessen therapeutische Wirkung bedeutsam sein soll, weil er auf Vulkangestein wächst und die positiven Eigenschaften der Rotweine zeigt – kurzum: gläschenweise von führenden Medizinern und Önologen empfohlen. Getrunken wird der Cviček gut gekühlt, an lauen Abenden ein Genuss!

Wer mehr über den Cviček erfahren möchte, dem sei das Museum im Zisterzienserkloster von Kostanjevica empfohlen (→ Kostanjevica).

Mittelslowenien → Karte S. 258/259

⟨Basis-Infos

Information Touristinformation TIC, 8000 Novo mesto, Glavni trg 11 (im Rathaus), ☏ 07/3939-263, www.visitnovomesto.si, www.visitdolenjska.eu (für die gesamte Region). April–Okt. Mo–Fr 8–19, Sa 9–15, So 9–13 Uhr; sonst Mo–Fr 9–18, Sa 9–14 Uhr. Gute Infos, Karten, Fahrradverleih.

Verbindungen Bus: Busbahnhof im Zentrum; stündl. nach Ljubljana (1:15 Std.); ☏ 07/3321-123. **Zug**: Bahnhof etwas außerhalb, Kolodvorska 1 (Straße nach Ljubljana). Anschlüsse nach Ljubljana und Metlika alle 1–2 Std.; ☏ 07/2982-100. **Flug**: Panoramaflüge beim Sportflughafen Prečna, 3 km westlich von Novo mesto, Prečna 46, ☏ 07/3348-222, ☏ 041/987-123 (mobil), www.aeroklub-nm.si.

Gesundheit Krankenhaus (Hospital), Šmihelska cesta 1, ☏ 07/3916-100. **Ambulanz** (Zdravstveni dom), Kandijska cesta 4, ☏ 07/3916-700. **Apotheke** (Lekarna): u. a. Kandijska cesta 1, ☏ 07/3932-918.

Sport Reiten: Reitzentrum der Gegend ist Šentjernej, 15 km östlich von Novo mesto. Jährlich finden hier Reiterturniere statt.

Reiterhof Hosta, in Sela, nahe von Šentjernej. Hier werden Lipizzaner und andere Rassen gezüchtet; im Angebot: Reitunterricht für Anfänger u. Fortgeschrittene, Ausritte und Kutschfahrten. Kobilarna in Jahalna Šola – Hosta, Sela 6, Šentjernej, ☏ 041/690-066 (mobil), www.hosta-lipizzans.eu.

Reitzentrum Češča vas, nur 5 km von der Stadt entfernt. ☏ 07/3373-040, www.konjicescavas.si.

Rafting: Kajak Kanu sup club, ☏ 031/633-544 (mobil), www.kajak-kanu-sup.si. Nettes Gelände 2 km westlich der Altstadt am Südufer der Krka. Verleih u. Ausflüge.

Raftingclub Gimpex, in Straža, Stara cesta 1, 8351 Straža, ☏ 031/340-422 (mobil), www.rafting-gimpex.si.

Weitere Kajak- und Raftingagenturen (→ Krka-Tal und Kolpa).

Wandern: Ein 6 km langer Wanderweg führt rund um die Altstadt (Karten bei TIC).

Zudem **Mountainbiketouren, Angeln, Kanuverleih** beim Restaurant Loka, **Paragliden** am Flughafen, **Fahrradverleih** bei TIC, Otočec und in Dol. Toplice.

Veranstaltungen Sommerfestival, Juni–Aug., 1-mal wöchentl. Konzerte, Theater am Hauptplatz. **Jazzinty**, Mitte Aug. (www.jazzinty.com). **Noč na Krki**, 4. Sa im Aug. **Skoki v Krko most** (Krka-Brückenspringen), am 1. Sa im Sept.; 40 m in die Tiefe von der Altstadtbrücke Kandijski most, zudem Essen, Trinken und Konzerte.

Übernachten/Essen & Trinken

Übernachten Privatzimmer und **Appartements** vermittelt TIC. DZ ab 18 €.

**** **Garni Hotel Krka**, komfortables, gemütliches Hotel mitten im Zentrum, mit Bar. DZ/F 114 €. Novi trg 1, ✆ 07/3942-100, www.terme-krka.com.

–** **Appartements Ravbar**, nur 5 Min. Fußweg südlich der Altstadt und Krka und in ruhiger grüner Lage. Gut ausgestattete Zimmer (DZ 35–45 €) und Appartements (1–6 Pers.) in verschiedenen Kategorien, Frühstück 7 €; guter Service, große Parkflächen und WiFi. Smrečnikova ul. 15 und 17, ✆ 07/3730-680, www.ravbar.net.

*** **Gostišče Vovko**, gutes Restaurant und schöne Pension in ruhiger Lage beim Ort Brusnice, ca. 10 km östlich von Novo mesto, an den Hängen des Höhenzugs Gorjanci. DZ/F 56 €. Di–Sa 11–22, So/Feiertag 11–16 Uhr. Ratez 48, 8321 Brusnice, ✆ 07/3085-603, www.gostilna-vovko.si.

** **Hotel Pri Belokranjcu**, ca. 500 m südlich der Kandijski most. Restaurant mit Terrasse – es gibt vor allem Pizza. Einfache Zimmer mit WiFi, auch Stellplätze. DZ/F 58 €. Kandijska cesta 63, ✆ 07/3028-444, www.hotel pribelokranjcu.si.

Hostel Situla, 2009 eröffnet, mitten in der Altstadt am nördlichen Rand des Glavni trg. Gemütliche DZ 22 €/Pers., im Mehrbettzimmer 15 €/Pers., mit JH-Ausweis 10 €. Dilančeva 1, ✆ 07/3942-001, www.situlla.si.

Essen & Trinken Restaurant Don Bobi, feinste slowenische Küche, auch Pizzen im Angebot, große Weinauswahl, stilvolles Ambiente bei gutem Service. Auch preiswerter Mittagstisch. Tägl. außer So 10–23, Sa ab 12 Uhr. Kandijska cesta 14, ✆ 07/3382-400.

»» Mein Tipp: Café & Gostilna na trgu, am Hauptplatz, mit „Hiša Kulinarike" tituliert, großzügig auf 2 Ebenen und mit Innenhof. Feinste Torten und Kuhen und leckere Gerichte für den Mittagstisch – die Hotelfachschule liefert ihre Kreationen. Café tägl. 7–20 Uhr, Restaurant Mo–Fr 9–20 Uhr, Sa/So 11–15 Uhr. Glavni trg 30. **««**

Gostilna & Café Loka, in Alleinlage westlich der Altstadt, mit großer Terrasse direkt an der Krka. Hier isst man gute Fischgerichte, zudem leckere hausgemachte Torten und Eiscreme. Kanuvermietung. Mo–Fr 8–22/23, Sa/So ab 9 Uhr. Župančičevo sprehajališče 2, ✆ 07/3321-108.

Restaurant & Bar Boheja, im Südosten der Stadt. Gehobene Küche mit nettem Ambiente, preiswerter Mittagstisch. Mo–Fr 8.30–22, Sa/So nur bis 16 Uhr. Belokranjska cesta 24a, ✆ 059/010-674 (mobil).

Gostišče Dežmar, sehr beliebtes und gutes Lokal nördlich vom Zentrum, Freisitz auf dem Balkon. Tägl. außer So 8–22/23 Uhr. Lubljanska cesta 65, ✆ 07/3379-300.

Bar Boter, auf einem Steg nahe der Altstadtbrücke. Vor allem für laue Abende auf einen Drink bestens geeignet. Kandijska cesta 9.

Cafébar Pumpnca, ca. 2 km westlich der Altstadt in Alleinlage am Nordufer der Krka. Hier kann man gemütlich auf der Holzterrasse oder unter den Bäumen Kaffee oder Drinks genießen, es gibt ein Kanu, Konzerte, eine offene Bücherei und wer mag, geht schwimmen. Tägl. 9–22 Uhr.

Stellplätze Beim **Hotel Pri Belokranjcu** (s. o.), zudem beim **Grad Grm**, dem ehemaligen Kastell; mit Wasser und Strom, südlich der Altstadt (ausgeschildert).

Camping Camping Otočec; ca. 6 km von Novo mesto (→ Otočec).

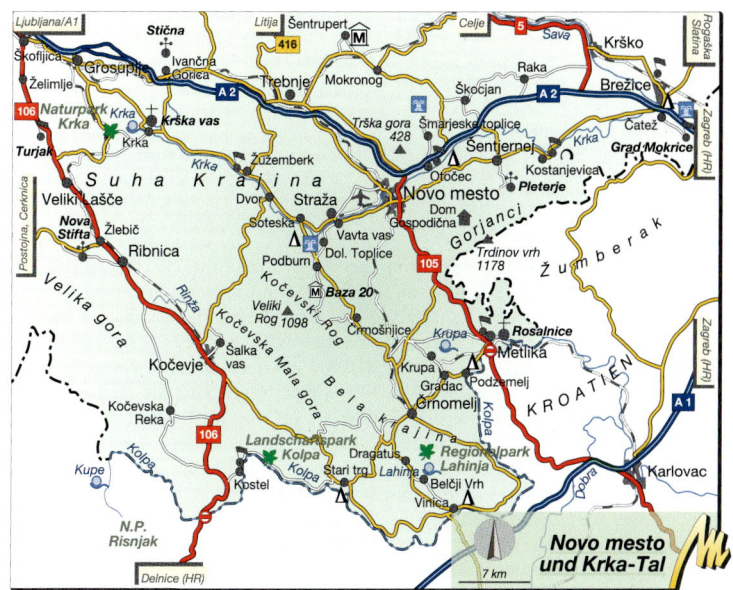

Krka-Tal

Die schöne Krka entspringt ca. 40 km südlich von Ljubljana beim Ort Krka und zieht sich ostwärts bis Brežice (→ S. 391) kurz vor der kroatischen Grenze, wo das Flüsschen nach rund 95 km in die Sava mündet. Besonders der obere Flusslauf zwischen Krka und Novo mesto ist landschaftlich sehr reizvoll – das schmale, von Laubwäldern und Blumenwiesen gesäumte Tal mit etlichen kleinen Wasserfällen ist bei Kajak- und Kanufreunden beliebt. Aber auch für Angler ist die Krka, einer der fischreichsten Flüsse Europas, ein Paradies – hier werden schon mal 20 kg schwere Welse oder 15 kg schwere Huchen gefangen. Übrigens ist die Krka Sloweniens einziger Fluss mit Wasserfällen, die durch Kalksteinablagerungen entstanden. Das Gebiet um die Krka-Quelle ist als Naturpark ausgewiesen.

Krka: Aus Richtung Lubljana kommend, zweigt man von der Schnellstraße nach Novo mesto bei Ivancna Gorica auf das Sträßchen nach Krka ab, ein kleines unscheinbares Dorf. Etwas außerhalb des Ortes, bei Grbvica, entspringt in einer unterirdischen Höhle beim nahe gelegenen Rogljevka-Hügel (475 m) das gleichnamige Flüsschen. Die *Krka-Höhle* kann nur mit Führung besichtigt werden (April–Okt. Sa/So und Feiertage 14–16 Uhr, ✆ 041/276-252 mobil Fr. Sabina, www.td; Eintritt 3 €, Kinder 6–18 Jahre 2 €). Die Höhle diente als Partisanenversteck und bot auch schon Unterschlupf vor den Türken, heute wird sie von über 100-jährigen Grottenolmen bewohnt.

Die Krka schlängelt sich im Taleinschnitt, teils tief unterhalb der Straße, weiter nach Žužemberk.

Sport Agentur Carpe Diem (Hr. Borot Javornik), 1301 Krka, Krka 27, ☎ 01/7806-011, ☎ 041/739-771 (mobil), www.kayak.si. Der Ex-Olympiateilnehmer von Barcelona, Coach für die slowenische Kajak-Mannschaft in Atlanta und Sydney, gibt hier persönlich Unterricht. Kajakschule für Anfänger und Fortgeschrittene auf der Krka und Kolpa; Raftingausflüge. April–Okt.

Veranstaltungen Spust po Krki, Kajak-race von Krka nach Žuzemberk; letzer So im Mai. Treffpunkt bei Carpe Diem.

Übernachten/Essen Die Kajakschule Carpe Diem vermittelt Unterkünfte; das hauseigene, empfehlenswerte und idyllisch an der Krka gelegene **Restaurant** ist auch für Nichtgäste geöffnet; es gibt u. a. Forellen in allen Variationen. Mai–Sept. Mi–So 12–20 Uhr, Nov.–Anf. Febr. nur Fr–So.

Žuzemberk: Malerisch liegt der Ort mit seiner pflanzenumwucherten, viertürmigen Burg oberhalb der Krka, die tief im Tal schöne Kaskaden bildet. 1295 wird *Burg Žuzemberk* in einem Kaufvertrag mit Graf Albert II. von Görz erstmals erwähnt. Von 1469 bis zum Zweiten Weltkrieg war die Burg der komfortable Sitz der Grafen von Auersperg, während der Kriegswirren brannte sie völlig aus. Mittlerweile wurden die runden Wehrtürme restauriert, eine kleine Sammlung eingerichtet, im Sommer werden Konzerte und ein Mittelaltertag (15. Juli) abgehalten, und wenn Geld vorhanden ist, der große weitere Rest in Angriff genommen. Die Burg kann von Juni bis Sept. tägl. 7–19 Uhr, danach Sa/So 9–17 Uhr gratis besichtigt werden. Oberhalb ragt auf einem Hügel die hübsche zweitürmige Barockkirche Kirche *Sv. Mohorja in Fortunata* (St. Hermagor und Fortunat) empor, die 1944 niedergebrannt und 1993 nach Plänen wieder renoviert wurde. Eine Besonderheit ist ihre 35-Register-Orgel.

Information Tourismusverband, im Gemeindehaus, Grajski trg 33, 8360 Žuzemberk, ☎ 07/3885-180, www.zuzemberk.si. Mo–Fr 7–15 Uhr.

Übernachten/Essen Gostilna Pri Gradu, gegenüber der Burg am Hauptplatz mit guter Hausmannskost wie hausgemachtem Brot und Nudeln, guten Braten, auch Pizzen. Tägl. 6–22/23 Uhr. Grajski trg 4, ☎ 07/3087-290.

》》 Mein Tipp: °°° Touristischer Bauernhof Koren, wunderbare Lage direkt am

Blick gen Burg Žuzemberk oberhalb der Krka – idyllisch zum Kajakfahren

Fluss mit Blick auf die Burg. Hausgemachte Produkte von Schaf und Ziege, frische Milch und eigene Schnapsbrennerei. Fahrrad- und Kanuverleih; auf der Wiese kann man zelten oder mit dem Camper stehen. Pro Pers. mit Frühstück 30 €. Ul. Dolga vas 4, 8360 Žužemberk, ☎ 07/3087-260, 031/430-645 (mobil), www.turizem-koren.si. **«««**

°°°° **Touristischer Bauernhof Novak,** hübsch renovierter Gutshof mit Tennisplatz, hofeigenen Produkten und familiärer Atmosphäre. DZ/F 80 €. Sadinja vas 7, Sadinja vas pri Dvoru, ☎ 07/3087-430, www.novakdoma.eu.

Sport Kajak, über Agentur Gimpex (www.rafting-gimpex.si.) aus Straža (→ Novo mesto). Kanu- u. Kajakverleih bei TK Koren.

Dvor: Bis hierher windet sich die Krka durch ein schmales Tal. In der Umgebung baute man bis ins 19. Jh. Eisenerz ab – ein großer Verhüttungsofen verblieb als eindrückliches Museumsstück im Dorf, in dem auch Sloweniens ältester Maschinenbetrieb gegründet wurde; die hier gefertigten Waffen leisteten den Serben bei ihrem ersten Aufstand gegen die Türken blutige Dienste. Das neu eröffnete *Železo-Livarski muzej* (Museum der Eisengießerei) gibt Einblick in die Verarbeitung und auch in die alte Handwerkskunst (Dvor 46, ☎ 041/234-744 mobil, www.zelezolivarna.si; Mo–Fr 8–15 Uhr – läuten! Eintritt 4,50 €, Kinder 2,50 €).

Dvor – malerische Industriekultur

Es gibt Übernachtungsmöglichkeiten und Lokale. Hier auch Abzweig und Weiterreise nach Kočevje (28 km) möglich (→ S. 309).

Gostilna Štupar, schöner Gasthof mit slowenischen Spezialitäten, auch Pizzen. Tägl. ab 8, Sa ab 9 Uhr. Dvor 96, 8361 Dvor, ☎ 07/3888-500.

Soteska: Die Krka zwängt sich hier durch eine enge Schlucht, oberhalb liegt der Ort mit den Burgruinen. Die Burg, Ende des 17. Jh. von den Herren von Gallenberg errichtet und einst mit kostbaren Gemälden ausgestattet, übernahmen 1743 ebenfalls die Grafen von Auersperg. Wie Burg Žužemberk wurde auch sie im Zweiten Weltkrieg zerstört. Von hier aus auch Weiterreise in ca. 15 km nach Baza 20 (→ S. 310), in ca. 30 km nach Črnomelj (→ S. 329) und in 55 km nach Kočevje (→ S. 309) möglich.

Dolenjske Toplice: Der bekannte slowenische Kurort liegt etwas abseits des Krka-Tals. In Vavta vas, 9 km vor Novo mesto, rechts ab, dann ist nach weiteren 4 km das beschauliche Örtchen erreicht. Dolenjske Toplice wird erstmals im 13. Jh. erwähnt und schon seit der zweiten Hälfte des 17. Jh. von Slowenen, später auch von Italienern besucht – heute erfreut sich das *Wellnesscenter Balnea* großer Beliebtheit.

Für Bewegungsfreudige gibt es 18 markierte Wander- und 6 markierte Fahrrad-wege. 15 km südlich liegt die bis auf knapp 1000 m ansteigende Bergkette *Rog Črmošnjice*, die sich ebenfalls bestens zum Wandern und Mountainbiken eignet. Weiterreise (→ Soteska).

Information Touristinformation TIC, So-kolski trg 4 (Hauptplatz), 8350 Dolenjske Toplice, ✆ 07/3845-188, www.dolenjske-toplice.si. Ganzjährig Mo–Fr 9–19, Sa 9–15, So/Feiertag 8–12 Uhr. Gute Infos u. Karten.

Agentur K2M, Pionirska cesta 3, ✆ 07/3066-830, www.k2m.si. Rafting-, Kajak- und Kanu-touren, Fahrradverleih.

Einkaufen »» Mein Tipp: Berryshka, im Weiler Obrh (3 km westlich von Dolenjska Toplice) liegt diese familiär geführte und prämierte Schokoladen-, Destillier- und Fer-mentiermanufaktur, die weltweit Delikates-senläden beliefert. Alle Produkte werden hier in Handarbeit verarbeitet, zudem auf ökologischer Basis (eigene Energie durch Abfallprodukte). U. a. Schokolade, Pralinen, Essig, Öle (v. a. Wacholder), Schnäpse (Wa-cholder), Gin, Whisky (reift in Fässern), Li-köre (Heidelbeere, Brombeere, Walnuss, Kirsche), Honig und Marmelade. Im Laden kann man alles verkosten, zudem an Füh-rungen teilnehmen. Es gibt ein nettes Café, eine Grotte und auch Übernachtungsmög-lichkeiten. Fr–So 11–18 Uhr. Fam. Samo Kenda, Obrh 17a, ✆ 041/612-593 (mobil), www.berryshka.com. **«**

Übernachten/Essen/Wellness **** Ho-tel Vital und **** Hotel Kristal residieren beide in einem prachtvollen großen Ba-rockpalast. Im Innern harmonieren üppi-ges Barock und modernes Interieur; mit allem, was zu einem zeitgemäßen Kurzen-trum gehört. DZ/F in beiden Hotels 130 €.

**** Spa-Hotel Balnea superior, der kom-fortable Hotelkomplex liegt inmitten eines Parks, bietet 3 Thermalschwimmbecken im Innern (für medizinische Zwecke), Innen-

und Außen-Thermalwasserbecken, zudem Fitnesscenter, Sauna, Tennisplätze, Beauty-und Massagebereich und natürlich Restau-rants und Bars. Komfortable DZ/F mit Bal-kon 156 €. Zdraviliški trg 7, ✆ 07/3919-400, www.terme-krka.com.

**** **Hotel Pri mostu**, wie der Name besagt an der Brücke; nettes kleines Frühstücks-hotel mit Terrasse, erst 2015 eröffnet. An-sprechende DZ 49 €. WiFi. Pionirska cesta 2, ✆ 051/388-388 (mobil), www.primostu.si.

**** **Hotel-Restaurant Oštarija**, im Zentrum mit hübschen Zimmern und Appartements (bis 6 Pers.), ab 50 €/2 Pers. WiFi. Das Res-taurant bietet beste moderne Saisonküche. Tägl. außer Mo 12–22, So nur bis 16 Uhr. So-kolski trg 2, ✆ 031/712-500 (mobil), www.ostarija.si.

**** **Gostišče Štravs**, hier kann man nächti-gen (25 €/Pers.), gute Forellen und Wild es-sen und eine Angellizenz erhalten. Podturn 28 (Südwesten), ✆ 07/3065-390.

**** **Gostišče Kolesar**, liegt im Südosten im Grünen mit 7 Zimmern (30 €/Pers./F) und Kinderspielplatz, Trampolin und guter Küche mit slowenischen Gerichten. Tägl. außer Mo ab 10 Uhr. Dolenje Sušice 22, ✆ 041/755-363 (mobil).

Camping ** Camping Dolenjske Toplice, am Ortsanfang liegt der kleine, ruhige, par-zellierte Platz mit Bächlein. Bescheidene, aber gepflegte Sanitäranlagen; Einkaufs-möglichkeit im Ort. Fahrradverleih, WiFi. Mitte April–Sept., 11 €/Pers., Camperstopp ganzjährig. Podhosta 48, ✆ 040/466-589 (mo-bil), www.camping-potocar.si.

Camping Polje, kleiner Stellplatz nördlich von obigem, auch gleiche Ltg. Meniška vas 61.

Novo mesto: Größte Ansiedlung im Krka-Tal (→ Novo mesto).

Otočec ob Krki: Etwa 6 km nordöstlich von Novo mesto an der Krka, unterhalb der Hauptstraße Ljubljana – Zagreb, liegt unweit des gleichnamigen Dörfchens das *Schlosshotel Otočec* mit angrenzendem Golfplatz, ein beliebtes Ausflugsziel der Ein-heimischen. Das malerisch auf einer Krka-Insel gelegene mittelalterliche Wasser-schloss wurde im Zweiten Weltkrieg schwer beschädigt, später wurde es renoviert und zu einem Hotel umgebaut.

Mitte des 13. Jh. wird das Schloss erstmals erwähnt, als es von Ritter von Otočec, einem Untertan des Bischofs von Freisingen, besetzt wurde. Als das Geschlecht derer

Otočec – einst ein herrschaftliches Schloss, heute ein beliebtes Hotel

von Otočec im 15. Jh. ausstarb, ging der Besitz an eine Reihe anderer Familien der feinen Gesellschaft – so Anfang des 16. Jh. an die Tiroler Familie Villanders. 1560 erwarb es der legendäre Uskoken-Baron Ivan Lenkovič (sein Hauptsitz befand sich im kroatischen Senj). 1629 kaufte es Ivan Tavčar, Mitte des 18. Jh. die Familie Schweiger von Lerchenfeld. Ein Nachfolger, Vinko Schweiger, machte sich durch die Förderung der slowenischen Sprache einen Namen. Bis zum Zweiten Weltkrieg bewohnte die Familie Margheri de Commadona das herrschaftliche Anwesen.

Umbauten und der Zeitgeschmack der Besitzer – von Romanik über Gotik bis hin zur Renaissance – hinterließen über die Jahrhunderte ihre Spuren. Im 14. Jh. wurde aus Sicherheitsgründen im Süden ein Kanal gegraben, durch den das Schloss zum Wasserschloss wurde; nach Plünderungen durch die Türken wurde Otočec 1471 durch Verteidigungstürme und Schutzmauern zusätzlich befestigt und im 17. Jh. mit Arkaden geschmückt, die bis heute erhalten sind. Während des Zweiten Weltkriegs wurde das Schmuckstück schwer beschädigt und seit 1950 Stück für Stück wieder restauriert. Die Jahrhunderte überstand auch der umgebende Park, den die Familie Schweiger von Lerchenfeld (1727–1850) als Landschaftspark im englischen Stil anlegen ließ.

Nur 1 km entfernt steht das *Schloss Struga*, im 15. Jh. auf der rechten Krka-Seite erbaut. Eine zeitlang diente das gut erhaltende Schloss als Reiterzentrum, heute ist hier der neue 18-Loch-Golfplatz.

Übernachten/Essen

**** Hotel Šport Otočec, nördlich der Hauptstraße und der A 2 Ljubljana – Zagreb; zum Schlosshotel gehörig, jedoch modern gehalten, auch kleiner Wellnessbereich und Adventurepark. Zimmer nach Norden am ruhigsten; DZ/F 92 €. ☎ 07/3848-600, www.terme-krka.com.

» Mein Tipp: ***** Schloss- und Golfhotel Grad Otočec, die stilvoll mit alten Möbeln bestückten Zimmer im herrschaftlichen Ambiente haben ihren Preis, Ähnliches gilt für das hübsche Restaurant im Innenhof. Das Hotel bietet Hallenbad, Sauna, Tennisplätze und Golfplatz; zudem Fahrrad- und Bootsverleih. DZ/F (2+1) ab 260 €, in hübscher Suite

300 €. 8222 Otočec ob Krki, Grajska cesta 2, ℘ 07/3075-627, www.terme-krka.com. **«**

🐌 Touristischer Öko-Bauernhof Šeruga, wunderschöner gepflegter Gutshof in ruhiger Lage, umgeben von einem großen Garten. Es gibt hausgemachte Öko-Produkte, u. a. viele Speisen aus Buchweizenmehl, Walnussbrot, Kaninchen- und Kalbfleisch und selbst gekelterten Wein. Hübsche Zimmer mit Landhausmöbeln. DZ/F 70 €, HP 45 €/Pers. Sela pri Ratežu 15, 8222 Otočec, ℘ 07/3346-900, www.seruga.si. ∎

Camping ** Camping Otočec, vorbei am Schloss, auf der anderen Flussseite direkt an der Krka. Hübscher kleiner 40-Parzellen-Platz, die Hauptstraße allerdings in gemäßigter Hörweite. Sanitäranlagen akzeptabel. In den Sommermonaten hat eine Bar geöffnet. Kanu- und Radverleih, WiFi. In 500 m ein Laden und Restaurant. 11 €/Pers. April–Sept. ℘ 040/466-589 (mobil), www.camping-potocar.si.

Sport Golf Grad Otočec, schöner 18-Loch-Platz zwischen den Schlössern Otočec und Struga. Grajska cesta 2, ℘ 041/304-444 (mobil), www.terme-krka.com.

Thermalbad Šmarješke Toplice, ca. 5 km entfernt (s. u.).

Thermalbad Šmarješke Toplice: hübsches kleines Thermalbad, ca. 5 km nördlich von Otočec. Schön eingebettet in Natur, umgeben von einem großen Kurpark mit botanischem Lehrpfad – hier kann man den Stress des Alltags abschütteln, sich im Wellness-Bereich verwöhnen oder die Wehwehchen physiotherapeutisch behandeln lassen.

Übernachten/Essen **** Hotels Šmarjeta und **Vitarium superior**, komfortable Zimmer mit Balkon, DZ/F 138 € (Šmarjeta) und 148 € (Vitarium), im *** **Hotel Toplice** für 120 €. ℘ 07/3843-400, www.terme-krka.com. Wie auch in den anderen Thermalbädern werden hier u. a. Beschwerden nach Herzinfarkten, Herzrhythmusstörungen, Sport- verletzungen, Verletzungen des Bewegungsapparats und Erkrankungen des Nervensystems behandelt. Es gibt 5 Thermalschwimmbäder, 2 davon sind Hallenbäder (32 °C Wassertemperatur), 3 Freibäder im Kurpark (26–28 °C); Wellnessbereich (verschiedenste Massagen), Sportpark mit Tennis, Fahrradverleih, Basketball etc.

Kartäuserkloster Pleterje (Pletriach): Ab Otočec verläuft die Krka nun in einem breiten Tal, gesäumt von fruchtbaren Feldern und einigen Dörfern. Südlich der Krka und des Städtchens Šentjernej liegt an den Abhängen des Gorjanci das noch heute von 10 Mönchen betriebene Kartäuserkloster, das von 500 ha Land umgeben ist. Der von Bruno von Köln (1030–1101) gegründete Orden zählt zu den strengsten der römisch-katholischen Mönchsorden und ist für die Öffentlichkeit kaum zugänglich (für Frauen überhaupt nicht). Einen Einblick in das Leben der Mönche sowie die Räumlichkeiten des Klosters gewährt eine 25-Minuten-Multimediapräsentation.

Ein wichtiger Teil des Ordenslebens liegt in der Einsamkeit und im Schweigen: „Gott und der Welt in der gemeinsamen Liturgie, der einsamen Meditation und geistiger und körperlicher Arbeit in der Zelle zu dienen." Neben der gotischen Kirche aus dem 15. Jh. birgt das Kloster Kunstschätze und Gemälde alter Meister. Ein Teil der Gemäldesammlung ist heute im Kloster Kostanjevica zu sehen.

Das 1403 von Graf Hermann II. gegründete Kartäuserkloster war das jüngste Mitglied dieses Ordens in Slowenien, das älteste ist das 1155 gegründete Kloster Žiče (→ Kartäuserkloster Žiče, Slovenske Konjice). Die ersten Mönche kamen aus der Kartause Žiče nach Pleterje. Doch schon 1595 wurde Pleterje, geschwächt durch Türkenüberfälle und Reformation, wieder aufgegeben und den Jesuiten von Ljubljana übergeben. Danach war es lange in Privatbesitz, ehe es der Kartäuserorden 1899 zurückkaufte. Vom ursprünglichen Kloster sind nur noch die gotische Kirche und die angrenzenden Gebäude erhalten. Die Kirche, ein einschiffiger Raum, ist gemäß dem Ordensstil schlicht gestaltet, ein Lettner trennt den Brüder-Chor vom Patres-Chor. Später wurde die Kartause unter Leitung des französischen Architekten Jean-Francois Pichat neu aufgebaut und von den Mönchen aus der Kartause Bosserville (bei Nancy) besiedelt – die gesamte Innenausstattung wie Chorgestühl, Lesepulte, Altäre, die Bibliothek und eine wertvolle Gemäldesammlung von ca. 100 wertvollen Gemälden (ein Teil ist in der Galerie im Zisterzienserkloster Kostanjevica zu sehen) wurde von Bosserville mitgebracht. Im Grunde erstaunlich, dass die Kartause Pleterje trotz Krieg und Revolutionen die Jahrhunderte überlebte und bis heute lebendig ist ...

Freilichmuseum Pleterje: Kurz vor dem Klosterzugang finden sich auf einer großen Wiese etliche hübsche über 150-jährige Bauernhäuser und Heuharpfen, auch freilaufende Schweine, Hühner und Katzen (→ Foto S. 559).

Muzej na prostem Pleterje, Drča 1, 8310 Šentjernej, ☏ 041/639-191 (mobil), www.skansen.si. Die Kirche (Sonntags-Messe im Sommer um 18 Uhr, im Winter um 16 Uhr) und Sakristei dürfen besichtigt werden; zusätzlich Multimediapräsentation (nach Anmeldung u. mind. für 5 Pers.). April–Okt. tägl. 9–17 Uhr, danach nur nach Anmeldung. Eintritt (ohne Multivision) 4 €, Kinder 3 €, Familie 10 €. Multivision nochmals 4 € bzw. 3 €. Im Souvenirladen am Klostereingang gibt es aus eigener Produktion u. a.

Schmucklos – die Kartäuserkirche

Weine, Honig, Äpfel, zudem Hausmittelchen und Kräutertees aus der Klosterapotheke. Das **Freilichtmuseum** (im Preis enthalten) ist von März–Okt. 9–17 Uhr geöffnet.

Kostanjevica na Krki: Sloweniens kleinste Stadt liegt mitten in einer Krka-Schleife und ist damit fast gänzlich von Wasser umgeben – heute ein Kulturdenkmal. Schon 1252 erhielt Kostanjevica Stadt- und Münzrecht, heute hat sich hier vor allem eine große Kunstszene etabliert: *Galerie Božidar Jakac* und die *Forma Viva* im Kloster, daneben *Lamuts Kunstsalon* im ehemaligen Ministerialhof (Oražnova ul. 5) und auch in der Jože Gorjup Grundschule ist eine kleine internationale *Gorjupova-Galerie* (Gorjanska cesta 2) untergebracht. Ansonsten kann, wer möchte, sich ein Kanu mieten und Kostanjevica auf dem Wasser umrunden, die Gegend per Fahrrad erkunden oder eine Ballonfahrt unternehmen und sich die schöne Dolenjska von oben betrachten.

Zisterzienserkloster Kostanjevica (Maria Brunn): Rund 1 km südlich von Kostanjevica steht, auffällig exponiert, die mächtige Klosteranlage mit Kirche. 1234 wurde das Kloster von Bernhard von Spanheim erbaut und den Zisterziensern gestiftet – es existierte bis zu seiner Auflösung 1786 durch Kaiser Joseph II. Die im Zweiten

Zisterzienserkloster Kostanjevica –
riesig und mit reichem Skulpturenschmuck im Innern

Weltkrieg schwer beschädigten Gemäuer wurden schrittweise restauriert, so die mit Türmen versehene Eingangspforte, die schöne Barockfassade der Kirche und der imposante Klosterhof, der zu den größten Mitteleuropas zählt. Ein weiterer Trakt ist noch im Ausbau (→ Foto S. 556).

In den dreigeschossigen Arkaden ist heute in modern gestalteten Räumen – in gelungenem Kontrast zu den historischen Gemäuern – die *Galerie Božidar Jakac* (www.galerija-bj.si) untergebracht – sie zählt zu den größten Sammlungen Sloweniens. In den Dauerausstellungen werden zeitgenössische slowenische Künstler vorgestellt, u. a. Božidar Jakac, Tone Kralj, Zoran Didek, France Kralj, France Gorše, Jože Gorjup, Bogdan Borčić und Bronzearbeiten von Janez Bojka; auch eine Gemäldesammlung alter Meister, die ursprünglich das Kartäuserkloster Pleterje schmückte, ist hier zu besichtigen. Daneben finden in der ehemaligen Klosterkirche und dem Lapidarium temporäre Ausstellungen moderner slowenischer Künstler statt. Der Weinkeller, in dem das *Cviček-Museum* untergebracht ist, wartet mit kleinen Verkostungen auf. Im Klosterpark sind Holzskulpturen aus riesigen Eichenstämmen zu sehen, die bei *Forma Viva*, einem alle zwei Jahre im Juli stattfindenden internationalen Bildhauersymposium, gefertigt wurden. Jakob Savinšek (1922–1961) rief dies kurz vor seinem Tod ins Leben. Hier finden außerdem Konzerte im Rahmen des Festivals Seviqc Brežice statt (→ Brežice/Veranstaltungen).

Samostan Kostanjevica, 8311 Kostanjevica na Krki, ☏ 07/4987-335, www.galerija-bj.si. Tägl. außer Mo April–Okt. 9–18 Uhr, Nov.–März 9–16 Uhr. Eintritt 4 €, Kinder 2 €. Hier auch TIC (s. u.).

Am südwestlichen Stadtrand, ca. 1,5 km entfernt, ist die *Kostanjeviška jama* mit Stalagmiten und Stalaktiten einen Ausflug wert (Besichtigung mit Führung um 10, 12, 14 u. 18 Uhr, Mitte April–Okt. nur Sa/So u. Feiertag, Juli/Aug. tägl.; Eintritt 8 €, Kinder 4 €; ☏ 041/297-001 mobil, www.kostanjeviska-jama.com).

Information Touristinformation TIC, 8311 Kostanjevica na Krki, Grajska cesta 45 (im Schloss), ✆ 07/4988-150, www.galerija-bi.si. Öffnungszeiten wie Schloss. Infos und Zimmervermittlung.

Veranstaltungen Forma Viva, alle 2 Jahre im Juli, nächstes Mal 2017. Über das ganz Jahr **Konzerte** im Kloster. Zudem **Kostanjevica noč**, Mitte Juli, mit Konzerten und Essen.

Übernachten/Essen *** Vila Castanea, hübsches gelbes, familiär geführtes Stadthaus mit 9 Zimmern und Garten. Gutes Frühstück mit hausgemachtem Brot, Honig, Marmelade, Gebäck, frischem Obst und lokalen Würsten und Käse. Gemütli-che, helle Zimmer, DZ/F 60 €. Ul. talcev 9, ✆ 031/662-011 (mobil), www.vilacastanea.com.

**** **Apartment Na Krki**, bestens ausgestattet, für 2–4 Pers. Am ersten Tag mit Frühstück, auch Fahrradverleih. 60 €/2 Pers. Fam. Šošter, Ul. talcev 5, ✆ 041/573-814 (mobil), www.na-krki.si.

** **Gostišče Žolnir**, netter Landgasthof mit bestem Essen wie Buchweizenstrudel, Kalbsgulasch etc. und idyllischen Sitzgelegenheiten im Freien. Es gibt auch Übernachtungsmöglichkeiten. DZ/F ca. 50 €. Tägl. 7–22 Uhr. Krška cesta 4, ✆ 07/4987-133, www.zolnir.eu.

>>> **Weiterfahrt:** Vom Krka-Tal gelangt man, fährt man südlich, in die Kočevska oder Bela krajina; in östliche Richtung ins Untere Sava-Tal nach Brežice, Krško und weiter Richtung Celje; oder über die Heilbäder wie Atomske Toplice, Rogaška Slatina in Richtung Ptuj und Maribor.

Von Novo mesto in die Bela krajina

Südlich von Novo mesto, in Richtung kroatischer Grenze, locken reizvolle Ziele in der Dolenjska-Region: die **Bela krajina** (www.belakrajina.si) mit dem Zentrum **Črnomelj**, östlich davon noch **Metlika** sowie der Grenzfluss Kolpa, der zu Kajak- und Raftingtouren einlädt. Wegen der schützenswerten Natur wurden das Quellgebiet der Lahinja sowie der Fluss Kolpa zu Landschaftsparks erklärt. Auch in die einsame **Kočevska** ist es von hier aus nicht weit (→ S. 309). Auch hier können Natur liebende Mountainbike- oder Rennradfahrer (Karten über TIC) die einsame, teils auch dicht bewaldete Karstlandschaft auf Makadam oder schmalen Asphaltstaßen durchfahren. Zudem gibt's hier noch eine traditionelle hausgemachte Küche: Spezialitäten sind Belokranjska pogača, ein fladenähnliches Hefeteigbrot, daneben natürlich Wild- und Pilzgerichte, Žlinkrofi (gefüllte Teigtaschen), Lamm- und Ziegengerichte, Würste und Flussfische und Gibanica. An Weinen munden der rote Ješelnik oder der weiße Belokranjec oder Repičan.

Höhenzug Gorjanci: Ca. 10 km südlich von Novo mesto und der Krka zieht sich der Gorjanci-Höhenzug an der kroatischen Grenze entlang, der mit dem höchsten Gipfel, dem Trdinov vrh, bis auf 1178 m ansteigt – mit Mischwäldern und herrlichen Aussichten ein ideales Gebiet für Wanderungen und Mountainbiketouren (im Winter zum Ski fahren). Eine schöne Variante ist die Tour zur *Gospodična-Berghütte:* Man fährt mit dem Mountainbike oder Auto in Richtung Metlika, am 615 m hohen Vahta-Sattel kann man parken. Von dort führt ein Forstweg durch schattigen Mischwald bergauf, vorbei an der Gospodična-Quelle und zur Schutzhütte. Wer mag, kann dort auch übernachten. Von dort Aufstieg zum Trdinov vrh in ca. 1 Std.

Planinska koča pri Gospodični (828 m), nette Berghütte mit gutem Restaurant und Saisonküche, 36 Betten (4-, 8- u. 13-Bettzimmer), Kinderspielplatz u. MTB-Verleih. 15. April–14.Okt. Mi–So 8 Uhr bis Dunkelheit, Rest des Jahres, außer Nov. nur Sa/So u. Feiertag. 8321 Brusnice, Gospodična 10, ✆ 041/682-469 (mobil).

Idyll – die Krupa-Quelle

Metlika und Umgebung

Die gut ausgebaute N 105 führt über den Vahta-Sattel und den Gorjanci-Bergzug südlich, nach 20 km ist die Grenzstadt mit ihren 3100 Einwohnern erreicht. Metlika gehört zur Region Bela krajina (Weiße Mark), in der das alte Brauchtum bis heute lebendig ist und natürlich guter Wein produziert wird. Sehenswert ist die mittelalterliche *Burg* mit *Regionalmuseum* mit Geschichts-, Feuerwehr- und Weinabteilung; im Arkadengang ein kleines Café und Lapidarium (Trg svobode 4, www.belokranjski-muzej.si; Mo–Sa 9–17, So/Feiertag 10–14 Uhr; Eintritt 4 €/1,50 €). Auch TIC hat hier seinen Sitz (s. u.).

Rosalnice, wenige Kilometer östlich von Metlika, ist seit dem 12. Jh. ein bekannter Pilgerort der Templer. Die drei gotischen Kirchen, bekannt als die „Drei Pfarren", bilden in ihrer unterschiedlichen Bauart – mit Turm und ohne – ein herrliches Ensemble.

Krupa-Quelle (Izvir Krupe): ein weiteres geschütztes Naturdenkmal. Die Krupa entspringt ca. 10 km westlich von Metlika bei Stranska vas aus einer 30 m hohen Felswand und ergießt sich malerisch in ein türkisfarbenes Becken. Die Quelle zählt zu den schönsten und interessantesten Karstquellen der Region, die auch mit einer einzigartigen Tierwelt aufwartet: die endemische Höhlenmuschel (Congeria kusceri), endemische Arten von Höhlenschnecken und das größte Höhlenwirbeltier Proteus (Proteus anguinus). Um die Krupa-Quelle führt ein schön angelegter, ca. 5 km langer Wanderweg. Bis zu ihrer Mündung in die Lahinja hat die Krupa auf 2,5 km Länge 60 m Höhenunterschied zu überwinden – an manchen Stellen hat sie sich ein eindrucksvolles Flussbett in die Karstebene gegraben und einst viele Mühlen angetrieben.

Information Touristinformation, 8330 Metlika, Trg svobode 4 (in der Burg), ☎ 07/3635-470, www.metlika-turizem.si, www.bela krajina.si (für die Region). Mo–Fr 8–16, Sa 9–12 Uhr.

Übernachten/Camping/Essen Die Spezialitäten dieser Gegend sind das mit Fleisch gefüllte Fladenbrot *Belokranjska Pogača* oder das süße *Povitica*.

*** **Hotel Bela Krajina**, kleines Altstadthotel in Metlika im orangefarbenen Neubau mit Wintergarten. DZ/F ca. 80 €. Cesta bratstva in enotnosti 32, ☎ 07/3635-280, www.hotel-belakrajina.si.

°°° **Touristischer Bauernhof Jakljevič**, ca. 3 km nördlich von Metlika, umgeben von Weinfeldern (u. a. Metliška, Črnina, Frankenwein, Welschriesling), zudem eigene Schafzucht. Es gibt Zimmer/Appartements

(25 €/Pers./F) und auf Wunsch die leckere Hausmannskost mit Produkten vom Hof. Grabrovec 1, 8330 Metlika, ☎ 07/33058-685, www.jakljevic.si.

°°° **Touristischer Bauernhof Črnič**, im gleichen Weiler wie obiger liegt dieser hübsche, rosafarbene Gutshof. Auch hier wird ein großes Sortiment an Weinen angebaut und gekeltert: Bjela Riesling, Metliška, Lemberger, zudem auch Schnäpse wie Birne, Walnuss, Heidelbeere. Essensspezialitäten sind Lamm und Spanferkel sowie das gute Fladenbrot Belokranjska pogača, Buchweizenstrudel und hausgemachte Würste. Auch 6 Zimmer. Grabrovec 65, ☎ 07/3050-114, www.crnic.si.

°°°° **Touristischer Bauernhof „Ob izviru Krupe"**, nur wenige Minuten oberhalb der Krupaquelle liegt der 20 ha große Hof mit Wald und Feldern. Hier gibt es Schafe,

Esel, Ziegen, Katzen, Hühner, Hund; hofeigenes Gemüse und Obst, Käse und Jogurt mit der Milch vom Nachbarn. Die frische, leckere Küche verwöhnt. Zudem ethnografisches Museum und Kinderspielplatz. Es gibt 6 Zimmer; pro Pers. 28 €/ÜF, 35 €/HP. Fam. Cerjanec, Krupa 9, ✆ 07/3068-012, 8333 Semič, www.turisticna-kmetija-cerjanec.si.

**** Big Berry Kolpa River Resort, 2016 eröffnet, 3 km südwestlich von Metlika nahe Zusammenfluss von Lahinja in die Kolpa. 7 nagelneue und bestens ausgestattete Mobilhäuser (weltweit agierender Mobilhaushersteller) unter Pappeln. 34 qm für 2–6 Pers. (mit WZ u. 1 oder 2 Schlafräumen) für 200 €, alle mit Terrasse, Jacuzzi und WiFi. Auch Campen kann man auf dem Gelände. Bisher gibt's nur eine Cafébar, jedoch kommt auf Wunsch morgens der Bäcker mit einem Körbchen voll regionaler Produkte. Auch Fahrradverleih. Ganzjährig. Primostek 50, 8332 Gradac, www.bigberry.eu.

Essen/Übernachten/Camping – Rund um Podzemelj Ca. 7 km südwestlich von Metlika, 10 km nach Črnomelj.

*** Gostišče Veselič, in der Ortsmitte von Podzemelj mit kleiner Terrasse. Spezialitäten sind Lamm und Spanferkel vom Grill. Es gibt auch 4 Zimmer. Tägl. außer Mi 8–23 Uhr. Podzemelj 17, ✆ 07/3637-233.

Gostišče Kapušin, 2,5 km südlich von Podzemelj, hübsch renoviert, mitten im Grünen mit Terrasse, Wintergarten; 22 Zimmer. Die Küche wird sehr gelobt, spezialisiert auf Fisch, leckerer Gibanica, auch mit Obst. Tägl. außer Mo/Di 8–23 Uhr (So erst ab 11 Uhr). Krasinec 55, 8332 Gradac, ✆ 07/3699-150, www.gostilna-kapusin.si.

*** Camping Podzemelj, beim gleichnamigen Ort, unmittelbar an der Kolpa unter Pappeln gelegen; Snackbar/Restaurant und Kinderspielplatz, Kanu- und Ruderverleih, kleiner Adrenalinpark. Es gibt auch nette Mobilhäuser und hübsche schilfrohrgedeckte Glampinghütten. April–Sept. 10,50 €/Pers., Kinder 7–14 J. 7 €. Škrilje 11, 8332 Gradac, ✆ 07/3069-572, www.kamp-podzemelj.si.

Viele weitere **kleine Camps** entlang der Kolpa gen Südwesten.

Črnomelj und Umgebung

Die Altstadt lohnt einen Besuch. Das *Stadtmuseum* (Ul. Mirana Jarca 3; Mo–Mi u. Fr 12–16, Do 16–20, Sa 11–14 Uhr; Eintritt 4 €/1,50 €) hat seinen Sitz im Geburtshaus des Dichters Miran Jarc (1900–1942); es gibt Einblick in die Geschichte der Stadt und der Region Bela krajina. In der mittelalterlichen *Burg* im Stadtzentrum, von außen als solches kaum erkennbar, residiert heute TIC. Seit dem frühen Mittelalter ist Črnomelj Marktstadt, im 13. Jh. wurde sie Bischofssitz, 1407 erhielt Črnomelj Stadtrecht und wurde fortan befestigt, ebenso wie die Aussichtsberge Stražnji vrh und Boblička Gora im Westen, die immer mit Spähern besetzt waren. So hielt das Städtchen auch wiederholten Angriffen der Türken im 15. und 16. Jh. stand und kam zu einigem Wohlstand, verlor allerdings ab 1580 durch die Festung im kroatischen Karlovac allmählich an Bedeutung. Erst im 19. Jh. blühte Črnomelj durch die Eisenbahnverbindung von Karlovac nach Novo mesto wieder auf. Im Zweiten Weltkrieg, nach der Kapitulation Italiens 1943, war die Stadt Sitz des Slowenischen Nationalen Befreiungsrats und ein wichtiger Partisanenstützpunkt.

Rožanec: Im Weiler ca. 4 km nördlich von Črnomelj an der N 216 (kurz vor Petrova vas) steht der *Mithras-Schrein*, ein Relikt aus römischer Zeit. Das gut erhaltene Relief prangt am Kalksteinfels in einer Senke, eingerahmt von Felsen mitten im Buchenwald– ein herrlicher Platz. Weitere rund 200 m oberhalb steht die *Kapelle Sv. Jurij* von 1526. Ein ausgeschilderter ca. 1 km langer Weg führt vom Ortsende (Parkplatz) über die Eisenbahnlinie, dann kurz rechts und nach wenigen Meter links in den Wald dorthin (zum Mithras-Kult → Ptuj).

Landschaftspark Lahinja: Die *Lahinja-Quelle* (Izvir Lahinje) liegt 15 km südlich von Črnomelj, einer netten Kleinstadt, die schon in der Antike besiedelt war. Das Gebiet um die Quelle ist wegen seiner Schönheit und Kulturdenkmäler wie einer alten Mühle

▲ Mithras-Schrein

▼ Landschaftspark Lahinja

▼▼ Am Fluss Kolpa

und einem venezianischen Sägewerk ebenfalls ein Kultur- und Naturschutzgebiet. Der Fluss Lahinja wiederum fließt südlich von Metlika in die Kolpa.

Krajinski Park Lahinja: bester Zugang mit Parkplatz und Infopunkt von Veliki Nerajec (10 km südl. von Črnomelj bzw. 2 km von Dragatuš). Von hier kann man eine 1,5-Std.-Rundtour machen. Am Info-Punkt (Mai–Okt. Do–Sa 11–16 Uhr) gibt es Karten, Eintritt ist gratis.

Landschaftspark Kolpa (auch Krajinski Park, www.kp-kolpa.si): Unweit der Stadt Metlika fließt der Grenzfluss Kolpa Richtung Westen, der seine Quelle nur wenige Kilometer südlich der Grenze im Nationalpark Risnjak in Kroatien hat. Die Flussufer wurden durch die Gemeinde Črnomelj auf 4331 ha unter Naturschutz gestellt. Es ist eine beschauliche Gegend, die zum Schwimmen im relativ warmen Fluss, Kajakfahren, Angeln, Radeln und zu Spaziergängen einlädt. Zudem gibt es entlang der Kolpa, neben unten erwähnten, unzählige weitere kleine Campingplätze nahe kleiner Dörfer.

Information Touristinformation TIC, Trg svobode 3 (in der Burg), 8340 Črnomelj, ✆ 07/3056-530, www.crnomelj.si, www.bela krajina.si (Gesamtregion). Ganzjährig Mo–Fr 8–16, Sa 9–11 Uhr (Juli/Aug. zudem Sa/So 15–19 Uhr).

Veranstaltungen Črn-Fest, ab Mitte Aug. 14 Tage mit Konzerten, Wein, Essen. **Intern. Folklorefest**, 5 Tage, Mitte Juni; mit Musik und Essen in der gesamten Stadt. **Georgsfest** (Zeleni Jurij = „grüner Georg"), Mi–So Ende Juni; eine Prozession mit grün gekleideten jungen Männern.

Übernachten/Essen Großes Angebot an Übernachtungsmöglickeiten, u. a.

*** Gostilna-Pension Müller, am südlichen Altstadtrand Črnomeljs, oberhalb der Lahinja. Schöne Terrasse zur Flussseite, eingehüllt von mächtigen Bäumen, bestes regionales Essen mit den hier typischen Gerichten. Di–Do 9–22 (Fr bis 24), Sa 11–24, So 11–21 Uhr (Winter bis 18 Uhr). Auch 6 gemütliche Zimmer, DZ/F 50 €. Ločka cesta 6, ✆ 07/3567-200, www.gostilna-muller.si.

*** Gostilna-Pension Samarin, am Südrand der Stadt, familiär geführt, mit gemütlichem Innern, Kamin und 6 modern und sehr gut ausgestatteten Zimmern (DZ/F 50–80 €). Spezialität ist Spanferkel vom Grill. Tägl. 7–23 Uhr. Kočevje cesta 10c, ✆ 07/3054-026, www.gostilna-samarin.si.

Appartements & Bungalows Malerič, ca. 9 km von Črnomelj in Alleinlage. Hier gibt es neue, bestens ausgestattete weiße Bungalows (Glamping wäre das falsche Wort!) für 4 + 2 Pers. ab ca. 104 €, Terrasse und Naturpool und herrlicher Weitblick auf die Berge. Im hübschen Haupthaus geräumige, Appartements (2–6 Pers., ab 49 €) mit finnischer Sauna, Jacuzzi. Fam. Malerič Podlog 3c, 8343 Dragatuš, ✆ 07/3057-120, www.turizemmaleric.si.

➤➤➤ Mein Tipp: °°°° **Touristischer Bauernhof Štefaniču**, moderner Hof auf 25 ha, ca. 8 km südlich von Črnomelj im Ort Dragatuš, nahe Lahinja-Naturpark. Der Buchweizen aus eigener Herstellung wird in der nahen alten Mühle gemahlen, dann gibt es Buchweizensterz oder „Heidenkuchen". Gegenüber die vom Familienbetrieb geführte gute Gostilna (seit 1878) mit Weinkeller. Fahrradvermietung, eigener Tennisplatz. DZ/F ca. 50 €. Dragatuš 22, 8343 Dragatuš, ✆ 07/3057-347, www.pri-stefanicu.com. **◄◄◄**

°°°° **Touristischer Bauernhof Žagar**, abseits gelegener Gutshof, in exponierter Lage oberhalb vom Grenzfluss Kolpa beim Ort Vinica (25 km südlich von Črnomelj). Gute traditionelle Küche, lokale Weine und Schnäpse, Lamm etc. Kanu-Verleih. DZ/F 60 €, HP 36 €/Pers. Damelj 11, 8344 Vinica, ✆ 07/3064-441, www.tk-zagar.si.

Stari Pod – Camp Jankovič, 24 km südöstlich von Črnomelj liegt der Platz an der Kolpa. Hier gibt es ein Bistro, Kanu- und Kajakverleih, Beachvolleyball; Bootszugang zum Fluss. Wiesengelände zum Campen (10 €/Pers.), zudem nette Glampinghütten. Mai–Sept. Gorenjci pri Adlešičih 15, 8341

Adlešiči, ✆ 07/3070-315, 041/622-877 (mobil), www.kolpas.si.

** Camping Kolpa Vinica, nett gestaltetes kleineres Wiesengelände (ca. 25 km südlich von Črnomelj) an der Kolpa mit 60 Stellplätzen (mit Strom) und Bistro. 9 €/Pers. Auch Mobilhausvermietung und Glampinghütten. WiFi. Mai–Sept. Vinica 19a, 8344 Vinica, ✆ 031/513-060 (mobil), www.kamp-kolpa.si.

Übernachten/Camping/Essen – Rund um Stari trg ob Kolpi Ein Weiler in exponierter Lage oberhalb der Kolpa (ca. 20 km südwestlich von Črnomelj). Unten an der Kolpa befinden sich etliche Camps.

➤➤➤ Mein Tipp: ***** Gostilna-Pension & Camp Pri Madroniču**, direkt an der Kolpa unterhalb von Stari trg in Alleinlage steht das ehemalige, bestens renovierte Mühlengehöft. Es gibt 10 komfortable Zimmer (29 €/Pers., HP 38 €), einen Heuboden zum Nächtigen und das Wiesengelände zum Campen (mit Strom, Sanitär) für 8 €/Pers. Zudem natürlich im hübschen Innern oder auf der Terrasse leckeres Essen, z. B. Forelle. Auch Kanu- und Bootsverleih sowie Raftingtouren. Prelesje 10, 8342 Stari trg, ✆ 031/627-952 (mobil), www.gostinstvo-madronic.si. **◄◄◄**

Camping-Appartements Radenci ob Kolpi, ca. 2 km südöstlich von Stari trg; hier kann man zelten in den Holzhütten im Obstgarten nächtigen (auch Zimmervermietung), grillen und natürlich Kanus und Kajaks mieten oder Ausflüge unternehmen. Srednji Radenci 2, 8342 Stari trg ob Kolpi, ✆ 041/518-536 (mobil, Fr. Tina Lindič), www.kolpa-adventures.com.

Weitere Camps im Westen nahe Kostel (→ Kostel, S. 312).

Sport Fast alle Camps entlang der Kolpa vermieten Kanus und Kajaks; auch über **Agentur Kolpa Adventures** (s. o.). Zudem **Kolpa Raft Skender**, Laze pri Predgradu 1a, Stari trg, ✆ 041/426-110 (mobil), www.kolpa raft.com.

➤➤➤ **Weiterfahrt:** Wer in die *Region Kočevska* möchte, fährt rund 48 km westlich (→ S. 309).

Reisende, die weiter ins nahe Nordkroatien möchten, sei auch der Reiseführer **Nordkroatien – Zagreb & Umgebung u. Kvarner-Bucht**, 431 Seiten, Auflage 6, 2015 mit 17 GPS-Wanderungen empfohlen.

Mittelslowenien → Karte S. 258/259

Maribor – malerische Barockstadt an der Drava, gesäumt von Weinbergen

Ostslowenien

Mit dem Osten Sloweniens beschreiben wir die Štajerska, das Gebiet zwischen Mura, Sava und Savinja mit den größeren Städten Maribor, Ptuj, Celje und Velenje. Östlich der Mura liegt die Region Prekmurje mit Murska Sobota als Hauptort. Südlich von Celje folgen wir der Savinja und Unteren Sava, dem Posavje-Gebiet bis hinab zur kroatischen Grenze. Hinzu kommt der Norden mit der Koroška. Weinliebhaber, Wanderer, Radfahrer und Wellnessfreunde finden hier eine vielfältige, wasserreiche Landschaft mit gastfreundlichen Bewohnern.

Die **Štajerska** ist die slowenische Steiermark mit dem Zentrum Maribor, die von Pohorje im Norden bis zur Sava im Süden und Mura (dt. Mur) im Osten reicht. Zweitwichtigste Stadt ist hier Celje, sehenswert auf jeden Fall Ptuj. Westlich von Celje liegt die slowenische Hopfengegend Savinjska dolina (s. u.). Die Štajerska ist eine hügelige Landschaft mit Weinbergen, Obsthainen und viel Wald, aber auch mit großem Wasserreichtum – deswegen findet man hier die meisten Heilbäder und Thermen Sloweniens, die sich, gemäß dem Zeitgeist, auch auf die Beauty- und Fitnesswelle eingestellt haben und mit großen Wellnessangeboten aufwarten: u. a. Ptujske Toplice, Laško, Dobrna, Rogaška Slatina, Olimia in Podčetrtek und Čateške Toplice ganz im Süden an der Sava. Viele Kurbäder haben neben Hotels und Pensionen gut ausgestattete Campingplätze, auf denen Durchreisende bequem übernachten können, z. B. in Moravske Toplice, Ptujske Toplice und in den Thermen Lendava. Wer nicht Wasser sondern Wein bevorzugt, wird vor allem in den Gebieten Slovenske Gorice, Haloze und Slovenske Konjice glücklich. Auch die alte Bergbaustadt Velenje gehört zur Štajerska sowie das nach Nordwesten verlaufende Savinje-Tal, das im herrlichen Naturpark Logar-Tal und Hochgebirge der Savinjer-Alpen endet.

Im Südosten, nahe der Mura und kroatischer Grenze, erstreckt sich das Gebiet **Prlekija** mit seinem Hauptort Ljutomer und dem bekannten kleinen Weinanbaugebiet Jeruzalem. Hier, bei Mala Nedelja, kann man in einer Biotherme kuren.

Prekmurje heißt die Region im Länderdreieck im äußersten Osten Sloweniens. Es ist eine wasserreiche, flache, sanft-hügelige Landschaft mit regenarmen, heißen

Sommern – ideal zum Fahrradfahren. Die Prekmurje erstreckt sich jenseits der Mura entlang der österreichischen, ungarischen und kroatischen Grenze, Murska Sobota ist ihr Hauptort. Die Nähe zu anderen Völkern prägte die offene Lebensart der Bewohner. Auch wer kuren möchte, ist hier richtig: In den Heilbädern Moravske Toplice, Radenci, Banovci und Lendava kann man kuren und auftanken.

Die Region **Koroška** bietet mit Slovenj Gradec und Mežica na Koroškem ebenfalls attraktive Ziele – vor allem in geologischer Hinsicht: Die Region wurde grenzübergreifend als *Geopark Karnische Alpen* ausgewiesen.

Auch die zahlreichen Burgen und Schlösser Ostsloweniens, die einst als Grenzbastionen gegen den Osten dienten und heute teils zu schmucken Hotels umgebaut worden sind, lohnen einen Besuch. Und nicht zuletzt ist Ostslowenien die Heimat der Störche, die man auf vielen Hausdächern in ihren großen Nestern beobachten kann.

Maribor

Mit etwa 112.700 Einwohnern ist Maribor das Wirtschafts- und Kulturzentrum der Štajerska (Steiermark) – nach Ljubljana die zweitgrößte Stadt Sloweniens. Zusammen mit dem Naherholungsgebiet Pohorje ist die steierische Metropole ein beliebtes Ausflugsziel der Österreicher.

Das betriebsame ehemalige *Marburg* an der Drau (Drava) ist für viele Reisende nur Durchgangsstation – angesichts der Industrieanlagen rund um Maribor verständlich. Doch die alte Universitätsstadt hat ein hübsches historisches Zentrum (90.600 Einwohner), zum Großteil Fußgängerzone, das einen Rundgang lohnt. Dass die Stadt 600 Jahre lang zu Österreich gehörte, spürt man auf Schritt und Tritt. Die schönen Fassaden der alten Prachtbauten wurden und werden restauriert. Malerisch sind der Hauptplatz Glavni trg und die Lent, Maribors ältestes Stadtviertel, und der einstige Dravahafen. Auch wer gerne Wein trinkt, ist hier gut aufgehoben: Maribor besitzt den größten Weinkeller Mitteleuropas und den weltweit ältesten Weinstock – seit dem 13. Jh. pflegte man von der Drava bis zur Piramida und zum Kalvarija-Berg hinauf überall den Rebbau. In der Umgebung lädt besonders der Bergzug **Pohorje** zu schönen Wanderungen, Mountainbiketouren und Downhillfahrten ein, im Winter auch zum Skifahren. Auch Ausflüge zum **Kozjak-Bergzug** nordwestlich der Stadt oder in die nordöstlich gelegene Weingegend **Slovenske gorice** sind reizvolle Ziele.

Geschichte

Obwohl die Region schon in der Vorge-
schichte besiedelt war, gewann Maribor
erst relativ spät an Bedeutung. Ende des
11. und Anfang des 12. Jh. wurde zum
Schutz vor den Ungarn die *Marchpurch*
erbaut – unterhalb davon entwickelte sich
eine Siedlung, die 1254 Stadtrechte erhielt
und 1282 in den Besitz der Habsburger
gelangte. Die Habsburger sorgten über
die Jahrhunderte für das Wohlergehen der
Stadt und gewährten ihr viele Privilegien.
Maribor florierte durch Handel, Wein und
Gewerbe und nicht zuletzt die Juden tru-
gen durch ihre Geschäfte und Steuerab-
gaben erheblich zum Wohlstand der Stadt
bei. Die Anlegestelle mit dem Umschlagplatz nahe der Lent zählte zu den wichtigsten Häfen im Land. Als im 14. Jh. Gefahr von den Ungarn, später auch von den
Türken drohte, wurde Maribor befestigt,
um die Furt über die Drava (Drau) zu
schützen. Die Verteidigungstürme entlang der Drava sind bis heute erhalten.
Doch mit dem Wohlstand ging es bergab, als man die Juden Ende des 15. Jh.
aus der Stadt vertrieb.

Im 16. und 17. Jh. gelang es den Türken
mehrmals, die Stadt einzunehmen. 1680
brach die Pest aus, ein Großteil der Einwohner musste dabei das Leben lassen.
Doch Maribor erholte sich. Zur Zeit des
Barock, als die Wirtschaft einen neuen
Aufschwung erlebte, entstanden zahlreiche neue Gebäude. Im 19. Jh. war die
neue Eisenbahnlinie von Wien über Maribor nach Triest von großer wirtschaft-
licher Bedeutung – die Ankunft des ersten Zuges wurde 1846 stürmisch gefeiert.
1861 kam südlich von Maribor in Pragersko noch die wichtige Eisenbahnverbindung mit Budapest hinzu. Maribor hatte nun in der ganzen k. u. k.-Monarchie
einen Namen und wurde zum Zentrum der slowenischsprachigen Steiermark
(deutschsprachiges Zentrum war Graz). Für das slowenische Selbstbewusstsein von
großer Bedeutung war auch die Verlegung des Bischofssitzes von St. Andrä (Österreich) nach Maribor unter Federführung von Bischof Anton Martin Slomšek. Mit
dem Ende der Donaumonarchie kam Maribor 1919 zu Jugoslawien. Diese Grenz-
ziehung ist vor allem den Erfolgen der Armee des slowenischen Generals Rudolf
Maister im letzten Kriegsjahr 1918 zu verdanken. Im Zweiten Weltkrieg wurde Maribor von den Deutschen besetzt und von den Alliierten bombardiert. 1945 wurde
Maribor wieder jugoslawisch und slowenisch.

Basis-Infos

Information Touristinformation TIC, 2000 Maribor, Partizanska cesta 6a (gegenüber Franziskanerkirche), ☎ 02/2346-611, www.maribor-pohorje.si. April–Okt. Mo–Fr 9–19, Sa/So u. Feiertag 9–17 Uhr; Nov.–März Mo–Fr 9–19, Sa 9–15 Uhr. Engagiertes Personal; Stadtpläne, Zimmervermittlung, Stadtführungen, Citybike-Verleih.

Information „Haus der Alten Rebe" (s. u.), an der Lent. Mai–Sept. tägl. 9–20 Uhr, Okt.–April tägl. 10–18 Uhr.

Agencija M, Partizanska cesta 6, ☎ 02/2509-886, www.agencija-m.com. Ausflüge.

Verbindungen Bus: Busbahnhof, Mlinska ul. 1 (südl. vom Bahnhof), ☎ 01/2344-600, www.ap-ljubljana.si/en. Nach Ljubljana (9-mal/Tag, 12 €, 3 Std. Fahrzeit!, besser per Zug), Celje, Ptuj stündl.

Zug: Bahnhof, Partizanska cesta 50, ☎ 02/-2922-164, www.slo-zeleznice.si/en. Direktverbindungen: Ljubljana 5-mal tägl. per ICS

Maribor – Barock beherrscht den Glavni trg mit Rathaus und Mariensäule

(1,5 Std., 15,30 €), Zagreb 29-mal (zw. 5–8 Std.), Koper 3-mal tägl. Bessere Anschlüsse ab dem Umsteigebahnhof Zidani Most, 105 km südwestlich im Sava-Tal, zu erreichen mit den Zügen nach Ljubljana und Zagreb (1-mal direkt um 19.55 Uhr). Gepäckaufbewahrung 24 Std. (3 €/Tag).

Flug: Flughafen bei Orehova vas (ca. 11 km südlich), Letališka cesta 10, ℡ 020/6291-790, www.maribor-airport.si. Flüge u. a. nach Ljubljana.

Ausflugsfahrten Floßfahrt: Mai–Okt.; im Juli/Aug. mehrmals die Woche, Info ℡ 041/795-475 (mobil). Schön gemütlich entlang der Drava mit Taufe, Häppchen und Tröpfchen.

Ausflugsschiff (Dravska vila): gegenüber Gerichtsturm. Mai–Sept. Sa/So um 11 u. 18 Uhr; ca. 30 Min. 4,90 €, Kinder 3–14 J. 3,30 €.

Touristenzug: Stündl. Rundfahrt durch die Innenstadt, Abfahrt vor TIC. 2,90 €, Kinder 1,90 €.

Baden Mariborski otok, großes Schwimmbad auf der Drava-Insel (5 km westl. der Altstadt). Die Freibadeanstalt gibt es bereits seit 1930 und sogar die FKK-Anhänger haben eine grüne Wiese für sich. Ein Boot pendelt nach Lent. Baden auch in der **Therme Maribor**.

Einkaufen Hauptgeschäftsstraße ist die Gosposka ul. (Herrengasse) in der Altstadt. Das größte Einkaufscenter ist der **Europark** (südöstlich der Titova most) mit vielen Shops; Mo–Fr 9–21Sa 8–21, So 9–15 Uhr. **Obst- und Gemüsemarkt** am Vodnikov trg. Am Glavni trg findet samstags ein **Ökomarkt** statt, am Trg svobode der **Handwerkermarkt**. Pun pisker, am Trg Leona Štruklja (→ Essen).

Gesundheit Ambulanz, Ul. Talcev 9, ℡ 02/2286-200; Mo–Fr 7–19 Uhr (ab Fr 19 Uhr bis Mo 7 Uhr muss man bei Notfällen ins Krankenhaus). **Krankenhaus**, Ljubljanska 5, ℡ 02/3331-809. **Apotheke** (Dežurna lekarna), Ljubljanska ul. 9 (Eingang Krankenhaus), ℡ 02/3207-910, 24-Std.-Bereitschaft.

Parken Zahlreiche gebührenpflichtige Parkhäuser und Parkflächen (Mo–Fr 8–17 Uhr, danach gratis). Gratis parkt man tagsüber im Europark gegenüber der Altstadt (→ Einkaufen).

Post Hauptpost, Partizanska 54 (beim Bahnhof); Mo–Fr 7–20, Sa 7–18, So 9–12 Uhr. Weitere Post beim Dom, Slomškov trg 10; Mo–Fr 8–19, Sa 8–13 Uhr.

Sport Cityräder bei TIC, 5 €/3 Std., auch Kinderhelme für 1 €.

Fa. MKM, City- und Mountainbike-Verleih (10 €/Tag), Reparatur, auch Abholservice. Valvasorjeva ul. 42 (südl. der Altstadt, nahe TÜV Austria Service), ℡ 040/556-459 (mobil).

Bikepark & Bikeservice und **Adrenalinpark** bei der Gondelstation Pohorje.

Reiten, DK Pesnica, Pesnica pri Mariboru 8, ☎ 041/414-792 (mobil).

Wandern/Wanderkarten: Bei TIC erhältlich, u. a. Pomurje, 1:40.000; Pohorje, 1:50.000. Wandervorschläge (→ Maribor/Umgebung/ Pohorje).

Veranstaltungen Sommerfestival in der **Lent**, Straßentheater und Jazz an der Drava, Ende Juni bis Juli. Zum Lentfestival gehört auch das **Internationale Folklorefestival**, Ende Juni bis Anf. Juli.

Downhillrace Worldcup, vom Pohorje, Wochenende Mitte Mai, www.maribor-uci. mountain-bike-slovenia.com.

Festival der „Alten Rebe", 10 Tage Anf. Okt. In einem Festakt werden die Reben des berühmten alten Weinstocks geerntet und dann gepresst (zudem Ausstellungen, Folkloredarbietungen, Wahl der Weinkönigin, Weinverkostung).

Weltcuprennen im Damenslalom, Skifans ist der „Goldene Fuchs", ein seit 1964 jährl. im Jan. ausgetragener Event auf dem Pohorje, ein Begriff.

Wellness & Beauty Therme Maribor – **MTC Fontana**, Zentrum für Entspannung und Rehabilitation; mit Schwimmbad, Thermalbad, Sauna, Fitnessangeboten. Zutritt ab 12 J. Koroška 172, ☎ 02/2344-100, www. termemb.si.

Wellness-Center Habakuk, im Hotel Habakuk. Das große Center verwöhnt mit verschiedenen Massagen, Body-Shaping, Anti-Stress- und Entspannungs-Programmen. ☎ 02/3008-100, www.termemb.si.

Wellness-Center Bellevue, im Hotel Bellevue am Pohorje mit schönem Wellnessbereich (→ Maribor/Umgebung/Pohorje).

Nachtleben   → Karte S. 338/339

Haupttreffpunkt abends und auch tagsüber ist die **Lent** (um den Vojašniški trg) – hier gibt's Café-Bars und Esslokale. Im Sommer, wenn die Studenten weg sind, ist es etwas ruhiger.

Gut besucht und mit schönen Terrassen und Flussblick z. B. die folgenden beiden:

Café-Bar Piranha 26, beliebter „Treff" der etwas Jüngeren, angesagte Musik – hier gibt's v. a. gute Cocktails; das Innere sehr hell und minimalistisch. Tägl. 9–1, Fr/Sa bis 3 Uhr. Vojašniška ul. 4.

Café & Vinothek Mačka 25, neben der „Alten Rebe". Neben Kaffee und guter Weinauswahl gibt's auch leckere Törtchen und Snacks. Tägl. 9–24, Fr/Sa bis 3 Uhr. Vojašniška ul. 6.

Latino-Kneipen sind auch in Slowenien „in", u. a. die beiden folgenden:

Fuego Latino Club 21, mexikanische Snacks, Drinks und Party. Di, Fr/Sa 20–4/5 Uhr. Mesarski prehod 3 (Gasse etwas nördl. vom Fluss).

Café Cantante 18, immer proppenvoll, Sitzgelegenheiten auch im Freien, Livemusik und südamerikanische Gerichte. Tägl. Mo–Do 8–1, Fr/Sa bis 3, So 12–24 Uhr. Vetrinjska ul. 5.

Salsa-Open-Air, vor dem Restaurant Rotovž, auf dem Glavni trg. Von Juni bis Anf.

Sept. jeden Mi 20–24 Uhr (bei schönem Wetter!). Glavni trg 15.

Patrick's J & B Pub 17, Biere, Drinks und nettes Sitzen in der Gasse – die Öffnungszeiten sind gewöhnungsbedürftig. Mo–Do 8–24, Fr/Sa bis 14 Uhr, So 16–23 Uhr. Poštna ul. 10.

Jazz Klub Satchmo 16, im Keller der Kunstgalerie gibt es Musikgenuss (auch Bands) von Jazz, Blues bis zu Funk und Soul. Di–Do 19–3, Fr/Sa 19–5 Uhr. Strossmayerjeva 6, ☎ 040/454-779 (mobil), www.satchmo.si.

Cafébar & Club Luft 360 12 im Hochhaus gibt es in der rundum verglasten letzten Etage und auf der Open-Air-Terrasse gemütliches Sitzen mit herrlichem Weitblick auf Maribor und Umgebung. Guter Kaffee, Kuchen, Snacks und Drinks, auch Konzerte. Mo–Do 8–24, Fr/Sa 12–4, So 15–22 Uhr. Ul. Vita Kraigherja 3, ☎ 040/413-514 (mobil).

Club Trust 14, mit Café, Restaurant und Diskothek. Mo u. Do 10–4, Di/Mi u. Fr 10–6, Sa 19–6 Uhr. Gosposvetska cesta 84 (kurz nach Ecke Turnerjeva ul.).

Casino Mond 1, bei Šentilj, an der A 1. Beliebt und gut besucht, u. a. 400 Slotmachines, 20 Spieltische, Casino, Cabarett, Shows. 24 Std. geöffnet. Viele Hotels bieten Gratis-Shuttlebus. Sadjarska 15, ☎ 02/ 6555-524, www.thecasinomond.com.

Übernachten/Camping

Wegen der zahlreichen Messen sind die Übernachtungsmöglichkeiten in Maribor generell teuer. Alle Hotels verfügen über WiFi.

Großes Angebot an **Privatzimmern** über TIC, bzw. deren Internetseiten, DZ ab 40 €. Übernachtungen auf dem **Pohorje** (→ Maribor/Umgebung/Pohorje).

Altstadt *** Hotel Orel **7**, gut ausgestattete DZ/F ab 80 €. Parkplätze gegen Gebühr (Zufahrt Grajski trg). Gratiseintritt in Therme MTC Fontana und Casino. Nebenan ist das dazugehörige Hostel Uni. Volkmerjev prehod 7, ✆ 02/2344-333, www.hotel-orel.si.

**** Hotel Best Western Plus Piramida **10**, fast quadratischer Betonturm mit angebauter Glasveranda und gutem Restaurant. Hier nächtigen vor allem Geschäftsleute. Komfortable Zimmer. DZ/F ab 100 €, Superior ab 130 €. Gratisparkplätze vor der Tür. Gratiseintritt in Therme MTC Fontana und Casino. Ul. Heroja Šlandra 10, ✆ 02/2344-333, www.hotel-piramida.si.

》》》 Mein Tipp: **** City Hotel **22**, Neubau an der Titov-Brücke mit Dachterrasse und Restaurant mit Blick auf Drava, Lent und Pohorje – hier kann man Kulinarik und Kaffee genießen. 66 moderne komfortable Zimmer, DZ/F 140 €, Superior 160 €. Gratis-Parken im hoteleigenen Parkhaus. Ul. kneza Koclja 22, ✆ 02/6212-500, www.cityhotel-mb.si. **《《**

*** Hotel Lent **27**, ideenreiches kleines und freundlich geführtes Altstadthotel. Das Frühstücksbuffet bietet auch eine Palette an glutenfreien Produkten. DZ/F ab 89 €, die hübsche Suite ab 169 €. Dravska ul. 9, ✆ 02/2506-769, www.hotel-lent.si.

Außerhalb der Altstadt Chateau Ramšak, 3 km nördlich. Inmitten von Weinbergen liegt das Weinschlösschen mit hübsch angelegtem Park. Gäste schlafen im Baumhaus (mit eigenem Bad/WC) oder Zelt (Glamping) für 2–4 Pers. für 200–390 € (!) mit Frühstück; Weinverkostung. Počehova 35, ✆ 040/628-303 (mobil), www.chateauramsak.com.

*** Garni Hotel Tabor, ca. 2,5 km südlich des Zentrums. Modern, mit überdachter Terrasse. 55 Zimmer (1–5 Betten) mit allem Komfort, DZ 70 €, Frühstück 8 €. Parkplätze. Ul. H. Zidanška 18, ✆ 02/4216-410, www.hoteltabor-maribor.si.

Ü bernachten
7 Hotel Orel
8 Hostel Uni
10 Hotel Piramida
22 City Hotel
27 Hotel Lent
29 Camping Kekec
30 Hostel Pekarna

E ssen & Trinken
2 Gostilna Anderlič
3 Gostilna Pri treh ribnikih
4 Rest. Sedem
6 Bistro Mal'ca mimograde
9 Rest.-Café Pri Florjanu
11 Pun pisker
13 Rest. Novi Svet Pri Stolnici
15 Rest.-Pizzeria Pub Ancora
19 Rest. & Vinothek Rožmarin
20 Cafébar und Rest. Fudo
23 Gostinski obrat Gala Žar

Cafés

- 5 Café Ilich
- 9 Rest.-Café Pri Florjanu
- 12 Cafébar und Club Luft 360
- 20 Cafébar und Rest. Fudo
- 24 Vinothek im Haus d. alten Rebe
- 28 Vinoteka Maribor

Nachtleben

- 1 Casino Mond
- 12 Cafébar und Club Luft 360
- 14 Club Trust
- 16 Jazz Klub Satchmo
- 17 Patrick's J & B Pub
- 18 Café Cantante
- 21 Fuego Latino Club
- 25 Vinothek Mačka
- 26 Café-Bar Piranha

Ostslowenien →Karte S. 334/335

***** **Hotel Habakuk**, ca. 7 km südwestlich vom Zentrum; modernes Kurhotel am Fuß des Pohorje, an der Gondelstation. Komfortzimmer, Innen- und Außenschwimmbecken mit Thermalwasser, Finnische Sauna, Hamam, Tennisplätze (auch Halle), Squash, Fitness- u. Beautyzentrum; Tiefgarage. Komfortable DZ/F ab 150 €. Pohorska cesta 59, ✆ 02/2344-333, www.hotel-habakuk.si.

**** **Hotel Arena**, kleineres Hotel, ruhige Lage (hinter Hotel Habakuk, s. o.); hübsche Terrasse und schönes Wellnesscenter. Zimmer mit Balkon. DZ/F ab 120 €. Pot k mlinu 57, ✆ 02/6140-950, www.hotel-arena.si.

*** **Pension Beroš**, schöne Zimmer und überdachte Frühstücksterrasse mit Garten, ruhige Lage kurz vor der Gondelstation. DZ/F 54 €. Grizoldova 34, ✆ 02/6131-798, www.beros.info.

🌿 *** **Gostilna & Motel Pri Lešniku**, 5 km südwestlich vom Zentrum; ökologisches Wirtschaften. Schöne Zimmer, Vital-Spa und sehr gutes Restaurant (→ Essen). Hinterm Haus ein gepflegter Park mit Minigolf, Kräutergarten, Spielplatz und Relaxwiese. DZ/F 78 €. Dupleška cesta 49, ✆ 02/4712-322, www.gostilna-motel-lesnik.si. ■

*** **Garni Hotel Bajt**, in Richtung Gondelstation im Stadtteil Nova vas II. Gut ausgestattete Zimmer mit WiFi und allergiefreier Bettwäsche. DZ/F 74 €. Radvanjska 106, ✆ 02/3327-650, www.hotel-bajt.com.

≫ **Mein Tipp:** *** **Prenočišča Pri gondoli**, bei der Gondelstation im Grünen (Naveršni-

kova ul. 30) mit Liegewiese, WiFi, Fahrradraum. Zimmer u. Appartements (bis 6 Pers.), DZ/F 63 €. Die Vermieter führen 200 m nördlich die Konditorei **Pohorska Kavarna**, wo man preisgleich und ebenfalls bestens nächtigen und zudem täglich 20 verschiedene Torten naschen kann. Ob ribniku 1/Pohorska ul., ✆ 02/6141-500, www.pohorska-kavarna.com. ≪

Jugendherbergen   ** **Hostel Uni** 🎱, 84 Betten mitten im Altstadtzentrum (neben Hotel Orel), mit Frühstücksraum – gute Wahl für den kleinen Geldbeutel. Zimmer (1–3 Pers.) mit eigener Du/WC, WiFi u. Parkplätze (5 €). DZ 54 €, EZ 32 €, Frühstück 8 €/Pers. Volkmerjev prehod 1 (Zufahrt über Grajski trg), ✆ 02/2506-700, www.termemb.si.

Hostel Pekarna 🎱, neu, farbenfroh und altstadtnah, wenige Minuten südlich der Glavni most, nahe der Eisenbahnlinie. WiFi, Küche, Terrasse. EZ 30 €, Studio 54 €/2 Pers., Schlafsaal 21 €/Pers.; Frühstück 5 €. Ob železnici 16, ✆ 059/180-880 (mobil), www.hostelpekarna.eu.

Camping   *** **Camping Center Kekec** 🎱, schöner Platz beim Sportcenter am Fuß des Pohorje, südlich der Gondelstation. Sehr gute Ausstattung mit WiFi u. Kinderspielplatz. Viele Mountainbike- und Downhillfreunde. Nebenan Bikeservice u. Verleih. Nahe sind Geschäfte, Café, Restaurants. Pro Pers. inkl. Auto/Zelt oder Wohnwagen 9,50 €. Ganzjährig. Pohorska ul. 35c, ✆ 040/665-732 (mobil), www.cck.si.

(Essen & Trinken   → Karte S. 338/339

Restaurants in der Altstadt   Restaurant **Novi Svet Pri Stolnici** 🎱, gutes Fischlokal neben dem Dom. Verschiedenste Räumlichkeiten unter Gewölbe, Biergarten unter 250-jährigen Weinreben; zur kühleren Jahreszeit knistert es im Kamin. Tägl. 10–23/24, So 11–21 Uhr. Slomškov trg 5, ✆ 02/2500-486.

Restaurant & Vinothek **Rožmarin** 🎱, in der Fußgängerzone auf kleiner bambusbestandener Außenterrasse. Moderner Stil, geräumiger Speisesaal im Innern, im Untergeschoss große Vinothek (ca. 280 Weinsorten, auch internationale). Leichte moderne Küche, z. B. Lamm auf Ratatouille oder Zanderfilet mit Kräuterkruste auf Zucchininudeln. Events und Konzerte. Tägl. außer So/Feiertag 8–24, Fr/Sa bis 2 Uhr. Gosposka ul. 8, ✆ 02/2343-180.

≫ **Mein Tipp:** Restaurant & Kavarna pri **Florjanu** 🎱, gut geführtes Lokal mit nettem großen Innern und schöner Terrasse am Schlossplatz. Die Gerichte sind verführerisch, vielfältig und kreativ, so gibt es auch Seeigel-Risotto, Rehfilet mit Reiskuchen, Ochsenschwanz oder Thunfischfilet á la Wellington. Auch leckere hausgemachte Torten und Desserts. Ganzjährig kulinarische Themenwochen und preiswerte, wöchentlich wechselnde Mittagsmenüs. Tägl. 8–23/24 Uhr. Grajski trg 6, ✆ 059/084-850 (mobil). ≪

Gostinski obrat Gala Žar 🎱, mit Wintergarten, oberhalb der Drava. Gute serbische Gerichte wie Čevapčiči, Pleskavića. Tägl. 11–23, So/Feiertag 12–18 Uhr. Loška 10, ✆ 02/2523-600.

Restaurant-Pizzeria-Pub Ancora **15**, auf zwei Ebenen im modern-rustikalen Stil bei gutem Service. Im Erdgeschoss Bar und Pub, Sitzgelegenheiten auch im Freien, im 1. Stock Pizzeria mit Holzofen und Restaurant. Tägl. ab 9, Sa/So ab 10 Uhr. Jurchicheva ul. 7 (Ecke Ul. Gosposka).

Mal'ca mimogrede **6**, kleines, modernes und gemütliches Bistro, auch Sitze im Freien, mit feinsten Bioprodukten von regionalen Anbietern, dazu ausgewählte Weine. U. a. leckere Tagesgerichte, Salate, Suppen, Bulgur-Schnitzel, auch Gulasch mit Fusili oder Süßes wie Potica, Žlikrofji. Tägl. 10–17 Uhr. Slovenska ul. 4, ✆ 059/100-397 (mobil).

Restaurant Sedem **4**, leckere, frische Küchenkost – ob aus dem Meer, dem Fluss oder von der Weide. Hier bemühen sich die Studenten der Gastronomie-Hochschule. Tägl. verschiedene Gerichte. Mo–Mi 8–17, Do/Fr 8–23, Sa 11–23 Uhr. Cafova ul. 7, ✆ 02/6211-412.

Restaurants außerhalb der Altstadt
Gostilna Pri treh ribnikih **3**, idyllische Lage am nördlichen Rand des Mestni park und am Beginn der Teiche. Hübsches altes Haus mit Kamin, gemütliche Terrassen am Haus. Spezialitäten sind Štruklji, Forellen, Wildgerichte, leckere Desserts wie Charlotte mit Heidelbeersauce, dazu gute Weine. Tägl. 10–22 Uhr, im Winter 11–21 Uhr. Ribniška ul. 9, ✆ 02/2511-371.

»» Mein Tipp: Gostilna Anderlič **2**, nördlich vom Stadtpark am Kalvarija-Berg, mit schönem Biergarten. Feinste kreative saisonale slowenische Küche, dazu Weine aus eigenem Anbau. Tägl. außer Mo 10–22/23, So 10–19 Uhr. Za Kalvarijo 10, ✆ 02/2343-650. **««**

Gostilna pri Lešniku (→ Übernachten), hier gibt es sehr gute slowenische Saisonküche mit Produkten aus dem eigenen Anbau oder aus der Umgebung; u. a. Pilz- und Kürbisgerichte, Gibanica. Mo Ruhetag. Südwestlich der Altstadt im Stadtteil Pobrežje. Dupleska 49, ✆ 02/4712-322.

Pun pisker (offene Küche) **11**, jeden Fr ab Mitte April–Ende Sept./Anf. Okt. (je Wetter) 8–18 Uhr gibt es am Trg Leona Štruklja slowenische Leckereien und Weinverkostung an den Imbissbuden.

Restaurants außerhalb von Maribor
Gostilna Šarmann, in Javnik (25 km in Richtung Dravograd. Hier gibt es auf der lauschigen Terrasse Flößermahlzeiten (Flößereintopf, -Struklj, -Gulasch und -Spieß) –

Feuchtfröhlich: Drava-Floßfahrt

auch Süßes. Zudem kann man im Nebenraum allerlei über die Flößerei erfahren. Von hier starten auch Floßfahrten. Tägl. außer Mo 8–22/23, So/Feiertag bis 20 Uhr. Javnik 5, 2361 Ožbalt od Dravi, ✆ 02/8769-800, ✆ 031/209-147 (mobil), www.gostilnasarman.com, www.flosar.com.

»» Mein Tipp: Gostilna Pec, 12 km in Richtung Dravograd; lauschige Terrasse direkt an der Drava. Saisonale Gerichte, bestens und verfeinert zubereitet mit lokalen Produkten sowie Kräutern und Gemüse aus dem Hausgarten; auch leckere Kuchen und reichhaltige Weinkarte. Tägl. 12–22/23, So bis 20 Uhr; Nov.–März tägl. außer Di bis 21, So bis 17 Uhr. Spodnja Selnica 1, Selnica ob Dravi, ✆ 02/6740-356, www.gostilnapec.si. **««**

Weitere Lokale (→ Maribor/Umgebung).

Café/Snacks   Kavarna-Restaurant pri Florjanu **9**, direkt am Schlossplatz (→ Essen). Leckere Gerichte, feinste Torten und Eis, zudem saisonaler Mittagstisch und Frühstück ab 8 Uhr.

Café Ilich **5**, schön und klein in der Fußgängerzone; es gibt Eis, Kuchen und Weine. Slovenska ul. 6.

Cafébar & Restaurant Fudo **20**, schönes Sitzen bei Kaffee, Wein oder Bier mit Blick auf den Glavni trg; leckeres vielfältiges Essen, ob süß oder herzhaft, mit bestem Service. Tägl. 8–24/1 Uhr. Poštna ul. 1, ✆ 059/143-576 (mobil).

Weitere Cafés, die auch tagsüber geöffnet haben (→ Nachtleben).

Wein   Vinothek im „Haus der Alten Rebe" **24**, in den schönen Räumlichkeiten kann man etliche gute Tropfen testen. Öffnungszeiten wie Info (→ Information).

»» Mein Tipp: Vinoteka Maribor 28, im Wasserturm (Vodi stolp), ein lauschiger Platz v. a. im Sommer, um die köstlichen prämierten Weine von 18 Winzern unter den schattigen Weiden am Drava-Ufer zu verkosten. Tägl. 12–23 Uhr. Usnjarska ul. 10, ✆ 040/191-901 (mobil). **«**

Sehenswertes

Stadtburg: am Grajski trg, im Zentrum der Stadt. Vom ursprünglichen Bau aus dem 15. Jh. ist kaum etwas übrig geblieben, die Burg wurde im Barock mehrmals umgebaut und wirkt heute mehr als Schloss. Neben dem Festsaal mit schönen Deckengemälden und der Barockkapelle beeindruckt vor allem der Rokoko-Treppenaufgang in zartem Gelb. Sehenswert ist auch das *Regionalmuseum* (Pokrajinski muzej): Neben einer archäologischen Abteilung und einer Ausstellung bäuerlicher Arbeitsgeräte und Möbel zeigt es die Kleidermode früherer Jahrhunderte, vom Gehrock bis zum Abendkleid; Illustrationen veranschaulichen die dazugehörigen Frisuren. Im selben Raum auch eine Uniformsammlung, darunter eine schwer mit Orden behängte Originaluniform des Marschalls Tito. Ein Stück weiter Modell-Nachbauten Maribors – der älteste aus dem 17. Jh., der jüngste gerade ein halbes Jahrhundert alt. Nicht nur besichtigen, sondern auch riechen lässt sich die originale Apothekeneinrichtung aus dem 17. Jh. – die Töpfchen und Tiegelchen sind gefüllt.
Pokrajinski muzej, Grajska ul. 2, www.museum-mb.si. Di–Sa 10–18 Uhr. Eintritt 3 €, Kinder 2 €.

Südlich des Grajski trg verläuft die Vetrinjska ulica mit zwei herrschaftlichen Häusern: Das Schloss **Vetrinski dvorec** (Viktringhof) erhielt sein heutiges Aussehen im Jahr 1725. Ein Stück weiter Schloss **Oreški dvorec** (Naskohaus), dessen Grundmauern auf das Jahr 1222 zurückgehen. In jener Zeit bewohnte das Haus noch der Schuster Alois Nasko, der dem Schloss den Namen gab. Im 14. Jh. wurde das Haus zum Schloss ausgebaut, ein Hof und eine Kapelle kamen dazu; Ende des 18. und Anfang des 19. Jh. war das Schloss Spielort für Theateraufführungen.

Die „Alte Rebe" trägt noch immer

Eine Attraktion der Stadt ist tief unter der Erde versteckt: Gegenüber dem Schloss befindet sich der Eingang zum 20.000 qm großen und über 200 Jahre alten **Weinkeller** von Maribor, in dem damals nur Weißwein in großen Holzfässern gelagert wurde. Auf einer Länge von 3,5 km ziehen sich die wuchtigen Gewölbe des Weinkellers gen Osten, der seit 1960 *Vinag*-Keller heißt. Heute stehen hier fast nur noch Stahlcontainer, der größte hat eine Kapazität von 200.000– 350.000 Litern – das größte und älteste Holzfass fasst gerade mal 7000 Liter. Es werden hier 11 Weinsorten produziert und der aus fünf Sorten gemischte *Mariborčan*, der angeblich am besten mundet. Im Keller auch Möglichkeit zur Weinverkostung.

Mestni park und **Aquarium:** Nördlich der Altstadt beginnt der Stadtpark von Maribor, fast ein botanischer Garten, mit Bächen und kleinen Teichen; dahinter schließt sich der Kalvarija-Berg an, auf dem seit alters her Wein wuchs. Vom Johannisbrotbaum bis zur Alaska-Zeder sind hier die verschiedensten Baumarten zu bewundern. Im kleinen Aquarium im Park fristen Piranhas, blinde Höhlenfische sowie einige Reptilien und Insekten ihr Dasein.

Akvarij – Terarij, Ulica heroja Staneta 19, ☎ 02/2342-680. Mo–Fr 8–19, Sa/So 9–12/14–19 Uhr. Eintritt 5 €, Kinder 3–14 J. 4 €.

Piramida: Auf dem 386 m hohen Hügel rechts vom Stadtpark stand im 12. Jh. eine Verteidigungsburg, die man 1784 niederriss, um an ihrer Stelle eine Kapelle zu bauen. Heute führt ein schöner Wanderweg, ab dem Mestni Park ausgeschildert, in ca. 20 Min. bergan – ein schöne Weitsicht auf Maribor wartet.

Kathedrale (Stolna cerkev sv. Janeza Krstnika): 1150 am Slomškov trg errichtet und mehrmals umgebaut: im 13. Jh. zu einer dreischiffigen Basilika erweitert, der gotische Anbau erfolgte im 15., der Kapellenbau im 18. Jh. Sehenswert sind das reich verzierte gotische Presbyterium und das Chorgestühl mit Reliefszenen aus dem Leben des Domschutzheiligen Johannes des Täufers.

Franziskanerkirche und -kloster (hl. Maria Mutter der Barmherzigen): Mitten in der Stadt (gegenüber TIC, Ulica Vita Kraigherja 2) ragt das mächtige Backsteingebäude mit seinen zwei 58 m hohen Türmen empor. Es wurde Ende des 19. bis Anfang des 20. Jh. nach Plänen des Wiener Architekten Richard Jordan dreischiffg errichtet. Das Innere, mit hohen Säulen und Bögen ausgestattet, zieren Fresken sowie Gemälde des Ungars Ferenz Pruszinskay; Magnet sind der Hochaltar mit der Marienstatue aus dem 18. Jh. sowie die Seitenaltäre des Steinmetzes Karl Kocijančič. Bis 1784 war hier ein Kapuzinerkloster, dann kamen die Minoriten, die auch die Marienstatue mitbrachten.

Glavni trg: Um den Hauptplatz der Stadt gruppieren sich schöne alte Gebäude, von denen ein Teil bereits restauriert ist. In der Mitte die *Mariensäule,* 1743 von Josef Straub zur Erinnerung an die Leiden der Pest gefertigt. Im nördlichen Teil des Platzes steht das alte *Rathaus,* das 1565 der Venezianer dell'Alia im Renaissance-Stil erbaute.

Koroška cesta: Diese Straße führt vom Glavni trg in westliche Richtung – hier stehen die ältesten Gebäude der Stadt. Links und rechts Bürgerhäuser aus dem 16. und 17. Jh., die im 18. und 19. Jh. größtenteils umgebaut wurden.

Nördlich der Koroška cesta befindet sich im klassizistischen Gebäude aus dem Jahr 1845 die **Kunstgalerie** (Umetnostna galerija) mit ca. 5000 Werken moderner Künstler aus der Region sowie wechselnden Ausstellungen. Im Keller der Jazz-Club Satchmo.

Strossmayerjeva ul. 6, www.ugm.si. Di–So 10–18 Uhr. Eintritt 3 €, Stud. 2 €, Kinder bis 12 J. gratis; jeden 1. So des Monats gratis.

Lent: Das älteste Viertel der Stadt unten an der Drava hat seinen Namen von „Lände" – früher wurden hier die Flöße be- und entladen. Vieles strahlt hier noch einen morbiden Charme aus, andere Fleckchen, besonders in Flussnähe, erstrahlen bereits in neuem Glanz. Manche der engen Gässchen wurden inzwischen von Galerie- und Barbesitzern entdeckt, andere sind vom Kommerz noch unberührt. Begrenzt wird die Lent von zwei Türmen am Fluss: im Westen vom *Gerichtsturm* aus dem 16. Jh., früher ein Gefängnis, im Osten vom *Wasserturm,* der seit 1555 die städtische Wasserversorgung sicherstellte und heute eine Vinothek beherbergt. Als der Wasserspiegel durch ein flussabwärts gelegenes Kraftwerk anstieg, wurde der Wasserturm unten durchgesägt und um mehr als zweieinhalb Meter angehoben.

Ostslowenien →Karte S. 334/335

Nördlich des Wasserturms die *Synagoge* aus dem 15. Jh., eine der ältesten Synagogen Europas, und der *Judenturm* von 1465, der als Teil der Stadtmauer der Verteidigung diente. Heute ist hier eine Fotogalerie untergebracht. In diesem Viertel lebten bis zur großen Verfolgung und Vertreibung von 1497 viele jüdische Bürger, die maßgeblich zum Wohlstand der Stadt beigetragen hatten. Die Židovska ulica (Judenstraße) erinnert bis heute an ihre früheren Bewohner.

Nördlich des Gerichtsturms spielt sich das Marktleben ab, östlich davon erhebt sich das *Minoritenkloster*, das 1270 erstmals erwähnt wird. Seine Fassade schmückt das Wahrzeichen der Stadt, der *Stara Trta* (die alte Rebe), der mit über 400 Jahren angeblich älteste Weinstock der Welt (Rebsorte Blauer Kölner). Die unter Denkmalschutz stehende Kostbarkeit ist abgestützt, ein schmiedeeisernes Gitter verhindert das Betreten des Wurzelballens – und das Wundergewächs bedankt sich jeden Herbst mit üppigen Trauben. Ende September (auch Anf. Okt. → Veranstaltung) findet in einem Festakt die jährliche Weinlese statt. Die auf eine Menge von 35 bis 55 kg Trauben begrenzte Ernte wird nach dem Pressen und der Bestimmung des Zuckergehalts in die *Kellerei Vinag* gebracht. Nach der Gärung wird der Blaue Kölner, etwa 20 bis 25 Liter mundiger Rotwein, in hübsche, von Oskar Kogoj gestaltete 2,5-cl-Fläschchen abgefüllt, dazu gibt es eine Urkunde mit Seriennummer und Jahrgang. Die winzigen Weinfläschchen sind eine Rarität, die von ihren Besitzern stolz gehütet werden. Natürlich wird bei der Ernte-Zeremonie auch die hübsche Weinkönigin gewählt, die den Rest des Tages dann auf ihrem Thron verbringt. Neben der „Alten Rebe" werden übrigens bereits zwei Abkömmlinge (von 1985) gezogen. Das lang gestreckte *„Haus der Alten Rebe"*, dessen Erbauung man auf das 16. Jh. datiert, wurde zu einem kleinen *Museum* umgestaltet, u. a. wird die Entwicklung des slowenischen Weinanbaues gezeigt, mit lobender Erwähnung des Mentors Erzherzog Johann von Österreich, der zu Beginn des 19. Jh. dem hiesigen Weinanbau zu seinem Start verhalf. Zudem gibt es eine Vinothek mit Weinen aus der nahen Umgebung samt Weinverkostung und Infostelle (→ Information).

Maribor – Blick auf die Franziskanerkirche und gen Piramida

Maribor/Umgebung

Pohorje: Das Pohorje-Gebirge zieht sich südlich von Maribor rund 40 km nach Osten, bis es bei Sloveni Gradec abfällt. In die Mittelgebirgslandschaft gelangt man mit dem Wagen nach ca. 20 km über Hoče oder Ruše – oder auf kürzestem Weg mit der Seilbahn auf eine Höhe von 1050 m. Westlich der Bergstation der Seilbahn steht die schön restaurierte Kirche *Sv. Bolfenk* aus dem Jahr 1501. Über Hoče oder auch über Slovenska Bistrica (20 km) gelangt man zum *Veliki vrh* (1344 m) mit dem kleinen Skigebiet *Sveti Trije kralji* und der *Planina pod Šumikon*. Von hier bieten sich schöne Wander- und Mountainbiketouren an, u. a. zum Naturschutzgebiet *Črno jezero* und weiter im Norden zum Wasserfall *Šumik*. Der in der Mitte gelegene *Rogla* (1517 m) ist ebenfalls per Seilbahn erreichbar. An der Westflanke in Richtung Slovenj Gradec ragen *Črni vrh* und gegenüber *Velika kopa*, die höchsten Gipfel mit fast gleich hohen 1543 m in den Himmel, zudem liegt hier auch idyllisch der Hochmoorsee *Ribniško jezero*.

Bemerkenswert ist der für die Gegend ungewohnte Gesteinsaufbau: Es gibt verschiedene metamorphe paläozoische Gesteine, auf der Südseite an den Abhängen sogar etwas weißen Marmor. Das Gros des Gesteins ist Tonalit, der als Zierstein und zur Pflasterverarbeitung geeignet ist. Seltenheitswert hat das nur bei Cezlak (südwestlich von Sv. Trije kralji) gefundene grünliche Čizlakit, das dem Tonalit ähnelt – die Fassade des Parlaments in Ljubljana wurde mit diesem Gestein verkleidet.

Der markierte Slowenische Alpenwanderweg Nr. 1) (Slovenska planinska pot 1, SPP 1) führt durch das bewaldete Gebirge, auch schöne Mountainbiketouren sind möglich; es gibt unzählige Bäche, schöne Moore und an den südlichen Abhängen ein paar Dörfer zu entdecken. Von Maribor bis Slovenj Gradec sind es rund 60 km, veranschlagt werden 2 bis 3 Wandertage (→ Kleiner Wanderführer/Wanderungen 14 u. 16, S. 531 u. 540). Im Winter kann man auf dem Pohorje herrlich Langlaufen und Ski fahren – am *Mariborsko Pohorje* werden die Weltcuprennen der Frauen ausgetragen.

Information Gondelstation, Pohorska ul. 60, 2000 Maribor, ✆ 083/889-999 (Kasse), www.mariborskopohorje.si.

Zentrale Reservierungsstelle für Übernachtungen: www.termenmb.si. www.maribor skopohorje.si

Anfahrt Auto: ca. 20 km. Bus: Nr. 6 vom Zentrum zur Talstation.

Seilbahn (in der NS am besten vorab erkundigen!): im Sommer tägl. und jede volle Stunde 7–22 Uhr (danach kürzer), in der NS nur Fr 13–16 Uhr (für Bikepark, nur bei gutem Wetter), zudem Sa/So 7–19 Uhr. Im Winter Mo–Mi 8–20 Uhr zu jeder vollen Stunde. Preise im Sommer (retour): 6 € (10 €), Kinder 3 € (5 €), Fahrrad 4 €.

Sport Reiten, Kutschfahrten, am Sportcenter Mountain- und Downhillbikeverleih, Hochseilgarten, Adrenalinpark, Fußballplatz, Wellnesscenter Bellevue.

Bikepark & Bikeservice, beim Sportcenter, südlich der Gondelstation Pohorje. Mit 4000 m längste Downhillstrecke Sloweniens (hier finden Weltcups statt), zudem Verleih von neuen Bikes und Ausrüstung, Unterricht, Waschen der Räder, Service; auch Kartenmaterial. ✆ 059/259-041 (mobil).

Wandern (→ Pohorje).

Übernachten/Essen **** Hotel Bellevue, direkt an der Gondelstation auf 1050 m. Neben dem empfehlenswerten Restaurant gibt es einen ansprechend gestalteten, großen Wellnessbereich. Herrliche Lage, Kinderspielplatz, Startpunkt für Wanderungen. Komfortable, moderne Zimmer/Appartements mit Panoramafenster und Balkon. Auch über die Straße mit dem Auto zu erreichen. DZ/F 95 € (zur Skisaison 150 €). Slemenu 35, ✆ 02/2344-333, www.hotelbellevue.si.

**** Appartements Hiše Bolfenk, nahe der Gondelstation, hübsches Holzhaus mit Appartements für 4–8 Pers.; komfortable Ausstattung mit Kamin, Sauna. Ca. 85–180 €/Tag. Fast ganzjährig. Na Slemnu 35, ✆ 02/2344-333, www.hotel-bolfenk.si.

Maribor – bequeme Anfahrt ins Pohorje-Gebirge

»» Mein Tipp: **** **Pension Martin**, an der Spitze des Pohorje im Wald. Es gibt das Haupthaus mit 8 Zimmern (DZ 50 €), zudem hübsche Holzhäuser mit komfortablen Appartements (4–8 Pers. oder auch mehr) mit Küche, Kamin, 2 Schlafzimmern und Wohnbereich (ebenfalls mit Schlafcoach) ab 140 €/Tag. Frühstück 7 €. Hočko Pohorje 103, ☎ 02/6036-510, www.penzionmartin.si. **«««**

*** **Hotel Zarja**, Ruhe und Erholung verspricht das von Wald umgebene 15-Zimmer-Haus mit Sauna. Auf der hübschen Terrasse wird auch der Gaumen verwöhnt, u. a. Buchweizensterz mit Pilzen oder Pohorjetopf und Heidelbeerstrudel. DZ/F 80 €. Frajhajm 34 (Straße nach Areh), ☎ 02/6036-000, www.hotel-zarja.si.

An der Ostseite des Pohorje gibt es in den Dörfern etliche Touristische Bauernhöfe (Turistične kmetije):

»» Mein Tipp: Touristischer Bauernhof **Štern**, Hof mit Restaurant oberhalb des Ortes Fram auf ca. 600 m. Fast alles wird hier selbst produziert, u. a. Fleisch, Wurst, Brot. Hübsche Zimmer und ruhige Lage. Nette und hilfsbereite Wirtsleute. Planica 9, 2313 Fram, ☎ 02/6015-400. **«««**

Izletniška Ekološka Kmetija Uranjek „Pri Baronu“, die Weinschenke ist nach einer Wander- oder Mountainbiketour genau das Richtige, um sich mit Produkten vom Hof (Gemüse, Obst, Säfte, Weine) zu stärken: hausgemachte Salami, Topfen, Speck, dazu gutes Brot und aus dem Weinkeller ein guter Tropfen oder ein Kräutertee. Gemütliche Sitzgelegenheiten innen und außen. Fr–So 12–22 Uhr. Planica 6, 2313 Fram, ☎ 02/601-4451. ■

*** **Hotel Jakec**, schönes ruhiges Hotel am Fuße des Veliki vrh, bei Sv. Sveti Trije kralji. Von hier aus kann man bestens wandern und mountainbiken. Moderne Zimmer (DZ/F 78 €) und sehr gutes Essen warten, zudem kleines Wellnesscenter und Bowlingbahn. Ganzjährig. Anfahrt u. a.: Zgornji Bistrici – Tinju – Planini pod Šumikom ter Trem Kraljem. Planina pod Šumikon 5, 2316 Zg. Ložnica ☎ 02/8034-506, www.jakec.si.

Berghütte Ruška koča (1250 m), am slowen. Fernwanderweg Nr. 1, mit Restaurant. 17 €/Pers. (ohne Frühstück), HP 35 €/Pers. Ganzjährig. Mo Ruhetag. Frajhajm 64, ☎ 02/6035-046, ☎ 041/666-552 (mobil), www.ruska koca.si.

Weinstraßen rund um Maribor: Ob als Tages- oder Mehrtagestour, die Weinstraßen lassen sich mit dem Auto oder noch besser mit dem Mountainbike wunderbar abfahren. Übernachtungs- und Versorgungsprobleme dürfte es keine geben, überall gibt es Gostilnas mit Zimmervermietung und guter Küche, Touristische Bauernhöfe und Weinschenken.

Weinstraße Maribor: rund um Maribor; westlich über Kamnica und bergan nach Sv. Urban auf 597 m (6 km nördlich von Maribor) – diese hügelige malerische Gegend ist aussichtsreich und bestückt mit vielen kleinen Kirchen. Noch weiter nördlich liegt das Herz dieser Weinbauregion, der Ort Svečina, mit herrlichem Blick auf die Weinberge.

Weinstraße Gornje Slovenske gorice: nördlich von Maribor in Richtung Grenzübergang Šentilj, östlich nach Trate und westlich nach Zgornja Kungota.Das Weinanbaugebiet um Polički vrh (ca. 10 km nördlich von Maribor und östlich der A 1) lockt ebenfalls; in schöner Lage das *Jareninski dvor,* ein Schloss mit einem renovierten Weinkeller aus dem 14. Jh., heute Sitz der großen Weinkellerei Dveri Pax (s. u.) – schon die Benediktiner kelterten hier.

Östlich der A 1 liegt noch das Weinanbaugebiet um *Malečnik.*

Weinstraße Pohorje: zieht sich bei Limbuš und Ruše am Nordhang entlang, dann an den Osthängen südwärts über die Dörfer Fram, Polskava, Ritoznoj.

Mountainbiketouren um Maribor

Maribor–Jurji–Šentilj–Maribor (ca. 50 km): Wir halten uns beim Mestni-Park nordwestlich und fahren in Richtung des Bergzugs Kozjak und Sv. Urban. Von 597 m genießt man einen herrlichen Blick über die Weinberge. Weiter geht es Richtung Tojzlov vrh (703 m) mit Berghütte. Dann nordostwärts den alten Grenzweg über Juriški vrh (Grenzübergang) nach Špičnik fahren oder stattdessen über Svečina (Schloss von 1629) und weiter über Ciringa, Kresnica nach Šentilj. Von Šentilj am besten die kleine Straße nach Jakobski dol nehmen oder den direkten Weg über Pesnica zurück nach Maribor. Insgesamt ca. 50 km. Wein- und Obstplantagen werden durchquert, jahrhundertealte Bäume sind zu bewundern und schöne alte Winzerhäuser und Weinschenken laden zur Rast ein.

Maribor–Šentilj–Sladki vrh–Trate–Lenart–Maribor (ca. 60 km): Von Šentilj ostwärts durch Bold, im Wald von Novine die Reste einer keltischen Burganlage und Grabhügel. Wir fahren weiter immer oberhalb und mit Blickkontakt zur Mura. In Cerstak erinnert die Pestsäule an die Seuchen in alter Zeit. Bei Sladki vrh geht es hinab zum Fluss und Richtung Trate. Auf halbem Weg ist der alte Murfähre sehenswert, ein alter Grenzübergang zu Österreich, sowie in Trate das Untere *(Spodnji grad)* und Obere Schloss *(Zgornji grad).* Weiter führt die Straße südwärts nach Zagorje Velka zur einst berühmten barocken Wallfahrtskirche „Kirche im Schnee (Marija Snežna)" aus dem 18. Jh. Dann über Lenart zurück nach Maribor oder auch weiter in Richtung Benedikt und Gornja Radgona. Auch hier wieder viele hübsche Einkehr- und Übernachtungsmöglichkeiten.

Drava-Radweg (D-3): Er verläuft, bis auf Teilstücke an der Straße, meist auf dem Fahrradweg entlang der Drava. Von Maribor westwärts bis Dravograd und Vič (österreichische Grenze, ca. 72 km), ostwärts in Richtung Ptuj, Ormož und weiter zur kroatischen Grenze (ca. 60 km) und in Richtung Varaždin (HR). Wer mag, kann auch bei Ormož über Ljutomer in Richtung Mura fahren und dieser flussaufwärts zurück bis Šentilj folgen und über die Weingegend um Maribor retour radeln. Infos auch unter www.mura-drava.eu.

Von Maribor nach Murska Sobota und in den Landschaftspark Goričko

Eine ca. 60 km lange Strecke durch die von Flüssen und Stauseen durchzogene Hügellandschaft **Slovenske gorice** gehört zum nördlich verlaufenden Teil der Weinstraße. Die zwei größten Flüsse, die Drava im Süden und die Mura im Norden, begrenzen das Gebiet. Schön sind hier auch Touren mit dem Mountainbike abseits der Hauptstraßen (Fahrradkarten bersorgen!) – unterwegs kann man in Touristischen Bauernhöfen übernachten und die leckeren Weine probieren. Wer baden möchte, findet immer wieder kleine und größere Seen.

Östlich der Mura schließt sich die Landschaft **Prekmurje** mit dem Zentrum **Murska Sobota** und einer Reihe von bekannten Thermalbädern an. Eine insgesamt flache Gegend mit Felderwirtschaft, vorrangig Maisanbau, ebenfalls optimal zum geruhsamen Fahrradfahren. Hier macht sich bereits das pannonische Kontinentalklima mit großen Temperaturschwankungen bemerkbar. Östlich davon fahren wir durch das letzte Stück Slowenien, den herrlichen **Landschaftspark Goričko**, eine ruhige, leicht hügelige Landschaft, durchzogen von kleinen Straßen. Die Küche ist hier sehr schmackhaft, als Grundlage wird bei vielen Gerichten Buchweizen *(Ajda)* verwendet, aus dem Brot, Blechkuchen – mal salzig mit Quark, mal süß mit Rahm, Nüssen oder Mohn – und leckere Strudelgerichte wie die mehrstöckige *Prekmurska gibanica* (→ S. 61/Essen & Trinken), gebacken werden. An Deftigem lockt der mit Schweine-, Rind- und Wildfleisch zubereitete Eintopf *Bograč* und auch der Rohschinken *Šunka*. Die Menschen sind hier äußerst freundlich und hilfsbereit und freuen sich auf Besuch, leben sie doch abseits der Touristenströme (→ www.visitpomurje.eu).

Die **Autobahn A 5** in den Osten Sloweniens und weiter nach Ungarn ist durchgehend befahrbar. Wer es gemütlich mag oder als Pedalritter unterwegs ist, wählt die zeitintensive, alte Hauptdurchgangsstraße des Ostens über Lenart, Benedikt, Gornja Radgona nach Murska Sobota und weiter nach Lendava.

Nach Murska Sobota

Wenige Kilometer nördlich von Maribor zweigt die Straße (Nr. 3) östlich nach Gornja Radgona ab. Beim kleinen Ort **Zamarkova** kurz vor Lenart steht die *Burg Hrastovec*, die heute als Sozialpflegeanstalt dient und nicht besichtigt werden kann. Sie wird 1256 erstmals erwähnt, im 15. Jh. übernahmen die Adeligen von Herberstein die Burg; ihre Familiengruft befindet sich in der schönen Barockkapelle. Im 17. Jh. war Burg Hrastovec schauriger Tatort für zahlreiche Hexenprozesse. Auf Wanderwegen wie dem *Francko-Weg* (2,7 km) oder dem *Agata-Weg* (3,1 km) kann man die Umgebung mit Wäldern, Teichen und römischen Grabhügeln erkunden.

Rund 4 km östlich von **Lenart** liegt idyllisch am Stausee der Wallfahrtsort **Sv. Trojica** mit seiner gleichnamigen Kirche und dem *Kloster* (hl. Dreifaltigkeit). Die einst romanische Kirche wurde im 17. und 18. Jh. umgebaut. Das Kloster wird seit 1854 von Franziskanern unterhalten und birgt auch eine reichhaltige Bibliothek. Ein Besuch ist nur nach Voranmeldung möglich (✆ 02/7205-556). Die gleichnamige gute

Gostilna lädt zu einer Pause ein. Zum Sprung ins kühle Nass lockt hier der Badesee *Gradiško jezero*.

Wenige Kilometer hinter Lenart steht in **Benedikt** die Wallfahrtskirche *Sv. Trije Kralji* (Kirche der Hl. Drei Könige), erbaut von 1521 bis 1588. Der wunderschöne, lichtdurchflutete hohe Kirchenraum ist bis heute in seiner Originalbemalung erhalten. Attraktion ist der bemalte Flügelaltar von 1623, der letzte erhaltene Sloweniens, mit Szenen der „Anbetung der Hl. Drei Könige", „Auszug aus Ägypten", „Marias Tod" und Ausschnitten aus der „Passion". Besichtigung ist über die TIC Lenart möglich.

Rund 7 km nördlich von Benedikt zweigt bei Zagajski vrh ein kleines Sträßchen in in Richtung **Negova** (6 km) mit seiner großen Burg, *Grad Negova*, ab. Sie steht umfriedet inmitten dieser hügeligen, wenig besiedelten Landschaft. Bis auf einen Trakt wurde sie schön renoviert und ist seit 2011 für Besucher zugänglich. Bereits 1425 wurde sie unter Vest Egaw erwähnt und im Laufe der Jahrhunderte v. a. zur Türkenabwehr erweitert. Aus der zweiten Hälfte des 14. Jh. stammen eine Kapelle und ein Turm sowie ein hölzerner Verteidigungsgang; ein weiterer Anbau mit Turm ist aus dem 16. Jh., auch im 17. und 18. Jh. wurde modernisiert. Die schönen Säle dienen Konzerten und Ausstellungen, in den einstigen Stallungen gibt es das Café Apolonija und eine kleine Galerie.

Do–So 10–17 Uhr, Führungen 12 und 15 Uhr. Hier ist auch eine TIC-Infostelle, ☎ 040/629-118 (mobil), www.gradnegova.si.

Vor der Burg steht die große Kirche von Negova, 1699–1710 erbaut, mit einer Kreuzkapelle von 1850. 2 km südlich lockt der kleine Badesee *Negovsko jezero* zum Sprung ins kühle Nass; auch ein Kräutergarten wurde hier angelegt. Rundum bieten sich Wandertouren an, u. a. auf dem *Trstenjak-Rundwanderweg* über Gornja Radgona (35 km).

Schloss Negova ▲
Weinkeller von Gornja Radgona ▼

Übernachten/Essen Touristischer Bauernhof Pri Alenki, nahe dem Negovsko jezero. 300 Jahre alter Hof mit größerem Neubau; hier gibt es deftige Hausmannskost aus eigener Tierhaltung (Schlachtplatten, Bauernaufschnitt, Buchweizensterz und Süßes wie Gibanica, Apfelstrudel). Fr–So 8–24 Uhr. 10 Zimmer werden vermietet. Gornji Ivanjci 21, 9245 Sp. Ivanjci, ✆ 02/05609-090, www.pri-alenki.si.

≫ Mein Tipp: °°°° Touristischer Bauernhof Firbas, in Cogetinci, rund 3 km südlich des Nekovsko jezero, schon nahe der A 5. V. a. Familien mit Kindern kommen hier auf ihre Kosten: Auf dem Hof tummeln sich Schweine, Ziegen, Kühe, Hühner, Hasen und Pferde, Letztere darf man reiten oder vor die Kutsche spannen. Der Speiseplan richtet sich nach dem, was die Felder gerade hergeben oder was frisch geschlachtet wurde. Pro Pers. 29 €/ÜF, leckere HP 37 €. Cogetinci 60, 2236 Cerkvenjak, ✆ 041/746-174 (mobil), www.firbas.com. ≪

Gornja Radgona, die Grenz-, Wein- und Bezirksstadt vieler umliegender Gemeinden, liegt an der Mura und hat seit 1265 Stadtrechte. Seit dem Ersten Weltkrieg ist die Stadt zweigeteilt, über der Mura liegt das österreichische Bad Radkersburg. Der Vorort mit der mittelalterlichen Burg gehört heute zu Slowenien. Von Gornja Radgona kann man die Weinberge und Winzer besuchen, stadtältester Weinkeller ist *Radgonske Gorice* (s. u.), der Panoramazugfahrten durch die Stadt anbietet. Es gibt auch hier viele markierte Wander- und Radwege, u. a. den „Weg der alten Eichen" (35 km, bis zu 12 % Steigung), der in einer Rundtour über die Hügel nach Trate und entlang dem Mura-Radweg zurück führt. Auch gen Süden kann man entlang dem Mura-Radweg (www.mura-drava.eu) fahren und etliche Besonderheiten in dieser Gegend (u. a. Murfähre) gemächlich besichtigen.

Information Tourismusverband/TIC, Kerenčičeva 16 (nördlich der Altstadt, nahe Mura), 9250 Gornje Radgona, ✆ 02/5648-240, www.tic-radgona.si.

Übernachten/Essen/Wein Südlich von Gornja Radgona gibt es viele Touristische Bauernhöfe, Infos bei TIC, u. a.:

≫ Mein Tipp: °°° Weingut & Touristfarm Borko, mitten im Grünen und doch nur ca. 1,5 km südlich von Gornja Radgona liegt der neue Hof. 4 Zimmer, ein großes Appartement, leckeres Essen und v. a. beste Weine aus einem alten, mit großen Holzfässern gefüllten Weinkeller. Für Besucher nur Sa/So 13–20, im Sommer bis 22 Uhr. Črešnjevci 9, ✆ 041/730-093 (mobil). ≪

Gostilna-Pension Ajda, ca. 5 km nördlich von Gornje Radgona in Cankova (Landschaftspark Goričko) – am schnellsten durch Österreich erreichbar (oder 10 km

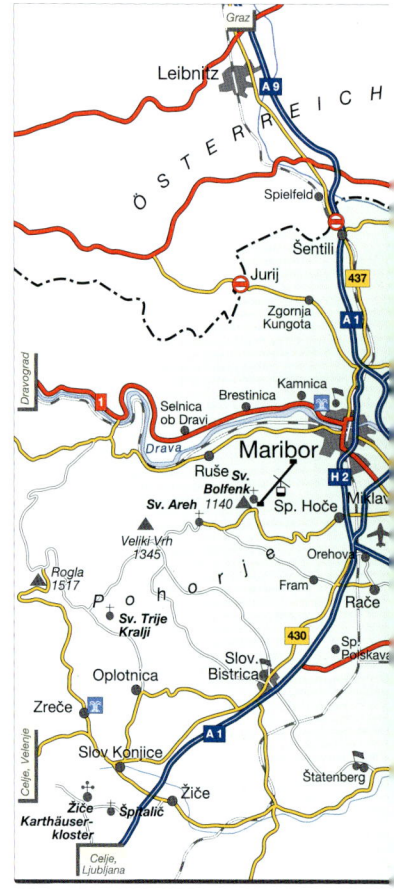

nördlich von Radenci). Leckeres Essen mit gebietstypischen Gerichten, es gibt aber auch Pizzen. Nette Übernachtungsmöglichkeiten (DZ 50 €). Tägl. außer Mo ab 10 Uhr. 9261 Cankova, Haus Nr. 33, ✆ 02/5401-378, www.gostisce-ajda-bagola.si.

»» Mein Tipp: Weinkeller **Radgonske Gorice**, seit 1852 wird im Dom Penine, im „Heim des Schaumweines" in dem schön restaurierten Weingut gekeltert. In den alten Kellern, die zum Teil in den Fels geschlagen wurden, gibt es eine Quelle sowie den Wasserfall Peniček. Berühmt ist das Weingut v. a. für seine prämierten Sekte (Penina), die hier per Hand gedreht werden. An Weinen ist u. a. der Traminer hervorzuheben. Im großen Verkaufsraum kann man probieren oder an einer Führung (tägl. außer So/Feiertag 7–17 Uhr, nach Anmeldung) teilnehmen. Jurkovičeva ul. 25, ✆ 02/5648-550, -513, www.radgonske-gorice.si. **«**

Kurbad Radenci: Einige Kilometer südlich von Gornja Radgona liegt die bekannte Mineralwasserstadt Radenci (Radenska, das Mineralwasser „mit den drei Herzen") – das ehemalige Bad Radein. 1833 entdeckte Karel Henn, ein Medizinstudent, die kohlendioxidreichen Thermalquellen, die seit 1871 therapeutisch genutzt werden

Maribor-Ptuj/Umgebung

Ostslowenien →Karte S. 334/335

und – wie schon der Label besagt – Herzleiden mindern. 1882 begann der Kurbetrieb, seitdem wird das heilende Wasser in ganz Europa getrunken. 1996 eröffnete die moderne Thermalanlage – der Kurbetrieb von Radenci mit modernen Hotel- und Appartementanlagen zählt heute zu den besten Sloweniens. Das Wellnessangebot, besonders im Ayurveda-Bereich, lässt kaum einen Wunsch offen.

Heilbad/Wellness Therme Radenci, 9252 Radenci, ✆ 02/5201-000, www.sava-hotels-resorts.com/de/radenci. In dieser Therme gilt das Motto „Tradition verpflichtet", guter Service und Qualität werden geboten. Behandelt werden Herz-, Gefäß-, Nieren- und Harnleiden, Beeinträchtigungen des Bewegungsapparats, rheumatische und Stoffwechselerkrankungen. Das Thermalbad hat 10 verschiedene Becken mit einer Fläche von 1460 qm, die Wassertemperatur liegt bei 28–37 °C. Es gibt Süß- und Thermalwasser, Warmquellen, Whirlpools, Unterwassermassagen, ein Schwimmbad von olympischen Ausmaßen, Fitnesscenter und Saunas. Angeboten werden u. a. Fußreflexzonenmassage, Body-Wrapping; Ayurveda-Anwendungen wie z. B. *Abhyanga*, eine 4- oder 2-händige Ganzkörper-Synchronmassage mit Kräuterölen; *Udvartana*, ein Stoffwechsel aktivierendes Ganzkörper-Peeling; *Jambira Pinda Sveda*, heiße Packung mit Zitrone u. v. m.

Übernachten Nahezu jeden Komfort bieten die Hotels **** **Hotel Radin superior** und **Hotel Izvir**, DZ/F ca. 100–120 €. Infos ✆ 02/5122-200, www.sava-hotels-resorts.com.

Sport Bei der Therme Tennisplätze u. -halle, Sporthalle, Beachvolleyball; auch Surfmöglichkeiten auf den nahen Seen.

Murska Sobota

Mit rund 19.000 Einwohnern ist Murska Sobota die Hauptstadt der Region Pomurje (Prekmurje) und Wirtschaftszentrum des Ostens.

1919 riefen die Bewohner vom Balkon des legendären Hotels Dobray die „Murska Republika" aus; nur sechs Tage währte ihre Selbstständigkeit, aber immerhin … Im alten Stadtzentrum sehenswert ist das schön renovierte **Schloss** in einem großen Park. Es wurde 1498 erstmals erwähnt, sein heutiges trutziges Aussehen als Wehrschloss erhielt es im 16. Jh. unter den Grafen Szechy, als man sich gegen die Osmanen wappnen musste. Die im Renaissancestil mit Balustraden verzierte Frontseite des Schlosses gestalteten Anfang des 18. Jh. die neuen Besitzer, die ungarischen Adeligen von Szápáry. Im Schloss ist das modern gestaltete *Regionalmuseum* (Pomurski muzej, Trubarjev drevored 4, www.pomurski-muzej.si; Di–Fr 9–17, Sa bis 13, So 14–18 Uhr; Eintritt 3 €, Kinder 2 €) untergebracht. Die Sammlung gewährt einen historischen Blick auf das Leben und die Wohnkultur an der Mura bis in die heutige Zeit, sehenswert ist u. a. auch der Barocke Salon. Interessant ist vielleicht auch die **Stadt-Galerie**, die verschiedenste Werke (u. a. Gemälde, Skulpturen, Zeichnungen, Fotos) von Künstlern dieser Gegend zeigt (Kocljeva 7, www.galerija-ms.si; Di–Fr 8–17, Mo u. Sa 9–12 Uhr; Eintritt 3 €).

Radfahrer können ca. 4 km südlich der Stadt den **Mura-Radweg** (www.mura-drava.eu) nehmen und dabei Sehenswertes dieser Region (→ Murska Sobota/Umgebung) passieren.

Basis-Infos

Information Touristinformation TIC, 9000 Murska Sobota, Slovenska ulica 41, ✆ 02/5341-130, www.zkts-ms.si und www.pt-zveza.si. Mo–Fr 9–16, Sa 9–13 Uhr.

Flug Kleiner **Flugplatz** (Letališče) mit Pension (s. u.) 2 km südlich. www.aeroklub-ms.si.

Sport **Fahrrad**: schöne Touren entlang dem Mura-Radweg, www.mura-drava.eu (→ Murska Sobota/Umgebung).

Wildwasserfahrten, bzw. auch Verleih von Kajak und Kanus. Hr. Benjamin Sakač, ✆ 041/340-355 (mobil), www.spustpomuri.com.

Veranstaltungen Festival Soboški dnevi, 5-Tages-Fest Ende Juni mit Konzerten. **Bograč-Wettbewerb**, letzter Sa im Mai, dann können Liebhaber dieser Speise in die vielen Kessel gucken und probieren.

Übernachten/Essen & Trinken

Eine Prekmurje-Spezialität ist Bograč, ein Eintopf aus Fleischstücken vom Schwein, Rind und Wild, hinzu kommen Kartoffeln u. v. a. viele Zwiebeln, manchmal auch Pilze. Die süße Prekmurska Gibanica unterscheidet sich von den anderen slowenischen Strudeln aufgrund ihrer vielen Schichten: Auf einen Mürbteigboden folgen Strudelteigschichten, gefüllt mit einer Masse aus Mohn, Quark mit Rosinen, Nüssen und Äpfeln, obenauf kommt Sauerrahm.

*** **Hotel Zvezda**, mitten im Zentrum mit schöner Fassade von 1910. Leider ist die Rückseite zu lila und modern geraten. Im Innern allerdings geschmackvoller Biedermeierstil; das angeschlossene Restaurant Zvezda mit Brauerei und Biergarten ist eine Einkehr wert. DZ/F 60 €. Trg zmage 8, ✆ 02/5391-570, www.hotel-zvezda.si.

*** **Hotel Diana**, moderner Bau mit sehr gutem Restaurant Sklejca und Konditorei; auch die Zimmer sind ansprechend. Erholen kann man sich im schönen Wellnessbereich Skygarden (Becken mit Thermomineralwasser bis 35 °C), Whirlpool, Sauna, Massage. Sehr beliebt bei Geschäftsleuten. DZ/F 82 €. Slovenska ul. 52, ✆ 02/5141-200, www.hotel-diana.si.

Außerhalb ⟫⟫ **Mein Tipp:** **** **Lovenjakov dvor**, 4 km nordwestlich der Stadt. Der Gutshof mit Storchennest am Dach birgt das **Hotel Štrk** (Storch) und ein Restaurant; hier gibt's feinste Prekmurjer Küche, auch leckeren Fisch, vom betagten Meisterkoch Branko Časar. Tägl. 11–22/24, So bis 18 Uhr. Komfortable DZ/F 82 €, kleiner Pool. In der Nähe das **Autocamp Štrk**. Polana 40, ✆ 02/5252-158 (Hotel), www.lovenjakov-dvor.si. ⟪⟪

Schloss Murska Sobota

Pension-Restaurant Letališče, 2 km südlich über die A 5 liegt der kleine Flughafen. Nebenan im ansprechenden Neubau gibt es 16 Zimmer (DZ/F 65 €) und ein gutes Restaurant (tägl. außer Mo 9–21 Uhr). Muzge 2, ✆ 031508-142 (mobil), www.penzionletalisce.si.

Šunkarna (Schinkenhof) Kodila, 2 km nördlich von Murska Sobota stehen das reetgedeckte Haus und der angebaute Holzneubau, wo die ökologischen Schinken und Würste hergestellt werden und reifen. Im Verkaufsraum gibt es neben dem luftgetrockneten Schinken und der Kürbiskernsalami weitere Leckerbissen, auch Säfte, Marmelade und Wein aus dieser Region. Köstlichkeiten kann man auch im Restaurant probieren wie u. a. Kübelfleisch, Gulasch, selbstgemachtes Brot, Gibanica. Mo–Fr 8–17, Sa ab 7 Uhr. Markišavci 44, ✆ 02/5223-600, www.kodila.si. ∎

Murska Sobota/Umgebung

Rakičan: Der Ort mit seinem mehrtraktigen *Schloss,* das 1431 bereits erwähnt wurde, liegt 2 km südöstlich. Die Adelsfamilie Batthyany hat es Anfang des 17. Jh. befestigen lassen, danach wurde es im Barockstil modernisiert. Die von einem schönen Park umgebene Anlage wurde in den letzten Jahren teilweise saniert und beherbergt einen Reitclub und Pferdezucht.

Beltinci: 7 km südöstlich an der Straße Richtung Lendava. Schon 1322 wurde der Ort unter dem Namen *Beletfalua* erwähnt. Nicht zu übersehen ist die wuchtige Kirche *Sv. Ladislava,* Mitte des 18. Jh. erbaut und Ende des 19. Jh. vom Wiener Architekten Max von Ferstel (1859–1936) renoviert und vergrößert. Abseits der Straße, umgeben von einem weitläufigen verwilderten Park, steht das große *Schloss* aus dem 15./16. Jh., weitgehend dem Verfall preisgegeben. In einem renovierten Trakt hat das Tourist- & Kulturbüro des Ortes seinen Sitz und es gibt ein kleines, hübsch ausgestattetes *Apothekenmuseum,* das in einer Dauerausstellung „Die Geschichte der Medizin" zeigt (Mo–Fr 8–15 Uhr).

Südlich von Beltinci, bei **Ižakovki**, ist die alte *Schiffsmühle* zu bewundern und die *Murfähre* (nur für Personen) zu befahren. Die Schiffsmühle, sie wurde auf zwei Booten erbaut, ist originalgetreu nachgebaut. Ein schöner Fußweg führt an der Halbinsel, die die Mura hier bildet, entlang.

Eine noch funktionierende, alte Wassermühle, die *Babičev mlin,* steht bei **Veržej** auf der westlichen Mura-Seite (Mo–Fr 8–16.30, Sa 8–14 Uhr).

Die Mura-Mühle bei Ižakovki

Die **Muralandschaft** mit ihren toten Armen und dem Wald ist ein einzigartiges Ökosystem und Heimat von rund 600 Pflanzen- und 200 Vogelarten, darunter auch vieler gefährdeter. Zudem ist hier Sloweniens größtes Brutgebiet für Eisvögel; auf den Feuchtwiesen blühen u. a. die raren Schachbrettblumen. Aufgrund der Artenvielfalt zählen die Mura-Auen zum *Schutzgebiet Natura 2000.*

Information Tourist- und Kulturbüro **(ZTK)**, im Schloss, 9231 Beltinci, ☎ 02/5413-580, www.beltinci.net. Gute Informationen über die Region. Mo–Fr 8–15 Uhr.

Essen & Trinken ❯❯❯ Mein Tipp: Gostilna Rajh, gediegene Atmosphäre im gemütlichen Landhausstil, lauschige Terrasse, große Vinothek im Keller, bestes Essen und perfekter Service – nicht umsonst ist das Lokal u. a. Mitglied von „Jeunes Restaurateurs d' Europe". Regionale Spezialitäten mit raffinierter Würze verwöhnen den Gaumen; u. a. Pilzsuppe, gebackene Ente, Lamm; auch Spezialitäten wie *Bograč*, *Prekmurska Gibanica* und selbstgebackenes Brot aus Buchweizen und Nüssen. Di–Sa 10.30–22, So 11–16 Uhr. In Bakovci (3 km südlich von Murska Sobota bzw. 4 km von Beltinci), Soboška ul. 32, ☎ 02/5439-098. ❮❮❮

Rund 5 km nördlich von Murska Sobota ist die kleine gotische *Dorfkirche* von **Martjanci** zu erwähnen, mit sehenswerten, sehr gut erhaltenen Steinmetzarbeiten und Wandmalereien im Presbyterium. Pfarrer Erasmus ließ die Kirche im Jahr 1392 erbauen – sich selbst ließ er im Kleinformat neben der Tür zur Sakristei verewigen. An der Südfront des Presbyteriums ist der Erbauer und Freskenmaler der Kirche, Johannes Aquila, abgebildet.

Übernachten/Essen   »» Mein Tipp:
*** Gostilna-Pension Šinjor, in Martjanci, mit großer überdachter Laube, sehr gutem Essen wie Buchweizensterz, Pilzgerichten, Wild; auch selbstgebackenes Brot und viel Naschwerk. Auch Übernachtung, DZ/F 34 €, HP 25 €/Pers. Martjanci 32, ✆ 02/5303-900, www.sinjor.com. **««**

Gostilna Marič, auch hier sehr leckeres Essen, u. a. Fleischeintopf Bograč. Tägl. 7–22/23, So ab 9 Uhr. Sebeborci 46a (ca. 2 km nördlich von Martjanci), ✆ 02/5381-490.

Kurbad Moravske Toplice: weitere 3 km von Martjanci (8 km von Murska Sobota). Der Ort mit seinem bekannten Kurbad hat ebenfalls Wellness im Angebot – wie wär's z. B. mit einer „Hot-Stone-Massage" zur Stimulation der Blutzirkulation? Zum Kurbad, in ungestörter Alleinlage, gehören Thermalwasserlandschaft, Hallen- und Freibad, Hotels, Bungalows, Campingplatz, Casino, 18-Loch-Golfplatz und ein Bikecenter. Die ziemlich flache Gegend eignet sich hervorragend zum Fahrradfahren.

Information Touristinformation TIC, 9226 Moravske Toplice, Kranjčeva 12 (gegenüber Therme), ✆ 02/5381-520, www.moravsketoplice.com. Mo–Fr 8–18, Sa 7–15, So/Feiertag 8–14 Uhr. Beste Infos für diese Region mit kompetenten Mitarbeitern, Privatzimmervermittlung, Fahrradkarten und -verleih.

Kurbad/Wellness Therme 3000 – Moravske Toplice, geheilt wird mit Natur-Peloid aus dem Negova-See und dem „schwarzen Mineralwasser". Neben den üblichen Kuranwendungen gibt es Lymph-, Shiatsu-, Nuad-, Lomi-Lomi-, Nui-, Vichy-, Ayurveda- und Hot-Stone-Massagen; zudem Entspannungs- und Schönheitsanwendungen. Reservierung und Infos: Kranjčeva 12, ✆ 02/5122-200, www.terme3000.si.

Kurbad/Übernachten In den Hotels der Therme (www.sava-hotels-resorts.com) inkl. Bädernutzung und Ermäßigung auf dem Golfplatz: ******* Livada Prestige,** komfortabelst ausgestattet, DZ/F ab 174 €; **Termal** und **Ajda** (beide ****), hier kostet das DZ/F 110 € bzw. 128 €.

**** Bungalowsiedlung Prekmurska vas, nette Appartementhäuser (2–6 Pers.), umgeben von Wiesen; ab 100 €/2 Pers.

*** Camping Therme 3000, nettes schattiges Gelände; ganzjährig Betrieb. Inkl. Bäderbenutzung 18,50 €/Pers. (bei 2 Nächten nur noch 13 €). ✆ 02/5121-200.

Übernachten/Essen Einige gute Privatunterkünfte (s. a. Webpage TIC). U. a.

Pension Pri Štorklji, Familienbetrieb im Grünen, nahe der Therme, mit ca. 18 Zimmern und 3 Appartements; Kinderspielplatz. HP 38 €/Pers. Fam. Lovrenčec, Na bregu 12, ✆ 041/891-225, www.pri-storklji.si

Gostilna Oaza, beliebtes Ausflugsziel in Alleinlage mit hübscher Terrasse am Fischteich zwischen den Weilern Tešanovci und Mlajtinci (ca. 4 km südöstlich von Moravske Toplice, ausgeschildert). Verfeinerte Hausmannskost. Di–Sa 12–22, So nur bis 17 Uhr. Levstikova 20, ✆ 051/383-141 (mobil).

Östlich des Kurorts Moravske Toplice, in **Bogojina**, ist die romanische Kirche *Christi Himmelfahrt* sehenswert, die der slowenische Architekt Jože Plečnik um 1926 neu gestaltete (→ S. 356). Die Hauptaltäre sind mit Säulen und Keramikvasen verziert, der runde, fensterlose Kirchturm ist ebenfalls mit Säulen geschmückt.

Touristischer Bauernhof Puhan, beliebtes, hübsches Ausflugslokal neben der Kirche. Frisch vom Hof gibt's deftige Hausmannskost wie Bograč, Würste, Gibanica, dazu hauseigenen süffigen Wein. Nur Fr 12–22, Sa 12–24, So 12–19 Uhr. Bogojina Nr. 311, ✆ 0041/637-242 (mobil), www.turizempuhan.si.

Ostslowenien → Karte S. 334/335

Eine neue Attraktion lockt in **Dobrovnik** (5 km östlich von Bogojina), der *Tropski Vrt,* ein Tropischer Garten unter 40.000 qm Glasfläche. Hier gedeihen rund 1,7 Millionen Orchideen – die einzige Orchideenzüchtung in Slowenien, daneben Farne und viele weitere tropische Gewächse wie Bananen, Papayas – natürlich mit Verkaufsraum.

Mo–Sa 9–18, So 10–16 Uhr. 9223 Dobrovnik, Nr. 297, www.tropskivrt.si.

Lendava: Zwischen Hügeln und Fluss liegt die zweisprachige Kleinstadt (slow.-ung.) am Dreiländereck, Zentrum der Muralandschaft, die bequem über die Autobahn (A 5) erreichbar (nach Maribor 90 km) ist und mit kulturellen Angeboten prunkt. Die Adelsfamilie Bánffy machte Lendava im Mittelalter zu einem reichen kulturellen und geistlichen Zentrum der damaligen Gemeinde Zala (Ungarn). Nach den Türkenangriffen siedelten hier Juden, die der Stadt Ende des 19. Jh. wieder zu wirtschaftlicher und gesellschaftlicher Blüte verhalfen. In der Synagoge ist eine Ausstellung den vormals hier lebenden Juden gewidmet, die 1944 in Konzentrationslager kamen. Im Nachbarort Dolga vas befindet sich der größte jüdische Friedhof Sloweniens.

Das hübsche *Schloss Lendava* oberhalb der Altstadt und dem gleichnamigen Fluss wurde im 12. Jh. unter den Adeligen Bánffy errichtet. Immer wieder war die strategisch bestens liegende Burg heiß umkämpft, wurde mehrmals dem Erdboden gleich gemacht und wieder errichtet. Ihr heutiges barockes Aussehen ist der Familie Esterházy (Ende des 17. Jh.) zu verdanken. Heute beherbergt das Schloss ein sehenswertes *Museum* mit einer archäologischen und ethnologischen Abteilung, einem Gedenkzimmer mit Skulpturen von György Zala und dem des Malers Štefan Galič (1944–97) mit großer Schmetterlingssammlung. Beeindruckend ist

▲ Christi-Himmelfahrtskirche (Bogoljna)

▼ Weitblick vom Vinarium

die Galerie, die neben temporären Ausstellungen zeitgenössischer Künstler auch mit jährlichen Sonderausstellungen punktet, wie 2016 mit rund 80 Werken von Juan Miró.

Galerija-muzej Lendava, Banffyjev trg 1, www.gml.si. Mo–Fr 8–17, Sa/So u. Feiertag 10–16 Uhr. Eintritt (bei Sonderausstellungen) 4 € (6 €), Kinder 1 € (2 €).

Ein architektonischer Hingucker ist das *Kulturhaus* des Ungarn Imre Makovecz mit Theater- und Konzerthalle. Es wurde aus natürlichen Materialien erbaut und schließt Elemente aus der Geschichte und Mythologie ein – mit seinen Türmchen und aus Holz geschnitzten Spitzen sowie im Inneren gleicht es eher einem Kirchenbau.

Weinliebhaber können auf den Hügeln von Lendava, *Lendavske gorice,* knapp 1 km südöstlich, gute Winzer entdecken und sich im Weiler Novi Tomaž noch ein paar unter Denkmalschutz stehende Weinkeller, *Zidanica* genannt, ansehen – sie wurden aus Ziegeln und Ton erbaut und mit Stroh bedeckt. Einen tollen Ausblick genießt man von der *Kapelle Hl. Dreifaltigkeit* (Sv. Trojce); im Innern liegt die Mumie des tapferen Kriegers Mihael Hadik aus dem Jahr 1603, der sich im Kampf gegen die Türken auszeichnete.

Die beste Aussicht über die weiten Ebenen genießt man vom *Vinarium*, einem 53,5 m hohen, durch Stahlstäbe und Glas luftig gehaltenen Turm mitten in den Weinbergen, zu dessen Aussichtsplattform ein Aufzug oder 240 Stufen führen.

Vinarium, Dogavaške Gorice 229, www.vinarium-lendava.si. Tägl. Mai–Aug. 9–21, April u. Sept. 10–20, März u. Okt. 10–19 Uhr; Nov.–Febr. tägl. außer Mo 10–17 Uhr. Eintritt 7 €, Stud./Kinder ab 6–18 J. 5 €, Fam. 14 €. Es gibt auch ein Café im Turm, zudem in Kiosken davor regionale Gerichte und Wein.

Zudem kann man hier gut Fahrradfahren und in der *Therme* kuren, die mit ihrem einzigartigen paraffinhaltigen Thermomineralwasser hilft, rheumatische Erkrankungen und Verbrennungen zu heilen.

Information Touristinformation TIC, 9220 Lendava, Glavna ul. 38, ✆ 02/5788-390, www.lendava-vabi.si. Mo–Fr 9–15, Sa 9–13 Uhr.

Heilbad/Wellness Therme Lendava, Tomšičeva 2a, ✆ 02/5774-100, www.terme-lendava.si.

Veranstaltungen Weinfestival, 1. Sept.-Sa. **Bograč-Fest**, letzter Sa im Aug., größter Wettbewerb – Lendava ist die „Hauptstadt" dieser Spezialität.

Übernachten/Camping Alle Hotels (bis auf Elizabeta) und der Campingplatz liegen um die Therme (www.sava-hotels-resort.com), umgeben vor Mischwald, ganzjährig Betrieb (die Preise verstehen sich inkl. Bädernutzung):

*** Hotel Lipa, DZ/F ab 100 €.

*** Appartementsiedlung Lipov Gaj, auf dem Gelände neben den Schwimmbecken ein Sport- und Tennisplatz sowie Beachvolleyball. 2 Pers. mit Frühstück ab 90 €.

**** Hotel Elizabeta, der verglaste Neubau im Zentrum der Stadt ist gut ausgestattet. DZ/F 96 €. Mlinska ul. 5, ✆ 02/5774-600, www.hotel-elizabeta.si.

***Campingplatz Terme Lendava, auf 1 ha ca. 80 Stellplätze, teils schön schattig; gepflegtes Gelände. Ganzjährig. Pro Pers. inkl. Bädernutzung 13,50 €, Strom 4 €. Tomšičeva 2a, ✆ 02/5774-400.

Essen & Trinken Ein hübsches **Café** ist beim Kulturhaus (s. o.), tägl. 9–15 Uhr. Trg Györgya Zale 1.

Gostilna Lovski dom, südlich der Stadt Richtung Sv. Trojca-Kapelle; hier isst man sehr gut Wildgerichte. Mo Ruhetag. Lendavske gorice 238a, ✆ 02/5751-450.

Restaurant Trije Izviri, gutes Lokal mit ungarischen Speisen und natürlich auch Bograč, zudem Weine und Schnäpse; preiswerter Mittagstisch. Kranjceva ul. 35a, ✆ 031/212-873

Wein **»** Mein Tipp: Hiša Vina Cuk, hübsches schilfgedecktes Haus, freundlicher Service und gute Weine; Übernachtungs-möglichkeit. Fr–So 13–21 Uhr, Nov.–März bis 19 Uhr. Lendavske gorice 217, ✆ 031/467-990 (mobil), www.hisa-vina-cuk.si. **«**

Krajinski Park Goričko: Der Landschaftspark beginnt wenige Kilometer nördlich von Murska Sobota und umfasst den gesamten restlichen slowenischen Landzipfel. Der Park ist Teil eines Gemeinschaftsprojektes mit den Nachbarländern Österreich (Naturpark Raab) und Ungarn (Örség Nemzeti Park). Eine schöne, hügelige und wenig besiedelte Gegend, die zum Fahrradfahren einlädt. Das Informationszentrum ist in Schloss Grad.

Auf einem bewaldeten Hügel aus Basalttuff, ca. 20 km nördlich von Murska Sobota, steht Sloweniens größtes Schloss, die wuchtige *Wehrburg Grad* mit Kapelle. 1214 wird sie erstmals erwähnt. Die Templer, die einstmals hier wohnten, schmückten die Burg mit erlesenen Gemälden und Inventar. Nur ein Teil der mächtigen Burganlage wurde im letzten Jahrzehnt aufwändig renoviert. Im Trakt der Schlosskapelle hat man ein *Museum* errichtet, das den einstigen Reichtum erahnen lässt. Neben Ausstellungsräumen mit Handwerkskunst und Arbeitsgeräten gibt es ein Informationszentrum, einen Ritter- und Trauungssaal, eine Rauchküche (nach Voranmeldung gibt es Hausmannskost) und eine Vinothek im Weinkeller. Kunsthandwerk und Produkte aus der Umgebung werden angeboten, es gibt Kulturveranstaltungen und auf dem Schlosshof Konzerte.

Wehrburg Grad – Kunst & Kultur

Landschaftspark Goričko, Grad 191, 9264 Grad, ✆ 02/5518-860, www.park-goricko.org. April–Sept. 10–18 Uhr, März u. Okt./Nov. 10–16 Uhr, Mo/Feiertag u. Dez.–Febr. ganz geschlossen. Eintritt 3 €, erm. 1,80 €. Gut organisiertes Team (engl.), gute Website (dtsch.), Fahrradkarten, Infos.

Wenige Kilometer westlich von Grad liegt ein Schloss der besonderen Art – ein großer Imkerbauernhof, das **Bienenschloss** (Čebelji gradič). Alles was die fleißigen Tierchen produzieren, ist hier zu kosten und zu erstehen, zudem wird ein Einblick in die Arbeit des Imkers gewährt. Übernachtungsmöglichkeit in Appartements.
Čebelji gradič, Serdica 116, 9262 Rogašovci, ✆ 02/5588-530, www.cebelji-gradic.com.

Auf freiem Feld, rund 16 km nordöstlich von Murska Sobota bei **Selo**, steht die romanische *Nikolaus-Kapelle*. Das im 12. Jh. erbaute runde Kirchlein mit sehr gut erhaltenen Freskenmalereien zählt zu den ältesten Sloweniens.

» **Strecke Maribor-Ptuj**: Am schnellsten über die Autobahn A 4. Die Landstraße führt durch Maisfelder, kleine Wälder und Straßendörfer.

Ptuj

Der sehenswerte Ort an der Drava ist Sloweniens älteste Stadt. Ptuj (Pettau) konkurrierte lange mit Maribor, hat seine wirtschaftliche Blütezeit aber lange hinter sich. Doch es wird viel getan, um das denkmalgeschützte 18.300-Einwohner-Städtchen und seine trutzige Burganlage zu erhalten und den Touristen die Jahrtausende alten Kulturschätze nahezubringen.

Die Stadt schmückt sich mit Sloweniens reichsten Kulturschätzen. Kelten, Römer, Hunnen, Franken, Langobarden und Slawen lebten an der Drava und hinterließen ihre Spuren. Zudem lag hier der Knotenpunkt zweier wichtiger Handelswege, der Via Publica und der Bernsteinstraße – der Handel blühte, von dem die Stadt fast 2000 Jahre profitierte. Ptujs liebenswerte, denkmalgeschützte Altstadt hat die Jahrhunderte wohlbehalten überstanden: nostalgische Fassaden von Bürgerhäusern, kleine Gässchen, Baudenkmäler, altertümliche Werbeschilder ... Und über allem thront die alte Festung, heute ein Schloss, eines der mächtigsten und größten Sloweniens. Nur wenige moderne Bauten stören das historische Bild, Autos sind aus einem großen Teil des Zentrums verbannt, alte Plätze und Häuser wurden renoviert, Denkmäler restauriert – der Altstadtkern hat sich seit dem 18. Jh. nur wenig

Karneval auf Slowenisch – die Kurentovanje

Das große Faschingsfest von Ptuj, die Kurentovanje, hat seine Ursprünge im 19. Jh. in der Dravsko- und Ptujsko polje (Ptujsko-Ebene). Es beginnt eine Woche vor dem Höhepunkt, dem Faschingssonntag mit dem großen Kurenti-Umzug. Und auch am Faschingssamstag sind die Plätze der Stadt vom bunten Treiben erfüllt.

Die *Kurenti* (auf Deutsch Perchten) sind nach altem Volksglauben die in den Winternächten umherziehenden Geister der Toten. Die Kurenti-Darsteller an der Spitze des Umzugs tragen spezielle Masken mit Hörnern, langen, roten Zungen sowie Mäntel aus Schafsfell, in der Hand eine Keule mit Igelstacheln und schwere Glocken um die Taille. Die Kurenti vertreiben das Böse und läuten den Frühling ein. Ihnen folgen kostümierte Grüppchen, die volkstümliche Berufe wie Hirten oder Winzer darstellen. Mittlerweile nehmen auch Gruppen aus anderen Teilen Sloweniens, aber auch aus Österreich, Italien, Ungarn und Kroatien an dem sehenswerten Faschingstreiben teil – und rund 60.000 Besucher.

Wer die vielfältigen Kurenti-Masken sehen möchte, geht in den Ausstellungsraum am Schloss (beim Kassenhaus).

Ostslowenien →Karte S. 334/335

verändert. Es gibt keltische und altslawische Gräber und Relikte aus der Römerzeit zu besichtigen, man kann an antiken und mittelalterlichen Gebäuden entlang schlendern und die Kultstätten des Sonnengottes Mithras bewundern. Die Kunstschätze werden in Museen und Ausstellungsräumen ansprechend präsentiert, zudem gibt es genug kompetente Leute, die einem gerne alles erklären. Falls Sie zur Faschingszeit in Ptuj verweilen sollten: die *Kurentovanje* mit den Kurenti von Ptuj ist eine Besonderheit in ganz Slowenien (→ Kasten S. 359).

Aber nicht nur die Stadt hat viel zu bieten. Die Weingegend **Haloze** lädt zu Erkundungen auf Schusters Rappen oder mit dem Mountainbike ein. Und die Schlösser Dornava und Borl sowie die beeindruckende Kirche Ptujska gora lohnen unbedingt einen Besuch.

Geschichte

Das Alter der Funde auf dem Schlossberg reicht bis ins zweite Jahrtausend vor Christus zurück. Später siedelten dort die Kelten. Unter Kaiser Augustus wurde 35 v. Chr. am westlichen Drava-Ufer der Militärstützpunkt *Poetovio* errichtet, der teilweise bis zu 15.000 Soldaten beherbergte. Tacitus erwähnte die römische Siedlung als Erster; 102 n. Chr. erhielt Poetovio den Titel *Colonia*. Als die Römer die Grenzen nicht mehr halten konnten, kamen die Ostgoten und zerstörten Poetovio schnell und gründlich. Im 6. Jh. zogen die Slawen an den verwaisten Ort, der im 9. Jh. unter die Herrschaft der Salzburger Erzbischöfe geriet. Diese setzten als Ministerialen die Herren von Pettau ein, die geschickt die Zügel in die Hand nahmen und Ptuj – in dieser Zeit Pettau – zum Aufstieg zur Handelsstadt verhalfen. Ptuj genoss zwar damals schon etliche Privilegien, erhielt allerdings erst 1250 Stadtrechte und das damit verbundene Recht auf Befestigungsanlagen. Im 13. Jh. gründeten die Dominikaner, später die Minoriten ihre Klöster in Ptuj, eine Festung wurde gebaut. Durch die Eingemeindung der beiden Klöster wuchs die Stadt fast

Ptuj – beschaulich mit seiner Altstadt und der Burg an der Drava

um das Doppelte, der Handel blühte. Doch im 15. Jh. besetzten die Ungarn die Festung, die Kaiser Maximilian 1490 zurückeroberte. In der Folgezeit wurde die Stadt als östliche Bastion gegen die Türken wehrhaft ausgebaut. Diese eroberten Ptuj zwar nie, ihre Anwesenheit in der Gegend brachte das wirtschaftliche Leben jedoch fast zum Erliegen, der Handel mit Ptuj wurde zu unsicher. Als die Türken vertrieben waren, erholte sich die Stadt wieder, doch als im 19. Jh. die Bundesstraße und die Südbahn von Wien nach Triest an Ptuj vorbeigebaut wurden, war das Schicksal der Stadt besiegelt: Ptuj blieb fortan eine unbedeutende Provinzstadt.

Basis-Infos   → Karte S. 363

Information Touristinformation TIC, 2250 Ptuj, Slovenski trg 3 (gegenüber Stadtturm), ✆ 02/7796-011, www.ptuj.info. Tägl. 9–18 Uhr. Gute Infos, Stadtführungen, Gratis-Stadtträder.

Verbindungen Bus: Busbahnhof mit Gepäckaufbewahrung in der Osojnikova cesta 11, nordöstlich der Altstadt. Nach Maribor halbstündl., Ljubljana (über Maribor) 12-mal tägl., 12 €; nach Zagreb 5- bis 6-mal tägl. ✆ 02/7711-491.

Zug: Bahnhof in derselben Straße, 200 m stadtauswärts. Gute Verbindungen nach Maribor (alle 2 Std.), Ljubljana (2-mal tägl., schnellste Verbindung 2,5 Std., 14,40 €), an die Küste (Koper 1-mal tägl.). Osojnikova cesta 2, ✆ 02/2924-622.

Flugplatz: Aeroclub Ptuj (Športno letališče Moškanjci) in Moškanjci (Richtung Ormož). Es werden Panoramaflüge angeboten. ✆ 02/7408-302, 041/378-323 (mobil).

Einkaufen Der **Markt** am Novi trg ist ganztägig geöffnet.

Hähnchenfabrik PP, Europas größte! Weltweiter Export von Hähnchenfleisch und Produkten der Marke *Polisalama*. Alle Produkte (Wurst, Pasteten etc.) kann man in der Gostilna PP (s. u.) kosten oder im Firmenshop kaufen. Mo–Fr 8–19, Sa 8–13 Uhr. Zagrebaška cesta 32, ✆ 02/7490-621.

Gesundheit Ambulanz (Zdravstveni dom), Potrčeva cesta 19a, ✆ 02/7871-500. **Apotheke**, Trstenjakova ul. 9, ✆ 02/7716-001.

Nachtleben Kavarna KPŠ **5**, neben TIC, hübsche Cafébar mit Sitzplätzen auch am Stadtturm; Events und Konzerte.

Kulturzentrum MuziKafe 9, im Innenhof Konzerte, Cafébar mit hübscher Terrasse und Zimmer (→ Übernachten). Vrazov trg 1, www.muzikafe.si.

Legend Pub 7, hier gibt's Kaffee und abends bei Bier oder einem guten Tropfen

auch Konzerte. Mo–Do 8–24, Fr/Sa 8–2, So 14–22 Uhr. Murkova ul. 6.

Café-Bar-Pub Europa 8, nettes Sitzen, guter Kaffee u. Cocktails. Mo–Sa 7–23 (Fr/Sa bis 4), So 16–23 Uhr. Mestni trg 2.

Sport Baden in den Thermalbädern der Therme Ptuj, dort wird auch **Tennis** gespielt.

Fahrradvermietung: bei TIC und neben Therme. **Shop EK-Bike**, Ul. heroja Lacka 9, www.bikeek.si; auch Service u. Verleih.

Ptuj Golf Course, 18-Loch-Anlage westlich von Ptuj. Mlinska cesta 13, ✆ 02/7889-110, www.golf-ptuj.com.

Die Umgebung lädt zu schönen **Mountainbiketouren** ein; Auskünfte über TIC.

Veranstaltungen Kurenti-Züge (Kurentovanje), der jährliche Umzug am Faschingssonntag ist Ptujs berühmtestes Ereignis (→ Kasten).

Ptujska poletna noč, Sommernachtsfest mit vielen Hochzeitspaaren aus ganz Slowenien, am Sa vor dem 5. Aug.

Festival Art Stays, 10-Tages-Fest Ende Juli; Musik, Ausstellungen, Literatur, visuelle Kunst aus 8 verschiedenen Ländern. www.artptuj.si.

Narodne zabavne glasbe, Festival mit Volksmusikgruppen aus ganz Slowenien. Jährlich unterschiedlich, meist Anf. Sept.

Markt, die traditionellen Jahrmärkte waren schon im Mittelalter im ganzen Land bekannt. Große Markttage sind: 23. 4. (Sv. Jurij-Markt), 5. 8. (Sv. Ožbalt-Markt), 25. 11. (Sv. Katarina-Markt, der größte). Handwerk, Kleider, Secondhand-Ware sowie viele Stände mit Essen und Trinken.

Wellness Therme Ptuj, große Anlage Richtung Westen, gegenüber von Altstadt und Drava mit Hotels, Appartements, Campingplatz, Restaurants und Cafés

Ostslowenien →Karte S. 334/335

(→ Übernachten). 8 Tennisplätze, Golfanlage und Reitmöglichkeiten (in der Nähe). 2200 m^2 Wasserfläche sind verteilt auf vier Außenschwimmbäder, 6 Innenbecken mit Whirlpool- und Wasserluftmassagen. Es wurden neue Wellnessbereiche mit edlen Materialien geschaffen, alles im römischen Stil mit Säulen, Ornamenten etc. aus farbintensiven Steinen. Verschiedene Massagen und Beautyanwendungen, für Paare z. B. das „Amor Ritual"! Pot v toplice 9, ✆ 02/7494-100, www.terme-ptuj.si.

Übernachten/Essen & Trinken

Übernachten Ptuj Privatzimmer über die Touristinformationen. U. a.:

≫≫≫ Mein Tipp: Kulturzentrum MuziKafe 🔟9, mitten im Zentrum gibt es hübsche, individuell gestaltete und verschieden große Zimmer (DZ/F zu 52, 60 und 76 €) und ein nettes Cafe (→ Nachtleben). Vrazov trg 1, ✆ 02/7878-860, www.muzikafe.si. ≪≪

** Pension Panorama 🔟1, ca. 2 km nördlich der Stadt, familär und gut geführt, mit großem Garten und Blick auf die Burg. Gutes Frühstück. Maistrova ul. 19, ✆ 02/7877-570.

*** Appartements/Zimmer Šilak 🔟10, gehört zu Restaurant Ribič. Schöne Zimmer/Appartements im alten schön renovierten Herrenhaus von 1513, direkt an der Drava. DZ 53–63 € (Balkon), Frühstück 5 €. Dravska ul. 13, ✆ 02/7877-447, www.rooms-silak.com.

*** Hotel Mitra 🔟6, schönes Frühstückshotel mitten in der Altstadt mit Innenhof u. kleinem Wellnessbereich. DZ/F 112 €. Prešernova ul. 6, ✆ 02/7877-455, www.hotel-mitra.si.

Therme Ptuj, großer Kurkomplex mit Hotels und Campingplatz (→ Camping) an der Drava, nördlich der Altstadt in Alleinlage. Zudem Restaurants wie Zila, das sehr gelobt wird, und Bar. Aus Richtung Maribor 2 km vor Ptuj bei abknickender Vorfahrt links, dann noch 1,5 km. Pot v toplice 9, ✆ 02/7494-100, www.terme-ptuj.si:

**** Grand Hotel Primus, höchst komfortabel ausgestattete Zimmer, z. T. auch Thermalwasser im Badezimmer. Es gibt auch Suiten mit eigener Sauna und großen Terrassen – Blick auf Ptuj garantiert! DZ/F ab 138 €.

*** Bungalows und Appartements Therme Ptuj, nette Reihenhausanlage umgeben von Wiesen mit Studios/Appartements für bis zu 6 Pers., 100 €/2 Pers.

Übernachten außerhalb *** Hotel Roškar, kleines Hotel mit Restaurant im Ortsteil Hajdina (Richtung Maribor), ca. 4 km westlich von Ptuj. DZ/F 58 €. Hajdoše 43c, ✆ 02/7823-201, www.hotel.roskar.com.

≫≫≫ Mein Tipp: Gostišče ob ribniku, 11 km außerhalb in Podlehnik (Richtung Zagreb), sehr schöne ruhige Lage am Waldrand und an einem kleinen See, der zum Fischen einlädt. Familiär geführtes Haus mit Übernachtungsmöglichkeit (18 Zimmer). Nur Mai–Sept. DZ/F 60 €. Dežno 6a, ✆ 02/7884-400, www.penzion-podlehnik.si. ≪≪

Touristischer Bauernhof Korpič, 8 km südlich von Ptuj; schöne ruhige Lage auf 16 ha, bester Blick auf die Hügelkette. Hauseigene Produkte von der Viehzucht und Landwirtschaft, auch hauseigener Wein und knuspriges Brot. Nette Zimmer, 25 €/Pers. Dravci 4, 2284 Videm pri Ptuju, ✆ 02/7642-881.

Jugendherberge Hostel Sonce 🔟13, 5 Min. südlich der Altstadt, familiengeführt und neu, Blick auf die Burg. Alle 13 Zimmer mit eigenem Bad. WiFi, Terrasse, Parkplatz. Im EZ 32 €, 2er- bis 5er-Zimmer 25 €/Pers. Zagrebška cesta 10, ✆ 02/7889-331, www. hostel-sonce.com.

Camping **** Camping Terme Ptuj, neben der Therme Ptuj an der Drava, gut parzellierter Platz mit teils wenig Schatten; gute Sanitäranlagen, Restaurant im daneben liegenden Komplex mit Hallen- und Freibad (Gratiseintritt). Preise inkl. Badekarte (ohne): Stellplätze 18,30 € (14,30 €), Mobilhäuser (2–4 Pers.) 92 €/2 Pers. und auch Weinfässer für 64 €/2 Pers. zu mieten. Ganzjährig. ✆ 02/7494-100, www.sava-hotels-resorts.com.

Essen & Trinken Restaurant-Café Amadeus 🔟5, moderne slowenische Küche. Vor dem Haus ein paar Sitzgelegenheiten. Prešernova ul. 36, ✆ 02/7717-051.

≫≫≫ Mein Tipp: Restaurant Ribič 🔟11, gutes Fischrestaurant mit lauschiger Terrasse oberhalb der Drava (bei Fußgängerbrücke). Das Innere ist gemütlich und gediegen. Auch Übernachtungen (→ Pension Šilak). Tägl. außer Mo 10–23/24 Uhr. Dravska ul. 9, ✆ 02/7490-635. ≪≪

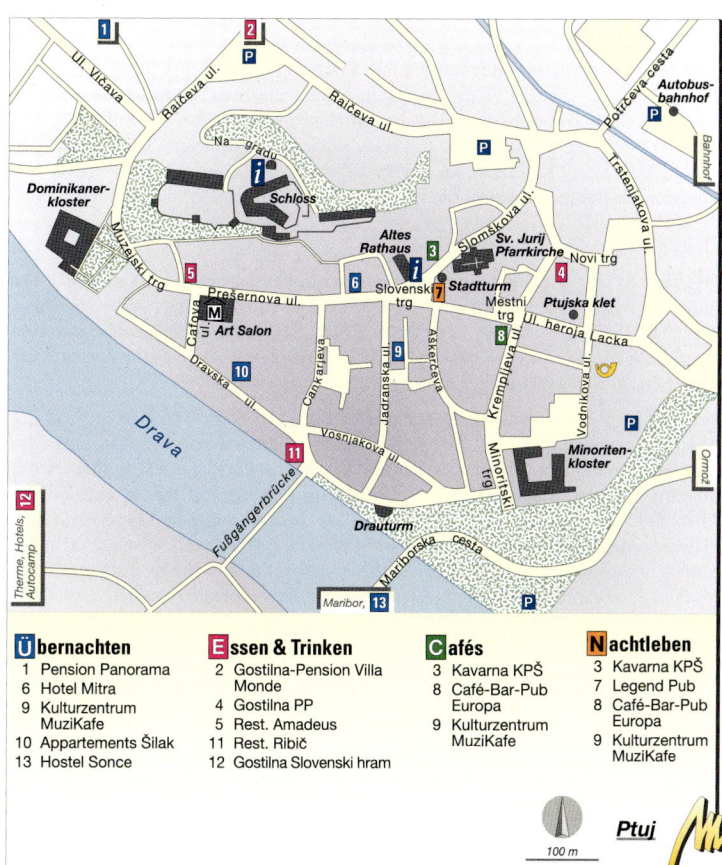

Ostslowenien →Karte S. 334/335

Übernachten
1 Pension Panorama
6 Hotel Mitra
9 Kulturzentrum MuziKafe
10 Appartements Šilak
13 Hostel Sonce

Essen & Trinken
2 Gostilna-Pension Villa Monde
4 Gostilna PP
5 Rest. Amadeus
11 Rest. Ribič
12 Gostilna Slovenski hram

Cafés
3 Kavarna KPŠ
8 Café-Bar-Pub Europa
9 Kulturzentrum MuziKafe

Nachtleben
3 Kavarna KPŠ
7 Legend Pub
8 Café-Bar-Pub Europa
9 Kulturzentrum MuziKafe

Ptuj

100 m

Gostilna PP 4, mit Terrasse. Schmackhafte Hähnchengerichte (→ Einkaufen) und Salatbar. Mo–Sa 8–18 Uhr. Novi trg 2, ✆ 02/7490-622.

Gostilna & Pension Villa Monde 2, 2 km nördlich. Hübscher Neubau mit Terrasse. Verfeinerte traditionelle Küche und ausgewählte Weine, auch Bar. Es gibt Zimmer. Tägl. außer Di 11–22 Uhr (Bar Fr/Sa bis 24 Uhr). Rabelčja vas 15, ✆ 02/7782-140.

》》 Mein Tipp: Gostilna Slovenski hram **12**, 6 km in Richtung Maribor, abseits der Hauptstraße (am besten Straße ab Therme nach Norden nehmen). Gemütliche Gast-

stube und schöne Terrasse. Hier gibt es hausgemachte traditionelle Küche, u. a. Sivori Štruklji, selbstgebackenes Brot, Gibanica, Fleisch und Schinken. Tägl. außer Mo ab 10 Uhr (So ab 12 Uhr). Slovneja vas 51 a, 2288 Hajdina, ✆ 02/7830-371. 《《

Wein Vinothek Haloze (Zlati grozd), Weingeschäft mit reichlich Auswahl. Krempljeva ul. 6, ✆ 02/6208-747.

》》 Mein Tipp: Weinkellerei Ptujska klet d.o.o., Vinarski trg 1, ✆ 02/7879-810, www. ptujska-klet.si. Nur nach Anmeldung (→ Sehenswertes). Weinverkauf: Trstenjakova 6. 《《

Sehenswertes

Minoritenkloster: am Minoritski trg, am Ortseingang nach der Drava. Mitte des 13. Jh. gegründet, wurde es mehrmals umgebaut, die Barockfassade stammt vom Ende des 17. Jh. Die frühgotische Klosterkirche wurde 1944 bei einem Bombenangriff der Alliierten zerstört; erhalten blieb nur das Presbyterium, in dem man bis heute Gottesdienst feiert. Die Klosterkirche wurde nach alten Plänen wieder aufgebaut. Im Klostergebäude sind die Deckengemälde im Refektorium und die Bibliothek sehenswert.
Besichtigung: beim Priester läuten.

Mestni trg: Der schöne, zentral gelegene Stadtplatz ist beliebter Treffpunkt der Ptujer. In seiner Mitte erhebt sich das *Floriansdenkmal*, 1745 nach einem der häufigen Stadtbrände errichtet: Eine Putte neben St. Florian gießt Wasser auf eine brennende Kirche. An der Ostseite des Platzes das mächtige *Rathaus* vom Anfang des 20. Jh., gegenüber das *Café Europa* mit barocker Fassade.

Slovenski trg: der frühere Hauptplatz *(Glavni trg)* der Stadt. Die Häuser rund um den Platz wurden im 16. Jh. von italienischen Baumeistern geschaffen und vom Spätbarock bis zum Klassizismus dem Zeitgeschmack entsprechend immer wieder umgestaltet und „modernisiert"– z. B. das alte Rathaus mit Portal und Balkon. Trotz des Stilgemischs zeigt sich der Slovenski trg als ästhetische Einheit. Auf dem Platz vor dem Stadtturm ist das *Orpheusdenkmal* sehenswert – ein 5 m hoher Monolith aus Marmor, ursprünglich der Grabstein des römischen Bürgermeisters Markus Valerius aus dem 2. Jh. n. Chr. Seinen Namen erhielt es von dem Relief, das oben auf dem Stein zu erkennen ist: Orpheus bringt den Tieren des Waldes ein Ständchen. Die Löcher auf halber Höhe dienten profanen Zwecken – im Mittelalter wurden Missetäter hier an den Pranger gekettet.

Stadtturm (Mestni stolp): Der einstige Wehrturm und Teil der Befestigungsanlage steht hinter dem Denkmal. Der Vorgängerbau aus gotischer Zeit wurde 1556 abgerissen und durch den heutigen ersetzt, dabei verwendete man viele der alten Steine wieder. Nach einem Brand 1705 wurde eines der fünf Stockwerke abgetragen, dennoch ist der Turm immer noch 54 m hoch. Am Außensockel sind zahlreiche römische Grabsteine des antiken Poetovio eingebaut.

Stadtkirche Sveti Jurij: Die Mischung aus Romanik und Gotik ist besonders wegen ihres geschnitzten gotischen Chorgestühls und des Hochaltars bemerkenswert. Rings um die Kirche alte Grabsteine, die ältesten aus dem 13., die meisten aus dem 17. und 18. Jh., die Inschriften in altertümlichem Deutsch (oft nur bis 10 Uhr geöffnet).

Mithras-Heiligtümer: Im Stadtteil Breg (westliche Dravaseite) stehen die Heiligtümer (Auskunft im TIC, jeweils der nächstgelegene Nachbar hat den Schlüssel für die Besichtigung). Im III. Mithräum sind das große Relief der Stiertötung und die Steinbänke eindrücklich zu sehen. Das I. Mithräum, schon fast im Stadtteil Spodnja Hajdina, zeigt vor allem die Weihedenkmäler. Das II. Mithräum ist im Museum des Dominikanerklosters aufgebaut.

Schloss von Ptuj: Es war als Festung konzipiert und steht auf geschichtsträchtigem Boden: Außer Funden aus der jüngeren Steinzeit wurden auf dem Schlossberg auch slawische Gräber aus dem 7. bis 11. Jh. entdeckt. Das heutige Schloss geht auf das 12. Jh. zurück, doch muss hier schon früher eine Burg gestanden haben, von der noch der Westturm erhalten ist. Im Inneren dokumentiert eine ethnografische Ausstellung die Wohnkultur früherer Jahrhunderte; gotische und barocke Kunstwerke

Mithras-Kult

Das frühere römische *Poetovio* gehörte zu den großen Zentren des Mithras-Kults in Europa. Mithras, der Gott des Lichts, und Sol, der Sonnengott, erst Gegner, später Verbündete, wurden hier im 3. Jh. verehrt. Zentrales Thema des aus Persien stammenden Kults ist der Kampf zwischen Gut und Böse und das letzte Gericht, die Erlösung. Mithras, der Beschützer des neugeborenen Lebens, wird aus einem Felsen geboren. Im Kampf für das Gute wird er von den Gottheiten Cautes (Sonnenaufgang) und Cautopates (Sonnen-untergang) sowie der Erde (symboli-

siert durch einen Hund), einer Schlange und einem Raben unterstützt. Mithras muss auf seinem Lebensweg harte Prüfungen bestehen, ehe er zum Licht, zum Guten zurückkehren darf: So muss er einen Stier in die Höhle bringen und dort töten, damit aus dessen Blut neue Lebewesen und Pflanzen entstehen können. Die Gläubigen des Mithras-Kults durften niemals über ihre Sorgen und Wünsche reden oder schreiben, doch wenn ihre Bitte erfüllt wurde, widmeten sie Mithras zum Dank einen gravierten Votivstein. Der dem unbesiegbaren Mithras geweihte Tempel bestand aus einer Vorhalle und einem dreischiffigen Hauptraum, dessen Mittelschiff am tiefsten lag (sehr gut im Mitrej III zu sehen). Zulauf fand diese Religion vor allem bei Soldaten und Beamten –Poetovio war ja Standort einer großen römischen Garnison. Der Mithras-Glaube kannte keine Standesunterschiede, doch konnte jeder zu höchsten Weihegraden aufsteigen – bis auf die Frauen, die von den Kulthandlungen ausgeschlossen blieben. Ihre Votivsteine zeigen meist Frauen mit Kindern, sog. *Nutricen*.

Ostslowenien →Karte S. 334/335

sowie eine Waffen- und Musiksammlung sind zu bewundern; ab und zu ergänzen aktuelle Ausstellungen das Programm. Den Schlosshof schmücken zwölf für die Zeit ungewöhnliche Steinzwerge – die um 1720 von unbekannten Bildhauern gestalteten Plastiken standen einst im Schloss von Dornava und stellen Edelmänner und -frauen, Bürger und Soldaten in Zwergenform dar, für die damalige Gesellschaft eine freche Provokation. Im Schlosshof ein nettes kleines Café. Am Eingang (Kassenhaus) im großen Ausstellungsraum reihen sich die großen traditionellen Karnevalspuppen und -masken – alles sehr lustig anzusehen.

Grad Ptuj, www.pmpo.si. 1. Mai–15. Okt. tägl. 9–18 Uhr (sonst 9–17 Uhr); zudem Sa/So im Juli/Aug. bis 20 Uhr. Führung jede volle Stunde, die letzte um 16 Uhr. Eintritt 5 €, Kinder 3 €.

Dominikanerkloster: am Muzejski trg. 1231 stiftete die Gemahlin Friedrichs I. von Pettau das Kloster zwischen Drava und Schlossberg im Westen der Stadt. Der

Ptuj – die blumengesäumte Altstadtgasse Prešernova ulica führt zum Stadtturm

prächtige Kreuzgang aus dem 15. Jh., besonders der östliche Teil, ist mit reicher Orna-
mentik geschmückt. Das Kloster wurde 1786 aufgelöst und 1928 renoviert. Jahrzehn-
telang residierte in den schönen Gemäuern ein sehenswertes Museum (jetzt im Art
Salon, s. u.). Das Kloster wurde komplett renoviert und fungiert nun als Kulturhaus.

Art Salon (Salon umetnosti): Die Galerie birgt nun auch die kostbaren Museums-
stücke, die bis 2010 im Dominikanerkloster ihren Platz hatten. Zu sehen sind u. a.
Büsten, Skulpturen und Sarkophage vom römischen Militärstützpunkt Poetovio,
ein Keramikofen aus keltischer Zeit, Grabsteine und Reliefplatten und Steinmetzarbeiten sowie eine kostbare Münzsammlung und Schmuck. Auch der originalgetreu wieder aufgebaute Mithrastempel ist zu sehen.
Di–Fr 10–16, Sa 10–13 Uhr. Prešerenov trg 1. Eintritt frei.

Weinkellerei Ptujska klet: Die Anfänge von Sloweniens ältestem Weinkeller gehen
bis ins Jahr 1239 zurück. Verarbeitet werden hier Trauben aus den Regionen Haloze und Slovenske gorice – u. a. Welschriesling, Šipon, Grüner Silvaner, Chardonnay, Sauvignon, Traminer, Burgunder und Gelber Muskateller; zu den roten Rebsorten zählen Blaufränkisch, roter Burgunder u. a. Der slowenische Champagner
wird aus Weißburgunder (Pinot blanc) und Chardonnay produziert. Die über 500
Jahre alten Gemäuer sind weindurchtränkt, eine dicke Staubpatina umhüllt Archiv-
weine von 1917 sowie viele andere (noch genießbare) rare Tropfen. Nach Anmeldung zu besichtigen (→ Wein).

Sehenswertes außerhalb von Ptuj

Haloze: Die hügelige Weingegend südlich von Ptuj verlockt zu Entdeckungstouren.
Eine Weinstraße führt von Ptuj über Ptujska Gora (Kirche) nach Rogatec (Freilicht-
museum) und weiter über Žetale, Majšperk, Podlehnik, Leskovec, Cirkulan bis zur
Burg Borl und Zavrč. Verschiedene markierte Wanderwege lassen sich je nach
Kondition zu schönen Routen unterschiedlicher Länge kombinieren. Die Wege sind

z. T. auch mit dem Mountainbike machbar oder man weicht abschnittsweise auf Straßen aus. Infos bei TIC.

Im Haloze gedeihen u. a. Rheinriesling, Welschriesling, Gelber Muskateller, Weißburgunder, Chardonnay, Traminer, Sauvignon, die meist in kleinen Winzerbetrieben zu edlen Weinen verarbeitet werden.

Touristinformation Halo, Cirkulane 56, 2282 Cirkulane, ☎ 02/7953-200. Tägl. 8–16 Uhr.

Basilika Ptujska gora: Die auf einem 340 m hohen Hügel thronende Kirche wurde 2010 zur Basilika erhoben und liegt ca. 12 km südwestlich in Richtung Majsperk – sie zählt zu den schönsten gotischen Kirchen des Landes. Die der hl. Maria geweihte Votivkirche wurde von den Adelsfamilien Bernard III. von Pettau und Ulrick Walsseer gestiftet und von 1390 bis 1410 von Meistern der Parler-Schule aus Prag erbaut. Die dreischiffige Basilika ist angefüllt mit kostbaren, von dankbaren Gläubigen gestifteten Votivgaben. Zur Zeit der Türkeneinfälle wurde die Ptujska gora mit Mauern umgeben und zur Wehrkirche ausgebaut, in der die Leute aus den umliegenden Dörfern bei Überfällen Schutz fanden. Von den alten Befestigungen ist noch ein Wehrturm erhalten.

Das Kleinod im Innern ist der Altar „Madonna mit Schutzmantel" mit dem 1410–1415 entstandenen *Gnadenrelief,* gestiftet von Bernard III. von Pettau und seiner Frau Walburga von Cilli. Es ist ein Steinrelief mit feinen, individuellen Gesichtszügen – ungewöhnlich für diese Zeit, denn Porträtdarstellungen waren damals in Europa noch unüblich. Mit ihrem Mantel schützt Maria die Gläubigen – die Bewohner von Celje und Pettau, Personen unterschiedlichen Geschlechts und Standes: Neben einfachen Menschen stehen gekrönte Häupter und Kardinäle, sehr schön mit ihren Gesichtszügen dargestellt. Ursprünglich stand der Altar am Eingangsportal, später wurde er zum Hauptaltar.

Beeindruckend auch der *Cillier Altar,* ein Meisterwerk der Gotik. Der steinerne Baldachinaltar in der Südapsis wurde Mitte des 15. Jh. angefertigt. Weitere Kostbarkeiten

Ptujska gora – der imposante Altar „Madonna mit dem Schutzmantel"

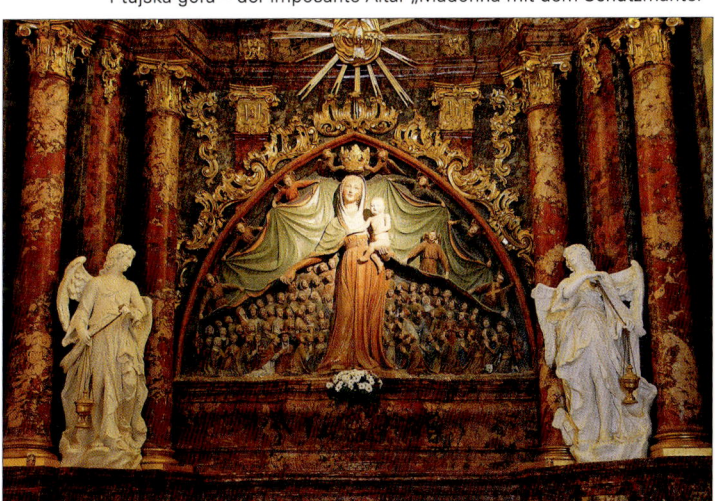

Ostslowenien →Karte S. 334/335

Deckengemälde im Schloss Dornava

der Basilika sind der *Rosenkranzaltar,* gestiftet von der Adelsfamilie Stubenberg, die *Statue des hl. Jakob* (um 1405), der *Sigismundaltar* und das *Grabmal.* In der ehemaligen Kreuzkapelle sind die gotischen Fresken sowie die Altäre reicher Familien sehenswert.

Grand Dornava: 7 km nordöstlich von Ptuj. Der einstmals vornehme Barockbau wurde Anfang des 18. Jh. errichtet und zwischen 1736 und 1749 im Rokokostil ausgebaut (die z. T. schlechte Bausubstanz soll, sobald Gelder vorhanden sind, wieder aufgefrischt werden). Sehenswert ist die barocke Deckenmalerei im großen Festsaal. Das Schloss ist von einem Park mit zwei Pavillons umgeben, eine 1,5 km lange Allee führt zum Schlosseingang und weiter bis zum Pesnica-Bach. Den Park zierten einst beim Neptunsbrunnen zwölf Zwerge. Das Schloss ist nicht zu besichtigen.

Dominik Hof: etwas südlich von Dornava an der Hauptstraße nach Ormož, in Gorišnica. Der über 300 Jahre alte, schön renovierte Hof ist das älteste Bauwerk dieser Art in der Pannonischen Tiefebene. Der Hof wurde zum Museumsareal umgestaltet, mit originalgetreuen Innenräumen und Gerätschaften.

Aussichtsturm Gomila: etwa 17 km nordöstlich von Ptuj (Strecke Podvinci – Gabrnik – Juršinci), bei Senčak. Schöne Rundsicht von dem auf hohem Hügel (352 m) thronenden Turm.

Schloss Borl: Das Schloss südöstlich von Ptuj, oberhalb der Drava (Straße Richtung Ormož, ca. 2 km hinter Ptuj in Spuhlja, schmale Straße über Bukovci und Stojnci nach Borl), bietet sich für einen schönen Ausflug mit Wanderung an. Schloss Borl wird 1255 erstmals erwähnt, als es Friedrich von Pettau als Lehen vom ungarischen König Bela erhält. 1291 berichten die Chronisten von heftigen Kämpfen um die Burg. 1481 macht der ungarische König Matthias Corvinus Schloss Borl den Garaus. 1706 brennt es erneut ab, wird wieder aufgebaut und im Zweiten Weltkrieg erneut schwer beschädigt. Der Kulturverband Idriart begann die Burg in den letzten Jahren wieder instand zu setzen.

Ormož

Der kleine Ort inmitten der Weinberge und Hügel der **Prlekija** liegt an der kroatischen Grenze. Funde beweisen eine 4000-jährige Besiedlung der Gegend – schon in der Bronzezeit existierte hier eine der größten Ansiedlungen Europas. Später war das Grenzgebiet zwischen dem Römischen Reich und Ungarn ständig umkämpft. Ende des 12. Jh. wurde hier, im damaligen *Holermus*, ein Verteidigungsturm an der Grenze zu Ungarn errichtet. 1278 erhielt Friedrich von Pettau von den Habsburgern die Genehmigung zum Bau einer Burg, in deren Schutz sich die Stadt, nun Friedau genannt, entwickelte. Die Burg zählte zu den bedeutendsten Befestigungsanlagen in der damaligen Steiermark. Die Herrschaft über das Gebiet wechselte oft, noch im 16. und 17. Jh. mussten sich die Habsburger gegen die aufständischen Kurutzen verteidigen.

Sehenswert in Ormož ist das **Schloss**, in dem ein *Ethnografisches Museum* zur Besichtigung einlädt (Kolodvorska 9, www.pmpo.si; Mo–Fr 8–15, Sa 9–14 Uhr; Eintritt 3 €, Kinder 1,50 €). Schloss Ormož schmückt ein schöner, von Arkaden umrahmter Innenhof und ein prächtiger Saal, den Alois Gleichenberger im klassizistischen Stil ausmalte. Gegenüber der Straße erhebt sich die 1271 erstmals erwähnte Kirche **Sv. Jakoba** mit schönen mittelalterlichen Fresken und einem wertvollen Stifterrelief über dem Portal zur Sakristei.

Vor Ormož thront weithin auf einem Hügel sichtbar das große **Schloss Velika Nedelja**. Es wurde im 13. Jh. von Kreuzrittern erbaut und 1612 vom Ordensritter Markward von Egk, der hier sein Wappen hinterließ, vergrößert. 1945 musste der Orden das Schloss verlassen. Heute ist hier ein *Regionalmuseum* mit ethnologischer Sammlung untergebracht (Öffnungszeiten wie Schloss Ormož, s. o.). Nebenan steht die **Kirche der Hl. Dreifaltigkeit**.

Ljutomer und Landschaftspark Jeruzalem

Von Ormož führt abseits der Hauptstraße die Weinstraße nordwärts durch den Landschaftspark Jeruzalem nach Ljutomer – eine hügelige, sonnenverwöhnte, von Weinfeldern bedeckte Gegend, die die Berge mit grünen Furchen überziehen; dazwischen verstreut vereinzelte Dörfchen und Weingüter. Die Habsburger besaßen hier Weinberge und Klöster. Überall klappern die hölzernen *klopotec*, einem Windrad ähnliche Vogelscheuchen. Sie werden am 15. August aufgestellt und mit einem Wedel geschmückt. Die kleinen Winzerörtchen hoch oben um Jeruzalem lohnen einen Besuch, überall kann man die Weine der Gegend probieren oder sich bei Weinbauern einquartieren, die den Besucher mit Spezialitäten der Region verwöhnen – auf kleinstem Raum haben sich hier 35 Winzer angesiedelt und es gibt viele Weinkeller. Auch zum Wandern, Mountainbiken und zum Kuren in Thermen (s. u.) ist dieses Gebiet wunderbar.

In Jeruzalem erinnert man sich bis heute an die „starken Frauen", die sich bei einem der Türkeneinfälle unvergesslich machten: Sie sperrten ihre Männder in die Kirche, lockten die Angreifer in eine enge Schlucht und sollen sie vernichtend geschlagen haben.

Ostslowenien → Karte S. 334/335

Ljutomer ist der Hauptort der Region Prlekija, der südlichen Fortsetzung der Slovenske Gorice. Es besitzt einen kleinen alten Stadtkern mit großem Stadtplatz. Die riesige Kirche zeugt von früherem Reichtum durch den Weinhandel. Heute ist das Städtchen bekannt wegen seiner *Pferderennbahn* mit *Museum* (→ Reiten), deren Tradition bis 1874 zurückgeht. Im Rathaus wartet ein kleines *Stadtmuseum* auf Besucher (Mo–Fr 8–15 Uhr), etwas außerhalb in Richtung Ormož die *Töpferei Žuman*, die traditionelle Tonwaren herstellt.

Information Touristinformation TIC, 9240 Ljutomer, Glavni trg (im Kiosk), ✆ 02/5848-333, www.jeruzalem.si. Zimmervermittlung, Infos zur Region. Mo–Fr 8–16, Sa 8–12 Uhr.

TIC Jeruzalem, neben Kirche und Dvorec. Mo–Fr 10–16, Sa/So 10–18 Uhr. Fahrradverleih, Fahrrad- u. Wanderkarten, Souvenirs, Vinothek. Beste Infos.

Veranstaltungen Klapotec-Fest, 15. Aug., alle Winzer stellen die klappernden Holzgestelle auf. Film- & Weinfestival Grossmann (www.grossmann.si; er war der 1. slowen. Filmregisseur), 5-Tages-Event meist Anf. Juli.

Baden/Surfen Gajševsko jezero, 5 km westlich von Ljutomer liegt der beliebte Surfer-See. 5 km weiter lockt der **Blaguško jezero** zum Baden.

Reiten Kasaški Klub Ljutomer (Pferderennbahn) und Museum, Cesta I. slovenskega tabora 16, ✆ 02/5811-859, www.ljutomerski-kasac.si. Jährlich werden rund 10 Trabrennen ausgetragen. Es gibt Führun-gen und ein Museum: Mo–Fr 9–14 Uhr, Eintritt 3 €, Kinder 1,50 €.

Übernachten/Essen Es gibt zahlreiche schöne **Touristische Bauernhöfe** (Turistične kmetije) in den Weinbergen um Jeruzalem. Spezialitäten sind die *Prleška Gibanica* mit 7 hauchdünnen Schichten Teig und Quark sowie der Buchweizenstrudel *Krapec ajdov*.

*** Hotel Stela, direkt im Zentrum von Ljutomer. Zimmer, Restaurant und Konditorei; WiFi. DZ/F 76 €. Glavni trg 15, ✆ 059/308-130, www.stela.si.

**** Dvorec Jeruzalem, altes, renoviertes Weinschloss in Jeruzalem mit herrlichem Ausblick. Durchgängig mit hochwertigem Mobiliar im Biedermeierstil eingerichtet, behindertengerechter Eingang und Lift. Restaurant (tägl. 10–20 Uhr) und schöne Terrasse. 10 komfortable Zimmer (DZ/F ab 98 €). Jeruzalem 8, 2259 Ivanjkovci, ✆ 02/7417-790, www.dvorec-jeruzalem.si.

Jeruzalem – kleines Anbaugebiet für edelste Tropfen

Na zdravje – zum Wohle!

°°°° **Touristischer Bauernhof Frank Oz-mec**, 3 km in Richtung Jeruzalem, am Beginn der Weinstraße. Von Teichen umgebenes Bauernhaus, schönes Areal zum Angeln; ein weiteres Angelrevier ist die Mura. Es gibt hausgemachtes Brot, Würste, Käse und Fisch aus eigener Zucht. Fahrradverleih. Appartements und Zimmer für 25 €/Pers./F, HP möglich. Slamnjak 33, ☎ 02/5849-666, www.frank-ozmec.com.

°°° **Touristischer Bauernhof Jures**, ein Weingut im Weiler Globoka, ca. 5 km östlich von Ljutomer. Herrlicher Blick vom gemütlichen Holzhaus mit Wintergarten. Hier kann man schlemmen und den selbst Gekelterten probieren. 34 €/Pers./F. Globoka 14, ☎ 031/370-308 (mobil), www.turize mjures.si.

≫ **Mein Tipp:** °°° **Touristischer Bauernhof & Vinothek Brenholc**, schön renoviertes 300-jähriges Gebäude mit Weinkellern, lauschiger Terrasse und fantastischer Aussicht auf Weingärten. Traditionelle, verfeinerte Küche wie Truthahn und Beefsteak in Pfeffersoße mit Heidensterz; Topfenmedaillons oder Schnitzel Jeruzalem, natürlich mit Weintrauben; als Nachspeise Gibanica (mit Topfen und Trauben). Schöne Zimmer. DZ/F 60 €. Jeruzalem 18, 2259 Ivanjkovci, ☎ 02/7194-504, www.brenholc.com. ≪

°°°° **Touristischer Bauernhof Lesjak**, 8 km von Ljutomer; neu renovierter Hof mit Blick auf Jeruzalem, mit 300-jährigem Weinkeller.

Fahrradverleih. Appartement 64 €/2 Pers. Svetinje 5, 2259 Ivanjkovci, ☎ 02/7410-840.

Gostilna Tramšek, im Weiler Žerovinci, 6 km von Ljutomer in Richtung Ormoz. Slow-Food-Küche und Spitzenweine aus der Gegend; als Nachtisch vielleicht ein Kürbiskerneis? Tägl. außer Mo/Di 11–22, So nur bis 17 Uhr. Žerovinci 25b, ☎ 02/7194-097.

°°°° **Touristischer Bauernhof & Vinothek Stari Hrast**, 3 km von Ljutomer in Richtung Ormož. Modern renoviertes Weingut der Fam. Pihlar; nebenan steht die alte Weinpresse. Auch Übernachtungsmöglichkeiten, pro Pers. 25 €/ÜF, 33 €/HP. Radomerje 1e, ☎ 02/5848-980, www.starihrast.com.

°°°° **Touristischer Bauernhof Tompa**, ca. 7,5 km südwestlich von Ljutomer (Straße Richtung Ormož). Von der herrlichen Terrasse, die rund um den gepflegten Neubau verläuft, blickt man über die Weinhänge gen Jeruzalem und genießt die Leckereien und Weine des Hauses. 5 Zimmer, 30 €/Pers./F, auch HP. Ganzjährig. Stara Cesta 12F, ☎ 02/5809-057, www.turizemtompa.si.

≫ **Mein Tipp:** °°°° **Touristischer Bauernhof Blaž Puklavec**, ca. 15 km südöstlich von Ljutomer und 9 km von Ormož in den Weinbergen mit herrlichem Blick vom Hausgarten. Schön renoviertes Weingut ohne Schnickschnack, traditionelle Küche (Spezialität ist gebackener Truthahn); alter Weinkeller. Preisträger des Hauses ist die autochthone Sorte Šipon, vielleicht testen

Sie den Wein Še Bom („Ich will noch …"). Schöne Zimmer, pro Pers. 25 €/ÜF, 35 €/HP. Zasavci 21, 2275 Miklavž pri Ormožu, ☎ 041/916-343 (mobil), www.jeruzalempuklavec.si. ◀◀◀

Gostilna Zorko, 6 km in Richtung Radenci. Die Besitzer sind nicht nur wegen ihrer guten Küche bekannt, sondern auch der Traberpferde wegen; Besichtigung der wettbewerbsgekrönten Vierbeiner in den Stallungen möglich. Tägl. außer So ab 9 Uhr. Boreci 5h, Križevci pri Ljutomeru, ☎ 02/5888-227, www.gostilna-zorko.si.

Wein   In der Region gibt es zahlreiche Weinkeller. Des Weiteren:

Vinothek Zidanica Malek, im 300-jährigen Winzerhaus zwischen Svetinje und Jeruzalem mit kleinem Museum, Kapelle (im Haus!) und Weinkeller. Von der weinumrankten Terrasse bietet sich ein herrlicher Blick auf Svetina und gen Kroatien. Mai–Nov. tägl. 11–18 Uhr. Svetinje 22, ☎ 02/7415-707.

Vinothek TIC Jeruzalem, 130 Weine von 34 Winzern stehen zur Verkostung.

Jeruzalem/Umgebung

Kurbad Banovci: Erst im Jahr 1995 wurde die *Thermalquelle Banovci* zertifiziert; sie liegt ca. 17 km nördlich von Ljutomer und entspringt mit 60 bis 68 °C in 1700 m Tiefe. Die Austrittstemperatur beträgt 41 °C. Wer Probleme mit dem Bewegungsapparat und den Gelenken hat, ist hier richtig. Ein Campingplatz, auch FKK-Areal, liegt gleich bei der Thermalquelle. Auch in dieser Therme ist das Wellnessangebot, besonders im Ayurveda-Bereich, sehr groß (Anwendungen ähnlich denen von Radenci). Insgesamt eine nette kleine Anlage, besonders für Familien geeignet, da es u. a. Animation und „Piratenprogramme" gibt. Die schöne Umgebung am Rand der Pannonischen Tiefebene, inmitten von Weinbergen und Getreidefeldern, lädt zum Fahrradfahren ein, es gibt Seen zum Surfen – und meistens strahlt die Sonne: 253 Sonnentage zählt die Statistik im Jahr.

Heilbad/Wellness   Therme Banovci, Banovci 1a, 9241 Banovci, ☎ 02/5122-200, www.sava-hotels-resorts.com.

Übernachten/Camping   In der Therme Banovci: *** Hotel Zeleni Gaj, gut ausgestattet mit Familienzimmern und Hallenbad. DZ/F ca. 120 €.

*** Bungalowsiedlung, überschaubare Anlage mit angenehmer Atmosphäre. DZ/F 110 €.

*** Textil-/FKK-Campingplatz Sonči gaj, schönes Wald- und Wiesengelände mit Thermomineral-Hallenbad und Thermalwasserbecken. Separate Areale für Textil und FKK (einziges FKK-Camp in einer Therme). Tennisplätze, Fahrradverleih, Volleyball; Supermarkt, Restaurants. Pro Pers. inkl. (ohne) Bäderbenutzung 15 € (10 €).

Biotherme Mala Nedelja: 15 km westlich von Ljutomer (in Richtung Ptuj), umgeben von Wiesen und Wald, liegt der neu gestaltete Komplex. Das Thermalwasser ist ohne Erdölzusätze, hat keinen unangenehmen Geruch und ist trinkbar, was selten ist. Verschiedene Wasserbecken, insg. 2000 qm mit 27–38 °C, 9 Außenbecken und 5 Innenbecken. Gut den Bewegungsapparat, bei Magen-, Gallenblasen- und Harnwegsbeschwerden und Frauenleiden. Es gibt auch einen Wellnessbereich und Saunen.

Heilbad/Wellness   Biotherme Mala Nedelja, 9243 Mala Nedelja, Moravci v Slovenskih goricah 34b, ☎ 02/5851-700, www.bioterme.si.

🏊 **Übernachten**   **** Hotel Biotherme, neueres 68-Zimmer-Hotel direkt an der Therme. Innenausstattung aus natürlichen, hochwertigen Materialien. Komfortable Zimmer mit Balkon oder Terrasse; sehr gutes Restaurant mit Slow-Food-Küche und biologisch angebauten Produkten aus der Umgebung. Verschiedene Pakete werden angeboten, Fahrradverleih. DZ/F im 2-Tagespaket 196 € (inkl. Badekarte). ∎

Wohnmobilstellplatz, inkl. Wasser, Strom, vor der Therme, 8 €.

Slovenska Bistrica

Auf dem Boden der Kleinstadt am südöstlichen Rand des Pohorje-Gebirges
stand früher die römische Siedlung
Civitas Negotiana. Anfang des 13. Jh.
wurde die Burg errichtet, um die sich
eine Ortschaft entwickelte. 1313 erhielt
Slovenska Bistrica Stadtrechte, wurde
mit Wehrmauern und Ecktürmen befestigt und trotzdem von den Türken-
heeren dreimal gebrandschatzt. Ein
Bauboom setzte im 19. Jh. ein, als die
Eisenbahnlinie Wien–Triest fertiggestellt war und die neue Straßenverbin-
dung zwischen Maribor und Ljubljana
auch durch Slovenska Bistrica führte.

Sehenswert ist das **Schloss** mit *Museum*. Es entstand aus einer Hofburg, war
1227 Sitz der Pfarrgemeinde von Pohorje und später Sitz des Landgerichts;
im 15. Jh. ging es in Privatbesitz über,
1717 übernahm es Ignac Maria Attems,
der die Freskoarbeiten veranlasste. Die
herrlichen, im Hochbarock ausgemalten

Deckengemälde im
Schloss Slovenska Bistrica

Deckenarbeiten im Rittersaal, im Trep-
penhaus, im ersten Stock und in der Schlosskapelle, die der große Hofmaler Franz
Ignati Flurer von 1717 bis 1721 ausführte, sind noch heute zu bewundern. Im
Zweiten Weltkrieg wurde das Schloss erheblich beschädigt, danach renoviert. Das
Schlossmuseum zeigt eine sehenswerte ethnologische Sammlung, eine große Fos-
silien-, Mineralien- sowie eine Gebetbuchsammlung. Gegenüber vom Schloss
erstreckt sich ein schöner Park mit einer 200 m langen Weißbuchenallee.

Grajska 11, www.zavod-ksb.si. Di–Fr 9–17, Sa 11–15 Uhr. Eintritt 2,50 €, Kinder 1,25 €.

Einen Besuch lohnt die nordöstlich der Stadt gelegene Kirche des **hl. Josef** von
1757, ein bedeutender barocker Sakralbau mit prächtigen Altären, den Hauptaltar
gestaltete Josef Straub in den Jahren 1757–1758.

Unweit des Schlosses steht die Pfarrkirche des **hl. Bartholomäus**, die 1240 erstmals
erwähnt wird. Fragmente aus dieser Zeit sind in die Nord- und Westwand eingelassen. Im Barock wurde die Kirche mehrmals umgebaut und vergrößert. Die Kirchen-
ausmalung besorgte Broll, das Presbyterium schufen 1727 Flurer und 1738 Laubmann.

Zuden locken im **Pohorje-Gebirge** schöne Wander- und Mountainbiketouren. Zum
Veliki vrh (1344 m) mit dem Skigebiet *Sveti Trije kralji* und der *Planina pod Šumikon*
sind es von der Stadt nur rund 18 km (→ Maribor/Umgebung/Pohorje).

Wanderung 14: Pohorje-Rundtour von Trije Kralji   → S. 513
Durch Buchenwälder zu den Šumik-Wasserfällen und zum Črno jezero

Information Touristinformation TIC, 2310 Slovenska Bistrica, Trg Slobode 17 (Stadtmitte), ☎ 02/8430-810, www.tic-sb.si. Mo–Fr 8–16, Sa 9–12 Uhr.

Verbindungen **Bus**: halbstündl. nach Maribor und Ljubljana. **Zug**: der Bahnhof liegt 2–3 km außerhalb, gute Verbindungen nach Maribor und Ljubljana; Auskunft (Maribor) ☎ 02/2924-531.

Übernachten/Essen *** **Hotel Leonardo**, mit gutem Restaurant. DZ/F 58 €. Leonova ul. 18, ☎ 02/8050-710, www.h-leonardo.com.

*** **Restaurant-Pension Potočnica**, hier isst man sehr leckere Fischgerichte. Zgornja Bistrica Nr. 69, ☎ 02/8181-549.

Restaurant Emavs, gute hausgemachte und preiswerte Küche wie Gulasch und Putenbrustfilet; auch Mittagstisch, leckere hauseigene Weine. Mo–Sa 8–20, So 9–15 Uhr, Feiertag geschlossen. Vinarska ul. 2 (stadtauswärts Richtung Maribor), ☎ 02/8050-830.

Wein **Klet Bistrica**, schöner Weinkeller mit Gewölbe und alten, mit Schnitzereien verzierten Weinfässern. Den Garten schmückt eine alte Weinpresse. Weinkostung und -verkauf. Mo–Fr 7–15 Uhr. Vinarska ul. 3, ☎ 02/8050-820.

Slovenska Bistrica/Umgebung

Schloss Štatenberg: Ca. 16 km südöstlich von Slovenska Bistrica steht auf einem bewaldeten Hügel das stattliche Schloss mit Restaurant und Übernachtungsmöglichkeiten (☎ 040/870-835 mobil). Die erste Burg dieses Namens war im 13. Jh. 3 km vom jetzigen Standort entfernt errichtet worden. Das heutige vierflügelige Schloss ließ Graf Attems in den Jahren 1702 bis 1740 durch den Architekten Camesini erbauen. Den üppigen Stuck und die Fresken in den Sälen schuf Meister Joannecky. Im *Schlossmuseum* sind diverse im Stil des 18. Jh. eingerichtete Zimmer sehenswert. Gelegentlich ergänzen aktuelle Ausstellungen, Workshops und Konzerte das Kulturprogramm. Zudem gibt es einen Weinkeller, es wird für Gäste gekocht (Do–So) und es gibt einfache Zimmer zu mieten. Der Pächter ist sehr bemüht. Nördlich unterhalb des Schlosses liegt der *Krajinski park Štatenberg* mit Wäldern und Seen. Um das Schloss stehen Skulpturen, die zum einstigen Projekt *Forma Viva* gehören, das langjährig internationle Bildhauer und Maler hierher brachte. Auf einem 9 km langen Wanderweg über Štatenberg – Makolo – Trg – Starigrad – Dežno – Varoš – Štatenberg können die Arbeiten besichtigt werden.

Schloss Štatenberg – prachtvolle Fassade, im Innern aber renovierungsbedürftig

Slovenske Konjice

Hübsches mittelalterliches 4700-Einwohner-Städtchen im Dravinja-Tal, unterhalb der steil ansteigenden, bewaldeten Konjinska-gora-Berge mit dem 1012 m hohen Stolpnik. Über 850 Jahre zählt die „Stadt der Blumen und des Weins", die schon im 13. Jh. das Marktrecht erhielt. Oberhalb, auf dem Pristava-Hügel, die Ruinen der Burg **Stari Grad**. Gegenüber von Altstadt und Dravinja erstreckt sich, zur Sonne gewandt, der **Naturpark Škalce** mit zahlreichen Weinbergen, in denen der ausgezeichnete Konjičan gedeiht. Eigentlich ist das rosenbestückte Weingebiet mehr unter dem Namen *Zlatni grič*, der Goldene Hügel, bekannt. Das gleichnamige Unternehmen sorgte für seine Popularität u. a. mit Golfplatz, Weinkeller, Weinschenken etc. Die Rosen sind übrigens nicht zur Zierde gepflanzt, sondern lassen rechtzeitig auf Krankheiten an den Weinstöcken schließen.

Die Häuser im Altstadtkern stehen in Reih und Glied entlang dem mittig zur Hauptachse verlaufenden, begradigten Bach – nichts außer ein paar Brückchen stört die strenge Geometrie. Die Gebäude wurden nach einem Brand im Jahr 1786 teilweise mit den Steinen des Kartäuserklosters Žiče errichtet. Die Hauptachse führt bergan zur großen **Sv.-Jurija-Kirche** (1146) mit unterteilter Kuppeldecke, wunderschönen Altären und angebauter Barock-Kapelle. Die kleine **Stadtgalerie Riemer** kann nach Absprache über TIC besichtigt werden.

Nostalgiker zieht es sicherlich zur alten Dampflok und ins kleine **Eisenbahnmuseum** an der Kreuzung nach Škalce (Infos über TIC) – in Gedenken an die Linie Polčane – Slov. Konjice – Zrče.

Seit alters her lag das Städtchen an dem schon zu Römerzeiten wichtigen Verkehrsknotenpunkt zwischen Maribor und Celje, heute führen Landesstraße und Autobahn südlich an der Stadt vorbei. Doch der Weg hinauf ins Pohorje-Gebirge führt bis heute über Slovenske Konjice: nach nur 8 km ist die Rogla-Therme Zreče erreicht und, am Ende der Straße auf 1517 m, das beliebte Ski- und Wandergebiet Rogla. Für Kulturinteressierte ist das im Süden der Konjinska-gora-Berge im Žičnica-Tal gelegene Kartäuserkloster Žiče sehenswert (→ Slovenske Konjice/Umgebung).

Information Touristinformation TIC, 3210 Slovenske Konjice, Stari trg 27, ✆ 03/7593-110, www.knjiznica-slovenskekonjice.si. Mo–Fr 7–18, Sa 10–12 Uhr.

Sport Fahrradverleih etc. in Therme Rogla. Rundum können schöne Mountainbiketouren verschiedener Länge und je nach Kondition gemacht werden.

Golfplatz Zlati grič, mit Golfschule, mitten in den Weinbergen gelegen. März–Nov. Škalce 91, ✆ 03/7580-362, www.zlati-gric.si.

Wandern: Eine schöne Kurzwanderung mit herrlicher Aussicht bietet sich von der Altstadt hoch zur Burg Stari Grad an.

Übernachten/Essen *** Hotel Dravinja, einziges Stadthotel in schönem Gebäude an der alten Dravinja-Brücke mit Restaurant und Café mit Terrasse. Hierher kommt man wegen der verführerischen Torten, u. a. Guttenberg- und Schokotorte! Zimmer, DZ/F 60 €. Mestni trg 2, ✆ 03/5753-810.

››› Mein Tipp: Restaurant Gostilna Grič, ca. 1 km nördlich der Stadt am Zlati grič. Große baumbestandene Terrasse, innen großer Wintergarten; gutes Essen, vorzügliche Weine. Škalce 86, ✆ 03/7580-361, www.zlati-gric.si. ‹‹‹

››› Mein Tipp: Vinogradniški dvorec, das Weinschlösschen liegt ebenfalls oben mitten am Zlati grič und gehört zur gleichnamigen Firma. Hier kann man geruhsam in komfortablen Appartements verschiedener Größen nächtigen, ab 60 €/2 Pers. ✆ 03/7580-361, www.zlati-gric.si. ‹‹‹

Ostslowenien →Karte S. 334/335

Restaurant-Pension Fink, 1 km nordwestlich der Stadt. Gutes Restaurant mit slowenischer, aber auch mediterran angehauchter Küche, eine Spezialität sind Wildgerichte. Übernachtungsmöglichkeit. So Ruhetag, Fr/Sa gibt's Musik. Sp. Preloge 44, ☎ 031/200-989 (mobil).

*** Restaurant-Penzion Kračun, moderner Bau am Ende des kleinen Ortes Loče. Komfortable Ausstattung, sehr gutes Restaurant, Beauty- und Wellnesscenter. Die Lage ist leider nicht ganz so idyllisch. DZ/F ab 80 €. 3215 Loče, Slomškova ul. 6, ☎ 03/7590-607.

Wein Weinkellerei Zlati grič d.o.o., in den Weinberg Škalce unterirdisch und mit neuerster Technologie gebaut – hier werden die Reben gekeltert, u. a. Weiß- und Grauburgunder, Rhein- und Welschriesling, Chardonnay, Sauvignon, Traminer und Blaufränkisch. Die Rebe Konjičan steht für weiße und rote Sorten, Spitzenweine werden mit dem Rheinriesling produziert. Weitere Spezialität der Gegend ist der Heidelbeerschnaps. Zudem gibt es eine große Vinothek/Verkaufsraum. Škalce 80, ☎ 03/7580-360, www.zlati-gric.si.

Slovenske Konjice/Umgebung

Kartäuserkloster Žiče: Ende des 11. Jh. gründete der hl. Bruno von Köln mit einer Gruppe Gleichgesinnter in der Einöde Chartreuse in den französischen Alpen den Kartäuserorden, einen Einsiedlerorden mit sehr strengen Regeln. Weitere Kartäuser-Stützpunkte gab es später auch in Slowenien, wie hier in Žiče und Pleterje (→ Pleterje).

Im hintersten Eckchen des malerischen, unbesiedelten kleinen Žičnica-Tals, im Süden der Konjinska-Berge, stehen die beeindruckenden Mauern, Türmchen und Ruinen des einst mächtigen Klosters, dessen erste Bauphase auf die Jahre 1155–1165 zurückgeht. Klostergründer waren Otakar III. (ein steierischer Markgraf aus dem Geschlecht der Traungauer) und sein Sohn Otakar IV. Das weite Gelände ist umgeben von wehrhaften Mauern und Turmspitzen, mittendrin romanische und gotische Überreste, davor ein großer Kräutergarten. Hier wirkte über die Jahrhunderte der kleine Einsiedlerorden. Zwischen 1391 und 1410 war die Kartause Sitz des römischen Ordensgenerals. Žiče galt spirituell und wirtschaftlich als bedeutendes Zentrum, das seine Besitzungen durch Schenkungen ständig vergrößern konnte.

In **Špitalič**, ca. 2 km vorher im Tal, befand sich das zum Kloster gehörige Spital sowie die kleine, untere *Klosterdependance Sv. Marija*, in der die Laienbrüder lebten. Im 15. Jh., während der ständigen Überfälle der Türken auf das untere Kloster, wurden die strengen Regeln gelockert, die Laienbrüder zogen schließlich an den geschützten Ort nach oben zu den Mönchen. Doch auch das wehrhafte Kartäuserkloster blieb von schweren Brandschatzungen nicht verschont. Zur Zeit der Reformation sowie durch Einschränkung der Privilegien durch Erzherzog Karl lockerte sich der strenge Regelkodex des Ordens bis zum Ende des 16. Jh. mehr und mehr. 1782 schließlich löste Kaiser Joseph II. das Kloster Žiče per Dekret gänzlich auf. Von der unteren kleinen Klosterdependance in Špitalić ist heute nur noch die romanische *Kirche Sv. Marija* von 1190 erhalten, die auch nach Auflösung des Mutterklosters geöffnet blieb; im 19. Jh. erhielt Sv. Marija einen neuen Glockenturm und eine Sakristei.

Das Leben der Einsiedlermönche war nahezu autark gestaltet – Obst, Gemüse und Heilkräuter wurden natürlich selbst angebaut und gezüchtet, zudem unterhielt das Kloster eine Glashütte, eine Ziegelei, eine Mühle sowie das Spital, das sich um die Entwicklung der Medizin verdient machte. Vor der Erfindung des Buchdrucks wurden naturwissenschaftliche, philosophische und religiöse Texte

Kartäuserkloster Žiče – Kräuter und Heilpflanzen im Klostergarten

und Bücher im Skriptorium von Žiče kunstvoll per Hand kopiert und oft aufwändig illustriert.

Anfahrt   Von Slovenske Konjice zurück nach Konjiška vas und nach Žiče, hier Abzweig nach Špitalič.

Öffnungszeiten/Führung   Žička kartuzija, Špitalič. April–Nov. tägl. außer Mo 10–18 Uhr; sonst nur Sa/So u. Feiertag 10–16 Uhr. Eintritt 4 €, Kinder 2 €. Per Audioguide (auch in Deutsch) kann man durch das zum Teil renovierte Gelände schlendern; das Museum zeigt Leben und Wirken der Mönche.

Veranstaltungen   in Špitalič **Kirchenfest Sv. Janez**, 27. Juni, mit großer Prozession.

Essen & Trinken 》》 Mein Tipp: **Gostilna Gastuž**, die Kartause vor dem Kloster besteht seit 1467 und zählt zu den ältesten Gasthäusern Europas. Die Gemäuer und das Kreuzgewölbe im Erdgeschoss wurden 1998 restauriert. Es gibt Štrukli (mit Quark) sowie mit frischen Kräutern verfeinerte Fisch- und Wildgerichte. Spezialität ist *Kloštarska ajdova*, ein Kuchen aus Buchweizen. Do–So 10–18 Uhr (Fr/Sa bis 20 Uhr). Špitalič 9, ✆ 03/7523-700. 《《

Vinothek, Verkostung und Verkauf der Weine vom Zlati grič.

Zreče: Der Kurort 5 km nördlich von Slovenske Konjice, auf 395 m in den Bergen gelegen, ist wegen seiner heilsamen *Rogla-Therme* bekannt. In der Umgebung gibt es viele schöne Touristische Bauernhöfe – umfangreiche Liste bei TIC.

Information   Touristinformation LTO, 3214 Zreče, Cesta na Roglo 11, ✆ 03/7590-470, www.unitur.eu. Mo–Fr 8–16, Sa 9–12 Uhr.

Kurbad/Wellness   **Rogla-Therme Zreče**, wunderbare Lage am Waldrand, modern und ansprechend gestaltet ohne Kurbetriebsklima. 8 Schwimmbäder mit 1600 m² Fläche, ein Saunadorf, Akrotherme, Entspannung und Genesung im 10.000 Jahre alten Pohorje-Torf. Verschiedene Massagen,

u. a. im „Sawaddee" die traditionelle Thai-Therapie und physiotherapeutische Anwendungen. Organisierte Fahrrad- und Wandertouren, im Winter Skibus. Es gibt spezielle Pauschalen. 3214 Zreče, Cesta na Roglo 15, ✆ 03/7576-000, www.terme-zrece.eu.

Übernachten/Essen   **Terme Zreče**, in der Therme gibt es verschiedene Unterkunftsmöglichkeiten in komfortablen Hotels (inkl. Badekarte): ****** Hotel atrij Superior**,

Ostslowenien →Karte S. 334/335

DZ/F 160 €, **** **Hotel Vital**, DZ/F 130 €, *** **Hotel Klasik**, DZ/F ab 90 €.

**** **Villen Terme Zreče**, Appartements ab 80 € (inkl. Badekarte) gibt es in den ruhigen, am Waldrand gelegenen und gut eingerichteten Häuschen.

*** **Restaurant-Pension Smogavc**, östlich von Zreče bei Gorenje pri Zrečah; wunderbare Lage auf 760 m. Komfortable Zimmer, und Appartements. Das Restaurant mit blumenumwucherter, fast zugewachsener Terrasse und Wintergarten wird sehr gelobt, die Küche serviert Buchweizensterz, Pilzsuppe, Wild und Heidelbeerstrudel. Nette Zimmer/Suiten, DZ/F 80–135 €. Gorenje pri Zrečah 27, 3214 Zreče, ℡ 03/7573-550, www.smogavc.com.

》 Mein Tipp: °°°° **Touristischer Bauernhof Urška**, wenige Kilometer südwestlich von Zreče-Stranice; schöne Lage abseits. Produkte vom Hof, hauseigener Wein, lobenswerte Küche. Sehr schöne Zimmer; auch Sauna und Whirlpool. Ein Platz zum Wohlfühlen! DZ/F 74 €, HP 43 €/Pers. Krževec 11a, 3206 Stranice, ℡ 03/7590-410, www.kmetija-urska.com. **《**

Rogla: Der Luftkurort liegt auf 1517 m im bewaldeten Pohorje-Gebirge, ist 17 km von Zrče entfernt und besteht vornehmlich aus den Hotels und Sportstätten des Thermenunternehmens und den Liftbetrieben. Hier oben lässt es sich herrlich wandern, mountainbiken und im Winter Ski fahren; es locken eine Winter- und Sommerrodelbahn und für die Kleinen ein großer Spielplatz. Mit etlichen Ski- und Snowboardschulen und als Austragungsort internationaler Wettkämpfe ist der Rogla ein beliebtes Trainingslager für Sportler. Unterkünfte gibt es in unterschiedlichen Preislagen (→ Maribor/Umgebung/Pohorje). Auf halber Strecke zum Rogla zweigt eine wunderschöne schmale Panoramastraße ab, die in westlicher Richtung über die Orte Resnik und Skomarje (980 m) – das höchstgelegene Dorf Sloweniens – führt, danach wieder bergab nach Zrče; eine herrliche Mountainbikestrecke. Einige Touristische Bauernhöfe laden zum Verweilen ein. Die Südostseite des Pohorje ist ein ideales Wander- und Mountainbikegebiet. Auf schönen Wegen gelangt man bis zur Gondelstation in Maribor. Sehr schön zum Wandern ist auch das Gebiet um den Črno jezero und die Šumik-Wasserfälle (→ Kleiner Wanderführer/Wanderung 14, S. 531).

Übernachten/Essen Die meisten Hotels hier am Rogla gehören der Hotelkette Rogla (www.unitur.eu): **** **Hotel Planja**, die bestausgestattete Unterkunft (Zimmer, Suiten, Appartements), Restaurant, Schwimmbäder, Sauna, Wellness, Sporthalle, Tennis etc. DZ/HP ca. 120 € (TS 140 €). Cesta Na Roglo 15, ℡ 03/7576-000, www.rogla.eu.

*** **Koča na Jurgovem**, die günstigere und individuelle Alternative zum Hotel; hübsche Appartements (2–7 Pers.), ab 70 € für 2 Pers. Die Einrichtungen des Hotels können genutzt werden. Gutes Restaurant nebenan mit tollem Ausblick, lecker ist z. B. die Pohorje-Schnitte (mit Waldbeeren und Sahne). Cesta Na Roglo 15, ℡ 03/7577-100, www.rogla.eu.

🌿 °°°° **Touristischer Bio-BauernhofLočnikar**, schöner 400-jähriger Hof auf 980 m; traditionelle Küche (Lamm, Schwein, Würste, Strudel) und Zimmervermietung. DZ/F 60 €, auch leckere HP. Skomarje 47, 3214 Zreče, ℡ 03/5762-262. ∎

🌿 °°°° **Bauernhof Arbajter**, gleich daneben auf 970 m in herrlicher Lage mit Weitblick. Die frischen Produkte kommen vom Hof, u. a. Fleisch und Würste von der eigenen Hirsch- und Schafzucht, hausgemachtes Brot, Potitzen, Marmelade, Säfte. Gemütliche Zimmer (bis zu 5 Pers.), 38 €/Pers./HP. Skomarje 46, ℡ 03/5762-390, www.arbajter.com. ∎

Ausflugsgasthof Ančka, gepflegter Hof auf 490 m mit hauseigenem Weinkeller und guten Speisen. Mo/Di Ruhetag. Bork 6, ℡ 03/7521-116.

Veranstaltungen Pilzpicknick, 3. So im Aug., der Rogla ist ein ergiebiges Pilzrevier. Die Sammler bringen ihre Pilze, man kann sich beraten lassen und die „Schwammerln" natürlich auch probieren.

Sitz der einst mächtigen Grafen von Cilli, die bestens renovierte Burg von Celje

Celje

Die Stadt (36.200 Einwohner) ist Wirtschaftszentrum und Verkehrsknotenpunkt der Region. Östlich des schönen Altstadtkerns thront auf dem Fels die mächtige Burg. Wegen ihrer strategisch günstigen Lage war Celje schon unter den Römern eine bedeutende Handelsstadt.

Die einstige Fürstenstadt der mächtigen Grafen von Cilli liegt am Zusammenfluss der Voglajna mit der Savinja. Einen schönen Überblick über die Stadt, die Ebene, die Savinjer Alpen und bei klarer Sicht sogar bis zu den Karawanken hat man von der Burg. Die teils autofreie, überschaubare Altstadt lädt zum Bummeln ein – 2013 wurden viele Straßen und Plätze mit neuem Pflaster aufgehübscht. Einen Besuch wert sind u. a. der Fürstenhof mit seiner einzigartigen Ausstellung „Celeia, die Stadt unter der Stadt" und das Regionalmuseum. Neben Kunstgalerien hat sich ein kleines Künstlerviertel, **Umetnička četrt**, mit Wohnungen, Werkstätten, Kneipe und einer Erotikgalerie in der Altstadt etabliert. Richtung Süden wird die Umgebung hügelig bis bergig und lädt zum Mountainbiken ein, außerdem gibt es das kleine Skigebiet **Celjska koča** mit dem hübschen Dorf **Svetina** (→ Umgebung).

Die Kelten gründeten hier eine Siedlung, die unter dem römischen Kaiser Claudius als *Claudia Celeia* zum Verwaltungssitz ausgebaut wurde. Der Kreuzungspunkt wichtiger Handelswege war für Rom von strategischer Bedeutung und brachte der Stadt den Namen *Troia secunda* ein. Celjes Geschichte ist im 14. und 15. Jh. von der Herrschaft der Grafen von Cilli geprägt, die die während der Völkerwanderung zerstörte Stadt nach römischem Vorbild wieder aufbauen ließen. Doch die Grafen führten, trotz Unterstützung durch den deutschen Kaiser, einen auf Dauer aussichtslosen Kampf gegen die Habsburger um die Vormachtstellung in Mitteleuropa. 1456, nach dem Tod des letzten Grafen von Cilli, Ulrich II., übernahmen die Habsburger die Stadt und bauten sie zu einem blühenden Handelszentrum aus. Ein großes Ereignis in der Stadtgeschichte der Neuzeit: 1846 erhielt Celje Anschluss an das moderne Eisenbahnnetz. Heute zählt Celje zu den wichtigsten Wirtschaftszentren Sloweniens und ist Messestadt.

Basis-Infos

Information Touristinformation TIC, 3000 Celje, Krekov trg 3 (im Celjski Dom), ℡ 03/4287-936, www.celeia.info. Mo–Fr 9–17, Sa 9–13 Uhr. Infos, Kartenmaterial und Stadtführungen. Infopunkt Burg, geöffnet wie Burg.

Verbindungen Bus: 8-mal nach Laško, 5-mal Maribor (Sa/So weniger) und 9-mal Ljubljana (7,20 €, 1,5 Std., da nicht über A 1 – schneller mit Zug!), 2-mal tägl. nach Zagreb, 3-mal tägl. nach Solčava. Busbahnhof Aškerčeva 20 (nördlich des Bahnhofs), ℡ 03/4253-400, www.izletnik.si.

Zug: Maribor im Zentrum, Krekov trg 1, ℡ 03/2933-156. Nach allen Richtungen die schnellsten und besten Verbindungen: per ICS 6- bis 15-mal tägl. nach Maribor (10 €, ca. 1 Std.) und Ljubljana (11,60 €, mit ICS 50 Min.), ca. stündl. Laško, 3- bis 5-mal nach Koper, 7- bis 9-mal nach Zagreb, 5-mal nach München.

Taxis: u. a. gegenüber dem Bahnhof (Taxi Radio, ℡ 03/5483-300).

Gesundheit Ambulanz (Zdravstveni Dom Celje), mit praktischem Arzt und Zahnarzt, rund um die Uhr geöffnet; Gregorčičeva 5, ℡ 03/5434-000. Apotheke Center (im Zentrum), Stanetova ul. 13a, ℡ 03/4250-260; Mo–Fr 7–19, Sa 7–12 Uhr.

Nachtleben Etliche Café-Bars an der Ecke Ljubljanska cesta/Gregorčičeva ul. U. a. **Jazz Pub** ▌5▐, kleines nettes Lokal, meist Black Music, Sa bis 2 Uhr, Ljubljanska cesta 8. Daneben der etwas schickere Zagušt Pub ▌7▐ mit größerer Terrasse.

Café-Bar Cuba Libre ▌10▐, hier gibt's Cocktails und kubanische Musik. Gubčeva ul. 6.

Branibor Club & Pub ▌4▐, schönes Café und Cocktailbar mit Wintergarten, kleiner Garten; am Wochenende häufig Konzerte, meist Rock. Stanetova 27.

Club Terazza ▌6▐, Glasgebäude (südlich vom Busbahnhof, im Celeiapark) mit nettem Café und Terrasse. Abends Do–Sa Bar und Disco (Salsa/Pop/Tango) im 5. Stock. Aškerčeva ul. 14, www.clubterazza.com.

Veranstaltungen Sommer in Celje, mit über 100 Veranstaltungen: u. a. **Ritterspiele** auf der Burg mit internationaler Besetzung, am letzten Sa im Aug., 12–22 Uhr.

Mittelalterfest, letzter Fr (ab 13 Uhr) und Sa im Aug. auf der Burg: hist. Gewänder, mittelalterl. Essen, Musik, Aufführungen etc.

Übernachten/Essen & Trinken

Übernachten Zu Messezeiten ist die Stadt bettenmäßig oft ausgebucht, zudem steigen die Preise.

≫ Mein Tipp: ***–**** Hotel Evropa ▌14▐, mit sehr gutem Restaurant und nettem Café mit eigener Konditorei; mitten im Zentrum mit Parkgarage – die beste Wahl. Zimmer in Standard- und Superiorausstattung, DZ/F ab 68 € bzw. ab 128 €. Krekov trg 4, ℡ 03/4269-000, www.hotel-evropa.si. ≪

*** Hotel Celeia ▌2▐, nun ein Pop-Art-Hotel, nördlich des Bahnhofs mit gutem Restaurant. Komfortable Zimmer/Appartements von Economic bis Suite, DZ/F ab ca. 90 €. WiFi und Parkplätze. Mariborska cesta 3, ℡ 03/4269-700, www.hotel-celeia.si.

*** Hotel & Casino Faraon, westlich vom Zentrum; solid und klein neben dem Freibad, meist von Geschäftsleuten besucht. DZ ab ca. 80 €. Ljubljanska 39 (Richtung Žalec–Ljubljana), ℡ 03/4287-100, www.hotelfaraon.si.

*** Hotel Grande superior ▌1▐, ca. 1 km nördlich beim City-Center. Nette Zimmer im Barockstil, DZ 75–88 €. Parkplätze in der Nähe. Bežigrajska 7, ℡ 03/4255-100, www.hotelgrande.si.

Jugendherberge MCC Hostel ▌3▐, Mitte 2010 eröffnet, Gratis-WiFi, Fahrradverleih und Bar. 42 Betten in EZ (25 €), DZ (42 €) und Mehrbettzimmern (17 €/Pers.). Mariborska cesta 2, ℡ 03/4908-740, www.mc-celje.si.

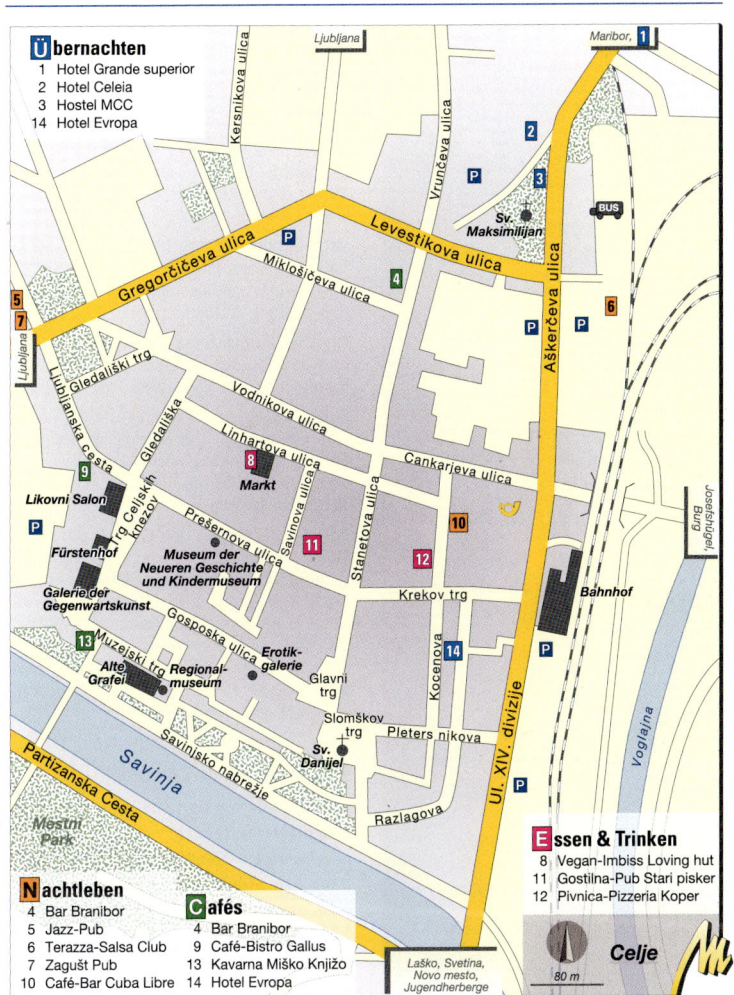

Übernachten
1 Hotel Grande superior
2 Hotel Celeia
3 Hostel MCC
14 Hotel Evropa

Nachtleben
4 Bar Branibor
5 Jazz-Pub
6 Terazza-Salsa Club
7 Zagušt Pub
10 Café-Bar Cuba Libre

Cafés
4 Bar Branibor
9 Café-Bistro Gallus
13 Kavarna Miško Knjižo
14 Hotel Evropa

Essen & Trinken
8 Vegan-Imbiss Loving hut
11 Gostilna-Pub Stari pisker
12 Pivnica-Pizzeria Koper

Laško, Svetina,
Novo mesto,
Jugendherberge

Celje

80 m

Ostslowenien →Karte S. 334/335

Camping Die meisten Campingplätze (bis auf AC Celje) liegen in 20 km Entfernung nahe Prebold (Straße Celje–Ljubljana).

*** Autocamp Celje, 3 km vom Zentrum bzw. 1 km nordöstlich der Autobahn im Weiler Zadobrova. Einfaches Wiesengelände, gut für einen Stop v. a. für Wohnmobile; nebenan eine Snackbar. 7,50 €/Pers., Strom 3,50 €. Ganzjährig. Zadobrova 37a, 3211 Škofja vas, ✆ 041/726-516 (mobil), www.camping-celje.com.

*** Camping Dolina, 2-ha-Wiesen-Platz mit Minipool, gut ausgestattet. 7 €/Pers. Auch Zimmervermietung. Ganzjährig. Dolenja vas 148, ✆ 03/5724-378, www.dolina.si.

** Camping Park, kleiner 0,4-ha-Platz nahe A 1 (Ausfahrt Šempeter) und nahe Fluss Savinja auf nettem Gelände, 8,50 €/Pers. April–Okt. Auch Zimmervermietung (ganzjährig). Latkova vas 227, 3313 Prebold, ✆ 041/472-496 (mobil), www.campingpark.si.

▲ Fürstenhof (Celeia)

▼ Holzdecke (Alte Grafei)

▼ ▼ Blick zur Burg von Alte Grafei

Essen & Trinken Gostilna-Pub Stari pisker **11**, die „Alte Post" ist ein schönes Lokal mit gutem Service. Spezialitäten sind spanische Gerichte wie Tapas und Steaks. Tägl. 8–22 Uhr. Savinova ul. 9, ☏ 03/5442-480.

Pivnica-Pizzeria Koper **12**, mit hübschem Biergarten. Geboten werden mediterrane Küche und gute Holzofenpizzen. Gubčeva 3, ☏ 03/801-606.

Vegan-Imbiss Loving hut **8**, die beliebte und gute Kette ist auch hier am Markt in Celje. Gutes und Frisches für Veganer. Mo–Fr 8–18, Sa 9–15 Uhr. Linhartova ul. 7.

Gostilna Francl, 2 km nördlich. Mit Garten und traditioneller slowenischer Küche. So Ruhetag. Zagrad 77, ☏ 03/4926-460.

Gostilna Belaj, ca. 3 km in Richtung Laško (vor der Brücke). Hausgemachte Würste, Fleisch und Nudeln, auch Süßes im Angebot; schöner Garten. Tägl. außer Mo 10–22 Uhr. Kukovčeva ul. 2, ☏ 03/5481-500.

Café Gute Kuchen und Gebäck gibt es im Hotel Evropa **14** (s. o.), schöne Terrasse. Zudem **Café-Bistro Gallus 9**, Ljubljanska cesta 1 (im Innenhof); hier angeblich der beste Kaffee weit und breit …! 8–23 Uhr. Wer in Liegestühlen relaxen möchte, geht in die **Kavarna Miško Knjižko 13**, Muzejski trg 1 (bei der Bücherei). Weitere **Tagescafés** (→ Nachtleben).

Sehenswertes

Alte Grafei (Stara grofija) mit **Regionalmuseum** (Pokrajinski muzej): Das zweigeschossige Renaissanceschloss mit barocken Stilelementen in der Altstadt erbauten die Grafen von Thurn um 1580. Sein Inneres ziert eine imposante Holzdecke, die ein unbekannter italienischer Künstler zu Beginn des 17. Jh. gestaltete. Zehn kastenförmige Bilder – Allegorien der Jahreszeiten und mythologische Themen mit Drachen- und Dämonenkämpfen – gruppieren sich um das innere große Gemälde. Wegen seiner z. T. dreidimensionalen Wirkung könnte man beinahe Salvador Dalí mit dem Werk in Verbindung bringen. Im Schloss residiert das *Regionalmuseum* mit archäologischer sowie kunst- und kulturhistorischer Sammlung. Zudem gibt es wechselnde Ausstellungen, u. a.

die zur Reiseschriftstellerin Alma M. Karlin (1889–1950), einer gebürtigen Celjerin
(→ Celje/Umgebung/Svetina). Auf dem Freigelände an der Südseite sind weitere
steinerne Exponate ausgestellt.

März–Okt. tägl. außer Mo/Feiertag 10–18 Uhr; Nov.–Febr. Di–Fr 10–16, Sa 11–18 Uhr, So/Mo
u. Feiertag geschlossen. Eintritt 5 €, Kinder 3 €, Familie 10 €. Muzejski trg 1, ℃ 03/4280-950,
www.pokmuz-ce.si.

Fürstenhof (Knežji dvorec): an der südwestlichen Altstadtgrenze, z. T. an den Res-
ten der Altstadtmauer angebaut. Das Gebäude in L-Form mit etlichen Seitentrakten und Türmen ist für Slowenien einzigartig aufgrund seiner Bandbreite an Stilrichtungen vom 9.–6. Jh. v. Chr. bis ins vorletzte Jahrhundert. Die Außenmauern
zeigen gotische Elemente und Reliefs. Im Keller fanden sich bei Ausgrabungen
Grundmauern aus römischer Zeit, die in der großen Ausstellung *„Celeia – die Stadt
unter der Stadt"* modern und bestens präsentiert werden. Das heutige Aussehen
stammt teils aus dem 15. Jh., als die Grafen von Cilli hier ihre prachtvolle zweigeschossige Stadtresidenz hatten. Trakte wurden 100 Jahre später umgebaut und
Mitte des 18. Jh. noch einmal, als der Komplex zur Kaserne wurde, was er bis 1973
blieb und deshalb noch weitere Umbauten erlebte. Das Gebäude wird seit 1990
nach und nach renoviert. Man kann auf dem ehemaligen Decumanus schlendern
und die römischen Grundmauern, Mosaike und eine marmorne Robe einer königlichen Frau und einen männlichen Torso (beide 1.–2. Jh. v. Chr.) bewundern – alles
sehr ansprechend und modern gestaltet.

Celeia – mesto pod mestom, Trg celjskih knezov 8, ℃ 03/4280-962, www.pokmuz-ce.si
(Infos auch im Regionalmuseum). Eintritt/Öffnungszeiten wie oben.

Galerie der Gegenwartskunst (Galerija Sodobne Umetnosti): In einem renovierten
Trakt südlich des großen Fürstenhofs finden Kunstinteressierte im herrschaftlichen Ambiente Kunstwerke junger Slowenen.

Di–Fr 11–18, Sa 10–12, So 14–18 Uhr. Eintritt gratis. Trg Celjskih knezov 8–9, ℃ 03/4265-162,
www.celeia.info.

Likovni Salon: Gehört zur Galerie der Gegenwartskunst und bietet interessante
temporäre Ausstellungen internationaler junger Künstler.

Di–Fr 11–18, Sa 11–18, So 14–18 Uhr. Trg Celjskih knezov 9, www.celeia.info/likovni-salon-celje.

Museum der neueren Geschichte (Muzej Novejše Zgodovine Celje): Das einmalige
Gläserne Fotostudio von Josip Pelikan zeigt altertümliche Entwicklungsapparate, Ka-
meras, historische Fotografien u. a. Im *Kindermuseum Hermanov Brlog* (Hermanns
Höhle) im Erdgeschoss können die Kleinen ihre Welt erforschen – es gibt einen
Spielraum und einen Raum für Theateraufführungen. Für Kinder von 3 bis 10 Jahren.

Di–Fr 9–17 Uhr (Foto-Studio nur bis 13 Uhr), Sa 9–13, So/Feiertag 14–18 Uhr. Eintritt 3 €, Kinder ab 6 J. 1,50 €. Prešernova ul. 17, www.muzej-nz-ce.si.

Erotikgalerie (Galerija Račka): im Künstlerviertel. Lohnend ist ein Blick in die renovierten Räume. Die Kabinen, in denen „man(n)" der Peep-Show einst folgen
konnte, wurden belassen. Sie dienen heute provokanten Shows und Ausstellungen.

Di–Fr 11–18, Sa 10–12, So 14–18 Uhr. Gosposka ul. 3.

Pfarrkirche Sveti Danijel: Am Slomškov trg. steht, nicht zu übersehen, die ursprünglich romanische, im 18. Jh. umgebaute schöne Minoritenkirche mit hohem
Glockenturm. Die kleine, an den Chorraum angebaute Kapelle zieren um 1420 geschaffene gotische Bildhauerarbeiten und Fresken.

Burg (Stari Grad): Südöstlich der Stadt und des Savinja-Flusses ragt auf 400 m die
komplett renovierte Burganlage in den Himmel, die über die Jahrhunderte allen
Angriffen trotzte. Die ursprüngliche Burg wurde in der ersten Hälfte des 13. Jh. von

Ostslowenien →Karte S. 334/335

den Heunburgern errichtet und mit einer Ringmauer versehen. 50 Jahre später erhielt sie eine zweite Wehrmauer und einen weiteren Wehrturm. Ein Erdbeben zerstörte die Burg 1348, die Grafen von Cilli bauten sie wieder auf. Mitte des 15. Jh. ließen sich die Grafen in der Burg nieder und gestalteten sie wohnhaft um. Aus dieser Zeit sind u. a. der Friedrichsturm (mit 146 Treppen) und die Vorburg erhalten. Mitte des 16. Jh. wurde die Burg ein weiteres Mal umgebaut und die Wehrmauer erhöht. Als sie Ende des 17. Jh. ihre strategische Bedeutung verlor, begann der Verfall. Von 1994 bis 2009 wurde sie aufwändig originalgetreu restauriert. Zu besichtigen ist der gesamte große Komplex mit einem kleinen Museum. Von den Aussichtsplattformen bieten sich weite Blicke über die Stadt, die Savinjska dolina (Savinja-Tal und slowenische Hopfengegend) und die Savinjske Alpe (Savinjer Alpen) an der Grenze zu Österreich. Ende August finden auf der Freilichtbühne die Ritterspiele statt (→ Veranstaltungen); zudem TIC und Café Veronika.

Stari Grad Celje, Cesta na grad 78, www. grad-celje.com. Juni–Aug. 9–21 Uhr; Mai u. Sept. 9–20 Uhr; April 9–19 Uhr; Okt. u. Febr./März 9–18 Uhr; Jan./Dez. 10–16 Uhr. Eintritt 4 €, Kinder 7–15 J. 1 €. In der Burg auch **Touristinformation**. Vom Stadtzentrum ist die Burg in ca. 25 Min. zu Fuß über den Pelikan-Weg erreichbar.

Josefshügel (Jožefov hrib): Östlich der Altstadt steht auf dem bewaldeten Hügel die *St.-Josef-Kirche*, die 1680 aus Dankbarkeit für das Ende der Pest gestiftet wurde. Von hier schöne Aussicht auf die Umgebung.

Celje/Umgebung

Römische Nekropole Šempeter: In Šempeter, 10 km von Celje, an der Landstraße Arja vas (Žalec) – Ljubljana, befinden sich in einem von hohen Hecken umgebenen Garten die gut erhaltenen römischen Grabsteine einer Nekropole aus dem 1. und 2. Jh. (→ Foto S. 32). Die Grabsteine wurden unweit des jetzigen Platzes gefunden. In der Ortsmitte südwärts abbiegen.

Ob rimski nekropoli 2, 3311 Šempeter. Juli/Aug. tägl. 10–18, Mai/Juni u. Sept. tägl. 9–17, April tägl. 9–15, Okt. Sa/So 10–16 Uhr. Eintritt 5 €, Kinder 4 €. www.td-sempeter.si.

Jama Pekel: ca. 15 km westlich von Celje (s. o.), beeindruckende Höhle nur wenige Kilomter von der Nekropole entfernt, mit einem 4 m hohen Wasserfall, Tropfsteinen und Grottenolmen.

Jama Pekel, Zalog pri Šempetru, 3311 Šempeter, ✆ 031/645-937. Mai–Sept. tägl. 10–18, April tägl. 10–17, Okt. Sa/So 10–17 Uhr. Auch dtsch.-sprachige Führung. Eintritt 8 €, Kinder 5 €. Achtung: Es hat nur 10 Grad in der Höhle, gutes Schuhwerk u. warme Kleidung nötig. Führung ca. 1 Std.

Šmartinsko jezero: 113 ha großer, buchtenreicher Stausee nördlich von Celje und Autobahn (westlich von Vojnik). Der Šmartinsko-See wurde 1970 zum Schutz der Stadt gegen die Überschwemmungsgefahr aus dem bergigen, wasserreichen Norden angelegt. Da das Konzept einer industriellen Nutzung nicht weiterverfolgt wurde, entwickelte sich der See zu einem Sport- und Erholungszentrum. Schöne Bademöglichkeit, ein Panoramadampfer kreuzt über den See; am Staudamm bei Loče gibt es ein Restaurant.

Svetina und das Skigebiet **Celjska koča:** Ca. 15 km südöstlich von Celje zweigt ein schmales Sträßchen ostwärts in das kleine Skigebiet mit der höchsten Erhebung *Tolsi vrh* (834 m) ab. Danach folgt Svetina, das angeblich schönste Bergdorf Sloweniens. Per Mountainbike lässt sich die abwechslungsreiche Strecke gut erkunden. Aus einer betuchten Familie aus Svetina stammt Alma Karlin(1889–1950), eine mutige, fortschrittliche Frau, die bereits Anfang des 20. Jh. die Welt bereiste und mit einer Frau zusammen lebte. Als Reiseschriftstellerin hielt sie ihre Impressionen in Notizen und Romanen fest. Völlig verarmt starb sie in ihrer Hütte und wurde in Svetina begraben.

Übernachten/Essen »» Mein Tipp: *** Berghotel Celjska koča, im Dorf Pečovnik (1 km vor Svetina); sehr schöne Lage, angenehmes Ambiente und gutes Restaurant mit schönem Ausblick. Das Gebäude gewann 2005 nach Renovierung einen Architekturpreis. Neben sehr gutem Restaurant gibt es einen Pilzlehrpfad und Zipline. 17 gemütliche Zimmer, DZ/F 80 €. Pečovnik 31, ✆ 05/9070-400, www.celjska-koca.si. ««

Laško: Der Kurort ca. 10 km südlich von Celje ist heute durch die seit 1825 bestehende Bierbrauerei bekannt (vor allem das grüne Pils mit dem Zlatorog = Steinbock) – es gibt auch Führungen und als Highlight das Blumen- und Bierfestival (s. u.). Chronisten zufolge waren die Heilquellen von Laško (früher Tüffer) seit 1543 bekannt, aufgrund von Ausgrabungen vermutet man, dass sich schon die Römer hier verwöhnen ließen. Seit 1852 werden die Thermen genutzt – auch hier brachte die Lage an der Eisenbahnlinie Wien – Triest die k & k-Kurgäste. Ab ca. 1954 wurden die Thermen mehr für medizinische Zwecke und für Rehabilitation genutzt. Seit Jahren forciert man erfolgreich den Wellnesstourismus.

Hoch über dem Savinja-Tal steht die schön restaurierte *Burg Tabor* (erstmals 1147 erwähnt), die seit dem 18. Jh. verfallen war. Später nahmen sich die Bierbrauer von Laško der Burg an, restaurierten das Äußere im mittelalterlichen Stil und statteten sie innen modern und komfortabel mit Restaurant aus.

Zu besichtigen gibt es im Zentrum das *Stadtmuseum* im ehemaligen Getreidespeicher (Di–Sa 9–17 Uhr). Die hügelige Umgebung kann man zu Fuß oder mit dem Mountainbike erkunden, z. B. hoch zur Kirche *Sv. Mihael* auf dem Berg Šmihel (442 m) in ca. 30 Min.; oder ins Rečica-Tal mit *Kohlenmuseum* in Huda Jama und etwas weiter zur *Kirche der Seligen A. M. Slomšek* (Cerkev Blaženega A. M. Slomška), die ein Assistent des Architekten Plečnik erbaute. Schön ist auch eine Tour zum 787 m hohen Berg Šmohor. Rund 1 km südlich von Laško thront die sehenswerte *Wallfahrtskirche Marija Gradec* auf einem Hügel; sie wurde 1503 erbaut und 1526 im Innern mit Fresken verziert. Kunstliebhaber zieht es vielleicht noch zur *Kartause Jurklošter*, erstmals 1170 erwähnt, mit gotischen Elementen und einem Gruftsockel, angeblich von Veronika Deseniška (Mai–Okt. So/Feiertage 14–17 Uhr).

Laško – bekannte Bier- und Thermenstadt an der Savinja

Ostslowenien →Karte S. 334/335

Information Touristinformation TIC, 3270 Laško, Valvasorjev trg 1, ✆ 03/7338-950, www.lasko.info. Mo–Fr 8–18, Sa 9–14 Uhr. Gute Infos, Unterkünfte, Souvenirs, Wander- und Fahrradkarten, Fahrradverleih.

Verbindungen Zug: beste Verbindungen, da an der Hauptlinie Celje–Laško–Zidani most (stündl. mit Celje). Info bei TIC.

Einkaufen Laško-Brauerei, eine Führung (Fr 14.30 Uhr, 6,50 €) mit anschließender Bierprobe kann über TIC gebucht werden.

Šolar – Bienenzucht, Strmca 81a, ✆ 040/937-765 (mobil). Hier gibt es Bienenprodukte von Wachs, Honig, Propolis, Kerzen bis hin zu Süßem. Vorab anrufen.

Gesundheit Thermana Laško, direkt am Fluss – zählt zu Sloweniens besten Thermen. Es gibt den alten, modernisierten Thermal- und Hotelbereich *Zdravilišče Laško*; geboten werden ein großes Gesundheits- und Beautycenter, großzügiger Saunabereich mit Blockhütten im Freien, Diana- und Apollo-Bäder; Fitness- und Massagebereich – modern und sehr gepflegt. Hinzu kam 2008 der nördlich gelegene Hotel- & Wellnesspark Laško mit großem Ayurveda-Zentrum und komfortablen Hotels. Zdraviliska 6, ✆ 03/4232-100, www.thermana.si.

Sport Die Umgebung von Laško lädt zu Wanderungen und Mountainbiketouren auf markierten Pfaden ein (Kartenmaterial bei TIC), u. a. zum Aussichtsberg Hum, ca. 2 Std. ab Burg Tabor; Aškerc-Trail (10,5 km, ca. 3,5 Std.) vorbei am Poeten-Haus (→ Rimski Toplice).

Veranstaltungen Bier- und Blumenfestival, Mitte Juli, Do–So; www.pivo-cvetje.si. Es ist das größte Spektakel in Slowenien, u. a. mit vielen Top-Bands, Kulinarik, Blumenparaden, Feuerwerk.

Übernachten/Essen Hotels Therme Laško, Zdraviliska 6, ✆ 03/4232-100, www.thermana.si. Für beide Hotels gibt es Wellness-, Beauty- und Gesundheitspakete:

★★★★ Hotel Zdravilišče Laško, im renovierten Trakt des modernen Kurzentrums. Komfortable DZ/F ab 160 €.

》》 Mein Tipp: **★★★★ Hotel & Wellnesspark Laško superior**, moderne und sehr ansprechende Architektur und Innenausstattung; die großzügigen Glasfronten gewähren fast von jedem Bereich den Blick auf den Fluss. Große Innen- und Außenpools, Fitness-, Beauty- und Massageräume (vor allem Ayurveda- und Thaimassagen). Komfort und Gemütlichkeit herrschen in den Zimmern mit Balkon; reichhaltiges, äußerst leckeres Buffet (beste HP sowie Ayurveda-ernährung), ruhige Atmosphäre und kaum Freizeitparkcharakter. DZ/F ab 210 € (auch hier preiswerte Pauschalen). 《《

Wohnwagenstellplatz Therme Laško, bei den Hotels auf dem großen Parkplatz. Strom- und Wasseranschluss 4 €, Wagen 10 €, 18 € (inkl. Badekarte).

★★★★ Vila Monet, modern in Mokka- und Brombeerfarben eingerichtetes Landhaus,

direkt an der Savinja am nördlichen Ende des Altstadtkerns; lauschig, hübsch und zum Wohlfühlen. Es gibt auch ein nettes Café mit Terrasse (Mo–Do 8–22 Uhr). 6 komfortable DZ/F ca. 70 €. Savinjsko nabrežje 4, ☏ 041/435-902 (mobil), www.vilamonet.si.

»» Mein Tipp: Restaurant Pavus – Grad Tabor, auf der schönen Burgterrasse mit Blick ins Tal kann man gute Slow-Food-Küche mit erlesenen Weinen genießen oder sich nach einem Spaziergang beim Tässchen Kaffee und einem Törtchen erfrischen. Die Burgterrasse ist vor allem im Sommer beliebt für Konzerte und Trauungen. In der Vinothek lagern gute Weine. Tägl. 12–22, So nur bis 19 Uhr. Cesta na Svetino 23, ☏ 03/6200-723. ««

Guesthouse Savinje, im Zentrum im TIC-Gebäude. 9 hübsche, gemütliche Zimmer, WiFi, Fahrradvermietung. DZ/F 60 €. Valvasorjev trg 1, ☏ 03/7338-950. Buchung über TIC.

Übernachten/Essen außerhalb *** Gostilna-Pension Čater, ca. 2 km südöstlich. Sehr schöner Landgasthof mit großer Terrasse und Garten und sehr guter slowenischer Küche; auch Zimmervermietung.

Celje und Umgebung

2,5 km

Kirche Sv. Mihael bei Laško auf dem Berg Šmihel

Tägl. ab 8 Uhr. Marija Gradec 34, ☎ 03/7340-680, www.gostisce-cater.si.

🌿 °°° **Touristfarm Pirc**, 0,5 km südöstlich von Laško. Schöner, 2009 eröffneter Bio-bauernhof in Alleinlage, bestens für Fami-lienurlaub, mit Kinderspielplatz. Wer mag, kann auch im Heustadl (und im Heu!) näch-tigen. 2-Pers.-Appartement 50 €. Lahomšek 1, ☎ 03/5731-455, www.kmetijapirc.si. ■

Koča Šmohor, in der Berghütte auf 781 m gibt's deftige Hausmannskost. Ca. 1,5 Std. läuft man von Laško auf markiertem Weg hier hoch. Mo Ruhetag. Šmohor 9, ☎ 03/5733-270, ☎ 040/326-418 (mobil).

Rimski Toplice: 10 km von Laško Sava abwärts liegt ganz idyllisch in Alleinlage am Hügel das Römerbad. Schon vor über 2000 Jahren legten die Römer Becken an, um die Heilkräfte des Wassers zu nutzen. 1486 wurden diese Quellen erwähnt, aber erst 1848 zum Heilbad ausgebaut. Durch die Bahnlinie Wien – Triest kamen viele gekrönte Häupter und Persönlichkeiten aus dem k & k-Reich auch hierher zum Ku-ren, nach dem Zweiten Weltkrieg durften sich hier Armeeangehörige sanieren. Bis kurz vor der Jahrtausendwende, als sich Investoren fanden, ging es bergab mit dem einst hübschen Prachtbau. Nun erblüht das Schmuckstück in neuem Glanz, wurde durch zwei Neubauten stilsicher erweitert und erhielt den Namen *Sofijin Dvor*. Wertvoll ist auch der umgebende Park – über 400-jährige Exoten wie Zedern, Zy-pressen und vor allem viele Mammutbäume überlebten alle Gäste. In der Nähe wurde der bekannte slowenische Dichter und Priester Anton Aškerc geboren (*1865, + 1912 in Ljubljana) – ein schöner Wanderweg führt hier vorbei (→ Laško).

Wellness/Übernachten Rimske terme, Toplice 10, ☎ 03/5742-000, www.rimske-terme.si.

°°° **Touristfarm Nemec**, in Alleinlage auf 420 m und 8 ha im Weiler Sedraž. Herrlicher Blick, umgeben von Wiesen. Gute hausge-machte Gerichte, nette Zimmer. Sedraž 3, ☎ 03/5736-549.

»» Mein Tipp: **** Rimske Terme – Well-ness Resort, im ehemaligen Schloss Sofijin dvor und besteht aus drei miteinander ver-bunden Komplexen (Sofijin dvor, Rimski dvor, Zdraviliški dvor) – alle mit edlen Mate-rialien und bester Ausstattung versehen. Das Restaurant bietet Gourmetküche. Sehr an-sprechende Zimmer und Appartements (auch mit eigener Sauna). In den Gebäudekomplexen Wellness- und Beautycenter mit Bädern, 2 hauseigene überdachte Quellen und Saunen. Von den Zimmern bietet sich ein herrlicher Blick ins Savinja-Tal. DZ/F 160–190 €. **«**

Einkaufen **Farm Aškerc,** in diesem 500 Jahre alten Haus verbrachte der Poet Anton Aškerc (s. o.) seine Jugend. Nun kann man hier u. a. Schafskäse kaufen. Senožete 2 (Straße zur Therme 1 km weiter bergan), 3272 Rimske Toplice.

Unteres Sava-Tal – zwischen Zidani most und Brežice

Die 940 km lange Sava (dt. Save) entspringt als *Dolinka-Sava* in den Julischen Alpen und durchquert auf ihrem Weg ins Donaudelta ganz Slowenien. In Moste (kurz nach Jesenice) wird sie vom höchsten Staudamm Sloweniens gestaut und bekommt bei Radovljica durch die *Sava-Bohinjka* Verstärkung. Gemeinsam fließen sie in Richtung Ljubljana, kurz davor Richtung Osten. Nochmals Unterstützung erhält die Sava bei Zidani most von der *Savinja*, ehe sie nun ihren Weg gen Südosten bis Kroatien fortsetzt, Begleitung findet sie auch immer von Hauptverkehrsstraßen und Bahngleisen. In Kroatien fließt sie Richtung Zagreb, um schließlich bei Belgrad (Serbien) in die Donau zu münden. Der Fluss war seit Anbeginn wichtiger Lebensraum vieler Kulturen, Funde belegen Besiedlungen seit dem Neolithikum.

Viele Orte in der Region *Posavje*, an der Unteren Sava, wirken auf den ersten Blick teils wenig einladend, beherbergen jedoch bestens restaurierte Burgen und hübsche, sanierte Altstadtkerne – wer auf der Durchreise ist, kann hier einige Entdeckungen machen und abends den guten Cviček kosten (wir sind um Krško bereits wieder in der Region Dolenjska). Wer in Richtung Kozjansko-Naturpark und Rogaška Slatina möchte (→ Rogaška Slatina/Umgebung).

Wer nach Ljubljana oder ins Krka-Tal (Krka-Tal → S. 319) möchte, kann auch die Route über die N 108/416 wählen und bei Šmartno pri Litija(ca. 40 km) die Burg Bogenšperk besichtigen (→ S. 315).

Der Sava in ihrem engen Tal südwärts folgend, wird in rund 16 km **Sevnica** an der Flussostseite erreicht, oberhalb ragt die hübsche viertürmige Burg empor, umgeben von Weinbergen, wo der „Blaufränkische" (Modra frankinja) gedeiht. Fährt man weiter gen Osten, kann man im bis zu 1000 m hohen *Bohor-Gebirge* wandern, u. a. zu einem der vier schönen Wasserfälle. Die *Burg Sevnica* wurde 1309 erstmals erwähnt, eine Vorgängerin stand bereits Anfang des 12. Jh. Im 16. Jh. wurde auch der Lutherische Keller mit Schießscharten und Turm erbaut und mit Fresken verziert; hier hielt sich immer wieder Jurij Dalmatin (1547–1589) auf, der in jener Zeit die Bibel ins Slowenische übersetzte. Der damalige Besitzer Janez Khisel war ein Anhänger der Luther-Thesen. Das Burginnere zeigt sich heute im Stil des Barock und der Renaissance. Auf einer Führung kann man die vielen Säle besichtigen, darunter ein Klassenzimmer vom Ende des 19. Jh., Galerieräume, das Lapidarium, den Luther- und einen Weinkeller. Ein Film über den Archäologischen Park (s. u.) wird gezeigt und es bieten sich schöne Ausblicke. Viele Hochzeiter geben sich hier ihr Ja-Wort. Die Burg wird durch Konzerte (Jazz bis Klassik) und Events (Wein-, Champagner-, Bier- und Ritterfeste) bestens genutzt, es gibt ein Puppentheater, eine ansprechende Café-Bar (Café, Wein, Kuchen, Desserts) mit schöner Außenterrasse, eine Vinothek mit Weinverkostungen, Konferenzräume und nebenan die Burgkapelle und Villa Sevnica. Ein schöner Spaziergang führt durch den gepflegten Park mit Steinskulpturen.

Ostslowenien → Karte S. 334/335

Grad Sevnica, Cesta na grad 17, 8290 Sevnica, ☎ 07/8161-070, 051/680-289 (mobil für Reservierungen), www.grad-sevnica.com. April–Okt. 15–18, Sa/So u. Feiertag 13–18 Uhr;

Nov./Dez. u. März 15–18, Sa/So u. Feiertag nur 12–15 Uhr. Eintritt 6 €, Kinder bis 14 J. 3 €. **Café**: Mo–Do 12–22 (ab Okt. ab 17 Uhr), Fr 12–24, Sa ab 10, So 9–22 Uhr.

Ajdovski Gradec (www.ajdovski-gradec.com): Der archäologische Park ca. 8 km nördwestlich von Sevnica in Vranje ist eine bedeutsame Ausgrabungsstätte, die von frühchristlichen Zentren und spätantiker Bergbesiedlung zeugt. Ein Videofilm informiert in der Burg Sevnica.

Information   Kultur- & Tourismus – **KŠTM**, 8290 Sevnica, Glavni trg 19, ☎ 07/8161-070, www.kstm.si. Mo–Fr 8–15 Uhr. Infos zur Region und zu den zahlreichen Winzern.

Essen & Trinken   Gostilna Vrtovšek, in der Altstadt liegt das Traditionshaus, bekannt für seine hausgemachte Salami und den leckeren Cviček; hier werden die Gulasch- und Salami-Wettbewerbe (im März, auch mit intern. Anbietern) abgehalten. Es gibt auch Fischgerichte und Süßes wie Krapfen. Schönes Sitzen auch unter den mächtigen Bäumen im Freien. Tägl. 7–22 Uhr. Cesta na Grad 24, ☎ 07/814-0671.

Nach weiteren 17 km ab Sevnica erreichen wir das Örtchen **Brestanica**, wo oberhalb der Sava an einem Felshang mächtig eine der ältesten Burgen Sloweniens, die **Rajhenburg**, thront. 895 wird sie als *Reichenburg* erstmals erwähnt. Als östliche Grenzbastion gegen die Türken ließ sie der Salzburger Bischof Konrad im 12. Jh. neu errichten. 1515 stürmten rebellische Bauern die Burg, die dafür grausam bestraft wurden – Matija Gubec, ihr Anführer, schmachtete jahrelang im Verlies der Burg Mokrice (→ Burg Mokrice). In der renovierten Rajhenburg residieren heute ein schön gestaltetes *Regionalmuseum*, ein Restaurant und Café und es finden etliche Konzerte statt (→ Brežice/Veranstaltungen).

Grad Rajhenburg, 8280 Brestanica, Ul. 1, ☎ 07/6204-216. April–Sept. Di–Sa 10–18, So 13–18 Uhr; Okt.–März Di–Fr 10–16, Sa bis 17, So 13–17 Uhr. Eintritt 4 €, Kinder 3 €, Familie 8 €. Restaurant-Café tägl. außer Mo 10–22, So nur bis 17 Uhr.

Krško: Nur 3 km südlich folgt das größere, von Industrie geprägte Bezirksstädtchen (7000 Einwohner, mit Umgebung ca. 27.000), einst Gurkfeld genannt, im nun breiten und fruchtbaren Sava-Tal. Es wachsen reichlich Obstbäume und Weinreben. Stadtrecht erhielt es 1477 von Kaiser Friedrich III. Heute ist Krško wegen der Papierfabrik und v. a. wegen seines Kernkraftwerks bedeutsam; es wurde in den 1970er-Jahren im ehemaligen Jugoslawien von Slowenien und Kroatien je zur Hälfte finanziert. Heute liefert das rentable, aber auch risikoreiche Kernreaktorwerk 40 % des slowenischen und 15 % des kroatischen Strombedarfs. Krško birgt einen netten restaurierten kleinen Stadtkern; kulturhistorisch kann man auch hier auf die Reformation zurückblicken, als die Prediger Adam Bohorič und Jurij Dalmatin (→Burg Sevnica) lebten und wirkten. Vom Leben in Krško und seiner Umgebung in früherer Zeit zeugen neolithische und römische Funde, u. a. von den Ausgrabungsstätten Dunaj, Libna, Nevidonum bei Drnovo, Brestanice etc., die in bedeutenden Museen gezeigt werden. Krško ist aber auch eine junge Stadt, u. a. durch die Studenten der Energiefakultät. Die Umgebung mit dem *Bohor-Gebirge* lädt zu Wanderungen und Mountainbiketouren ein.

Im hübschen Valvasor-Komplex von 1609, bestehend aus drei prachtvollen Stadthäusern, ist das *Stadtmuseum* untergebracht. Hier verlebte Johann Weichard Freiherr von *Valvasor* (1641–1693), ein berühmter Kulturgeograph und Historiker, seine letzten Lebensjahre. Ihm wird u. a. eine Abteilung in den modernen Räumlichkeiten gewidmet, aber auch der Stadtgeschichte. Im Komplex ist auch die TIC untergebracht.

Mestni muzej, Valvasorjevo Nabrežje 2–4, ☎ 07/4921-100, www.mestnimuzejkrsko.si. Di–Sa 10–18, So 14–18 Uhr.

Sehenswert ist auch die *Krško Galerie* in der Kirche Sv. Duh (Hl.-Geist-Kirche), erbaut um 1770. Hier werden wechselnde Ausstellungen moderner und zeitgenössischer Künstler gezeigt (geöffnet wie Stadtmuseum, www.galerijakrsko.si).

Die Karsthöhle *Ajdovska jama* liegt ca. 6 km westlich von Krško bei Nemškavas. Sie ist heute wegen ihrer seltenen Brutstätte der Fledermausgattung der Hufeisennasen (Rhinolophus hipposideros) von Bedeutung, zudem auch wegen der Funde, die eine Besiedlung im Neolithikum bezeugen. Sie steht unter dem Schutz „Natura 2000".

Information Touristeninformation TIC, 8270 Krško, Valvasorjevo Nabrežje 4, ✆ 07/4902-221, www.visitkrsko.com, www.turizemkrsko.si. Mo 10–16, Di–Sa 12–18, So 14–18 Uhr. Gute Infos und Karten.

Verbindungen Gute Verbindungen nach Nord und Süd: **Zug**, Kolodvorska 8, ✆ 07/2985-561; **Bus**, Kolodvorska 5, ✆ 07/4903-970, www.izletnik.si.

Übernachten/Essen *** City Hotel, wie ein Schiffsdampfer wirkt das 5-stöckige moderne 75-Zimmer-Gebäude. Gutes Restaurant mit Terrasse, Nightclub. Komfortable neue DZ/F ab ca. 80 €. Trg Matije Gubca 3, ✆ 07/4880-300, www.city-hotel.si.

Gostilna & Hotel Kunst, modernes Gebäude im Stadtsüden (ca. 2,5 km vom Zentrum), mit schöner Terrasse und gemütlichem Innern. Es gibt traditionelle, verfeinerte Gerichte, zum Nachtisch leckere Desserts und guten Service. Gut ausgestattete 13 Zimmer mit WiFi, DZ/F ab 80 €. 8273 Leskovec pri Krškem, Ul. mladinskih del. brigad 1, ✆ 07/4880-318, www.kunst.si.

Touristfarm & Etnoart Špiler, 10 km über die N 677 Richtung Nordosten. In dem kleinen Weiler ist neben Landwirtschaft auf 5 ha (Wein, Schweine, Obst, Gemüse) auch Kunst angesagt, v. a. Stühle in jeglicher Form und Farbe werden hier kreiert oder umgestaltet. Im urig-kreativen Innern oder vor dem Haus gemütliches Sitzen; hauseigene Produkte, u. a. deftige Suppen, Würste, Braten, Brot, süffige Weine und Kuchen; Musikabend. Ein paar Häuser weiter gibt es eine Galerie. Öffnungszeiten unklar. Kostanjek 18, 8272 Zdole, 041/788-222 (mobil), www.etnoart.spiler.si.

Wein Vinska Klet Krško, Rostoharjeva 88, ✆ 07/4882-500, www.kz-krsko.si. 3 km westlich der Stadt liegt das Weinschlösschen der Winzergenossenschaft Kmečka Zadruga mit dem riesigen Keller. V. a. der Cviček mit dem landesweit bekannten Label wird hier gekeltert, auch Rot- und Weiß- sowie Schaumweine. Mo–Fr 10–17, Sa 10–15 Uhr (Weinverkostung nach Anmeldung).

Brežice – der Wasserturm

Brežice: Das hübsche mittelalterliche Städtchen liegt wenige Kilometer vor der kroatischen Grenze am Zusammenfluss von Krka und Sava und lädt zum Bummeln und Verweilen ein. Ins Auge sticht der dächerüberragende, schlanke rosa Turm, kein Minarett, sondern ein *Wasserturm* von 1914, der die Trinkwasserversorgung der Stadt sicherte. Ein technisches Vorzeigeobjekt im k & k-Reich war die 1906 errichtete doppelbögige *Brücke* mit Eisenelementen im leicht-luftigen Jugendstil, die die Flüsse Sava und Krka kurz vor ihrem Zusammenfluss überspannt, heute nur noch für Fußgänger begehbar. Die weinreiche Gegend im Cviček-Land und Bizeljsko ist vor allem für Mountainbiker ein Genuss.

1354 erhielt Brežice Stadtrechte und wuchs zu einem wichtigen Handelsstützpunkt. Bedeutsamstes Bauwerk ist das Schloss *Grad Brežice* mit *Regionalmuseum* (Posavski Muzej Brežice). Die frühere, 1249 erstmals erwähnte Burg wurde im 16. Jh. von italienischen Baumeistern zu einem Schloss im Renaissancestil erweitert und befestigt, als die Bedrohung durch Türkenüberfälle und rebellische Bauern wuchs. Im 17. Jh. ließen die Grafen von Attems das Schloss im Barockstil glanzvoll ausschmücken und umgestalten. Aus dieser Zeit stammen der schöne, großzügige Treppenaufgang und der prachtvolle große Festsaal, der mit Landschaftsszenen und Gottheiten üppig ausgemalt ist. Der Saal, wahrscheinlich der größte und schönste Sloweniens, ist Anfang August Aufführungsort für eine Reihe klassischer Konzerte. Das Schlossmuseum beherbergt eine sehenswerte archäologische und ethnografische Sammlung mit Kunstgalerie; im Schlosskeller residiert die *Weinkellerei Grajska klet* (www.vino-brezice.si), jedoch nur für Gruppenbesuche nach Anmeldung.

Posavski Muzej Brežice, April–Okt. Di–Fr 10–18, Sa/So 14–18 Uhr (Juli/Aug. jeweils bis 20 Uhr); Nov.–März Di–Sa 8–16, So/Feiertag 13–16 Uhr. Eintritt 3 €, Stud./Kinder 2 €. ✆ 07/4660-517, www.posavski-muzej.si.

Das östliche Hinterland in Richtung **Bizeljsko** (→ Regionalpark Kozjansko/Bizeljsko, → S. 399) ist weinreich, hier gedeihen die Trauben für edle Sauvignon- und Schaumweine und auch der beliebte Edelzwicker Cviček (→ Novo mesto) wird hier angebaut und gern getrunken. In den zahlreichen Touristischen Bauernhöfen und Weingütern gibt es Übernachtungsmöglichkeiten, dazu wird der Gaumen verwöhnt.

Information　Touristeninformation TIC, 8250 Brežice, Cesta prvih borcev 22, ✆ 07/4966-995, www.discoverbrezice.com Mo–Fr 8–17, Sa 10–14 Uhr. Gute Infos, Zimmervermittlung, Karten, Souvenirs und Vinothek.

TIC Therme Čatez (→ Čatežke Toplice).

Verbindungen　Bus: Cesta svobode 11, ✆ 07/4994-170; gut für Maribor. **Zug**: Trg vstaje 3, ✆ 07/2984-204; sehr gute Direktverbindungen, ca. 15-mal mit Ljubljana (1:50 Std., ca. 8 €). **Flughafen**: der nächste Zagreb-Pleso (HR, www.zagreb-airport.hr), 40 km. **Taxi**: Fa. Boris, ✆ 041/790-842 (mobil).

Veranstaltungen　Moje mesto (Stadtfest), 3. Juniwoche Di–Sa; die Hauptstraße im Ort wird zur Gourmetmeile mit Kostproben, natürlich auch flüssiger Natur, aus den umliegenden Orten und Weinkellern; abends auf den Bühnen (auch im Museum) Musik – sollte man nicht versäumen.

Seviqc Brežice (www.seviqc-brezice.si), Ende Juni–Anf. Sept. 1-mal monatlich; bedeutendes Musikfestival der Klassischen Musik vom Mittelalter bis zur Romantik (auch mit historischer Kleidung); im Schloss Brežice, aber auch in Grad Mokrice, Kostanjevica und Rajhenburg.

Sport　Die nordöstlich gelegene Landschaft Bizeljsko (s. o.) eignet sich bestens zum **Mountainbiken**, Kartenmaterial bei TIC.

ŠRC Grič (Sport & Rekreationscenter), an der Krka (kurz nach Autobahnbrücke, südwestl. vom Zentrum kommend). Schönes Wiesengelände mit Kajak- u. Kanuverleih, Stand-up-Padel und Anglern. Zudem nette Tapas Bar (→ Essen).

First-Wake-Park, kleines Wasserski- u.Surfzentrum am Baggersee Boršt, ca. 3 km westlich von Brežice (beim Flughafen); auch nette Cafébar. Mai–Okt. Boršt 1, Cerklje ob Kriki, www.firstwakepark.

Übernachten/Essen　Viele gute Essens- und Übernachtungsmöglichkeiten finden sich außerhalb der Stadt.

*** Hotel-Restaurant Splavar, in der Altstadt mit gutem Restaurant, preiswertem Mittagstisch und großer Weinkarte. Gemütlich sitzt man im Wintergarten oder auf der Terrasse. Die hauseigene Konditorei verleitet zu vielen Kalorien. Hier ist auch das Rafter's Pub. 15 Zimmer, DZ/F 75 €. Tägl. ab 7, Sa/So 8 Uhr. Cesta prvih borcev 40a, ✆ 07/4990-630, www.splavar.si.

Tapas Bar Tocka (→ Sport/ŠRC Grič), im Bambushäuschen und auf der Wiese gibt's Kaffee, Cocktails, Tapas u. Musik. Mai–Mitte Sept. Mo–Fr 15–22, Sa/So ab 11 Uhr.

**** Pension Čateški Dvorec, südlich von Brežice in Richtung Mokrice. Moderne Zimmer und Appartements, Saunalandschaft, Vinothek und Restaurant. DZ/F 76 €, Superior 90 €. Ganzjährig. Dvorce 3, 8250 Brežice, ✆ 07/4994-870, www.cateski-dvorec.com.

°° **Touristfarm & Reiterhof Zevnik**, auf dem Bauernhof am Südrand der Stadt schläft man bestens, gutes Frühstück auf der großen Terrasse; zudem Reitpferde. Rimska cesta 22, ✆ 07/4962-946.

Hostel Brežice, an den Stadtpark angrenzend, modern und gut eingerichtet mit Küche, Fahrradverleih, Waschmaschine, WiFi und Bar. 2-Bett- bis 10-Bettzimmer, 18 €/ Pers. im DZ, Frühstück 3 €. Gubčeva 10a, ✆ 05/9083-790, www.mc-hostel.si.

Übernachten/Essen außerhalb »» Mein Tipp: °°° Touristischer Bauernhof pri Martinovih, ca. 7 km südlich von Brežice bei Sobenja vas. Fast sämtliche Erzeugnisse (Fleisch, Gemüse, Obst) kommen vom eigenen Hof, leckere Gerichte, aus dem Ofen frisches Brot; auch hauseigener Wein, Schnaps und Saft. Es gibt nette Zimmer (HP 38 €/Pers.), Pferde und Schafe. Globočice 8, 8262 Krška vas, ✆ 07/4961-057, www.martinovi.com. **«**

Čatežke Toplice: wenige Kilometer südlich von Brežice. Die Thermalquellen entdeckte man 1797, die Grafen Attems legten 1924 den Grundstein und bauten neben den Quellen das erste Kurhotel. Heute ist die Therme Čatež mit 11 Quellen das größte Thermalzentrum und zweitgrößte Touristenzentrum Sloweniens – zudem führend in der Rehabilitation des Bewegungsapparates und der Heilung von rheumatischen und neurologischen Beschwerden. Auch eine gigantische Badelandschaft sowie Wellness- und Beautycenter stehen zur Verfügung. Speziell für Familien ist vor allem der große prämierte Campingbereich – es gibt rund um den See Piratendörfer und -buchten und dazu viel Animation. Wer baden oder sporteln möchte, ist hier gut aufgehoben. An Unterkünften wartet ein breites Spektrum: von Hotels, Appartements, Campingplatz über Tipis bis hin zu schwimmenden Bungalows in der Piratenbucht. Glücksspieler gehen ins hauseigene Casino.

Information Therme Čatež, Topliška cesta 35, 8251 Čatež ob Savi, ✆ 07/4935-000, 4936-700, www.terme-catez.si.

TIC-Infocenter in der Therme, gute Infos für die gesamte Umgebung. ✆ 07/6207-035, www.discoverbrezice.com. Tägl. Juni– Sept. 8–12/18–22 Uhr, danach 9–17 Uhr.

Gesundheit/Wellness Es gibt 11 Quellen mit einer Ausgangstemperatur von 42–63 C auf einer Thermalwasserfläche von insg. 12.000 qm (Sommerthermalriviera mit 9 Freiluftschwimmbecken, Wasserfällen, Flussläufen, Pirateninsel, Wasserrutschen und mit Glaskuppeln überdachte Winterthermalriviera mit Wellenbad etc.); großes Wellness- und Beautycenter, Fitness- und Sportcenter (Tennis, Squash etc.) und natürlich Fahrradverleih, Rudern etc.

Übernachten/Essen Um die Thermen verschiedene Hotels (ganzjährig geöffnet) – es gibt preiswerte Wochenend- und Wellnesspakete, auch Werktagsrabatte (ver-

wöhnte Gaumen sollten keine HP buchen). Preise sind Normaltarife inkl. Bäderkarte, u. a.: **** **Hotel Terme**, bestausgestattetes Hotel. DZ/F 210 € (TS 226 €) mit Balkon.

Nett sind die *** **Appartements Čatež** mit verschiedenen Ausstattungen und Größen (bis zu 5 Pers.); ab 105 € (TS 143 €) für bis 3 Pers.

Camping **** **Camping Čatež**, sehr schön gemacht, vor allem für Familien empfehlenswert. Mit allen Annehmlichkeiten ausgestattet. Ganzjährig 18,70 € (TS 21,70 €)/ Pers., am See 20,70 € (TS 24,70 €), Thermenbenutzung inkl.

Indianerdorf, sehr einladend; im Tipi (mit 4 Betten, Tisch etc.) kostet die Nacht 70 € (TS 90 €). Nur April–Okt.

Piratenbucht, hübsche, auf einem See schwimmende Bungalows (4–5 Pers.) mit Terrasse, alles aus Naturmaterialien erbaut. 98 €/Tag (TS 135 €). Nur April–Okt.

Burg Mokrice: kurz vor der kroatischen Grenze. Umgeben von einer 70 Hektar großen, 200 Jahre alten Parkanlage mit Teichen und Wiesen und stattlichen Bäumen steht sie auf einem Hügel. Ihre Entstehungszeit ist unklar, ein inzwischen entferntes Torwappen der Adeligen von Gregorijanec von 1562 ist der einzige historische Anhaltspunkt. Wie viele andere wurde die Uskokenfamilie von den Habsburgern 1617 hier angesiedelt, um die Grenzen zu schützen. Burg Mokrice ist heute ein exklusives Schlosshotel mit Golfplatz und Café, Reitstall, stilvollem Restaurant, Weinkeller und Hochzeitssaal; zudem werden Kulturveranstaltungen und monatliche Golfturniere (April bis Oktober) abgehalten.

Golf　Golf Mokrice, herrliche, hügelige, 70 ha große 18-Loch-Anlage vom Architekten Donald Harradine. Für Anfänger (mit Golfschule) und Anspruchsvolle (PAR 4, zählt zu den schwierigsten in Südosteuropa). Info über Therme Čatež.

Veranstaltungen　(→ Brežice, Seviqc Brežice).

Übernachten ≫ Mein Tipp: **** Golfhotel Grad Mokrice, stilvolle und gemütliche Zimmer im Schloss, DZ/F 202 €. In der schönen Annexe-Dependance im Park kosten die DZ/F 188 €. Preiswert sind die *** Golf-Suiten im Klubhaus, 80 € (bis zu 4 Pers.), Frühstück 12 €/Pers. Hotelgäste erhalten Gratis-Badekarte (→ Therme Čatež), auf dem Golfplatz 50 % Rabatt. April–Okt. 8261 Jesenice na Dolenjskem, Rajec 4, ✆ 07/4574-240, www.terme-catez.si. ≪

Rogaška Slatina

Sloweniens ältester und größter Kurort und die Heimat des Donat-Mineralwassers braucht um ausländische Gäste nicht groß zu werben. Kein Wunder, denn das Angebot an medizinischen Anwendungen, Wellness- und Beautyprogrammen ist enorm. Zudem ist die Umgebung schön – Hügel und Berge, meist mit einer Kirchturmspitze obenauf, dazwischen verstreut ein paar Dörfer – einfach herrlich zum Ausspannen, Wandern und Fahrradfahren.

Rogaška Slatinas klassizistische, von Parks umgebene Gebäude verströmen Stil und Tradition. Bekanntheit erlangte die Stadt im ehemaligen Jugoslawien auch mit ihrer großen Fabrik für Kristallglas. Heute gibt es immer noch zahlreiche Handwerksbetriebe – Touristen können Kurse in Glasbemalung belegen oder die Glasfabrik besichtigen und dort natürlich einkaufen. Der *Kakteenpavillon* zeigt eine Sammlung von 5000 stacheligen Exemplaren. Informativ ist der *Anin Dvor* (Cvetlični hrib 1, Di–So 9–17 Uhr), hier erfährt man alles über den alten Kurort. Attraktiv sind Ausflüge in die hügelige, mit Kirchen und Klöstern bestückte Landschaft von Boč und Kozjansko-Naturpark.

Dass die Heilquellen der Stadt schon in der Antike genutzt wurden, ist zu vermuten, aber nicht zweifelsfrei nachgewiesen. Spätestens im 16. Jh. aber werden die Mineralquellen von Rogaška Slatina von alchimistischen Wissenschaftlern und in Werken von

Donat Mg– nichts für schwache Herzen

Das aus 280 bis 600 m Tiefe strömende Heilwasser hat wegen seines ungewöhnlichen Magnesiumgehalts Weltruf: In einem Liter Donat-Heilwasser sind über 1000 mg Magnesium enthalten – fast das Dreifache des menschlichen Tagesbedarfs von 350 bis 400 mg. Zudem sind in einem Liter etwa 13 g feste Mineralstoffe gelöst. Das Donat-Wasser wird für Trinkkuren, aber auch in Kombination mit anderen Therapien angewandt, z. B. bei Erkrankungen von Lunge, Leber, Gallenblase, Bauchspeicheldrüse, Nerven und Magen. Wer allerdings an Herzschwäche oder einer Nierenerkrankung leidet, sollte das mineralstoffreiche Wasser meiden.

Thurneyesser (1572), Tabernaemotanus (1584) und Paracelsus (1493–1541) erwähnt. Einen ausgezeichneten Ruf hatte der Kurort unter dem kroatischen Herrscher Peter Zrinjski, der um 1665 an den Thermalquellen seine Gesundheit wieder erlangte. Auch der Wiener Hofarzt Sorbait Wort probierte das heilende Wasser und ließ es sich in Haus liefern – Anfang des 18. Jh. gingen bereits 20.000 Flaschen in den Export.

Über die Heilkraft des Rogaška-Slatina-Wassers wurde seit dem 17. Jh. viel Literatur veröffentlicht, so erstmals vom Marburger Physiker Johann Benedict Grundel (1685). Unter Graf Attems entstand 1803 ein modernes Kurzentrum. 1804 trat der erste Kurarzt seinen Dienst an. Es entstanden Hotels wie das „Styria" oder das „Strossmayer Heim", Parks und Alleen wurden angelegt, auch der alte Pavillon stammt aus dieser Zeit. Die Gäste strömten, und seit dem Bau der Südeisenbahn 1857 strömten sie noch zahlreicher – nicht nur aus dem Gebiet der Habsburger

Rogaška Slatina – herrschaftliche Prachtbauten aus k. u. k.-Zeiten

Monarchie, auch aus den USA und Arabien. Bald war auch der Hochadel derer von Thurn und Taxis, Fürstenberg und Liechtenstein nicht mehr unter sich, auch unadelige Prominenz fand sich in Rogaška Slatina ein – angemessen unterhalten von den besten Musikern der Zeit, wie z. B. Franz Liszt. 1908, als die Quellen zu versiegen drohten, bohrte man tiefer und stieß auf neue Vorkommen. Doch das neue Mineralwasser schmeckte anders – es war stärker mineralisiert als das aus den „Tempel"- und „Styria"-Quellen und erhielt deshalb den neuen Namen „Donat". Das Donat-Heilwasser wird bis heute zur Therapie von zahlreichen Leiden eingesetzt.

(Basis-Infos

Information Touristinformation TIC, 3250 Rogaška Slatina, Zdraviliški trg 1 (im Kurzentrum), ✆ 03/5814-414, www.rogaska-tourism.com. Mo–Fr 9–16 Uhr (Juli/Aug. 8–19 Uhr), Sa 8–12 Uhr (8–17 Uhr). Zimmer, Karten und WiFi-Zone.

Verbindungen Bus: Kidričeva ul. 1, ✆ 03/8181-700; halbstündl. nach Celje. Zug: mehrmals tägl. nach Celje, internationale Anbindung über Maribor und Rogatec; Auskunft ✆ 03/8191-350.

Einkaufen Glasfabrik (Steklarna Rogaška): Ul. talcev (stadtauswärts Richtung Rogatec), www.steklarna-rogaska.si. Geöffnet an Werktagen. Verkauft wird wertvolles Kristallglas in allen Formen und für jeden Verwendungszweck.

Gesundheit Die vielen Wellness- und Beautycenter werben um die Gunst der Gäste, daher immer ein sehr gutes Angebot. U. a.

Therapiezentrum Rogaška, Zdraviliški trg 9, ✆ 03/8117-000, 8117-015, www.rogaska-medical.com. Entspannung, Schönheit, verschie-denste Massagen; Magnetfeld-, Aroma-, Stein-, Hypobarische Therapie; Trinkkuren. Die Anwendungszeit ist variabel, von eintägig bis wochenweise.

Wellnesszentrum Vis Vita, im schönen alten Hauptpalast (mit den Grand Hotels Rogaška, Styria und Strossmayer verbunden). Mehrtägige Programme wie Anti-Cellulite, Antistress, Verwöhnung für Sie und Ihn. Vielzahl wohltuender Anwendungen mit verschiedenen Heilkräutern und Ölen. Hallenbad, Fitness und Sauna. ✆ 03/8112-470.

Grand Hotel Donat superior, eigenes gro-ßes Beauty- und Wellnessangebot, zudem v. a. Thai- und indische Massagen. Zdraviliški trg 10, ✆ 03/8113-000.

Terme Rogaška, Hallen-Freibäder mit 30–36 °C Wassertemperatur; Tageskarte 9 €. Celjska cesta 5, ✆ 03/818-195.

Sport Es gibt Tennisplätze mit -schule, Fitnesscenter, Verleih von Fahrrädern in allen Hotels. Paragliden bei Pension Greben in Olimje, ✆ 03/5829-046. Auskünfte über Hotels oder TIC.

(Übernachten/Essen & Trinken

Übernachten   Privatzimmer/Appartements, über TIC ab 40 €; sehr schön nächtigt man auch in den umliegenden Dörfern bei Weinbauern (→ Umgebung).

Das Angebot an **Hotels** ist groß, fast alle verfügen über eigene Wellnessbereiche; angeboten werden auch preiswerte Gesundheits- und Wellnesspakete.

Übernachten im Thermenkomplex
>>> Mein Tipp: **** Grand Hotel Rogaška, nächtigen mit Flair im Prachtbau am Park mit Kristallsaal und Grand Café Rogaska. Hier logierten schon Kaiser Ferdinand, Franz Liszt u. a. Modernisierte, mit Stilmöbeln ausgestattete Zimmer und Apparte-ments und eigener Wellnessbereich Vis Vita. DZ/F ab 120 €. Zdraviliški trg 11, ✆ 03/8112-000, www.rogaska-resort.com. ≪

Zum Haupthaus Grand Hotel (mit diesem verbunden) gehören die südlich gelegenen Traditionshäuser aus der k. u. k.-Zeit **Hotel Styria** und **Hotel Strossmayer** (alle ****) mit stilvollem Innern und etwas preiswerter. Adresse (s. o.)

**** **Hotel Slovenija**, hübsches Gebäude im vorderen Bereich mit nur rund 60 Zimmern. 2013 erbautes Hallenbad mit Thermomineralwasser und schönem Spa-Center. DZ/F 106 €. Celjska cesta 1, ✆ 03/8115-000, www.hotel-slovenija.net.

Damals kurte hier die feine Gesellschaft – Rogaška Slatina um 1850

**** Grand Hotel Donat superior, ein Neubau nördlich des Grand Hotel Rogaška und mit diesem verbunden. Komplett neu gestaltete Zimmer, auch viele schöne EZ und Anti-Aging-Zimmer, auch am Wellness- und Beautycenter; Fitnesscenter, Tennisplätze, sehr gutes Restaurant, Bar, Casino. Komfortable DZ/F ab 156 € (TS 162 €). Zdraviliški trg 10, ✆ 03/8113-000, www.ghdonat.com.

**** Grand Hotel Sava superior, neu gestaltet mit komfortablen Zimmer und Appartements, Wellness- und Beautybereich. DZ/F mit Balkon ab 190 €. Zudem das preiswertere ****** Hotel Zagreb**, DZ/F ab 140 €. Zdraviliški trg 6, ✆ 03/8114-000, www.rogaska.si.

**** Hotel Slatina Superior, neben der Therme in einem stilvollen 62-Zimmer-Haus mit Hallenbad. Hier gibt es nette Zimmer mit verschiedensten Ausstattungen. DZ/F 114 € (ab 3 Tagen). Celjska cesta 6, ✆ 03/8184-100, www.hotelslatina.com.

Übernachten außerhalb ⟫⟫ Mein Tipp: **Touristischer Bauernhof Marjanca**, ca. 5 km nördlich von Rogaška Slatina, schön gelegen auf einer Anhöhe; leckere Produkte vom Hof und Weinberg, Fahrradverleih, Kinderspielplatz. Wer mag, kann sich am Hof auch körperlich betätigen. Es gibt Appartements (55 €) und Zimmer (27 €/Pers./F); auch gute HP. Sauna und Whirlpool. Fam. Černogoj, Sp. Kostrivnica 5, ✆ 03/5814-264, www.tk-marjanca.net. ⟪⟪

Camping Nächstgelegener Platz ist 20 km entfernt beim Kurort Terme Olimia (→ Olimje).

Essen & Trinken **Restaurant Sonce**, nach der Therme, mit Terrasse, im 1850 erbauten stilvollen Haus. Gute Fischgerichte. Celjska cesta, ✆ 03/819-2160.

Restaurant Bohor, im Zentrum, südlich der Post, ebenfalls in einem stilvollen, um 1850 erbauten Haus. Slowenische Spezialitäten und Pizza. Kidričeva ul. 23, ✆ 03/5814-100.

Essen außerhalb ⟫⟫ Mein Tipp: **Gostišče Jurg**, 3 km südwestwärts in Richtung Kristan Vrh. Vorzügliche Saisonküche, auch leckere Desserts, Kuchen und gute Weine. All dies und das gemütliche Ambiente sucht man vergebens in der Stadt, d. h. die Anfahrt lohnt auf jeden Fall. Tägl. außer Mo 11–22/23, So bis 20 Uhr. Male Rodne 20, ✆ 03/5814-788. ⟪⟪

*** Ecovila Mila, 4,5 km südlich im Grünen; hübscher, 2016 eröffneter Neubau mit Terrasse und Garten, auf ökologischer Basis. 6 gemütliche Zimmer, den Jahreszeiten gewidmet und mit natürlichen Materialien komfortabel ausgestattet. DZ/F 80 €. Auch Stellplätze für Camper und Restaurant (Do–So 12–22 Uhr), WiFi. Kamence 19, ✆ 031/661-800, www.ecovila-mila.si. ∎

Bei Podčetrek im Ortsteil Olimje gibt es etliche sehr gute Gaststätten und Brauereien mit Übernachtungsmöglichkeit (→ Olimje).

Rogaška Slatina/Umgebung

Krajinski Park Boč (Landschaftspark Boč): Das unter Naturschutz stehende Gebirge erstreckt sich nördlich von Rogaška Slatina, mit dem knapp 1000 m hohen Berg *Boč*, der bei klarem Wetter einen weiten Rundblick garantiert. Den Reisenden erwarten neben alten Kirchen, dem *Partisanenkrankenhaus in Formile*, der *Glashütte in Jelovec* und einer seit 1857 sprudelnden königlichen *Mineralquelle bei Spodnja Kostrivnica* vor allem eine wunderschöne Pflanzenwelt mit u. a. Osterblumen, Christrosen, Krokussen und einer Vielfalt an Orchideen. Reich ist auch die Insekten- und Tierwelt: 82 Arten Schmetterlinge wurden bisher gezählt, zudem gibt es Wanderfalken, Gämsen und auch Wildschweine. Durch den Landschaftspark mit ausgewiesenen Waldreservaten führen Themenwege und Waldlehrpfade. Wer auf dem Fahrrad unterwegs ist, kann die markierten Rundwege benutzen. Infomaterial (www.boc. si) und Wanderkarten bei TIC.

Rogatec: kleiner Grenzort knapp 10 km östlich von Rogaška Slatina. Hübsch anzusehen ist das renovierte *Schloss Strmol*, das bereits 1436 unter den namensgebenden Grafen erwähnt wurde, im 16. Jh. erhielt es Wehrtürme, die Ende des 17. Jh. abgerissen, bzw. als Nebengebäude dienten – wem danach ist, der kann hier gleich heiraten eine kleine Kapelle gibt es ebenfalls. Es gibt ein Schlossrestaurant mit Vinothek, eine rekonstruierte Rauchküche (offener Küchenofen) und zum Feiern einen hübschen Saal. Grad Strmol, Trg 22, ℡ 03/8107-286, www.rogatec.si. April–Okt. 10–18 Uhr, danach Sa 10–16 Uhr, Mo Ruhetag. Eintritt 3 €, Kinder 2,30 €.

Historische Bauernhäuser und traditionelles Handwerk werden im *Freilichtmuseum* gezeigt, auch beim Brotbacken und Schmieden kann man zusehen. (Ptujska cesta 23, ℡ 03/8186-200; Öffnungszeiten wie Strmol).

Essen & Trinken   Gostilna Grunt, ca. 6.5 km nördlich von Rogatec im Weiler Sv. Florijan liegt mitten im Grünen dieses ansprechende Traditionsgasthaus mit Vinothek. Di–Sa 12–22, So 11–20 Uhr. ℡ 03/8107-078.

Blick auf den hügeligen Landschaftspark Boč

Šmarje pri Jelšah: Der Ort ca. 10 km westlich von Rogaška Slatina ist bekannt wegen der *Wallfahrtskirche des hl. Rochus* (Kalvarija s cerkvijo sv. Roka). Sie steht südlich des Orts auf dem Kalvarienberg und zählt zu Sloweniens bedeutendsten Barockdenkmälern. Der eindrucksvolle Wallfahrtsweg führt den Berg im Zickzack hinauf, gesäumt von 14 Kapellen mit Fresken und lebensgroßen Statuen, die den Leidensweg Christi darstellen (auch per Auto erreichbar). Im Ort gibt es nun auch ein *Barockmuseum* (Cesta na Sv. Rok 1).

Führungen: Mai–Okt. Sa/So u. Feiertag 10–13/ 15–18 Uhr, Schlüssel auch in der Pfarrei im Ort Šmarje pri Jelšah, Cesta na sv. Rok 2, ✆ 03/ 5821-132; oder bei TIC, ✆ 03/8101-264, anfragen.

Sladka gora: Nur 7 km nördlich von obiger Wallfahrtskirche steht oberhalb vom Ort das nächste beeindruckende barocke Pilgerziel am Weinhügel: die zweitürmige *Wallfahrtskirche Sladka gora* von 1754, der wundertätigen Muttergottes gewidmet; sie ist üppigst im Barock ausgestattet und birgt sehenswerte Fresken von Franc Jelovšek, die Muttergottes-Statue ziert den Hauptaltar. Die Wallfahrt findet hier jährlich am 13. August statt, am Vorabend die Pilgerprozession. (Für eine Besichtigung beim Pfarrdiener im Nebenhaus, bei der Pfarrei oder TIC Šmarje pri Jelšah anfragen, s. o.)

Šmarje pri Jelšah – eindrucksvoller Pilgerweg hinauf zur Sv. Roka

Regionalpark Kozjansko

Das Gebiet südlich von Rogaška Slatina gehört zum Regionalpark Kozjansko. Im Osten und Südosten ist der Park von der Sutla, dem Grenzfluss zu Kroatien, begrenzt, die bei Brežice in die Sava mündet. Die westliche Parkgrenze liegt etwa beim Wallfahrtsort Zagorje. Der 19.600 ha große Naturpark, seit 1981 Naturschutzgebiet, umfasst die Gemeinden **Bistrica ob Sotli, Kozje, Podčetrtek** sowie das Gebiet östlich von Brežice und Krško (→ Unteres Sava-Tal). Diese Landschaft ist von vielen Bächen und der Sutla, von Weinbergen und bewaldeten Hügeln durchzogen. Es gibt vorgeschichtliche Gräberfelder, spätantike Siedlungen, alte Bauernhöfe, Schlösser, Burgen, Klöster und jede Menge kleiner Kirchen zu besichtigen – obendrein etliche Mühlen und kleine Glashütten, u. a. in Kozje.

Die Fauna und Flora des Naturparks ist reich; es gibt seltene Orchideen und Lilien, Sumpfschildkröten, Silber- und Graureiher – und in den Baumhöhlen nisten die Zwergohr-Eulen. Die Weine von Virštanj (um Olimje) und Bizeljsko (bei Bistrica ob Sotli) zählen zu Sloweniens Spitzenweinen.

Die Gegend mit ihren kleinen Sträßchen und Wegen lässt sich vor allem mit dem Mountainbike bestens erkunden, aber auch für Wanderer gibt es schöne Touren.

Information Kozjanski park, Podsreda 45 (in der Burg, → S. 403), 3257 Podsreda, ℡ 03/8007-100, www.kozjanski-park.si. Mo–Fr 8–16 Uhr. Auskünfte und gutes Kartenmaterial.

Tourismusverband TIC Podčetrek (für die gesamte Region), Škofja gora 1, ℡ 03/8109-013, www.turizem-podcetrtek.si. April–Okt. Mo–Fr 8–15, Sa 8–12, So 9–12 Uhr; Nov.–März So geschl. Auskünfte und Kartenmaterial.

Wallfahrtskirche Sveta Ema: Dieses bedeutende Denkmal der barocken Sakralarchitektur aus dem Jahr 1717 steht 5 km nördlich von Podčetrtek auf dem gleichnamigen 345 m hohen Hügel (Straße gen Vidovica). Die Kirche besitzt hübsche Fresken und einen Hostienschrein, teils vom Barockbildhauer Straub um 1901 angefertigt. Sie steht an Stelle einer Vorgängerin aus dem 15. Jh. Auf einer Fahrradtour gut zu erkunden (für eine Besichtigung bei TIC nachfragen oder Pfarramt, ℡ 03/5823-217).

Sv.-Ema-Pilgerweg (Emin-Pot)

Dieser Weg ist ca. 120 km lang und beginnt nördlich von Trebnje (→ Trebnje) in Šentrupert und endet hier im Kozjansko-Park. Er verbindet alle Orte, die im Leben von der Hl. Hemma von Gurk (995–1045) eine Rolle spielten. Im Kozjansko-Naturpark sind dies insbesondere die Kirchen Sv. Ema (bei Podčetrtek und bei Kozje), Kloster Olimje Pilštanj und Burg Podsreda. Hemma von Gurk war eine Adelige, Kirchen- und Klostergründerin und Schutzpatronin von Kärnten. Sie wird für glückliche Geburten und bei Augenleiden um Schutz und Hilfe gebeten. Gerade in der Kozjansko-Region hat sich die Verehrung für Hemma durch all die Jahrhunderte gehalten.

Terme Olimia Podčetrtek: Südlich von Rogaška Slatina, umgeben von bewaldeten Hügeln, liegt unterhalb der *Burg Podčetrtek* (nicht zugänglich) der kleine, ruhige Kurort, mit fantasievoller Architektur erneuert und mit moderner Therme und verschiedenen Wellnesscentern – für die Kreativität und die bauliche Einbindung in die Natur erhielt das Wellnesshotel Sotelia den Plečnik-Preis. Die schönen Außenanlagen der Badeoase Thermalija laden zum Schwimmen ein – insgesamt 3500 qm Wasserfläche und eine große Saunalandschaft. Das trinkbare Thermalwasser ist reich an Magnesium und Calcium und daher gut bei Beschwerden des Bewegungsapparates, Rheuma, Nervenleiden und Erschöpfung. Übernachten kann man in Bungalows, Hotels oder auf dem Campingplatz. Südlich gibt es einen großen *Aquapark* sowie den *Sportpark Gaj* außerdem rund 100 km markierte Wander- und Radwege.

Gesundheit/Wellness/Übernachten
Terme Olimia, Zdraviliška cesta 24, 3254 Podčetrtek, ℡ 03/8297-000, www.terme-olimia.com.

Das ansprechende Thermengelände (s. o.) liegt am Hügel, bietet behindertenfreundliche Zugänge, Fahrrad- und E-Bikeverleih (auch Ladestation). Ganzjährig werden verschiedene Übernachtungspauschalen angeboten, u. a. (alle Hotelpreise inkl. Badekarte):

**** Sotelia, das schönste Hotel am Platz mit Wellnesscenter Orhidelia. DZ/HP 130–155 €/Pers.

**** Hotel Breza, 42 Zimmer speziell für Allergiker ausgestattet. 96–102 €/HP im DZ.

**** Aparthotel Rosa, 2-Pers.-Appartement 130–143 €.

*** Bungalows Lipa, 90 €/2 Pers. (TS 99 €).

***** Campingplatz Natura, mitten im Grünen. 14,50 €/Pers., Strom 4,20 €; 21 € (inkl. Badekarte Thermalpark Aqualuna). Ganzjährig.

Minoritenkloster – im Westturm residiert Europas drittälteste Apotheke

Olimje: Ca. 4 km westlich der Thermen, in einem kleinen Seitental, erhebt sich im hübschen Ort das *Minoritenkloster Olimje* mit Kirche – das Dorf erhielt 2009 die Goldmedaille bei Entente Floral. In der Umgebung locken Weinbauern- und Gasthöfe, wo man vorzüglich speisen kann – und für süße Zungen gibt es eine kleine Schokoladenfabrik. Das hübsche, graublau bemalte, schlossähnliche Kloster mit dicken Wehrtürmen wird 1208 erstmals erwähnt. 1543 kaufte Hans Tattenbach die Burg und baute sie zum Renaissanceschloss aus. Danach erwarben es kroatische Adelige, die es 1663 den Paulinern vermachten, die hier ein Kloster gründeten und 1676, ebenfalls im Renaissancestil, eine Kirche anbauten. Das Kircheninnere ist üppig barockisiert und mit Fresken geschmückt. Im Westturm richteten die Pauliner eine Apotheke ein – die drittälteste Europas, mit schönem Gewölbe und ebenfalls mit Fresken ausgemalt. Das uralte Apotheken-Inventar blieb bis heute erhalten. 1782 wurde das Kloster von Kaiser Josef II. wegen „verdorbener und zuchtloser Lebensweise" aufgelöst. Seit 1990 bewohnt es der Minoritenorden. Um das Kloster wurde ein herrlicher Garten mit ausgewiesenen Kräutern und Heilpflanzen angelegt.

Minoritski samostan Olimje, Olimje 82, 3254 Podčetrek, www.olimje.net. Mo–Sa 9–12/13–19, So 13–19 Uhr. Eintritt 1 €, Kinder 0,50 €.

Wer gerne wandert, kann den 10 km langen *Naturlehrpfad* rund um Olimje laufen (ausgeschildert) – und sich anschließend das Naschwerk aus der Schokoladenfabrik einverleiben (s. u.).

Einkaufen Schokoladenfabrik Syncerus (Čokoladnica); der Großvater war um 1900 Zuckerbäcker in Wien, heute betreibt Herr Videtic die kleine Fabrik in der dritten Generation. Die preisgekrönten Pralinen in vielen Geschmacksrichtungen munden vorzüglich. Mo–Sa 9–18, So/Feiertag 10–18 Uhr. Olimje 61, ✆ 03/8109-036, www.syncerus.si.

Sport Golf Olimje, hübscher ruhiger Platz, neben Gasthof Amon; 18 ha großer 9-Loch-Platz, Par 34; zudem Putting-Green und Chipping-Green. Olimje 24, ✆ 03/8109-066, www.amon.si.

Mountainbikes, bei allen Übernachtungsmöglichkeiten gibt es einen Verleih.

Ostslowenien →Karte S. 334/335

🌿 Übernachten/Essen

**** Apparte-ments **Ortenia**, oberhalb vom Ort, auf öko-logischer Basis und architektonisch gelungen. 6 großzügige, komfortable, mit besten natürlichen Materialien ausgestattete Appartements mit Terrasse und Küche, durch die großen verglasten Flächen Blick ins Grüne und zur Burg Podčetrtek. Fahrradverleih, Sauna, Whirlpool, Massagen. DZ/F 198 € (inkl. Spa Ortenia). Škofja gora 36, 📞 03/5824-197, www.ortenia.com. ∎

》》 Mein Tipp: **Jelenov Greben**, westlich und oberhalb des Klosters liegt das riesige Anwesen mit Wildtierzoo, Gastwirtschaft, Weinkeller, Freizeitangeboten, großem Wellnessbereich, Feinkostladen mit eigenen Erzeugnissen – inzwischen jedoch sehr touristisch. Die Gastwirtschaft im Landhausstil wird vorzüglich geführt, die Küche gewann bereits etliche Preise, zudem gibt es eine Vinothek. Gemütliche komfortable Zimmer mit üppigem Frühstück, 49 €/ÜF/Pers. Hausgemacht ist bei Greben nahezu alles: Brot, Schinken, Wurst. Spezialitäten sind Hirschsalami und -schinken. Im weitläufigen Gehege weiden Damwild, Mufflons und Hirsche; zudem Spielplatz. Jelenov Greben, Olimje 90, 📞 03/5829-046, www.jelenov-greben.si. 《《

🌿 **Weingut – Biohof Amon**, kurz vor Olimje. Die Spitzenweine kommen von eigenen Weinbergen. Das Restaurant mit lauschiger Terrasse (mit Blick auf den weitläufigen Golfplatz) ist mit alten Winzerwerkzeugen hübsch dekoriert. Bekannt ist das Gut vor allem für seine Biokost und -säfte: die Küche bietet leckere Wildgerichte, Lamm, Enten, alles aus eigener Freilandhaltung, sowie Teigwaren. und süßes Naschwerk. Übernachtungsmöglichkeiten in Zimmern (DZ 54–84 €) und Appartements (75–95 €), Frühstück 6 €/Pers. Fahrradverleih. Fam. Amon, Olimje 23, 📞 03/8182-480, www.amon.si. ∎

Brauerei – Pension Haler, ca. 2 km von Podčetrtek Richtung Olimje steht das Anwesen mit Brauerei und Restaurant, am Waldrand das neue Appartementhaus mit Sauna, Innenpool, Spiel- und Fußballplatz. Neben süffigem Bier, hell und dunkel, gibt es Deftiges: Spezialität sind Bierwürstchen und -schnitzel, Haxen, aber auch Pizzen aus dem Holzofen. Komfortable Zimmer/Appartements. DZ/F 65 €. Haler, Olimje 6, 📞 03/8121-200, www.haler-sp.si.

Weiter die Sotla abwärts erreicht man in ca. 5 km den Ort **Imeno**. Am Straßenabzweig gelangt man in 10 km in das östlich gelegene Bistrica-Tal mit dem Marktflecken **Pilštanj** – früher ein bedeutender Ort mit zwei sich gegenüberliegenden *Burgen* (Peilenstein und Hartenstein), die heute allerdings fast verwaist sind. Die Kirche *Sv. Mihael* soll bereits 1249 erwähnt worden sein, ihren ältesten heutigen Gebäudeteil datiert man auf 1466, Um- und Anbauten erfolgten Ende des 19. Jh. Um 1572 war Pištanj eines der Zentren im Bauernaufstand. Heute spielt geschichtlich eigentlich nur eine Frau eine Rolle, Hemma von Gurk (Gräfin von Friesach-Zeltschach), die hier geboren sein soll (→ Kasten „Sv.-Ema-Pilgerweg"). Ein barockes Deckengemälde in der Kirche zeigt sie als junges Mädchen mit der einstigen Burg im Hintergrund. Die Pilgerschar nimmt aufgrund von Sv. Ema auf jeden Fall zu.

Kozje: Der folgende Ort im Bistrica-Tal (5 km südlich von Pilštanj) ist lediglich Namensgeber der gesamten Region, ansonsten Verwaltungsort der umliegenden Gemeinden. Allerdings zählt er zu den ältesten Orten dieser Gegend und wurde bereits 1016 erwähnt. Ab 1384 durfte hier, im Besitz der Bischöfe von Gurk, bereits gefeilscht werden. Aufständische Bauern besetzten den Ort 1573. Noch im 19. Jh. war es ein wichtiger Marktfleck und Sitz von Recht und Ordnung. Die Burg oberhalb verfiel, das Schloss im Ort ist heute Sitz einer Textilfabrik.

Podsreda: Weitere 6 km südwärts das Bistrica-Tal hinab wird Podsreda erreicht. Im heute verschlafenen Örtchen wurden ab 1377 wichtige Märkte abgehalten. Zeugnisse alter Zeiten sind ein Pranger von 1667 auf dem Marktplatz sowie die Levstik-Mühle von 1850. Auch die Verwaltung des Kozjansko-Naturparks ist im Ort. Ein schöner Fußweg führt in 45 Min. hinauf zur Burg Podsreda (s. u.). Auf der Ostseite des Ortes steht auf 386 m die Kirche *Sv. Gore nad Podsredo* (Cerkev Matere božje sedem žalosti) aus dem 15. Jh. mit Fresken, angefertigt von Franc Gornik und in jüngster Zeit restauriert. Drei weitere Kapellen (Sv. Ana, Sv. Mohorja und Sv. Fortunata) stehen um die Hauptkirche. Eine Besichtigung ist nur nach Anmeldung über Kozjansko-N.P. möglich. Ein schöner Fußweg führt in 30 Min. bergan, ansonsten benutzt man das Auto.

Burg Podsreda: oberhalb des gleichnamigen Ortes am bewaldeten Höhenzug Orlica auf 475 m Höhe gelegen (in ca. 45 Min. zu Fuß vom Ort erreichbar). Podsreda zählt zu den wenigen Burgen, die ihre alte Bausubstanz und ihr ursprüngliches Aussehen erhalten haben. Im 12. Jh. erbaut, gehörte sie zunächst zur Diözese Gurk (Kärnten, siehe auch Hemma von Gurk). 1848 kam die Burg in den Besitz der Familie Windischgrätz, deren Nachkommen sie bis Ende des Zweiten Weltkriegs bewohnten. In den letzten Jahren wurde die Burg restauriert. Ihr romanischer Baustil ist überall gegenwärtig: in der Kapelle, im Rittersaal, an den Schießscharten und Portalen. Erhalten blieb auch die alte Küche, in der die leckeren Gerichte für das angeschlossene Restaurant zubereitet werden (nur Gruppen ab 10 Personen). Das *Burgmuseum* zeigt im Erdgeschoss schöne Glaswaren aus dem 18. und 19. Jh. Im Sommer häufig kulturelle Veranstaltungen. Auch Übernachtung möglich.

Grad Podsreda, 3257 Podsreda, Podsreda 45, ℡ 03/5806-118, ℡ 03/8007-100 (Verwaltung). Mai–Okt. tägl. außer Mo 10–18 Uhr. Hier auch Verwaltung Kozjansko-Park, alle Infos erhältlich. Appartements 30–50 €/2–4 Pers.

Hübsches Bauernhaus bei Kozje ▲

Blick von der Burg Podsreda auf den Regionalpark Kozjansko ▼

Trebče: Wenige Kilometer östlich von Podsreda (in Richtung Bistrica) liegt das im Grunde ziemlich unbedeutende Örtchen, wäre hier nicht Josip Broz Tito aufgewachsen. Auf der weitläufigen Gedenkstätte wird das Wirken des einstigen jugoslawischen Generals, Staatsgründers und autokratischen Staatsmanns Tito (→ Geschichte) dokumentiert. Ein 30-minütiger Dokumentarfilm zeichnet Titos bewegtes Leben nach (Info über Grad Podsreda).

Bistrica ob Sotli: rund 25 km von Brežice entfernt, oberhalb der Sotla und Hauptort der Region Bizeljsko. Bedeutsam ist ein Sakralbau, der ca. 2 km südlich des Ortes (Richtung Bizeljsko) oben am Berg steht: *Basilika Svete gore Sv. Marijina,* umgeben

Die Hauptkirche Sv. gore Sv. Marijina ist von weiteren Kapellen gesäumt

von fünf weiteren Kapellen – ein bekannter Wallfahrtsort. Über einen Kreuzweg mit Holzskulpturen von Stane Jarm gelangt man durch einen Mischwald in ca. 5 Min. bergan. Die Kirche wurde bereits 1265 unter dem Namen *Monte Sancte Marie* erwähnt, 1611 wurde sie vom Ljubljaner Bischof Tomaž Hren geweiht, dann erhielt sie Erweiterungsbauten. Im Inneren der frühbarocken Basilika zeigen sich schöne Fresken von Tomaž Fantoni, angefertigt ab 1868, und sechs Seitenaltäre. Die beiden Kapellen unterhalb der Hauptkirche, *Sv. Jurijeva* und *Sv. Martinova*, erbaut zwischen dem 9. und 11. Jh., zählen zu den ältesten Sakralbauten Sloweniens. Ausgrabungen zeigten, dass die Kirchenbauten bereits auf das 6. Jh. zurückgehen könnten. Oberhalb stehen die Kapellen *Sv. Sebastjana* und *Fabjana*, auf der Bergspitze *Sv. Lurska*.

Svete gore Sv. Marijina, Infos und Schlüssel in der Pfarrei Sv. Peter in Bistrica ob Sotli Nr. 7, Hr. Kejzar, ✆ 03/8094-042, 031/278-180 (mobil). Geöffnet ansonsten bei Messen Mai–Nov. So um 11 Uhr (Aug./Sept. auch um 9.30 Uhr). Die große Prozession ist am 8. Sept., Wallfahrten am Ostermontag. Viele Pilger kommen auch am 15. Aug.

Ca. 5 km südöstlich steht oberhalb vom Dorf **Bizeljska vas** die *Burg Bizeljsko*, auch *Grad Orešje* genannt, die man 1404 bereits erwähnt und ihre Bausubstanz im Renaissancestil mit schönen Arkadengang bewahren konnte. Besitzer waren ab 1532 die Tattenbachs, ab 1671 die Herren Windischgrätz. Die heutigen Burgherren, die Weinkellerei Klakočar-Wisell (s. u.), hat dort eine Vinothek eingerichtet.

Östlich von Bistrica liegt der Grenzort **Kunšperk**, auf dessen gleichnamigem 527 m hohen Bergrücken die Überreste der einst mächtigen Burg Königsberg, *Grad Kunšperk*, ein Bollwerk des frühen Mittelalters, stand.

Gostilna Šempeter, hier kann man die Küche dieser Region kosten, dazu erlesene Weine. Tägl. 7–22 Uhr (Do nur bis 13 Uhr). Zimmer im Nebenhaus. Bistrica ob Sotli 9, ✆ 035/804-222 (mobil).

Bizeljsko: Dies ist die hügelige Gegend um Bistrica ob Sotli, berühmt für ihre roten und weißen Bizeljčan-Weine. Zudem steht hier bei Bizeljska vas (ca. 5 km südöstlich von Bistrica ob Sotli) die namensgebende *Burg Bizeljsko*, 1404 erstmals erwähnt. Die Adeligen Tattenbach waren die Besitzer von 1532 bis 1671, dann folgten die bekannten Herren von Windischgrätz. Sie birgt neben gotischen Elementen einen Arkadenhof und die Kapelle Sv. Jerome von 1723. Ein Teil der Renaissanceburg wurde saniert, das meiste Inventar ist aber nicht mehr original. Heute residiert im Weinkeller eine Vinothek (s. u.). Die Besonderheit der Gegend aber sind die *Repnice* (von repa = Rübenkohl) – in den Quarzsand gegrabene ebenerdige Röhren, Stollen und Hohlräume, die seit dem 19. Jh. zur Aufbewahrung von Lebensmitteln, später auch zur Lagerung von Wein genutzt wurden. Je nach Wohlstand baute man sich größere oder kleinere Repnice, die, an den Innenmauern teils mit Muschelkalk und Mineralien verziert, mitunter wie Kunstwerke wirken; wohlhabende Familien bauten sich zusätzlich einen hölzernen Vorkeller, die ärmeren mussten ohne diesen Luxus auskommen, es wurde lediglich ein Loch gegraben. Die größeren Repnice wurden in Kriegszeiten auch als Versteck genutzt, mit geheimem Ausgang irgendwo im Wald. Die klimatischen Bedingungen in den Repnice sind übrigens hervorragend: gleichbleibende Luftfeuchtigkeit von 95 % und eine gleichbleibende Temperatur von 8 °C.

Weinkellereien/Übernachten

Repnica Kelher, gleich neben Najger, hat neben seinem Weinkeller auch noch Fischteiche und leckere Produkte vom Hof. Brezovica 31, ☎ 07/4951-551.

≫ Mein Tipp: Repnice-Hofgut Najger, hier ist ein besonders schöner Repnice von Anfang des 19. Jh. mit einer natürlichen Freske (Verzierungen im Quarzsandstein) zu besichtigen, zudem Wein- und Schnapsverkostung und -verkauf und wenn man Glück hat, gibt's Apfelstrudel oder Potica. 8–21 Uhr. Brezovica 32, ☎ 041/204-876 (mobil). ≪

Vino Graben, der Familienbetrieb hat die Repnice publik gemacht, zudem gibt es hier besten Wein zum Verkosten und Kaufen (Voranmeldung erbeten). Auch Übernachtung im Appartement. Kumrovška 6, ☎ 030/611-011 (mobil), www.vino-graben.com.

*** Weingut-Pension Istenič, 2 km südlich von Bizeljsko, oberhalb inmitten des Weinberges (ausgeschildert). Mit neuester Technik werden hier bester Wein und Champagner gekeltert und verkostet. Es gibt Zimmer, nach Vorbestellung Essen. DZ 54 €, 6 €/Pers./F. Stara vas 7, ☎ 041/780-954 (mobil), www.istenic.si.

≫ Weiterfahrt nach Brežice: In ca. 17 km erreicht man das Untere Sava-Tal mit dem Hauptort Brežice (→ Brežice) und den bekannten Thermen von Čatež (→ Čatežke Toplice).

Vinothek-Restaurant-Pension Pri Peču, beste Weine, leckere Gerichte und Übernachtungsmöglichkeiten. DZ/F 60 €. Tägl. außer Di ab 10 Uhr. Stara vas 58, 8259 Bizeljsko, ☎ 07/4420-103.

Grad Bizeljsko – Weinkeller Klakočar, Sa/So u. Feiertag 10–16 Uhr, sonst nach Vereinbarung. Bizeljska vas 20, ☎ 041/927-628 (mobil).

Pension Merkež, ca. 5 km südlich von Bizeljsko, in herrlicher Lage und mit einem von der Natur kunstvoll verzierten Repnice. Im roséfarbenen Haus gibt es gemütliche Zimmer, Gutes vom Hof sowie aus dem Weinkeller. Brezovica 16, ☎ 031/600-146 (mobil) www.merkez.si.

Bizeljsko – Eingang zu einer Repnice

Burg Velenje – außen alpenländische Renaissance, innen afrikanische Kunst

Velenje

Der älteste slowenische Bergwerksort ist heute das moderne Wirtschafts- und Verwaltungszentrum des Šaleška- und Oberen Savinja-Tals. Bis auf die Burg, ein paar ältere Häuser unterhalb und eine alte Villa entstand Velenje erst nach 1950, als man neuen Wohnraum für die Bergarbeiter brauchte.

Das Kohlebergwerk von Velenje ist mit einer Jahresproduktion von 4 Mio. Tonnen das größte Sloweniens – mit seinen hochmodernen Maschinen und Anlagen zählt es heute zu den modernsten Untertagegruben der Welt. Die Geschichte und das Wachstum der Stadt seit 1767, dem Jahr der Entdeckung der Kohlevorkommen, sind mit der Entwicklung des Bergbaus eng verknüpft. Bald wurde das kostbare Heizmaterial mit Wägelchen in andere Orte transportiert. Aber erst Mitte des 19. Jh. begann der Kohleabbau im größeren Stil, damals lebten 2000 Menschen in Velenje. Heute werden 400 m unter der Erde jährlich um die 4 Mio. Tonnen Lignit-Kohle (sie ist rund 2,5 Mio Jahr alt) gewonnen und mit 30.000 Einwohnern ist Velenje die fünftgrößte Stadt Sloweniens. Stadtstatus erhielt Velenje erst 1959. Velenje ist heute auch Standort des größten slowenischen Wärmekraftwerks; Betreiber des Kraftwerks ist Gorenje, einer der größten europäischen Hersteller von weißen Haushaltsgeräten und zugleich Sloweniens größter Exporteur: Gorenje-Produkte werden in rund 60 Länder der Welt exportiert, Hauptabsatzmärkte sind Deutschland, Frankreich, Österreich, Skandinavien und natürlich Slowenien. Zudem ist Gorenje mit Filial-Niederlassungen in ganz Europa aktiv.

Velenje besteht aus modernen Wohnkomplexen und Einkaufszentren, eingerahmt von Industrieansiedlungen – einen alten Stadtkern findet man nur unterhalb der

Burg mit einer Handvoll Häuser. In den 1980er-Jahren war die Umweltbelastung in der Stadt und im Šaleška-Tal derart hoch, dass man Konsequenzen zog, auch wenn bis heute die rauchenden Schlote am Stadtrand die Aussicht auf die dahinter liegende Bergwelt trüben. Inzwischen präsentiert sich Velenje modern und jung und bietet ein relativ großes Freizeitangebot – dies und die Bemühungen, die Stadt lebenswert und attraktiv zu gestalten, brachten ihr eine Auszeichnung der *Entente Florale* ein. Stolz sind die Einwohner auch auf die höchste **Tito-Statue**, 10 m ragt die Bronzeskulptur (von Antun Avgustinčić) am gleichnamigen Hauptplatz in die Höhe. Am Nordwestrand der Stadt wurde ein großer See mit Freizeitzentrum angelegt – mit Restaurant, Bistros und Campingplatz, mit Wassersportangeboten wie Surfen, Segeln, Bootsvermietung, mit Tenniszentrum und diversen anderen Sportstätten; zudem gibt es einen zweiten See zum Fischen. An die Skispringer erinnern die zwei Sprungschanzen, die sich neben der Burg Velenje 90 m in die Höhe schwingen. Heute werden sie nur noch im Sommer genutzt. Touristen besuchen die Stadt für einen Übernachtungsstopp oder um sich die beiden slowenischen Highlights, das Kohlebergbau- oder nahe Ledermuseum anzusehen, vielleicht auch das große Pika-Kinderfestival zu besuchen, auch die Bergwelt des Golte (→ Oberes Savinja-Tal, S. 410) ist nicht weit.

Information Touristinformation TIC, 3320 Velenje, Stari trg 3 (Villa Bianca), ✆ 03/8961-860, www.velenje-tourism.si. Mo–Fr 7–19, Sa/So u. Feiertag 9–17 Uhr. Parkplätze vor der Türe (neben Sprungschanze). Gute Infos, Kartenmaterial (auch spez. Familienbroschüren), Souvenirs, WiFi, Fahrradverleih; nebenan Café Bianca Gurmanka (→ Essen).

Veranstaltungen Pika-Kinderfestival (Namensgeber ist Pippi Langstrumpf), 3. Woche im Sept. – größtes dieser Art in Slowenien. Am See ist eine Budenstadt, es gibt Konzerte, Theater und viele Spiele – auch für Touristenkinder geeignet.

Bergarbeiterfest (Skok cež kožo) – der sog. **Ledersprung**, 3. Juli – Weckkonzert, Parade und abschließend die Taufe der Bergmannsneulinge.

Skisprungrevue, 1. Juli-Sa/So; erinnert an die Zeit, als Velenje zu olympischen Maßen aufsteigen wollte.

Konzerte in der *Rdeča dvorana* (rote Sporthalle).

Familienwandern Weg des Burgdrachens, Familienrundweg (4 Std., kann verkürzt weden); dazu gibt es bei TIC ein Büchlein (für Erwachsene in Englisch) und eine Stempelkarte (Englisch) für Kinder; die aufgezeigte Route führt durch Velenjes wichtigste Sehenswürdigkeiten (kann zu Fuß oder auch mit Fahrrad gemacht werden), als Geschenk gibt es einen Drachensticker.

Nachtleben EMCE Plac, das Kulturzentrum ist im Roten Sportpalast (Rdeča dvorana), Šaleška 3 (nach Kreisverkehr stadtauswärts Richtung Celje). Hier ist auch der Max Club, ältester slowenischer Club mit Konzerten und Events sämtlicher Musikstile, auch Jazz. Mo–Do u. So 13–24, Fr/Sa 13–2 Uhr. Ein Café gibt es auch.

Übernachten Privatzimmer in der Umgebung werden über das TIC vermittelt.

» Mein Tipp: ***** Villa Herberstein, wunderschön im alpenländischen Stil inmitten eines Parks auf einem Hügel östlich vom Zentrum gelegen. Sehr gutes Restaurant (Mo–Sa 12–22 Uhr) und lauschige Terrasse, alles bei bestem Service. Nur 7 Zimmer/Appartements im Barockstil, DZ/F ab 90 €. Ganzjährig. Kopalika 1, ✆ 03/8961-400, www.gorenjegostinstvo.eu. **«**

*** Hotel Paka, 4-stöckiger Hotelkomplex im Zentrum; gerne von Geschäftsleuten besucht. Restaurant und Café mit Wintergarten, bester Service. Sehr gut ausgestattete Zimmer, DZ/F 100 €. Ganzjährig. Rudarska 1, ✆ 03/8980-700, www.hotelpaka.com.

**** Hotel Razgoršek, im kleinen Altstadtbereich; 30 Zimmer mit Restaurant (nur bis 14 Uhr Küche) und Terrasse. DZ/F ab 70 €, teils mit Stilmöbeln. Stari trg 33, ✆ 03/8983-630, www.hotelrazgorsek.com.

Hostel MC Velenje, im Stadtteil Šilak (10 Min. vom Zentrum), komplett neu und gut ausgestattet. Gemeinschaftsküche, WiFi. Es gibt 2- (mit eigenem Bad), 3- (19 €/Pers.) und 5-Bettzimmer. Im DZ mit Bad 49 €/2 Pers. Efenkova 61a, ✆ 041/859-692 (mobil).

°°° Touristfarm Tuševo, ca. 5 km südlich von Velenje am Berghang oberhalb vom Weiler Arnače. Schöner Blick aufs Tal und

Ostslowenien → Karte S. 334/335

Velenje. Es gibt Pferde, Spielplatz, sehr gutes Essen. 27 €/Pers./F, auch HP. Lopatnik 11, ☎ 03/5870-643, tusevo@siol.net.

Camping *** Camping Jerzero, direkt am See, guter Übernachtungsstop für Wohnmobile. 6 €/Pers., Wohnmobil 5 €, Strom 2,80 €. Auch Mobilhäuser. Ende April–Ende Sept. Cesta Simona Blatnika 27, ☎ 03/5862-776.

Essen & Trinken In oben erwähnten Hotels, zudem: **Restaurant Jezero**, wie der Name besagt, am See; im Wintergarten und auf der Terrasse gibt es Saisonküche. Tägl. 9–23 Uhr. Simona Blatnika 24, ☎ 03/586-462.

Café Bianca Gurmanka, in Villa Bianca und TIC. Gemütlich v. a. auf der Terrasse. Mo–Do 8–22, Fr/Sa bis 24, So/Feiertag 9–18 Uhr.

》》Mein Tipp: Café Lucifer, in der hübschen, mit Spiegeln versehenen Schokoteria oder auf der netten Terrasse geht es wirklich teuflisch mit den Kalorien zu – und selten bleibt es bei einer der leckeren Teilchen, alle aus eigener Herstellung: u. a. zartschmelzende Pralinen, Törtchen und Torten, Pudding, heiße oder kalte Schokogetränke. Ein Platz für Genießer und Naschkatzen. Tägl. außer So 7–21, Sa bis 22 Uhr. Saleška 19a (beim Einkaufscenter), www.lucifer-chocolate.si. 《《

Sehenswertes

Burg Velenje: Schön restauriert mit ihren Bastionen und zinnenbewehrter Befestigungsmauer erhebt sie sich oberhalb der Stadt auf einem Berg mit lauschigem Laubwald. 1275 wird sie erstmals erwähnt, 1322 erwarben die Herren von Pettau die Burg, 1537 ließ die Familie Wagen sie umbauen und befestigen. Zuletzt war Burg Velenje im Besitz der Grafen von Coronini. Die Burg mit unverkennbaren Renaissance-Elementen zeigt eine *Ausstellung zum Kohlebergbau* seit Mitte des 18. Jh. und das *Museum für afrikanische Kunst* präsentiert stolz das einzigartige Skelett eines Mastodons (ausgestorbene Elefantenart), das 1964 in der Nähe von Velenje gefunden wurde. Auch die *Galerie* bietet interessante ältere und zeitgenössische Gemälde und Skulpturen. In der Burgschenke gibt's Erfrischungen; gelegentlich finden in den historischen Gemäuern Kulturveranstaltungen und Konzerte statt. Von der Altstadt führt neben der Sprungschanze und TIC ein schöner Fußweg zur Burg. Tägl. 10–18 Uhr, Mo Ruhetag. Eintritt 2,50 €, Kinder 1,80 €. Kombikarte mit Kohlebergbaumuseum (s. u.) 10,50 € bzw. 7 €.

Villa Bianca, prunkt unterhalb der Burg und wurde Mitte des 19. Jh. erbaut und in den letzten Jahren bestens renoviert. Sie ist heute Sitz des Kulturbüros und TIC, birgt einen Heiratssaal, eine Galerie und ein hübsches Café – und lohnt auf jeden Fall einen Besuch.

Besucherbergwerk und Kohlebergbaumuseum (Muzej premogovništa Slovenije): Dieses Highlight sollte man nicht versäumen, auch für Jugendliche (erst ab 6 Jahre Zugang) sehr interessant. Das Bergwerksmuseum ist auf zwei Etagen, Obertag und Untertag eingerichtet. Obertag wird u. a. ein 20-Minuten-Film über die internationalen und slowenischen Kohlevorkommen, Bedeutung der Kohle (es wurde z. B. auch als Heilmittel bei Rindern eingesetzt, das sog. Drachenblut) und die Geschichte des Bergbaus gezeigt. Ebenfalls sieht man die „weiße und schwarze Garderobe", Duschen etc. der Bergarbeiter. Es folgt der wesentliche Teil Untertag. Im Lastenaufzug geht es rasant hinab: In einem aufgelassenen Stollen von 1888, der 160 m unter der Erde liegt, wird das harte Leben unter Tage von den Anfängen bis in die heutige Zeit dokumentiert; 18 Szenen mit Bergarbeiterfiguren werden abgelaufen – „Srečno" (Glück auf) ist das begleitende Wort durch die Finsternis dieser Tunnel. Wieder am Tageslicht, kann man auf dem Freigelände noch alte Fördermaschinen und Bergmannswohnungen besichtigen.

Kohlebergbaumuseum (Muzej premogovništa Slovenije), Stari jašek, Koroska cesta (nordwestlich der Stadt, nahe See), ☎ 03/5870-997, www. rlv.si.

Führungen durch das Besucherbergwerk sind erst für Kinder über 6 J. möglich. Die Führung dauert 1,5 Std.; gutes Schuhwerk empfehlenswert.   Di–So   9–16.30 Uhr (14.30 Uhr Zugang für letzte Gruppe); Stollen sind nur mit Führung um 9, 12 und 15 Uhr zugänglich und am besten nach vorheriger Anmeldung. Die Besucher werden mit Helm, Schutzmantel und einer Brotzeit (Krainer-Wurstbrötchen und Saft) ausgestattet. Eintritt 10 €, Stud./Kinder 6,50 €.

Villa Herberstein: Die Villa steht idyllisch am Hügel inmitten eines Parks auf der ruhigen Ostseite der Stadt. Im 17. Jh. erbaut, wurde sie von den Grafen Herberstein aus Wien übernommen und später mehrmals umgebaut. 1972 übernahm sie die Firma Gorenje (s. o.). Heute residieren in der schön renovierten Villa ein gutes Restaurant und ein Hotel.

Mineralienhaus: In Staro Velenje (westlich von Villa Bianca) ist die große Privatsammlung von Jože Rihtar mit über 4500 Exponaten zu sehen – viele der Steine, Mineralien und Fossilien fand der Hobbymineraloge selbst. Zu sehen sind slo-

Die Burgruine Šalek

wenische Mineralien wie Wulfenit, Dravit, aber auch internationale wie Opale, Diamanten, Smaragde. Highlight ist u. a. ein großer Bernstein (in der Kohlemine gefunden). Hiša mineralov, Stari trg 19, ✆ 041/398-156 (mobil), www.muzej-velenje.si. Di–So 10–17 Uhr (oder nach Anmeldung). Eintritt 2,50 €, Stud./Kinder 1,80 €.

Ruine der Burg Šalek: An der Hauptstraße stadtauswärts nach Slovenj Gradec spitzt oberhalb des Tunnels der erhalten gebliebene dreieckige Turm einer Burgruine hervor. Die Anfänge gehen auf das 13. Jh. zurück, Hausherren waren die Adeligen Schalegg, die Namensgeber des Tales. Bis 1770 wechselten viele Burgherren, bis die Burg zum Wohnen uninteressant wurde, zudem ein Brand wütete und das Bauwerk mit den Jahrzehnten verfiel.

Velenje/Umgebung

Museum der slowenischen Lederherstellung: ca. 6 km westlich, in Šoštanj (Richtung Logar-Tal). Erst 2009 wurde das Museum auf dem alten Fabrikgelände am Bach Paka eröffnet und zeigt die Entwicklung und Verarbeitung in der Lederherstellung, dazu die verwendeten Maschinen, Lederarten und wie die Arbeiter lebten. Von der Gründung im Jahr 1766 bis 1999 wurde hier gearbeitet.
Muzej usnjarstva na slovenskem, Primorska cesta 6H, 3325 Šoštanj, ✆ 03/8984-421, www.muzej-usnjarstva.si. Tägl. außer Mo 10–18 Uhr. Eintritt 2,50 €, Stud./Kinder 1,80 €.

Zavodnje: Rund 10 km nordöstlich von Velenje ist das *Kavčnik-Bauernhaus* zu besichtigen; es zeigt historisches Inventar, Werkzeuge sowie eine fast 400 Jahre alte Selchkammer (Räucherkammer) – die so genannte „schwarze Küche".
Mai–Sept. Do–So 10–17 Uhr oder nach Vereinbarung. Auskunft bei TIC. Eintritt 2,50 €, Kinder 1,80 €.

Logarska dolina – die Alpenmilch-Produzenten machen Pause

Oberes Savinja-Tal

Im Westen von Velenje erreichen wir das landschaftlich schöne Obere Savinja-Tal. Das Tal ist über den **Pauličevo Sedlo** (geöffnet April bis Anf. Nov. 7–22 Uhr) mit der Straße nach Österreich (Bad Eisenkappel) verbunden – für Touristen und Einheimische eine schnellere Anbindung. Kurz vor Ljubno gelangt man auf einer kleinen asphaltierten Straße hinüber nach Kamnik.

Die Savinja entspringt oberhalb des Landschaftsparks Logarska dolina aus mehreren Quellen in den Savinjer Alpen. Auf der Westseite der Savinjer Alpen liegen die Kamniŝker Alpen. Die Savinja fließt südlich von Velenje ostwärts nach Celje, dann südwärts, bis sie bei Zidani most in die Sava mündet.

Oberhalb von **Mozirje** erhebt sich der bei Freizeitsportlern beliebte *Berg Golte* (1573 m). Hinauf geht es per Gondel (s. u.) oder rund 15 km bergan auf der Asphaltstraße.

Der schönste Teil des Savinja-Tals beginnt bei **Ljubno**. Kurz vorher, bei Radmirje, erreicht man über Gornji Grad und das Črna-Tal das Kamniŝka-Bistrica-Tal und die Kamniŝker Alpen. Der nächste hübsche Ort heißt **Luče**, danach verengt sich das Tal und die Straße führt durch die Felsnadel am Igla vorbei, die Berge rücken enger zusammen. Ein Abzweig zum **Naturpark Robanov kot** (kot = Winkel) ist möglich.

Kurz danach zweigt die Savinja in das **Logar-Tal**, ebenfalls ein Naturpark (Naturpark Logarska dolina), ab. Ihre Quellen liegen unterhalb des Berges Okreŝelj. Die Hauptstraße führt weiter ins Tal und bergauf zum Pauličevo Sedlo (Sattel).

Die Küche des Savinja-Tals bevorzugt Deftiges – z. B. Savinjer Magen, eine Art luftgetrocknete Salami *(Savinski želodec)*, natürlich *Štrukli* (Strudelteig mit herber Quarkfüllung) oder *Žlinkrofi* (gekochter Ölteig mit Hackfleisch, Quark oder auch Birne gefüllt).

Berg Golte (Wasserreservoir Trije ploti) – aussichtsreiche Wanderwege warten

Mozirje: Das Städtchen ist wegen seines oberhalb der Savinja gelegenen bis zu 1573 m hohen *Naturparks Golte* bekannt, der zu reizvollen Wander- und Mountainbike-Touren mit herrlicher Weitsicht zu den Savinjer und Kamniker Alpen sowie gen Celje bis hin zum Sljeme bei Zagreb einlädt. Auch Paraglider und Kletterfans fühlen sich hier wohl, es gibt einen Bikepark und eine 200 m lange Zipline. Auf Wintersportler wartet ein kleines Wintersportzentrum (insg. 12 km Abfahrten) mit 3 Sesselliften und 2 Schleppliften für Kinder – hier tummeln sich v. a. Familien aus dem Raum Celje und Velenje. Blumenliebhaber finden 500 m unterhalb (10 Min. Fußweg) vom Berghotel einen 2 ha großen *Alpengarten* (Eintritt 3 €/1 €).

In Mozirje lockt außerdem der *Morzirski Gaj* mit seiner Blütenpracht, ein Blumen- und Themenpark an der Savinja. Auf dem 7-ha-Gelände gibt es Blumenrabatten, Sträucher, Bäume, Kunsthandwerk und naturbelassene Flächen, zudem jahreszeitliche Events und Blumenschauen. Auch für Kinder gut geeignet.
Mitte April–Anf. Okt. 9–19 Uhr. Eintritt 6 €, Kinder (7–15 J.) 3 €. ✆ 03/5832-719, www.mozirski gaj.com.

Information Touristinformation, 3330 Mozirje. Geschlossen! Infos über Velenje oder Berghotel Golte.

Agentur Beli Zajec (www.belizajec.si), am Berg Golte ist die Skischule; Radegunda 21a, 3330 Mozirje, ✆ 041/865-598 (mobil). Im Sommer ist die Basis in Prihova 56, 3331 Nazarje, ✆ 05/9251-146. Skischule, Mountainbikes, Kajak- und Kanutouren, auch Zimmervermietung.

Gondelbahn Golte Gondelabfahrt von Žekovec (5 km oberhalb von Mozirje, ausgeschildert). Juni–Aug. tägl. 10–19 Uhr, Mai u. Sept. nur Sa/So 10–19 Uhr. Erwachsene (retour): 6 € (11 €), Kinder 5 € (6 €). www.golte.si. Zum Sessellift zum Medvedjak, 1573.

Sport Es gibt eine Reihe ausgewiesener **Wanderwege**, u. a. auf dem Berg Golte der aussichtsreiche 2-Std.-Rundweg auf dem „Pot po golteh". Organisierter Sport wie **Kanu/Kajak** (→ Agentur Beli Zajec); auch verantwortlich für den **Bikepark** am Golte.

Übernachten/Essen **** Appartements-Wellness Skok, 7 nagelneue schöne und gut ausgestattete 4- bis 6-Pers.-Appartements für 60–80 €. Hauseigenes kleines

Ostslowenien →Karte S. 334/335

Wellnesscenter (Saunen, Whirlpool, Massagen). Cesta na Lepo njivo 17a, ☎ 03/8280-400, www.apartmajimozirje.si.

》》 Mein Tipp: °°°° **Touristischer Bauernhof Korošec**, in Ljubija (1 km östlich). Vermietet werden 4 Appartements in zwei separat stehenden, blumengeschmückten Holzhäusern (2–6 Pers.), umgeben von Wiesen. Gut ausgestattet mit Sauna, Jakuzzi; Fahrradverleih. 50–110 € je nach Größe (unter 2 Tage 20 % Aufschlag). Ljubija 5, ☎ 03/8390-122, www.turizemkorosec.com. 《《

Gostilna Vid, 4 km nördlich (Straßenkreuzung Gondel und Berg Golte). Gutes Restaurant mit traditioneller Küche. Ganzjährig und tägl., Di nur 8–12 Uhr. Radegunda 53a, ☎ 03/5832-854.

Übernachten/Essen　Berg　Golte
**** Hotel & Bergresort Golte (1410 m), direkt von der Gondelendstation kann man einchecken. Das moderne 54-Zimmer-Hotel eröffnete 2010 und ist komfortabel ausgestattet, auch das Essen ist vorzüglich, alles bei bestem Service. Mit Wellnesscenter (Saunen, Massagen, Whirlpool, Außenbecken, großer Fitnessraum). Gemütliche Zimmer mit Balkon, 50 €/Pers./HP. Ganzjährig. Anfahrt 15 km Asphaltstraße ab Mozirje oder mit Gondel. Radegunda 19c, ☎ 03/8391-100, www.golte.si.

Koča trije ploti, die hübsche Holzhütte liegt oberhalb vom gleichnamigen See (Wasserreservoir) mit schöner Aussicht. Auch Zimmer. Nur Juli/Aug. und im Winter. Infos: www.golte.si.

Nazarje: der nächste kleine Ort Savinja-aufwärts. Hier steht an der Savinja das schöne *Schloss Vrbovec*, das bereits 1248 unter Altenburg erwähnt wurde. Heute ist in den schönen Räumlichkeiten ein *Forst- und Holzwirtschaftsmuseum*.
Savinjska cesta 4, ☎ 03/8391-613, www.muzej-vrbovec.si. April–Okt. Di–So 9–17 Uhr, Nov.–März 9–15 Uhr. Eintritt 3 €, Kinder 2 €.

Wenige Kilometer flussaufwärts, in **Rečica ob Savinji**, steht im Ortskern ein mittelalterlicher Pranger, die Kirche hl. Kanzian von 1804 und ein schönes Camp.

Camping *** **Camping Menina**, in Richtung Ljubno. 5-ha-Platz in schöner Lage direkt an der Savinja und am See, Fichten spenden Schatten, offene Feuerstellen. Gepflegte Sanitäranlagen, Kühlschrankmiete, WiFi, Café-Bar und Restaurant. Zudem Kinderanimation, Adrenalinpark u. Sportaktivitäten über Agentur Beli Zajec (s. o.). 11 €/Pers., 4 € Strom; auch Bungalowvermietung. Ganzjährig. Varpolje 105, Rečica ob Savinji, ☎ 040/525-266 (mobil), www.campingmenina.com.

Ljubno: Der hübsche Ort mit nettem Kern liegt auf der Nordseite der Savinja und bietet am Hauptplatz eine kleine *Flößereisammlung* (hier auch TIC). Am 1. Augustwochenende wird das traditionelle Flößerfest (Flosarski bal) gefeiert. Auch von hier kann man bestens wandern und mountainbiken.

Information　Touristinformation, 3333 Ljubno ob Savinji, Plac 3, ☎ 03/8381-492. Nur Aug./Sept. 9–12/15–18 Uhr.

Übernachten/Essen　*** **Hotel Planinka**, am kleinen Hauptplatz mit gutem Restaurant und Café. Zimmer und Suiten ab 80 € (DZ/F). Ganzjährig. Plac, ☎ 03/5834-255, www.hotelplaninka.si.

°°°° **Touristfarm Bukovje**, wunderbare Lage auf 435 m mit Blick auf die Raduha. Vom 30-ha-Hof mit Kühen etc. kommen Milchprodukte, auch Salami wird hergestellt und viele kalorienhaltige Süßspeisen. Guter Platz für Familien. Nette Zimmer, pro Pers. 35 €/ÜF, auch leckere HP. Fam Korpnik, Primož pri Ljubnem 79, ☎ 03/8381-416, kmet ija.bukovje@siol.net.

Noch höher liegen zwei ausgewiesene Biohöfe mit wunderbarer Fernsicht:

🌿 °°°° **Touristfarm Kladje**, auf dem 12-ha-Hof (1038 m) wird v. a. ökologisch angebautes Gemüse serviert, zudem ist man schon nahe an den Gipfeln. Nette Zimmer/Appartements, pro Pers. 27 €/ÜF bzw. 35 €/HP. Fam. Podlesnik, Ter 53, ☎ 051/825-988, www.tk-kladje.si. ■

🌿 °°°° **Touristfarm Visočnik**, auf 1121 m, 12 km von Ljubno (Richt. Smrekovec); umgeben von Almwiesen, relaxt man auf dem 99-ha-Hof bestens. Biofleisch und Biogemüse kommen auf den Tisch, Wanderungen rundum warten, auch der Golte ist nicht weit. Auch hier Zimmer/Appartements; pro

Ljubno – dörfliches Idyll im Savinja-Tal

Pers. 29 €/ÜF, 37 €/HP. Ter 54, ✆ 03/5841-705, www.kmetija-visocnik.com. ■

Camping Camp Loka, mitten im Ort an der Savinja. Kleines Wiesengelände für Zelte und Camper. Auch WiFi. 7 €/Pers. Mai–Sept. Plac 1, ✆ 031/460-171, www.loka-ljubno.si.

🌿 **Naturcamp Na Škali**, Wiesengelände am Fluss und Fels mit Solarduschen und offener Küche. Es gibt 13 feststehende Savinjska Holzhütten (mit Matratze u. Bettzeug) ab 22 €/Pers., 6 Zelte (inkl. wie oben) zu 19 €/Pers. oder auch Hängematten mit Schlafsack für 9 €. Primož pri Ljubnem, ✆ 051/235-215 (mobil, Hr. Aleš Krivec), www.naturavantura.com. ■

Luče: Netter kleiner Ort mit Bank, Gostionas, Pensionen und Campingplatz. Hier kann man in der Savinja angeln, Kajak fahren und raften.

Einen Besuch wert ist die oberhalb von Luče auf 1500 m unterhalb des Berges Raduha (2062 m) gelegene *Tropfsteinhöhle Snežna jama*. Sie wurde 1981 entdeckt und zählt zu den höchstgelegenen Höhlen weltweit. Die Snežna jama präsentiert ein faszinierendes Gemisch aus Eisgebilden und Tropfsteinen; die Führung dauert ca. 1,5 Std., der erste Teil ist beleuchtet, die restlichen 600 m werden mit Karbidlampen zurückgelegt. Gutes Schuhwerk und warme Kleidung erforderlich – Temperatur nur 1 bis 2,5 °C; evtl. Taschenlampe mitbringen.

Snežna jama Nur mit Führung und vorheriger Anmeldung: Juli/Aug. Fr–So u. Feiertag 9, 11, 13, 15, 17 Uhr; Juni u. Sept. Sa/So u. Feiertag 9, 11, 13, 15 Uhr. Info: ✆ 041/424-091 (mobil), www.snezna-jama.com. Eintritt 12 €, Stud./Kinder 7 €. Kurz vorher die Koča na Loki (s. u.). Anfahrt: Per Auto (ausgeschildert), Abzweig bei Struge (von Lubnjo kommend vor Luče), 17 km aufwärts (nur 5 km Asphalt). Auch per Mountainbike oder zu Fuß möglich (dann Wanderweg von Luče aus nehmen).

Information Touristinformation TIC, 3334 Luče, Luče 106, ✆ 03/8393-555, www.tic-luce. com. Mai–Okt. 8–15, Sa/So 9–13 Uhr; sonst Mo–Fr 7.30–15 Uhr.

Agentur Dolina Adventure, Luče 103, ✆ 051/606-410 (mobil), www.adventurevalley. si. Zimmer, organ. Sport (Rafting, Climbing, Canyoning, Wandern, Ski).

Übernachten/Essen Es gibt zahlreiche Touristische Bauernhöfe, auch beste Startpunkte für Wandertouren.

Ostslowenien →Karte S. 334/335

Kavarna & Pension S, Ortsmitte. In der Konditorei mit Terrasse kann man bestens sein Frühstück und viel Naschwerk genießen; im Haus nebenan sind 5 Zimmer (40 €) und 2 Appartemens (50 €), alle kreativ, modern und gut eingerichtet und mit Balkon u. Terrasse versehen. Luce 87, ☏ 041/455-420 (mobil), www.kavarnas.si.

》》》 Mein Tipp: Hiša Raduha, das traditionsreiche, über 100 Jahre alte Bauernhaus mit Nebengebäuden wurde zu einem architektonischen Leckerbissen im Einklang mit der Natur modernisiert und bietet neben Komfort meditatives Wohlfühlklima. Genächtigt wird u. a. im Heustadl, im ehemaligen Stall oder im Baumhaus (mit Whirlpool); jeweils 238 €/Tag. Nach Anmeldung feinste Slow-Food-Küche und beste Weine; Mi–So 13–23 Uhr (für Hausgäste tägl. ab 18 Uhr). Luče 67, ☏ 03/8384-000, www.raduha.com. **《《《**

°°°° **Touristischer Bauernhof Zgornji Zavratnik**, hübscher Hof auf 850 m Höhe; Abzweig am Ortsende bei der Brücke (Richtung Solčava) und ca. 4 km in Richtung Berg Raduha. Spezialitäten sind Selchfleisch und Milchprodukte, alles kommt vom Hof. Es gibt Tennis-, Volleyball- und Kinderspielplatz und eine herrliche Weitsicht. DZ/F 60 €, HP 35 €/Pers. Raduha 49a, ☏ 03/8384-160, www.zgornjizavratnik.com.

Berghütte **Koča na Loki pod Raduho** (1534 m), nette Berghütte und Startpunkt für Wanderungen: zum Berg Raduha (2062 m) in ca. 1,5–2 Std., zur Schneehöhle (s. o.) in ca. 30 Min. Von Luče bis hierher benötigt man ca. 3,5 Std. Es gibt Zimmer und Schlafsaal. Mai–Mitte Okt. Sa/So u. Feiertag, 15. Juni–15. Sept. tägl. 6–22 Uhr. Strmec 34, ☏ 041/968-022 (mobil).

Camping Autocamp **Šmica**, schöne Lage an der Savinja, am Ortsausgang von Luče in Richtung Solčava. 2-ha-Wiesengelände, schattig durch Fichten; mit Tennisplatz, Bistro, WiFi (gratis). U. a. organ. Kajak- u. Raftingtouren, auch Angellizenz erhältlich. Pro Pers. 8 €; auch Bungalow- (50 €/4 Pers.) und Zimmervermietung (20 €/Pers.). Mai–Okt. ☏ 03/5844-330, www.camp-smica.com.

Gemeinde Solčava

Der Ort Solčava selbst bietet Einkaufsgelegenheiten und für Naturliebhaber beginnt hier der schönste Teil des Oberen Savinja-Tals, von dem im hintersten Winkel drei weitere, ebenfalls zum Naturpark gehörende Gletschertäler abzweigen: **Robanov kot**, **Logarska dolina** und das fast unberührte **Matkov kot**. Nördlich des Savinja-Tals, oberhalb von Solčava, zieht sich eine imposante Panoramastraße entlang. Auf der kleinen Passstraße gelangt man über den Pauličevo sedlo nach Bad Eisenkappel (Österreich). Beim Gasthof Firšt (→ Essen) lädt ein kleines *Museum* mit historischen Handwerkszeug und Funden aus einer Bärenhöhle zur Besichtigung ein. Im Ort Solčava ragt auf dem Hügel die hohe, spitztürmige Kirche *Maria Schnee* (Cerkev Marije Sneže) aus dem Jahr 1485 empor, bereits 100 Jahre zuvor als Kapelle von Benediktinern errichtet. Ihr Inneres zieren Fresken. Ein Prozessionsweg führt in wenigen Minuten hinauf, vorbei am hübschen Pfarrhaus, wo heute ein hübsch gestaltetes *Filzmuseum* untergebracht ist: Gezeigt werden Bilder, Schuhe, Taschen und sehr modische Kleider, im Raum nebenan eine geologische Sammlung (gratis; Schlüssel bei TIC).

Information Informationscenter Rinka **(TIC)**, 3335 Solčava, Solčava 29 (Ortsmitte), ☏ 03/8390-710, www.solcavsko.info. Juli/ Aug. 9–17 Uhr, sonst 10–15 Uhr. Beste Infos zu Übernachtung, Wanderrouten, Wanderkarten etc. Im modernen, hellen Holzbau gibt es ein kleines Museum und einen 15-Min.-Film zur Region. Ein Café (Juli/Aug. 8– 19, danach bis 17 Uhr) verwöhnt den Gaumen mit Leckereien (Kuchen, Cremeschnitten, Strudel), auch Herzhaftes gibt es zu kaufen (u. a. Almkäse, Wurst) sowie schöne Handwerkskunst (Holzschalen, Wollsocken, Honig, Kräuter).

Weitere **Infostellen** sind an der Mautstation (mit Fahrradverleih) zum und im Logar-Tal (s. u.).

Verbindungen Nur 3-mal tägl. **Bus**verbindung mit Celje.

Sport **Mountainbiken** auf vielen Seitensträßchen, z. B. die Panoramastraße hinauf. Mountainbike-Verleih beim Hotel Plesnik.

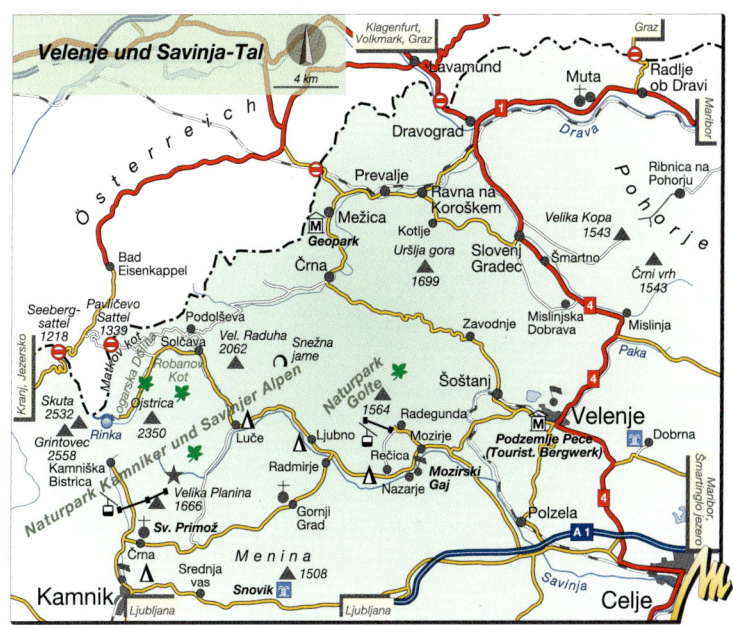

Paragliden: Start von der Panoramastraße, Auskunft über TIC.

Bogenschießen: Touristischer Bauernhof Gradišnik, Logarska dolina 19 (Matkov kot).

Klettergarten: alle Schwierigkeitsgrade, vor allem um Solčava.

Wintersport: Möglichkeiten zum Langlaufen und Eislaufen oder zu organisierten Schlittenfahrten.

Wandern Sehr schön ist eine Tour zum **Rinka-Wasserfall** und weiter zur Frischauf-ov-Hütte (→ Kleiner Wanderführer/Wanderung 15, S. 537).

Die Wege im Tal sind kein Problem. Schwierig wird es oberhalb. Fast überall gibt es Klettersteige. Vorher eingehend bei TIC erkundigen oder mit Bergführer gehen. Es gibt wunderbare, auch grenzüberschrei-tende, mehrtägige Wandertouren auf den sog. *Kaša*-Wegen nach Österreich oder nur hinüber nach Zgornje Jezersko. Bergführer und Wanderkarten über TIC.

Übernachten/Essen Das Übernachtungsangebot um Solčava und in den Seitentälern (s. u.), vor allem in Touristischen Bauernhöfen, ist groß – bestens auch für Familien.

Campingplätze gibt es außerhalb der Naturparks in Luče, Ljubno und bei Mozirje.

*** Gostišče First, an der Straße kurz vor dem Ort Solčava, gute Küche mit den Speisen der Region, hübsche Terrasse und kleines *Museum*. Nette Übernachtungsmöglichkeiten, DZ/F 54 €, HP 35 €/Pers. Tägl. außer Mo 12–21.30 Uhr. Logarska dolina 1a, ✆ 03/8394-678, www.first-logarska.si.

Naturpark Robanov kot: Das malerische Hochtal mit Wasserfällen, Karsthöhlen und schöner Flora ist von den steilen Felswänden des Križevnik, der Ojstrica und der Krofička eingeschlossen. Zum Wandern ist dieses Gletschertal herrlich geeignet, es gibt einige Touristische Bauernhöfe. Touristisch ist es hier allerdings wesentlich ruhiger als im Logartal, nicht zuletzt, weil das Tal nur im unteren Teil bis zum Hof Roban befahrbar ist; danach heißt es, das Auto – und auch Fahrräder – abstellen! Am Ende des Tals lädt die Sennerei Robanov kot zum Imbiss ein.

Übernachten/Essen °°°° **Touristischer Bauernhof Govc – Vršnik**, großer Hof auf 680 m im Robanov-Tal. Herrliche Lage und Blick auf die Savinjer Alpen. Hausgemachtes wie Salami, Schwartenmagen, Milchprodukte. Pro Pers. 32 €/ÜF, 40 €/HP. Robanov kot 34, ☎ 03/8395-016, www.govc-vrsnik.com.

》》》 Mein Tipp: °°° **Touristischer Bauernhof Bevšek – Ošep**, auf 115 ha und 600 m. Neben dem Neubau steht eine Pestsäule und das alte, denkmalgeschützte Haus mit Fassadenmalerei, die den hl. Florian, Ursula und Johannes zeigt – wer da nicht wohlbehütet und tief schläft. Gute Kost wie hausgemachter Schweinemagen, Salami, be-

liebt sind auch die Strudel. Nette Zimmer mit üppigem Frühstück 26 €/Pers., HP 33 €. Nur Ende April bis Mitte Okt. Robanov kot 29, ☎ 03/8386-036, www.bevjek-osep.si. 《《

*** Appartements Pod macesnovo streho, „Unter dem Lerchendach", mit kleinem Wellnessbereich.Gut ausgestattete 2- bis 4-Pers.-Appartements ab 84 €; auch Verwöhnpakete. Robanov kot 5, ☎ 03/8386-000, www.pod-macesnovo-streho.si.

Planšarija (Sennerei) Robanov kot, die Sennerei liegt am Ende des Tals, ca. eine halbe Std. Fußmarsch. Hier gibt es Milchprodukte und Brot. Juni–Aug. tägl.

Landschaftspark Logartal (Logarska dolina): Mit seiner imposanten Gebirgslandschaft und herrlichen, von hohen Bergen umrahmten Alpenwiesen zählt es zu den schönsten Gletschertälern Europas. Ein wunderbarer Fleck, um in diesem Naturschutzgebiet ausgiebig zu wandern, zu entspannen und auf jeden Fall einen mehrtägigen Besuch wert.

Ab dem Abzweig (ca. 4 km hinter Solčava) führt ein für Autos gebührenpflichtiges Asphaltsträßchen (s. u.) ca. 9 km bis zum Talende mit Parkplatz beim Dom Planincev. Nach einem ca. 20-minütigen Fußmarsch bergauf ist der *Rinka-Wasserfall* erreicht, der größte frei fallende Wasserfall Sloweniens. Er wird von der oberhalb entspringenden Savinja gespeist, die über mehrere Stufen fließt, ehe sie sich 90 m tief in das *Orlovo-gnezdo*-Becken hinabstürzt und wieder im Geröll versickert (eine weitere Savinja-Quelle entspringt unten am Naturlehrpfad). Außer dem Rinka-Wasserfall sind in der nahen Umgebung noch zahlreiche weitere zu besichtigen.

 Wanderung 15: Zum Rinka-Wasserfall und zur Frischaufov-Hütte → S. 537
Tour über den höchsten slowenischen Wasserfall zur gemütlichen Berghütte

Im Logartal ist man auf die Touristen eingestellt, es gibt Übernachtungsmöglichkeiten in Pensionen, Bauernhöfen und einem Hotel.

Wandern auf dem Naturlehrpfad Logartal: Startpunkt ist kurz vor dem Touristischen Bauernhof Juvanija (Brücke), in der Nähe der zweiten Savinja-Quelle; von hier führt der Pfad in ca. 3 Std. (7 km) hinauf zum Rinka-Wasserfall. Der lauschige Weg schlängelt sich fast immer am Bach entlang durch Buchenwälder und Moore; Informationstafeln (auf Englisch) erklären anschaulich die Vegetation und Tierwelt sowie das Leben der Köhler und Holzfäller – auch für Kinder spannend.

Auch wurde ein behindertengerechter Wanderweg von 1,5 km Länge angelegt, der ab dem Hotel Plesnik zum *Wasserfall Palenk* und bis Dom Planicev führt.

Information Touristinformation TIC, Logarska dolina 9 (Holzhaus nahe Hotel Plesnik), ☎ 03/8389-004, www.logarska-dolina.si. Juli/Aug. tägl. 9–18 Uhr, April–Juni u.

Sept./Okt. nur Sa/So 10–16 Uhr; sonst im Rinka-Center Solčava.

Naturpark Logar, am Beginn des Logartals. Zufahrt: Auto 7 €, Motorrad 4 €; mit AV-

Blick vom Kamniško sedlo auf das malerische Logarska dolina (Logar-Tal)

Ausweis gratis – auch wer nächtigt, muss einmal bezahlen. Auch Fahrradverleih.

Übernachten/Essen   »» Mein Tipp:

**** Hotel Plesnik, von Bergen umgeben, auf 760 m Höhe. Im Landhausstil eingerichtet, komfortabel, mit Hallenbad und Sauna; guter Service. DZ/F 144 u. 168 €, auch HP. Logarska dolina 10, ☏ 03/8392-300, www.plesnik.si. «««

*** Villa Palenk (Ltg. Hotel Plesnik), etwas abseits von obigem Hotel, dessen Einrichtungen mitbenutzt werden können. Schöne DZ/F ebenfalls 144 €. Logarska dolina 9.

*** Landgasthof Ojstrica, am Ende der Asphaltstraße. Hübscher Neubau mit gutem Restaurant (tägl. 8–22 Uhr), netter Garten mit Terrasse – es gibt u. a. Štruklij, Wild, Steaks und Gerichte von eigenen Ziegen und Schafen. Schöne Zimmer, DZ/F 64 €. Logarska dolina 13a, ☏ 03/8389-051, www.logarska-ojstrica.si.

*** Pension na Razpotju, Ltg. ebenfalls Hotel Plesnik. Gut eingerichtete Zimmer mit Balkon, DZ/F 80 €; zudem ist hier ein kleines Wellnesscenter. Daneben Spielplatz und Zauberwald für Kinder. Logarska dolina 14, ☏ 03/8391-650, www.logarska-narazpotju.si.

🌿 **°°°° Touristischer Öko-Bauernhof Plesnik**, schöner 200-ha-Hof fast am Talende auf 770 m mit Blick auf die Zweitausender. Auf den Tisch kommt hausgemachte Biokost (u. a. Käse, Butter, Salami, Saft). DZ/F 60 € (keine HP). Fam. Gregor Plesnik, Logarska dolina 13, ☏ 03/8389-009, www.logarska-tkplesnik.si. ∎

»» **Mein Tipp:** °°° **Touristischer Bauernhof Lenar**, gleich in der Nähe steht das schön renovierte Landhaus in Alleinlage, umgeben von Obstwiesen und mit einem Pool, der von einer Quelle gespeist wird. Geschlafen wird in liebevoll ausgestatteten Zimmern oder im Heuhaus (mit Heubett und Heusofa, 50€ /5 Pers.); auch WiFi. Es gibt Appartements/Zimmer mit gutem regionalem Frühstück. DZ/F 76 €, keine HP. Logarska dolina 11, ☏ 041/851-829 (mobil), www.lenar.si. «««

°°° **Touristischer Bauernhof Juvanija**, vom 7-ha-Hof kommen die Fleisch- und Milchprodukte (Würste, Quark, Milch, Eier), die Vitamine aus dem großen Obstgarten mit Blick auf die Berge. Nette, hilfsbereite Wirtsleute und hausgemachte Gerichte. Zum Frühstück gibt's z. B. Plinis, lecker! Schöne Zimmer (2–4 Pers.), DZ/F 52 €. Logarska dolina 8, ☏ 03/8389-080, www.juvanija.com.

Übernachten/Essen in Berghütten   Mit Alpenvereinsausweis (APV) gibt's 50 % Rabatt.

** Dom Planincev (837 m), schöne Lage am Wanderweg und Parkplatz Richtung Wasserfall Rinka, hinten im Tal. Im gemütlichen Innern oder auf der Terrasse gibt es deftige Hausmannskost. 32 einfache Zimmer (2 und 4 Betten) mit eigenem Bad oder Etagendusche (ab 15 €/Pers., Frühstück 4 €). Mai–Sept. tägl. 8–22 Uhr. Logarska dolina 15a, ☏ 03/5847-006, 031/269-785 (mobil), www.dom planincev.si.

Ostslowenien → Karte S. 334/335

Planšarija (Sennerei) Logarski kot, noch etwas weiter im Tal. Schöne, gemütliche Almhütte mit kleiner Terrasse ums Haus und einfachen Übernachtungsmöglichkeiten (Etagenduschen), ca. 18 €/Pers. Auch hier kann man hausgemachte Milchprodukte probieren: Sauermilch, Quark, Strudel, aber auch Gulasch und Pilzsuppe. Mai–Okt. Logarska dolina 9, ✆ 041/210-017 (mobil).

»»» Mein Tipp: Frischaufov dom na Okrešlju (1396 m), die Hütte liegt malerisch am Waldrand, bietet Weitblick und liegt ca. 30 Min. Fußweg oberhalb des Wasserfalls Rinka. Es gibt 8 Zimmer (ca. 22 €/Pers.), Schlaflager (16 €/Pers.), gute Küche. Mai–Okt. tägl., sonst Fr ab 11–So 15 Uhr (je nach Wetterlage). ✆ 03/8389-070, 041/380-177 (mobil). **«««**

Koča na Klemenči jami pod Ojstrico (1208 m), die Berghütte liegt auf der Südseite des Logartals, erreichbar vom Parkplatz bei der Planicev-Hütte (s. o.) nach ca. 1 Std. gemütlichem Fußmarsch. Wunderschöne Lage am Bächlein. Es gibt Zimmer (20 €/Pers.) und Schlaflager und etwas zu essen. Guter Standort für weitere Wanderungen; aber Vorsicht: der 2350 m hohe Ojstrica-Gipfel ist nur Geübten zu empfehlen (Klettersteig!). Juli/Aug. tägl., März–Okt. nur Sa/So bei gutem Wetter. Logarska dolina 31, ✆ 051/708-063 (mobil).

Orlovo gnezdo, der sog. Adlerhorst liegt beim Rinka-Wasserfall; kleiner Imbiss- und Souvenirladen, an den Fels gebaut und über Stufen erreichbar. Mai–Sept. 11–17 Uhr, im Okt. bei gutem Wetter am Wochenende.

Matkov kot: das letzte schmale Seitental, ehe es hinauf zum Pauličevo Sedlo geht, auf Makadam zu erreichen. Auf 1200 m liegt der sog. Schneebottich, *Matkov škaf.*

Übernachten/Essen   »» Mein Tipp: °°°° Touristischer Bauernhof Gradišnik, das schöne Haus des bekannten Zitherspielers Karli Gradišnik liegt auf einem Hügel auf 920 m in Alleinlage am Beginn des Tales; neben Musik ist die Leidenschaft des Besitzers auch das Bogenschießen, das auch die Gäste hier ausüben können. Es gibt Zimmer (35 €/ÜF/Pers.), Appartements (60 €) und köstliche HP. Logarska dolina 18, ✆ 041/526-699, 041/704-599 (mobil). www.gradisnik.si. **«««**

°°° Touristischer Bauernhof Perk, noch etwas höher, auf 1230 m, liegt dieser schöne Hof in Alleinlage mit traumhaftem Weitblick auf die Berge. Vom 160-ha-Hof kommt alles, was man benötigt – Gemüse, Obst, Milch und Fleisch. Nette Zimmer, DZ/F 48 €, HP 30 €/Pers. Logarska dolina 23, ✆ 03/5847-120, www.perk.si.

°°° Touristischer Bauernhof Matk, dieser schöne 145-ha-Hof liegt hinter Perc auf

1165 m; auch hier gibt es viele Tiere, sehr gutes Essen und ebenfalls einen herrlichen Weitblick auf die Bergwelt. Nette, gemütliche Zimmer, DZ/F 58 €, HP 35 €/Pers. Logarska dolina 21, ✆ 041/556-752 (mobil), www.matk.si.

Weitblick von der Panoramastraße …

Panoramastraße: Fährt man hinauf in Richtung Pauličevo Sedlo und nach ca. 3 km beim Abzweig geradeaus weiter, ist die Panoramastraße (Teer, dann Makadam) erreicht, die sich bis auf knapp 1300 m in die Berge windet und oberhalb des Savinja-Tals verläuft. Über Podolševa geht es hinab nach Sločava. Von der Straße herrliche Ausblicke auf die Savinjer und Kamniker Alpen; zum Übernachten gibt es schöne Touristische Bauernhöfe; auch für Mountainbiker eine wunderbare Strecke!

🌿 **Übernachten/Essen** °°°° Touristischer Öko-Bauernhof Žibovt, auf 1100 m an der Panoramastraße gelegen, mit traumhaftem Weitblick. Auf 59 ha gibt es einen herrlichen kleinen Weiher, eigene Milch- und Gemüseprodukte. Der Neubau im hier typischen Landhausstil bietet schöne Zimmer, DZ/F 58 €, HP 37 €/Pers. Mitte April–Mitte Okt. Logarska dolina 24, ✆ 03/5847-118, www.nad1000m.si. ∎

🌿 °°° Touristischer Bio-Bauernhof Rogar, auf 1250 m – der höchstgelegene Hof Sloweniens; wunderbare Lage an der Panoramastraße; schöner Ausgangspunkt für Wanderungen. Weitblick auf die Savinjer und Kamniker Alpen. Hier bleibt man gerne und lässt sich z. B. mit Lamm oder Süßspeisen des Hauses (Heidelbeer- und Quarkstrudel) verwöhnen. In der Nähe führt der Weg hoch zur Höhle, wo einst Bärenknochen gefunden wurden. DZ/F 50 €, HP 30 €/Pers. Podolševa 24, ✆ 03/8395-030, www.nad1000m.si. ∎

°°° Touristischer Bauernhof Strevc, direkt an der Panoramastraße auf 1235 m im neuen Gebäude; die Schafe und Ziegen weiden unterhalb. Die Wirtin kocht Leckeres mit hausgemachtem Käse, Quark und Honig. DZ/F 50 €, HP 35 €/Pers. Podolševa 26, ✆ 03/8386-020, www.turisticnekmetije.si/strevc.

Touristischer Bauernhof Klemenšek, kurz nach Bauernhof Rogar auf 1145 m liegt das mit Lärchenholzschindeln gedeckte Haus. Sehr gute Küche, keine Übernachtungsmöglichkeit! Grandiose Sicht auf Savinjer und Kamniker Alpen. Startrampe für Paraglider. Oft nun für Gruppen. Mai–Mitte Okt. Sa/So u. Feiertag (Juli/Aug. tägl.). Logarska dolina 29, ✆ 03/8389-024, www.nad1000m.si/klemensek.

Planinski Dom Majerhold, nicht an der Panoramastraße, sondern weiter hoch zum Pauličevo sedlo, an der Straße auf 1150 m gelegen (ca. 7 km von Solčava); neu renoviert mit guter Küche und schöner Restaurantterrasse. Zimmer/Appartements ab 60 €/2 Pers. Mai–Okt. Logarska dolina 30, ✆ 041/336-864 (mobil), www.majerhold.si.

… auf schöne Bauernhöfe und und bei gutem Wetter auf die Savinjer Alpen

Slovenj Gradec – das Rathaus hat einen eindrucksvollen Sitz

Slovenj Gradec

Das Städtchen liegt im hier breiten Flusstal und zwischen den Westhängen des Pohorje- und östlich des Uršlja-Berges. Reizvoll ist neben einen Blick in die kleine Altstadt auf jeden Fall die Umgebung, die etliche Attraktionen bietet.

Slovenj Gradec in der Region **Koroška** (Slowenisch-Kärnten) liegt ca. 15 km nördlich von Velenj (in Richtung österreichische Grenze) am Zusammenfluss von Mislinja und Suhodolnica. Es zählt mit seinen vielen Gemeinden rund 17.000 Einwohner. Einen Besuch lohnen in der Fußgängerzone das *Regionalmuseum* und die *Kunstgalerie* (hier auch TIC) sowie wenige Meter entfernt das *Geburtshaus* des Komponisten Hugo Wolf. Auch die Kirchen *St. Elisabeth* und *Heiliggeist* (Sv. Duh) sind sehenswert.

Reizvoll sind Wanderungen hinauf ins **Pohorje-Gebirge**, wo höchste Gipfel wie Velika Kopa (1542 m) und Črni vrh (1543 m) warten (→ Pohorje-Gebirge) oder der knapp 1700 m hohe Uršlja-Berg. Mountainbiker locken neben dem Drava-Radweg (www.mura-drava.eu) noch viele schöne Bergrouten.

Wanderung 16:
Über den Črni und Ribniški vrh zum Ribniško jezero   → S. 540
Familienwanderung über die höchsten Pohorje-Gipfel zum Hochmoorsee

Geologische Besonderheiten in der Umgebung waren attraktiv genug, um diese Region in einem Gemeinschaftsprojekt mit Österreich in die Liste der **Geoparks** aufzunehmen. Etliche Highlights warten hier in der Umgebung auf Ihren Besuch –für Sportliche auch Underground Biking und Kajaking (→ Slovenj Gradec/Umgebung).

Geschichte

Slovenj Gradec zählt zu den ältesten Städten Sloweniens und wurde 1091 erstmals erwähnt. Funde bezeugen eine Besiedlung durch Kelten, Illyrer und Römer. Marktrecht erhielt Slovenj Gradec bereits um 1180 und schon 1267 wird es als Stadt erwähnt unter ihrem Gründer, dem Grafen von Andechs. Während des Mittelalters siedelte in der Stadt auch die später einflussreiche und namensgebende Adelsfamilie Windisch-Grätz. Es begann die Blütezeit: Slovenj Gradec wurde ein wichtiges Handelszentrum und u. a. Umschlagplatz für Salz aus dem Raum Salzburg, zudem auch für Meersalz, das gen Norden transportiert wurde. Auch ließen sich nun Künstler nieder wie Johannes von Lakh oder Andreas von Otting. Türkische Überfälle blieben nicht aus. Die Reformation, die ab 1525 auch unter den Aristokraten schnell Fuß fasste, fand ihr jähes Ende bereits 1600 mit der Verbrennung aller lutheranischen Schriften. Die Geschichte teilt Slovenj Gradec mit den Habsburgern und dem Herzogtum Karantanien, auch Höhen und Tiefen werden mit der Region Kärnten geteilt, so die bedeutsame Bergwerkstradition um Mežica (s. u.) und deren Niedergang; ebenso die Teilung von Kärnten im Jahr 1918, als das slowenische Kärnten, Koroška, zu Jugoslawien kam.

Eine Kunstszene entwickelte sich in Slovenj Gradec im 17. und 18. Jh.: Meister der Kunst und des Kunsthandwerks waren hier zu Hause – die Maler Karel Pečko und Jože Tisnikar (1928-1998), der Bildhauer Franc Berneker (1874–1932) und der Komponist Hugo Wolf.

Basis-Infos

Information Touristinformation TIC, 2380 Slovenj Gradec, Glavni trg 24, ☎ 02/8812-116, www.turizem-slovenjgradec.si. Juni–Sept. Mo–Fr 8–18, Sa/So 10–17 Uhr; sonst Mo–Fr 8–16, Sa/So 8–13 Uhr. Gute Infos und Kartenmaterial. Im Gebäude auch Museum, Galerie und Café.

Agentur Go-Turizem, Pameče 109, ☎ 051/328-698 (mobil), www.go-turizem.eu. Organisierte Tandem- u. Panoramaflüge, Fahrrad- u. Wandertouren, Fahrradverleih.

Verbindungen Bus: werktags nach Dravograd im 30- bis 60-Min.-Takt, Sa/So weniger; nur 1-mal Direktbus nach Celje, nach Ljubljana 4 Busse frühmorgens. Zu den umliegenden Orten (u. a. Prevalje und zum Bergwerk) gute Verbindungen, Info u. a. www.koratur.si. Zug: ab Dravograd, nur Mo–Fr 6-mal tägl. nach Maribor (1,5 Std.) und Richtung Klagenfurt (A).

Sport Wandern/Mountainbiken/Ski: Die Umgebung von Slovenj Gradec ist sehr be-

liebt zum Wandern und Mountainbiken in der schönen Mittelgebirgslandschaft mit imposanten Weitblicken – allerdings werden Sie hier kaum ausländische Touristen finden. Mit dem Auto gelangt man u. a. bis zum Skigebiet Kopa auf ca. 1300 m – ab dort gibt es schöne Routen in allen Längen (→ Kleiner Wanderführer/Wanderung 16 S. 540), auch am Uršlja gora bis zur Koča na Naravskih Ledinah. Die Wander- und Radwege sind meist markiert, Kartenmaterial bei TIC. Es gibt auch Themenwege, u. a. den Bernekerjeva pot oder Meškova pot (Broschüren bei TIC).

Paragliden: Die Berge bieten tolle Abflugrampen und gute Thermik. Am besten über Go-Turizem (s. o.)

Veranstaltungen Friedensfestival, Fr–So in der 3. Sept.-Woche. Jährlich großer Event mit Workshops.

Blackhole Bikefest (www.blackhole-bikefest.com), ein 9-Tages-Fest in der 3. Juliwoche

Ostslowenien →Karte S. 334/335

(Fr bis nächsten So). U. a. Mountainbike-marathon (51 und 30 km) durch die Tunnels, Enduro Race und jede Menge Begleitpro-gramm. Infos: Damijan Kalčič, ✆ 070/929-950 (mobil), dkalci@gmail.com.

Übernachten/Essen & Trinken

**** Hotel Aerodrom, 4,5 km südöstlich von Slovenj Gradec bei Šmartno; futuristischer Bau. Komfortable Zimmer, DZ/F 80 €. Das Restaurant wird gelobt, von hier kann man Kleinflugzeugen beim Starten und Landen zusehen oder gleich einen Rundflug buchen. Mislinjska Dobrava, ✆ 02/8850-500, www.aerodrom-sg.si.

*** Hotel Vabo, mitten im Zentrum mit Restaurant und Terrasse, gut ausgestattete Zimmer. DZ/F 70 €. Glavni trg 43, ✆ 02/8838-850, www.kope.si.

*** Gostilna-Pension Rahtel, ca. 1,5 km nördlich im Weiler Gmajna mit herrlichem Blick auf Slovenj Gradec. Hier treffen sich v. a. die Paraglider. Das gute Restaurant ist tägl. außer Mo 14–22 Uhr geöffnet. DZ/F ca. 40 €. Gmajna 48a, ✆ 02/8838-870.

Čajnica Peč, das Café- & Teehaus ist im hübschen Innenhof des alten Rathauses untergebracht (→ TIC). Über 60 verschiedene Teesorten sind im Angebot. Hier finden auch Konzerte statt. Tägl. 8–22 Uhr.

Hostel Slovenj Gradec, wurde 2011 erbaut und steht 400 m nordwestlich vom Zentrum. 59 Betten in 1-, 2- und 4-Bettzimmern (alle mit Bad/WC). Auch Suiten mit Küche und Bad für 3, 4 und 8 Pers. und überall WiFi; zudem Café, Terrasse und Parkplätze. Im EZ 22 €, im 4-Bettzimmer 17 €/Pers. Ozare 18, ✆ 051/638-323, www.spotur.si. .

Touristische Bauernhöfe °°°° **Touristischer Bauernhof Rotovnik-Plesnik**, im Weiler Legen (Straße Richtung Skigebiet Kopa, am Westrand des Pohorje) auf 525 m liegt dieses schöne 200-jährige, restaurierte Gehöft, umgeben von 180 ha Wiesen mit Obstbäumen und Spielplatz. Hier gibt es Kühe und alle saisonalen Leckereien kommen vom Hof oder aus dem nahen Wald. Sehr nette, gepflegte Zimmer (pro Pers. 32 €/ÜF, 38 €/HP) lassen Behaglichkeit aufkommen. Legen 134a, 2383 Šmartno pri Slovenj Gradcu, ✆ 02/8853-666, www.rotovnik-plesnik.si.

🌿 °°°° **Touristischer Ökohof Ravnjak**, liegt mit seinen 45 ha auf 760 m im Weiler Sele, rund 10 km westlich der Stadt, am Fuße des Uršlja gora. Das gepflegte modernere Haus hat etliche gut ausgestattete helle Appartements (2–5 Pers.). Neben Hund und Katze rennen Schafe und Hühnerüber den Hof. Aus dem Garten kommen ökologisch angebautes Gemüse und Obst; lecker sind auch die hausgemachten Würste. Gratis-Fahrradverleih und Sauna. Schöne Lage mit

Blick auf Slovenj Gradec, die Savinjer Alpen und Karawanken

Weitblick. Sele 37, 📞 02/8223-041, www. slovenia.info/ravnik. ∎

🌿 °°°° **Touristischer Öko-Bauernhof Lešnik**, 5 km in Richtung Skizentrum Kopa, in Alleinlage auf 700 m. Neben dem schönen Blick auf's Tal gibt es das 300-jährige Haupthaus, eine eigene Kapelle, Nebengebäude, Heustadel (preiswert nächtigen), Kräutergarten, Bienenhaus (wo man auch kuren kann), Spielplatz und natürlich leckere Biokost vom großen Hof – vom Herzhaften und Süßen bis hin zum Flüssigen wird der Gaumen verwöhnt – den ganzen Tag wird aufgekocht. DZ/F 46 €, HP 28 €/Pers. Fam. Irma & Albert Javornik, Golavabuka 24, Šmartno pri Slovenj Gradcu, 📞 02/8853-601, www.turisticnekmetije.si/de/lesnik. ∎

Berghütten Grmoškov Dom (1377 m), 16 km oberhalb von Slovenj Gradec im Pohorje-Gebirge – hier endet die Aspaltstraße. Die sehr einfache Hütte liegt unterhalb des Skizentrums Kopa. Für Wanderungen ein idealer Ausgangspunkt. Pro Pers. 36 €/ÜF.

Tägl. Dez.–Febr. u. Juli–Sept., danach nur Sa/So. Rasborca 31, 2382 Mislinja, 📞 031/680-547 (mobil).

Ribniška koča (1507 m), schöne Hütte und gute Lage mit Weitsicht über die Pohorje-Hügelkette gen Maribor und hinab ins Drava-Tal. Gute Küche, Zimmer und Schlafraum. 30 Min. läuft man zum gleichnamigen kleinen See. Auch per Auto von Radli ob Drava im Drava-Tal über Ribnica (insg. 20 km, ab Ribnica auf Makadam) erreichbar. Ganzjährig und tägl. bis auf Nov. (im April nur Sa/So bei schönem Wetter). Hudi kot 24, 2364 Ribnica na Pohorju, 📞 041/321-983 (mobil).

Dom na Uršlji gori (1680 m), große Berghütte mit Weitsicht, guter Küche, Zimmern und Schlaflager. Bis zum unterhalb liegenden Parkplatz und zur Hütte Koča na Naravskih Ledinah sind es von Ravne na Koroškem 16 km – ab dort 30 Min. bergan auf dem Wanderweg. Tägl. Mai–Sept., Rest des Jahres nur Sa/So, Nov. geschlossen. Jazbina 19, 2393 Črna na Koroškem, 📞 051/612-586 (mobil).

Sehenswertes

Koroška-Regionalmuseum: im früheren Rathaus im 2. Stock (TIC-Gebäude). Auf kleinem Raum gibt es einen archäologischen, ethnologischen und geschichtlichen Bereich, die über die Gegend informieren. Hier wird auch Forschungsarbeit betrieben. Außenstellen dieses Museums gibt es u. a. in Dravograd und Ravne na Koroškem.
Koroški pokrajinski muzej, Glavni trg 24, 📞 02/6212-522, 8842-055, www.kpm.si. Di–Fr 9–18, Sa/So 10–13/14–17 Uhr. Eintritt 2,50 €, Kinder 1,70 €.

Koroška-Kunstgalerie: im ehemaligen Rathaus. Sie zeigt eine internationale Kunstsammlung, u. a. Skulpturen des Italieners Pino Poggi, und auch von regionalen Künstlern wie Bogdan Borčić, Valentin Oman and Štefan Planinc sowie von Jože Tisnikar.
Koroška galerija, Glavni trg 24, 📞 02/8822-131, www.glu-sg.si. Öffnung, Eintritt wie Regionalmuseum.

Museum Hugo Wolf (1860–1903): Im Geburtshaus des Komponisten wurde ein Museum errichtet. Es zeigt orginalgetreues Mobiliar mit Gemälden etc.
Glavni trg 40, www.hugowolf.si. Di–Sa 10–16 Uhr.

Die große Pfarrkirche **Sv. Elizabeta** (St. Elisabeth) wurde 1251 erbaut und bis zum 17. Jh. mehrmals im gerade aktuellen Stil erweitert. Sie ist üppig in Barock ausgestattet und bestens erhalten. Der meisterhafte barocke Hauptaltar wurde von Janez Jakob Schoy geschaffen, die Gemälde u. a. von Franc Mihael Strauss.

Nebenan steht die schindelgedeckte Kapelle **Sv. Duh** (Heiliggeistkirche) von 1428, die für Kranke und Arme errichtet wurde. Das einschiffige, sternförmige Spitzbogengengewölbe beeindruckt u. a. mit dem alten Chorgestühl und der in Quadrate unterteilten und mit Fresken bemalten Nordwand des Presbyteriums, die den Christi-Zyklus symbolisieren, von Andreas von Otting aus Bayern Mitte des 15. Jh. gefertigt; weitere Gemälde u. a. von Mihael Skobel (1633) und Janez Andrej Strauss (1777).

Hübsch anzusehen ist das **Schloss Rotenturn,** das im 15. Jh. um einen Verteidigungsturm und Teil der Stadtmauer errichtet wurde. Im 18. Jh. wurde es großzügig mit Arkadengängen, schönem Barockportal und Innenhof ausgebaut. Heute ist es Sitz der Stadtverwaltung, wo auch Kulturveranstaltungen abgehalten werden.

Sv. Pankracij, im 13. Jh. erbaut, steht auf dem 530 m hohen Burgberg westlich der Altstadt. Stufen führen hinauf zu dem Gemisch aus Gotteshaus und Burg, umgeben von Mauern. Erhalten blieben von der einstigen Burg nur der freistehende Kirchturm, einst ein Wehrturm, und dicke Grundmauern. Im 17. Jh. wurden an der Schlosskapelle eine Sakristei und ein Kirchenschiff angebaut, im 18. Jh. das lange Presbyterium und Chor – die Altarbilder stammen von Janez Andrej Strauss (1721–1783); der zweistöckige Gebäudekomplex mit runden Fenstern ist einzigartig. Das alte Pfarrhaus wurde Anfang des 17. Jh. erbaut.

Sv. Jurij steht idyllisch mit spitzem Kirchturm, dem angebauten, tief gezogenen und schindelgedeckten Kirchenschiff und kleiner Vorhalle rund 2 km am rechten Straßenrand in Richtung Skigebiet Kopa (Straßenkreuzung Legen/Šmartno). Sie ist spätromanisch, im 13. Jh. erbaut, im 17. Jh. schwer beschädigt. Ein Glasfußboden im Kircheninnern gibt einen Blick auf mittelalterliche Fundamente aus dem 9. Jh. frei.

Etwas unterhalb des Gipfels Uršlja gora (1699 m) steht auf 1400 m aussichtsreich die ca. Mitte des 16. Jh. als Wehrkirche erbaute **Sv. Uršula**. Schöne Wanderwege von allen Seiten führen hinauf, stärken kann man sich in der Unterkunftshütte.

Slovenj Gradec/Umgebung

Dravograd: Das alte, heute eher verwaiste 9000-Einwohner-Städtchen liegt malerisch an der Drava und Mislinja und nur 12 km nördlich von Slovenj Gradec. Als Verkehrsknotenpunkt in Richtung Maribor oder Celje wird es oft bei der An- und Heimreise passiert. Ein wichtiger Erwerbszweig, ab 1280 dokumentiert, war in

Die Drava war eine grenzübergreifende wichtige Lebensader für die Holzwirtschaft

dieser Gegend die Flößerei, die Holzverschiffung per Floß nach Ungarn, Serbien und Rumänien – einst eine sehr gefährliche Arbeit, gibt es dies heute als feuchtfröhliche Vergnügungsfahrt für Touristen. Ein Flößereimuseum in Javnik (s. u.) erinnert daran. Auch die wichtige Eisenbahnlinie Klagenfurt – Maribor lief hier vorbei (heute nur noch eine Nebenstrecke). Die Stadt wurde vor allem 1941 bei Kämpfen zwischen der Deutschen Wehrmacht und Jugoslawien fast dem Erdboden gleich gemacht und konnte sich danach wirtschaftlich nicht mehr erholen. An Kulturgütern stehen hier die romanische, aus handbehauenen Steinen erbaute Kirche *Sv. Vid* von 1177 und die malerischen Ruinen der Burg *Stari grad,* im 16. Jh. zur Türkenabwehr erbaut.

Das Kirchlein Sv. Janez Krstnik

Im Ort **Spodnja Muta** (13 km östlich) beeeindruckt das kleine, halbrunde, komplett schindelgedeckte Kirchlein *Sv. Janez Krstnik* aus der ersten Hälfte des 14. Jh., das Innere des Kirchenschiffes ziert eine mit Quadraten und Blumenmuster bemalte Kasettendecke, die man auf die erste Hälfte des 18. Jh. datiert. Die Holzdecke im Chor ist aus der ersten Hälfte des 16. Jh. Am Eingang prunkt ein römisches Steinrelief in Form eines Adlers. Wer Floßtouren liebt, wird hier ebenfalls fündig (Koroški splavarji, Gotina 145b, ✆ 02/8723-333).

Übernachten/Essen Gostilna pri Lipi, in Spodnja Muta, lohnt einen Stopp oder Übernachtung. Im gemütlichen Landgasthof wird bestes Essen gezaubert; in den Stuben oder auf der Terrasse mit Sv.-Janez-Krstnik-Blick lässt man sich die regionalen Spezialitäten schmecken, u. a. *Mežerli* (im Netz gebratene Schweineinnereien), Wildgerichte mit Semmelnknödeln oder den *Pohorski pisker* (Fleischeintopf mit Pilzen, Gemüse und Graupen). Tägl. 9–21/22 Uhr. Gemütliche Zimmer (DZ/F 69 €), auch Radfahrer sind willkommen. Floßtouren. Mariborska cesta 12, 2366 Muta, ✆ 02/8766-090, www.prilipi.si.

Javnik: kleiner Ort an der Drava, ca. 30 km in Richtung Maribor, mit einem kleinen Flößereimuseum in der netten Gostilna Šarmann (geöffnet tägl. außer Mo; ✆ 031/209-147 mobil); neben leckeren stärkenden Flößermahlzeiten werden auch Floßtouren angeboten.

UNESCO Geopark Karnische Alpen: Das grenzüberschreitende Projekt (Österreich und Slowenien) beinhaltet das Gebiet zwischen den Gipfeln Peca (Petzen) und Košuta (Koschuta), es umfasst 977 qkm und ist seit Mai 2013 Geopark-Mitglied. Ausgewählt wurde diese Region aufgrund einzigartiger Gesteine, Mineralien und

Kulturschätze. Im slowenischen Teil, der Koroška-Region, sind hervorzuheben: das Mineral *Dravit*t, eine Art Turmalin, das 1884 Gustav Tschermak bei Dravograd an der Drava fand und nach dem Fluss benannte. Zudem befinden sich hier die größten europäischenWulfenitvorkommen – die schönsten gelbkristallfarbenen Exemplare dieses Gelbbleierzes sind weltweit in Sammlungen zu bestaunen. Neben seiner Schönheit wird *Wulfenit*, eine Blei-Molybdän-Sauerstoff-Verbindung, für die Stahlhärtung eingesetzt, bzw. dient aufgrund des Schmelzpunktes von 2617 Grad als Heizleiter für Hochtemperaturöfen. Namensgeber ist der Naturforscher Franz Xaver Freiherr von Wulfen (1728–1805), der es 1785 bei Bad Bleiberg fand. Auch die Mineralquellen bei Zgornje Jezersko (Seeberg/Bad Eisenkappel), besonders die von Kotlje (nahe Ravne na Koroškem), sind bedeutsam, ebenso wie Fossilien und das einzige Vulkangebirge Sloweniens Smekovško Podgorje mit dem höchsten Gipfel Komen (1684 m), südlich von Črna na Koroškem gelegen.

Geopark-Infocenter: Im Bergwerksmuseum Podzemlje Pece (s. u.), in Mežica, ✆ 02/8700-161, www.geopark.si und www.europeangeoparks.org.

Mežica na Koroškem: Das Städtchen im Herzen der Koroška-Region lebte schon immer von seinen Bergwerken und ist für seine reichen Erzvorkommen zwischen Peca und Uršlja gora schon seit Römerzeiten bekannt. Erste Dokumente zum Abbau von Bleierz stammen von 1665. Bis 1994 wurden hier rund 19 Millionen Tonnen Blei- und Zinkerz gefördert und über 1000 km Schächte und Tunnels gegraben. Bis auf den *Museumsstollen Glančnik* und einige Stollen für Forschungszwecke wurden die Stollen geflutet. Heute konzentriert sich Mežica auf seine umgebende Natur und Bergwelt, zudem haben hier Spitzensportler ihre Trainingslager.

Touristisches Bergwerk und Museum (Podzemlje Pece): Ein Teil des Blei- und Zinkbergwerks in Mežica wurde für die Öffentlichkeit freigegeben und kann auf einer

Mežica – Bergbaumusem mit Bahn   Wulfenit

Führung besichtigt werden. Mit einer Grubenbahn (große Menschen müssen sich ducken!) geht es 3,5 km in den Glančnik-Stollen; dann heißt es aussteigen und auf weiteren 1,5 km Fußmarsch werden anschaulich die Geschichte und die Arbeit in der Grube erklärt. Gut gestaltet ist auch das Museum, das eine schöne Mineralien- und Fossiliensammlung zeigt, auch schöne Wulfenitstücke, zudem beste Fotos zur Flora und Fauna von Maks Kunc. Auch eine kleine ethnologische Abteilung mit Küche, Schlafraum und Stuben der Bergarbeiter wurde eingerichtet. Der Stollen kann auch per Fahrrad besichtigt oder mit dem Kajak durchgefahren werden (→ Kasten). Diese Unterwelt wurde zum europäischen Museum des Jahres 2007 nominiert.

Podzemlje Pece, Glančnik 8 (im Süden der Stadt, nahe N 425), 2392 Mežica, ☏ 02/8700-180, www.podzemljepece.com. Di–So 9–15 Uhr, Führungen 1,5–2 Std., tägl. außer Mo 11 Uhr, Juli/Aug. 11 u. 15 Uhr. Grubenlampe, Helm und Schutzmantel werden gestellt, für gutes Schuhwerk ist zu sorgen!

Die Temperatur beträgt 10 Grad. Zutritt für Kinder ab 5 J. Eintritt 10 €, Stud./Kinder 7,50 €. Per Fahrrad (mind. 2 Pers.) 25 €/Pers., bei 4–7 Pers. 22 €/Pers., Rad-Verleih 10 €; mit dem Kajak 40 € – alles nur nach Voranmeldung.

Mountainbiken und Kajakfahren im Bergwerksstollen

Eine besondere Attraktion ist das Mountainbiken (nur nach Anmeldung) im Glančnik-Stollen – durch die Schächte im Dunkeln flitzen, ein ganz besonderer Genuss. Die Route beträgt insg. 5 km, man fährt mit Helm und Grubenlampe, für warme Jacke, evtl. Handschuhe und gutes Schuhwerk ist selbst zu sorgen. Ab 10 Jahren kann man an diesem Fahrradspaß teilnehmen. Bei der Tour „Biking & Kayaking" wird sehr gute Kondition vorausgesetzt und man sollte, wie immer, die der Slowenen nicht unterschätzen. In 4 Stunden geht es über 12 Ebenen und 500 Stufen durch die Unterwelt und deren Seen.

Eine weitere Attraktion v. a. für sportbegeisterte Jugendliche ist das „Blackhole Bikefest", das auch zum Teil hier stattfindet (→ Slovenj Gradec/Veranstaltungen).

Črna na Koreškem: 8 km südlich von Mežica im Meža-Tal. Der Ort teilt die Geschichte und auch die Eisenerzbergwerke mit Mežica. Heute ist er in Händen der Mountainbiker und Spitzensportler, die am 2125 m hohen Peca trainieren, und ist mit Mežica auch oberirdisch auf Trails verbunden. Hier befindet sich Sloweniens erster und sehr beliebter Mountainbikepark. Wanderer finden ebenso ein großes ausgewiesenes Wegenetz. Ein Naturdenkmal steht 2 km südlich im Dorf **Najovnik**, die *Najevska lipa*, eine 770 Jahre alte Linde, die älteste Sloweniens – ihr Stamm ist ausgehöhlt und wurde saniert.

Sport Beste Gegend für **Mountainbiker** – hier gibt es neben den schon oben erwähnten Undergroundbiken auch Single Trails und Camps und den beliebten Mountainbikepark (www.mtbpark.com). Zudem jede Menge Trails durch die Bergwelt.

Wandern: Viele schöne Wanderwege mit guten Markierungen finden sich nordwestlich in Richtung Podpeca und dem Berg Peca, wie auch nach Osten in Richtung Uršlja gora. Auch die alte Linde kann u. a. über den Mountainbikeweg bei Ludranski vrh erreicht werden.

Ostslowenien →Karte S. 334/335

Blick auf das hübsche Städtchen Piran

Slowenische Riviera

Gerade mal 46 km misst die slowenische Adriaküste von der italienischen Grenze bei Ankaran (Ancarano) bis zur kroatischen Grenze bei den Salzfeldern von Sečovlje (Sicciole) im Dragonja-Tal. Der Küstenstreifen mit seinen malerischen historischen Städten Piran, Izola, Koper und dem alten Seebad Portorož gehört geografisch zu Istrien.

Die slowenische Adriaküste ist dicht besiedelt, im Hinterland verstreut liegen zahlreiche Weiler und kleinere Dörfer. An die sanften Hügel schmiegen sich Weingärten – hier, gleich über dem Meer, gedeiht der Wein am besten. In den windgeschützten Tälern und auf den Feldern zwischen den Weinbergen und Olivenhainen wird Obst und Gemüse kultiviert.

Die venezianisch geprägten Küstenstädte **Koper** (Capodistria), **Izola** (Isola), **Piran** (Pirano) und der Badeort **Portorož** (Portorose) sind viel besuchte Urlaubsziele. Ganzjährig werden sie auch von Slowenen und Italienern für Kurzausflüge, Sonn-

tagsspaziergänge oder längere Aufenthalte angesteuert, denn das Klima ist hier auch im Winter mild, Schnee fällt nur im höher gelegenen Hinterland.

In den Sommermonaten ist die Slowenische Riviera überlaufen, ruhigere Winkel zum Baden und Sonnen findet man dann nur um *Ankaran* und *Strunjan*. Besonders an Wochenenden sind die Straßen mit Autos überfüllt, an den Grenzübergängen bilden sich lange Warteschlangen – freitags rollt der Verkehr von Ljubljana und Triest an, sonntags wieder zurück. Um dem zu entgehen, kann man sich auch aufs Rad setzen und auf dem schönen *Parenzana-Weg* (→ Kasten S. 435) diesen malerischen Küstenstrich erkunden.

Koper (Capodistria)

Koper ist Sloweniens einziger Seehafen. Die autofreie Altstadt mit Baudenkmälern, verwinkelten Gässchen und Cafés an ruhigen Plätzen lädt zum Einkaufen und Flanieren ein, die Umgebung zum Radfahren und Wandern.

Die etwa 20 km südlich von Triest gelegene 23.000-Einwohnerstadt (mit Umgebung doppelte Zahl) ist der zentrale Hafen- und Handelsplatz Sloweniens – und seine wirtschaftliche Bedeutung wächst. Wegen seiner Freihandelszone und als Transithafen spielte Koper schon immer eine bedeutende Rolle. Heute legen am Hafen auch viele Cruiser an. Das weinreiche Hinterland und die Karstregion bieten interessante Ausflüge, u. a. auch zum alles überblickenden 1028 m hohen *Berg Slavnik* (→ Wandern).

Geschichte

Kopers Geschichte ist von Jahrhunderte langer Unterdrückung und Besetzung geprägt, bevor die Stadt nach dem Zweiten Weltkrieg wieder an Slowenien und Jugoslawien fiel. Neolithische und prähistorische Funde zeugen von früher Besiedlung. Außer dem illyrischen Stamm der Histrer waren hier schon die Griechen ansässig und gründeten ihre Kolonie *Aegida*. Unter römischer Herrschaft *Ziegeninsel* genannt, hieß Koper unter der byzantinischen Herrschaft ab Mitte des 6. Jh. *Justinopolis*, während der mehr als 500-jährigen Zugehörigkeit zur Stadtrepublik Venedig *Caput Histriae*, Kopf Istriens. Wie auch die anderen Städte führt Koper noch heute zusätzlich seinen italienischen Namen – *Capodistria*.

Die Altstadt, einst auf einer Insel gelegen, wurde 1825 mit dem Festland verbunden. Die 500-jährige venezianische Herrschaft (1279–1797) prägte das Gesicht der Stadt. Vom 15. bis ins 17. Jh. erlebte Koper durch den ertragreichen Salz- und Getreidehandel seine Blütezeit und war ein ernst zu nehmender Konkurrent des österreichischen Triest. Erst als Triest um 1720 zur Freihandelszone erklärt wurde, verlor Koper wirtschaftlich den Anschluss.

Von 1797 bis 1918, abgesehen vom kurzen französischen Intermezzo von 1805 bis 1809, übernahm Österreich die Herrschaft. Die Donaumonarchie, die bereits ihren Hafen Triest gut ausgebaut hatte, zeigte wenig Interesse am Hafen Koper. Nach dem Ende des Ersten Weltkriegs wurde die Stadt von Italien besetzt. Im „Grenzvertrag von Rapallo" (1920) fiel Koper, wie das gesamte slowenische Küstenland, an Italien, erst 1945 kam die Stadt zu Jugoslawien.

Basis-Infos → Karte S. 433

Information   Touristinformation (TIC), 6000 Koper, Titov trg 3 (im Prätorenpalast), ✆ 05/6646-403, www.koper.si. Mitte Juni–Aug. tägl. 9–20 Uhr, sonst tägl. 9–17 Uhr.

Kompas Turizem, Pristaniška ul. 17 (am Hafen), ✆ 05/6630-581, www.kompas.si. Tägl. außer So. Unterkünfte, Flug- u. Schiffstickets, Ausflüge.

Agentur Palma, Ankaranska 2, ✆ 05/6633-664, www.palma.si. Tägl. außer So. Zimmervermittlung.

Agentur Istranke, Pristaniška ul. 3 (westl. Hotel Koper), ✆ 05/6272-140. Mai–Okt. tägl. 8–19 Uhr (Juli/Aug. bis 21 Uhr), sonst Mo–Sa 8–19 Uhr. Souvenirs, Ausflüge, Fahrradverleih, Infos.

Verbindungen   Bahn- u. Busbahnhof sind von der Altstadt in ca. 15 Min. zu Fuß oder per Stadtbus zu erreichen; beide Kolodvorska cesta 11.

Bus: im 30-Min.-Takt nach Izola. Nach Ljubljana 6- bis 12-mal tägl. (2:15 Std., 11 €); Bus geht nicht auf die A 1, daher lange Fahrzeit durch viele Stopps. Nach Triest (Bahnhof) Mo–Sa 8-mal tägl. (0:30 Std., 3,50 €). Info- ✆ 05/6625-105.

Zug: gute Verbindungen nach Postojna, Ljubljana 4- bis 5-mal tägl. (2:30 Std., 10 €) über Divača (in Divača umsteigen nach Opatija–Rijeka, Sežana–Nova Gorica u. Triest). Infos unter ✆ 05/2964-151, www.veolia-transport.si.

Schiff: Catamaran Venice, Ende April–Ende Okt. Ausflugstour. Infos/Tickets über Kompas.

Fahrradtouren z. B. auf dem asphaltierten „Parenzana" (→ Kasten S. 435).

Gesundheit Ambulanz (Zdravstveni dom), Dellavallejeva 3, ✆ 05/6647-100; 24-Std.-Service. U. a. **Apotheke** (Lekarna) **Koper**, Kidričeva ul. 2, ✆ 05/6110-000; Mo–Fr 7.30–19, Sa bis 13 Uhr.

Jachthafen **Marina Koper**, gut geführte Marina mit schönem Restaurant, Tankstelle, Reparatur- u. Wartungsservice etc. 70 Liegeplätze im Wasser, 30 an Land. 70-t-Travellift, Kran bis 3,5 t. Kopališko nabrežje 5, ✆ 05/6626-100, www.marina-koper.si.

Hafenkapitän, Vojkovo nab. 38, ✆ 05/6656-100.

Nachtleben Diskothek im Planet TUŠ, Fr/Sa bis 5 Uhr.

Veranstaltungen Vom Wein zum Olivenöl, am 25. Juni – alle Winzer u. Olivenölhersteller öffnen ihre Tore. **Süßes Istrien** (Sladka Istra), 3. Sa/So im Sept.; viel Naschwerk ist im Angebot. Im Sommer **Konzerte** am Hafenplatz.

Wandern Es gibt eine Reihe schöner Routen in der Umgebung von Koper, v. a. am Karstrand im Osten. U. a. den lohnenswerten Aufstieg vom Dorf Podgorje zum aussichtsreichen *Berg Slavnik* (→ Wanderung 17, S. 543).

Wein Hiša Refoška – Vinakoper , Šmarska cesta 1 (südl. der Istarska cesta), ✆ 05/6630-136, www.vinakoper.si. Im großen Weintempel der Winzergenossenschaft kann man verschiedene Weine degustieren und kaufen. Mo–Fr 8.30–19, Sa 8–13 Uhr.

Es gibt eine Reihe guter Winzer und Olivenölhersteller, wo Weine und Öle verkostet und gekauft werden können: u. a. **Fam. Babič**, Babiči 36, 6273 Marezige, ✆ 05/6259-170 u. 040/286-245 (mobil); erhielt 2009 u. 2010 Prämierung für besten Wein. **Fam. Miro Plešinger**, Zg. Škofije 62, 6281 Škofije, ✆ 041/633-615 (mobil); erhielt Auszeichnung für bestes Olivenöl 2010. **Touristischer Bauernhof Ludvik Nazarij Glavina**, Šmarje 10, ✆ 05/6392-651; hier gibt es v. a. sehr guten Refošk. **Fam. Marinko Rodica**, Truške 1 c, Marezige, ✆ 05/6550-070; hier auch Muskatweine.

> 🚶 **Wanderung 17: Podgorje – Um den Berg Slavnik (1028 m)**   → S. 543
> Aussichtsreiche Wanderung durch das Naturreservat Slavnik

Der zinnbewehrte Prätorenpalast

Slowenische Riviera → Karte S. 430

Übernachten/Essen & Trinken

Übernachten Privatunterkünfte: Zimmer und Appartements für 2 Pers. ab 40 €.

*** **Hotel Koper** 🖪, schöne Lage am Altstadthafen. Einfache DZ 70 €. Parken nur auf den öffentlichen Plätzen. Das Hotel-Hallenbad Žusterna ist gratis. Pristaniška ul. 3, ✆ 05/6100-500, www.terme-catez.si.

*** **Hotel Aquapark Žusterna** 🔟, ca. 1 km von Koper in Richtung Izola; mit Hallenbad, gegenüber der Straße und am Meer sind Pool und Wasserrutsche; Parkhaus. DZ/F ab 113 €. Istrska cesta 67, ✆ 05/6638-000, www.terme-catez.si.

*** **Hotel Vodišek** 🔟, wenige Minuten zur Altstadt. DZ/F 82 €. Für Zwischenstopp bestens; eigene Parkplätze. Kolodvorska cesta 2, ✆ 05/6392-473, www.hotel-vodisek.com.

**** **Garni Hotel Pristan** 🛛, kleines Hotel für Geschäftsreisende wenige Minuten östl. des Altstadtkerns. Sehr gut ausgestattete Zimmer. DZ/F 120 €. Parkplätze. Ferrarska ul. 30, ✆ 05/6144-000, www.pristan-koper.si.

*** **Hotel Bio** 🔞, im Süden der Stadt; gut geführter Familienbetrieb mit dem sehr guten Restaurant Vodišek (eigenes Öl u. Wein, tägl. außer So ab 11 Uhr) und kleinem Garten. Es gibt 30 Zimmer, DZ/F 64 €. Für einen Stopp bestens; Parkplätze vorhanden. Vanganelska cesta 2, ✆ 05/6258-885, www.hotel-bio.si.

Hostel Histria 🛛, nett, modern, familiär, zudem mitten in der Altstadt. 2- bis 8-Bettzimmer (insg. 34 Betten), Küchenbenutzung. Ca. 14 €/Pers. Ul. pri Velikih vratih 17, ✆ 070/133-552 (mobil), www.hostel-histria.si.

Essen & Trinken Kavarna Kapetanija 🔢, guter Espresso, Eis u. Kuchen, gegenüber vom Hafen. Ukmarjev trg.

Istarska klet Slavček 🛛, uriges Innenstadtlokal; hier gibt's typische istrische Spezialitäten, z. B. Suppen, Polenta mit Fisch, Muscheln und natürlich gute Weine. Tägl. 6.30–21 Uhr, Sa Ruhetag. Župančiceva 39, ✆ 05/6276-729.

Restaurant & Café Capra 🛛, modernes Altstadtlokal mit großer Terrasse, Meerblick und gutem Service. Ob Kaffee, Küchen, Cocktails, Salate, Pasta- u. Fischgerichte oder Desserts – alles ist bestens. Tägl. 8–23 Uhr. Pristaniška ul. 3, ✆ 041/602-030 (mobil).

>>> **Mein Tipp:** Gostilna za Gradom 🔢, ca. 2 km südwestlich von Koper, versteckt am Hang; feinste saisonale Küchenkunst, ob süß oder salzig, aus dem Meer oder der Erde; zudem kunstvoll angerichtet – besser geht's kaum. Tägl. außer So/Mo 8–23 Uhr. Kraljeva ul. 10, ✆ 05/6285-505. ◀◀

Gostilna Pri Tinetu 🛛, preiswerte, gute Gerichte, u. a. Suppen, Pastagerichte, Kalamaris. Tägl. außer So 17–23 Uhr (Sa ab 9 Uhr). Gortanov trg 14, ✆ 05/9968-383.

Konoba-Bar Da Bep'č 🛘, hier gibt es tagsüber schmackhafte, preiswerte Hausmannskost wie den Eintopf Bobići (mit Mais, Bohnen, Kartoffeln u. etwas Fleisch) oder Sardellen. 7–17 Uhr. Cevljarska ul.

Konoba Pri Marija 🛛, für den Mittagstisch bestens – flink werden hier leckere, preiswerte Tagesgerichte wie Suppe, Fisch oder Gulasch serviert. 10.30–15 Uhr. Marušičeva ul. 3.

Übernachten/Essen außerhalb von Koper Touristfarm Vina Bordon, im hübschen Natursteinhof gibt es Weine (Malvasija, Refošk, Rosé), Olivenöl und auch 6 Zimmer. Die Familie zählt zu den ersten hiesigen Weinbauern mit eigenem Label. Dekani 63, 6271 Dekani, ✆ 041/721-228 (mobil), www.vinabordon.si.

>>> **Mein Tipp:** Restaurant & Vinothek Brič, ca. 7 km in Richtung Ljubljana im Ort Dekani. Beste saisonale Küche; Spezialitäten sind Fischgerichte, dazu die Hausweine aus ökologischem Anbau. Tägl. außer Do 11–23 Uhr. Dekani 3 b, 6271 Dekani, ✆ 05/6580-527, 040/745-804 (mobil). ◀◀

Domacija Butul, ca. 4 km südl. liegt das einladende Haus mit Kräutergarten und hervorragender saisonaler Küchenkreation nach Anmeldung. Zimmer/Appartements ab 30 €/Pers. Wer Ruhe sucht, ist hier richtig. Manžan 10 d, ✆ 05/6311-777, www.butul.net.

Garni-Hotel Mimosa, ca. 6 km südwestl. von Koper, mitten im Grünen mit Spielplatz, Grillmöglichkeit u. Pool. 7 nette Zimmer (DZ/F 90 €), WiFi u. Wohnmobilstellplatz. Srgaši 38 a, 6274 Šmarje, ✆ 05/6560-415, mimosa@mail.com.

Gostišče Turk, ca. 2,5 km östl. von Koper in Bertoki. Hier sitzt man wunderbar im Freien. Sehr gute Küche, spezialisiert auf Fisch. Cesta med vinogradi 34, Bertoki, ✆ 05/6392-595.

>>> **Mein Tipp:** Kmetija Mlin, der touristische Bauernhof mit Gostilna, eine ehemalige

Cafés
1 Café Kapetanija

Übernachten
2 Garni Hotel Pristan
5 Hotel Koper
9 Hostel Histria
10 Hotel Aquapark Žusterna
11 Hotel Vodišek
13 Hotel Bio

Einkaufen
14 Weinkeller Vinakoper

Essen & Trinken
3 Rest. & Café Capra
4 Konoba Pri Marija
6 Konoba-Bar Da Bep'č
7 Istarska klet Slavček
8 Gostilna Pri Tinetu
12 Gostilna za Gradom

Koper (Capodistria)

Mühle, liegt malerisch mit schöner Terrasse an der Rižana und am Parenzana-Weg. Es gibt saisonale Küche wie Spargel, Pilze, fangfrischen Fisch und hauseigenen Wein. Einfache Übernachtungsmöglichkeiten. Do–So 12–22 Uhr. Bertoki, Cesta med vinogradi 44, ✆ 041/597-743 (mobil). «

Gostilna-Pizzeria Kortina, an der Hauptstraße in Bertoki und am Parenzana-Weg. Für einen Kaffeestopp oder Snack bestens. Tägl. ab 6.30 Uhr (So ab 9 Uhr). Koper-Bertoki, Cesta Borcev 1.

Gostilna Pod Slavnikom, ca. 25 km südöstl. von Koper in Podgorje – wie der Name besagt, unterhalb des Berges (→ Wandern).

Der hübsch renovierte Landgasthof liegt nahe dem Bahnhof. Gute istrische Küche, auch Zimmervermietung. Mo/Di Ruhetag, sonst ab 12 Uhr. ✆ 05/6870-170, 041/321-379 (mobil), podslavnikom@gmail.com.

Berghütte Tumova koča, auf dem Berggipfel Slavnik mit 24 Schlafplätzen. Sa/So u. Feiert. 6–21 Uhr (Sommer) u. 8–18 Uhr (Winter). Nicht bei starker Bora! ✆ 031/668-688 (mobil), gabrijelanagy@gmail.com.

Landgasthöfe: Südlich von Koper an der Istrska Vinska Cesta gibt es viele weitere gute Gostilnas. Am besten sich aufs Mountainbike schwingen und nach Gefallen ausprobieren! Karte bei TIC erhältlich.

Sehenswertes

Rund um den **Titov trg** (Platea Communis), den Kern der Altstadt, finden sich die kulturellen Zeugnisse der venezianischen Herrschaft. Die **Kathedrale Maria Himmelfahrt** (Marijinega Vnebovzetja) vereint im unteren Teil der Fassade venezianische Gotik mit Stilelementen der Renaissance im oberen Teil, schön verziert mit den Apostelfiguren, mittig prangt die Büste von Giovanni Giustinian, Bürgermeister von 1681. Im Kircheninneren gotische Reliefs, eines davon ist dem hl. Nazarius, dem Schutzheiligen der Stadt, gewidmet, dessen Sarkophag ebenfalls einen Blick wert ist. Der Kirchturm ist für Besucher geöffnet (Juni–Sept. 8–19 Uhr, Juli/Aug.

Slowenische Riviera → Karte S. 430

bis 20 Uhr, sonst nur Fr–So); von oben schöner Ausblick auf Koper, den Hafen und die grüne, sanfthügelige Landschaft im Hintergrund.

Den Platz beherrscht der **Prätorenpalast** (Pretorska palača) aus der Mitte des 13. Jh. mit seinem durch viele Erweiterungen entstandenen Gemisch der Baustile – sein heutiges Aussehen geht auf das 17. Jh. zurück. Er war stolzer Sitz u. a. von Bürgermeistern, Kapitänen und vom Großen Rat und von hier verteidigten die Einwohner ihre Stadt im Jahr 1380 gegen die Genuesen. In die Fassade sind Wappen und Büsten bedeutender Personen sowie Gedenktafeln eingemauert. Die prachtvollen Räumlichkeiten, u. a. ausgestattet mit einer alten Apotheke, Gemälden und Inventar von Adeligen der Stadt und die Vedute von Koper aus dem 19. Jh. können besichtigt werden. Zudem ist hier der Sitz von TIC (Öffnungszeiten Palast wie TIC).

Das prachtvolle Gebäude nebenan ist Sitz der *Univerza na Primorskem,* der drittgrößten Universität Sloweniens.

Gegenüber am Titov trg steht die 1462 errichtete **Loggia,** die gut 200 Jahre später ein Stockwerk draufgesetzt bekam. Sie beherbergt heute eine Galerie.

Östlich des Titov trg liegt der große *Trg Brolo.* Hier steht das älteste Haus des Platzes – der Ende des 14. Jh. erbaute **Getreidespeicher,** auch *Fontik* genannt. Wie beim Prätorenpalast schmücken die Fassade die Wappen prominenter Einwohner und Adeliger. Nördlich der Kathedrale erhebt sich die **Rotonda Carmine,** deren Bau wahrscheinlich schon im 11. Jh. begonnen und erst 1317 beendet wurde. Ihre Fassade ist romanisch, das Innere schmückt Rokokostuckwerk aus dem 18. Jh.

Auf dem *Prešernov trg* plätschert die **Fontana da Ponte,** nach seinem Erbauer da Ponte benannt. Sein jetziges Aussehen, verziert mit drei barocken Wappen, erhielt er 1666. Hier steht auch das **Stadttor Muda** (1516) – das ehemalige Zolltor und einzig erhaltene von einst zwölf Stadttoren ist mit Wappen, Reliefs und Inschriften aus dem 18. Jh. verziert.

Das **Regionalmuseum** (Pokrajinski muzej Koper) im hübschen Belgramoni-Tacco-Palast (17. Jh.) zeigt Zeugnisse der 2500-jährigen Stadtgeschichte.

Di–Fr 8–16, Sa/So u. Feiertag 10–14 Uhr (Mai––Aug. Sa auch 18–21 Uhr). Eintritt 5 €. Kidri-čeva ul. 19, ☎ 041/556-644 (mobil), www. pokrajinskimuzejkoper.si.

Büste des Bürgermeisters Giovanni Giustinian von 1681 (Kathedrale)

Am Ukmarjev trg steht das **Carpaccio-Haus,** in dem angeblich *Benedetto Carpaccio* einige Zeit lebte; von ihm vermutet man, dass er der Sohn des Renaissance-Malers *Vittore Carpaccio* war, aus Koper stammte und auf Slowenisch wahrscheinlich *Krpač* hieß.

Im Südosten der Stadt in Richtung Bertoki liegt ein 122 ha großer See, der **Škocjanski zatok** (www.skocjanski-zatok.org), ein Natur- und Vogelreservat, um den ein 2 km langer Fußweg führt, beliebt bei Spaziergängern und Joggern. Eingebettet in einen dichten Schilfgürtel besteht der See einerseits aus Süßwassersumpf, aber auch aus salzigem Brackwasser und ist Tummelplatz von 241 Vogelarten und beherbergt auch eine reichhaltige Flora. Nach Anmeldung über TIC kann man an Führungen teilnehmen.

Parenzana – „Weg der Gesundheit und Freundschaft"

Auf einer Länge von früher 123 km, heute rund 135 km (Italien 15 km, Slowenien 35 km, Kroatien 85 km) führt der Weg auf der ehemaligen Trasse der Schmalspurbahn Parenzana von Triest (I) nach Poreč (HR). Der Parenzana-Weg ist als schöner Fahrrad- und Wanderweg ausgebaut, dabei werden Tunnels durchfahren und Viadukte überwunden. Das Gemeinschaftsprojekt Parenzana wurde von der EU gefördert und von Slowenien, Italien und Kroatien realisiert. Auf dem größten Teil der Route fuhr von 1902 bis zum 31. August 1953 die Eisenbahn, die Erholungssuchende ans Meer brachte. Gesundheit und Fitness soll er auch heute bringen. Ob sportliche Herausforderung oder Spazierweg in Etappen – der Parenzana-Weg, der entlang der alten Städtchen und Orte verläuft, mal am Meer entlang, dann wieder abseits durch mit Weinstöcken und Oliven oder mit Macchia bewachsene Landschaft, ist für

manche Entdeckung gut und eine herrliche, fast autofreie Panoramastrecke. *Museen* gibt es in Triest (I) – Museo Ferroviario, Campo Marzio beim Jachthafen –, ein kleines in Izola (SLO) und in Livade (HR) am ehemaligen Bahnhof und in Vižinada (HR) steht ein Nachbau der Lokomotive U20.

In Italien stieß das Projekt auf große Schwierigkeiten, da der alte Schienenweg fast vollständig überbaut ist, d. h. die Strecke von Triest nach Muggia führt entlang der Hauptstraße (keine Ausschilderung), kann alternativ per Schiff umfahren werden. Lediglich der Abschnitt Aquilinia-Stramare bis Muggia-Rabuiese (Grenze) ist fertiggestellt. Das Schiff bringt einen mit dem Rad vom Molo Bersaglieri (gegenüber Hauptplatz in Triest) in 30 Min. nach Muggia-Stadtzentrum (www.triestetrasporti.it, ganzjährig, in der Saison fast stündlich, 4,25 €/Pers., 0,85 €/Fahrrad); von dort die Via Trieste ostwärts gen Rabuiese.

Der slowenische Part ist durchgängig auf Asphalt befahrbar, sehr gut ausgeschildert und auch die Tunnels sind beleuchtet. Auf kroatischer Seite ist der Parenzana bis Vižnada (ca. 75 km) sehr gut ausgewiesen und eine wunderbare Panoramastrecke, allerdings verläuft der Weg auf Makadam, teils auch auf grobem Gestein – mit einem guten Mountainbike kein Problem. Die Tunnels sind manchmal nicht beleuchtet (das Licht wurde bereits mehrmals entwendet!). Das restliche Teilstück bis Poreč bzw. bis zum Stadtbeginn von Poreč, ist ebenfalls fertiggestellt.

Die Parenzana-Wegmarkierung ist in Italien wie Slowenien ein blaues Schild mit Fahrradzeichen und „D-8", in Kroatien eine gelbe Lok mit braun-gelbem Eisenbahnrad. Es gibt Parenzana-Fahrradkarten (bei TIC) und Informationen zu diesem Projekt unter www.parenzana.net. Eisenbahnfans werden sich am Buch *Parenzana – The railway for all Times* (Tadej Brate, Verlag Založba Kmečki Glas) erfreuen.

Koper/Umgebung

Ankaran (Ancarano): Wer wegen des Meeresklimas, des attraktiven Sportangebots und zum Sonnenbaden an die Küste will und keine einsamen Strände erwartet, findet in Ankaran (3000 Einwohner), 10 km nördlich von Koper in Richtung Triest, eine Ferienanlage (www.adria-ankaran.si) und einen Campingplatz im Grünen. Trotz der Lage auf einer Landzunge zwischen den zwei Großhäfen Koper und Triest ist das Meerwasser laut den offiziellen Messungen nicht verschmutzt. Der Strand ist fast 1 km lang, der Meeresgrund sandig, die mediterrane Vegetation ist aufgrund der geschützten Südlage sehr üppig.

Übernachten/Essen   **** Villa Andor, schön restaurierte Villa am Stadtrand. Stilvolles Inneres, schattiger Biergarten mit Blick aufs Meer und ein Casino. Nette DZ/F 80 €. Vinogradniška 9, ✆ 05/6155-000, www.andor.si.

Motel-Restaurant Sv. Katarina, sehr gutes Restaurant mit lauschiger Terrasse und Meerblick, Spezialität sind Fischgerichte. DZ mit Balkon/Terrasse 60 €. Tägl. 11–23 Uhr. Jadranska cesta 17, ✆ 041/673-846 (mobil), www.gostisce-svkatarina.com.

**** Appartements Debeli rtič, moderne Appartements mit herrlichem Meerblick und Pool. 90–150 € (2–4 Pers.). Jadranska cesta 61 a, ✆ 05/6520-880, www.debeli-rtic.si.

Camping   *** Camping Adria, neben dem Kloster u. der gleichnamigen Ferienanlage. Schönes weitläufiges 7-ha-Gelände mit Pools, Tennisplätzen u. Wassersportangebot (Segeln, Surfen, Wasserski), Restaurants u. Supermarkt. Im Juli/Aug. sehr voll. 13,50 €/Pers. Auch Mobilhausvermietung. Mitte April–Mitte Okt. ✆ 05/6637-350, www.adria-ankaran.si.

Hrastovlje: Den Kirchenbesuch der dreischiffigen, romanischen *Sveta Trojica* (12.–13. Jh.), im 16. Jh. gegen die Angriffe türkischer Heere mit hoher Natursteinmauer umfriedet, sollte man nicht versäumen. 1581 erwarb sie *Leander Zarotus*, ein österreichischer Adeliger und Doktor der Medizin und der Künste, der sich vorbildlich um ihre Instandhaltung kümmerte. Das Innere ziert die reiche Bemalung mit dem über 500 Jahre alten Freskenzyklus, u. a. „Totentanz" und „Passion Christi", geschaffen von *Ivan aus Kastav*. Der Patronatstag der Kirche ist am 26. Juni, am Sonntag darauf gibt es um 11 Uhr eine Messe, ansonsten einmal im Monat. Im Ort

Hrastovlje – Detail aus dem Fresko „Totentanz" in Sv. Trojica

warten etliche kleine Galerien auf Besucher, z. B. die von *Jože Pohlen* oder *Viktor
Snoj*, die man bei einem geführten oder
eigenen Rundgang besichtigen kann.

Öffnungszeiten Kirche: Tägl. außer Di 9–
12/13–17 Uhr, Sa/So durchgehend offen. Ticket 2 € (ab 14 J.), Kombiticket inkl. geführ-
tem Rundgang 7,50 €. Falls die Kirche verschlossen ist, im Ort bei Fr. Rozana Rihter
(☎ 031/432-231, mobil) oder bei TIC nachfragen.

Information   Touristinformation (TIC),
6275 Črni Kal, Hrastovlje 53, ☎ 041/398-368
(mobil).

Essen & Trinken   》》》 Mein Tipp: Restaurant Švab, im Ort, bekannt für gute Fuži-
und Trüffelgerichte. Tägl. außer Mo/Di ab
12 Uhr. ☎ 05/6590-510. 《《《

Sočerb: bekannt durch die **Burg Strmec**
(13. Jh.), die abseits des Ortes an der
alten Straße von Koper nach Kozina,
unterhalb der lang gestreckten 450 m
hohen Felswand steht. Sie bot schon
Illyrern, Römern und danach wechselnden Besitzern ein sicheres Zuhause und
einen malerischen Blick über die sanften Hügel der Halbinsel Istriens, auf
Triest und die Küstenstädte an der glitzernden Adria. Erst 1780 erlitt die Burg,
einst nur über eine Zugbrücke sowie einen in den Fels gehauenen Gang be-
tretbar, durch einen Brand schwere

Grad Strmec – herrlicher Adriablick

Schäden. Kurz vor der Burg zweigt ein Weg zur *Sv. Jama* ab, einer Pilgerstätte in
einer Höhle, die sonntags um 14 Uhr nach Absprache besichtigt werden kann.

Höhlenbesichtigung Jamarsko društvo
Dimnice, Hr. Franc Maleckar, ☎ 051/692-648
(mobil).

Essen & Trinken   Restaurant Grad
Strmec, rustikales Inneres und herrlicher
Weitblick. Di–Do 18–22, Fr–So 12–22 Uhr.
☎ 041/571-544 (mobil).

Črni kal und **Osp:** Die beiden Dörfer am Karstrand sind heute wegen ihrer schrof-
fen hohen Felswände weithin bei Kletterern bekannt. In der *Osper Höhle* (für Besucher nicht geöffnet) fanden unter einer überhängenden Felswand schon in frühge-
schichtlicher Zeit Menschen Zuflucht, was Funde belegen.

Übernachten/Essen   》》》 Mein Tipp:
Gostišče Majda, schöner Landgasthof mit
Terrasse ca. 2 km nördl. von Osp in Alleinlage; das gute Restaurant ist bekannt für Trüffelgerichte. Auch Übernachtungsmöglichkeiten. Tägl. außer Di/Mi 12–23 Uhr. Osp 88,
Črni kal, ☎ 05/6590-110, 041/624-294 (mobil). 《《《

Camping Camping Vovk, nettes, schattiges Wiesengelände unterhalb von Osp und
der Felswände; beliebt v. a. bei Kletterern
u. Höhlenforschern. Nebenan eine Gostilna
(Grill u. Saisonküche). Ganzjährig. Osp 20,
Črni kal, ☎ 040/167-787 (mobil), www.
kmetija-vovk-osp.si.

Blick auf Izola, die Bucht von Koper und Triest

Izola (Isola)

Das alte Fischerstädtchen auf einer Halbinsel in der Bucht von Koper strahlt Gemütlichkeit aus. Die schattigen Cafés und Restaurants sind gut besucht, ebenso der neue große Jachthafen, in dem stolze Segelschiffe und Motorjachten ankern.

Überragt wird das ruhige Izola mit seinen 14.500 Einwohnern vom *Sv. Mauro*-Kirchturm. Entlang der Uferpromenade reihen sich lauschige Cafés und ein kleiner üppiger Park, in dem verschiedenste Rosensorten und alle existierenden Lavendelarten (insgesamt gibt es 18) gedeihen. Die Bewohner leben neben dem Tourismus von der Fischerei und der Konservenfabrik, die sich gegenüber der Altstadt niedergelassen hat. Wenn zum traditionellen jährlichen Fischerfest geladen wird, kommt Leben in die Stadt: Dann wird gegessen und getrunken und der Refošk, ein süffiger, dunkelvioletter Rotwein aus der Umgebung, macht die Zungen locker.

Das Hinterland, die *Istrska Vinska Cesta,* lädt zur Weinverkostung und kulinarischen Genüssen ein – die hübschen kleinen Orte sind bequem mit dem Mountainbike zu erreichen.

Geschichte

Izola war bereits unter den Römern besiedelt, wie Funde in der Bucht von *Simonov zaliv* belegen: Hier sind bei starker Ebbe noch Kai- und Mosaikreste der römischen Siedlung *Halieatum* zu sehen. Aus Dokumenten des Jahres 972 geht hervor, dass Izola von Flüchtlingen aus Aquileia besiedelt wurde. Als der deutsche Kaiser *Otto I.* die Stadt dem Venezianer *Candiani* überschrieb, taucht in der Schenkungsurkunde das erste Mal der Name *Izola* auf. Während seiner stürmischen Geschichte war Izola im 13. Jh. für kurze Zeit selbstständig und hatte einen eigenen Konsul.

Die weiße Taube von Izola

1380 versuchten Genueser mit ihrer Flotte Izola anzugreifen. Laut einer Legende hüllte an diesem Tag aber Nebel die Stadt auf ihrer Insel ein. Eine weiße Taube flog vom Kirchendach Sv. Mauro aufs offene Meer, die Genueser folgten ihr in der Annahme, sie fliege zum Festland. Die Taube kehrte mit einem Olivenzweig im Schnabel zurück und ist seither im Stadtwappen verewigt.

Ansonsten erlebte Izola die gleiche geschichtliche Entwicklung wie das nahe Koper. Im 19. Jh. wurde der Kanal zwischen der Insel und dem Festland zugeschüttet. In der ersten Hälfte des 19. Jh. wurden im Meer heiße Thermalquellen entdeckt – dort, wo heute die Konservenfabriken stehen, stand in früheren Zeiten ein gut besuchtes Thermalbad.

Basis-Infos

→ Karte S. 441

Information Tourismusverband/TIC, 6310 Izola, Ljubljanska ul. 17, ☎ 05/6401-050, www. izola.eu. Juni–Aug. tägl. 9–20; Mai u. Sept. Mo–Sa 9–16, So 10–14 Uhr; sonst Mo–Fr 9–16, Sa 10–14 Uhr. Infos, Karten, Fahrräder.

Agentur Laguna, Istrska vrata 7, ☎ 05/6400-278, 6418-630, www.laguna-sp.si. Privatzimmer.

Agentur Bele Skale, Cankarjev drevored 2, ☎ 05/6403-555, www.beleskale.si. Ausflüge, Zimmer.

Agentur Spik, Pitonijeva 13, ☎ 031/390-704 (mobil), www.spik-travel.si. Zimmer.

Verbindungen Busbahnhof, Trg Republike. Im 30-Min.-Takt nach Koper und Piran, Sa/So u. Feiertage eine Stunde; nach Ljubljana 3- bis 6-mal tägl. (2:30 Std., u. nicht über A 1, 15 €); 1-mal Mo–Sa um 7 Uhr nach Triest (0:40 Std., 4 €) – ansonsten Busse ab Koper nehmen, bessere Verbindungen. **Zug**, ab Koper.

Schiff Katamaran Venice, Ganztagestour nach Venedig (2:30 Std.); April–Okt., Info/Buchung über TIC u. Agenturen.

Baden U. a. an der Nordspitze der Altstadt. In Simonov zaliv gibt es einen Kieselstrand. Schön ist die Felsküste mit Strand unterhalb der Klippen in Richtung Strunjan.

Bootsverleih u. a. Adriarent, Marina Izola, Tomažičeva ul. 2 (Büro), ☎ 05/6401-102.

Fahrrad Fahrradgeschäft Ritoša, Kajuhova 28 (südl. Južna cesta), ☎ 05/6401-240, www. ritosa.si. Serviceteile, Reparaturen, Verleih.

Schön ist eine **Radtour** auf dem asphaltierten Parenzana (→ Kasten Parenzana-Weg, S. 435).

Gesundheit Gesundheitszentrum, Ul. oktobrske revolucije 11, ☎ 05/6635-050; 24-Std.-Bereitschaft ☎ 05/6635-000. Hier auch **Apotheke**, ☎ 05/6400-300.

Internetcafé KT1 **8**, Trg Etbina Kristana (nahe Post). 11–23 Uhr. WiFi-Zone.

Jachthafen Marina Izola, durch Bucht und 2 zusätzliche Wälle gut geschützt. 700 Liegeplätze im Wasser (bis 30 m), 50 zu Land. Reparatur- u. Wartungsservice, 50-t-Travellift, 5-t-Kran. Nautikshop, Sanitäranlagen, Wäscherei, Parkplatz mit 600 Stellplätzen. Tomažičeva 12, ☎ 05/6625-400, www.marina izola.com.

Nachtleben Vinothek/Bar Manzioli **4**, im Manzioli-Palast, Manziolijev trg. 5. 7–24 Uhr, Fr/Sa bis 1 Uhr.

»» Mein Tipp: Loungebar Moby Dick **12**, mit Terrasse. Leckere Cocktails u. Restaurant; zudem Events (auch Salsa). Dantejeva ul. (östl. von Marina). **«**

Veranstaltungen u. a. Cuban-Salsa-Festival (www.salsafestival.si), Ende April–Anf. Mai, im Resort Simon zaliv. Fischerfest, Ende Aug. Intern. Handballfestival, Anf. Juli mit ca. 150 Mannschaften. Olivenöl-, Wein- und Fischtage, Anf. Juni. Intern. Filmfestspiele (www.isolacinema.org), Anfang Juni. Stadtfest Sv. Mauro, am So um den 23. Okt.

Wandern Eine aussichtsreiche **Rundwanderung** ins Hinterland mit Küstenblick bis zur italienischen Bergwelt bietet sich an: Izola–Bared–Šared–Livade–Jagodje–Izola; rund 10 bzw. 12 km (rund um Šared), bis auf 252 m, ca. 3:30 bis 4 Std.

Izola – lauschige Konobas rund um den Hafen mit seinen hübschen Fischerbooten

Übernachten

Privatunterkünfte vermitteln die Agenturen. Übernachtung im DZ ab 40 €. Ferienwohnungen ab 50 €/2 Pers. In der TS haben die **Hotels** einen Aufschlag von 10–20 %, teils auch noch einen Wochenendzuschlag.

»» Mein Tipp: *** Hotel Marina , in schönster Lage an der Uferstraße unweit des Jachthafens. Schöne Terrasse, sehr gutes Restaurant (→ Essen). Spacenter mit Whirlpool und Massagen. Komfortable DZ/F mit Meerblick 152 € (Parkseite günstiger). Ganzjährig. Veliki trg 11, ✆ 05/6604-100, www.hotelmarina.si. **«**

*** Hotel Delfin , an der Uferstraße hinter dem Jachthafen. Modern, u. a. mit Hallenbad, Pool und guter Ausstattung. DZ/F 104 €. Ganzjährig. Tomažičeva 10, ✆ 05/6607-400, www.hotel-delfin.si.

** Hotel Keltika , inmitten der Altstadt. Nette, gut ausgestattete Zimmer, DZ/F 85 €. Ganzjährig. Kosovelova 31, ✆ 05/6419-777, www.keltika.si.

Hostel Izola , im einstigen Hotel Riviera, nahe beim Hafen mit Blick aufs Städtchen. 30 Betten, mit Frühstück 28 €/Pers. Nur Juli/Aug. geöffnet. Prekomorskih brigad 7, ✆ 05/6621-740, tihomir.busija@guest.arnes.si.

Hostel Alieti , mitten in der Altstadt nahe der namensgebenden Kirche, mit 25 Betten in 4- bis 6-Bettzimmern; 22 €/Pers. (inkl. 2 Croissants, Kaffee/Tee). DvorišČna ul. 24, ✆ 051/670-680 (mobil), www.hostel-alieti.si.

Übernachten außerhalb ***–**** Hotelresort San Simon , 1 km in Richtung Piran. Unterkünfte in verschiedenen Dependancen, Beton- u. Felsbadestrand, Tennisplatz, Beachvolleyball; Spa Mirta, Pool, Meerwasserhallenbad, Restaurants und Nightclub. DZ/F ca. 110–130 €. Ganzjährig. Morova 6 a, ✆ 05/6603-100, www.sansimon.si.

*** Hotel Belvedere , ruhige Lage auf der grünen Anhöhe stadtauswärts in Richtung Piran. Der Ausblick auf die Buchten bis Triest und nach Venedig ist grandios. Zum felsigen Naturstrand führt ein 600 m steiler Fußweg den üppig bewachsenen Hang hinab. Kürzer ist's zum obigen Freibad. Das Hotel verfügt über Dependancen, Restaurant mit schöner Aussichtsterrasse u. Bar, Tennisplätze; angrenzend der Campingplatz. DZ/F mit Balkon ab 103 €. Dobrava 1 a, ✆ 05/6605-100, www.belvedere.si.

Touristischer Bauernhof Baredi , ca. 4 km südöstl. im Weiler Baredi. Mit guter

Gostilna, Weinverkauf und Zimmervermietung. Baredi 19 d, ℡ 05/6420-257.

»» Mein Tipp: Touristischer Bauern- und Reiterhof Medljan , ca. 5 km südl. von Izola; wunderbare Lage am Berg. Hier kann man Reitunterricht nehmen oder Pferde zum Ausreiten mieten. Leckeres Essen, schöne Appartements (4+1 Pers.) im Natursteinhaus (80 €) und Zimmer im Nebenhaus, DZ/F 60 €. Ganzjährig. Cetore 29, Izola, ℡ 05/6420-081, www.medljan.net. **««**

Jugendhotel Stara Šola, ca. 8 km südl. von Izola in der alten Schule in Korte. Schönes Gebäude mit 17 Zimmern (2- bis 4-Bettzimmer mit/ohne eigenem Bad), Küche,

Bücherei und schönem Garten mit Liegewiese. 19–24 €/Pers. Mladinski hotel, Korte 74, ℡ 031/375-889 (mobil), www.hostelstarasola.si.

Camping   ** Campingplatz Belvedere, dem gleichnamigen Hotel angeschlossen. Schattiger Platz unter Bäumen mit großem Freibad, Restaurant u. Kiosk. In der NS ein lauschiger Platz. Pro Pers. 11–13 €. April–Sept. Dobrava 1, ℡ 05/6605-100, www.belvedere.si.

* Campingplatz Jadranka, klein, am Stadtrand (Richtung Koper), mit Restaurant am Meer. Für Wohnmobilbesitzer für einen Stopp okay. 11 €/Pers. Juni–Sept. ℡ 05/6402-300.

Essen & Trinken →　Karte S. 441

Alle hier aufgeführten Restaurants arbeiten ganzjährig.

>>> **Mein Tipp:** Restaurant Marina **2**, im gleichnamigen Hotel mit lauschiger Terrasse unter Blauregenpergola. Hier gibt es beste saisonale Küche – Fisch, Schalentiere oder Fleisch – bei sehr gutem Service, dazu feinste Weine. Veliki trg 11, ✆ 05/6604-100. <<<

Gostilna Ribić 3, wie der Name besagt isst man hier bestens Fisch, zudem ist es das älteste Restaurant im Ort und am Hafen. Veliki trg 3, ✆ 05/6418-313.

Gostilna Sidro 6, an der Uferpromenade. Schöner Blick aufs Meer, gutes Lokal für Fischgerichte. Sončno nabrežje, ✆ 05/6414-711.

Gostilna Bujol 5, beliebtes Fischlokal mit Terrasse am netten Kirchplatz. Gute Fischgerichte, leckerer Bakalar (getrockneter Stockfisch), Fischcarpaccio und Tintenfischsalat. Mo/Di Ruhetag. Verdijeva 10, ✆ 041/799-490 (mobil).

>>> **Mein Tipp:** Pizzeria Gušt **9**, gegenüber dem Stadtpark. Hervorragende Pizzen (auch Pasta/Risotto): Der Koch war slowenischer Meister der Pizzabäcker und die Nr. 14 der Weltrangliste! Guten Appetit! Drevored 1. maja 5. <<<

Restaurant Sonja 17, etwas oberhalb der Stadt, gegenüber der Rezeption des Hotel-

resorts San Simon. Auf der schönen Terrasse werden gute Fisch- und traditionelle istrische Gerichte serviert. Morova ul. 4, ✆ 05/6403-500.

Essen außerhalb Restaurant Kamin **20**, im Hotel Belvedere. Von der Anhöhe wunderschöner Blick auf die Bucht. Dobrava 1 a, ✆ 05/6605-666.

An der Weinstraße liegen eine Reihe kleiner Orte und Lokalitäten mit leckeren traditionellen istrischen Spezialitäten, u. a.:

>>> **Mein Tipp:** Hiša Torkla **19**, ca. 8 km südl. von Izola. Vom stilvoll renovierten Natursteinhaus (18. Jh.) mit gemütlicher Terrasse bietet sich ein schöner Weitblick. Leckere verfeinerte Karst-Küche, Spezialitäten sind Peka-Gerichte (Kalb, Lamm u. Tintenfisch), Fisch- u. Trüffelgerichte. Vinothek, gehobenes Preisniveau. Auch Appartementvermietung. Korte 44 b, ✆ 05/6209-657, www.hisa-torkla.si <<<

Gostilna Korte 15, gegenüber vom Torkla und preiswerter. Ebenfalls ein sehr gutes Lokal mit schönem Freisitz. Schmankerln wie Ombolo Korte, Hase oder Rehbockgulasch mit Fuži oder Gnocchi und süffiger Wein. Tägl. außer Di ab 11 Uhr. Korte 44, ✆ 05/6420-200.

Sehenswertes

Alle historischen Bauten befinden sich um den alten **Fischerhafen**: die **Pfarrkirche Sveti Mauro** (16. Jh.) mit abseits stehendem, gut erhaltenem Campanile, der ebenso wie der Campanile der **Kirche Madonna di Alieto** (Ende 18. Jh.) östlich vom Fischerhafen dem venezianischen Markus-Kirchturm ähnelt. Im **Palais Manzuoli** (15. Jh.) schrieb *Nicolo Manzuoli* 1611 ein Buch über Istrien, das ihn weithin berühmt machte. Der **Palast Besenghi degli Ughi** (18. Jh.), Izolas schönstes Gebäude, steht unterhalb der Kirche und schmückt sich mit stuckverzierten Fenstern, Balkonen sowie einem runden Portal mit Männerkopf in der Mitte. Heute residiert hier die städtische Musikschule.

Parenzana Museum: Sehr kleines, im Ausbau befindliches Museum zur Geschichte der Parenzana-Eisenbahnstrecke. Zudem wechselnde Ausstellungen (→ Kasten S. 435). Do–Sa 16–19, So 10–12 Uhr. Eintritt 2 €. Ul. Alme Vivode 3, ✆ 041/613-299 (Mr. Srečko Gombač).

Archäologischer Park Simonov zaliv: stadtauswärts am Ritič Korbat (Kap kurz vor der Hotelbucht). Die Ausgrabungsstätte zeigt Hafenmauern und die Grundmauern einer *villa rustica* von ca. 25–10 v. Chr. sowie eine Mosaikrekonstruktion des ehemaligen Fußbodens. Viele Funde sind in Koper (Regionalmuseum) zu bewundern, etliche Mauern sind vom Meer umspült. Zu römischen Zeiten zählte Simonov zaliv aufgrund des guten Windschutzes zu den größten Häfen Istriens und wurde bis ins frühe Mittelalter genutzt. Geöffnet Mai–Sept.

Blick über die Salzfelder gen Piran

Strunjan (Strugnano)

Ein Kurort mit Feriensiedlung auf der weit ins Meer ragenden grünen Landzunge zwischen Izola und Piran: Strunjan liegt abseits der Hauptstraße, inmitten der üppigen mediterranen Vegetation und der Stille des Pinienwalds.

Einen Ortskern sucht man hier vergebens. Strunjan ist ein reiner Ferienort mit etlichen Hotels, Ferienwohnungen, Bungalows und Campingplatz, der sich auf beiden Seiten der Strunjanski-zaliv-Bucht und der Salinenfelder ausdehnt. Heute werden nur noch wenige Salinen zur Salzgewinnung genutzt. Obwohl Strunjan in der Salzgewinnung weniger bedeutend als Sečovlje (Fontanigge) war, verschlief es die neuesten Technologien nicht. Bereits Anfang des 20. Jh. wurden alle kleinen Salzbeete zu einer großen Produktionseinheit zusammengelegt. So mussten weniger Salzgärtner arbeiten, der Salzpreis wurde günstiger.

Heute sind die Salzgärten vergrast, für Wasservögel eine ideale Brutstätte, bei Zugvögeln ein beliebter Sammelplatz.

Das günstige Klima ließ einen florierenden Kurtourismus entstehen. Mit den natürlichen Heilmitteln Meerschlamm und Meersalz werden Lungen- und rheumatische Krankheiten behandelt. Ansonsten sind im Ort, in dem der berühmte Violinist und Komponist *Giuseppe Tartini* einige Jahre seiner Kindheit verbrachte, nur die Reste eines römischen **Kastells** und ein Hafen am Anfang der Bucht sehenswert.

Von Strunjan aus kann man schöne Spaziergänge nach Izola, Piran oder Portorož unternehmen oder, an den Salinenfeldern vorbei, um die Bucht laufen – Strunjan ist eine grüne Oase an der sonst dicht besiedelten Slowenischen Riviera.

Richtung Osten verläuft das **Kap Ronek** (Rtič Ronek), ein Naturschutzgebiet, das am nördlichen Ende in steilen, aus karstigem Flyschgestein bestehenden Klippen bis zu 80 m abfällt. Hier oben am Kap steht im Pinienwald die Kirche **Sv. Marija** (12. Jh., 1463 erneuert) mit schönen Fresken – ein 30-minütiger Spaziergang hinauf lohnt.

Übernachten   Schöne **Privatzimmer** und **Appartements** östlich von Kap Ronek, z. B. **Fam. Zudič**, Strunjan 113, ☎ 031/244-582 (mobil); Appartements für 60–90 €; ein wundervoller Platz mit Weitblick. In der TS Aufschlag von bis zu 20 %.

–* Thalasso Strunjan, Kuranlage auf der nördlichen Landzunge, eingehüllt vom Pinienwald und einem Park. Beheizter Meerwasserpool, Saunen, Sport-, Beauty- u. Wellnesscenter Thalasso Salia mit Salinenmassagen, Shiatsu etc. Zum Komplex gehören: ****** Hotel Svoboda** und die schöne, etwas preisgünstigere Dependance ***** Villa Park** mit Antiallergieausstattung sowie die ***** Bungalows Vile** mit Terrasse. Es gibt HP-Pakete ab 2 Nächten, für 2 Pers. ca. 150–200 €. Strunjan 148, ☎ 05/6764-547, www.terme-krka.si.

》》》 Mein Tipp: *****–**** Bioenergieresort Salinera**, in Alleinlage mit Dependancen (s. u.) an der Buchtsüdseite. Modernes Hotel mit gutem Restaurant, schöner Terrasse und modernem Wellnesscenter (Außen- u. Innenpool, Saunen, Massagen, Biotherapien, Meditation etc.). Im Hauptgebäude kostet das DZ/F mit Balkon ab 134 €. Einfacher ausgestattet die **** Appartements Salinera** (ca. 155 €/4 Pers.) mitten im Grünen. Komfortabler die ****** Appartements Vila Maia** (2–4 Pers., Balkon, Terrasse, Küche etc.), ab 160 €/4 Pers. mit 2 Zimmern, oberhalb vom Meer. Haupthaus ganzjährig. Strunjan 14, ☎ 05/6907-000, www.salinera.si. **《《**

An der südlichen Buchtstraße folgen hintereinander die neu eröffneten ***** Hotel Oleander** (Strunjan 17, www.hoteloleander.si) und **Mirta** (Strunjan 16, www.hotel-mirta.si). DZ/F 120 bzw. 130 €. Hier wohnt man ruhig mit schönem Blick und relativ preiswert, möchte man Piran besuchen.

Camping   ***** Campingplatz Strunjan**, schattiges 1,5-ha-Terrassengelände oberhalb der Bucht an der Hauptstraße! Restaurant, Supermarkt (ca. 100 m). Der Strand ist in ca. 200 m, die Hotel-Pools können genutzt werden. Für Stopp in Ordnung. Ganzjährig. Strunjan 23, ☎ 05/6782-076.

Essen & Trinken   Restaurant **Primorka**, Ausflugslokal im Pinienwald (gehört zur Kuranlage Strunjan). Gute Fischgerichte. Tägl. 11–24 Uhr. Strunjan 148, ☎ 05/6780-000.

Gostilna Pod Trto, kleine, weinberankte Terrasse, v. a. gute Fischgerichte, zudem hauseigenes Olivenöl und Wein. Tägl. außer Mo 8–22 Uhr. Strunjan 32, ☎ 05/6782-372.

Blick gen Fiesa, Strunjan, Kap Ronek und Italien gegenüber

Blick vom Kirchplatz Sv. Jurij auf den Tartiniplatz und den Hafen

Piran (Pirano)

Der Geburtsort von Giuseppe Tartini ist das schönste Küstenstädtchen (4150 Einwohner) an der Slowenischen Riviera. Die Vielzahl venezianischer Bauten, die malerische Lage und das Leben in den schmalen Gassen verströmen Charme und Atmosphäre.

Wahrzeichen des ehemaligen Seeräubernests ist das Kirchlein *Sv. Klementa* an der Spitze der Landzunge. Auf dem Hügel oberhalb dominiert, alles überragend, der Kirchturm der großen Kathedrale *Sv. Jurij*. Ein Schmuckstück Pirans ist der hübsch renovierte *Tartiniplatz* – heute Mittelpunkt des Stadtgeschehens. Viele der schmalen drei- bis fünfstöckigen venezianischen Häuser wurden restauriert, in den verwinkelten Gassen finden Kunstliebhaber einige hübsch gestaltete Galerien.

Ein schöner Spaziergang, um sich einen Stadtüberblick zu verschaffen, beginnt, von Fiesa kommend, oberhalb auf dem Hügel (dort Parkhaus). Vorbei geht es an der alten Stadtmauer und hinab Richtung Kathedrale oder zu den weiteren Kirchen in den engen Gässchen oder in Richtung Uferpromenade, wo zahlreiche Lokale um die Gunst der Gäste buhlen.

In der Hauptsaison quillt das Städtchen von Touristen über – Autos, außer die der Anwohner, müssen auf den Großparkplätzen vor der Stadt bleiben.

Geschichte

Historiker meinen, der Name Piran leite sich von Pyros, dem griechischen Wort für Feuer, ab. Die Legende jedenfalls erzählt von einem großen Feuer an der Stelle des heutigen Leuchtturms auf der Punta, das den griechischen Schiffen als Orientierung diente und ihnen den Weg in die Kolonie *Aegida* (Koper) wies. 178 v. Chr. verleibten

Slowenische Riviera → Karte S. 430

die Römer die Küste ihrem Imperium ein: Die Weltmacht hatte von den ständigen Überfällen der hier lebenden Kelten und Illyrer auf ihre Handelsschiffe in der nördlichen Adria genug. Piran wurde wie seine Nachbarstädtchen der römischen Kolonie *Aquileia* angegliedert, seine Einwohner wurden „romanisiert". Im 7. Jh. wird Piran als byzantinische Siedlung erwähnt, im 8. Jh. kamen die Slawen.

Im 10. Jh. schlossen Piran und Venedig einen Handelsvertrag. 1210 überließ Venedig die Stadt den Patriarchen von Aquileia. Doch Pirans Monopol auf den Handel mit Salz von den Sečovlje-Salzfeldern gefiel den Venezianern nicht, 1283 riss Venedig deshalb die Kontrolle über Piran wieder an sich. Und das blieb der Stadtrepublik im Gegensatz zu Koper und Izola nun treu – Piran unterstützte Venedig in seinen Kriegen, besonders gegen Genua – und bekam zum Dank seine Selbstständigkeit wieder zurück.

Im Mittelalter war Piran als Umschlagplatz für Salz, Wein, Öl, Getreide, Holz und Eisen von großer Bedeutung. Eine Stadtmauer zum Schutz vor den Türken wurde um den Hügel gebaut. Von 1797 bis 1918, abgesehen von dem kurzen napoleonischen Intermezzo (1805–1809), hatte Österreich-Ungarn Piran unter Kontrolle. Nach dem Ersten Weltkrieg fiel die Stadt im *Grenzvertrag von Rapallo* 1920 an Italien, nach dem Zweiten Weltkrieg an Jugoslawien.

Basis-Infos

Information Tourismusverband/TIC, 6330 Piran, Tartinijev trg 2, ℘ 05/6734-440, www.portoroz.si. Juli/Aug. tägl. 9–20 Uhr; Sept., Juni 9–19 Uhr; sonst Mo–Sa 9–17, So 10–14 Uhr. Gute Infos u. Karten.

Agentur Maona, Cankarjevo nabrežje 7, ℘ 05/6734-520, www.maona.si. Ausflüge, Zimmer.

Turist Biro, Tomažičeva 3 (nahe Hotel Piran), ℘ 05/6732-509, www.turistbiro-ag.si. Zimmer.

Bus Busbahnhof südl. der Altstadt am großen Parkplatz (Uferstraße). Gute Busverbindungen entlang der Slowenischen Riviera; zudem 1-mal tägl. außer So Triest (6 €, 1:30 Std.); 8-mal Ljubljana (12 €, max. 3 Std.). Ende Juni–15. Okt. auch tägl. 16.25 Uhr nach Kroatien (Umag, Poreč, Rovinj). Tickets im Bus. Bushaltestelle für den Stadtverkehr (Portorož, Lucija, Strunjan) am Tartinijev trg. Infos über TIC oder ℘ 05/6713-122.

Parken Garage Fornače (1,70 €/Std., 17 €/Tag) und Großparkplatz südl. der Altstadt, per Busshuttle zur Schranke, Rückfahrt ab Tartinijev trg. Garage Arze, oberhalb der Altstadt (1,50 €/Std., 12 €/Tag). Parkgebühren müssen auch bei Altstadthotelnächtigung bezahlt werden.

Schiff Topline, Piran–Venedig, Mai–Sept. samstags. Trieste Lines, Triest–Piran–Poreč–Rovinj, nur Juli/Aug. Infos TIC (s. o.).

Taxi u. a. Piraneze, ℘ 051/607-333 (mobil); Flughafen Triest ca. 100 €.

Ausflüge Tägl. Ausflugsmöglichkeiten per Bus und auch per **Boot** entlang der Küste mit verschiedenen Veranstaltern, z. B. nach Rovinj, Brijuni und Venedig.

Baden Rund um die **Punta** badet und sonnt sich Alt und Jung, viele wagen einen Sprung in die Fluten. Zudem ist vor dem **Hotel Piran** ein beliebter Badeplatz mit Einstiegsleitern und betonierten Liegeflächen zwischen den Felsen. Die riesigen Felsblöcke, die bei Sturm vor hohen Wellen schützen, sind auch beliebte Sonnenplätze und Treffpunkte am Abend. Der nächste Badestrand im Grünen liegt in der Bucht **Fiesa**.

Einkaufen Salzgeschäft Benečanka, Tartinijev trg. Tägl. 10–17 Uhr. Hier gibt es verschiedene Salze und auch Salzblüte.

Fahrrad Bike-Point – Luma Sport, Dantejeva 3 (bei Altstadtschranke), ℘ 041/781-414 (mobil). Mai–15. Aug. 9–12/17–21 Uhr. Verleih und Service.

Gesundheit Apotheke, Tartinijev trg 4, ℘ 05/6730-150. Mo–Fr 8–20, Sa 8–13 Uhr.

Jachthafen Ca. 100 Ankerplätze; **Hafenkapitän**, ℘ 05/6710-190.

Nachtleben Cocktailbar Café Teater **16**, Cafébar Žižola **3** am Tartinijev trg und Cafebar & Internet Da noi **9**, Prešernovo nabrežje (neben Restaurant Pavel); **Cafébar Čakola 14**, neben Hotel Piran, Weinverkostung, Cocktails.

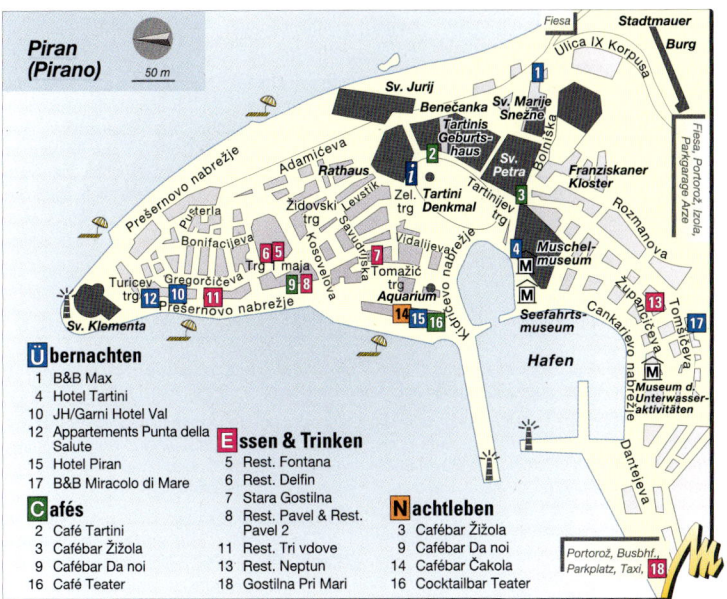

Piran (Pirano)

50 m

Fiesa · Stadtmauer · Ulica IX Korpusa · Burg

Sv. Jurij · Benečanka · Sv. Marije Snežne · Tartinis Geburtshaus · Sv. Petra · Franziskaner Kloster · Fiesa, Portorož, Izola, Parkgarage Arze · Rozmanova · Rathaus · Adamičeva · Prešernovo nabrežje · Osterla · Bonifacijeva · Židovski trg · Levstik · Trg 1 maja · Kosovela · Gregorčičeva · Savudrijska · Tartinijev trg · Zel. Tartini Denkmal · Vidalijevo nabrežje · Tomažič trg · Aquarium · Muschelmuseum · Seefahrts-museum · Turičev trg · Sv. Klementa · Prešernovo nabrežje · Kumičevo · Cankarjevo nabrežje · Župančičeva · Tomšičeva · Museum d. Unterwasser-aktivitäten · Danteljeva · Hafen · Portorož, Busbhf., Parkplatz, Taxi

Übernachten

1 B&B Max
4 Hotel Tartini
10 JH/Garni Hotel Val
12 Appartements Punta della Salute
15 Hotel Piran
17 B&B Miracolo di Mare

Cafés

2 Café Tartini
9 Cafébar Žižola
9 Cafébar Da noi
16 Café Teater

Essen & Trinken

5 Rest. Fontana
6 Rest. Delfin
7 Stara Gostilna
8 Rest. Pavel & Rest. Pavel 2
11 Rest. Tri vdove
13 Rest. Neptun
18 Gostilna Pri Mari

Nachtleben

3 Cafébar Žižola
9 Cafébar Da noi
14 Cafébar Čakola
16 Cocktailbar Teater

Tauchen SUB-NET, Prešernovo nabrežje 24 f (Punta), ✆ 041/746-153 (mobil), www.sub-net.si.

Veranstaltungen u. a. **Piraner Musikabende**, Juli/Aug.; Klassik im Atrium des Minoritenklosters.

Piran-Festival, im Aug., viele Konzerte am Tartinijev trg.

Intern. Folklorefestival MIFF (www.miff.si), Anfang Juli.

Patronatsfest Sv. Jurij und Salinenfest, letzter Sa/So im April.

Trad. Segelregatta, 7. Mai ab 12 Uhr. Zudem an diesem Tag auch ein **Oldtimer-Korso**.

Salinenfest Piran, am 3. April-Wo.-Ende im am Tartinjev trg; in Erinnerung an die alte Tradition, als die Salzgärtner zur Saison (Ende April bis Ende Aug.) mit ihren Familien per Boot in die Bucht Sečovlje fuhren. Zudem Konzerte, Salzverkauf, Peelings – alles, was mit Salz zu tun hat, auch salzhaltige Schokolade. In den Salinen von Sečovlje kann man den Arbeitern zusehen.

Übernachten

Privatzimmer/Appartements ***-Kategorie DZ ab 40 €, Frühstück ca. 6 €/Pers.

Appartements Punta della Salute 🄬, das pinkfarbene Haus kurz vor der Altstadtspitze. Parken oben im Parkhaus. Verschieden große Appartements für 2–6 Pers. 60–100 €. Turšičev trg 2, ✆ 041/646-465 (mobil).

B & B Miracolo di Mare 🄬, nette Zimmer und kleiner Garten. DZ/F 75 €. Tomšičeva 23, ✆ 051/445-511 (mobil), www.miracolo dimare.si.

B & B Max 🄬, nettes, hübsch renoviertes Altstadthaus mit 6 gut ausgestatteten Zimmern und gutem Frühstück. DZ/F 70 €. Ul. 9. Korpusa, ✆ 051/6733-436, www.maxpiran.com.

***** Hotel Tartini** 🄬, vor dem Tartini trg am Hafen (in der HS nichts für Ruhesuchende). Kleines, nettes 40-Zimmer-Hotel, modern renoviert. Auf der Dachterrasse hübsche Cafébar- und Restaurantterrasse – weiter Blick aufs Meer. DZ/F 114 € (TS 132 €), Parken 8 €/Tag. Tartinijev trg 15, ☎ 05/6711-000, www.hotel-tartini-piran.com.

》》 Mein Tipp: **** Hotel Piran **15**, direkt an der Altstadtuferpromenade am beliebten Felsbadeplatz. Komfortable 74 Zimmer, 15 Suiten, Wellnesscenter, gutes Café und Restaurant und eine herrliche Dachterrasse für den Sundowner. Von den Zimmern herrlicher Weitblick übers Meer bis zum Kap Sa-

vudrija. DZ/F mit Balkon u. Meerblick 200 €, Parkplatz inkl., Fahrradabstellraum. Stjenkova 1, ☎ 05/6662-100, www.hotel-piran.si. 《《

Jugendhotel ** Hostel & Garni Hotel Val **10**, 20 nette 1-, 2-, 3-Bettzimmer (Etagenduschen). Teeküche, Waschmaschine, Aufenthaltsraum mit TV, WiFi. Im Restaurant (Tische auch in der Gasse) erhält man vom guten Frühstück bis Vollpension alles. Im DZ/F 60 €, pro Pers./F 25 €. Gregorciceva 38 a (hinter Turicev trg), ☎ 05/6732-555, www.hostel-val.com.

Essen & Trinken

→ Karte S. 441

Einladende Cafés und Restaurants finden sich an der Uferpromenade Richtung Leuchtturm auf der Punta, aber auch in den schmalen Gassen und auf den Plätzen.

Bei den folgenden Lokalen wirkt sich die schöne Lage an der Uferpromenade preisverschärfend aus: **Restaurant Pavel & Pavel 2 8**, an der Uferpromenade. Restaurant mit langer Tradition. Geräumige schattige Terrasse, Fisch- und Grillspezialitäten. Tägl. bis 23 Uhr. ☎ 05/6747-101, -102.

Blick von der Stadtmauer aufs Meer

Restaurant Tri vdove (Drei Witwen) **11**, ein paar Schritte von obigem entfernt, kleinere, sonst ähnliche Speisekarte, zum Hotel Piran gehörig. ☎ 05/6762-518.

Ein hübscher, ruhiger Platz zum Essen ist der Trg 1. Maja: Hier sind die **Restaurants Delfin 6**, ☎ 05/6732-448 und **Fontana 5**, ☎ 041/695-614 (mobil), erwähnenswert.

Restaurant Neptun 13, nordöstl. der Agentur Maona. Angenehmes Restaurant abseits des Touristenrummels. Hier kocht der röm. Meeresgott Neptun persönlich, wie das Schild verspricht. Župančičeva 7, ☎ 05/6734-111.

》》 Mein Tipp: Gostilna Pri Mari 18, nahe Altstadtschranke. Behagliches Interieur, gekocht wird mediterran – lecker und bester Service, einziges Manko: kein Freisitz. Mo Ruhetag. Dantejeva 17, ☎ 041/616-488 (mobil). 《《

Stara Gostilna 7, hinter dem Tomažić trg. Sehr gutes Fischlokal, guter Service. Freundlich-heller Innenraum, Sitzplätze auch im Freien in der kleinen Gasse. Savudrijska 2, ☎ 05/6733-165.

Cafés Café Tartini **2**, Caféhaus mit Galerie und rattanbestuhlter Terrasse am Tartiniplatz bei der „Venezianerin", wie man das Venezianische Palais nebenan nennt. Schön kühl und schattig. Treffpunkt der Piraner.

》》 Mein Tipp: Café Teater 16, wunderbarer Platz, um seinen Espresso zu trinken, innen wie außen sehr lauschig. Terrasse abgetrennt durch Blumenkübel, direkt am Meer. 《《

Die Geschichte des Piraner Salzhandels

Der Salzhandel in der Nordadria war seit alters her ein lukratives Geschäft, das Venedig über die Jahrhunderte ständig zu kontrollieren versuchte. Seit dem 12. Jh. gab es von Venedig eingesetzte Salzkontrolleure *(Camerarii salis)*, die im 13. Jh. zu Salzinspektoren *(Provveditori al Sal)* aufgewertet wurden: Sie kontrollierten jetzt nicht nur die Ernte, sondern auch den Bau neuer Salzfelder. Den (steuerfreien) Salzschmuggel versuchten die „Schmuggel-Richter" *(Giudici del Contrabando)* einzudämmen.

Erstmals erwähnt werden die Salzgärten von Piran in der zweiten Hälfte des 13. Jh. Seit 1377 wurde ein neues Verfahren zur Salzgewinnung angewandt, das die Qualität und damit auch den Preis deutlich verbesserte. Der Piraner Salzhandel blühte, und was nicht zu verkaufen war, tauschte man mit den Krainer Kaufleuten im Hinterland gegen Weizen, Eisen und Holz ein. Mitte des 15. Jh. kam der Salzboom durch die Pest zum Stillstand. Zudem nahm Venedig den istrischen Städten ihr althergebrachtes Recht, das Salz ins Hinterland zu verkaufen. Die Piraner waren jedoch nicht unmittelbar an diese Verträge gebunden und nutzten ihre Privilegien. Doch die Kontrollen Venedigs wurden schlimmer – und der Salzschmuggel damit immer profitabler.

Mitte des 16. Jh. erlebten die Salzgärten von Piran eine neue Blüte, denn Venedig hatte inzwischen andere Probleme, als sich um die Salzgärten zu kümmern – es musste seine Macht gegenüber den Türken und Habsburgern verteidigen. Inzwischen war Triest zur österreichischen Hafenstadt geworden und ein Kampf zwischen Venedig und den Habsburgern um die Triester Salzgärten setzte ein: Kaum hatten die Habsburger neue Gärten angelegt, zerstörte sie Venedig wieder – die Habsburger sollten das von Venedig besteuerte Piraner Salz kaufen. Doch das war meist schon von den Schmugglern ins Hinterland verhökert worden. Um dem Schmuggel Herr zu werden, setzte Venedig schließlich auf schwere Strafen wie Galeerenarbeit, erhöhte das Heer der Kontrolleure weiter und sicherte sich schon vor der Ernte einen Großteil des Salzes. Doch dem Schmuggel tat das keinen Abbruch. Ständig wurden die Salzlager von Piran geplündert, die Ladungen per Pferd oder Esel heimlich in den Triester Hafen oder ins Hinterland gebracht. Auch Frauen mischten in dem Männerberuf eifrig mit und sogar die Obrigkeit, z. B. der Rat von Koper, gab seinen Segen dazu – wenn sich das Fußvolk damit ein paar Silberlinge verdiente, war es auch für andere Gefälligkeiten zu haben ...

Der Verfall des Piraner Salzhandels begann schleichend. Neue Salzgärten in Sizilien und Süditalien sowie scharfe habsburgische Kontrollen, die die Kaufleute aus dem Hinterland zwangen, ihr Salz in Triest und nicht im von Venedig kontrollierten Piran zu kaufen, waren der Anfang des Niedergangs. Zudem reduzierten die Österreicher die Abgaben, was den Absatz des teuren Piraner Salzes weiter schmälerte. Im 18. Jh. blieb das Piraner Salz erstmals unverkauft – es wurde ins Meer geworfen. Und während Venedigs Stern weiter sank, wuchs Österreich-Ungarns Macht und der Handel mit dem Salz der Konkurrenz aus den Triester Salzgärten blühte. Seit 1805 schließlich kontrollierte Österreich ganz Istrien. Ab 1814 wurden die Piraner Salzgärten wieder ausgebaut, die Qualität durch modernere Techniken verbessert und die Absatzmärkte bis in die Türkei, ja sogar bis nach Skandinavien, Indien, Nord- und Südamerika ausgeweitet.

Bis 1967 wurde das Salz in den Salzgärten von Fontanigge(Sečovlje) auf die althergebrachte, inzwischen unwirtschaftliche Art gewonnen – und der Abbau schließlich eingestellt. So haben wir heute die Möglichkeit, die Schönheit eines einzigartigen Naturreservats zu genießen, mit seinen unzähligen Wasservögeln, die hier paradiesische Lebensbedingungen gefunden haben.

Piran – das prachtvolle Innere der Kathedrale Sv. Jurij

Sehenswertes

Zentraler und belebtester Platz Pirans ist der **Tartinijev trg**, benannt nach einem berühmten Sohn des Ortes, dem Komponisten und Violinisten *Giuseppe Tartini* (1692–1770). Bis 1894 war hier der Hafen, der zugeschüttet wurde, um Platz zu gewinnen; 1896 errichteten hier die Stadtväter etwas verspätet zum 200-jährigen Geburtstag des Musikers ein Denkmal. **Tartinis Geburtshaus** (Tartinijeva Hiša) steht hinter dem Denkmal, neben dem Venezianischen Palais; eine Gedächtnisplatte an der Fassade macht darauf aufmerksam. Ein Raum mit persönlichen Erinnerungsstücken Tartinis kann besichtigt werden.
Juni–Aug. 9–12/18–21 Uhr, Sept.–Mai 11–12/17–18 Uhr, Mo u. Feiertag geschlossen. Eintritt 2 €, Kinder 1,50 €. Kajuhova 12.

Das **Venezianische Palais**, ein roter Palazzo mit Spitzbogenfenstern auf dem schönsten Platz am Hafen, ließ um 1420 ein venezianischer Kaufmann für seine Geliebte bauen. Weil das Volk das junge Glück argwöhnisch beäugte und die junge Frau sich missbilligende Äußerungen anhören musste, ließ der Kaufmann an der Außenfassade des Hauses eine Inschrift anbringen mit dem Text „Lassa pur dir" – Lass sie nur tratschen.

Südwestlich vom Tartinijev trg zeigt das **Aquarium** in mehreren Becken Meerespflanzen und diverse Meerestiere, darunter sogar einen Hai.
Mitte Juni–Ende Aug. tägl. 9–20 Uhr; März–Mitte Juni sowie Sept./Okt. 9–19 Uhr (nicht Mo), sonst tägl. außer Mo 9–17 Uhr. Eintritt 5 €, Kinder 3–15 J. 3 €. Kidričevo nabrežje 4, ✆ 05/602-554, www.aquariumpiran.si.

Seefahrtsmuseum (Pomorski Muzej Sergej Mašera): Gegenüber vom Bootshafen im klassizistischen Gabrielli-Palast aus dem 17. Jh., innen mit prachtvollen Stuckarbeiten geschmückte Räumlichkeiten. Das Museum trägt den Namen des Kapitäns der slowenischen Marine, dessen Schiff im Ersten Weltkrieg torpediert wurde. Gezeigt werden neben Schiffsgemälden alte Schiffsmodelle, darunter mächtige Großsegelschiffe aus dem 17./18. Jh., sowie eine Dokumentation über die Salzgewinnung

(→ Sečovlje). Auch eine Sammlung von Votivbildern aus der Pilgerkirche Sv. Marija in Strunjan fehlt nicht, gestiftet von den Matrosen, um keinen Schiffbruch zu erleiden oder aus Dank für die gesunde Heimkehr. Eine kleine archäologische Sammlung zeigt keramische Funde, die bis in die Neusteinzeit und Bronzezeit zurückreichen.

Tägl. außer Mo 9–17 Uhr (Juli/Aug. 9–12/17–21 Uhr). Eintritt 3,50 €, Kinder 2,50 €. Cankarjevo nabrežje 3, ✆ 05/6710-040, www.pomorskimuzej.si.

Museum der Unterwasseraktivitäten (Muzej podvodnih dejavnosti): U-Boote, Kriegsmarine, alte Tauchausrüstungen – eine kleine Sammlung von Gegenständen, Fotos etc.

Juni–Sept. tägl. 10.30–20 Uhr, sonst Fr–So u. Feiertag 11–18 Uhr. Eintritt 3,50 €, Kinder 2 €. Županičeva 24, ✆ 041/685-379 (mobil), www.muzejpodvodnihdejavnosti.si.

Am Südende vom Tartiniplatz hat ein kleines, privates **Muschelmuseum** geöffnet. Auf kleinstem Raum werden 4000 Exemplare gezeigt, u. a. Schnecken, Muscheln, Perlenmuscheln, Seeigel aus der Adria sowie aus den weltweiten Meeren.

Juni–Sept. tägl. 10–20 Uhr, sonst tägl. außer Mo 11–18 Uhr. Eintritt 5 €. Tartinijev trg 15, www.svet-skoljk.si.

St.-Georgs-Kathedrale (Sv. Jurij): Eindrucksvoll überragt das Städtchen der Campanile der Kathedrale, der dem San-Marco-Turm in Venedig nachempfunden ist. Von hier oben bietet sich ein toller Blick über die verwinkelten Gässchen und die antennenbestückten Hausdächer. Wann genau das Gotteshaus errichtet wurde, ist unklar, geweiht wurde es jedenfalls am Tag des hl. Georg, am 24. April 1344. Im 17. Jh. wurde St. Georg im venezianischen Barock umgebaut und erhielt mit dem Campanile sein heutiges Erscheinungsbild. Seitdem musste der Kirchenhügel immer wieder befestigt und abgestützt werden, ein durch ständige Erosion nicht enden wollender Prozess. Ab 1663 wurde der Hügel schließlich aufwändig mit Steingewölben befestigt, die bis zum Ende des 20. Jh. immer wieder saniert werden mussten.

Den großen Innenraum (→ Foto S. 450) schmücken sieben Marmoraltäre von 1737, zwei Plastiken des hl. Georg (17. Jh.) sowie Wandmalereien der venezianischen Schule. Beachtenswert sind die großen Gemälde „Messe in Bolsena" und „Das Wunder des hl. Georg" von Angelo de Coster (17. Jh.). Die Orgel schuf 1746 der dalmatinische Franziskanermönch Petar Nakić. In der Kirche ist ein *Museum mit Lapidarium* zu besichtigen (nur Mai–Okt. Mo–Fr 10–13/17–19 Uhr, Sa/So 11–19 Uhr, Di Ruhetag; Eintritt 1,50 €), u. a. ist hier das alte hölzerne Kirchenmodell von 1595 ausgestellt. Neben der Kirche befindet sich das achteckige *Baptisterium* (1650) mit Sarkophag, den man bis heute als Taufbecken benutzt.

Lohnenswert ist der Aufstieg auf den vom Wetterengel Gabriel geschmückten *Kirchturm*, in dem neben anderen noch immer eine Glocke aus dem 15. Jh. hängt – die Sicht von hier oben ist gigantisch. (Juni–Sept. 10–21 Uhr, sonst bis 18 Uhr; Eintritt 1 €, Kinder bis 7 J. 0,50 €).

Noch höher als der Campanile ragen die Reste der **Stadtmauer** mit ihren Wehrtürmen in den Himmel, die sich imposant auf dem nordöstlichen Hügel Pirans in Richtung Süden erheben. Von den zwischen 1470 und 1534 erbauten acht Türmen stehen noch sieben, die renovierten Türme und Verbindungstreppen können nach Einwurf von 1 € am Automaten besichtigt werden.

Zum ältesten Stadtteil **Punta** an der Landzungenspitze führen vier Tore, die alle gut erhalten sind. Hier steht auch die Kirche **Sv. Klementa**. Sie wurde bereits im 13. Jh. erwähnt, ihr heutiges Aussehen erhielt sie nach etlichen Umbauten 1773 und 1890. Sie wurde zur Abwendung der Pest erbaut. Der **Trg 1. maja** war bis zum 13. Jh. der Hauptplatz Pirans. Wegen seiner schönen Kulisse wird er, wie der Tartinijev trg,

Slowenische Riviera → Karte S. 430

während des Sommerfestivals für viele kulturelle Veranstaltungen genutzt. In seiner Mitte thront eine Plattform mit zwei *Frauenfiguren,* die das „Recht" und das „Gesetz" symbolisieren, daneben zwei Regenbrunnen mit zwei nackten Jungenfiguren, aus denen einst das Regenwasser floss.

Die **Kirche** und das **Minoritenkloster des hl. Franziskus von Assisi** (Bolniška ulica) stammen aus dem 14. Jh. Die Klosterkirche *Sv. Francesco (hl. Franziskus)* wurde 1301 bis 1318 von den Minoriten errichtet. Trotz zahlreicher Innenumbauten im 17. Jh. ist im Presbyterium der ursprüngliche gotische Stil noch deutlich zu erkennen. Neben dem Hauptaltar (1787) gibt es fünf weitere Altäre, der schönste ist der des hl. Antonius von Padua. Sehenswert ist auch der Renaissancebaldachin mit Ausmalung von Vittore Carpaccio sowie die Gemäldesammlung mit Werken aus dem 17. und 18. Jh. Das wertvollste Werk, die „Madonna mit dem Heiligen" (1518), ebenfalls von Vittore Carpacciao, wurde 1940 nach Italien entführt. Im Kirchenboden liegen die sterblichen Reste der Prominenz, u. a. auch die der Familie Tartini.

An der Ostseite der Kirche neben dem 30 m hohen Kirchturm ist der Eingang zum *Minoritenkloster,* das seit 1996 wieder von Mönchen bewohnt wird. Auch Giuseppe Tartini lebte hier eine zeitlang und erhielt hier seine musikalische Grundausbildung. Durch ein Portal mit zwei reich verzierten Steinsäulen betritt man das Atrium und den schönen Renaissancekreuzgang, *Križni hodnik* (17. Jh.). Wegen der guten Akustik werden hier auch klassische Musikabende veranstaltet; ein Film informiert über die Stadtgeschichte. Die **Pinakothek** zeigt vor allem Gemälde aus dem 17. Jh. (Geöffnet wird das Kloster, wenn man läutet.)

Weiter nördlich steht die um 1404 erbaute **Kirche Sv. Marije Snežne** (Kirche Maria Schnee). Finanzier war eine vermögende Piranerin. Das Innere schmücken ein Barockaltar (17. Jh.) sowie Gemälde von B. Marangona aus Mantua (1616), gerahmt in kostbaren Holzrahmen. Sehenswert sind auch die Tafelbilder „Verkündigung" eines venezianischen Malers (1430) sowie die „Kreuzigung", die wahrscheinlich der Piraner Meister Nicolo di Antonio um 1450 schuf.

Piran/Umgebung

Fiesa: Kleine, ruhige Feriensiedlung an der gleichnamigen Bucht östlich von Piran mit einem nur 20 m vom Meer entfernten kleinen, kreisrunden Süßwassersee.

Von Piran gelangt man über einen Fußweg nach Fiesa und Strunjan

Übernachten/Essen   *** Beachhotel **Barbara**, modernisiertes Hotel in direkter Meereslage, umgeben von Pinienwald. Restaurant mit Terrasse, Schwimmbad, Wellness- u. Spacenter, Fitness u. Tennisplatz. DZ/F 125 €. Fiesa 68, ☎ 05/6719-000, www.hotel-barbara.si.

*** Hotel Fiesa, ebenfalls direkt am Meer, ein paar Meter weiter. DZ/F 88 €, mit Meerblick u. Balkon 105 €. Fiesa 57, ☎ 05/6712-200, www.hotelfiesa.com.

Camping   * Campingplatz **Fiesa**, 1-ha-Platz neben dem gleichnamigen Hotel, 100 m zum Felsstrand. Nur in der NS für einen Stopp zu empfehlen. Mai–Sept. Fiesa 75 b, ☎ 05/6746-230.

Auf dem Gelände von Forma Viva hat man besten Kunstgenuss und Weitblick

Portorož (Portorose)

Seit mehr als hundert Jahren wird der Badeort in der breiten, geschützten Bucht von Portorož wegen seines milden Klimas als Erholungsort geschätzt. Heute ist der „Rosenhafen" ein quirliger Touristenort – das edle Palace-Hotel erinnert an ruhigere alte Zeiten.

Einen alten Stadtkern sucht man in Portorož (29.800 Einwohner) vergebens: Entlang der neu gestalteten Uferstraße von Bernardin auf der nördlichen Landzunge und Lucija mit seinem großen Jachthafen südlich reihen sich Hotels, Restaurants, Casinos, Cafébars, Boutiquen und Touristenagenturen. Magnet ist der aufgeschüttete lange „Sandbeach" mit Loungebars, Liegewiesen, Beachvolleyball und Verleih von Wassersportgeräten. Entlang des Meeres verläuft ein durchgehend betonierter Fußweg bis Piran – gut für Familien mit Kinderwägen und auch für Jogger.

Hinter Bäumen und Palmen halb versteckt am Hang stehen noch ein paar alte Villen sowie das 1891 errichtete Palace-Hotel. Der Prachtbau wurde im Innern komplett erneuert und zu einer Luxusherberge ausgebaut. Die üppig grünen Hänge von Lucija bis Beli Križ oberhalb der Hotels sind mit Privathäusern zugebaut – fast 9000 Gäste nächtigen hier in Privatunterkünften.

Das Nightlifeparadies für junge Leute hat mit neuen Beachclubs und Bars wieder Aufschwung erhalten – und auch die Junggebliebenen lieben nettes Ambiente mit Latino-Rhythmen und guten Cocktails.

Außerhalb der Hochsaison ist Portorož ein relativ ruhiger Ort und guter Ausgangspunkt für Wander- oder Radtouren. Die südliche, windgeschützte Lage, das Thermalbad und der heilkräftige Salinenschlamm begründeten Portorož' Ruf als Kurort, zudem gibt es inzwischen zahlreiche Wellness- und Beautycenter.

Frauen wird es in das **Handtaschenmuseum** (Muzej torbic) ziehen. 200 ausgewählte Exponate von nationalen und internationalen Designern wie Chanel und Gucchi sind zu sehen (Juni–Sept. 9–13/18–22 Uhr, sonst tägl. außer Mo 11–18 Uhr; Eintritt 5 €, Kinder bis 10 J. gratis).

Im ehemaligen *Salzmagazin* an der Uferpromenade lockt ein kleines **Museum** mit Schiffen und eine **Galerie** (Juli/Aug. 10–12/18–22 Uhr, sonst 11–18 Uhr, Mo geschlossen).

Interessant ist auch ein Besuch des *Skulpturenparks Forma Viva* oberhalb des Jachthafens sowie des *Landschaftsparks* mit den *Salinenfeldern* und dem *Salinenmuseum* in der Bucht von Sečovlje (→ Sečovlje).

An der Mündung der Dragonja (5 km südlich von Portorož) endet die Slowenische Riviera.

Basis-Infos

Information Tourismusverband/TIC, 6320 Portorož, Obala 16 (gegenüber Busbahnhof), ✆ 05/6742-220, www.portoroz.si. 15. Juni–15. Sept. tägl. 9–21 Uhr; sonst Mo–Sa 9–17, So 10–14 Uhr. Kartenmaterial u. Infos.

Agenturen An der Uferpromenade (Obala) reihen sich die Agenturen, u. a.: **Turist Biro**, Obala 57, ✆ 05/6741-055, www.turist biro-ag.si. Mai–Okt. Zimmervermittlung.

Atlas Express, Obala 55, ✆ 05/6746-772, www.atlasexpress.eu. Ausflüge und Fahrradverleih.

Topline, Obala 114, ✆ 05/6747-161, info@ topline.si.

Verbindungen **Bus**: Hauptbusbahnhof, südl. vom Krankenhaus in Lucija, ✆ 05/6713-122. Problemlose innerslowenische Busverbindungen sowie entlang der Küste nach Pula, Rijeka, Triest u. Zagreb (→ Piran). Von Lucija bis Piran (Tarinijev trg) pendeln tägl. bis spätnachts Stadtbusse im 15-Min.-Takt.

Flug: Aerodrom Portorož, 6333 Sečovlje, ✆ 05/6175-140, www.portoroz-airport.si. Das Flugfeld liegt neben den Salinenfeldern, kurz vor der kroatischen Grenze. Aktuell nur Panoramaflüge. ✆ 05/6722-545, www.solinair.si.

Taxi: Vor allen Hotels stehen die Taxen.

Fahrzeugverleih Autos, Motorräder, Vespas u. a. **Sixt**, Obala 14 a, ✆ 05/6744-024, www.sixt-slovenia.si. **Avantcar**, Bernardinska reber 3 b, ✆ 041/442-394 (mobil), www.avantcar.si.

Fahrräder bei **Agentur Atlas** (s. o.), **Mtours** im Hotelkomplex Bernardin.

Gesundheit Ambulanz (Zdravstveni Dom), Cesta solinarjev 1 (in Lucija), ✆ 05/

6773-320. **Apotheke** (Lekarne), Obala 41, ✆ 05/6748-670; in der Saison 8.30–20 Uhr, Sa bis 13 Uhr (bis Juni nur bis 19 Uhr).

Übernachten

2 B & B Silvia	13 Hotel Histrion
3 Hotel Tomi	14 Hotel Riviera
4 Hotel Mirna	17 B & B Strašek
6 Grand Hotel Bernardin	18 Hotel Marko
7 Hotel Apollo	23 Hotel Barbara
8 Appartements Vila Barka	24 Hotel Premium Roža
9 Grand Hotel Portorož	25 Premium Hotel Metropol
10 Vile Park	27 Event Place Kaki
11 Hotel Kempinski Palace Portorož	28 Hotel Lucija
12 Hotel Neptun	29 Hotel Marita
	30 Camping Lucija

Portorož

1,5 km

Jachthafen Marina Portorož, in Lucija. Ca. 1000 Liegeplätze (Land u. Wasser), gehobene Klasse. In zwei futuristisch anmutenden Wellblechhallen mit Bullaugen gibt es Ausrüstungen u. Ersatzteile (auch für Surfer) sowie ein nettes Restaurant. Cesta solinarjev 8, ℘ 05/6761-100, www.marinap.si.

Nachtleben Grand Casino Portorož 25, im Hotel Metropol. Die traditionsreichste Spielhölle Sloweniens, seit 1913 rollt hier die Glückskugel. Kein Krawattenzwang. Obala 75 a, ℘ 05/6760-450, www.casino-portoroz.si.

Club-Bar-Café Paprika 26, den ganzen Tag geöffnet, mit großer Terrasse in schöner Strandlage. An Musik gibt's speziell: Do Salsa, Fr/Sa Disko/House, So Latin. Obala 20 a, www.paprika.si.

New Pergola 22, Snackbar, Cafébar, Disco (Balkan-Pop, Salsa am Do). Obala 20.

Rockbar Kanela 15, auch direkt am Strand mit ein paar Palmen. Rock-Café mit Konzerten. 9–3 Uhr. Obala 14.

Sport Umfassendes Angebot an Boots-, Segelboot- u. Surfbrettverleih bis zu Wasserski und Minigolf (Infos über TIC). Vor der Marina eine Gocart-Bahn. Etliche Tennisplätze in Lucija und im Tenniscenter Bernardin.

Tauchen Nemo Divers Scuba, Laguna Bernardin, Robert Novak, ℘ 031/899-917 (mobil), www.nemo-divers.si.

Veranstaltungen großes Angebot, u. a. **Rosen- & Blumenfestival**, 3. Mai-Wo.-Ende; Konzerte, Olivenöl, Blumenverkauf, Rosenölmassagen etc.

Portorož Sommernächte, 5 Tage um den 15. Aug. mit Musik in den Strandbars und Mitternachtsfeuerwerk.

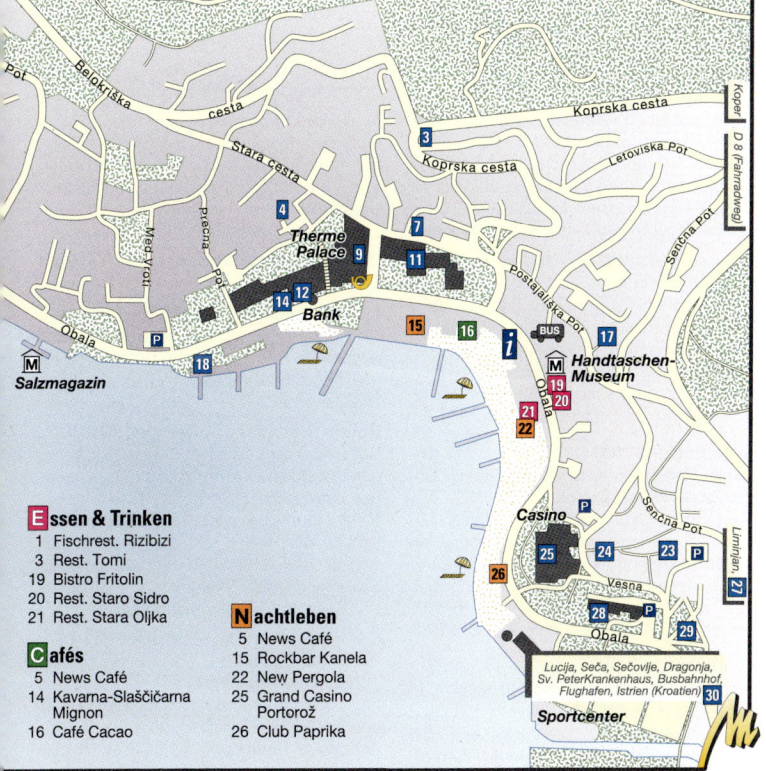

Essen & Trinken
1 Fischrest. Rizibizi
3 Rest. Tomi
19 Bistro Fritolin
20 Rest. Staro Sidro
21 Rest. Stara Oljka

Cafés
5 News Café
14 Kavarna-Slaščičarna Mignon
16 Café Cacao

Nachtleben
5 News Café
15 Rockbar Kanela
22 New Pergola
25 Grand Casino Portorož
26 Club Paprika

Slowenische Riviera → Karte S. 430

Neptuntaufe, Anfang Sept.; Prozedur für Matrosenneulinge beim Eintritt in die Kapitänshochschule.

Internautica (www.internautica.net), Mitte Mai, 5 Tage; bedeutende Bootsmesse in der Marina.

Wandern/Fahrrad Schöne Touren bieten sich in der Umgebung an, u. a. in Richtung Sv. Petar oder auf dem Parenzana-Weg (→ Kasten S. 435).

Wellness Therme & Spa Lifeclass, das größte Wellnesscenter am Ort. Modernes Kurzentrum, dem Grand Hotel Portorož angeschlossen. Im Mittelpunkt steht die Thalassotherapie, die mit natürlichen Heilfaktoren wie Klima, Meerwasser, Solewasser, Salinenschlamm und Thermo-Mineralwasser arbeitet. Behandelt werden Lungen- u. rheumatische Erkrankungen, Erkrankungen des Bewegungsapparats, neurologische, dermatologische u. gynäkologische Erkrankungen sowie Übergewicht u. Stress. Zudem gibt es ein Thermal-Freizeitzentrum mit Thermalbecken, Saunas etc. sowie Beauty-Abteilung, Elektrotherapie (seit 1928) und Akupunktur-Behandlungen. Auch ist hier das **Wai-Thai-Zentrum** (✆ 05/6923-333): angeboten werden traditionelle thailändische Massagen. Entspannung und Vitalisierung durch verschiedene Massagetechniken mit natürlichen Ölen, Salben etc. Hotel Riviera, Obala 33, ✆ 05/6928-060, www.life class.net.

Weitere gut ausgestattete Wellnesscenter: **Kempinski Palace** u. **Hotel-Resort Bernardin**.

Thalasso Spa Lepa Vida (→ Portorož/Umgebung/Salzfelder Lera), am Salinenrand Lera. 2013 eröffnet, mit schönem großen Pool direkt an den Salzfeldern. Liegestühle, u. a. Schwedische Massage, Salzmassage und -peeling, Fango, Salzbäder. Ein herrlicher Platz zum Relaxen. Mai–Sept. tägl. 10–18 Uhr (Juli/Aug. 9–20 Uhr); Anmeldung erforderlich. Seča 115, ✆ 05/6721-360, www. thalasso-lepavida.si.

Übernachten

→ Karte S. 454/455

Privatzimmer u. **Appartements** über die Agenturen; je nach Größe ab 45 €/2 Pers. Schöne, ruhige Übernachtungsmöglichkeiten gibt es oberhalb der Salinen, im Stadtteil Seča (→ Seča); ebenfalls ruhig im Grünen um die Straßen Letovška und Senčna Pot.

Nahezu alle **Hotels** befinden sich nahe der oder an der Uferpromenade. Mit Ausnahme der alten Fassade des Palace Hotels (Kempinski Palace) ähneln sie sich stark in ihrer nüchternen, balkonbewehrten Quaderform. Alle großen Hotels bieten Übernachtungspakete auch mit Wellness- u. Spa-Anwendung. TS-Aufschlag von bis zu 20 %.

Kempinski ⟫⟫ **Mein Tipp:** ***** Kempinski Palace Portorož ⓫, der altehrwürdige Palast wurde komplett bis auf die alte Fassade entkernt und zu einem feinen Luxushotel ausgebaut: mit edlem Restaurant, Cafébar, Außenpool, schönem Wellness- & Spacenter, eingebettet in einen neu gestylten Park. Kopfkissenauswahl! DZ/F ab 225 € (Meerblick ab 250 €). Obala 45, ✆ 05/6927-000, www.kempinski.com. ⟪⟪

LifeClass Hotels & Spa Lifeclass d.d., Obala 33, ✆ 05/6929-001, www.lifeclass.net. Im Zentrum an der Uferpromenade. Die Thermen sind mit Grand Hotel Portorož, Apollo und Neptun verbunden. Den Gästen steht der Badekomplex mit Thermo-Mineralwasser zur Verfügung. Ansonsten findet sich im Hotelkomplex oder in der nahen Umgebung alles, was das Herz begehrt. Zugehörige Hotels:

***** Grand Hotel Portorož ⑨, DZ/F ab 210 €.

Alle folgenden ****-Kat. und DZ/F ca. 150–200 € (Parkseite etwas weniger): **Hotel Neptun ⑫**, **Hotel Apollo ⑦**, **Hotel Mirna ④** und **Hotel Rivijera ⑭** – hier ist das Wai-Thai-Zentrum.

Hotels Remisens Metropol, Obala 77, Reservierung ✆ 05/710-444, www.remisens. com. Im Süden von Portorož, nahe Jachthafen Lucija. Die Gäste aller Hotels haben freien Eintritt zu Casino, Nachtclub und Hallenbad des Hotels Metropol, zum Strand und zu den erhöht am Strand liegenden Swimmingpools. Nebenan Tennisplätze und Sportzentrum. Dazu gehören:

***** Hotel Premium Metropol ㉕ (DZ/F 260 €) mit Hallenbad, Casino, Nachtclub; **** Hotel Premium Roža ㉔ (DZ/F ab 180 €); nach hinten versetzt *** Hotel Barbara ㉓ und am Ende mit kleiner Terrasse im Grünen das *** Hotel Lucija ㉘ (DZ/F ab 136 €).

Hotels Bernardin Hoteli Bernardin, Obala 2, ☎ 05/6907-000, www.bernardingroup.si. Auf dem Kap Bernardin, genau auf halbem Fußweg an der Uferpromenade von Piran nach Portorož. An das ehemalige Benediktinerkloster (15. Jh.) erinnern nur noch der Glockenturm und die Kirchenruine, die über breite Treppenaufgänge zu erreichen sind. Kreisförmig und autofrei zieht sich die betonierte Hotelanlage mit vielen Restaurants, Tennisplätzen, kleinen Läden und einem kleinen eingebetteten Hafen hin. Dazu gehören:

***** **Grand Hotel Bernardin** , ein riesiges Hotel (462 Betten), an der Steilwand erbaut. Die Zimmer mit Balkon sind durchschnittlich eingerichtet und alle auf der Meerseite. DZ/F 220 €.

Direkt am Kap das **** **Hotel Histrion** , ebenfalls groß, nicht ganz so hoch, mit 466 Betten. DZ/F 160–170 €.

Im Park bei der Kirche die schönen Hotels *** **Vile Park** (DZ/F 130 €) und die **** **Appartemente Vila Barka** (2–4 Pers. 160–200 €).

Kleinere Hotels und Pensionen **** **Hotel Marko** , Haus mit ca. 35 Zimmern, im großzügigen Villenstil erbaut, gegenüber der Uferpromenade und -straße, mit schöner Restaurantterrasse und kleinem Park. Gut ausgestattete Zimmer mit überdachten Balkon. DZ/F 148 €. Obala 28, ☎ 05/6174-000, www.hotel-marko.si.

≫ Mein Tipp: **** **Hotel Marita** , kleineres modernes und gut geführtes Haus am Ende der gesamten „Hotel-Kette", gegenüber vom Sportcenter. Im Haus hübsches Hallenbad, Sauna, Whirlpool. Komfortabel eingerichtete Zimmer mit Balkon. Angenehme Atmosphäre, schönes Restaurant mit Wintergarten u. Terrasse. DZ/F ab 130 €. Obala 77, ☎ 05/6172-200, www.hotel-marita.si. **≪**

*** **Hotel Tomi** , familiär und gut geführt, am Hügel oberhalb der großen Hotels, 60 Betten, mit schönem Blick auf die ganze Bucht. Gutes Restaurant u. Pool, zudem Fahrradunterstand und Parkplätze. DZ/F 110 €. Letoviška 1 (Straße Richtung Izola), ☎ 05/6740-222, www.hotel-tomi.eu.

B & B Strašek , oberhalb vom Busbahnhof. Nette DZ/F für 80 €/2 Pers. Senčna pot 4 A, ☎ 05/6746-417, www.garnistrasek-portoroz.si.

B & B Silvia , modernes Haus mit verschieden großen Zimmern und Apparte-

In der Marina Portorož

ments, sehr gutes Frühstück. Die Besitzerin spricht Deutsch. DZ ab 58 €. Vilfanova 12 (Ortsende Richtung Piran, oben am Berg), ☎ 05/6749-300, www.pension-silvia.si.

Übernachten außerhalb (→ Portorož/Umgebung/Seča).

Camping **–*** Camping Lucija , grenzt an den Jachthafen. Die schönsten Plätze liegen am Berg. Gepflegte Sanitäranlagen, betonierter Strand mit Liegewiese, Restaurant, Supermarkt. Mitte März–Anf. Okt. Seča 204, ☎ 05/6906-000, www.camp-lucija.si.

Event Place Kaki , 2 km östl. von Lucija-Zentrum, mitten im Grünen, umgeben von Wäldern und ab vom Trubel. Vermietet werden nette Holzhütten (20 €/Pers.), Zelte (15 €/Pers.) oder man stellt sein eigenes Zelt (13 €/Pers.) in der Kaki-Plantage auf. Es wird auch gekocht, zudem kann man gratis Fahrräder leihen. Angeboten werden u. a.

Kajak- und Segeltouren, Tauchen, Windsurfen, auch Transfer. April–Nov. Das Team führt auch den Campingplatz Korita (Soča/Soča-Tal). Liminjan 8, Portorož-Lucija, ✆ 041/359-801 (mobil), www.adrenaline-check.comsea.

Essen & Trinken → Karte S. 454/455

Restaurant Staro Sidro 20, gediegenes Lokal mit Terrasse, beliebt für Geschäftsessen. Fleisch- u. Fischgerichte, großes Weinsortiment, guter Service. Tägl. 10–23 Uhr. Obala 55, ✆ 05/6745-074.

Restaurant Stara Oljka 21, schöne Lage an der Strandpromenade, gute Küche und guter Service. Hier isst man leckere Fleischgerichte vom Grill. Obala 20, ✆ 05/6748-555.

Restaurant Tomi 3, bekannt für gute und preiswerte Fischgerichte und Muscheln bei gutem Service. Letoviška 1, ✆ 05/6746-750.

》》 Mein Tipp: Fischlokal Rizibizi 1, oben am Berg, stadtauswärts in Richtung Piran. Von der überdachten Terrasse herrlicher Blick auf die Bucht von Piran. Neben sehr guten Fischgerichten gibt es gute Weine. Tägl. außer Mo 12–23 Uhr. Vilfanova 10, ✆ 05/9935-320, 040/240-554 (mobil). 《《

Bistro Fritolin 19, schräg gegenüber von TIC an der Uferstraße mit kleiner Terrasse; einfaches, aber gutes Lokal, immerzu gut gefüllt. Hier isst man bestens frischen Fisch. Ganzjährig. Obala 53.

Cafés/Bars Portorož ist für seine Eisdielen und Cafés an der Uferstraße bekannt, z. B.:

Café Cacao 16, am Strand kann man sich auch in Liegestühlen zu gutem Café, Eiscreme, frischen Fruchtsäften und Smoothies niederlassen. Die Kleinen vergnügen sich am Spielplatz. Obala 14.

Kavarna-Slaščičarna Mignon 14, im Hotel Rivijera mit einladender großer Terrasse. Täglich frische Obsttorten, Cremeschnitten und andere Leckereien der Wiener Caféhauskunst, zudem bester Café und Espresso. Obala 33.

News Café 5, auf der Hotel-Halbinsel Bernardin, neben Vile Park. Mit stilvollem eisen Interieur und einladender Terrasse. Auch beliebter Treff am Abend. Es gibt Snacks wie Lasagne, Baguettes, Salate und Kuchen. Obala 4 f.

Restaurants/Vinotheken (Klet) außerhalb Gostilna Uroš, Nova vas 54, ✆ 05/6725-062.

Torkla Peroša, Nova vas 8, ✆ 05/6725-040. Hier auch Olivenöl-Verkauf.

Klet Klobar, Sečovlje 9, ✆ 05/6722-434. Hier auch Weinverkauf.

Klet Rebernik, Dragonja 114, ✆ 05/6722-563.

Kmetija Mahnič, Dragonja 111, ✆ 05/6722-300.

Portorož/Umgebung

Seča (Sezza): So wird die Landzunge zwischen der Bucht von Portorož und den Salzfeldern von Sečovlje (Richtung Kroatien) genannt – ein relativ ruhiges Fleckchen zum Durchatmen. Hier wird Gemüse für die ganze Region angebaut. Auf dem von hohen Zypressen gesäumten Gelände *Forma Viva* auf der Anhöhe stehen 140 Steinskulpturen, von renommierten Künstlern geschaffen – das internationale Bildhauersymposium Forma viva wurde 1961 von den slowenischen Künstlern *Jakob Savinšek* und *Janez Lenassi* ins Leben gerufen. Von hier oben hat man den schönsten Blick auf die Bucht von Portorož im Norden und auf den *Salinen-Landschaftspark Sečovlje* (s. u.) im Süden, sowie auf die unterhalb liegenden bunten kleinen Boote auf dem Kanal.

Essen/Übernachten 》》 Mein Tipp: Restaurant Ribič, am Straßen- und Kanalende bei den Salinen (Zufahrt über Seča). Gutes, gemütliches Fischlokal unter schattigen Bäumen, umgeben von einem üppig blühenden Garten. Auch Anleger für Boote. Di Ruhetag. Seča 143, ✆ 05/6770-790. 《《

***Appartements Villa Saline**, schöne Lage oberhalb des Sv.-Jerneja-Kanals mit fantastischem Blick auf die Salinen. Hübsch versetzte mediterrane Bauweise. Verschieden große Appartements ab 59 €/2 Pers. Seča 119, ✆ 05/6779-400, www.villasaline.com.

Blick auf den Landschaftspark der Sečovlje-Bucht mit seinen Salinen

Pension Kovač, schöne Lage in Seča. Familiär geführtes und prämiertes Haus mit 20 Zimmern. DZ/F 80 €. Seča 80 d, ✆ 05/6772-390, www.pension-kovac.net.

Touristischer Bauernhof Klobas, schönes Haus mit Appartements. Eigene Weinherstellung, Olivenöl. Sečovlje 9, Sečovlje, ✆ 05/6722-434, matej.fiser@amis.net.

≫ Mein Tipp: Restaurant-Pension **Edvina Božiček**, hier speist mal lecker auf der netten schattigen Terrasse, fernab vom Trubel. Es gibt Fischgerichte, Fisch- und Scampicarpaccio sowie Trüffelgerichte. Auch Zimmer- und Appartementvermietung. Tägl. 12–15/18–23 Uhr, Mi Ruhetag. Seča 80 (östl. der Hauptstraße noch oben am Berg), ✆ 05/6772-270, www.edvina.si. **≪**

Kmetija (Touristfarm) Mahnič, hier kann man gute Weine probieren, dazu auch Käse und Schinken (alles am besten nach Voranmeldung) – die Besitzerin Ingrid ist die hiesige Weinpräsidentin. Dragonja 111, ✆ 05/672-2300, 041/642-851 (mobil).

Salinen-Landschaftspark Sečovlje : In der *Bucht von Sečovlje*, südlich von Portorož, liegen die *Salzfelder Lera* und *Fontanigge*. Das Salz war über Jahrhunderte der ganze Reichtum der Piraner, nicht nur die Venezianer schätzten das „weiße Gold" aus Piran.

Salzfelder Lera: Fußwege durchziehen das Gelände. Im Multimediacenter wird anschaulich per Film die Salzproduktion, Fauna und Flora erklärt, zudem gibt es eine schöne Fotoausstellung. Man erfährt, wie das Meersalz gewonnen wird: In flachen, viereckigen Becken, den so genannten Kristallisationsbecken, verdunstet das Meerwasser – bis ein großer, weißer Salzberg entsteht, sind zahlreiche Arbeitsschritte nötig. Der übrig gebliebene Salinenschlamm und das konzentrierte Salzwasser werden für medizinische Packungen und Bäder in dem neu eröffneten und einzigartigen *Spa Lepa Vida* (→ Portorož/Wellness) und den Thermalbädern in Portorož und Strunjan verwendet. Gearbeitet wird in den Salinen von Ende April bis Ende August.

KPSS, Seča 115, ✆ 05/6721-330, www.soline.si. Juni–Aug. tägl. 9–20 Uhr; Mai, Sept./Okt. 9–18 Uhr. Eintritt 7 €, Kinder ab 7 Jahre 5 € (dieser Eintritt ist auch für Fontanigge gültig).

Das weiße Gold von Portorož

Salz ist ein Saisongeschäft und nur sonniges Wetter gibt gutes Salz. Ab Mai/Juni begannen die Salzgärtner von Portorož in den Salzbeeten mit der Arbeit und sie blieben Tag und Nacht vor Ort, um jeden Arbeitsschritt überwachen zu können. Denn die Salzqualität hängt besonders von der Sauberkeit in den Kristallisationsbecken ab, die gewonnene Menge ist abhängig von den Gezeiten sowie Wind- und Wetterverhältnissen.

Spätestens im Oktober, mit Einsetzen des ersten Regens, kehrten die Salzgärtner wieder nach Hause zurück. Dann musste das gewonnene Salz zum offiziellen Lagerhaus transportiert werden. War dies getan, konnte man sich um den Wein und die Oliven kümmern und den frei gewordenen Lagerplatz für die Ernte nutzen. Anschließend waren die jährlichen Wartungsarbeiten in den Salzgärten zu erledigen; die Dämme mussten ausgebessert und auch das Werkzeug wieder auf Vordermann gebracht werden.

Es ist der hohe Gehalt an Brom, Jod und anderen Mineralien, der das Portorož-Salz so kostbar macht. Dazu kommen die günstigen klimatischen und geografischen Bedingungen der Region: Gute Wetterverhältnisse, starke Sonneneinstrahlung, die von Hügeln geschützte Bucht von Portorož und der spärliche Süßwasserzufluss erhöhen die Salzkonzentration zusätzlich und sorgen für beste Bedingungen bei der Gewinnung. Die karstige, vulkanische Flyscherde reichert mit ihren Salzen und Mineralien das rückständige Salzwasser im Kristallisationsbecken zusätzlich an.

Bei der Salzgewinnung fallen als wertvolle Nebenprodukte die Mutterlauge und der Salzgartenschlamm an. Diese nutzten bereits im 13. Jh. die Benediktinerinnen zu therapeutischen Zwecken, und noch heute werden z. B. Erkrankungen des Bewegungsapparats, der Atemwege, neurologische Erkrankungen oder Stresssyndrome erfolgreich damit behandelt.

Salinen von Fontanigge: Idyllisch liegen die alten, aufgelassenen und mit Schilf zugewachsenen Salzfelder und verstreut die teils halb verfallenen Häuser der Salinenarbeiter, an denen man entlangschlendern kann. Heute wird in einigen wenigen Becken das Salz noch zu Demonstrationszwecken gewonnen; der beeindruckende Landschaftspark, der Filmregisseuren gelegentlich als Kulisse dient und Künstler inspiriert, ist heute in erster Linie der Lebensraum von rund 270 Vogelarten.

Das kleine **Salinenmuseum** ist in zwei früheren Salzgärtnerhäusern untergebracht (hier auch Verkauf von frischem Meersalz). Gezeigt werden eine Wohnung der Salinenarbeiter, ein Salzlager und auch die alte Technik der Salzgewinnung wird demonstriert. Daneben sind die Reste eines rekonstruierten historischen Bergwerks zu besichtigen. Zwischen dem slowenischen und kroatischen Grenzposten zweigt rechts ein schmaler Weg durchs Schilf ab (Schild mit Windmühle). Juni–Aug. tägl. 9–20 Uhr, April/Mai u. Sept./Okt. 9–18 Uhr. Eintritt s. o. Lera.

Sv. Peter: kleiner Ort bei Dragonja landeinwärts. Im Ort beeindruckt die mächtige Kirche *Sv. Peter* aus dem Jahr 1760 mit beachtenswertem Renaissancealtar. Die schöne Umgebung ist zum Spazierengehen oder auch für eine Fahrradtour von

Die malerischen Salinen von Fontanigge

Portorož aus bestens geeignet. Im *Tonina Hiša*, einem ca. 600 Jahre alten Natursteinhaus am Westrand des netten alten Ortes, kann die rund 400 Jahre alte Ölmühle, die bis 1982 in Betrieb war, besichtigt werden, zudem sind im 1. Stock u. a. eine Bauernküche und ein Bauernzimmer zu sehen – ein idyllischer Platz.

Tonina Hiša, Sv. Peter Nr. 84. Juli/Aug. 15–19 Uhr, sonst 10–14 Uhr, Mo/Di Ruhetag. Eintritt 2,50 €.

Übernachten/Essen Kantina Ferran, Sv. Peter 85, ☎ 05/6725-190.

≫ Mein Tipp: Gostilna Kortina pri Matičku, in Krkavče, ca. 2 km östl. von Sv. Peter. Ein von Weingärten und schattigen Bäumen umgebener Landgasthof mit großem Weinkeller und herrlicher Terrasse – in wunderschöner ruhiger Alleinlage hat sich der Rechtsanwalt Matej Matičetov seinen Wunsch erfüllt. Es gibt leckere

Suppen, Gnocchi, Fuži, Pršut und Käse, Peka-Gerichte – alles mit regionalen frischen Produkten. Sa 12–22, So 12–20 Uhr, ansonsten nach Voranmeldung. Krkavče 135 a, ☎ 05/6569-240, 040/202-221 (mobil), www.kortina.si. ≪

Wandern In ca. 1 Std. kann man von Sv. Peter nach Dragonja laufen (markierter Weg), es bietet sich auch eine längere Rundtour an.

Was haben Sie entdeckt?

Haben Sie eine freundliche Gostilna weitab vom Trubel, einen schönen Wanderweg oder ein nettes Hotel mit Atmosphäre entdeckt? Wenn Sie Ergänzungen, Verbesserungen oder neue Tipps zum Buch haben, lassen Sie es uns bitte wissen!

Schreiben Sie an: Lore Marr-Bieger, Stichwort „Slowenien" | c/o Michael Müller Verlag GmbH | Gerberei 19, D – 91054 Erlangen | marr-bieger@michael-mueller-verlag.de

Slowenische Riviera → Karte S. 430

Der Triglav-Gipfel (2864 m) mit seinem Blechturm, dem Aljažev stolp

Kleiner Wanderführer

Kleiner Wanderführer Slowenien

Sloweniens Gebirgswelt bietet faszinierende und aussichtsreiche Wandermöglichkeiten zu hohen Gipfeln wie dem Triglav (2864 m), aber auch durch schöne Alpentäler, zu Wasserfällen oder zu Almen. Die eindrucksvolle Flora und Fauna ist äußerst artenreich und bietet viele endemische Spezies.

Die imposantesten Gipfel finden Sie in den Julischen Alpen im Nationalpark Triglav mit dem namensgebenden und höchsten Berg Triglav (2864 m) – sie ist die populärste und touristisch am besten erschlossene Wanderregion und bietet für ambitionierte Bergsteiger ein sehr anspruchsvolles Gelände, aber auch schöne Almwanderungen für die gesamte Familie. Einige schöne Touren habe ich für Sie ausgesucht: Im Nationalpark Triglav führt Sie eine 2-Tagestour von der Pokljuka-Hochebene zum *Berg Triglav* (2864 m) und über die Westflanke hinüber ins Sieben-Seen-Tal und wieder hinab zum Bohinjsko jezero, eine weitere Tour von Bohinjska Bistrica hinauf zum Blumenberg *Črna prst*. Um Kranjska Gora gibt es eine Wanderung zum Dreiländereck und zum *Berg Peč*, eine weitere zu den Wasserfällen *Martuljški slapovi*, eine anspruchsvollere vom Vršič-Pass über den *Berg Sleme* ins Tamar- und Planica-Tal. Ein attraktives Ziel in den Karawanken ist die Bergtour über die Planina Golica hoch zum *Velika Golica*. Im Soča-Tal stelle ich Ihnen den 2-tägigen *Soča-Trail* vor, der von der Quelle flussabwärts bis nach Bovec führt – auch für Familien bestens geeignet. Südlich bei Kobarid beschreibe ich den Südaufstieg zum *Krn*. Eine kleine Wanderung oder

Mountainbiketour führt Sie von der Tolminka-Schlucht bergauf zum Biokäsedorf *Čardg*, im Seitental bei Cerkno fand ich die Wanderung zur *Kopa* und zum *Porezen* lohnenswert – ebenfalls eine nette Familientour. In Mittelslowenien beschreibe ich die Bergtour um den *Krvavec*, bei Zgornje Jezersko die Wanderung zur Hütte *Češka koča* und in den Kamniker Alpen die Tour zum *Kamniško sedlo*. Weiter östlich in den Savinjer Alpen führt die beliebte Wanderung zum *Rinka-Wasserfall* und zur *Frischaufov-Hütte*. Auch das Mittelgebirge Pohorje fand ich wandernswert und erläutere Ihnen eine Rundtour an der Südostseite von Trije kralje und der Westseite um den *Črni vrh* – ebenfalls bestens für Familien. Um sich einen Überblick auf die Slowenische Riviera und auch auf Istrien zu verschaffen, finde ich die Tour zum *Berg Slavnik* sehr schön.

Wandersaison: Je nachdem, auf welcher Höhe Sie wandern möchten, kann sich die Saison von April bis Ende Oktober erstrecken. Für das Hochgebirge ist die beste Zeit von Juni bis September, die meisten Hütten sind durchgängig jedoch nur im Juli und August bewirtschaftet, danach nur noch von Freitag Nachmittag bis Sonntag. Von den Temperaturen müssen je nach Höhenmeter bis zu 10 Grad oder mehr vom Tal abgezogen werden – die wärmsten Monate sind sicherlich Juli und August mit rund 15 bis ca. 22 Grad Tagestemperatur und ca. 5 Grad oder weniger Nachttemperatur auf über 2000 Metern. Dies ist auch die Jahreszeit, zu der im Hochgebirge viele Alpenblumen in ihrer Blütenpracht stehen. Die Slowenen sind sehr gute und begeisterte Bergsteiger und Kletterer und verbringen ihre Freizeit meist in dieser herrlichen Natur, d. h. gerade an Wochenenden und in den Ferien wird es an beliebten Ausflugszielen voll – wer auf Berghütten nächtigen möchte, sollte vorzeitig reservieren.

Wanderwege: Die meist sehr gut markierten Wanderwege führen Sie zu allen Schwierigkeitsgraden, ob Sie nun ins Hochgebirge und auf Klettersteigen ein- bis mehrtägige Trekkingtouren unternehmen, genüsslich im Tal zu Wasserfällen wandern oder entlang von Flüssen und Bächen spazieren. Als Markierung dienen in den Bergen meist ein roter Kreis mit weißem Punkt oder auch ein roter Pfeil sowie natürlich mit Namen versehene rote Tafeln oder Holzschilder. Im Tal finden Sie eine gelbe Markierung, oft

Zeichenerklärung für die Wanderpläne

Höhenstufen:					
0 - 400 m	▬▬ Hauptstraße	▲✝	Berggipfel, Gipfelkreuz	🅿	Parkplatz
400 - 800 m	▬▬ Nebenstraße	❄	Rundsicht	🚌	Bushaltestelle
800 - 1200 m	▬ Piste	⛷	Aussichtspunkt	Ⓣ	Tankstelle
1200 - 1600 m	- - - - Weg	◠	Höhle	🏕	Picknickplatz
1600 - 2000 m	🔴 Sessellift	⛴	Seilbahn	🏠	Berghütte, Gebäude
2000 - 2400 m	🚶 Wanderung (mit GPS-Punkt)	▦	Gatter	⛺	Campingplatz
2000 - 2800 m	🚶 Wanderrichtung	⍓	Wegweiser	⚽	Sportplatz
über 2800 m	▬ Bahnlinie	)(	Brücke/Pass	ℹ	Information
	-·-·- Grenze	⛔	Grenzübergang	Ⓜ	Museum
	▬ Fluss	◠◠◠	Wasserfall, Quelle	🎗	Denkmal
	- - - - Perennierender Fluss	▨	Gewässer	★	Sehenswürdigkeit
		▭	Sumpfgebiet	✚	Kirche/Kapelle

Kleiner Wanderführer → Karte S. 464/465

gelb-weiß-gelbe Striche oder auch einen Kreis. Die Tafeln haben meist auch Zeitangaben zu den Zielen, meist sind diese jedoch für untrainierte Wanderer zu kurz bemessen – d. h. man kann gut je nach Länge mindestens 30 bis 60 Minuten hinzufügen.

Wanderausrüstung: Für Hochgebirgswanderungen benötigt man auch im Sommer eine entsprechende Ausrüstung – das Wetter kann plötzlich umschlagen: also Wollpullover, Mütze, Handschuhe, Windjacke und knöchelhohe Bergschuhe nicht vergessen – leicht ist man im felsigen Gelände umgeknackst! –, auch Wanderstöcke sind hilfreich und Meniskus schonend. Bei anspruchsvollen Touren sind Seil, Pickel und Steigeisen ratsam, da bis in den Frühsommer (Juni) häufig große Schneefelder überquert werden müssen! Gefährlich und nicht zu unterschätzen ist aufkommender Nebel, der sich bei höheren Gipfeln meist ab Nachmittag bildet – d. h. frühzeitiger Start um ca. 5.30 bis 6 Uhr für lange Touren ist unumgänglich. Zudem natürlich auch an ausreichend Sonnenschutz und vor allem an genügend Wasser (2 Liter pro Kopf) und immer auch an Essen denken. Einkehrmöglichkeiten auf den Touren werden im jeweiligen Tourvorspann genannt. Nicht immer aber finden sich auf schönen Bergtouren Unterkunftshütten, die den Wanderer versorgen, oder sie haben vielleicht gerade geschlossen – aber das macht ja den Reiz dieser Alpenwelt aus, die bei klarer Sicht (oft nach Regen) grandiose Ausblicke bis zur glitzernden Adria gewährt.

Slowenischer Alpenverein (Planinska zveza Slovenije), ☎ 01/4345-680, www.pzs.si
Slowenischer Bergführerverband (Združenje gorskih vodnikov Slovenije), www.zgvs.si
Bergrettung: ☎ 112
Landesvorwahl Slowenien 00386

Wichtige Informationen: Auf längeren Touren sollte man nie alleine gehen, ein Mobiltelefon mit sich führen, zudem im Hotel, Camp oder der Pension Bescheid geben. Auch eine Taschenlampe, Windschutz und kleine Wundversorgung sollten ins Tourengepäck. Bei schlechten Wetterverhältnissen sollte man Wanderungen schon vorab unterlassen; Berghütten, die in der Nebensaison nur am Wochenende öffnen, sind dann auch geschlossen. In der Nebensaison sollte man sich nie auf Hüttenöffnungszeiten verlassen, v. a. bei kleineren und unbekannteren, besser ist immer vorab anzufragen!

Betonen möchte ich: Überschätzen Sie sich bitte nicht, dies kann fatale Folgen haben. Sinnvoll ist es, mit kleinen Touren zu beginnen, die ebenfalls vergnüglich sein können und einen guten Einblick in die aktuelle eigene Kondition geben. Es versteht sich von selbst, dass man auch Kinder nicht überfordert und diese ebenfalls mit gutem Schuhwerk und Kleidung ausstattet. Wer ins Hochgebirge möchte, jedoch keine Erfahrung hat, schließt sich am besten Wandergruppen an (es gibt u. a. viele Wanderfestivals) oder bucht einen Bergführer (bei allen Tourismusverbänden möglich).

Unter den von mir aufgeführten Routen werden Sie über das Gebiet sowie alle wichtigen Fragen vorab informiert, u. a. zu Weg, Dauer, Charakter, Anfahrt etc., auch Wanderkarten werden Ihnen empfohlen (alle bei TIC erhältlich). Die aufgeführten Wanderungen sind Vorschläge, können oft verkürzt oder verlängert werden, was im Text ausführlich beschrieben wird. Die Touren weisen Unterschiede in Länge und Schwierigkeitsgrad auf, sind aber keine Spaziergänge, sondern Bergtouren! Die Zeitangaben sind reine Gehzeiten, Pausen nicht mitgerechnet, und nur als Richtwerte zu verstehen. Die Karten wurden mit Hilfe von GPS (Global Positioning System) erstellt. Wer ein GPS-Gerät besitzt, kann vor Ort eine genaue Standortbe-

Kurz nach Vratica – Blick zum Bergmassiv M. Mojstrovka

stimmung vornehmen. Zudem habe ich versucht, auffällige Orientierungspunkte anzugeben, die allerdings auch Veränderungen unterliegen können.

Neben den hier ausführlich vorgestellten Touren finden Sie im Reiseteil weitere beschriebene Wanderungen (ohne GPS) und auch viele weitere Vorschläge. Ausführliche Beschreibungen zu den aufgeführten Berghütten finden Sie ebenfalls im Reiseteil beim jeweiligen Ort.

Wanderung 1:
Vom Vršič-Pass über den Sleme (1911 m) ins Planica-Tal

Charakteristik: einfache bis schwere Streckenwanderung durch die faszinierende Bergwelt zum aussichtsreichen Sleme (1911 m). Konditionierte und trittsichere Bergsteiger können den Weg ab dem Sleme fortsetzen. Die Schwierigkeit liegt im Abstieg zum Tamar-Tal, da durch Felsschlag und Geröll jährlich der Wanderweg sowie der Klettersteig mit seinen Stahlhilfen zerstört werden und dadurch dieser Abschnitt auf ca. 300 m sehr schwierig zu gehen ist. Der Rest des Weges durch das Tamar- und später Planica-Tal bis zum Skiflugzentrum ist sogar eher ein Spaziergang. **Länge/Dauer**: Vršič-Pass bis Skiflugzentrum Planica. 10 km, gemütliche, einfache Gehzeit ca. 4–4:30 Std. **Abkürzung**: Familienfreundlich wird diese Wanderung, wenn man vom Vršič-Pass **1** nur bis zum Berg Sleme **6** und den gleichen Weg wieder zurückgeht (hin und zurück insg. 5 km). Erfahrene Wanderer können den Weg ab **7** zurück durch das Geröll unterhalb des Mala Mojstrovka bis Vratica **3** nehmen. Wer einen Familienspaziergang machen möchte, startet am Skiflugzentrum Planica **16** und wandert nur bis zur Berghütte Planina Dom Tamar **10** im Tamar-Tal – dort wäre dann die kleine Attraktion die Nadiža-Quelle (hin und zurück insg. 7,4 km). **Einkehr/Übernachten**: am Wanderbeginn südlich vom Parkplatz am Vršič-Pass die schöne Berghütte *Tičarjev dom na Vršiču* (1620 m; ✆ 04/5866-070, Mobil-✆ 051/634-571; tägl. Juni–Sept.; Zimmer/Schlaflager, Verpflegung). Noch weiter östlich die aussichtsreiche *Poštarski dom na Vršicu* (Mobil-☎ 041/510-029; Juni–Aug.). Unterwegs nur fast am Ende der Wanderung die Berghütte im Tamar-Tal, *Dom v Tamarju* (☎ 04/5876-055, Mobil-☎ 041/378-077; ganzjährig). *Olimpic-Sport-Center Hotel Planica* (Mobil-☎ 041/700-917). **Ausgangspunkt:** Parkplatz am Vršič-Pass. **Anfahrt:** per Auto bis zum Vršič-Pass (N 206 Kranjska Gora – Bovec); der Bus fährt nur im Juli/Aug. tägl., im Juni/Sept. nur am Wochenende ab Kranjska Gora/Busbahnhof. Am besten aber nimmt man ein Taxi zum Vršič-Pass (Taxi zurück ab Planica): PT-Taxi (Mobil-☎ 051/226-117) 30 € (ab Planica, 17 €); Taxi Mertelj (Mobil-☎ 041/709-750) 25 € (ab Planica 20 €). Oder man läuft noch bis nach Rateče und nimmt den Bus zurück nach Kranjska Gora. **Ausrüstung:** rutschfeste Bergschuhe, Verpflegung und ausreichend zu trinken; je nach Jahreszeit Windjacke/Anorak, Kopfbedeckung, Wanderstöcke. **Karte:** Wanderkarte Kranjska Gora 1:30.000.

Wegbeschreibung: Wir starten am Parkplatz **1** auf dem **Vršič-Pass** und gehen westlich der Straße auf dem markierten Wanderpfad (ausgeschildert mit Sleme 1 Std., Dom Tamarju 2:30 Std. – das ist Eiltempo!) bergan – von üppiger Vegetation wie Latschenkiefern, Alpenrose, ein paar Lärchen und Tannen begleitet. Nach rund 7 Min. gehen wir an einer Gabelung **2** weiter geradeaus (der Abzweig nach rechts würde uns in 0:20 Std. zur Hütte Erjavčeva koča bringen). Nun haben wir einen herrlichen Blick nach Osten auf das Prisank-Massiv und das „Heidenmädchen", ein Gesicht, das man im Fels erkennen kann.

Nach weiteren 0:20 Std. stoßen wir auf die Gabelung **Vratica 3**, das sog. kleine Tor, wo wir rechts gehen müssen (nach links kämen wir zum Mojstrovka-Massiv). Der schöne Wanderweg führt nun durch ein kleines breiteres Hochtal mit Lärchen, die im Spätherbst bizarr und golden wirken; links von uns blicken wir auf die Fels-wände des Mojstrovka-Massivs und sein auslaufendes Geröllfeld. Nach weiteren 0:15 Std. bietet sich ein weiter Blick auf das Ponza-Massiv (2274 m), das Tamar-Tal und die Gipfel Ciprnik (1746 m), Peč (1508 m) und den österreichischen Dobratsch (2166 m) in den Villacher Alpen. Unser idyllischer Weg führt nun abwechselnd leicht bergan und bergab und dann auch wieder eben dahin, bis sich nach 10 Min. ein Fels in den Weg stellt, über den wir klettern müssen – Kindern macht dies sicher-lich Freude. Nach weiteren 5 Min. gehen wir an der Gabelung **4** geradeaus weiter (nach rechts hinab würde ein Weg über Tamar grlo ins Tamar-Tal füh-ren, er ist aber schwierig zu gehen).

Bergsteigerkapelle Marija Pamogaj und Berghütte Dom v Tamarija

Wir bleiben also geradeaus und ge-langen nach 5 Min. zum Abzweig zum Sleme **5**. Wir wenden uns nach rechts und überqueren auf einem nun schmalen Pfad eine Almwiese mit kleinen Seen – in einem davon spiegelt sich der Jalovec, der im Wes-ten aufragt. Wir wandern die An-höhe hoch und holen uns aus dem an einer Lärche angebrachten Kasten mit Stempelutensilien unseren Gip-felstempel. Nach wenigen Minuten haben wir den Gipfel **Sleme 6** bzw. die Slemenova špica (1911 m) er-reicht – einen eher runden, von Gras und Felsen überzogenen Hügel

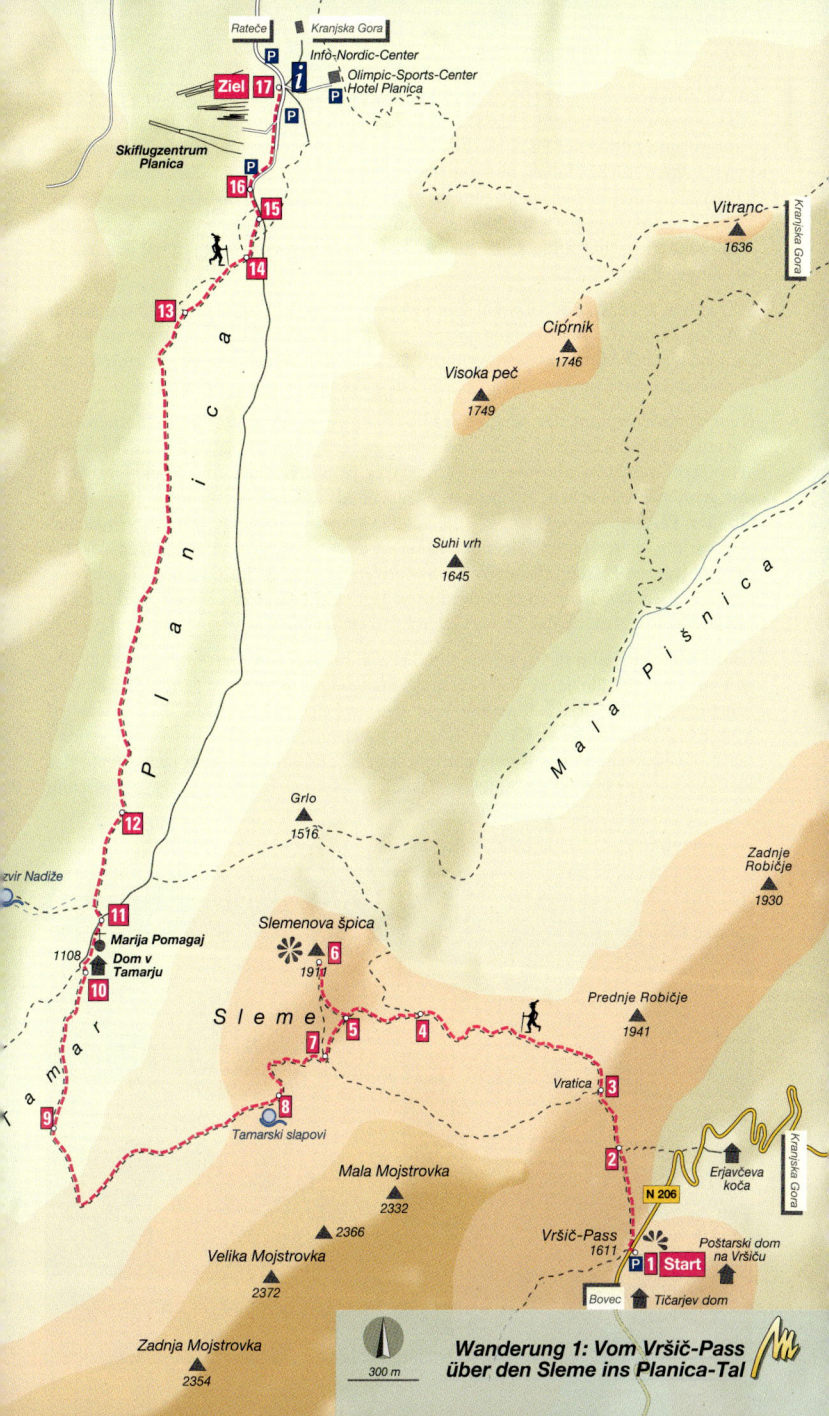

Rateče

Kranjska Gora

Ziel **17**

Info-Nordic-Center

Olimpic-Sports-Center
Hotel Planica

Skiflugzentrum
Planica

16

15

14

13

Vitranc
1636

Kranjska Gora

Ciprnik
1746

Visoka peč
1749

Suhi vrh
1645

Mala Pišnica

12

Grlo
1516

Zadnje
Robičje
1930

zvir Nadiže

11

Marija Pomagaj

1108
Dom v
Tamarju

10

Slemenova špica
1911

6

Prednje Robičje
1941

S l e m e

5

4

7

Vratica

3

9

8

Tamarski slapovi

Mala Mojstrovka
2332

2366

Velika Mojstrovka
2372

Zadnja Mojstrovka
2354

2

Erjavčeva
koča

Kranjska Gora

N 206

Vršič-Pass
1611

Bovec

1 **Start**

Poštarski dom
na Vršiču

Tičarjev dom

300 m

*Wanderung 1: Vom Vršič-Pass
über den Sleme ins Planica-Tal*

im Vergleich zu den gegenüberliegenden mächtig hohen Gipfeln. Vor uns die Bergzüge Vitranc und Ciprnik, dazwischen Tamar- und Planika-Tal, den nördlichen Hintergrund bilden der Peč und die Villacher Alpen, weiter im Osten die Karawanken. Ein gemütliches Sitzen bleibt uns hier leider verwehrt, denn Ziegen und Hasen haben hier auch die Aussicht genossen und hinterließen dabei ihr üppiges Mahl. Rund 1:20 Std. haben wir bis hierher benötigt. Wer mit Kindern unterwegs ist und sich nicht trittsicher fühlt, sollte hier wieder umkehren oder erst einmal eine schönes langes Picknick einlegen.

Wir gehen zurück zum Abzweig **5** und wenden uns nun nach rechts, um unseren Weg ins Tamar-Tal fortzusetzen, vorbei an einem Gedenkfels für abgestürzte Bergsteiger. Nach 7 Min. führt ein weiterer Abzweig **7** nach rechts hinauf zum Sleme (gedacht für die vom Tamar-Tal kommenden Wanderer), den wir ignorieren.

Kurz danach beginnt der Abstieg ins Tal. Steil führt der Pfad durch Lärchenwald für etwa 0:20 Std. bergab – links von uns ragt der Zadnja Mojstrovka (2354 m) auf, sein Geröll reicht bis zu unserem Wanderweg. Wir erreichen eine kleine Freifläche mit großen Felsbrocken, ein breiteres Geröllfeld und Lärchen. Hier gibt es einige **Quellen 8**, die *Tamarski slapovi,* die aus Felswänden sprudeln. Die Einheimischen nennen die weiter unten folgenden Quellen auch *Črna voda,* das Wasser, das aus den schwarzen Felsen strömt. Wir wandern in der Geröllrinne weiter, bis wir wieder auf einen Waldpfad treffen, der uns weiter steil zwischen Lärchen und Buchen talwärts bringt, bis wir das Tamar-Talende erreichen.

Unser Pfad wird nun felsig, senkrechte Felswände und eine Geröll-Wasserrinne liegen vor uns: Die nächsten 0:30 Std. muss man sehr aufmerksam gehen! Unser Weg führt in diese **Schlucht** mit großen und kleinen Felsbrocken hinab – der Weg wird Meter für Meter zu einer Kletterei über lose Felsen (jährlich können Gerölllawinen diesen Wegabschnitt etwas verschütten, nur ab und an sieht man dann Reste des Steilseils) – dies hier ist der einzige wirklich schwierige Teil der ganzen Wanderung

Im kleinen Bergsee spiegelt sich der Jalovec

Sleme-Gipfel (1911 m) – herrlicher Rundumblick

und bedarf großer Konzentration. Unter uns liegt das breite friedliche weiße Kiesbett des Tamar-Tals, aus den Felswänden sprudeln Quellen. Die letzten Meter sind wieder normal über Gestein begehbar und wir nähern uns dem Schluchtende **9**. Am Wasser können wir noch unsere Trinkflaschen auffüllen.

Ab jetzt beginnt der gemütliche, fast auch schon langweilige Wanderteil – es geht fast eben hinein ins Tamar-Tal. Wir gehen über das hier breite Kiesbachbett gen Norden und folgen unserem bald wieder erkennbaren Weg durch lichten Buchenwald. Nach rund 10 Min. passieren wir die einladende Berghütte **Dom v Tamarju 10** auf 1108 m. Die Berghütte und die wenige Meter entfernt stehende Kapelle **Marija Pomagaj** mit ihrem wunderschönen Mosaik an der Frontfassade sind ein beliebtes Wanderausflugsziel von Rateče aus (geparkt werden muss nahe der Skisprungschanze Planica), d. h. im Sommer ist hier Hochbetrieb auf der Terrasse oder auch bei der Sonntagnachmittagsmesse (Juli/Aug. um 15 Uhr) für die Wanderer. Zudem kann man ab der Hütte die südwestlich liegende *Izvir Nadiže,* eine Quelle, die unterhalb des Zadnje Ponce (der letzte Gipfel des Ponza-Massivs) entspringt, in 0:20 Std. auf dem hier abgehenden Pfad über die Wiese erreichen – die Nadiža sprudelt vor allem im Frühling, verschwindet dann im Untergrund und mengt sich im Zelenci-Naturreservat mit der hier entspringenden Sava Dolinka. Die Berghütte ist aber auch ein beliebter Übernachtungsplatz für Bergsteiger, die die umliegenden Gipfel wie Jalovec oder das Ponza-Massiv erklimmen möchten (nur für geübte Bergsteiger!).

Wir gehen von der Kapelle noch wenige Meter nördlich und zweigen dann nach links in den Wanderweg **11** in Richtung Rateče ab (ausgeschildert mit Peš pot, 1:30 Std.; wir könnten auch geradeaus gehen, dies ist aber mehr ein Fahrweg zur Hütte). Nach wenigen Minuten ignorieren wir den Abzweig nach links zur Nadiža-Quelle; wir gehen geradeaus auf unserem Wanderweg weiter. Nach rund 10 Min. ab dem Abzweig zur Quelle halten wir uns an der Gabelung **12** links (nach rechts führt ebenfalls ein Forstweg). Wir wandern nun die nächsten 0:25 Std. immer auf unserem breiten Weg, links von uns das meist trockene Kiesbachbett der Nadiža. An

Kleiner Wanderführer → Karte S. 464/465

der nächsten kleinen Gabelung **13** halten wir uns rechts (nach links noch ein Forst-weg), nach wenigen Metern noch einmal rechts **14** und kurz danach links **15**, um nach wenigen Minuten den **Parkplatz Planika** **16** zu erreichen.

Ab nun führt eine breite Straße talwärts bis zum neuen großen Skiflugzentrum. An der Kreuzung **17** steht der moderne Rundbau, das **Info-Nordic-Center**, wenige Me-ter rechts das Olimpic-Sport-Center mit dem Hotel Planica. Von hier kann man ein Taxi für den Rückweg nehmen oder können diejenigen, die noch fit sind, den Wanderweg Nr. 9 durch das Naturreservat Zelenci nach Kranjska Gora einschlagen (ca. 5 km). Bis Rateče sind es 2 km, dort ist eine Bushaltestelle.

Wanderung/Mountainbiketour 2:
Von Rateče zum Berg Peč (1508 m) am Dreiländereck

Charakteristik: leichte bis mittelschwere Rundwanderung, die auch für Familien geeignet ist. Sie führt über einen breiten Tromeja-Flurweg mit Lehrtafeln, die über die Karawanken informieren, hinauf zum aussichtsreichen und geschichtsträchti-gen Dreiländereck und den hier höchsten Gipfel Peč (1508 m). Wer mag, kann die-se Strecke auch problemlos mit dem Mountainbike zurücklegen. **Länge/Dauer**: ca. 12,1 km, ca. 5 Std. **Abkürzung**: Man kann mit dem Auto bis zur Berghütte Pla-ninski Dom Tromeja **6** fahren und dort starten; Länge/Dauer dann nur ca. 5 km/ 2 Std. **Markierung**: Wanderweg Nr. 8 und roter Kreis auf weißem Punkt. **Einkehr**: *Planinski Dom Tromeja* (1145 m) **6**, leider geschlossen, d. h. Verpflegung mit-nehmen. Auf österreichischer Seite *Dreiländereckhütte* (nahe **10**; www.3laender eck.at, ✆ (0043)6648/267-151, Mai–Sept., abhängig vom Liftbetrieb). Am Wanderbe-

Wanderbeginn und Mangartblick

ginn u. a. die nette *Gostilna Šurc*. **Aus-gangspunkt**: Rateče, westliches Orts-ende nahe Gostilna Šurc. **Anfahrt**: von Kranjska Gora mit dem Auto auf der N 202 6 km nach Westen bis Rateče (es gibt auch einen Fahrradweg); Bus von Kranjska Gora nach Rateče. **Ausrüs-tung**: rutschfeste Wanderschuhe, Trin-ken/Essen; je nach Jahreszeit Windja-cke; Kopfbedeckung und Wanderstö-cke. **Karte**: Wanderkarte Kranjska Gora 1:30.000.

Wegbeschreibung: Wir starten am westlichen Ortsende von **Rateče** an der Straßenkreuzung nach Tromeja **1**, nahe der **Gostilna Šurc**. Auf dem kiesi-gen Flurweg geht es westwärts – vor uns liegt malerisch das Ponza-Massiv (2274 m). Nach rund 1 km informiert eine **Lehrtafel 2** über die Grenzsteine Italien/Slowenien aus dem Ersten Welt-krieg – durch den EU-Beitritt verfiel dieses Stück Grenzgeschichte, einst heiß umkämpft. Beidseitig des nun an-steigenden Flurweges begleiten uns Far-ne, vereinzelt oder in Gruppen Tannen und sattgrüne Wiesen.

Wanderung 2: Von Rateče zum Berg Peč am Dreiländereck

Nach einem weiteren Kilometer folgt eine **Lehrtafel**  über Almwirtschaft und Weidentiere. Der Flurweg führt bergauf, wir erreichen nach einem weiteren Kilometer die nächste **Lehrtafel** ▉, die uns Auskunft über Almwiesen und die Karawanken gibt – wir blicken über Wiesen und auf die Gipfel Razor (2601 m) und Prisank (2547 m) im Südosten.

Dann führt der Flurweg durch Mischwald (Tannen, Buchen und Lärchen). In rund 3 km passieren wir die Gabelung ▉, die nach rechts zur Berghütte **Planinski dom Tromeja** ▉ auf 1145 m führt (derzeit geschlossen; wann und ob eine Neueröffnung erfolgt, ist fraglich). Wer per Auto/Fahrrad unterwegs ist, kann hier parken und den Weg zu Fuß fortsetzen oder weiter auf dem Flurweg bis zum Gipfel fahren.

Wir gehen zurück zur Gabelung ▉ und kurz danach, wo der breite Flurweg eine Rechtskurve macht (unserer späterer Rückweg), auf dem schmalen markierten Fußweg Nr. 18 ▉ weiter, der uns durch Tannenwald in 0:30 Std. bergan zum Gipfel bringt. Der schmale Pfad führt in Serpentinen durch dichten Tannenwald, der aber immer wieder Ausblicke gen Süden gewährt. Je höher wir steigen, desto weiter fällt der Blick auf die Sprungschanzen Planica, das Tamar-Tal und Gipfel wie Ponza, Ciprnik und Sleme. Eine **Lehrtafel** ▉ zu den Julischen Alpen und den alten Grenzsteinen im Gras wartet am Wegrand. Bald genießen wir einen noch weiteren Ausblick und erreichen den höchsten Punkt am Dreiländerberg **Peč** ▉, auch Ofen oder Monte Forno genannt, mit 1508 m. 6,8 km haben wir seit Wanderbeginn zurückgelegt.

Von einer Bank kann man erst einmal das imposante Bergpanorama genießen: Östlich ragen die hohen Zacken von Škrlatica (2740 m; davor liegt Špik), Razor (2601 m) und Prisank (2547 m) empor, mittig vor uns im Blickfeld das Tamar-Tal. Den Süden begrenzt das Mojstrovka-Massiv (2366 m), das sich nach rechts mit seinem Felsgestein nahtlos zum Travnik (2379 m) und weiter zum Jalovek (2645 m) zieht. Westlich des Tamar-Tals erhebt sich das Ponca-Massiv, dahinter spitzt in der

Berg Peč (Dreiländereck) – weiter Blick gen Planica-, Tamar-Tal und gen Österreich

Ferne der Mangart (2679 m) hervor, noch weiter im Westen blicken wir auf die 2700 m hohen Gipfel der italienischen Bergwelt – die sich allesamt bei kleinsten Wetterschwankungen mit weißen Hauben zeigen.

Vom Ausblick gesättigt erheben wir uns von der Bank und gehen wenige Meter auf dem Peč-Plateau nordwärts zum **Friedenssymbol** am Dreiländereck, ein steinerner Obelisk mit eingravierten Friedensgedanken, wenige Meter daneben auch das Dreiländer-Feuerwehrsymbol von 2006 und ein Grenzstein von 2012. Dann fällt unser Blick gen Norden und auf die österreichischen Berggipfel und hinab ins breite Gailtal, nach Arnoldstein, zum Faakersee und Wörthsee und im Osten auf Skilifte und die ca. 500 m entfernte Dreiländereckhütte, die über einen Wiesenpfad (ausgeschildert) erreichbar ist.

Den Rückweg können wir wieder auf dem Pfad durch den dichten Tannenwald antreten. Wir aber nehmen, um noch den Ausblick auf die Nordostseite zu genießen, den Flurweg talwärts. Wir passieren einen Abzweig **10** und gehen geradeaus weiter bergab (nach links

Berg Peč – Blick nach Österreich

zweigt ein Forstweg für Waldarbeiter ab). Nach 1 km informiert eine weitere Lehrtafel über die Julischen Alpen. Nach ca. weiteren 2 km zweigt der Wanderweg Nr. 8 **11** nach links talwärts ab (den wir ebenfalls nutzen könnten, um auf einem Rundweg zurück nach Rateče zu gelangen). Wir aber bleiben auf unserem Flurweg bergab, vorbei auch in der Linkskurve am Wanderpfadbeginn **7** und weiter talwärts zurück zu unserem Ausgangspunkt **1**. Ab dem Gipfel Peč haben wir 7,8 km zurückgelegt. Zur Stärkung wartet die nette **Gostilna Šurc.**

Wanderung 3: Von Gozd Martuljek zu den Martuljški slapovi

Charakteristik: leichte bis mittelschwere Streckenwanderung vom Ort Gozd Martuljek zu den beiden Martuljek-Wasserfällen Spodnji und Zgornji slap (auch Donji slap), dem Unteren und Oberen Wasserfall (auch mit I. slap und II. slap verzeichnet). Für Familien bis zum Unteren Wasserfall geeignet. Es warten schöne Rastplätze, eine hübsche Holzkapelle und – wenn es das Wetter zulässt – eine Erfrischung am Martuljek-Bach. **Länge/Dauer:** hin und zurück insgesamt ca. 10 km, gemütliche Gehzeit mit Besichtigung und Stopps 4:30–5 Std. **Verlängerung/Abkürzung:** bis zur Hütte Brunarica Pri Ingotu **13** problemlos auch mit Kindern machbar (inkl. des Unteren Wasserfalls). Den Oberen Wasserfall sollten nur Geübte in Angriff nehmen, denn dazu muss man klettern. Eine Verlängerung bietet sich an, indem man in rund 1–1:30 Std. ab Abzweig **10** oder auch **5** nach Kranjska Gora zurückläuft – der Weg führt durch Wiesen. **Markierung**: zuerst Wanderweg Nr. 6, dann fast durchwegs Schilder sowie weißer Punkt auf rotem Kreis. **Einkehr**: am Start-/Endpunkt in Gozd Martuljek oder auf der Hütte *Brunarica pri Ingotu* (Mobil-☎ 041/749-048; Juli/Aug. tägl., Juni, Sept. u. Okt. nur Sa/So u. Feiertag 10–18 Uhr). **Anfahrt**: mit dem Bus von Kranjska Gora bis Gozd Martuljek, mit dem Pkw ca. 3,5 km von Kranjska Gora in Richtung Jesenice. **Ausgangspunkt**: Parkplatz in der Ortsmitte (rechts vor Straßenbrücke) von Gozd Martuljek, wenige Meter westlich ist auch die Bushaltestelle. **Ausrüstung**: rutschfeste Wanderschuhe, Verpflegung und ausreichend zu trinken; jahreszeitlich angepasste Kleidung; Wanderstöcke. **Karte**: Wanderkarte Kranjska Gora 1:30.000.

Wegbeschreibung: Wir starten am **Parkplatz 1** in der Ortsmitte von **Gozd Martuljek**, gehen an der Hauptstraße ca. 50 m westlich, um dann nach links **2** nach Zgornje Ruta und auf den Wanderweg Nr. 6 einzubiegen. Wir gehen zuerst auf Asphalt, überqueren nach wenigen Metern den Radweg **3** und laufen danach auf einem Wanderweg weiter. Nach wenigen Minuten gehen wir an der Gabelung **4** mit Felsen, Ruhebänkchen und einem angepflanzten Auszug aus der Alpenflora nach rechts (geradeaus führt der Weg zu einem Privathaus), um wenige Minuten später auf ein rechts liegendes Wiesengelände und an eine kleine Gabelung **5** zu gelangen (nach rechts würde es hier zu einer Bushaltestelle gehen). Wir wandern weiter geradeaus, vor uns nun das imposante Bergmassiv des Špik (2472 m).

Blick auf Spodnje slap (Unterer Wasserfall)

Nach kurzer Zeit passieren wir eine Infotafel zur Herstellung von Holzkohle, dahinter ist ein alter **Kohlemeiler**. Nach weniger als 5 Min. bzw. insg. 0:15 Std. Wegzeit treffen wir auf eine weitere Gabelung **6**, wo es nun rechts bergan geht (nach links kämen wir auf direktem Weg in die Schlucht, die aber wegen Steinschlag seit Jahren gesperrt ist!). Auch nach wenigen Metern gehen wir auf dem Kiesweg weiter geradeaus hoch (an dieser kleinen Gabelung ignorieren wir einen Forstweg nach rechts, der einen Bogen durch den Wald macht).

Ab jetzt ist etwas Kondition erforderlich, stetig steigt nun unser Waldweg durch Buchenwald bergan. Nach 0:15 Std. können wir einen ersten Blick hinab in die Schlucht des Baches oder im Frühjahr auch anschwellenden Flusses Martuljek erhaschen und gehen anschließend weiterhin bergan auf einem verschlungenen Pfad. An der folgenden kleinen Wegkreuzung **7** halten wir uns links und folgen dem Holzschild „Brunarica pri Ingotu".

Wenige Meter später machen wir an der Gabelung **8** einen 5-Min.-Abstecher

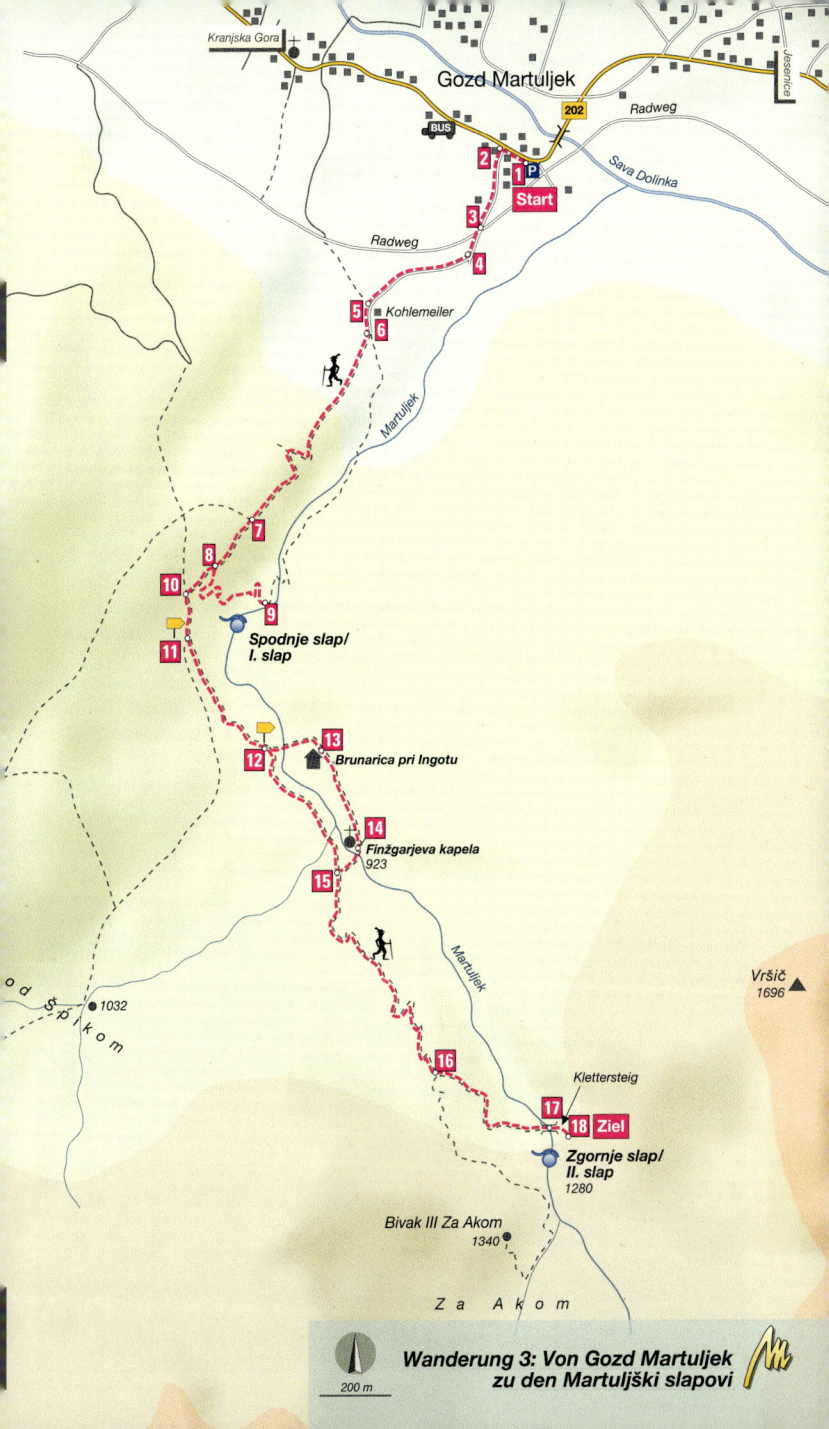

Wanderung 3: Von Gozd Martuljek
zu den Martuljški slapovi

200 m

nach links hinab zum Unteren Wasserfall (Spodnji slap/I. slap) – wer warten möchte, kann dies hier an einem Bänkchen tun. Ein schmaler Pfad bringt uns hinunter – unten rauscht es gewaltig –, bis wir den ersten Blick auf den Wasserfall erhaschen können. Wenige Meter tiefer führt unser Weg nun über ein Holzbrückchen zum schönsten und tiefsten **Aussichtspunkt** 🟒 auf den **Spodnji slap**, der sich 50 m senkrecht ergießt und den wir von den Ruhebänken aus genießen können (rund 0:45 Std. Wegzeit liegen hinter uns). Die Fortsetzung des Weges in die Schlucht ist ab hier wegen Steinschlags gesperrt, man sollte sich auch daran halten!

Wir gehen wieder bergan zurück zur Gabelung 🟒 und dort links (wer oben blieb, geht geradeaus weiter) und setzen unseren Weg fort. Rund 5 Min. später gelangen wir zu einer Gabelung 🔟, an der wir geradeaus bleiben (nach rechts bergan führt ein breiter Weg zurück in Richtung Bus oder nach Kranjska Gora). Kurz darauf stoßen wir auf ein **Gatter** mit Hinweisschild „Prosimo zapirajte leso živali na paši" (Gatter bitte wieder schließen, da Weidetiere auf der Alm!). Nach weiteren 5 Min. folgen wir an einer Gabelung 🟓 dem Weg nach links (ausgeschildert „Donji Slap" 0:45 Std. und „Za akom" 1:10 Std.; nach rechts gelangt man ab dieser Gabelung in ca. 1–1:30 Std. zum Biwak Pod Špikom auf 1424 m, jedoch nur für Geübte!).

Wir folgen weiter unserem Wanderweg bergan für rund 0:30 Std. bis zu einer Weggabelung 🟔, an der wir links gehen (Schild „Brunarica pri Ingotu"). Wir überqueren das hier nun breitere Flussbett und wandern leicht bergan bis zu einer Lichtung mit der **Holzhütte (= Brunarica) pri Ingotu** 🟕. Hat sie geöffnet, kann man sich bestens stärken – es ist ein wunderbarer sonniger Platz mit Blick auf die zackigen Gipfelketten: von rechts nach links Špik (2472 m), Mala und Velika Ponca (2502 m und 2602 m) und Oltar (2621 m) – der Wirtin kann man beim Kochen und Hantieren mit den großen Pötten in ihrer offenen Küche zusehen; auch Trinkwasser fließt in einen Holztrog. Bis hierher haben wir nun gut 1:15 Std. ohne Pausen benötigt. Man kann ab hier den Rückweg antreten oder den Weg zum Oberen Wasserfall (Zgornji slap oder auch II. slap) fortsetzen.

Die Holzkapelle Finžgarjeva liegt oberhalb vom Flussbett – ein lauschiger Platz

In der Berghütte Pri Ingotu lässt es sich bestens Rast machen

Wir gehen ab der Hütte entlang der Wiese südwärts, passieren nach rund 200 m die alte **Linde** mit ihren 7 Töchtern („Mama lipa in 7 Hčera") und stoßen dann auf die wunderschöne kleine **Holzkapelle Finžgarjeva** ⌞14⌟, gewidmet einem Priester und Schriftsteller (1870–1940) – sie ist nur am 15. August zur Messe geöffnet. Unterhalb liegt das breite Flussbett mit seinen Kieselsteinen – ein schöner Platz zum Erfrischen. Wir gehen über die hier ausgelegten Holzbohlen zurück auf die westliche Flussseite und stoßen nach wenigen Metern wieder auf unseren Wanderweg ⌞15⌟, wo wir uns nun links halten.

Die nächsten 0:40 Std. geht es steil bergauf durch Wald und über Wurzeln (die Markierung ist nun ein roter Kreis mit weißem Punkt). Ab und an verliert sich der Weg etwas, v. a. die geübten Slowenen suchen immer den direkten kurzen Weg nach oben, d. h. es gibt viele kleine Pfade.

An der nächsten Gabelung ⌞16⌟ halten wir uns links (nach rechts würde es zum Biwak III Za Akom gehen – nur für Geübte!) und nun geht es sehr steil rund 5 Min. über einen schmalen Felspfad, dann über einen gesicherten Steig zur Schlucht hinab. Wer sich nicht sicher fühlt oder mit Kindern unterwegs ist, sollte unbedingt oben warten oder lediglich bis zur folgenden Stahlbrücke gehen (ab dann ist gute Trittsicherheit erforderlich!).

Wir passieren, unten in der Schlucht angekommen, eine **Stahlbrücke** ⌞17⌟. Um den Oberen Wasserfall (Zgornji slap) sehen zu können, muss man über Felsen und einen weiteren kurzen Klettersteig ⌞18⌟ (nichts für Anfänger!) noch einmal etwas höher steigen – erst von hier hat man den Blick frei auf den **Zgornji slap**, der in drei Stufen rund 110 m senkrecht abfällt – man kann es sich auf einem Felsen gemütlich machen und eine Rast einlegen. Der Kletterpfad führt noch wenige Meter tiefer zum Schluchtende, umringt von steil aufragenden Felswänden, die man mit Hilfe eines Stahlseils umrunden kann, um den Wasserfall direkt vor sich zu haben (nur für Geübte!).

Nach etwa 2:30 Std. Gehzeit machen wir uns wieder auf den Rückweg.

Kleiner Wanderführer → Karte S. 464/465

Herrlicher Weitblick gen Triglav, bald ist die Berghütte Koča na Golica erreicht

Wanderung 4: Von der Planina Golica zum Berg Veliki Golica

Charakteristik: schöne, nicht schwierige, aber steil ansteigende Gebirgswanderung in die Karawanken, zum Velika Golica (1834 m). V. a. im Mai/Juni blühen auf den sonst eher trockenen Almwiesen üppig die weißen Narzissen. Der Weitblick gen Kärnten und über die Julischen Alpen belohnt für den Anstieg. **Länge/Dauer**: 8 km einfache Strecke, ca. 2 bis 2:30 Std. Gehzeit. **Markierung**: roter Kreis auf weißem Punkt und Holzschilder. **Verpflegung**: für unterwegs an Essen und vor allem an reichlich Trinkwasser denken, pro Tag/Pers. mind. 2 Liter mitführen und dann wieder an den Hütten auffüllen. **Einkehr/Übernachtung**: *Touristischer Öko-Bauernhof Betel* (☎ 04/5800-463, www.prbetel.si; am Wanderbeginn, ganzjährig, → Reiseteil). *Koča na Golici* (1582 m; Mobil-☎ 041/735-911, Ende April–Sept. tägl. 6–22 Uhr, Okt. nur am Wochenende; Zimmer, Schlaflager, Essen). **Anfahrt**: Am Westende von Jesenice die schmale, ausgeschilderte Asphaltstraße zur Planina Golica nehmen, ca. 7 km bis Dorf- und Asphaltstraßenende und parken. **Ausgangspunkt**: Asphaltstraßenende des Weilers Planina Golica. **Ausrüstung**: Hochgebirgsausrüstung erforderlich (knöchelhohe Wanderschuhe, Mütze, Handschuhe, Anorak etc. – oben pfeift der Wind!), Wanderstöcke ratsam. **Karte**: Wanderrouten um Jesenice (Pohodniške poti po Jesenice) 1:25.000 (bei TIC Jesenice erhältlich).

Wegbeschreibung: Wir starten am **Parkplatz** ◼1 am Asphaltstraßenende, gehen links über den Bach und folgen der Zufahrtsstraße steil aufwärts, vorbei am **Touristischen Öko-Bauernhof Betel** ◼2 und erreichen nach 5 Min. das hübsche, aber unbewohnte **Almhaus Pri Fencu** ◼3 auf 1090 m. Nun wird der Blick frei auf das Triglav-Massiv im Westen.

Am hübsch bemalten „Golica"-Holzschild zweigen wir rechts in einen Wanderpfad ◼4 ab. Wir gehen bergan durch Almwiesen, schneeweiß im Frühjahr von den Narzissen, zudem blicken wir auf das herrliche Bergpanorama der westlichen Karawanken und gen Julische Alpen mit dem Triglav-Massiv. Nach 0:20 Std. stoßen wir auf einen Makadam ◼5, gehen kurz rechts und wenige Meter gegenüber links bergan und steil bergauf, bis wir kurz darauf auf den Lastenlift **6** treffen. Hier folgen wir der Ausschilderung „Koča na Golica" nach rechts (nach links weist ein Schild „a pod Golico zimska" auf den gesperrten Winterweg, er ist schwierig und mit Kletterpartien). Dann tauchen wir ein in den Mischwald, schluchtartig wird unser Weg – gerade im Frühjahr sind die Pfade durch Schmelzwasser stark ausgespült und von Felsbrocken durchsetzt. Der Waldpfad ist von Wurzeln überzogen, die sich wie Getier in den Weg schlängeln. Der Wald wird lichter, nur noch Nadelbäume wachsen, der Boden wird trockener und der Pfad ist mit feinem Geröll bestückt. Von einer kleinen Felsnase **7**, die wir rund 0:25 Std. später etwas oberhalb von unserem Weg sehen, bietet sich ein herrlicher Ausblick auf das Tal und die Planina Golica und die im Frühjahr schneebedeckten Gipfel der hohen Julischen Alpen.

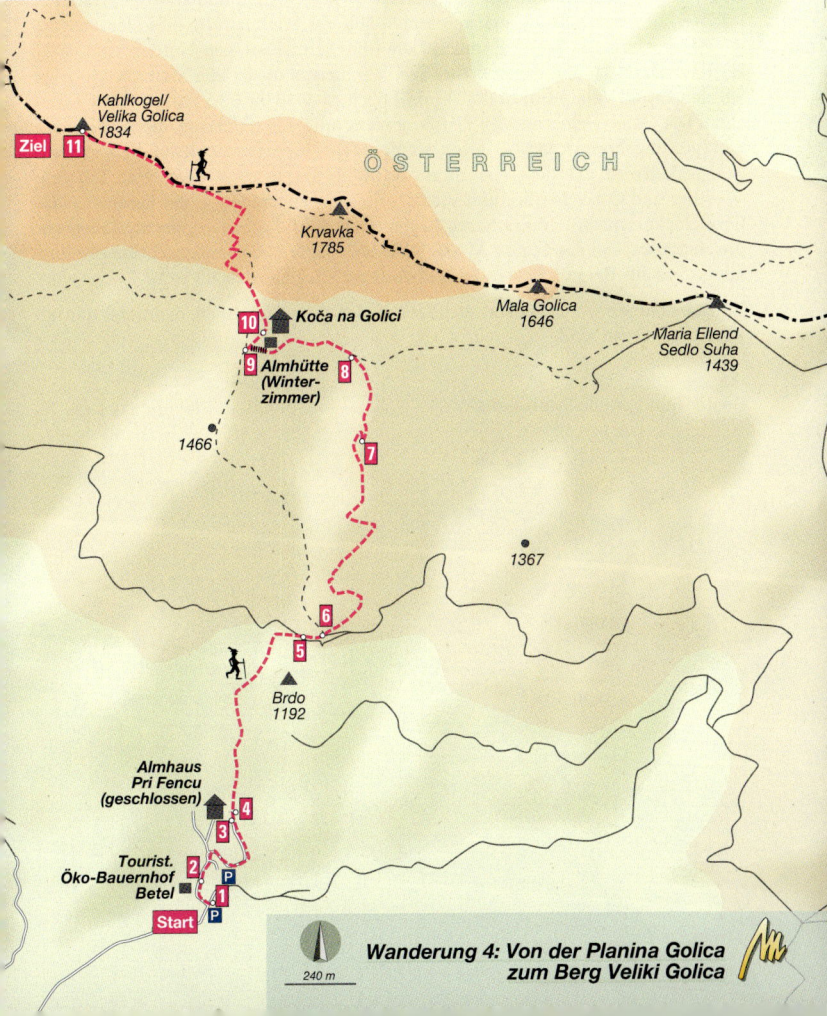

Wanderung 4: Von der Planina Golica zum Berg Veliki Golica

Weiter bergan wird der Blick freier, der Talblick weiter. Nun sieht man auch auf die Autobahn und Grenzstelle. Nach weiteren 0:20 Std. passieren wir eine Weggabelung **8** und gehen geradeaus weiter (rechts würde es zum Sedlo Suha gehen). Der Weitblick gen Süden und Westen, auf die oberhalb liegende Berghütte und über die Almwiesen ist herrlich. Der Wanderpfad führt weiter bergan, wir passieren ein kleines Almhaus (geschlossen, nur Winterzimmer), die letzten Höhenmeter geht es über mit Holzbohlen versehene Stufen bergauf bis zu einem hübschen Holzschild **9**, es verweist auf eine sehr schwierig Route unterhalb des Golica (u. a. Jekel, Baba Kepa) und auf den gesperrten Winterweg (Nr. 27). Wir gehen die wenigen Meter bis zur Berghütte **Koča na Golica** **10** bergan. Rund 1:30 Std. Aufstieg haben wir nun hinter uns und eventuell eine kurze Rast in der netten Berghütte verdient.

Unser Wanderpfad führt ab der Berghütte westwärts am trockenen Südhang entlang stetig bergan bis zum Sattel, nur Enzian, Silberdisteln und sonstige Kräutlein wachsen hier spärlich. Zurück gen Süden fällt der Blick auf die nun klein gewordene Hütte, auf das Sava-Tal und auf die Julischen Alpen, gen Norden auf Österreich ins Drau-Tal und den Wörther See. Wir steigen die letzten Meter bergauf, bis wir den **Gipfel Velika Golica** (1834 m) **11** nach ca. 0:30 bis 0:45 Std. ab Hütte erreichen. Die Österreicher nennen den Berg nicht umsonst *Kahlkogel*, die Winde können hier ungebremst darüber fegen, wenig wächst hier. Der Blick auf die Karawankenbergkette ist grandios, ebenso auf Kärnten, das sich mit dem Drau-Tal, dem Wörther und Ossiacher See und Villach unter uns ausbreitet, in der Ferne u. a. das Großglocknermassiv. Majestätisch liegen auch die Julischen Alpen im Süden vor uns, herausragend das Triglav-Massiv – die Steinplatte mit Kompassscheibe gibt Auskunft über alle Berge. Der schweißtreibende Aufstieg hat sich auf jeden Fall gelohnt.

Zurück nehmen wir denselben Wanderweg, der sich nun zeitlich, da immer nur talwärts, verkürzen wird.

Bester Rundumblick vom Gipfel Velika Golica – hier gen Berg Stol und ins Drau-Tal

Wanderung 5: Vom Pokljuka-Plateau über den Triglav (2864 m) und das Sieben-Seen-Tal zum Bohinjsko jezero (2 bis 3 Tage)

Charakteristik: herrliche Hochgebirgstour zum höchsten slowenischen Gipfel, dem Berg Triglav (2864 m), durch satte Tannenwälder, üppig blühende Almwiesen, gleißend weißes Gestein und mit atemberaubenden Ausblicken. Jedoch nur für gut trainierte und schwindelfreie Wanderfreunde (oder man kürzt ab). **Länge/ Dauer:** 27,5 km, 2 Tage, gemütlich in 3 Tagen, insgesamt ca. 18 Std. Gehzeit. **Abkürzung:** Wer mit der Familie wandert, kann problemlos die Tour von der Pokljuka-Hochebene **1** bis zur Berghütte Vodnikov **7** mit Abstecher zur unterhalb liegenden Alm Velje Polja unternehmen (8,2 km, ca. 3 Std. einfach); auf dieser Strecke gibt es keine schwierigen Passagen. Das gleiche gilt bis zur Berghütte Planika **9** (weitere 1:30 Std. einfach). **Markierung:** sehr gute Markierung/Ausschilderung (Aufstieg zum Triglav: roter Kreis auf weißem Punkt; Abstieg: Koča na Doliću und 7 Jezero/Triglavskih jezerih). **Verpflegung:** für unterwegs an Essen und vor allem an reichlich Trinkwasser denken, pro Tag/Pers. mind. 2 Liter mitführen und dann wieder an den Hütten auffüllen. **Einkehr/Übernachtung:** z. B. *Vodnikov dom na Velem polju* (1817 m; Mobil-☎ 051/607-211; geöffnet tägl. Juli–Sept., Juni nur am Wochenende; Zimmer, Schlaflager, Winterzimmer und sehr gutes Restaurant). *Dom Planika pod Triglavom* (2401 m; ☎ 04/8280-306; tägl. Juni–Sept.; Zimmer und Schlaflager). *Koča na Doliću* (2151 m; Mobil-☎ 051/614-780; geöffnet wie Dom Planika; Zimmer, Schlaflager und Verpflegung). *Triglavski Dom na Kredarica* (2515 m; Mobil-☎ 040//620-781; Juli–Sept. tägl., danach Sa/So bei gutem Wetter; Zimmer, Schlaflager, Restaurant, alles sehr gut ausgestattet, und Kapelle). *Zasavska koča* (2071 m; Mobil-☎ 051/614-781; tägl. Juli–Sept.; Schlaflager, Winterzimmer). *Koča pri Triglavskih jezerih* (1685 m; Mobil-☎ 040/620-783; tägl. Juni–Sept.; Schlaflager, Betten, Winterzimmer und schönes Restaurant). *Koča pri Savici* (653 m; Ukanc 103, Mobil-☎ 040/695-787; tägl. Mai–Sept.; Zimmer, Schlaflager, gutes Restaurant und lauschiger Biergarten). **Ausgangspunkt:** Parkplatz auf der Pokljuka-Hochebene/ Rudno Polje beim Hotel Center (→ Pokljuka-Hochebene). **Anfahrt:** von Bled rund 22 km nach Rudno Polje (→ Pokljuka-Hochebene) bis zum Großparkplatz vor dem Hotel Center. Wer mag, lässt sein Auto dort stehen oder nächtigt auch dort oder lässt sich von Bled zum Startpunkt bringen. Rückkehr ab Ukanc u. a. per Bus (stündl. bis 18.40 Uhr) nach Bled (4,20 €) und dann per Taxi weiter nach Rudno Polje (ca. 25 €). Oder mit Taxi (verschiedene Anbieter, Tel.-Nr. am Kiosk) ab Dom na Savica direkt nach Rudno Polje (ca. 40 €). **Ausrüstung:** Hochgebirgsausrüstung erforderlich (knöchelhohe Wanderschuhe, Mütze, Handschuhe, Anorak etc.), Wanderstöcke ratsam. **Karte:** Wanderkarte Bohinj (Triglav – Krn – Črna prst) 1:25.000.

Wegbeschreibung: Wir starten auf der **Pokljuka-Hochebene** beim großen **Parkplatz 1** kurz vor dem Hotel Center auf 1354 m und folgen dem markierten Fahrweg durch den Wald geradeaus. Nach rund 700 m biegen wir links in den markierten Waldpfad ab und stoßen nach rund 200 m wieder auf den Fahrweg (dieser macht Kehren). Hier gehen wir wenige Meter links, um dann nach rechts auf den mit Triglav ausgeschilderten Waldpfad **2** bergan abzuzweigen. Nun sind wir auf dem direkten Wanderpfad gen Triglav auf rund 1460 m. Durch dichten Fichtenwald mit eindrucksvollen Wurzelstufen geht es nun steil ca. 300 m bergauf, ehe sich Ausblicke auftun, u. a. auf die unten liegende Planina (= Alm) Konjščica. Die nächsten Höhenmeter werden wir von üppigster Flora am Wegrand begleitet.

Nach rund 0:45 Std. ab dem letzten Abzweig stoßen wir bei rund 1684 m auf eine Weggabelung **3** und gehen geradeaus weiter (nach links talwärts führt der Weg zur Planina Konjščica und Pl. Uskovnica). Weiter geht es bergauf, bis wir uns nach

Kleiner Wanderführer → Karte S. 464/465

10 Min. auf dem Hauptpfad **4** links halten (nach rechts geht ein steiler Pfad direkt zum Srnjški preval und weiter Richtung Debela peč). Wir wandern weiter bergauf, ein Bänkchen lädt zu einem kurzen Stopp ein. Bald durchschreiten wir die mit Gras bewachsene Ebene Jezerce und blicken nordöstlich hinauf auf den Srenjski preval (1959 m). Es geht weiter aufwärts über Felsstufen, dann Geröll. Ein Bächlein plätschert plötzlich neben uns, das uns ab dem Beginn der Ebene unterirdisch begleitete. Wir folgen dem Bach aufwärts zur Quelle. Hier besteht die Möglichkeit, den Wasservorrat aufzufüllen.

Bei 1892 m stehen wir am Sattel, dem **Studorski preval** und an einer Gabelung **5** (nach rechts führt noch ein Weg zum Srnjški preval). Unser Hauptpfad führt etwas bergab, dann fast eben unterhalb des Bergmassivs Poljane entlang – hier ist es windgeschützt und sonnig und es duftet nach Almwiesen; der Blick, vor allem gen Süden zum Črna pršt und Vogel gegenüber, ist malerisch.

Nach 0:30 Std. erreichen wir einen Abzweig. Wir gehen weiterhin geradeaus (nach links talwärts würde der Pfad zur Planina Uskovnica führen). Wir folgen weiter unserem malerischen Hauptpfad. Nun bietet sich der Blick hinab ins Voje-Tal, vor uns im Westen liegt der Jezerski Stog (2040 m).

Nach weiteren 0:30 Std. gelangen wir zur Weggabelung (nach links Talweg Voje-Tal) bei **Na Zagonu** (1824 m) **6** – so wird das Felseck genannt –, gehen hier rechts und nordwärts (Richtung Vodnikov dom) bergan – in voller Breite blicken wir nun auf das weiße Triglav-Massiv. Linkerhand breiten sich Latschenfelder aus, Murmeltiere pfeifen und ein Stück weiter fällt der Blick auf eine Senke mit der Alm und Käserei Velo Polje. Nach 0:30 Std. ab der letzten Gabelung sind wir auf der **Vodnikov-Hütte** **7** auf 1817 m angelangt und genießen auf der Terrasse Tee, Graupensuppe, Apfelstrudel und den grandiosen Blick aufs Triglav-Massiv. Ab unserem Start haben wir rund 3 Std. Aufstieg hinter uns.

Ab der Berghütte folgen wir dem Hauptpfad nordwärts und stetig unterhalb des Berges Tosc (2275 m) aufwärts – immer den Triglav mit seinen drei Köpfen im Blickfeld (Mali Triglav, Triglav und der sich nach vorne wölbende Triglavska škribina → Foto S. 561). Die Flora wird immer niedriger und spärlicher – hier wachsen u. a. Enziane und die Nationalparksblume, die Triglav-Rose (Potentilla nitida → S. 84).

Nach rund 0:45 Std. ist der **Konjski sedlo** (2020 m) **8** erreicht. Wir nehmen den Abzweig nach links Richtung Planika-Hütte (geradeaus führt der Weg zur Berghütte Triglavski dom na Kredarica). Im Osten sieht man Debela peč, weiter in der Ferne die Savinjer und Kamniker Alpen. Nun heißt es Höhenmeter durchs Geröll machen. Nach insgesamt rund 1:30 Std. ab der Vodnikov-Hütte haben wir die **Planika-Hütte** **9** auf 2408 m erreicht. Die Aussicht vor allem gen Süden und Osten ist fantastisch – wer mag, nächtigt hier, erlebt einen fantastischen Sternenhimmel und das Funkeln der Lichter von Kranj und weiteren Orten im breiten Ljubljaner Becken, zudem einen grandiosen Sonnenaufgang im Osten und ein Watte-Wolkenmeer über dem Bohinjer-Tal mit See.

Wer noch Kondition hat, rafft sich auf und meistert die nächste Etappe zum Gipfel – (rund 2 Std. benötigt man bis dorthin; ca. 4–5 Std., je nach Schnelligkeit, sind es ab Dom Planika hinüber zur nächsten Übernachtungsmöglichkeit auf der Dolić-Hütte – spätnachmittags kann Nebel aufziehen).

Hinter der Dom Planika geht es nordwärts durch das Geröllfeld auf die Südwand des Mali Triglav zu, die es nun zu erklimmen gilt. Rund 300 Höhenmeter (ca. 1 Std.) geht es steil in der Felsnische mit Klettersteig nach oben.

Aufstieg Richtung Vodnikov-Hütte, die Kühe begeben sich im Herbst talwärts

Auf 2722 m haben wir den **Grat**  und den **Mali Triglav** (2725 m) erreicht, wo wir uns links bergauf halten müssen. Wir blicken auf den steil abfallenden Pfad nach unten, auf die Kredarica-Hütte (Triglavski dom na Kredarica) mit ihrer Holzkapelle (2515 m) und den fast spitz zulaufenden markanten Gipfel des Rjavina (2532 m). Wir müssen nun rund 150 Höhenmeter am Felsgrat und Stahlseil bergauf, was absolute Konzentration erfordert – beidseitig geht es ungesichert talwärts. Zum Teil bilden sich Staus absteigender Wanderer, die man irgendwie vorbeilassen muss – wie man hier im tiefsten Winter mit Spikes an den Schuhen aufwärts gehen und Halt finden kann, bleibt mir ein Rätsel.

Nach ca. 0:30–1 Std. (je nach Andrang) ist der **Triglav-Gipfel** auf 2864 m erreicht. Stolz holt man sich den Stempel und macht ein Foto mit dem schmalen Eisenturm **Aljažev stolp** (→Foto S. 450). Slowenen wickeln sich für die Fotosession ihre Flagge um den Körper oder geben sich mit einem Seil die Taufe. Wir genießen den Blick nach allen Seiten bis zum Großglockner, gen Dolomiten, zur Adria und gen Kroatien – und wieder möchte man fliegen können, vor allem, wenn man an den Abstieg denkt ... Ab unserem Startpunkt haben wir nun 6–7 Std. zurückgelegt.

Vom Triglav-Gipfel folgen wir dem Felspfad (Markierung „Koča na Doliću") teils per Stahlseilhilfe steil bergab – äußerste Vorsicht ist auch hier geboten. Nur in kleinen Felsnischen hält sich kleinste Flora. Bei 2518 m und rund 1 Std. später ist der Sattel **Triglavska ščrbina** erreicht. Noch einmal fällt der Blick gen Osten auf die unten mitten im Gestein liegende Dom Planika, ehe man westwärts durch eine Felsnische weiter tief hinabklettern muss. Von hier bietet sich wiederum ein schöner Blick auf die westlichen Gebirgsketten und das Trenta-Tal. Weiter unten landen wir in einem Geröllfeld, aber es geht weiter bergab. Im Nordwesten erblickt man am Berg Morbegna (2520 m) die Ruinen einstiger italienischer Grenzposten aus dem Ersten Weltkrieg.

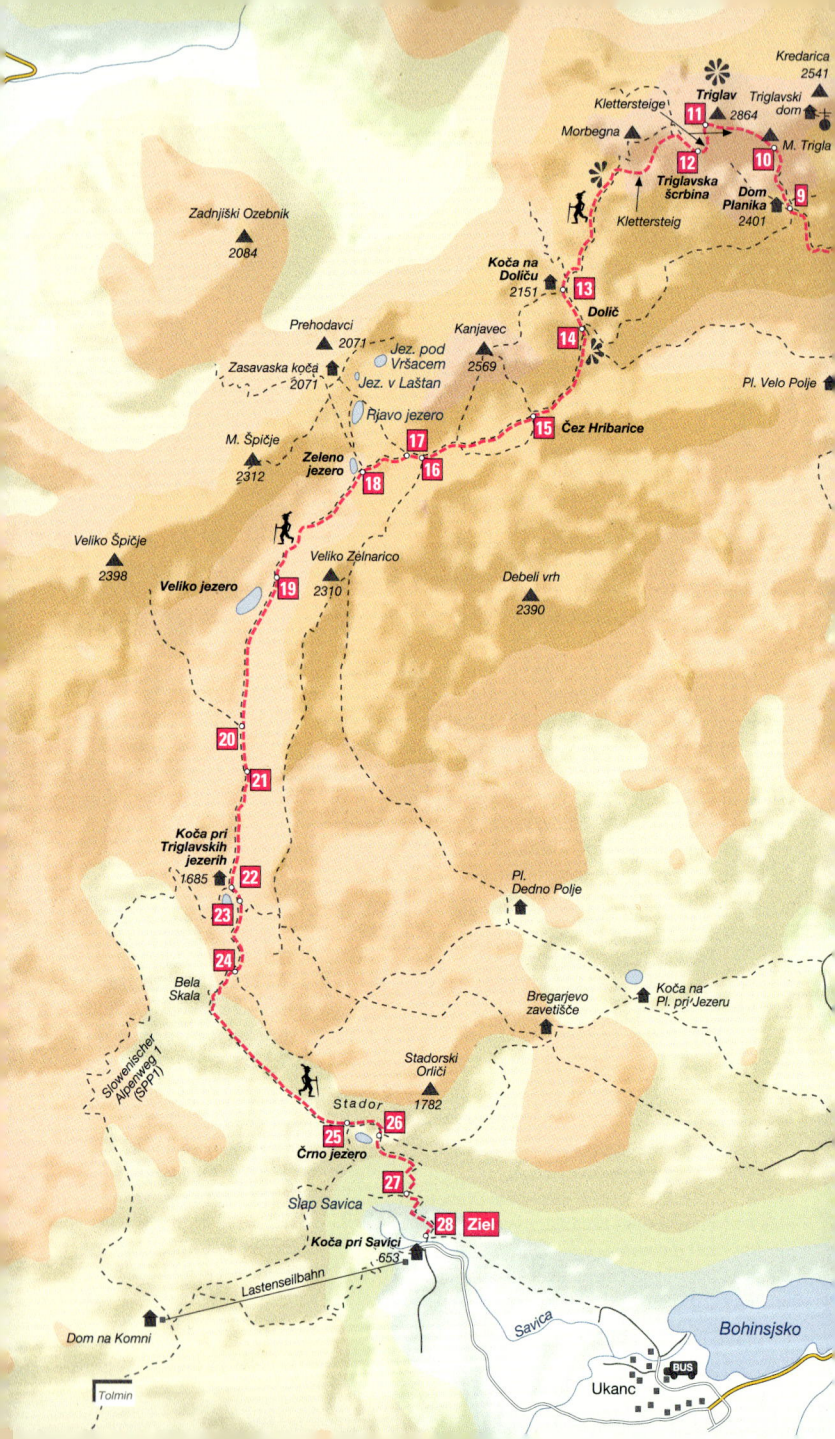

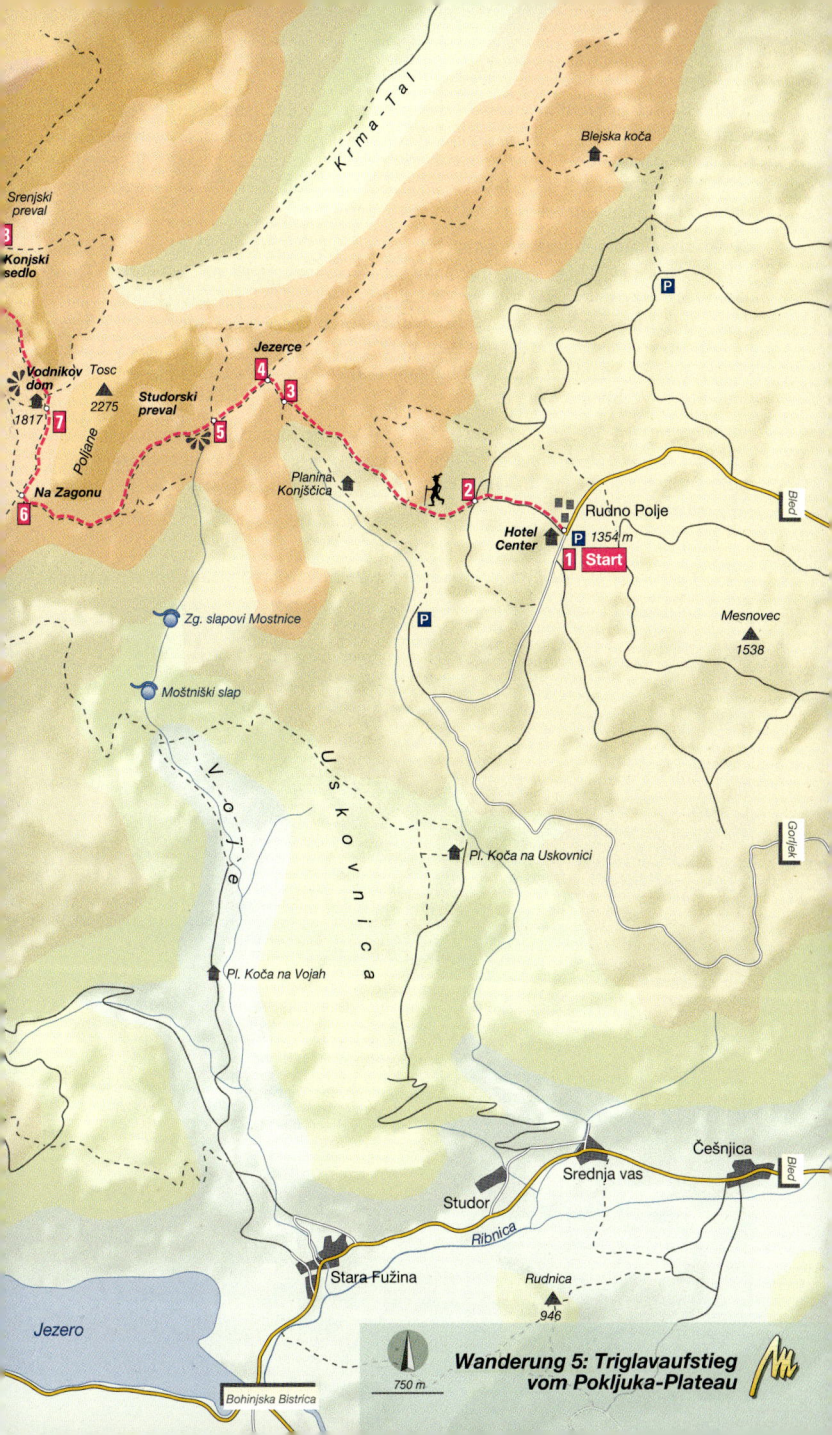

Srenjski
preval

3

**Konjski
sedlo**

**Vodnikov
dom**   Tosc

1817 **7**   2275

**Studorski
preval**

Poljane

5

Na Zagonu

6

Krma-Tal

Blejska koča

Jezerce

4

3

Planina
Konjščica

2

Rudno Polje

Hotel
Center   **P**   1354 m

P

1 **Start**

Bled

Mesnovec

1538

Zg. slapovi Mostnice

Moštniški slap

P

Volje

Uskovnica

Pl. Koča na Uskovnici

Gorjek

Pl. Koča na Vojah

Češnjica

Bled

Srednja vas

Studor

Ribnica

Stara Fužina

Rudnica

946

Jezero

Bohinjska Bistrica

750 m

**Wanderung 5: Triglavaufstieg
vom Pokljuka-Plateau**

Nach etlichen Serpentinen und insgesamt rund 2-stündigem Abstieg vom Gipfel wird die Unterkunftshütte **Koča na Doliću** 🔢 auf 2151 m mit einer warmen Stube und guter, stärkender Suppe erreicht, ein Heidelbeerschnaps verleiht die restliche Schwere, ehe man auf die Matratze zum Schlafen fällt – es war ein langer Tag –, rund 9 Std. Gehzeit haben wir ab dem Start hinter uns.

Der nächste Morgen beginnt gemächlich – ab der Dolić-Hütte geht es über einen Schotterweg ca. 10 Min. gen Süden. An der Weggabelung 🔢 am Sattel, dem **Dolić sedlo** (2164 m), halten wir uns rechts (nach links würde es zur Dom Planika, geradeaus zum Vodniko dom gehen) und laufen durch Geröllfelder, vorbei an Schneefeldern und -löchern. Ein letztes Mal geht es nun auf einem aus nachgebendem Feingeröll steil ansteigenden Pfad bergauf – auch können wir hier ein letztes Mal den Triglav-Anblick genießen.

Nach weiteren 0:30 Std. stehen wir auf 2358 m am Sattel **Čez Hribarice** 🔢. (Wer sich hier rechts hält, könnte noch den Kanjavec-Gipfel mit 2569 m erklimmen, um dann südlich wieder auf unseren Hauptweg zu stoßen; insgesamt ca. 2–2:30 Std. Wegzeit zusätzlich).

Mali Triglav – schwindelerregender Blick hinab auf die Kredarica-Hütte mit Kapelle …

Wir gehen vom Sattel hinab, dem Schild „7 Jezero" folgend – Geröll, Felsen und kleine Blumen dazwischen, auch Alpenmohn, Aurikel und das lila blühende Alpen-Leinkraut (Linaria alpina) begleiten uns.

An der Weggabelung **16** auf 2194 m rund 0:20 Std. später gehen wir geradeaus weiter über Geröll und Gestein (nach links führt der Weg über den Vrata-Sattel gen Almen Dedno polje und Pri Jezeru) und gelangen hinab ins **Sieben-Seen-Tal** (Triglavskij jezerih). In diesem Gebiet lagern gerne Steinböcke und versperren auch manchmal den Weg.

Nach etwa 10 Min. bleiben wir an einem Abzweig **17** auf dem Hauptweg, der leicht links verläuft (nach rechts Richtung Hütte Zasavska koča). Wir stoßen auf den **Zeleno jezero** **18** auf 2093 m (dieser „Grüne See" ist bereits der vierte im „Sieben-Seen-Tal") und halten uns links.

(Wer mag, geht rechts und macht einen Abstecher von ca. 0:30 Std. zum Berg Prehodavci mit der Unterkunftshütte Zasavska koča auf 2071 m und blickt von dort auf die beiden oberen, allerdings schon fast ausgetrockneten Seen Rjavo und Laštah; den ersten, Jezero pod Vršacem, kann man von hier nicht sehen; zudem führt ab der Hütte der Wanderweg ins Trenta-Tal, 600 m hinab; ca. 4–5 Std. Abstieg.)

… und imposanter Weitblick

Wir folgen unserem Hauptpfad entlang des Zeleno jezero, der eingebettet von Felsen rechts unterhalb von uns liegt, und laufen dann bergab. In der Ferne zeigen sich am östlichen Felsabhang im Geröll Gämsen, schön ist nun auch die Gebirgskulisse von u. a. Vogel, Kuk und Komna im Süden.

Nach rund 0:30 Std. talwärts passieren und wir den **Veliko jezero** **19**. Zwischen Felsen und Latschenkiefern piepsen Murmeltiere. Die Flora nimmt von Meter zu Meter in ihrer Üppigkeit zu: kleine Glockenblumen, Arnika, es duftet nach wilden Nelken. Weitere 0:30 Std. später gehen wir an der nächsten Weggabelung **20** auf 1773 m geradeaus auf dem Hauptpfad weiter (nach rechts Veliko Špičje). Die Flora steht hoch: weißer und lila Rittersporn und gelber Eisenhut, Trollblumen, Pestwurz und Lärchen.

Rund 10 Min. später erblickt man am felsigen Pfad braun-rot-orangene Tupfen **21**, eine geologische Besonderheit (hier ist Punkt 50 des Geologischen Wegs, der durch ganz Slowenien führt; es soll das Mineral Cinnabarit oder roter Knollenkalkstein sein – das geologische Buch ist leider vergriffen). Vor uns

Kleiner Wanderführer → Karte S. 464/465

Blick auf den Anstieg über den Grat zum Triglav-Gipfel

nun ein Wasserreservoir und die von Fichten umstandene Hütte **Koča pri Triglavskih jezerih** (1692 m) mit dem dahinter liegenden **6. See** (→Foto S. 147). Nun heißt es nach rund 5 Std. Laufzeit ausruhen und auftanken – die Küche bietet Leckeres (deftige Suppen, Gulasch, Strudel) und wir lassen uns auf der Terrasse mit Seeblick nieder. Auch kann man hier sein Trinkwasser am Außenhahn auffüllen und Zimmer gäbe es auch.

Ab der Hütte folgen wir dem Hauptweg nach Süden. Nach knapp 5 Min. wandern wir an der Gabelung weiter geradeaus durch Lärchen- und lichten Fichtenwald – hinter uns malerisch die Hütte mit See (nach links Richtung Alm Bregarjevo zavetišče).

An der nächsten Weggabelung folgen wir dem Waldweg, gesäumt von Eisenhut, Rittersporn und Storchenschnabel, halbrechts (nach links geht es Richtung Almen Bregarjevo zavetišče, Dedno polje und Pri Jezeru). Der Waldpfad führt nun rund 350 Höhenmeter über schöne Wurzelstufen des teils lichten Fichtenwaldes und an imposanten Felsen hinab.

Nach ca. 1–1:30 Std. ab der Hütte liegt rund 30 m unterhalb unseres Weges der von Fichten umstandene **Črno jezero** (1294 m; hier ist ein Abzweig nach rechts Richtung Dom na Komni, Wegzeit rund 3 Std.). Wir bleiben auf dem Hauptweg und umrunden den See und ein Stück der steil aufragenden Felswand des **Stador**.

An der Gabelung gehen wir nun geradeaus nach unten (links Richtung Alm Bregarjevo zavetišče). Knapp 700 Höhenmeter insgesamt müssen wir bis zum Endpunkt bewältigen. Fast senkrecht geht es durch Buchenwald und über Steinstufen und Wurzeln, teils mit Klettersteigsicherung, tief hinab. Der **Suhi slap** (trockener Wasserfall, d. h. nur nach Regen und Schneeschmelze wird Wasser geführt) begleitet uns. Ein Ausblick wird frei auf den Berg Vogel, die Skipiste und das Savica-Wasserkraftwerk.

An der Gabelung , nun sind wir auf 899 m, gehen wir geradeaus nach unten (geht man hier rechts, endet der Pfad oberhalb des Savica-Wasserfalls und man kann in die Tiefe blicken, der Anblick von unten ist allerdings imposanter ...). Das Rauschen des Wasserfalls ist nun unüberhörbar und begleitet uns die letzten 250 Höhenmeter hinab.

Wir stoßen auf den Hauptweg **28** auf 669 m, das Ende unserer Tour ist gleich erreicht – ab Koča pri Triglavskih jezerih haben wir nun ca. 3–3:30 Std. zurückgelegt.

Ab hier könnte man, geht man nach links, auf dem Wanderweg in 3,5 km nach Ukanc zur Ortsmitte und zum Busstopp gelangen (der letzte fährt um 18.40 Uhr). Wir laufen nach rechts über die **Savica-Brücke** und erreichen in 5 Min. die Unterkunftshütte **Koča pri Savici** (653 m). Die Ebene ist schon fast unwirklich für Füße und Knie. Ab der Savica-Unterkunftshütte wählt man seinen am besten geeigneten Rückweg, wie oben unter den Vorschlägen erwähnt.

Wanderung 6: Von Bohinjska Bistrica zum Črna prst (1835 m)

Charakter: Außer einer teils steilen Wegstrecke ist es eine mittelschwere Rundwanderung durch üppige Almwiesen zum Gipfel Črna prst (1844 m) mit herrlicher Aussicht auf das Bohinj-Tal. Auch für lauffreudige Sprösslinge machbar, da keine Schwierigkeitsgrade unterwegs. **Länge/Dauer:** 10,7 km, ca. 6 Std. **Tourverlängerung:** Konditionsstarke (reine Wegzeit 9–11 Std.) können diese Tour ab dem Črna prst gen Westen (→ Foto S. 561) über den Berg Rodica (1966 m) und weiter zur Gondelstation Vogel verlängern (bzw. den Weg in anderer Richtung begehen und mit der ersten Gondel um 8 Uhr aufwärts fahren). Zwischen Črna prst und Vogel-Station keine Hütte bzw. Wasserauffüllmöglichkeit! Der Weg verläuft fast immer am Grat (man muss schwindelfrei sein, dafür keine nennenswerten Steigungen), es bieten sich herrliche Ausblicke zur Süd- und Nordalpenseite. **Markierung:** roter Kreis mit weißem Punkt (bestens beschildert). **Einkehr/Übernachten:** zwei Unterkunftshütten am Weg, trotz allem immer an reichlich Trinkwasser und Snacks denken. *Orožnova koča* (1350 m; Mobil-☎ 051/442-550; Juni–Aug., danach bei schönem Wetter an Wochenenden; 2 Schlafsäle mit 12 und 14 Betten und 1 Waschbecken; kein Winterzimmer). *Dom Zorka Jelinčiča na Črni prsti* (☎ 055/3808-260; Juli/Aug. tägl., Juni u. Sept./Okt. am Wochenende bei gutem Wetter; 2 Schlaflager mit 18 bzw. 8 Betten und 4-mal 2 Betten). **Ausgangspunkt:** Parkplatz vor der Ex-Gostilna

Blick vom Črna prst gen Bohinska Bistrica, gen Triglav und Karawanken

▲ Knabenkraut (oben) und Enzian (unten) zieren die Wanderpfade

▼ Orožnova koča

Janez (Cesta na Ravne v Bohinju 23). **Anfahrt:** Entweder man läuft von Bohinjska Bistrica (Ortsmitte bzw. gegenüber vom Hotel Park) in ca. 0:30 Std. bis nach Ravne zur Gostilna Janez beim Skizentrum Kobla oder fährt mit dem Auto ca. 3 km nach oben und parkt dort. **Ausrüstung:** knöchelhohe Wanderschuhe, Anorak (oben pfeift meist der Wind!), Kopfbedeckung, Meniskus schonende Wanderstöcke sind empfehlenswert. **Karte:** Wanderkarte Bohinj (Triglav – Krn – Črna prst) 1:25.000.

Wegbeschreibung: Wir starten am Parkplatz **1** vor der ehemaligen **Gostilna Janez.** Von dort laufen wir den Schotter-Fahrweg ca. 5 Min., vorbei an einem stattlichen Privathaus (ehemalige Unterkunftshütte Dr. Janeza Mencigarija), leicht bergauf. Nach der Unterkunftshütte zweigt ein markierter Pfad **2** nach links oben ab (hier kommen wir auf dem Rückweg nach unten) – wir gehen aber noch ca. 50 m geradeaus weiter.

Nun zweigen wir von dem Fahrweg links in einen schmalen Waldpfad (markiert) **3** ab. Es folgt ein steiler Anstieg über ca. 200 Höhenmeter durch Rotbuchen- und Fichtenwald, mit einigen Überquerungen des Fahrwegs. Nach ca. 0:45 Std. ab Parkplatz stoßen wir auf den von unten kommenden Fahrweg **4** und folgen diesem rechts – nach ca. 200 m wird der Ausblick auf die Triglav-Bergkette frei.

Bei einem weiteren Abzweig **5** gehen wir nach links und nochmals rund 200 Höhenmeter aufwärts durch Tannen- und Fichtenwald.

Wir stoßen nach insgesamt 1:30–2 Std. Aufstieg auf eine geschützte Lichtung mit der schönen, 2004 errichteten Hütte **Orožnova koča 6** auf 1350 m. Hier kann man gut essen und übernachten, von der Terrasse blickt man auf den Črna prst und im Norden auf das Triglav-Massiv. Etwas unterhalb liegt die *Planina za Liscem* (Alm) mit drei kleinen Teichen und weidenden Kühen.

Bled

Sava Bohinjka

Bahnhof
(Autoverladung)

Bohinjska Bistrica

i

Bistrica

Start/
Ziel

P

P

1

Ravne

Pirathaus
(Ex-Gostilna
Janez)

Ex-Dom Dr. Janeza
Mencigarija

2

3

14

Sessellift

4

13

J a t a

5

Sessellift

Pl. Za Liscem

Lisec

1653

Orožnova
koča

1350

Črna gora

1605

Mali vrh

1504

Kravja
Črna gora

1542

6

12

11

Planina za Črno goro

10

Bohinjsko sedlo

Š k r i l j e

Čez Suho

Kobla

1493

Črna prst

1844

7

8

1835

9

Dom Zorka
Jelinčiča

Podbrdo

N

350 m

*Wanderung 6: Von
Bohinjska Bistrica zum Črna prst*

Wir folgen dem Weg hinter der Hütte südlich weiter langsam bergauf, durch Buchenwälder und an üppigen Blumenwiesen entlang – besonders auffallend Frauenschuh, Gelber Enzian, Purpurenzian und Eisenhut sowie zahlreiche endemische Pflanzen, u. a. *Eryngium alpinum* (Alpenmannstreu), eine spezielle Distelart (am 1. August ist deren Ehrentag, auch in der darauf folgenden Woche, während der Blütezeit, wird um die Orožnova koča das Eryngium-alpinum-Fest gefeiert).

Unser Wanderpfad wird immer steiler und steiniger, zwischen den Felsen wachsen Latschenkiefern, Rhododendren und Wacholderbüsche; immer kleiner, gedrungener werden Eisenhut und Akelei. Der Blick fällt auch auf den schmalen Felsabschnitt mit schwarzem Schiefergestein, dem Namensgeber des Berges, Črna prst (schwarze Erde). Bis zum Sattel windet sich der Pfad weiter über Gestein nach oben: Geschützt unter Felsnischen oder an Felsen wachsen verschiedene Arten von Glockenblumen, Enziane, Anemonen und Alpenveilchen.

Am Sattel (talwärts führt der Weg nach Podbrdo) und Grat **7** auf 1772 m angekommen, genießen wir den traumhaften Weitblick gen Süden und werden erst mal kräftig durchgepustet – meist weht hier ein mehr oder weniger starker Wind. Noch knapp 10 Min. führt der Wiesenpfad rechts bergauf.

Nach maximal 2 Std. ab der letzten Hütte haben wir die 10 Höhenmeter unter dem Gipfel liegende **Unterkunftshütte Črna prst 8** auf 1835 m, eine ehemalige italienische Kaserne, erreicht. Der Weitblick ist fantastisch: gen Triglav und Karawanken im Norden, im Süden liegen Nanos, Monfalcone, Triest und die Adria – man möchte nun fliegen können. Von außen wirkt die Hütte etwas schäbig, innen aber ist es sehr gemütlich und warm, vor allem wenn es draußen stürmt, zudem gibt es schmackhaft zubereitete Gerichte.

Insgesamt etwa 2:30 Std. dauert der Abstieg. Der Weg führt von der Hütte wieder am Grat entlang ostwärts, der Blick fällt auf die trockene, blumenarme Südseite.

An der Gabelung **7** am Sattel geht es wieder links nordwärts hinab, wir nehmen aber nach wenigen Metern den Abzweig **9** nach rechts. Der Pfad führt steil hinab, vorbei an den Felsen des Čez Suho, dann durch Lärchenwald, vorbei an üppig mit Früchten behängten Himbeersträuchern und durch Buchenwald.

An der Weggabelung **10** nach ca. 0:30–0:40 Std. ab dem Grat gehen wir links und talwärts. Nach weiteren 5 Min. stoßen wir auf die **Planina za Črno goro** (1307 m), eine eingefasste Wiesenfläche **11** mit erhöht liegendem gemauerten Wall und kleinem Wassergraben außen herum; auf der Nordseite stehen halb verfallene Almhütten. Wir umrunden die Ebene und passieren einen vom Berg kommenden Bach.

An der Nordseite dieser Ebene (noch vor den Almen) zweigt der Wanderweg **12** rechts in den Fichtenwald ab. Unseren steil nach unten führenden Weg begleitet mal links mal rechts ein teils gemauerter und teils in den Fels gesprenter Kanal – er dient der Wasserregulierung und -entlastung des östlich liegenden Kobla-Eisenbahntunnels.

Nach ca. 0:30–0:40 Std. ab dem letzten Abzweig stoßen wir wieder auf den von oben kommenden Fahrweg **13**, gehen hier rechts und nach wenigen Metern wieder links durch den Fichtenwald steil talwärts, auch werden wir hier weiterhin, nun links, vom gemauerten Wassergraben begleitet.

Nach weiteren ca. 0:30 Std. und 250 Höhenmeter tiefer erreichen wir die Waldlichtung mit dem **Privathaus** (ehemals Dom Dr. Janeza Mencigarija) **14**, gehen über die Wiese, halten uns links und stoßen auf den Fahrweg **2**.

In diesen biegen wir nach rechts ein und erreichen nach 5 Min. wieder den Parkplatz **1** am Ausgangspunkt.

Der Naturforscher und Bergsteiger Dr. Julius Kugy
blickt auf seinen Lieblingsberg Jalovec

Wanderung 7:
Auf dem Soča-Weg von der Quelle nach Bovec (2 Tage)

Charakteristik: Der Soča-Weg (Soška pot) ist eine mittelschwere Familienwanderung, kann aber durch Etappen zu leichten Wanderungen gemacht werden. Er führt immer entlang des oft schattigen Soča-Ufers von der Quelle bis hinab nach Bovec. Wer diese Tour genießen möchte, läuft sie in zwei Etappen (mit Kindern vielleicht auch in 3 Etappen). Unterwegs bieten sich herrliche Ausblicke auf die malerische Bergwelt des Nationalparks Triglav, vorbei am informativen Triglav-Museum, an schönen Kiesbadeplätzen und imposanten Schluchten – langweilig wird es nie und leckeres Essen verwöhnt auch den Gaumen. Der Hochsommer bietet zwar eine einfache Anfahrt, der Weg ist dann allerdings auch sehr bevölkert. Der schönste und eindrucksvollste Teil dieser Route führt von der Quelle bis Trenta. Aber auch der Abschnitt von Trenta bis Vodenca ist malerisch und idyllisch durch viele Hängebrücken und Schluchten. Die letzte Etappe ab Vodenica ist gemütlich und entspannt und dient v. a. jenen Wanderern, die in Bovec übernachten oder weiter wandern möchten. *Achtung*: Wer sein Fahrzeug an der Berghütte Soča-Quelle geparkt hat und keinen Rücktransport organisiert hat, muss natürlich wieder bergan steigen, was Kondition erfordert! **Länge/Dauer**: Gesamtlänge 30 km, insg. 10 Std. Gehzeit. **Abkürzung/Verlängerung**: Diese lange Wanderung kann auf kleine Etappen verkürzt werden: Soča-Quelle–Trenta, **1**–**10**, 5,8 km; Trenta–Velika Korita, **10**–**19**, 12,5 km; Velika Korita–Bovec, **19**–**36**, 11,7 km. Wer verlängern möchte, kann dies ebenfalls tun, nach Norden oder Süden, denn hier entlang verläuft auch der Alpe-Adria-Trail auf insgesamt 700 km. *Parkplätze* und guter Einstieg unterwegs: Ortsteil Pri cerkvi (nach **8**), bei Trenta na Logu und Dom Trenta **10**, Metoja **11**, an der Straße bei **20** oder Straßenbeginn Lepena **22** und Camping Klin **24**. *Busse*: im Juli/Aug. evtl. Abkürzung durch Busrückfahrt nach Bovec. **Markierung**: alles bestens mit rotem Kreis und weißem Punkt bzw. dem

Alpe-Adrial-Trail-Symbol gekennzeichnet; zudem verläuft die Strecke immer am Fluss entlang, ein Verirren ist kaum möglich. **Einkehr/Übernachten:** gleich am Startpunkt Unterkunftshütte *Koča pri izviru Soče* (Mobil-☎ 041/603-190; tägl. Mai–Sept., April/Okt. nur am Wochenende; es gibt 2-Bettzimmer und gutes Essen). *Dom Trenta* (Besucher- und Infozentrum, Na logu v Trenti, 5232 Soča, ☎ 05/3889-330, www.tnp.si; Ende April–Ende Okt. tägl. 10–18, Juli/Aug. 9–19, Ende Dez.–Ende April Mo–Fr 10–14 Uhr; Eintritt 5 €, Studenten 3,50 €, Kinder ab 6 J. 2,50 €, Familienkarte 12 €; im Besucherzentrum werden Zimmer (DZ 44 €) und Appartements (4–5 Pers.) vermietet, auch eine Gostilna u. Pizzeria, Mai–Okt., ist angeschlossen).

Schöne Rastplätze warten …

Unterwegs weitere schöne Übernachtungs- u. Einkehrmöglichkeiten in fast allen Orten (→ Bovec/Übernachten/Essen). **Ausgangspunkt:** Unterkunftshütte Koča pri izviru Soče oder Einstieg nach Belieben. **Anfahrt:** mit dem Bus (Haltestelle Izvir Soče Križišče an der N 206 nahe **4**, dann noch 0:30 Std. Fußweg, im Juli/Aug. tägl., Juni/Sept. nur am Wochenende → Kranjska Gora u. Bovec/Verbindungen). Mit dem Taxi ab Bovec ca. 40 €. Wer mit dem eigenen Fahrzeug anreist, muss die gleiche Strecke wieder zurück und aufwärts gehen. Evtl. mit dem Vermietern im Tal ein Hinbringen zum Start vereinbaren. **Ausrüstung:** rutschfeste Schuhe, Verpflegung und immer ausreichend zu trinken; je nach Jahreszeit Windjacke/Anorak, evtl. kleines Handtuch/Badesachen und Kopfbedeckung. **Karte:** Wanderkarte Bovec 1:40.000 sowie Soča-Trail 1:40.000.

Wegbeschreibung: Wir starten am Parkplatz der **Koča pri izviru Soče** **1** und machen, ehe wir uns auf den Soča-Weg begeben, natürlich einen kurzen Abstecher zur Quelle. Dazu gehen wir von der Berghütte nordwärts, folgen dem bestens ausgeschilderten Pfad bergan und halten uns nach 5 Min. links (nach rechts geht es zum Klettersteig ab). Nach wenigen Minuten erreichen wir den **Aussichtspunkt Razgledišče** **2** auf die Soča-Quelle und ihren **1. Wasserfall**, der hier über das Gestein und seine Barrieren nach unten plätschert – eigentlich der schönste Anblick; im Südwesten sieht man von hier noch das Bavški Grintavec-Massiv (2347 m). Den Felsaustritt der Soča aus dem Šnita, unterhalb des Travnik-Massivs (2379 m), und weitere kleine Wasserfälle sieht nur, wer über den Klettersteig 10 Min. nach oben steigt. Rund um den Wasserfall und natürlich auch tiefer gibt es neben einer schönen Alpenflora sehr viele der rar gewordenen Falter wie den bräunlich-orangen Trenta-Mohrenfalter (Erebia pronoe) oder den hübschen Hochalpenapollo (Parnassius phoebus), weiß, etwas schwarz gerändert und mit lila-roten Augen bzw. Tupfen.

Nun begeben wir uns auf unseren Soča-Weg und gehen zurück zur Berghütte **1** auf 886 m, von dort wenige Meter die Zufahrtsstraße ostwärts und passieren dabei den links abgehenden Alpe-Adria-Trail, um kurz danach rechts hinab auf den gut ausgeschilderten **Soška pot** **3** abzuzweigen – ein kurzer Blick noch zurück auf die Gipfel (von links nach rechts): dicht nebeneinander Pelc nad Klonicami (2442 m), Spičec, Ozebnik und Jalovec (2645 m). Durch lichten Mischwald geht es talwärts, bis wir nach 10 Min. einen netten **Rastplatz** mit Lehrtafel zu Forstwirtschaft erreichen – nochmals bietet sich ein schöner Blick gen Jalovec im Westen.

5 Min. später müssen wir uns mit der Markierung **4** links bergan halten (nach rechts geht die Abkürzung talwärts weiter, man erreicht jedoch nicht das Kugy-Denkmal). Nach wenigen Minuten erreichen wir die Zufahrtsstraße zur Soča-Berghütte und gehen hier rechts, bis wir nach 200 m auf die **Hauptstraße** N 206 (Vršič–Bovec) stoßen. Wir wenden uns nach links und gehen rund 200 m aufwärts bis zur nächsten Gabelung – unterwegs fällt der Blick hinab ins Trenta-Tal und auf die bei den Einheimischen *Lepos Špičje* („Schöne Spitzen") genannten Gipfel V. und M. Špičje mit ca. 2200 m.

An der kommenden Linkskurve mit Parkplatz folgen wir unserem markierten Soča-Weg nach rechts – hier steht eine Lehrtafel zum Soča-Weg und dem N.P. Triglav – und treffen nach wenigen Minuten auf den malerischen, sonnigen Platz mit einer Lehrtafel und dem **Kugy-Denkmal** **5**, dem Erforscher und Bergsteiger dieser Julischen Alpenregion, Dr. Julius Kugy (1858–1944), gewidmet, der hier auf seinen Lieblingsberg Jalovec im Westen schaut; im Süden blicken wir wieder auf die „Schönen Spitzen".

Die Mlinarica-Schlucht

Wir setzen unseren Weg auf dem schmalen Pfad südwärts fort, vorbei an einem typischen **Trenta-Haus** mit seinem mit Lärchenschindeln gedeckten langgezogenen Dach (das Lärchenholz ist stark wasserabweisend). Danach geht es rund 10 Min. über Stufen und durch Wald hinab Richtung Soča. An der Gabelung mit der Hängebrücke **6** und dem Zusammenfluss von Mlinarica und Soča machen wir noch einen kurzen Abstecher zur Mlinarica korita, d. h. wir gehen geradeaus bzw. halten uns links und folgen der Markierung und einem Steindamm am Bach Mlinarica entlang. Nach wenigen Minuten passieren wir einen hölzernen Trinkwasserbrunnen und gehen weiter etwas bergauf, hinein in die kühle **Mlinarica-Schlucht** bis zur Aussichtsplattform mit Lehrtafel **7** und blicken auf ihren schmalen Ausgang zwischen den riesigen Felswänden, die sich vor uns auftun – die Mlinarica schuf hier mit 100 m die tiefste und dabei auch engste Schlucht der Julischen Alpen, deren

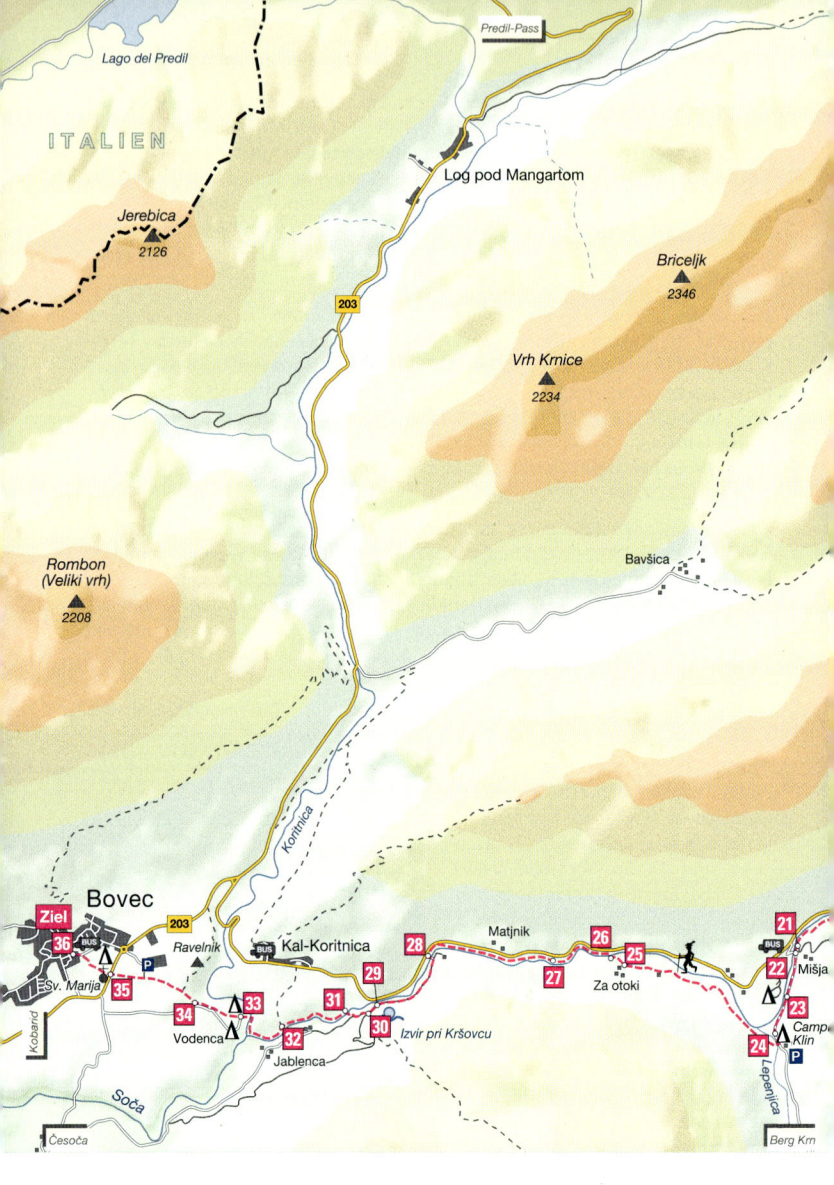

Breite manchmal nur 1 m beträgt. Die Mlinarica stürzt sich ab ihrer Karstquelle zwischen den über 2500 m hohen Bergen Razor und Prisank in Etappen hinab, bis sie die rund 1000 m bis hierher zurückgelegt hat.

Wir gehen zurück bis zur Hängebrücke **6**, überqueren diese und gehen hoch zur Hauptstraße N 206 und links. Hier beginnt der Ortsteil **Trenta**. Wir folgen der N 206 rund 150 m bis zur **Soča-Straßenbrücke 8**, zweigen hier rechts ab und setzen nun rechtsseitig der Soča unsere Wanderung auf dem markierten Weg talwärts,

Wanderung 7: Auf dem Soča-Weg von der Quelle nach Bovec

700 m

also nach links fort. (Wer den Alpengarten *Alpinum Juliana* besichtigen möchte, geht auf der Straße noch weitere ca. 50 m.)

Nach rund 10 Min. informiert uns eine Lehrtafel über die *Trentarske fužine* (Eisenschmiede im Trenta-Tal). Eine Hängebrücke führt hinüber zum Trenta-Ortsteil Pri cerkvi mit der schindelgedeckten Kirche Sv. Marija, 1690 erbaut, im 19. Jh. umgebaut. Von dem Parkplatz bei der Kirche kann man in die Wanderung einsteigen.

Wir aber gehen nicht über die Brücke. Unser Weg führt bergan an Felsen entlang, unten rauscht die Soča. Hinter uns blicken wir auf den Vršič (1737 m) und den Prisank (2547 m). Ein Bächlein quert unseren schattigen Weg zwischen Tannen und Hainbuchen. Nach rund 0:20 Std. treffen wir auf eine Lehrtafel zur hiesigen Fauna, sie informiert über Vögel, Gämsen, Steinadler und Steinböcke.

Wenige Minuten später passieren wir eine links von uns liegende Brücke **9**, auf der östlichen Flussseite sind auch ein Parkplatz und der Campingplatz Trenta (eine weitere Einstiegsmöglichkeit in die Wanderung). Wir folgen unserem Soča-Trail auf der Westseite zunächst noch eben, bald geht es aber wie bisher auch immerzu etwas auf und ab und über Stock und Stein durch Mischwald mit schönen moosbewachsenen Felsen. Etwa 0:20 Std. nach der Brücke erreichen wir unten am Fluss **Trenta 10** auf ca. 620 m (links über der Brücke liegt Trenta na Logo mit Dom Trenta und Museum, Geschäft, Gostilna/Übernachtung).

Wir gehen geradeaus weiter und wieder etwas oberhalb der Soča entlang und genießen den Freiblick auf das imposante Bergpanorama von Pihavec (2419 m) und Triglav (2864 m), nach einer Weile auch den Blick auf das nun breite Soča-Bett mit Kies und Felsbrocken. Die nächste Lehrtafel informiert über den Nationalpark Triglav.

Nun macht die Soča eine Rechtskurve um das Felsmassiv Na Glavah (1664 m; kein GPS-Empfang!). Unser Wanderweg führt nahe der Soča entlang und der Blick wird frei auf das vor uns liegende breitere Tal gen Süden mit seinen bewaldeten, beidseitig aufsteigenden Bergen – alle Grün- und Grautöne sind vereint. Im Sommer ist hier ein idealer Platz, um zu rasten und sich zu erfrischen. Rund 2:30 Std. gemütlichen Gehens haben wir ab der Berghütte Soča-Quelle hinter uns.

Nach rund 10 Min. erblicken wir eine etwas entfernt liegende Hängebrücke, die zum Weiler Metoja führt. Wir blicken östlich von uns auf das Bergmassiv Osojnik und die dahinter aufragenden „Schönen Spitzen" von Malo und Veliki Špičje (2398 m). Nach weiteren 10 Min. treffen wir auf ein Gatter (bitte auch wieder schließen!), danach auf die große Straßenbrücke, Parkplatz und Lehrtafel zum Soča-Weg. Wir überqueren hier die N 206 Vršič–Bovec **11**, um auf der östlichen Straßenseite wieder rechts hinab zu unserem ausgeschilderten Šoča-Weg zu gelangen.

Hier im Weiler **Dimnik** und **Metoja** gibt es u. a. Camp Triglav, Restaurant Metoja und Biohof Pri Plajerju. Das interessante Auf und Ab mit herrlichem Bergpanorama lassen wir nun erst einmal hinter uns.

Die nächste Etappe ab Metoja bis Brvec kurz vor dem Ort Soča (rund 5 km) ist etwas unspektakulärer – teilweise muss man auch steil bergan gehen, da der Weg wegen Eigentumsverhältnissen verlegt werden musste. Um die Bergkulisse nochmals einzufangen, muss man zurückblicken.

Unser Soča-Weg führt östlich vom Fluss südwärts durch Wald und entlang von Almwiesen. Wir passieren nach 10 Min. eine Hängebrücke **12** und gehen geradeaus weiter, dann vorbei an den Häusern von **Maselc**. Es folgt ein Gatter (bitte wieder schließen!), hinter uns das herrliche Bergpanorama. Wir folgen unserer Markierung über eine **Holzbrücke** und rechts hinab. Auf schmalem Waldweg wandern wir auf und ab, bis wir nach 0:15 Std. auf Weidewiesen gelangen und der Blick frei wird auf den südlich liegenden Ort Soča und auch hinab auf den Fluss mit seinem hier malerisch breiten Bett, angefüllt mit vielen Kieseln. Eine Lehrtafel gibt Erklärungen zu Felsabgängen, die hier auch heute noch sichtbar sind – die beiden größten Erdrutsche waren 1989 und 1993.

Wir folgen unserem Pfad bergab und gelangen nach 10 Min. an ein weiteres Gatter (bitte wieder schließen) von einem Wochenendhaus, passieren das Grundstück mit malerischer Hängebrücke und eine einladende Kiesbucht, um dann durch ein Gatter das Gelände wieder zu verlassen (dieses Privatgrundstück kann man durchlaufen, denn der offizielle Soča-Weg geht hier durch!).

Anschließend steigen wir durch Wald bergauf, bemooste Felsen begleiten uns – ein Stahlseil bietet ab und an Hilfe. Tief unter uns nun die türkis leuchtende Soča mit weißem Kiesufer. Nach 0:20 Std. geht es wieder bergab und wir überqueren eine Hängebrücke **14**. Danach gehen wir links südwärts weiter, nun rechtsseitig der Soča, oberhalb von uns ist die Hauptstraße N 206. Nach 10 Min. gelangen wir beim Trenta-Haus Nr. 1 zur nächsten Hängebrücke **15**, überqueren diese und setzen gegenüberliegend unseren Weg rechts abzweigend fort. Wir müssen ein Gatter übersteigen, laufen danach neben dem Fluss und überqueren eine Geröllrinne, die der Bach Laventnik schuf (die Brücke etwas weiter oberhalb ist kaputt). Danach setzen wir unseren Weg bergan durch Laubwald mit moosüberzogenen Felsbrocken fort. Die Vegetation wird mit jedem Meter, den wir nun auf dem schmalen Pfad ansteigen, üppiger und grüner und wirkt wie in einem verwunschenen Land der Hobbits.

Hier folgt nun das einzige Teilstück des gesamten Weges, das schwieriger zu begehen ist und nach Regen auch sehr rutschig sein kann, also achtsam laufen! Wegen Eigentumsverhältnissen durfte man den Weg nicht unten entlang dem Flussufer weiterführen, dieser musste aufwändig nach oben verlegt werden. Nach 0:20 Std. sind wir am höchsten Punkt dieses steilen Anstiegs (rund 100 m oberhalb der Soča) mit Lehrtafel zur hiesigen Vegation. Aus den aufragenden Felsen tropft das Wasser.

Velika korita – imposant ist hier die Soča von Felsen umrahmt

Dann geht es 10 Min. talwärts und durch ein Gatter **16**. Hier im Ortsteil **Jelinčic** sind zwei kleine Camps. Wir laufen links die breite Zufahrtstraße kurz bergan, vorbei am großen Biohof Jelinčic, wo in mehreren Gebäuden auch Zimmer vermietet werden (vom Hof kommen Käse, Schweine, Schafe und Kühe). Dann geht es vorbei am Ökocamp Korita und der Lehrtafel über Käseverarbeitung bis zur Straße Brvce–Na skali **17**. Hier wenden wir uns nach rechts und biegen nach wenigen Metern, noch vor der Soča-Brücke von **Brvce**, wieder links in den breiten Kiesmakadam ab.

Nach wenigen Metern beginnt die **Mala korita** (→ Foto S. 171), die „Kleine Soča-Schlucht", malerisch mit ihrem weißen felsgerahmten Flussbett, die nun ein kurzes Stück unseren Weg begleitet. Wir passieren den einzeln

Die Soča überspannen zahlreiche malerische Hängebrücken

stehenden schindelgedeckten Hof **Mlinar** und überqueren eine Hängebrücke über ein Bächlein – hier informiert eine Lehrtafel über die hiesige Architektur. Unser Wanderweg führt an den Häusern von **Pod Bregom** vorbei und mündet in einen breiteren Zufahrtsweg. Etwa 10 Min. später biegen wir kurz vor der Soča-Brücke links in den Weg **18** nahe dem Soča-Ufer ab.

Nach weiteren 10 Min. treffen wir auf einen Makadam **19**, der vom Weiler Črešnjica kommt. Hier halten wir uns kurz rechts bzw. folgen diesem, um nach wenigen Minuten vor der Soča-Brücke wieder links hinab zum Fluss zu gehen (der Makadam links hoch führt in Richtung Lepena). Gegenüber erblickt man die Ortskulisse des langgezogenen Orts **Soča** mit Kirche und Friedhof (im Ort finden sich Übernachtungsmöglichkeiten und Gostilnas).

Bei den letzten, südlichsten Häusern des Weilers Pri Monkež beginnt bereits die **Velika korita**, die „Große Soča-Schlucht", die wir nach 0:15 Std. Gehzeit erreichen. Von der **Hängebrücke 20** hat man den beeindruckendsten Blick hinab auf die Velika korita – türkis leuchtet der Fluss wie ein Smaragd in seiner Fassung aus weißem Fels, den Hintergrund bilden die samtgrün ansteigenden Berge – diese Schlucht hat eine Tiefe von 10 bis 15 m und ist teils nur 2 m breit – für Kajakfahrer ist dieser gefährliche Abschnitt seit ein paar Jahren gesperrt. Auf der Straßenseite gibt es eine Lehrtafel und einen Parkplatz. Ab der Soča-Quelle haben wir rund 6 Std. Gehzeit (19,5 km) benötigt.

Wir setzen unseren Soča-Weg ab der Hängebrücke südwärts und am östlichen Ufer fort und gehen etwas bergan durch schönen Mischwald. Wenige Minuten später führt der Trampelpfad bergab und wir haben die Soča und die Schlucht direkt neben uns. Nach rund 10 Min. erreichen wir die Straße **21** und gehen hier rechts (links würde es nach Mišja vas gehen). Wenige Meter später stoßen wir auf die Straßenkreuzung mit Brücke **22** und wenden uns nach links bzw. südwärts Richtung Lepena. Von der Brücke kann man tief in den Canyon blicken – früher war dies mit den waghalsigen Kajakfahrern ein beliebtes Fotomotiv.

Wir gehen südwärts an der Straße entlang oder auch auf einem der Trampelpfade unterhalb und blicken zum Schluchtende der Velika korita, gehen vorbei an den großen Felsen, die im Sommer zum Sonnen einladen oder bei Hochzeitern als Kulisse dienen, und erreichen nach einer schönen breiten, langen Kiesbank nach rund 10 Min. eine Hängebrücke **23**. Gegenüber liegt das Camp Soča, die hier flache Soča ist auch beliebt bei Fliegenfischern und als Einstieg für die Kajaks. Wir setzen unseren Weg entlang dem Sträßlein fort, passieren nach kurzer Zeit den Abzweig zum Reiterresort Pristava Lepena und erreichen danach **Camping Klin 24** – die Soča macht hier eine eindrucksvolle Schleife, der sonnige breite Platz am Ufer mit den Trauerweiden ist sehr beliebt. Wer mag, gönnt sich in der Camping-Gostilna einen Café und ein Stück leckeren Apfelstrudel oder geht rechts über die Brücke der Lepenjica, die kurz danach in die Soča mündet.

Wir umrunden auf einem Makadam diesen Zusammenfluss und die Soča-Schleife mit ihrem malerischen Kieselbett und blicken auf einen einzeln stehenden Baum. Eine Lehrtafel gibt Auskunft über die Soča-Forelle. Wir folgen dem nun breiten Kiesweg durch Wald, rechts begleitet uns die Soča. Etwa 0:25 Std. später passieren wir ein links oberhalb stehendes uriges Privathaus mit Kapelle (der Eigentümer, ein Pfarrer, Musiker und Autor, freut sich über Besuch) und 5 Min. später den Weiler **Za otoki 25** (am See) mit seinen zwei Häusern inmitten von Wiesen. Kurz danach überqueren wir die Hängebrücke **26** – von hier bietet sich nochmals ein schöner Blick hinab auf die zwischen Felsbrocken rauschende Soča und die hohe nördliche Bergkulisse.

Nach der Brücke gehen wir links, ein kurzes Stück entlang der N 206, ehe wir wieder hinab auf unseren ausgeschilderten Wanderweg gelangen. Die Soča fließt nun links von uns und immer wieder laden schöne Kiesbuchten zum Rasten ein, der Weg ist nun felsig. Nach 10 Min. treffen wir auf eine kleine Gabelung **27**, an der wir geradeaus weiter wandern (nach rechts würde es hoch zum Weiler Matjnik gehen); der Weg führt nun durch lichten Mischwald mit moosüberwucherten Felsen – in dieser märchenhaften Kulisse wurden Teile des Films „Prinz Kaspijan" gedreht. Wenig später informiert eine Lehrtafel über die hier lebenden Wasseramseln. Wir folgen unserem schönen Wanderweg noch weitere 0:15 Std. bis zur Soča-Straßenbrücke **28**, überqueren diese und setzen anschließend unseren Weg nach rechts südwärts fort – nun mit neuer Beschilderung (Alpe-Adria-Trail, B1 und 2).

Der Soča-Trail nähert sich dem Ende – Blick auf Bovec und das Kanin-Massiv

Nach 10 Min. passieren wir einen netten **Rastplatz** oberhalb der Soča, nach weiteren 10 Min. die Quelle **Izvir pri Kršovcu**, die unseren Wanderweg etwas flutet, bis wir kurz darauf nach rechts hinabgehen zur **Zmukljica-** bzw. **Kršovec-Schlucht** 🯲🯹 und auf eine weitere schöne, von weißen Felsen gerahmte Schlucht blicken. Hier endet der offizielle Soška pot.

Wir setzen unseren Weg auf dem Makadam fort und gehen geradeaus Richtung Jablenca (links hoch würde es nach Čezsoča gehen). Früher führte hier eine Brücke hinüber nach Koritnica (seit 2013 aber unbenutzbar). 10 Min. später gehen wir an der Gabelung 🯱🯰 rechts und folgen nun der Markierung Alpe-Adria und B1b – es ist ein schmaler Pfad hinab in den Wald und über eine kleine Holzbrücke. Nach 5 Min. gehen wir an der Gabelung rechts hinab und folgen wiederum dem Schild Alpe-Adria (zudem „Brjeka" und „Pot miru" – der Friedensweg). (Geradeaus würde es auf dem B1b nach Čezsoča gehen und links nach Golobar.)

Wenige Minuten später treffen wir auf die malerische Hängebrücke 🯳🯱, die wir überqueren, ebenfalls die nachfolgenden Felsen – die Soča leuchtet nun türkis und smaragdfarben, unter uns hat sie noch eine einladende Feinkiesbank gebildet. Nach der Brücke gehen wir geradeaus bzw. leicht links auf unserem Wanderweg weiter südwärts in Richtung Vodenca (nach rechts würden wir nach Koritnica mit Gostilna und Busstopp gelangen).

Zuerst laufen wir über Wiesen, dann durch Laubwald oberhalb und westlich der Soča, bis wir nach rund 5 Min. auf eine Gabelung 🯳🯲 treffen, an der wir geradeaus weiter in Richtung Jablenca gehen (rechts hoch würde es nach Kal gehen). 5 Min. später wenden wir uns an einer weiteren Hängebrücke und Bank nach rechts Richtung Vodenca (Markierung Alpe-Adria), südlich der Hängebrücke liegt der Weiler Jablenca. Nach wenigen Minuten erreichen wir den Zusammenfluss der Koritnica mit der Soča und bald auch die Hängebrücke über die Koritnica – hier kann man bestens den Kajakfahrern zusehen. Wir gehen den ausgeschilderten Weg hoch nach **Vodenca**, das aus 4 Campingplätzen in malerischer Lage besteht.

Wir können das **Camping-Gelände** (u. a. Camp Liza, Toni mit Gostilna) 🯳🯳 auf dem ausgewiesenen Wanderpfad (Alpe-Adria) nach Westen über die Wiese durchqueren und gehen dann den schmalen Pfad aufwärts (man kann auch auf der Straße hinauflaufen!), bis wir auf das Sträßlein stoßen. Diesem folgen wir rechts weiter bergan. Oben angelangt, biegen wir rechts in den markierten Wiesen- und späteren Waldweg 🯳🯴 ein. Wenige Meter später passieren wir den Abzweig nach rechts zum Freilichtmuseum Ravelnik mit seinen Kavernen.

Wir gehen geradeaus weiter, kommen wenig später aus dem Wald und blicken auf den Ort Bovec und das Kanin-Massiv. Nach wenigen Metern stoßen wir auf einen Makadam und folgen diesem nach rechts und dann immer geradeaus. Wir passieren eine Gabelung (rechts ist ein großer Parkplatz) und erreichen wenig später die Umgehungsstraße 🯳🯵 von **Bovec**, die wir geradeaus überqueren. Gegenüber steht die hübsche spätgotische **Kapelle Sv. Marija**, rechts davon liegt der Campingplatz Polovnik. Wir gehen auf unserem Wanderweg geradeaus, vorbei am Camp, über den kleinen Gereš-Bach, vorbei am **Parkplatz** mit Café-Bar, Kletterwand und Kinderspielplatz Richtung Ort. An der kleinen Straße halten wir uns leicht links und erreichen nach etwa 0:20 Std. ab Vodenca, vorbei am Hotel Kanin (2017 geschlossen) und geradeaus die Gasse hoch, das kleine Zentrum von **Bovec** mit Hauptplatz 🯳🯶 und damit das Ende unserer Tour.

Der Krn-Gipfel vom Tal gesehen – leider liegt er beim Aufstieg oft im Nebel

Wanderung 8: Aufstieg zum Berg Krn (2244 m) von der Südseite

Charakteristik: mittelschwere bis schwere, lange, abwechslungsreiche Rundwanderung im Hochgebirge zum aussichtsreichen und geschichtsträchtigen Berg Krn (2244 m) – der Rundblick zu allen, bei guter Sicht auch entfernten Gipfeln und zur Adria ist grandios. Auf dem Rückweg lohnt der Besuch einer Käserei. Der Wanderweg ist lediglich steil und hat sonst keinerlei Schwierigkeiten. Die Rundwanderung, d. h. der Abstieg nach Osten, sollte nur bei schönem Wetter gemacht werden, denn der Weg ist v. a. bei Nebel teilweise nicht so überschaubar! **Länge/Dauer/Höhenunterschied**: 13 km, ca. 9–10 Std., Höhenunterschied ca. 1200 m. **Verlängerung/Abkürzung**: Wer möchte, geht vom Gipfel bzw. vom östlich liegenden Sattel in Richtung Norden über den malerischen Krn-See und die Krn-Hütte (ca. 2:30 Std.) und dann weiter ins Lepena-Tal. Abgekürzt kann die Tour werden, indem man nur zum Gipfel Krn (3:30 Std.) und wieder retour geht (insgesamt ca. 6 Std.), diese Etappe ist auch mit Kindern machbar. **Markierung**: roter Kreis mit weißem Punkt. **Einkehr/Übernachten**: am Startpunkt und Parkplatz wunderschöne Hütte *Koča na planini Kuhinja* (1002 m; Krn 27, ✆ 05/9250-532, Mobil-✆ 051/688-684; tägl. Juli/Aug., April–Juni und Sept./Okt. nur am Wochenende und bei gutem Wetter; es gibt leckeres Essen und Schlafsaal). Unterhalb vom Krn-Gipfel die Unterkunftshütte *Gomiščkovo zavetišče na Krnu* (2182 m; ✆ 05/9974-524; tägl. Juni–Sept.). Zudem Käsereien. **Ausgangspunkt**: Parkplatz unterhalb der Berghütte Koča na planini Kuhinja. **Anfahrt**: von Kobarid über Ladra und Krn bis zum Parkplatz und Straßenende unterhalb der Berghütte Koča na planini Kuhinja, ca. 17 km. **Ausrüstung**: rutschfeste Wanderschuhe, Verpflegung und ausreichend zu trinken; je nach Jahreszeit Windjacke/Anorak (oben ist es beträchtlich kühler!), Kopfbedeckung, evtl. auch Handschuhe und Wanderstöcke. **Karte**: Wanderkarte Kobarid–Tolmin 1:25.000.

Wegbeschreibung: Wir starten unsere Wanderung am **Parkplatz ◼1** unterhalb der Berghütte **Koča na planini Kuhinja** auf ca. 1030 m, wo der Nationalpark Triglav beginnt, und gehen geradeaus auf dem Flurweg bergan. Nach 5 Min. biegen wir rechts in den markierten Wiesenpfad ◼2 ein (ausgeschildert mit „Krn" 3:30 Std.) – wer noch eine morgendliche Stärkung benötigt, geht 200 m auf dem Flurweg nach links weiter und erreicht die **Koča na planini Kuhinja ◼3**; rechts oberhalb der Abzweigung liegt die Käserei Kašina.

Wir gehen nun auf unserem Wanderpfad über die Weiden geradeaus bergan, vorbei an Kühen und Pferden und durch ein Eisengatter (bitte wieder schließen!), bis wir nach 10 Min. auf den von unten kommenden Makadam **4** stoßen, den wir geradeaus überqueren. Wir steigen bergan, mit jedem Meter steiler, den Gipfel Krn im Blickfeld, rechts neben uns rauscht ein Bächlein, hinter uns im Süden erblicken wir in der Ferne die Bergkette Trnovski gozd (1495 m), südwestlich den langgezogenen, fast 1200 m hohen Kolovrat.

Nach weiteren 0:15 Std. erreichen wir eine kleine Ebene mit der Alm **Planina Slapnik 5**, wo es Trinkwasser und Almhäuser gibt und sich nun ein schöner Blick auf den südlich liegenden Gipfel Mirzli vrh (1358 m) bietet und die mit Wolken bedeckten Täler. Wir gehen die nächsten 10 Min. immer bergan, bald durch ein Gatter, und stoßen wieder auf das von unten kommende, hier nun asphaltierte Sträßlein, das wir überqueren (rechts ist ein Wassertränke). Weitere 5 Min. wandern wir geradeaus bergan und queren erneut das Asphaltsträßlein **6** (es führt westlich zur idyllischen Alm Planina Zaslap).

Der stetige, bisher sehr steile Anstieg liegt nun erst einmal hinter uns. Wir passieren ein Gatter (wie immer bitte wieder schließen!) und gönnen uns einen Blick zurück: So weit das Auge reicht, schimmern je nach Entfernung die endlosen Hügelketten in vielen Grün-, Grau- und Blautönen – im Westen liegt im Dunst die Bucht von Triest, weiter südlich schiebt sich die Halbinsel Savudrija von Istrien ins Meer. Nach einem weiteren kleinen Anstieg und einem Gatter können wir nun im Westen auf Venedig und den Kirchturm des Markusdoms blicken.

Wir gehen geradeaus weiter unseren Pfad hoch und halten uns nun links, d. h. am nächsten Gatter auch links an der Alm vorbei. Nach 10 Min. gehen wir an einer Weggabelung **7** rechts (nach links kämen wir in 5 Min. direkt zur Planina Zaslap, wo man von Juni bis Ende Sept. Käse kaufen kann). Wir haben rund 400 Höhenmeter zurückgelegt und sind ab dem Parkplatz gut 1 Std. gelaufen.

Krn-Aufstieg – herrlicher Weitblick auf unendliche Hügel bis hin zur Adria

Nun beginnt ein steingepflasterter alter **Muli-Weg**, der im Ersten Weltkrieg angelegt wurde und uns nun erst einmal mit leichter Steigung ostwärts, dann wieder
sehr steil westwärts führt – herrliche Blumenwiesen entschädigen: Es gedeihen Silberdisteln, Enziane, Arnika, Eisenhut, Christrosen, Wolfsmilchgewächse und viele
Nelken. Nach 0:30 Std. halten wir uns an einer kleinen Weggabelung **8** rechts (links
geht es über den Kožljak hinab nach Drežnica, nur für Geübte). Am netten Rastplatz mit Felsnase können wir auf die Soča hinabblicken und auf den hervortreten-
den beidseitig abfallenden Bergrücken Kožljak (1587 m).

Der schmale Wiesenpfad schlängelt sich in Serpentinen bergauf, immer an der
Bergkante entlang – links unterhalb blicken wir auf das Soča-Tal und die Dörfer
südlich von Kobarid. Nach 0:20 Std. folgen wir an einer Wegkreuzung **9** der Markierung links weiter bergan (nach rechts führt ein wenig genutzter Quer-Trail in
Richtung Krnska škribina), immer an der Bergkante entlang. An der nächsten Gabelung **10** etwa 10 Min. später halten wir uns rechts (nach links hinab führt ein Weg
nochmals in Richtung Kožljak und Drežnica, nur für Geübte!).

Die nächsten 0:30 Std. sind mühsam und steil, die Aussicht in die Ferne und Tiefe
ist imposant. Dann führt der schmale Steinpfad, von Grasbüscheln durchsetzt, ostwärts, bis wir den nächsten Abzweig **11** erreichen, an dem wir uns geradeaus halten
(nach links weist ein Holzschild auf den Smers Korena, den Korena-Pfad mit der
Bemerkung „Zelo zahtevna", sehr herausfordernd, also mehr als schwer!).

Die nächsten 0:40 Std. müssen wir nochmals rund 300 Höhenmeter überwinden,
bis wir die Unterkunftshütte **Gomiščkovo zavetišče na Krnu** **12** auf 2182 m erreichen
– ein neuerer Blechcontainer, jedoch mit schönen Holzbänken vor der Tür. Schon
hier ist der Blick gigantisch auf das Soča-Tal und im Süden auf das Meer und Istrien.

Von der Hütte gelangen wir auf dem ausgeschilderten steilen Steinpfad in 0:20 Std.
zum **Gipfel Krn** **13** auf 2244 m, einer kleinen, von Felszacken durchsetzten Plattform mit einer Kompassscheibe. Wer Glück hat, wird belohnt: Gen Nord-Nordwest

Blick vom Krn-Ostabstieg auf den Krnskih jezero (See)

blickt man bei guter Sicht über den Kanin bis hin zum Großglockner, im Nordosten sieht man Mangart und Triglav, im Süden Triest, Istrien und natürlich die Adria und im Westen bis hin zur Marmolata in den Dolomiten – leider steht man nachmittags aber oft auch im Nebel –, diesen Schleier, den der Krn um sich führt, kann man im Tal fast täglich beobachten. Der aussichtsreiche Berg wurde auch während des Ersten Weltkrieges genutzt und die Gipfelspitze durch Angriffe der italienischen wie auch österreichischen Artillerie v. a. am 16. Juni 1915 dezimiert – hier war während der Isonzo-Schlachten (Juni 1915 bis Nov. 1917) ein wichtiger italienischer Stützpunkt und auch die Grenzlinie.

Vom Gipfel folgen wir dem steinigen Pfad und der Markierung „Sedlo" ostwärts, vorbei an Stacheldraht, mit herrlichem Weitblick nach Norden, bis wir nach 0:20 Std. Abstieg auf den von der Hütte Gomiščkovo zavetišče na Krnu quer des Hanges bis hierher verlaufenden Pfad **14** stoßen und auf diesem nach weiteren 10 Min. zum Sattel **Krnska škribina 15** gelangen – hier findet man noch eine Kaverne, Stacheldraht, verrostete Geschütze, eine aufgestellte Granate, ein Gedenkstein erinnert an den grausamen Stellungskrieg – der Weitblick nach Norden zur Bergwelt und auf den unter uns in der Gesteinssenke liegenden und je nach Sonneneinstrahlung grün-blauen Krn-See ist jedoch fantastisch.

Wir gehen geradeaus Richtung Nordostseite des Batognica-Massives (2165 m; Richtung „Dom na Komni") und treffen nach wenigen Minuten auf eine Gabelung **16**. Wir gehen geradeaus weiter (nach links hinab, also Richtung Norden, würde es über den Krnsko jezero zur Dom pri Krnskih jezero und ins Lepena-Tal gehen, nach rechts, also südlich, wieder zurück zur Planina Kuhinja).

Der steinige Wanderweg führt nun am Abhang der Batognica-Felsen fast eben entlang. Von unten ertönt das Pfeifen der Murmeltiere – grau in grau ist nun der Ausblick auf Fels und Gestein – kaum ein Gipfel ist hier auszumachen, einzelne Moose, Enzian und die endemische Campanula zojisi mit ihrem Blau setzen leichte Farbtupfer. Nach 0:20 Std. erreichen wir den **Sattel Prag 17** mit 2068 m. Wir halten uns rechts (Richtung „Pl. Razor") und gelangen nach 5 Min. an die nächste Weggabelung **18**. Dort laufen wir geradeaus wenige Meter weiter (links würde es nun zur Pl. Razor gehen) – Achtung! – und müssen dann nach ca. 60 m aufpassen: Unser Weg führt nun leicht links (also nicht geradeaus!) und weiter als Wiesenweg, wo im September üppig der Eisenhut blüht, talwärts, bis wir ins Lužnici-Tal, das wie eine Steinwüste wirkt, hineinkommen. Der talwärts führende Steinweg wird von Felsbrocken unterbrochen, nur ab und an leuchten kleine grüne Oasen zwischen den nun beidseitig ansteigenden Bergen: zuerst rechts Srednji vrh (2332 m) und Mali vrh (1931 m), links von uns Mali Peski (2035 m). Nach rund 0:30 Std. halten wir uns an der kleinen Gabelung **19** links und bergan (man könnte auch den Weg geradeaus nehmen, er führt hinab zum See, was aber bedeutet, dass man danach wieder steiler aufsteigen muss!).

Wir gehen entlang eines Geröllabhanges, unten in der Senke liegt der kleine Jezero v Lužnici auf 1801 m. Nach gut 0:15 Std. haben wir am **Sattel 20** zwischen Leskovški vrh (1903 m) und Škofič (2013 m) wieder Gras unter den Füßen. Nun geht es wenig kniesschonend talwärts – wer Wanderstöcke mit sich führt, ist gut bedient. In der Ferne die graublauen Hügelketten und vor uns die senkrecht tief abfallenden roten Felswände von Rdeči rob (1913 m), dahinter liegt das Tal der Tolminka. Wir passieren eine Tafel („Slovenska Geološka pot 57"), die auf eine geologische Besonderheit aufmerksam macht: Hier mengte sich Mergel mit Kalkstein. Der Weg talwärts führt nun durch üppige Vegetation, Gelber Enzian und Eisenhut sind die

Wegbegleiter im Herbst und alles wirkt wie in einem hübschen großen Steingarten – links unten ein kleines Tal in Richtung Berg Mali Stador (1731 m) –, bis der Weg leicht westwärts durch Geröll und Felsen führt, wo gerne auch Pelin (Wermut) wächst, aus dem der beliebte Kräuterschnaps Pelinkovac hergestellt wird. Dann

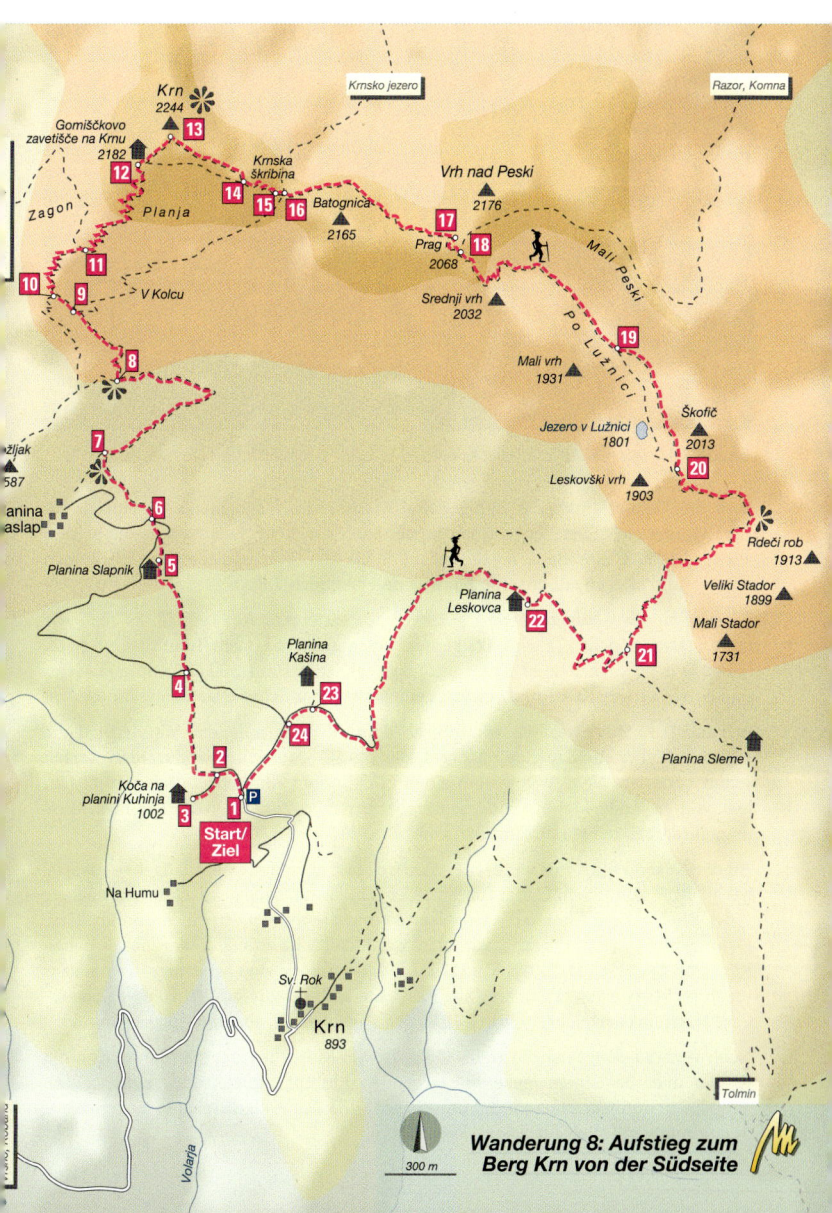

Wanderung 8: Aufstieg zum Berg Krn von der Südseite

Einige Käsereien kann man am Krn-Abstieg oder auch Aufstieg besuchen

wird die Vegetation wieder üppiger und wir hören die Murmeltiere piepsen, der Pfad windet sich über Serpentinen hinab, auch die Sicht, falls Nebel war, ist nun wieder bestens. Eine Bank wartet auf müde Glieder: Wir genießen den Blick nach Westen und blicken auf unseren Hinweg und gen Soča-Tal.

Nach weiteren wenigen Metern gelangen wir zu einem Abzweig **21**, an dem wir rechts talwärts gehen (nach links kämen wir in gut 3 Std. nach Tolmin). Gut 1 Std. haben wir ab dem letzten Sattel zurückgelegt, sind rund 500 Höhenmeter tiefer und haben unsere Krn-Rundweg fast gemeistert – das Schwierigste liegt hinter uns.

In rund 0:30 Std. erreichen wir nun ab dem Abzweig auf dem Wanderpfad die schon in Sichtweite liegende **Käserei Leskovca 22** – die Milchproduzenten warten schon vorab am Weg. Wir werfen einen Blick in den Almbetrieb: Käse kann man hier von ca. Ende Mai bis Ende September erwerben, auch Quark, das Brot muss man allerdings selbst mitbringen.

Ab der Käserei führt uns ein breiter Fahrweg fast eben auf einem Hügel westwärts, nach 5 Min. kommt ein Gatter (bitte wieder schließen!), nach gut 10 Min. das nächste – der Blick auf die Almen, die Hügelketten und die Kühe ist friedlich und idyllisch. Dann geht es 5 Min. talwärts, vorbei an der **Käserei Kašina 23** – hier gibt es neben Käse und Quark auch Butter. Kurz danach passieren wir eine Kreuzung **24** geradeaus (nach rechts würde ein Fahrweg abgehen), um kurz darauf auf den Fahrweg zu stoßen. Nach links erreichen wir in 2 Min. den Parkplatz **1**, unseren Ausgangspunkt.

Nach rechts gelangt man in rund 300 m bzw. 5 Min. zur **Koča na Planini Kuhinja 3**, wo man bei einem leckeren stärkenden Eintopf, Apfelstrudel, einem guten Tropfen und einem Blick ins Tal bei Abendsonne den ereignisreichen langen Wandertag nun gemütlich ausklingen lassen kann.

Wanderung/Radtour 9: Von der Tolminka-Schlucht nach Čadrg

Charakteristik: leichte Familienwanderung (Radtour) mit Berganstieg hinauf nach Laz oder weiter zum Käsereidorf Čardg mit herrlichem Weitblick auf die Täler von Tolmin und Soča. Diese Wanderung ist bestens mit der Besichtigung der Tolminer Schlucht, auch Tolminer Tröge genannt, zu kombinieren (innerhalb der Schlucht kein GPS-Signal). Auch als Mountainbiketour gut geeignet. **Länge/Dauer**: 7,2 km einfache Strecke, per Mountainbike 1,1 km mehr. Gehzeit rund 2–2:30 Std. einfach. **Verlängerung**: Von Čardg kann man auch die große Wanderrunde über den östlich im Tolminka-Tal liegenden Weiler Javorca mit der schönen Kirche Sv. Duh machen. **Markierung**: roter Kreis mit weißem Punkt und Holztafeln. **Einkehr/Übernachten**: *Gostilna Pr' Jakču* (Zadlaz, Čadrg 4, Mobil-☎ 051/438-949; tägl. geöffnet; hier gibt es Käse von den Almen, Frika, Strudel, Haussäfte u. -schnäpse). Käsereien: *Pri Križarju* (Čadrg 21, ☎ 041/641862), *Pri Lovrcu* (auch Appartements, Čadrg 8, ☎ 05/3811-154, www.prilovrcu.si). **Ausgangspunkt**: Parkplatz bei der Tolminer Schlucht. **Anfahrt**: von Tolmin nach Zatolmin und weiter bis Tolminska korita und Parkplatz, ca. 5 km. **Ausrüstung**: Wanderschuhe, Trinken, Snacks; Kopfbedeckung, Wanderstöcke. **Karte**: Wanderkarte Kobarid–Tolmin 1:25.000.

Wegbeschreibung: Wir starten am **Parkplatz** ∎ der Tolminka-Schlucht, passieren den Schluchteingang und folgen dem schmalen Sträßchen bergan Richtung Tolminske Ravne. Das Sträßlein führt eng um Felsen, tief unten rauscht eingezwängt im Gestein die Tolminka in ihrer Schlucht (Tolminska korita), bis wir nach 10 Min. (1 km) die **Hudičev most** ∎, die Teufelsbrücke erreichen – 60 m tief fällt der Blick von der Brücke.

Nach einer weiteren Straßenbiegung blicken wir nach 5 Min. oberhalb von uns auf den Eingang zur **Dante-Höhle** ∎. Hier zweigt unser Wanderweg bergan nach Laz ab.

(Wer mit dem Mountainbike unterwegs ist, fährt auf dem Sträßchen ab der Dante-Höhle noch rund 1,5 km weiter bergan durch den schattigen Mischwald, bis der

Blick auf das Becken von Tolmin mit dem Kozlov rob und Kolovrat-Bergzug

Wanderung 9:
Von der Tolminka-Schlucht nach Čadrg

Abzweig **5** nach Čardg kommt, dann geht es links weiter nach Laz.)

Unser Wanderweg führt über Stufen links der Dante-Höhle durch üppigen Mischwald bergan. Nach etwa 0:15 Std. stoßen wir auf die von unten kommende Straße **4**, überqueren diese, gehen kurz rechts und dann weiter in Serpentinen bergauf – durch die Bäume blicken wir auf Tolmin, die Tolminka und das breite, von bewaldeten Bergen eingefasste Becken.

Unser Steinpfad wird nach 0:15 Std. zu einem Wiesenpfad und wir erblicken oberhalb die Häuser von Laz. Vorbei an Gärten – im Westen fällt der Blick auf das Felsmassiv Rdeči rob – dann rechts bergan und über Stufen legen wir die letzten Meter hinauf zum Weiler **Laz 6** zurück, wo wir am Ortsbeginn auf die Gostilna Pr Jakču treffen – hier kann man sich gemütlich niederlassen und auf die bewaldeten Hügel und das Tal blicken.

(Mountainbiker treffen hier wieder auf unsere Wanderroute und setzen die Tour nun auf derselben Strecke fort.)

Weiter durch Buchenwald erreichen wir nach weiteren rund 4 km den Ortsbeginn von **Čadrg 7**. Wir halten uns dort leicht links und passieren die Bauernhäuser mit ihren Käsereien (→ Foto S. 190), die Dorfkäserei **8**, danach den Touristischen Bauernhof **Ekološka Turitićna Kmetija Pri Lovrcu 9**. Weiter entlang dieses Sträßchens hat man einen schönen Blick auf Lipnika und das rote Felsmassiv Rdeči rob (→ Wanderung 8). Zuletzt erreichen wir die **Ekološka Turitićna Kmetija Križarju 10**. Die Häuser sind von Weide- und Obstwiesen umgeben – friedlich und idyllisch ist es hier. Wenige Meter nach dem letzten Haus biegen wir links auf einen schönen Makadam **11** hinab in ein Wäldchen ab – hier beginnt wieder der Nationalpark Triglav (nach rechts kämen wir zu Fuß auf einem Wanderweg in rund 2 Std. zur Planina Kal, ab rund 3 Std. zur Planina Razor).

Čadrg – Blick vom Aussichtspunkt Žlejžn auf Sv. Duh und zum Rdeči rob

In rund 0:15 Std. ab dem Abzweig treffen wir auf eine Infotafel zur Kalkbrennerei **12** und blicken auf eine Vertiefung. Über die Wiese gelangen wir zum **Aussichtspunkt Žlejžn 13** mit geschwungenen Sitzbänken aus Holzstämmen und geschnitzten Pfosten und genießen den Blick ins Tolminka-Tal, auf die Kirche Sv. Duh von Javorca und auf die Bergzacken des Rdeči rob (1913 m).

(Wer noch zur hübschen Holzkirche Sv. Duh, die österreichische Soldaten 1916 nach Plänen des Architekten Remigius Geyling erbauten, wandern möchte, zweigt in der Dorfmitte von Čadrg bei TK Lovrcu in den ausgeschilderten Wanderweg ab und geht talwärts über Ozidje und Podlogar in gut 1 Std., weitere 0:20 Std. benötigt man bis zur Kirche oberhalb.)

Ansonsten verläuft der Rückweg wie der Hinweg, d. h. in 1:30 Std. auf dem Fahrweg zum Ausgangspunkt am Parkplatz.

Wanderung 10:
Über den Berg Kopa (1360 m) zum Berg Porezen (1630 m)

Charakteristik: mittelschwere Rundwanderung vom Raspet (1050 m), dem Sattel zwischen Davča und Novaki, auf die aussichtsreichen Berge Kopa (1360 m) und Porezen (1630 m) – der gigantische Blick auf die majestätische Bergwelt der Julischen Alpen bis hin zu den Dolomiten und zur Adria ist mehr als eindruckvoll. Wer mit Kindern wandert, kann nur bis zum Kegelberg Kopa laufen – über Wiesen und mit schönem Blick ins Tal von Cerkno; oder man parkt weiter nördlich und startet dort die Wanderung. Wer lieber mit dem Mountainbike unterwegs ist, legt diese Strecke ausschließlich auf dem Makadam zurück. **Länge/Dauer**: 13,2 km hin und zurück, Gesamtwegzeit hin und zurück ca. 5:30–6 Std. (ca. 3:30–4 Std. einfach bis Gipfel Porežen, zurück geht es schneller). **Abkürzung**: Es gibt verschiedenste Möglichkeiten, um diese Wanderung in eine „leichte" zu verwandeln: Wanderung vom Raspet-Sattel/Straßenkreuzung lediglich bis Berg Kopa **5**; mit dem Auto bis

zum ersten kleinen Waldparkplatz fahren **3** und dann zum Berg Kopa oder weiter; mit dem Auto bis zur nächsten Parkmöglichkeit **6**, um von dort dem Berg Porezen näher zu kommen. Ein Blick auf die Karte genügt, um eine Auswahl, je nach Zeit und Kondition, zu treffen. **Verlängerung bzw. Rundwanderung**: Man lässt sich bis zum Ausgangspunkt **1** bringen, wandert bis zum Gipfel Porezen, von dort talwärts in ca. 4:30 Std. bis Poče und nimmt dort den Bus nach Cerkno zurück (bei TIC vorab genaue Busabfahrtszeiten erfragen). **Markierung**: Holzschilder bzw. roter Kreis mit weißem Punkt. **Einkehr/Übernachten**: *Planinski dom na Poreznu*, an der Südwestseite unterhalb des Gipfels (Porezen 19, Mobil- ☎ 0031/615-245; tägl. Juni–Aug., danach am Wochenende und bei gutem Wetter; Zimmer, Schlaflager, Winterzimmer und Essen). **Ausgangspunkt**: Straßen- bzw. Wegkreuzung am Sattel Raspet (Gemeinde Dačia) beim Haus Nr. 118. Wanderkarte und Markierungshinweise stehen am Wegrand. **Anfahrt**: von Cerkno über Dolenji und Gorenji Novaki in Richtung Skizentrum Črni vrh, bei den Parkplätzen bei Podgoršek links hoch (geradeaus würde es zum Tuškov grič gehen) in Richtung Davča, an der kleinen Straßenkreuzung und Sattel Raspet, nahe Haus Davča Nr. 118 parken (geradeaus hoch geht es zum Weiler Davča-Pod gozdom, nach rechts bergab in Richtung Železniki). Wer mag, fährt auch bis zum Waldparkplatz nördlich von Davča-Pod gozdom **3** oder auch bis **6** oder **17**. Die Wegstrecke ab Cerkno bis zur Straßenkreuzung beträgt 14 km. **Ausrüstung**: rutschfeste Bergschuhe, ausreichend zu trinken und zu essen; Windjacke/Anorak (oben pfeift der Wind), Kopfbedeckung, evtl. Handschuhe und Wanderstöcke. **Karte**: Wanderkarte Cerkno 1:25.000.

Wegbeschreibung: Wir starten an der Wegkreuzung **1** am Sattel **Raspet** und nehmen den mittleren Flurwiesenweg, markiert mit Holzschild „Kopa" (geradeaus weiter geht es auf dem breiten Makadam zum Weiler Davča, links hinab ist Blegoš ausgeschildert).

Wir folgen dem Flurweg wenige Minuten, blicken zu den Häusern auf Pod Prvičem und gehen am Abzweig **2** am Waldrand rechts und steil bergan durch Tannenwald – nach Regen ist dieser Weg durch den Schieferuntergrund sehr schmierig, dann ist es besser, den Bogen über den Makadamweg und Weiler Davča-Pod gozdom zu gehen (unser Rückweg).

Nach 0:25 Std. erreichen wir einen kleinen **Parkplatz 3** an dem über Davča nach oben führenden Makadam und folgen dort dem ausgeschilderten Wanderweg links durch Buchenwald, dann über einen weichen breiteren Wiesenweg immer leicht bergan und immer entlang des Bergrandes des Crtov rob – nun wird der Blick frei nach Norden auf das Davča-Tal und den Berg Porezen. Es folgt wieder Buchenwald und der Pfad wird schmal.

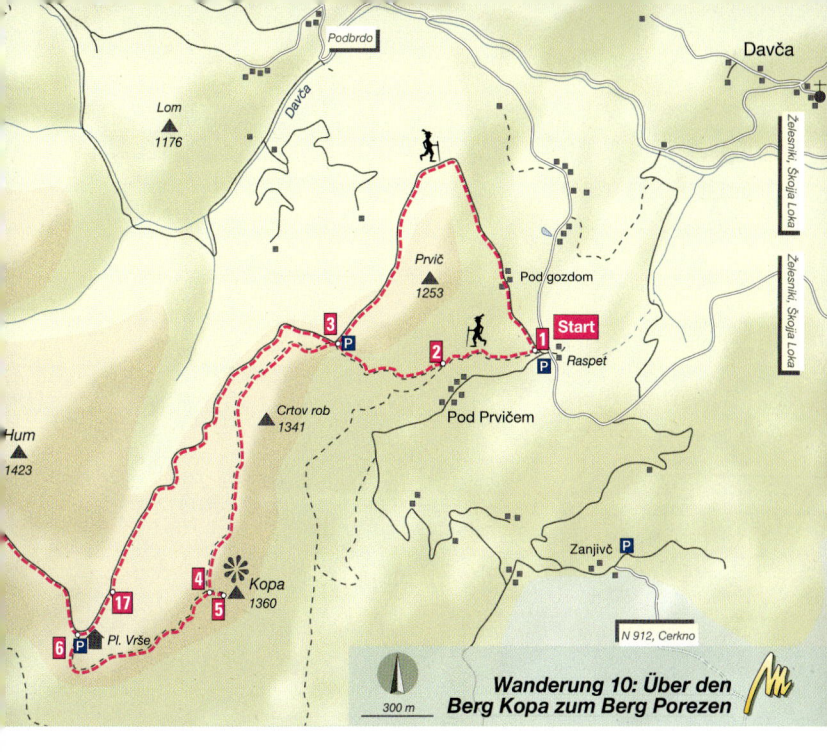

Wanderung 10: Über den Berg Kopa zum Berg Porezen

300 m

An der Bergkuppe angelangt, können wir nun auch gen Süden und in das Becken von Cerkno blicken, bis wir wieder in den Wald gelangen, wo im Frühjahr der Türkenbund blüht. Wir gehen nun immerzu am Kamm entlang. Dass Nebel oft den Hang einhüllt, sehen wir an dem üppigen Bewuchs mit Farnen, Gräsern und Heidelbeeren. Vor uns kommt nun auch der sich abseits erhebende Fels Kopa in Sicht.

Nach insgesamt 0:30 Std. ab dem kleinen Parkplatz treffen wir auf eine kleine Gabelung **4**. Wir gehen links (nach rechts ist „Vrše/Porezen" ausgeschildert). Nun führt der Pfad, auch mit ein paar Stufen, vom Bergrücken hinab und wieder kurz bergan, bis wir auf dem **Kopa 5** mit seinen 1360 m stehen, uns ins weiche Gras setzen und auf die umliegenden Bergzüge (hribovje) blicken: im Osten die Škofjeloško hribovje mit dem Blegoš (1562 m), das breite Cerkno-Tal, das sich im Süden ausbreitet und von den Cerkljansko hribovje begrenzt wird – auch für Kinder ist dieser Gipfel bestimmt interessant.

Zurück an der Gabelung **4** setzen wir unsere Wanderung nun westwärts in Richtung Porezen fort. Wir laufen über Weidewiesen auf einem schmalen Pfad am Bergkamm leicht bergab, nur vereinzelt stehen Tannen, und genießen vor uns den herrlichen Weitblick auf das Cerkno-Becken, die sich erhebenden kleinen bewaldeten Berge und das Idrijca-Tal, rechts unten liegt die **Alm Vrše** – im Frühsommer eine blühende Oase von Primeln, auch ist hier die Startrampe für Paraglider und Modellflugzeugbauer mit ihren schönen Flugobjekten (→ Foto S. 200).

Wir gehen geradeaus im leichten Rechtsbogen weiter bergab, das Almhaus Vrše liegt rechts von uns, passieren einen allein stehenden ausladenden Baum, der zu

Aufstieg Richtung Porezen – schon von der Paraglider-Abflugrampe …

einer Rast einlädt und stoßen nach rund 0:15 Std. ab dem letzten Abzweig auf den Makadam **6**, den wir von oben schon gesichtet haben (hier wäre die letzte **Parkmöglichkeit** für den Aufstieg zum Porezen). Vor allem Paraglider parken hier, um ihr Equipment auszuladen. Bergminzen wachsen hier, die die Einheimischen für ihren Tee sammeln und auch die Krainer Lilie zeigt sich neben vielen anderen Bergblumen am Gestein.

Wir folgen dem Makadam westwärts, also nach links und bergan, passieren einen kleinen linken Abzweig **7** (evtl. nur mit Holzschild versehen, er führt auch zur Lovska koča und wird unser Rückweg), gehen weiter geradeaus hoch und erreichen nach 0:20 Std. auf dem Makadam ein Gatter **8** (bitte wieder schließen!) und gehen weiter, beidseitig ist Weideland. 5 Min. später erreichen wir das nächste Gatter, kurz darauf noch eines, folgen links dem Schild „Lovska koča" (= Jagdhaus) und gehen dann geradeaus weiter (links Jagdhaus und ein rotes Wanderschild).

Wenige Meter später gehen wir an der Gabelung **9** mit Holzschild rechts bergan (links Blick auf das Jagdhaus Lovska koča und Wanderweg nach Labinjske lehe), links unter uns liegt nun das Tal von Poče. Wir steigen die nächsten 0:20 Std. bergan (roter Kreis auf weißem Punkt) durch lichten Wald, dann wandern wir etwas unterhalb des Bergkamms – hier verläuft auch der Slowenische Alpenweg Nr. 1 (SPP 1). Leicht bergab treffen wir auf eine kleine Gabelung **10** und gehen weiter geradeaus hoch immer entlang des Kammes – südwestlich liegt Poče im Tal. Nach

… (nahe Alm Vrsje) bietet sich ein herrlicher Weitblick gen Süden

wenigen Minuten passieren wir eine weitere Weggabelung **11**, gehen links (nach rechts führt u. a. auch die Via Alpina), durch ein Gatter und halten uns weiterhin links (etwas entfernt sehen wir rechts von uns den Makadam). Wir wandern auf dem ausgetretenen Pfad vorbei an vielen Kühen geradeaus über die Almwiese hoch.

Etwa 10 Min. später gehen wir auch an der nächsten Gabelung **12** geradeaus bergan (nach rechts würde der Wanderweg nach Davča abzweigen) – es bietet sich ein schöner Blick auf Poče und Trebenče mit der auf einem Hügel stehenden Kirche Sv. Jošt. Nun wird es sehr steil und der Pfad verläuft mal links und mal rechts vom Weidezaun, bis wir nach gut 0:30 Std. den Gipfel **Porezen** **13** mit 1630 m erreichen – von hier genießt man den Weitblick gen Nationalpark Triglav mit seinen imposanten, oft schneebedeckten Gipfeln, bis zur Adria und auf sämtliche Täler und Bergzüge rundum.

Wenn der Wind pfeift, geht man in die Senke mit dem Denkmal zu Ehren der Gefallenen oder setzt den Weg fort, indem man sich an der Gabelung **14** links hält und 5 Min. talwärts laufend die große ältere Berghütte **Planinski dom na Poreznu** **15** auf 1585 m erreicht – von hier genießt man den Weitblick vor allem nach Süden.

(Wem der Rückweg über die Almwiese zu steil ist, kann den Fahrweg bis řa. benutzen.)

Wir nehmen denselben Weg zurück, passieren wieder die Kühe und gehen am Jagdhaus **9** nun ein Stück auf dem Pfad geradeaus südlich, um dann wenige Meter später

Cerkno – der Kopa ist ein beliebtes Familien-Wanderziel

der Ausschilderung „Črni vrh" **16** nach links zu folgen (nach rechts talwärts würde nun ein Pfad nach Labinjske lehe und zum Partisanenkrankenhaus Franja gehen).

Wir wandern auf dem fast eben dahinführenden schönen Wanderweg etwas unterhalb des Hanges, der ab und an einen Blick durch die Bäume talwärts zulässt, bis wir nach rund 10 Min. wieder auf freier Wiese stehen und auf den Makadam **7** vom Hinweg stoßen (wir haben auf diese Weise den Umweg, den der Makadam macht, abgekürzt) und hier rechts abbiegen.

Wir folgen dem uns nun bekannten Weg bis zu dem einzeln stehenden Baum und Parkplatz **6** und gehen jetzt links. Auf dem Makadam erreichen wir einen Abzweig **17** zur Almhütte Vrše und zum Kopa und setzen unseren Weg nun auf dem breiten Makadam durch schattigen Buchenwald fort. Nach knapp 0:20 Std. erreichen wir wieder unseren kleinen **Waldparkplatz 3**.

Von hier können wir den schmalen steilen Wanderpfad talwärts zurücknehmen oder bequem auf dem Makadam weiter durch den Weiler Pod gozdom mit Blick auf das nordöstlich liegende Davča-Tal bis zum Ausgangspunkt **1** wandern.

Wanderung 11: Vom Berg Krvavec zu weiteren Gipfeln

Charakteristik: relativ kurze, mittelschwere (bis schwere, da ein kurzer Kletterabschnitt dazwischen), fast schattenlose Rundwanderung oberhalb des Skigebietes Krvavec. Der Weitblick über alle Gipfel rundum und bis hin zur Adria lohnt. An Wochenenden und bei schönem Wetter ist der Berg ein sehr beliebtes Ausflugsziel der Ljubljaner. **Länge/Dauer**: 12 km, ca. 3:30–4 Std. **Abkürzung**: Wer nur zum See Zvoh (ein Wasserreservoir) und hoch zum Veliki Zvoh geht (ab **5** direkt zu **11**), kann auf einer sehr einfachen Wanderung ebenfalls die imposante Weitsicht genießen und sich dort sogar einen Stempel holen – ab dem Gatter wird es dann sehr anspruchsvoll, auch für Kinder nicht mehr geeignet! **Markierung**: bestens markiert durch Schilder, ansonsten weißer Punkt auf rotem Kreis. **Einkehr/Über-**

nachten: *Rozka Koča* (Ex-Dom na Gospincu), 1491 m; Mobil-☎ 031/336-340, www.kocarozka.si; neu eröffnet und renoviert, ganzjährig nach Anmeldung geöffnet, HS tägl.; 19 Zimmer, Schlaflager, Essen und herrliche Terrasse). *Brunarica Sonček* (gemütlich zum Sitzen, tägl. wird hier lecker aufgekocht). *Berghotel Krvavec* (☎ 04/012-800, Ambrož pod Krvavcem 50, www.rtc-krvavec.si; DZ/F ca. 100 €, mit Sauna, Restaurant). **Ausgangspunkt:** Gondelstation Krvavec (www.rtc-krvavec.si, Talstation ☎ 04/2525-911, Bergstation ☎ 04/2711-800; Gondelbetrieb Ende Juni–Anf. Sept. tägl. 7–18, Mai/Juni u. ab 2. Sept.-Woche–Anf. Okt. Mo–Fr 8–14, Sa/So u. Feiertag 8–18 Uhr; Erwachsene hin u. zurück 11 €, Kinder 7 €). **Anfahrt:** ab Cerklje na Gorenjskem rund 6 km nach Osten bis Talstation Krvavec, dann per Gondel hoch zum Berg Krvavec. **Ausrüstung:** rutschfeste Wanderschuhe, ausreichend zu trinken, Snacks; Windjacke/Anorak, Kopfbedeckung, Wanderstöcke. **Karte:** Wanderkarte Grintovci (Grintovec) 1:25.000.

Wegbeschreibung: Wir starten an der **Bergstation der Gondel** ❶ auf 1491 m (wenige Meter rechts steht die hübsche **Berghütte Rozka**) und gehen nach links wenige Minuten auf dem Makadam bergan (auch nach rechts auf direktem Wanderweg möglich), wo schon in Sichtweite das fast immer geöffnete nette Blockhaus **Brunarica Sonček** ❷ steht. In diesem Gebiet können sich auch Kinder und Jugendliche vergnügen: Es gibt Spielplatz, Kletterwand, Sommerpark mit Klettergarten und Bikepark, zudem eine gewagte Downhill-Strecke ins Tal und natürlich die Skilifte, die hier über den ganzen Hang zu sehen sind (→ Foto S. 70).

Nach einem leckeren Kaffee mit Blick gen Berg Triglav starten wir. Um in die pure Natur zu kommen, müssen wir den Skihügel und Funpark hinter uns lassen. Wir gehen auf dem Makadam aufwärts, vorbei an der **Pension Tia** (nur im Winter geöffnet) und am Vierer-Sessellift und passieren auch das **Berghotel Krvavec** ❸ und die Holzhütten-Bars auf nun 1600 m. Nach einer Rechtskurve und weiteren ca. 300 m passieren wir auf dem Weg nach oben die unterhalb liegende, nicht mehr bewirtschaftete Berghütte **Dom na Krvavcu** ❹, kurz danach die **Kapelle Marija Snežne**, aus behauenen Steinblöcken zwischen 1927 und 1929 nach den Plänen des Architekten Plečnik errichtet – hier findet jährlich am 1. Sonntag nach Mariä Himmelfahrt eine Messe mit kleinem Fest statt, es gibt leckere Snacks und Almkäse.

Krvavec – bester Rudumblick bei Schönwetter (hier: Triglav-Massiv)

Kleiner Wanderführer → Karte S. 464/465

(Man kann auch auf direktem Weg, hält man sich an der Gondelstation rechts, bergauf über die im Sommer eher braunen Almwiesen zur Berghütte und Kapelle gelangen.)

Wir gehen auf dem Makadam weiter aufwärts, blicken ostwärts hinab auf die Planina Krička und gen Kamniker Alpen, gelangen zum hohen **Radio- und Fernsehturm** (RTV) und wandern geradeaus in Richtung Vrh Korena (auch Vrh Krvavarem) – der Weitblick wird immer gewaltiger: im Süden das Becken von Ljubljana, im Westen Kranj und der Nationalpark Triglav, im Norden die Karawanken mit dem Stol und im Osten die Kamniker Alpen. Nach rund 0:30–0:40 Std. erreichen wir eine Gabelung **5** und halten uns nun links (rechts geht es auf direktem Weg zum See Zvoh und Gipfel Veliki Zvoh – wer abkürzen möchte, mit Kindern wandert und daher den einfacheren Weg gehen möchte, läuft hier geradeaus, für die anderen ist es der Rückweg).

Wir gehen links, vorbei an Weiden, wo genüsslich die Kühe die Kräuter verspeisen, unterqueren nach 5 Min. einen **Skilift 6** und tauchen danach endlich in die fast unberührte Natur ein – der Weg wird schmal und verläuft nun unterhalb und westlich des Bergkammes zwischen Latschenkiefern und Büschen von Alpenrosen. Der Blick fällt hinüber ins Kokra-Tal, das vor uns liegende Dolga Njiva-Hochtal und gegenüber auf das sich bis auf 2000 m erhebende Kalški-Greben-Massiv. Der Wanderweg wird schotterig und führt immer steiler hinab, teils auch über loses Gestein (hier heißt es achtsam gehen!) – links begleitet uns immerzu das Felsmassiv des Kalški Greben.

Nach rund 0:30 Std. stoßen wir auf ein Gatter (bitte wieder schließen!) und erreichen kurz danach die idyllische, windgeschützte **Hochalm Dolga Njiva 7** auf 1688 m, wo viele Schafe und Pferde grasen (→ Foto unten). Wir gehen hier über die Wiese geradeaus, stoßen auf den markierten Pfad und halten uns rechts (nach links führt der Wanderweg über Roblekov kot ins Kokra-Tal). Wir passieren das einzeln stehende Almhaus und gehen danach immerzu auf unserem schmalen Pfad berg-an. Nach rund 0:25 Std. erreichen wir die Gabelung am Sattel **Škribina 8** und wenden uns nun nach rechts – ab jetzt auf unserem Rückweg in Richtung Vrh Korena (nach links gelangt man in rund 1:30 Std. zum Kalški Greben, in 2:30 Std. zum Kalški Gora).

Wir steigen auf unserem Pfad immerzu aufwärts zwischen Latschenkiefern, über Wiesen mit Alpenblumen, gehen nach rund 0:30 Std.

Wanderung 11: Vom Berg Krvavec zu weiteren Gipfeln

am Abzweig **9** links steil bergauf über Felsen und erreichen nach 20 m den **Gipfel Vrh Korena 10** auf 1999 m – der ungehinderte Weitblick bei gutem Wetter ist fantastisch: im Südwesten über den Nanos bis ans Meer, im Westen zu den Julischen Alpen mit ihrem Triglav-Gipfel, im Norden zu den Karawanken bis hin zum Großglockner und im Osten auf die Kamniker und Savinjer Alpen sowie in der Ferne auf den Pohorje, im Süden liegt im breiten Becken Ljubljana.

Wir gehen vom Gipfel wieder zurück zum Abzweig **9** und von dort weiter südwärts auf dem schmalen, teils felsigen Bergpfad nun etwas unterhalb vom Kamm. Nun folgt der schwierigste Teil dieser Wanderung – die nächsten 0:30 Std. sind ein stetes Auf und Ab am Grat, es geht über Felsen und Wurzeln, der Bewuchs besteht aus niederen Latschenkiefern und Kräutern wie Enzian – die Aussicht beidseitig ist imposant.

Aufstieg zum Veliki Zvoh

Dann führt der Pfad bergab auf die Ostseite, etwas unterhalb vom Bergkamm, Stahlseile bieten Hilfe. Nach wenigen Minuten heißt es klettern und wir gelangen zu einem kurzen Steilstück, das durch Felsen bergab führt – sehr große Menschen haben es hier einfacher. Nach dieser Passage führt, der Wanderweg nun wieder einfach zu begehen, bergan und der Blick wird frei auf die unter uns liegende Hochalm, die **Planina Koren** (1679 m). Der Wanderweg windet sich weiter um die Felsen, nun mit „Krvavec" ausgeschildert, bis wir ein Gatter erreichen (bitte wieder schließen!) – diese Wegpassage wäre auch für Kühe gefährlich! Anschließend führt der Pfad über Wiesen etwas aufwärts und rund 10 Min. später stehen wir auf dem **Veliki Zvoh** 🅫 auf 1971 m und holen uns aus dem roten Briefkasten den Gipfelstempel – ab dem Abzweig beim Vrh Korena haben wir nun ca. 0:45 Std. Wanderzeit hinter uns.

Wir gehen geradeaus weiter, vor uns liegt der **See Zvoh**, ein Wasserreservoir, das eingezäunt ist. Leicht rechts gehend finden wir eine Öffnung, können in Richtung See gehen und uns dort rechts halten, passieren den Lift und stoßen dann auf den breiten Schottermakadam 🅬, der uns wieder talwärts führt. Wenige Meter später passieren wir auch unseren Abzweig 🅔 vom Hinweg, gehen weiter talwärts, bis wir nach 10 Min. wieder den **RTV-Turm** erreichen.

Das **Skigebiet** liegt vor uns, der Blick fällt auf die Gondelstation – welchen Weg man nun die letzten 10 Min. talwärts nimmt und ob es z. B. noch zu einer Einkehr reicht, kann jeder selbst wählen.

Wanderung 12:
Von Zgornje Jezersko zur Berghütte Česka koča (1543 m)

Charakteristik: mittelschwere Wanderung durch das malerische Ravenska Kočna-Tal zur aussichtsreichen Berghütte Česka koča (1543 m). Für Wanderer empfiehlt sich der Start bei 🅖 oder der Lehrpfad ab 🅑 zur 🅖, mit dem Mountainbike/oder Auto kann man vom See bis zum Parkplatz 🅖 (auch bis Lastenlift 🅩) fahren und dort die Wanderung starten. **Länge/Dauer**: ab dem Parkplatz am Talende 🅖 knapp 3 km einfach, rund 1:30 Std. einfach. Ab Planšarsko jezero 🅐 bis Česka koča 🅭 ca. 6,1 km einfach, rund 2:30 Std. einfach. **Variante/ Verlängerung**: Einen schönen Eindruck vermittelt auch der Lehrpfad (von 🅑 zur 🅖), der auf rund 2,5 km durch das Ravenska-Kočna-Tal führt. Als Verlängerung bietet sich die Möglichkeit, noch hinüber ins Makekova-Kočna-Tal zu wandern (s. u., ab). Für geübte Bergsteiger ab der Česka koča hinüber ins Logarska-Dolina-Tal über die Frischaufov-Hütte und den Rinka-Wasserfall (laut Schild 3:30 Std., eher 4 Std.). Auch die Krajnska koča na Ledinah ist über zwei Wanderwege ab dem Parkplatz erreichbar (über den einfacheren Lovska pot und über den sehr schwierigen Slovenska pot). **Markierung**: roter Kreis mit weißem Punkt. **Einkehr/Übernachten**: Am Stausee und Wanderbeginn die nette *Gostilna Planšarskem jezeru* (897 m; ✆ 04/2545-060, tägl. Juni–Sept., danach nur am Wochenende). Am Wanderziel *Česka koča Sponjih Ravneh* (1543 m; Mobil-✆ 040/425-260; Mitte Juni–Aug. tägl., Anf. Juni u. Sept./Okt. nur Sa/So; Zimmer 20 €/Pers., mit AV-Ausweis 10 €; sehr gutes Essen). **Ausgangspunkt**: Wer per Fahrrad kommt, startet am kleinen Stausee Planšarsko jezero ❶. Für Wanderer ist der Parkplatz ❻ am Ravenska-Kočna-Talende empfehlenswert. **Anfahrt**: von Zgornje Jezersko rund 2 km bis zum Planšarsko jezero, vom See weitere ca. 4 km bis zum Ravenska-Kočna-Talende und Parkplatz. **Ausrüstung**: rutschfeste Wanderschuhe, Trinken und Snacks, Windjacke, Wanderstöcke. **Karte**: Wanderkarten Jezersko 1:25.000 und Grintovec 1:25.000 oder Kamniške–Savinske Alpe 1:50.000.

Wegbeschreibung: Start I: Wir starten unsere Tour am **Parkplatz** ❶ beim **Planšarsko jezero**. Es geht leicht bergan auf der Asphaltstraße, zunächst durch Wald, dann vorbei am Lovski dom (Jagdhaus), bis wir nach rund 1,5 km auf einen Abzweig ❷ kurz vor der kleinen **Izvir Jezernrnice** (Quelle) treffen und dort geradeaus unseren Weg fortsetzen (nach links kämen wir auf den Lehrpfad – ebenfalls eine Wandermöglichkeit).

Weiter geradeaus passieren wir nach ca. 500 m die **Ancelj-Touristfarm** ❸. Danach führt der Weg auf Makadam weiter durch das nun malerische Ravenska-Kočna-Tal mit saftig grünen Weiden, wo Pferde und Kühe grasen und sich vor uns das herrliche Bergpanorama mit seinen hoch aufragenden Gipfeln zeigt – im Osten beginnend mit dem Baba-Massiv bis 2127 m, danach die zwei Spitzen von Koroška und

Zgornje Jezersko – durch das malerische Tal Ravenska Kočna

Kranjska Rinka (2453 m), mittig im Süden die Gipfel von Skuta (2532 m) und dem nur 80 m niedrigeren Štruca, auf fast gleicher Höhe geht die Gipfelwand südwestwärts weiter. Wir genießen diesen Ausblick, bis wir in den Wald gelangen.

Nach einem weiteren knappen Kilometer ab der Tourist-Farm passieren wir den nächsten Abzweig **4** und halten uns rechts (links gelangt man wieder auf den Lehrpfad). Unser Makadam führt nun bergauf, bald über ein Brückchen, bis wir 400 m später auf die nächste Kreuzung mit Lehrtafel **5** zu Gletschern, Tieren und Pflanzen treffen – unterhalb der Skuta liegen die südwestlichsten europäischen Gletscher und sind über 10.000 Jahre alt, zudem ist es Sloweniens einziger und schmilzt beachtlich schnell: im Jahr 2011 hat man nur noch 1,5 ha verzeichnet, im Jahr 1950 noch 2,8 ha. Wir halten uns leicht rechts. Rund 500 m später erreichen wir den Parkplatz **6** am Talende (nach insgesamt rund 4 km ab dem Stausee) – und stellen spätestens hier das Auto/Rad ab.

Start II: Ab dem Parkplatz auf rund 970 m geht es zu Fuß geradeaus weiter (links führt ein Weg zum Goli vrh). Nach 5 Min. bleiben wir an der Gabelung **7** ebenfalls geradeaus (nach links würde es zum Lehrpfad gehen), wenige Meter danach am Abzweig **8** rechts (links geht es zur Krajnska koča, s. o. Verlängerung). Kurz darauf passieren wir den Lastenlift **9** und folgen hinter diesem dem ausgeschilderten Pfad (Schild „Česka koča") rechts bergan.

Nach wenigen Metern gehen wir an einem kleinen Abzweig **10** weiterhin geradeaus und nun über flache, auf dem Fels errichtete Holzleitern aufwärts, bis wir nach 10 Min. eine Ruhebank des Stifters Adrejeva erreichen (er war der Vater von Davo Karničar) – Lärchen, Buchen und Fichten geben Schatten. Nach weiteren 10 Min. auf nun gut präpariertem Weg erreichen wir eine kleine Gabelung **11**, an der wir links weiterhin aufwärts gehen (rechts führt der Weg zur Štularjeva planina – dieser

Beste Lage und Ausgangspunkt für weitere Touren – die Česka koča

ÖSTERREICH

Pavličevo sedlo/Seeberg-Sattel

Zg. Kraj

Šenk

Sv. Andrej

Jezernica

Zeleni vrh
1622

Plansarsko
jezero

1 Start I

2

Goli vrh
1788

Izvir
Jezernice

Skubrov vrh
1276

R a v e n s k a

Grdi graben

Ancelj-
Touristfarm

3

Lehrpfad

4

Javornik
1410

5

K o č n a

Makek
Touristfarm

Visoki vrh
1459

Start II **6**

Pod Babo

Štularjeva
planina

7

M a k e k o v a   K o č n a

8

Lehrpfad

11

12

10

9

Lovska pot

Špegovec
1619

Lastenlift

Slov. pot

Lastenlift

Vratca
1802

Ziel **13**

Češka koča
1543

Kranjska koča
na Ledinah
1700

Slap Čedka

Mali kup
1941

Veliki kup
2120

Kočna (2540 m), Grintovec (2558 m),
Štruca (2457 m), Skuta (2532 m)

300 m

**Wanderung 12: Von Zgornje Jezersko
zur Berghütte Česká koča**

Weg würde auch zurück zum Planšarsko jezero führen). An der folgenden Gabelung **12** etwa 5 Min. später folgen wir unserem Wanderweg geradeaus bergauf (nach rechts führt der Pfad ins Tal Makekova Kočina und von dort nach Zg. Jezersko).

Aufstieg zur Češka koča

Wir kommen aus dem Mischwald und der Blick wird frei auf das unter uns liegende Ravenska-Kočna-Tal.

Bald müssen wir die nächsten Höhenmeter über einen gesicherten Klettersteig, **Hudičevi Kvanci** (Höllenpfad) genannt, erklimmen, der über eine steile, an den Fels gezimmerte Holzleiter aufwärts führt. Dann wird es wieder kurz ebener und wir blicken hinab ins Tal bis hin zur Touristfarm Ancelj und auf die 900 m ansteigende Felswand des Veliki Baba (2127 m), wir blicken gen Ledine und den dahinter liegenden Gletscher und zum 2532 m aufragenden Skuta. Dann führt der Weg auch über halbierte und über das Gestein ausgelegte Stämme aufwärts, bis wir wieder Waldboden unter den Füßen haben und die Tafel „Mrzva dolina" (Kaltes Tal) passieren.

Kurz vor der Hütte begrüßt uns das Willkommensschild „Dobrodošlji" und wir erreichen nach gut 1:30 Std. ab dem zweiten Parkplatz am Talende die hübsche, um 1900 erbaute Holzhütte **Češka koča** **13** auf 1543 m. Pächter ist Tone Karničar. Es ist ein herrlicher, ebener Platz auf dem Spodnja Raven mit den hoch aufragenden Gipfeln im Blick, die wir schon auf dem Weg vor uns sahen – jetzt direkt hinter und neben uns, auch der Slowenische Alpenweg Nr. 1 (SPP 1) verläuft hier. Die Berghütte ist deshalb auch als Übernachtungsplatz für Touren ins Hochgebirge sehr beliebt (alle mit Klettersteigen und nur für geübte Bergsteiger – Ausschilderung kurz vor der Hütte). Wir genießen vom blumengeschmückten Holzbalkon nach Osten den Blick auf das Baba-Massiv und die Berghütte Kranjska koča na Ledinah und vor allem das sehr schmackhafte Essen wie Gulasch, deftigen Eintopf und Apfelstrudel, dazu einen wohltuenden Kräuter-Bergtee oder vielleicht noch einen Heidelbeerschnaps?

Der Rückweg verläuft gleich (oder wir nehmen ab **12** den Wanderweg über den schönen bewaldeten Bergrücken hinüber ins Makekova-Kočna-Tal, ca. 3,5 km bzw. 2–2:30 Std. bis zur Touristfarm Makek).

Wanderung 13:
Vom Kamniška-Bistrica-Tal zum Kamniško sedlo (1884 m)

Charakteristik: mittelschwere bis schwere, da steile und lange Streckenwanderung zum aussichtsreichen Kamniško sedlo, der einen Weitblick bis Ljubljana sowie gen Norden ins Tal Logarska dolina und auf viele hohe Gipfel bietet. **Länge/Dauer**: hin und zurück rund 12,7 km, mindestens 6 Std. **Alternative per Auto/Mountainbike**: Wer mit dem Auto oder Mountainbike die Wanderung abkürzen möchte (im Hochsommer nicht sinnvoll, da viele Slowenen die oberhalb liegenden Parkplätze ebenfalls nutzen), kann die Schlucht aufwärts umrunden: Ausgangspunkt Berghütte Kamniška Bistrica **1**, vorbei am Wanderwegabzweig und kleinen Parkplatz **2**, den Makadam weiter 700 m geradeaus hoch, vorbei am Spominski Park (Gedenkfriedhof der Gefallenen Bergsteiger), dann an der Gabelung **10** rechts, rund 1 km weiter bis zur nächsten Gabelung **11** und dort geradeaus bzw. leicht links. Rund 200 m später in der Kurve **12** nach rechts bergan; an der nächsten kleinen Gabelung **13** rechts und weiter bergan und dann leicht links auf dem Forstweg, bis man am Wegrand **14** parken oder das Mountainbike abstellen kann. Bis zur Wanderweg-Gabelung **5** sind es noch wenige Minuten zu Fuß. Von **2** über die Alternativroute zu **5** 4,5 km (Straßenzufahrt). **Markierung**: weißer Punkt auf rotem Kreis und Schilder. **Einkehr/Übernachten**: *Dom Kamniška Bistrica* (600 m; schönes alpenländisches Holzhaus am Talende; Kamniška Bistrica 9, 1242 Stahovica, Mobil-☏ 040/620-787; tägl. April–Sept., danach nur am Wochenende; Betten und Schlaflager und gutes Essen). *Kamniška koča na Kamniskem sedlu* (1855 m; moderne Hütte mit Solarzellen; ☏ 051/611-367, kamniskosedlo@siol.net; tägl. Juni–Sept., danach nur bei gutem Wetter und am Wochenende; gutes Essen, Zimmer zu 22 €/Pers. im 2-Bettzimmer, mit AV-Ausweis 14 €, im Schlaflager 16 € bzw. 8 €). **Ausgangspunkt**: Dom Kamniška Bistrica. **Anfahrt**: von Kamnik nordwärts bis zum Kamniška-Bistrica-Talende (ca. 12 km); im Juli/Aug. fährt auch ein Bus (→ Kamnik/Verbindungen). **Ausrüstung**: rutschfeste Wanderschuhe, ausreichend zu trinken, Windjacke/Anorak, Wanderstöcke. **Karte**: Wanderkarten Grintovec 1:25.000 oder Kamniške–Savinske Alpe 1:50.000.

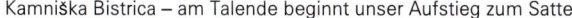

Kamniška Bistrica – am Talende beginnt unser Aufstieg zum Sattel

Kleiner Wanderführer → Karte S. 464/465

Wegbeschreibung: Unser Ausgangspunkt ist der Hauptparkplatz bei der **Berg-hütte Kamniška Bistrica** ■. Wir werfen noch einen Blick auf die **Skulptur** von Valentin (gefertigt von Zlatnar Bos) mit seinem Wanderstock und Gewehr (1852–1933) – er kletterte damals schon ohne Schuhe, also ein Pionier der Freeclimber –, auch auf das gegenüber der Straße stehende hübsche Kirchlein und gehen vielleicht auch noch wenige Meter rechts nach unten zur Quelle (Izvir) der Kamniška Bistrica – ein lauschiger Platz.

Wir starten nun mit unserer Wanderung und gehen auf dem Asphaltsträßchen rund 400 m bergan bis zu einem weiteren kleinen Parkplatz ■. Dort biegen rechts wir in den ausgeschilderten Wanderpfad ein, der uns steil durch Buchenwald bergan führt. Nach etwa 0:30 Std. stoßen wir auf einen Zufahrtsweg ■ mit Gebäude (für den Lastenlift), hier gehen wir kurz links und gegenüber auf dem Wanderpfad weiter steil bergan. Nach weiteren schweißtreibenden 0:15 Std. treffen wir auf den von unten kommenden Makadam ■. Wir überqueren ihn, gehen kurz rechts und danach links bergauf.

Nun verläuft der Weg weniger steil durch herrlichen Mischwald. Nach 0:15 Std. gehen wir an einer kleinen Gabelung ■ rechts weiter leicht bergan (nach links kämen wir zur Forststraße und im weiteren Verlauf auf den Makadam und könnten, fährt man bis hier hoch, etwas abkürzen). Etwa 0:15 Std. später wandern wir an der nächsten kleinen Gabelung ■ ebenfalls weiter bergan (nach rechts kämen wir nach Rebov kot) – Rehe springen durchs Gebüsch, viele soll es hier geben, auch Hirsche.

Nach 10 Min. gehen wir an der Gabelung ■ links weiter auf dem ausgeschilderten Wanderpfad, der sich nun in Serpentinen den Berg hochschlängelt (auch links würde gehen, aber oft liegen hier umgefallene Bäume und versperren den Weg). Nach einer halben Stunde wird erstmals der Blick nach Westen frei und wir sehen den Brana-Berg. Nach weiteren rund 10 Min. treffen wir auf den netten Rastplatz und die **Unterstellhütte Paštrij** ■ auf 1415 m – hier war früher eine Alm. 10 Min. später

Zum Kamniško sedlo – bald wird der steile Aufstieg belohnt

Wanderung 13: Vom Kamniška-Bistrica-Tal zum Kamniško sedlo

Blick vom Kamniško sedlo gen Planjava und hinab ins Logar-Tal

kommen wir aus dem Wald auf die Freiflächen und blicken links von uns auf den Brana-Berg und vor uns, noch hoch oben, auf den Kamniško sedlo. Auf einem Felsen wurden einige Verse über die hier herrliche Bergwelt geschrieben.

Der Weg führt nun durch Wiesen und eine Zeit lang nur leicht aufwärts und so können wir die imposante Bergwelt mit ihrem weißen Gestein genießen. Es begleiten uns Kiefern, viele Alpenblumen und auch den Vögeln gefällt es hier auf dem sonnigen freien Gelände. Nach einiger Zeit sehen wir auch Mufflons und Gämsen zwischen den Felsen, zudem hören wir Murmeltiere piepsen – dies war allerdings im Oktober. Im Sommer wird man diese Tiere nur nach Sonnenaufgang sehen, denn dieser Berg ist ein sehr beliebtes Ausflugsziel – auch für Kletterer, die ihre schwere Ausrüstung im Eilmarsch nach oben schleppen.

Rund 0:30 Std. später passieren wir den Fels Kamrca (die Kammer). Dann geht es auf schmalem Pfad in Serpentinen unserem Ziel entgegen – links und rechts nun die immer höheren beeindruckenden Felswände, u. a. des rechts aufragenden Planjava-Massivs, bis wir nach weiteren 0:30 Std. die Berghütte **Kamniška koča** 🟩 erreichen – rund 3 Std. Gehzeit haben wir nun hinter uns. Für die Slowenen ist dies ein guter Übungstrail – sie legen ihn in der Hälfte der Zeit zurück.

Vor einer Rast in der gepflegten Hütte machen wir noch den kleinen Abstecher wenige Meter geradeaus hinauf über die weichen Weidewiesen zum imposanten **Kamniško sedlo**: Der Blick von hier oben entschädigt für die Mühen des Aufstiegs – wir können das gesamte Tal Logarska dolina überblicken, den Rinka-Wasserfall in Miniatur-Ausgabe unter uns betrachten und auch die gut geschützte Frischaufov-Hütte; zudem die hoch aufragende Planjava (2394 m), die sich östlich der Berghütte erhebt, nach Süden blicken wir über Kamnik bis nach Ljubljana. Bisweilen herrschen hier oben atemberaubende Wolken, die immer wieder den Gipfel der Planjava einhüllen und wieder spektakulär freigeben. Auch weitere Tiere wie Steinböcke, Gämsen, Wiesel, Dachs, Luchs, Schneehuhn und Auerhahn soll es hier geben. Ich blicke auf die blauen Tupfer der Enzianbüschel und auf Edelweiß (Pflücken verboten!).

Die Hütte ist freundlich, groß und gut gepflegt – Gerstensuppe lädt zur Stärkung für den Rückweg ein. Hier nächtigen viele Bergsteiger für ihre anspruchsvollen und schwierigen Touren in die Bergwelt, u. a. hinab zur Frischaufov-Hütte (laut Schild mindestens 1:30 Std., nur für Geübte!) und weiter Richtung Zg. Jezersko.

Gestärkt treten wir den Rückweg auf gleicher Route an.

Wanderung 14: Pohorje-Rundtour von Trije Kralje

Charakteristik: leichte, aber sehr lange Rundwanderung über die Anhöhe des Veliki vrh, durch dichte Fichten- und Buchenwälder, vorbei an den Šumik-Wasserfällen, dem idyllischen Hochmoorsee Črno jezero und auf geschichtsträchtigem Boden durch ehemalige Partisanenlager. **Länge/Dauer**: 18,7 km, ca. 6 Std. **Abkürzung**: bei 🔳 in rund 0:40 Std. nur zum Črno jezero. **Markierung**: weißer Punkt auf rotem Kreis, rotes R oder roter Stern, zudem Schilder. **Einkehr/Übernachten**: *Hotel Jakec* (Planina pod šumikon 5, 2316 Zgornja Ložnica, ✆ 02/8034-506, www.jakec. si; tägl. und ganzjährig geöffnet; sehr gutes Essen wie Wildgerichte, Buchweizensterz, Heidelbeerstrudel, Pilzgerichte und -suppen; Zimmer). *Koča Šumik* (hübsches, privat geführtes Jagdhaus mitten im Wald; Smolnik 42, 2342 Ruše, ✆ 02/6630-491; immer geöffnet, außer es wird im Wald gearbeitet; für insgesamt 30 Pers. 2- bis 10-Bettzimmer, 2-Bett 15 €/Pers. mit Frühstück, auch Eco-Camping; Hund, Katzen und Pferde). *Dom na Osankarici* (mit Partisanen-Museumszimmer; Lukanja 19, ✆ 05/9947-341; auch fast ganzjährig; Restaurant; Zimmer 20 €/Pers./F). **Ausgangspunkt**: Parkplatz beim Hotel Jakec, Trije Kralje. **Anfahrt**: am schnellsten von Slovenska Bistrica, ca. 16 km bis Trije Kralje und bis zum Parkplatz beim Hotel Jakec. **Ausrüstung**: Wanderschuhe, ausreichend zu trinken und essen; Windjacke, Kopfbedeckung und Wanderstöcke. **Karte**: Wanderkarte Pohorje 1:50.000.

Der Wanderweg zum Šumik-Wasserfall ist nicht leicht begehbar

Kleiner Wanderführer → Karte S. 464/465

Die Unterkunftshütte Koča Šumica lädt zum lauschigen Rasten und Nächtigen

Wegbeschreibung: Wir starten am Parkplatz vor dem **Hotel Jakec** ❶ auf unserem Wanderweg (ausgeschildert mit „Osankarica", „Črno jezero"), passieren die zwischen 1691 und 1732 erbaute Kirche **Sv. Trije Kralji** (Heilige Drei Könige) und gehen auf der Wiese bzw. einer Skipiste bergan – gen Süden haben wir einen herrlichen Blick auf die hügelige Bergkette, die sich bis zur kroatischen Grenze hinzieht.

Wir gehen vorbei an **Holzbungalows** (werden von Jakec vermietet), unter dem kleinen **Skilift** durch und auf dem Forstweg nordwärts, bis wir nach 10 Min. am Abzweig ❷ rechts hinab (ausgeschildert mit „Črno jezero") durch Buchen- und Fichtenwald weiterwandern. Links oberhalb von uns erhebt sich der Gipfel Veliki vrh (1344 m), zu dem ein großer Skilift führt. Wir halten uns weiter auf unserem Weg nun immerzu leicht bergab und passieren ein hübsches Holzkreuz, **Urškinega križ** ❸, 1860 von Uršula Janžič errichtet. Nach weiteren knapp 10 Min. gelangen wir zu einer Wegkreuzung ❹, wo wir uns kurz geradeaus bzw. leicht rechts halten (ausgeschildert mit „Šumik" und „Ruška koča") – hier treffen wir am Rückweg wieder auf unsere Route (nach links würde es direkt zum Črno jezero und nach Osankarica gehen – wer abkürzen möchte, geht hier links). Das gesamte 2400 ha große Waldgebiet hier gehörte einst dem Grafen von Atem, sie mussten dies nach dem Zweiten Weltkrieg an den Staat abtreten.

Unser Wanderweg führt nun durch einen Graben, der im Frühjahr auch Wasser führen kann, durch Buchen- und Fichtenwald, vorbei an einer Quelle und einem moorig-braunen kleinen See. Nach etwa 0:15 Std. bleiben wir an der Gabelung ❺ geradeaus und passieren wenige Minuten später **Trije studenci** ❻, einen Freiplatz mit Gedenkstein (hier rund 0:20 Std. ostwärts war das einstige Partisanenkrankenhaus Jesen). Rund 5 Min. später wenden wir uns an der Gabelung ❼ nach rechts (rot-weißer Kreis), kurz darauf an der nächsten kleinen Gabelung ❽ ebenfalls rechts immer etwas abwärts. Auch nach 10 Min. an der nächsten Wegkreuzung ❾ wandern wir rechts bergab. Der Weg verläuft noch immer durch Buchen- und Fichtenwald.

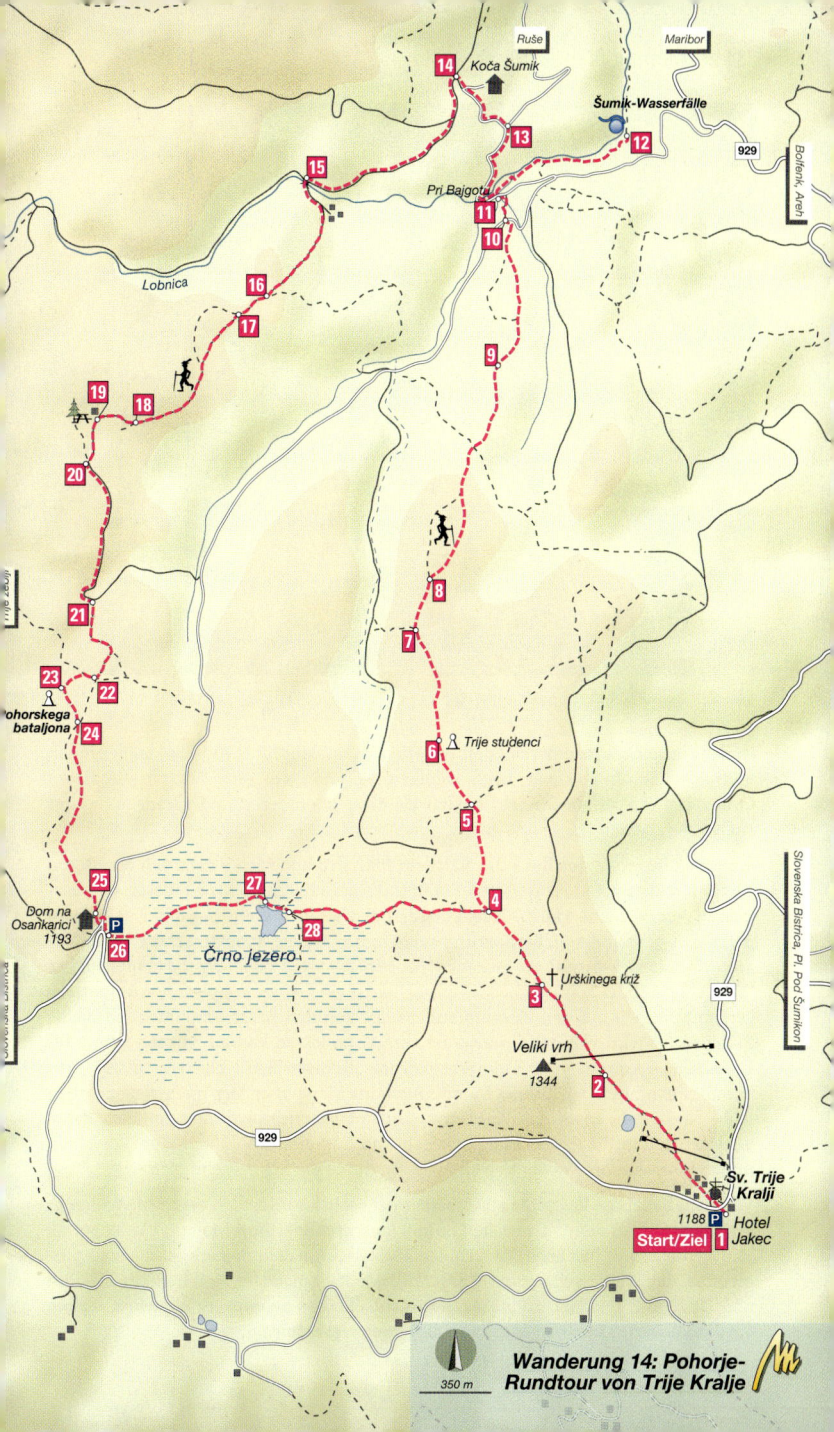

Wanderung 14: Pohorje-
Rundtour von Trije Kralje

Wanderbeginn ist bei der Kirche Sv. Trije Kralji von 1691

In der Ferne hört man bereits den Piklerica-Bach. Bald führt der Pfad steiler hinab und über Felsen, bis wir nach wenigen Minuten auf eine Forststraße (Dom Osankarici–Roška koča–Areh) treffen **10**, diese überqueren und geradeaus weiter nach unten gehen.

Nun fließen neben uns links das Bächlein Piklerica und rechts der Bach Kraljščica, sie treffen kurz vor einer weiteren Forststraße zusammen und wir müssen sie überqueren – das kleine Holzbrückchen war im Mai 2013 nicht begehbar, d. h. man muss sich eine andere Überquerung suchen, um auf die **Schotterstraße** (Koča Šumik–Roška koča–Areh) zu gelangen (ist ein Abzweig von obiger Hauptstrecke). Wir gehen auf der Schotterstraße links. Hier ist ein kleiner Freiplatz, **Pri Bajgotu 11** genannt, wo wir auf den Zusammenfluss der von den Bergen kommenden Bäche Piklerica (er wird von der Črnava, die vom Črno jezero kommt, gespeist) und der Lobnica (sie kommt vom Tiho jezero, vom „Ruhigen See") blicken, von Norden kommt auch noch der Zufluss Šumik. Auch im Mai gibt es hier noch viele Schneefelder, dazwischen, wo der Wald etwas lichter ist und die Sonne einfallen kann, kommen schon die ersten Maiglöckchen und Sumpfdotterblumen zum Vorschein und es gibt sehr viel Wasser von allen Seiten durch die Schneeschmelze.

Von dem beliebten Rastplatz aus machen wir rechts nordöstlich einen Abstecher in etwa 0:20 Std. zu den Wasserfällen Šumik (ausgeschildert mit Mali und Velik Šumik und Vernski slap) machen. Die wenigen Meter bis hinab zum Bach Šumik sind problemlos, der Weiterweg zu den Wasserfällen jedoch nicht für Familien mit Kindern und Ungeübte geeignet, zudem ist gutes rutschfestes Schuhwerk ein Muss – auch ein Schild warnt! Auch im Mai kann hier noch viel Schnee liegen!

Der lauschige Črno jezero und die Partisanendenkmäler sind ein beliebtes Kurzwanderziel

Wir gehen hinab und blicken auf die Zusammenflüsse, überqueren die Bäche ostwärts zweimal (falls die Brücke beschädigt ist, zurück zur Forststraße gehen und weiter östlich über einen Trampelpfad wieder hinab zu den Bächen klettern), sodass der Bach Šumik dann auf jeden Fall links von uns liegt. Ein schmaler Pfad windet sich langsam bergauf. Hier steht auf dem markierten Holzschild „Zahtevna pot" – Gefährlicher Weg, zudem „Hoja na lastno odgovornost!" – Betreten auf eigene Gefahr! Mit diesen Vorsichtsmaßen sollte nicht gespaßt werden, nur erfahrene Berggänger sollten in die Schlucht gehen!

Der sehr schmale Pfad zieht sich oberhalb der Felsen entlang, Kiefern krallen sich mit ihrem Wurzelwerk in den Fels, tief unten der zu einem Flüsschen angeschwollene Bach. Der Weg ist schmal und nach Regen oder im Frühjahr sehr rutschig! Er verläuft oberhalb der Schlucht und ist mit Stahlseilen gesichert – dennoch besteht Absturzgefahr! Nach 0:20 Std. erreichen wir den **Slap Šumik 12**, der 28 m hoch ist, sowie den kleinen **Vernski slap** – ein Weiterkommen ist nicht möglich in diesem Naturreservat – viele weitere kleine Wasserfälle folgen.

Zurück am Picknickplatz **11** an der Forststraße setzen wir unseren Weg geradeaus nach Westen fort und erreichen nach rund 7 Min. eine Straßenkreuzung **13**, wo wir links abbiegen (nach rechts geht es in 17 km nach Ruše). Nach weiteren 5 Min. treffen wir auf das hübsche Jagdhaus mit Nebengebäude, **Koča Šumik**, das rechts oberhalb vom Weg steht und fast immer geöffnet hat (die Pächter leben hier).

Nach dem Jagdhaus gehen wir wenige Meter auf dem Makadam weiter und dann an der Gabelung **14** links, nach wenigen Metern an der nächsten Makadamkreuzung nochmals links bzw. geradeaus (rechts geht es nach Klopnovrška) und weiter auf dem ausgeschilderten Weg in Richtung Dom Osankarici – links unten rauscht der Bach Lobnica. Etwa 10 Min. später biegen wir vom Forstweg links **15** ab (rechts würde es zum Tiho jezero gehen). Dann überqueren wir eine **Holzbrücke** mit dem Schild „Mateževo" und gehen nun bergan durch Fichtenwald, kurz darauf am Abzweig rechts (links unten stehen Häuser) und an der folgenden Gabelung links bergab, danach wieder auf schmalem Pfad durch Buchenwald bergan. Knapp 10 Min. später stoßen wir auf einen Forstweg **16** und gehen geradeaus, an der nächsten Gabelung **17** folgen wir der Markierung nach links.

Nach 10 Min. halten wir uns an der nächsten Gabelung **18** rechts. Kurz danach stoßen wir auf eine Lichtung **19** mit einem einladenden **Forsthaus** und **Picknickplatz**. Anschließend geht es etwas bergab und wir überqueren einen Bach. Wenig später treffen wir auf einen Weg **20** und gehen hier links (rechts wäre die Zufahrt zum Forsthaus). 10 Min. später gehen wir vor dem Bach nach rechts auf den Wanderweg **21** nach Osankarica, wir passieren das Bächlein und laufen rechts hoch. An der nächsten Gabelung **22** 10 Min. später gehen wir rechts und wenige Meter später links Richtung Osankarica (rechts würde es nach Trije žeblje, „Drei Nägel", gehen).

Danach müssen wir uns geradeaus halten, links von uns liegt nun mitten im Wald das ehemalige Partisanenlager und eine mit Fahnen und Kerzen geschmückte Gedenkstätte zu Ehren der Gefallenen. Links davon steht eine Info-Tafel zum **Pohorskega bataljona 23**; kleine Gedenksteine mit Kerzen erinnern an jeden Toten. Wir können hier eine kleine Umrundung machen, Markierungen fehlen jedoch teils, da die meisten Besucher von der Südseite, vom Dom na Osankarici, hierher laufen. Während des Zweiten Weltkriegs verriet ein Slowene diese Partisanenstellung an die Deutschen, diese kreisten den Platz ein und töteten am 8. Januar 1943 alle anwesenden Befreiungskämpfer. Heute wird der Platz vor allem bei Schulausflügen besucht. Fast der gesamte Pohorje diente den Partisanen als Versteck, es gab Krankenstationen, Druckereien und Versorgung für die Männer, die für ihre Befreiung im Untergrund arbeiteten.

Wir gehen ab der großen Gedenkstätte leicht links durch den Buchenwald, die Markierung ist hier sehr schlecht – bitte aufmerksam gehen. Die Beschilderung ist nun an den Bäumen mit einem roten „R" und einem roten „Stern" versehen. Nach 5 Min. erreichen wir einen Holzweg **24**, wo wir geradeaus weitergehen (nicht nach links oder rechts!) – nun wird auch der Weg bald wieder breiter und die Markierungen sind gut sichtbar (nun roter Kreis, 1 und Stern).

Wir passieren 10 Min. später die Unterkunftshütte **Dom na Osankarici 25** auf 1193 m – hier gibt es ein Museumszimmer, das über die Organisation der Partisanen informiert. Wir gehen kurz links und auf die Zufahrtsstraße, dann rechts hinab zum großen Parkplatz **26**. Dort nehmen wir links die neuen Holzstufen bergan zum Wanderpfad Richtung Črno jezero (hier steht auch ein nicht zu übersehendes türkisfarbenes großes Plakat mit „Črno jezero"). Wir folgen oben einem Holzpfad (der Untergrund ist morastig durch das Moor) und erreichen kurz darauf eine Lichtung mit dem idyllischen **Črno jezero 27**, dem schwarzen See, auf 1197 m, der mit 2 ha größte See des Pohorje. Er wurde durch die Stauung des Baches Črnava gebildet und ist eingerahmt von Fichten und Kiefern, am Uferrand wachsen Torfmoose, Haarbinsen, Wollgras – im Sommer tummeln sich hier viele Libellen – ein schöner Rastplatz lädt zum Verweilen ein.

Wir folgen dem Pfad bis zum Seeende **28**, dann führt uns das Schild „Trije Kralje" leicht bergan durch den Wald. Auch hier verläuft der Weg erst einmal weiter über

Holzstämme durch das Moor, damit die Besucher (vor allem Hochrangige) trockenen und sauberen Fußes die Idylle besuchen können. Weiter auf dem Wanderpfad durch Fichtenwald treffen wir nach 0:20 Std. auf unseren Abzweig **4** vom Hinweg und biegen rechts ab, zurück in Richtung Skilift, Kirche und **Hotel Jakec** **1**.

Wanderung 15: Zum Rinka-Wasserfall und zur Frischaufov-Hütte

Charakteristik: leichte bis mittelschwere Streckenwanderung zum höchsten slowenischen Wasserfall, dem Rinka slap, vorbei am Adlerhorst und weiter steiler bergan zur schön gelegenen Berghütte Frischaufov dom – am Wochenende ein beliebtes Ausflugsziel der Städter. **Länge/Dauer**: hin und zurück insgesamt ca. 4 km und ca. 3 Std. **Abkürzung/Verlängerung**: Wer mit kleinen Kindern wandert, kann nur bis zum Rinka-Wasserfall gehen. Eine Verlängerung ist möglich, indem man bereits über den Lehrpfad das Logarska dolina (Tal) bis zur Rinka-Hütte hinaufwandert. Wer ein erfahrener Bergsteiger ist, kann in rund 4 Std. ab der Frischaufov-Hütte über den Savinsko und Jezersko sedlo in Richtung Zgornj Jezersko bis zu den Hütten Kranjska koča na Ledinah (2:30 Std.) oder Češka koča na Sp. Ravneh (3:30 Std.) wandern. **Markierung**: weißer Punkt auf rotem Kreis, zudem Schilder. **Einkehr/Übernachten**: *Frischaufov dom na Okrešlju* (1396 m; Mobil-☏ 041/380-177; tägl. Mai–Okt., danach je nach Wetterlage Fr ab 11–So 15 Uhr; auch Winterzimmer, gutes Essen, 2-, 4- und 10-Bettzimmer/Schlaflager). *Orlovo gnezdo* (winziger Imbiss oberhalb des Rinka-Wasserfalls; Mai–Sept. 11–17 Uhr, im Okt. nur am Wochenende u. bei gutem Wetter). Am Parkplatz *Imbiss-Hütte Rinka slap*, sowie viele weitere talwärts (→ Reiseteil). **Ausgangspunkt**: Parkplatz bei der Imbiss-Hütte Koča pod slapom Rinka (1023 m). **Anfahrt**: ab Logarska-dolina-(Tal)-Beginn und Schranke das gebührenpflichtige Sträßchen (7 €/Auto) 9 km bis Imbiss-Hütte Rinka fahren – hier ist auch Straßenende; Solčava–Logarska dolina 5 km.

Blick vom Kamniško sedlo auf den Rinka slap und die Frischaufov-Hütte

Ausrüstung: rutschfeste Wanderschuhe, Trinken und Snacks, Windjacke, Wanderstöcke; für die Verlängerungsrouten hohe Bergschuhe und entsprechende Hochgebirgsausrüstung (Wasser, Essen, Mütze, Handschuhe etc.). **Karte**: Wanderkarten Grintovec 1:25.000 oder Kamniške–Savinske Alpe 1:50.000.

Wegbeschreibung: Wir starten am Parkplatz **Koča pod slapom Rinka** **1** und steigen über Stufen bergan, links von uns das breite, mit Geröll und Kieseln beladene Bachbett der noch jungen Savinja, dann weiter über schotteriges Gestein in Richtung Talende und der mächtig aufragenden Felsen. Nach rund 0:15 Std. haben wir den Abzweig **2** zum **Slap Rinka** erreicht und gehen dort rechts über die Holzstufen hoch zum Adlerhorst, **Orlovo gnezdo** **3**, einer keck in den Fels gebauten Cafébar. Von hier aus hat man den schönsten Blick hinüber auf das Felsmassiv und auf den größten Wasserfall Sloweniens – 90 m tief fällt er aus dem Felsspalt hinab und trifft auf ein kleines Becken, zudem wird er noch von der Savinja gespeist, die weiter oberhalb im Fels entspringt.

(Man kann am Abzweig **2** auch geradeaus direkt zum imposanten Rinka-Wasserfall gehen – etwas feucht wird es allerdings werden.)

Zurück am Hauptweg **2** gehen wir an der folgenden Gabelung **4** links und bald in Serpentinen bergan, genießen, wenn das Bankplätzchen frei ist, auch von hier den Blick auf den Rinka-Wasserfall und zurück gen Logar-Tal mit seinen imposant ansteigenden Bergen Ojstrica (2350 m) und Planjava (2394 m). Wir wandern weiter aufwärts durch lichten Kiefern-, Lärchen- und Buchenwald auf einem meist gut präparierten Weg, ab und an auch über Felsbrocken und Wurzelstufen, dann über mit Stahlseil gesicherte Holzstufen, über Holzbrücken und Stege – die Savnija kommt uns nun näher, sie sucht sich ihren Weg über große Felsbrocken talwärts.

Blick auf Rinka slap und Adlerhorst

Nach spätestens 0:15 Std. erreichen wir ihren unspektakulären Felsaustritt, die **Izvir Savinje** **5**. Wir folgen weiter unserem Hauptweg bergan, über Felsgestein, bis wir nach weiteren 10–15 Min. durch schönen Buchwald am Bergabsatz mit einer Gabelung **6** stehen, wo wir der Ausschilderung „Dom na Okrešlju" nach links folgen und in wenigen Minuten die **Frischaufov-Hütte** **7** erreichen – von der ideenreich gestalteten Terrasse und Freifläche vor der gut geschützten Berghütte genießt man einen herrlichen Ausblick gen Süden ins Logarska dolina (Tal), zur mächtig aufsteigenden Planjava (2394 m) und dem tiefer liegenden Kamniško sedlo (1884 m; ausgeschilderter Weg, „schwierig", erreichbar in rund 2 Std., jedoch nur für geübte Bergsteiger, da es entlang eines Geröll-Abhangs und über einen Klettersteig geht).

Wir genießen nun erst einmal Bohnensuppe und Blaubeerstrudel (es gäbe auch Apfel-Walnuss-Füllung). Für noch mehr Gipfelpanorama gehen wir ab der Berghütte geradeaus in Richtung Zgornje Jezersko. Der breite Schotterweg zwischen Latschenkiefern, Wacholder und viel Gestein führt fast eben dahin, vorbei am Abzweig zur Bergwachthütte **8**, bis wir nach knapp 0:15 Std. eine Hochebene **9** erreichen – ein beliebter **Aussichtsplatz**, der ein herrliches Bergpanorama rundum bietet. Zudem erinnern Gedenktafeln am großen freistehenden Felsen an die Toten eines Helikopterabsturzes bei einem Bergwacht-Training.

Für Geübte: An der etwas oberhalb folgenden Gabelung **10** zweigt ein Bergsteig nach links in Richtung Turska gora ab, rechts bzw. geradeaus geht es über den Savinsko sedlo in Richtung Zg. Jezersko weiter (Kranjska koča na Ledinah 2:30 Std, Češka koča na Sp. Ravneh, 3:30 Std.).

Der Weg zurück verläuft gleich, man muss allerdings nicht bis zur Berghütte zurück, sondern kann gleich beim Abzweig **8** zur **Bergwachthütte** links hinabgehen, um wieder auf den Wanderweg in Richtung Tal zu gelangen.

Beliebtes Wanderziel ist die Frischaufov-Hütte in idyllischer Lage

Wanderung 16: Über den Črni vrh und Ribniški vrh zum Ribniško jezero

Charakteristik: schöne Familienwanderung entlang der Pohorje-Westseite über die Gipfel Črni vrh (1543 m) und Ribniški vrh (1537 m) zum idyllischen Hochmoorsee Ribniško jezero. Nur 170 Höhenmeter müssen bis zum höchsten Pohorje-Gipfel zurückgelegt werden,so wird diese aussichtsreiche Bergtour zu einem Spaziergang – also bestens auch mit Kindern machbar; zudem lockt noch eine nette Berghütte. Verlaufen kann man sich hier nicht, es ist alles überschaubar. **Länge/ Dauer**: 6,3 km einfache Wegstrecke, ca. 2 Std. **Verlängerung/Abkürzung**: Der gut markierte Slowenische Alpenweg Nr. 1 (SPP 1) verläuft hier, d. h. auf diesem kann man in rund 45 km den gesamten Pohorje bis nach Maribor ablaufen. Ca. 1 Std. spart man, wandert man nur bis zur Berghütte Ribniška koča. **Markierung**: weißer Punkt auf rotem Kreis und rote Schilder. **Einkehr/Übernachten**: *Berghütte Grmovškov dom pod Veliko Kopo* (1377 m; Rasborca 31, 2382 Mislinja, Mobil-✆ 031/816-547; tägl. Juli–Sept. u. Dez.–Febr., in allen anderen Monaten nur am Wochenende; Essen und sehr

Der malerische Hochmoorsee Ribniško jezero ist das Ziel dieser Tour

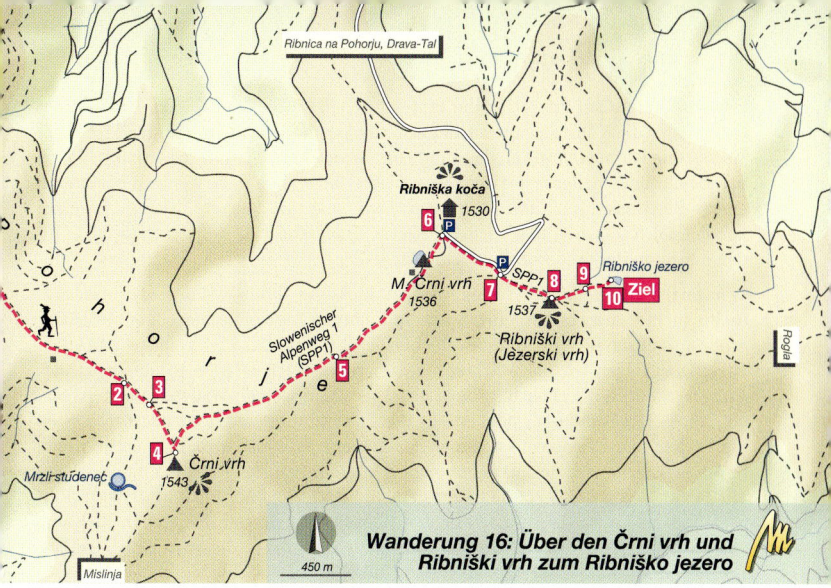

Ribnica na Pohorju, Drava-Tal

Ribniška koča
1530

M. Črni vrh
1536

Slowenischer
Alpenweg 1
(SPP1)

SPP1

Ribniško jezero
Ziel

Ribniški vrh
(Jezerski vrh)

Črni vrh
1543

Mrzli studenec

Mislinja

Rogla

Wanderung 16: Über den Črni vrh und Ribniški vrh zum Ribniško jezero

450 m

einfache Zimmer). *Berghütte Ribniška koča* (1530 m; Hudi Kot 24, 2364 Ribnica na Pohorju, Mobil-☎ 041/321-983; beliebtes Ausflugslokal, auch Zimmer; ganzjährig u. tägl. bis auf Nov., im April nur Sa/So bei gutem Wetter). **Ausgangspunkt**: Parkplatz Berghütte Grmovškov dom (Kope Skicenter). **Anfahrt**: von Slovenji Gradec 14 km bergauf, ausgeschildert „Kope", bis zum Straßenende bei der Berghütte Grmovškov dom. Man kann auch von der Nordseite, von Radli ob Drava (Drava-Tal) und Ribnica na Pohorju in 20 km zur Ribniška koča gelangen (ab Ribnica Makadam). **Ausrüstung**: rutschfeste Schuhe, ausreichend zu trinken, Snacks; Kopfbedeckung, Wanderstöcke. **Karte**: Wanderkarte Koroška 1:60.000 (für das überschaubare Gebiet ausreichend).

Wegbeschreibung: Wir starten am **Parkplatz** auf 1377 m unterhalb der Velika Kopa (1542 m) bei der Berghütte **Grmovškov dom** **1** mit großer Terrasse und gehen geradeaus in Richtung Skilift. Dann folgen wir dem breiten Makadam rechts leicht aufwärts – vorbei an Ziegen und Eseln, die hinter ihrem Gatter auf Besucher warten. Links fällt unser Blick auf das Drava-Tal, in der Ferne sieht man die hohen Pohorje-Gipfel Plešič (1407 m) und Klopni vrh (1340 m). Wir gehen auf dem breiten Weg, von Fichten und Hainbuchen gesäumt, immerzu leicht bergauf. Nach rund 0:20 Std. wird der Blick frei nach Westen, über schöne Almwiesen hinab auf das Mislinja-Tal und bis auf die unendlich erscheinenden Hügel und Gipfel von Savinjer und Kamniker Alpen – auch die Velika Planina ist erkennbar. Nach weiteren 10 Min. passieren wir eine **Almhütte** (ist aber immer geschlossen), danach liegt der Südwesten im freien Blickfeld – wir sehen Šoštanj, das Savinja-Tal und die Velika Planina – die Hügel und Berge in allen Grün-, Grau- und Blautönen vor uns.

Nach weiteren 5 Min. gehen wir an einer kleinen Weggabelung **2** geradeaus auf der Hochebene weiter (rechts würde es zu Quellen, Mrzli studence, den „Kalten Quellen" gehen). Kurz darauf wenden wir uns an der nächsten Wegkreuzung **3** nach rechts (nach links bzw. geradeaus weiter würden wir direkt zur Ribniška koča gelangen). Ab dem Abzweig gehen wir nur wenige Meter und erreichen einen aufgeschichteten Steinhaufen mit Bank, ein herrlicher Platz zum Niederlassen – wir sind fast am Gipfel **Črni vrh** – für die Einheimischen ist dies der Gipfel. Im Sommer fressen hier die Kühe die guten Kräuter und das saftige Gras, im Winter wird diese Hochebene vor allem für Langlauf und zum Skaten genutzt. Wir gehen, uns südlich bzw. leicht links haltend, auf dem Weg weiter und stehen nach wenigen Metern an einem **Partisanendenkmal**. Dort folgen wir links der Ausschilderung „Ribniška koča". Gleich daneben markiert das eiserne **Gipfelkreuz 4** des Črni vrh (1543 m) den höchsten Berg des Pohorje-Gebirgszugs.

Wir folgen unserem markierten Pfad in Richtung Ribniška koča ostwärts, also rechts (geradeaus würden wir talwärts in Richtung Mislinja gehen) über ein Hochmoor und durch lichten Fichtenwald, bis wir nach 0:15 Std. eine Gabelung **5** erreichen. Dort folgen wir der Markierung nach links. Nach 10 Min. passieren wir das **Appartementhaus** Črni vrh, gehen vorbei an einem kleinen **Stausee** (Wasserreservoir für Schneekanonen), blicken auf die Täler und Hügelketten im Nordwesten und gehen die Waldschneise hinab an kleinen Skiliften vorbei. Nach weiteren 5 Min. steuern wir die aussichtsreiche Unterkunftshütte **Ribniška koča 6** auf 1530 m an – von der Terrasse bietet sich ein wunderschöner Blick hinab nach Ribnica und ins Drava-Tal und weiter den Pohorje-Hügelketten folgend in Richtung Maribor. (Hier endet auch der Makadam für diejenigen, die vom Drava-Tal aus hochgefahren sind.)

Von der Ribniška koča gehen wir auf dem Makadam wenige Minuten talwärts, mit Blick gen Drava-Tal, und zweigen in der Kurve mit Freifläche und Parkmöglichkeiten nach rechts auf unseren markierten Wanderweg **7** ab. Wir laufen rund 10 Min. auf dem Pfad neben dem Wäldchen durch Heidekraut, Blaubeeren und Hochmoorgräser bergan, bis wir auf der Hochebene **8** des **Ribniški vrh** (auch Jezerski vrh) auf 1537 m stehen. Hier ragt ein 12 m hoher Obelisk empor und daneben steht eine amphorenähnliche hohe Vase, es ist eine Partisanengedenkstätte. Nur vereinzelte Tannenwaldgrüppchen versperren den Blick auf die vor uns liegende weite Bergkuppenlandschaft der Savinjer und Kamniker Alpen.

Die Ribniška koča bietet gutes Essen und einen schönen Blick ins Drau-Tal

Am Ribniški vrh – unendliche Hügel und Berge bis hin zu den Savinjer Alpen

Vom Monument folgen wir dem ausgeschilderten Pfad ostwärts und links (rechts führt der Slowenische Alpenweg, der SPP 1, weiter zum Rogla, 3:15 Std.) und wenige Minuten bergab, es wird moorig. An der kleinen Weggabelung in der Senke gehen wir weiter geradeaus **9** (rechts SPP 1, Richtung Rogla). Unser Pfad führt uns nun auf Holzbohlenstege durch ein Tannenwäldchen und durch Latschenkiefern, bis wir nach rund 5 Min. den idyllischen Hochmoorsee **Ribniško jezero 10** erreichen. Wir können uns auf den Holzbänken niederlassen und im Spätsommer auf die weißen Seerosen blicken. Rund 30 Min. sind wir ab der Ribniška koča gelaufen.

Zurück nehmen wir den gleichen Weg, stärken uns aber vielleicht noch in der fürs gute Essen bekannten Berghütte Ribniška koča.

Wanderung 17: Von Podgorje um den Berg Slavnik (1028 m)

Charakteristik: leichte Familienrundwanderung, auf einen etwas steileren Aufstieg folgt ein sehr bequemer Rückweg. Im schattigen Wald zeigt sich vor allem im Frühjahr die wunderschöne vielfältige Flora in voller Pracht. Am Berggipfel angekommen, bietet sich ein ungehinderter Weitblick. Bei Bora ist ein Gipfelbesuch nicht zu empfehlen! **Länge/Dauer**: 7,6 km, gemütlich in 2:30–3 Std. **Verlängerung**: vom Berg Slavnik 1 km nach Norden zum Berg Grmada auf 1001 m (insgesamt 2 km). **Markierung**: roter Kreis auf weißem Punkt. **Einkehr/Übernachten**: *Berghütte Tumova koča na Slavniku* (1018 m; Podgorje 10, Mobil-☎ 041/893-517 → Koper/ Übernachten/Essen außerhalb; ganzjährig und nur am Wochenende bewirtschaftet). Nahe Bahnhof Podgorje *Gostilna-Pension Pod Slavnikom* (→ Koper/Übernachten/Essen außerhalb). **Ausgangspunkt**: Parkplatz beim Sportgelände 100 m nördlich von Podgorje (westlich der Straße Richtung Grenzübergang Jelovice). **Anfahrt**: A1-Abfahrt Kastelec, dann Straße Richtung Grenzübergang Podgorje–Jelovice; bzw. auf Landstraße von Koper über Črni Kal und dann ca. 2 km nördlich davon Abzweig Richtung Podgorje nehmen. Anfahrt auch per Zug Koper–Kozina (Umstieg)– Podgorje (nur Juli/Aug. 1-mal tägl.) oder Hauptstrecke Koper–Kozina (Haltestelle

Prešnica, 4-mal tägl.), ab dort dann noch ca. 2 km südlich gehen – Infos unter ☎ 05/2964-151, www.veolia-transport.si. **Ausrüstung**: rutschfeste Schuhe, Verpflegung und ausreichend zu trinken; je nach Jahreszeit Windjacke/Anorak und evtl. Pullover (am Gipfel bläst der Wind meist beträchtlich und kalt); Kopfbedeckung. **Karte**: Das Slowenische Istrien (1:50.000) oder Detailplan „Auf den blühenden Slavnik", bei TIC Koper erhältlich.

Wegbeschreibung: Wir starten in **Podgorje** am Parkplatz und Sportplatz **1** nahe der Straße, gehen auf dieser wenige Meter südwärts und biegen am Ortsbeginn bei der **Kapelle 2** links in die kleine Asphaltstraße ab. Wir folgen dem Sträßchen wenige Minuten durch den Ort Podgorje und gehen an der nächsten Straßenkreuzung **3** (Markierung) nochmals links. Hier schließt sich unsere Runde am Rückweg.

Berg Slavnik – ein herrlicher Weitblick über die Adria belohnt den steilen Aufstieg

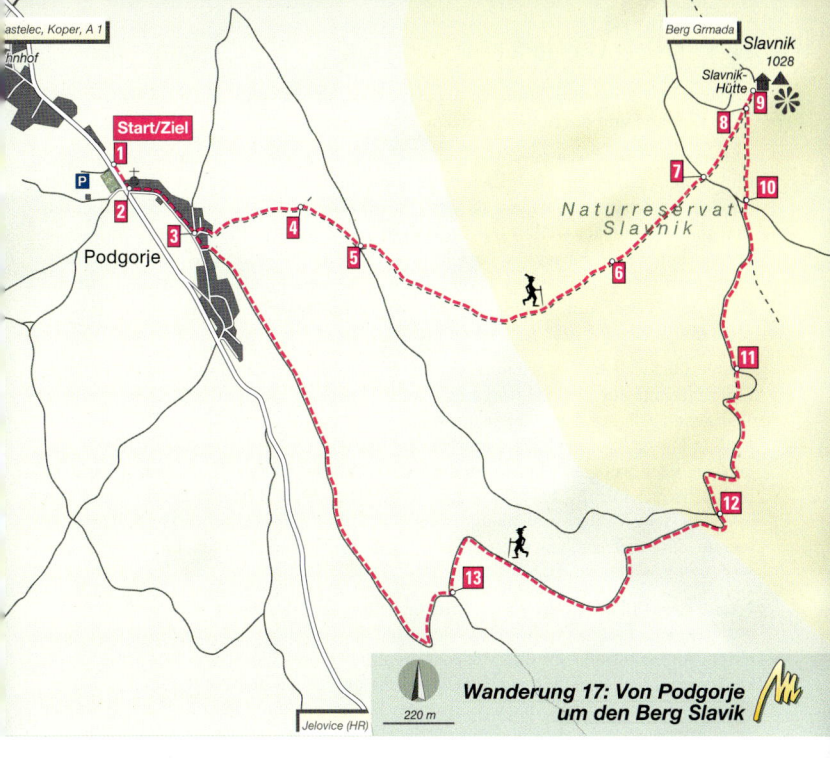

Wanderung 17: Von Podgorje um den Berg Slavik

220 m

Unser Weg führt nun bergan, nach den letzten Häusern laufen wir auf Schotter, dann auf einem Wiesenweg, ehe der Untergrund felsig wird. Der Blick zurück fällt auf Koper und das Meer in der Ferne. Nach ca. 10 Min. folgen wir an einer kleinen Weggabelung **4** unserem markierten Weg nach rechts. Nach weiteren 10 Min. gehen wir an einer Gabelung **5** geradeaus weiter bergan. Wir laufen schattig zwischen Laubbäumen wie Buchen und Eichen, es gedeihen u. a. Waldanemonen, Alpenveilchen, Orchideen, Primeln, Pfingstrosen und die Krainer Lilie. Nach etwa 0:20 Std. durch den Wald wird es wieder lichter, es wächst Wacholder, der Ausblicke auf die Slowenische Riviera gewährt. Weiter wandern wir bergauf zwischen knorrigen alten Apfelbäumen und Kiefern.

Nach insgesamt etwa 0:45 Std. ab dem letzten Abzweig erreichen wir eine Infotafel **6** und den Beginn des **Naturreservats Slavnik**, der steilste Anstieg liegt bereits hinter uns. Unser Blick kann nun ungehindert über die Slowenische Riviera am Golf von Triest sowie über Istrien schweifen. Im Frühjahr kann es durchaus passieren, dass man hier noch durch Schnee stapft oder aber schon über Krokuswiesen, später im Jahr erfreuen Küchenschelle, verschiedene Enziane und viele blühende Moose. Wir folgen dem Pfad weiter geradeaus und leicht bergan. Nach ca. 10 Min. kreuzen wir einen Makadam **7**, laufen geradeaus den Pfad bergan und erblicken oben am Berg unser Ziel, das wir in weiteren 5 Min., vorbei am Abzweig **8**, erreichen – die **Slavnik-Hütte 9** und die Antenne. Wir können uns gemütlich auf der Terrasse niederlassen. Der Weitblick ist fantastisch – im Westen die Slowenische Riviera und der Golf von Triest, den Hintergrund bilden die Dolomiten, gen Nord-Nordosten die kahlen Karstberge von Nanos, dahinter erheben sich bei guter Sicht die Julischen Alpen; im Südosten blicken wir auf den Snežnik, auf das Ćićarija- und Učka-Gebirge und das hügelige Istrien.

Auf unserem Rückweg gehen wir ab der Berghütte Slavnik wenige Meter bergab und an der markierten Pfadgabelung **8** leicht links. Wir folgen dem Wiesenweg hinab bis zum ersten Makadam **10**, der südlich talwärts führt. Wir aber überqueren ihn, gehen geradeaus weiter und stoßen gleich auf einen weiteren Makadam, in den wir nach links einbiegen (ausgeschildert „50 Min. Podgorje") – den Wegverlauf kann man von oben bestens erkennen. Wir genießen einen letzten Blick auf die Bucht von Triest und Muggia, ehe der Makadam talwärts und schattenlos südlich führt, der Laubwald liegt rechts von uns.

Dieser Rückweg ist einfacher zu gehen als der Hinweg, die üppige und vielfältige Flora, die uns auf dem Hinweg begleitet hat, gedeiht hier aber nur noch spärlich. Wir gehen nun auf dem Makadam talwärts und passieren nach rund 10 Min. einen großen Felsen, wo wir kurz darauf rechts in den markierten Waldpfad **11** abzweigen, um nach wenigen Metern wieder auf den Makadam zu stoßen, dem wir wieder rechts bergab folgen (das ist nur die Abkürzung einer Makadamkurve, man kann auch auf dem Makadam bleiben). Nach rund 10 Min. weiter talwärts auf dem Makadam gehen wir auch an dieser Gabelung **12** bergab (nach rechts würde ein Forstweg in den Wald abzweigen).

Nach etwa 0:15 Std. folgt wieder eine Gabelung **13**. Hier gehen wir weiter abwärts auf unserem Hauptweg. Rund 0:20 Std. nach der Gabelung wird unser Makadam zu einem Asphaltsträßchen und wir passieren die ersten Häuser von **Podgorje**. Nach weiteren 5 Min. erreichen wir die Ortsstraße und gehen hier rechts. Wenige Minuten später gelangen wir wieder an unseren Kreuzungspunkt **8** vom Hinweg, folgen geradeaus weiter der Straße durch Podgorje hinab bis zur Hauptstraße Podgorje– Jelovice **2**, wenden uns nach rechts und erreichen nach wenigen Minuten auf der linken Straßenseite den **Sport- und Parkplatz 1**.

Gipfel Slavnik – herrlicher Rundumblick gen Karstregion und Istrien

Etwas Slowenisch

Zur Aussprache

c   wird wie z ausgesprochen;

č   wie tsch;

h   wie in der deutschen Sprache, nach einem Vokal wie ch;

š   wie sch;

v   wie w;

z   wie s;

ž   wie stimmhaft sch;

e   wird breiter ausgesprochen, wie ä;

i   wird weicher ausgesprochen, wie ie;

aj   wie ai;

ej   wie äj;

oj   wie eu;

r   kann ein Vokal sein: Krka aussprechen kr-ka.

Zahlen

0	nič	15	petnajst	300	tristo
1	ena	16	šestnajst	400	štiristo
2	dva	17	sedemnajst	500	petsto
3	tri	18	osemnajst	600	šeststo
4	štiri	19	devetnajst	700	sedemsto
5	pet	20	dvajset	800	osemsto
6	šest	30	trideset	900	devetsto
7	sedem	40	štirideset	1000	tisoč
8	osem	50	petdeset	5000	pet tisoč
9	devet	60	šestdeset	10.000	deset tisoč
10	deset	70	sedemdeset	50.000	petdeset tisoč
11	enajst	80	osemdeset	100.000	sto tisoč
12	dvanajst	90	devetdeset	1.000.000	milijon (en milijon)
13	trinajst	100	sto		
14	štirinajst	200	dvesto		

Gruß und Allgemeines

dober dan/večer	*guten Tag/Abend*	Kako ste?	*Wie geht es Ihnen?*
dobro jutro	*guten Morgen*	dobro/slabo/gre	*gut/schlecht/es geht*
lahko noč	*gute Nacht*	hvala lepa	*vielen Dank*
na svidenje	*auf Wiedersehen*	uživajte	*viel Spaß*
na zdravje	*zum Wohl*	oprostite prosim	*entschuldigen Sie bitte*
živeli	*Prost*		
danes / jutri	*heute/morgen*	da/ne	*ja/nein*
pojutrišnjem	*übermorgen*	prosim	*bitte*

seveda	*selbstverständlich*	To mi je všeč	*Das gefällt mir*
veliko/malo	*groß/klein*	imamo	*es gibt*
poceni/drago	*billig/teuer*	nimamo	*es gibt nicht/*
novo/staro	*neu/alt*		*haben wir nicht*
Koliko stane?	*Wieviel kostet das?*		

Kalender

nedelja	*Sonntag*	februar	*Februar*
ponedeljek	*Montag*	marec	*März*
torek	*Dienstag*	april	*April*
sreda	*Mittwoch*	maj	*Mai*
četrtek	*Donnerstag*	junij	*Juni*
petek	*Freitag*	julij	*Juli*
sobota	*Samstag*	avgust	*August*
pomlad	*Frühling*	september	*September*
poletje	*Sommer*	oktober	*Oktober*
jesen	*Herbst*	november	*November*
zima	*Winter*	december	*Dezember*
januar	*Januar*	praznik	*Feiertag*

Übernachten

Imate proste sobe?	*Haben Sie Zimmer frei?*	voda	*Wasser*
		toplo/hladno	*warm/kalt*
Rad bi dvoposteljno/ enoposteljno sobo	*Ich hätte gern ein Doppelzimmer/ Einzelzimmer*	brisača	*Handtuch*
		prtljaga	*Gepäck*
Koliko stane soba z zajtrkom?	*Wieviel kostet das Zimmer mit Frühstück?*	račun	*Rechnung*
		turistična taksa	*Kurtaxe*
ključ od sobe	*Zimmerschlüssel*	kampiranje prepovedano	*Zelten verboten*

Im Notfall

zdravnik	*Arzt*	bolnišnica/bolnica	*Krankenhaus*
ambulanta	*Erste-Hilfe-Station*	lekarna/apoteka	*Apotheke*
prehladu	*Erkältung*	pokličite zdravnika, hitro	*Rufen Sie einen Arzt, schnell*
tablete za grlo	*Halstabletten*		
kašlju	*Husten*	rad bi nekaj proti...	*ich möchte etwas gegen...*
sončnim opeklinam	*Sonnenbrand*		

Speisen

hladne predjedi	*kalte Vorspeisen*
tople predjedi	*warme Vorspeisen*
Jedi z žara	*Grill-Speisen*
ovčji sir	*Schafskäse*
juhe	*dünne Suppe*
mineštra	*Minestrone*
goveja juha z rezanci	*Rindsuppe mit Nudeln*
zelenjavna juha	*Gemüsesuppe*
ribja juha/brodet	*Fischsuppe*
gobova juha	*Pilzsuppe*
Ali je ta miza prosta	*Ist dieser Tisch frei?*
Ne, rezervirana je	*nein, er ist reserviert*
jedilni list, prosim	*die Speisekarte, bitte*
dober tek	*guten Appetit*

Fleisch

meso	*Fleisch*
govedina	*Rindfleisch*
svinjina	*Schweinefleisch*
teletina	*Kalbfleisch*
ovčetina	*Hammelfleisch*
jagnjetina	*Lammfleisch*
jetrca	*Leber*
pršut	*Rohschinken*
klobase	*Würste*

Fisch

ribe	*Fisch*
postrv	*Forelle*
brancin	*Seebarsch*
zobatec	*Zahnbrasse*
škarpina	*Drachenkopf*
morski list	*Seezunge*
ribon	*Rotbrasse*
lignji	*Kalamari*
skuša	*Makrele*
orada	*Goldbrasse*

tuna	*Thunfisch*
raki	*Krebse*
jastog	*Hummer*
dagnje	*Muscheln*
oštrige	*Austern*
škampi	*Scampi*

Gemüse/Obst

krompir	*Kartoffeln*
zelenjava	*Gemüse*
zelenjavna plošča	*Gemüseplatte*
riž	*Reis*
solata	*Salat*
olive	*Oliven*
gobice	*Pilze*
mandarine	*Mandarinen*
hruške	*Birnen*
grozdje	*Weintrauben*
smokve/fige	*Feigen*
dinja	*Melone*
lubenica	*Wassermelone*
češnje	*Kirschen*
breskve	*Pfirsiche*

Beilagen und Gewürze

kruh	*Brot*
maslo	*Butter*
sir	*Käse*
hladni narezek	*kalter Aufschnitt*
šunka	*gekochter Schinken*
burek	*gefüllte Pasteten*
česenj	*Knoblauch*
kis	*Essig*
olje	*Öl*
senf/gorčica	*Senf*
poper	*Pfeffer*
sol	*Salz*
sladkor	*Zucker*

Im Café

kava	*Kaffee*
čaj	*Tee*
mleko	*Milch*
čokolada	*Schokolade*
sladoled	*Eis*
pecivo	*Gebäck*
potica	*Nusskuchen*
kremšnite	*Cremeschnitten*
sirov zavitek	*Topfenstrudel*
jabolčni zavitek	*Apfelstrudel*
čokoladna torta	*Schokoladentorte*

sadna torta	*Obsttorte*
tortica	*Törtchen*
sadni sok	*Fruchtsaft*
breskov sok	*Pfirsichsaft*
mareličen sok	*Aprikosensaft*
oranžni sok	*Orangensaft*
jabolčni sok	*Apfelsaft*
limonada	*Limonade*
mineralna voda	*Mineralwasser*
sadna kupa	*Obstbecher mit Eis*
sadna solata	*Obstsalat*

In der Bar

pivo	*Bier*
vino	*Wein*
špricer	*Gespritzter/ Weinschorle*
domača slivovka	*hausgemachter Pflaumenschnaps*
sadjevec	*Obstschnaps*
brinjevec	*Wacholderschnaps*
pelinkovec	*Wermut*
vinjak	*einheimischer Kognak*
borovničevec	*Heidelbeerlikör*
smrekovec	*Fichtennadellikör*

Post, Bank, Telefon

pošta/banka	*Bank/Post*
Rad bi vnovčil potovalni ček	*Ich möchte einen Reisescheck einlösen*
poštni nabiralnik	*Briefkasten*
znamke za Nemčijo	*Briefmarken für Deutschland*
dnevni kurs	*Tageskurs*
kuverta	*Briefumschlag*
avionsko pismo	*Luftpostbrief*
potrdilo	*Quittung*
karta za telefoniranje	*Telefonkarte*

Unterwegs

informacije	*Auskunft*
odprto	*offen*
zaprto	*geschlossen*
rini	*drücken*
vleci	*ziehen*
stoj	*halt*
življenska nevarnost	*Lebensgefahr*

Im Flugzeug

aerodrom	*Flughafen*
letališče	*Sportflughafen*
vzleteti (odleteti)	*starten (fliegen)*
pristati	*landen*
avionska karta za	*Flugticket nach*
prihod/odhod	*Ankunft/Abflug*

Am Bahnhof

postaja	*Bahnhof*
odhod/prihod	*Abfahrt/Ankunft*
vlak	*Zug*
peroni	*zu den Bahnsteigen*
vhod/izhod	*Eingang/Ausgang*
vozni red	*Fahrplan*
prosim karto za...	*Fahrkarte nach..., bitte*
nekadilci	*Nichtraucher*
kadilci	*Raucher*
kaditi prepovedano	*Rauchen verboten*
jedilni vagon	*Speisewagen*
spalnik	*Schlafwagen*

Im Bus

avtobusna postaja	*Bushaltestelle*
sedež	*Sitzplatz*
vsak dan	*jeden Tag*
od ... do	*von ... bis*
ob delavnikih	*werktags*
ob sobotah in nedeljah	*samstags und sonntags*

Im Auto

dajte mi ... litrov neošvinčenega benzina	*geben Sie mir ... Liter bleifreies Benzin*
(tankajte) polno, prosim	*volltanken, bitte*
Koliko stane popravilo?	*Was wird die Reparatur kosten?*
hladilnik	*Kühler*
svečka	*Zündkerze*
baterija	*Batterie*
olje	*Öl*
štarter	*Anlasser*
vetrobransko steklo	*Windschutzscheibe*
luči	*Scheinwerfer*
brisalcj	*Scheibenwischer*
gume	*Reifen*
razen za vozila	*ausgenommen Fahrzeuge*
parkiranje	*Parken*

prepovedano	*verboten*
nesreča	*Unfall*
policija	*Polizei*
zavirati	*bremsen*
prehiteti	*überholen*
avtomehanik	*Autowerkstatt*
avto se je pokvaril	*ich habe eine Panne*
nekaj ni v redu ...	*irgend etwas stimmt nicht ...*
... z motorjemu	*... mit dem Motor*
... s sklopko/ kuplungo	*... mit der Kupplung*
... z bremzami	*... mit der Bremse*
... z volanom	*... mit der Lenkung*

In Stadt und Land

sever	*Norden*
jug	*Süden*
vzhod	*Osten*
zahod	*Westen*
center (mesta)	*Zentrum*
mesto	*Stadt*
trg	*Platz*
ulica/cesta	*Straße*
turistične informacije	*Touristinformation*
levo	*links*
desno	*rechts*
naravnost	*geradeaus*
slasčičarna	*Eisdiele, Konditorei*
gostilna/gostišče	*Gaststätte*
blagovnica	*Kaufhaus*
kopališče/bazen	*Schwimmbad*
jezero	*See*
polje	*Feld*
nižina	*Ebene*
dolina	*Tal*
reka	*Fluss*

Am Hafen und am Meer

luka/pristanišče	*Hafen*
pomol	*Mole*
jadrnica	*Segelboot*
potapljanje	*tauchen*
plavati	*schwimmen*

ladja	*Schiff*
galeb	*Möwe*
školjka	*Muschel*
rak	*Krebs*
sidro	*Anker*
čoln	*Boot*
obala	*Küste, Kai*
jadran	*Adria*
rt	*Kap*
zaliv	*Bucht*
plaža	*Badestrand*
kopanje prepovedano	*Baden verboten*
prepovedan prehod	*Betreten verboten*

Sehenswertes

razglednica	*Ansichtskarte*
vstop prost	*Eintritt frei*
cerkev	*Kirche*
stolp	*Turm*
samostan	*Kloster*
trdnjava	*Festung*
razvaline	*Ruinen*
grad	*Burg/Schloss*
galerija	*Galerie*
muzej	*Museum*

In den Bergen

gora	*Berg*
planinski dom (koča)	*Berghütte*
gorski vodnik	*Bergführer*
kamenje pada	*Steinschlag*
plezati	*klettern*
steza	*Pfad*
vrh	*Gipfel*
vzpon/spust	*Auf- /Abstieg*
slabo vreme	*schlechtes Wetter*
neurje	*Unwetter*
veter	*Wind*
gojzerice	*Bergschuhe*

Hütten

zaprt	*geschlossen*
odprt	*geöffnet*
os (odprta stalno)	*immer geöffnet*
osnp (operta v sobotah, nedeljah in praznikih)	*geöffnet Sa, So u. Feiertag*
onp	*geöffnet So u. Feiertag*
skupna ležišča	*Schlafsaal*
zimska soba	*Winterzimmer*

Blick vom Tal zum Berg Špik – nur für Geübte zum Erklimmen...

Reisehandbuch   MM-City   MM-Wandern

MM-Wandern
informativ und punktgenau durch GPS

- für Familien, Einsteiger und Fortgeschrittene
- ausklappbare Übersichtskarte für die Anfahrt
- genaue Weg-Zeit-Höhen-Diagramme
- GPS-kartierte Touren (inkl. Download-Option für GPS-Tracks)
- Ausschnittswanderkarten mit Wegpunkten
- Konkretes zu Wetter, Ausrüstung und Einkehr

Übrigens:
Unsere Wanderführer gibt es auch als App für iPhone™, WindowsPhone™ und Android™

- Allgäuer Alpen
- Andalusien
- Bayerischer Wald
- Chiemgauer Alpen
- Eifel
- Elsass
- Fränkische Schweiz
- Gardasee
- Gomera
- Korsika
- Korsika Fernwanderwege
- Kreta

- Lago Maggiore
- La Palma
- Ligurien
- Madeira
- Mallorca
- Münchner Ausflugsberge
- Östliche Allgäuer Alpen
- Pfälzerwald
- Piemont
- Provence
- Rund um Meran
- Schwäbische Alb

- Sächsische Schweiz
- Sardinien
- Schwarzwald Mitte/Nord
- Schwarzwald Süd
- Sizilien
- Spanischer Jakobsweg
- Teneriffa
- Toscana
- Westliche Allgäuer Alpen
- Zentrale Allgäuer Alpen

Register

Zisterzienserkloster Konstanjevica – riesiger Komplex mit vielen Galerieräumen

Die Heuharpfen (kozolec) oder auch
Heugitter sind ein slowenisches Kulturgut

Fotonachweis

Alle Fotos Lore Marr-Bieger, außer:
Hr. Bojan Tavčar, Cerkno: S. 516, 517 | Marketing Lipica: S. 249 | Marketing Škocjanske Jame: S. 252 (oben u. unten) | Tourismusverband Cerklje: S. 70 | Tourismusverband Logarska Dolina: S. 539 | Tourismusverband Zgornje Jezersko: S. 266, 523 |

Was haben Sie entdeckt?

Haben Sie eine freundliche Gostilna weitab vom Trubel, einen schönen Wanderweg oder ein nettes Hotel mit Atmosphäre entdeckt? Wenn Sie Ergänzungen, Verbesserungen oder neue Tipps zum Buch haben, lassen Sie es uns bitte wissen!

Schreiben Sie an: Lore Marr-Bieger, Stichwort „Slowenien" | c/o Michael Müller Verlag GmbH | Gerberei 19, D – 91054 Erlangen | marr-bieger@michael-mueller-verlag.de

ISBN 978-3-95654-435-4

© Copyright Michael Müller Verlag GmbH, Erlangen 2005–2017. Alle Rechte vorbehalten. Alle Angaben ohne Gewähr. Druck: hofmann infocom GmbH, Nürnberg.